中国共产党河北港口集团组织史要

ZHONGGUO GONGCHANDANG HEBEI GANGKOU JITUAN ZUZHI SHIYAO

中共河北港口集团有限公司委员会 编

方志出版社
Publishing House of Local Records

图书在版编目（CIP）数据

中国共产党河北港口集团组织史要 / 中共河北港口集团有限公司委员会编. -- 北京：方志出版社, 2017.11
ISBN 978-7-5144-2697-7

Ⅰ. ①中… Ⅱ. ①中… Ⅲ. ①中国共产党—港口企业—基层组织—史料—河北—1948-2017 Ⅳ. ①D267. 1

中国版本图书馆CIP数据核字（2017）第281239号

中国共产党河北港口集团组织史要

编　者：中共河北港口集团有限公司委员会
责任编辑：梅中英

出 版 人：冀祥德
出 版 者：方志出版社
地址　北京市朝阳区潘家园东里9号（国家方志馆4层）
邮编　100021
网址　http://www.fzph.org
发　行：方志出版社图书经销中心
电话　(010) 67110500
经　销：各地新华书店
印　刷：深圳华新彩印制版有限公司

开　本：889×1194　1/16
印　张：37.25
字　数：859千字
版　次：2017年11月第1版　2017年11月第1次印刷
印　数：0001～2000册

ISBN　978-7-5144-2697-7　　定价：156.00元

编审委员会

主 任 委 员：曹子玉

副主任委员：刘广海　宋敬中

委　　　员：李永来　赵君章　赵剑平　张金河　吴　震

编写组成员

主　　审：宋敬中

副 主 审：王录彪

主　　编：李永来　赵君章　吴　震

副 主 编：高丽丽（执行主编）姚凤霞

编　　辑：高丽丽　韩志扬　乔　飞　朱　静　王利俭
刘　斌　李晓波　周　鹏　李玲涛　常　宁
张　涛　马建忠

执行编辑：高丽丽　韩志扬　乔　飞

顾　　问：王庆普

序

序

盛世昌文，修史问道。在迎接党的十九大胜利召开、河北港口集团（原秦皇岛港）党委创建70周年的日子里，《中国共产党河北港口集团组织史要》(以下简称《组织史要》)面世。《组织史要》是河北港口集团发展史的重要组成部分，系统地填补了企业党史的空白，是一部传承党的光荣传统、弘扬爱国主义精神和光大“秦港精神”的生动教材，充实丰富了百年大港企业文化史册。

《组织史要》在中共河北港口集团有限公司委员会领导下，由组织部组成编写组进行编纂工作。在较为全面、系统地搜集遴选和梳理研究史料的基础上，客观展示了港口党建发展源流和客观规律，内容丰富详实，图文并茂，融权威性、学术性、资料性为一体，具有较高的学习实用价值与研究借鉴价值。

《组织史要》以港口发展为背景，以企业党组织发展的时间脉络为主线，借鉴运用编年史体例，灵活采取以志入史的编撰形式，真实记述了港口党建的辉煌历史、组织建设的发展进程、党组织活动的生动实践及反腐倡廉和正风肃纪等史实，秉笔直书不同历史时期的经验教训，深刻阐述了企业党组织在不同历史发展阶段的领导地位和政治核心作用。

忆往昔峥嵘岁月。在中国共产党成立初期，我党早期领导人王尽美亲临秦皇岛港传播马列主义，组织工人运动。秦港工人阶级开始觉醒，积极投身到全国第一次工运高潮中，轰轰烈烈掀起了“开滦五矿同盟大罢工”，被当时的新闻媒体誉为“特别能战斗”的队伍，标志港口工运进入反帝反封建的崭新阶段。风雨如晦的20世纪20年代初到40年代末，我党多次秘密组建港口支部，不屈不挠地进行地下斗争，领导码头工人开展声势浩大的“港航同盟罢工”“港矿同盟罢工”“一抗三反斗争”（抗征兵和反饥饿、反内战、反迫害）、护港斗争等工人运动，在中国工运史册上谱写了光辉的篇章。

1948年12月初，“中共秦皇岛开滦工作委员会”正式成立，这是中国共产党在秦皇岛港设立的第一个常设党组织机构，在集团党建史上具有里程碑意义。在社会主义过渡时期和社会主义建设初期，港口党组织亲力亲为、群策群力，团结带领港口广大干部职工在“一穷二白”中艰难起步，恢复、发展生产。在筚路蓝缕创业中，自力更生、艰苦奋斗，坚持开展增产节约、“技术双革”，变革了杠子、煤筐和人力装卸的落后作业方式，实现了港口机械化。20世纪50年代末期，港口与铁路共同开展“一条龙大协作”，继而创建了矿、货、路、港、航、贸大协作的管理方式，受到国务院重视，在全国范围推广。这一历史时期，港口党员、干部和职工以信念、智慧和“秦港精神”托起了一个中型港口，奏响了港城新兴的序曲。

我们从事的事业是前无古人的伟大事业，前进道路上必然伴随着艰难、坎坷和曲折。回顾我党走过的特殊历史时期（“曲折发展时期”、“文化大革命”时期），深刻的历史教训发人深省。特别是“十年动乱”使国民经济频临崩溃，企业党政也受到严重冲击，港口陷于混乱局面，生产建设发展停滞不前。惨痛的历史教训告诉我们：确立党的集体领导，确立基层党组织的政治核心保障作用，是企业发展前提，是走中国特色社会主义道路的保证，无论何时何地绝不能动摇。

好风凭借力，送我上青云。中共十一届三中全会拨乱反正，开辟了改革开放的新纪元。港口党政恢复正常管理秩序，成立管理局纪委，恢复纪检、监察工作，党委核心保障作用进一步确立。港口实行党委领导下的局长负责制，进而推行局长（经理）责任制。在深化国有企业改革中，秦皇岛港在沿海港口中率先实行公司制改革；在探索发挥政治核心作用新途径、创新党建工作制度、建立长效机制、围绕生产经营开展效能监察等方面成效显著；企业党建迈出跨地域发展新步伐；社会主义物质文明和精神文明建设取得了丰硕成果。

尽管时序流转，时代变迁，具有光荣革命传统的港口工人阶级先锋队仍不忘初心，薪火相传。集团党委以党建创新为驱动，整合、协调港口党建资源和社会资源，突出党组织战斗堡垒作用和党员先锋模范作用，推进服务型党组织建设和党建工程项目化，积极适应产业布局、转型升级和党员流向的新变化、新需求，以扩大港口党组织覆盖和工作覆盖为基本切入点，不断完善港口党组织“生态链”体系建设。在国民经济发展新常态下，集团党委秉持“为党报国、服务地方、担当负责、客户至上”的核心理念，坚持以效益为核心，以改革为动力，以党建为保证，充分发挥党委的领导的作用，把方向、管大局、保落实，带领广大党员和干部职工一路攻坚克难、砥砺奋进，认真开展党的群众路线教育活动、“三严三实”专题教育和“两学一做”学习教育，创建“共产党员先锋岗”，推进党小组发挥大作用，构造“价值党建”体系，搭建路港联创党建平台，创新党建工作制度和选人用人机制，全面提升党建科学化水平，助推港口迈向转型升级、协同发展、绿色跨越的强企新征程。

记录历史，思考未来。站在中共十九大即将召开的历史节点上，回眸企业党组织光荣奋斗历程，历数改革开放30多年集团公司取得的辉煌成就，令人振奋，催人奋进。秦皇岛港由改革开放初期的中型港口发展成为集三港一地为一体跨地域的大型港口集团；年吞吐量由1978年的2200万吨增长到2014年的3.82亿吨；由较为单一的煤炭输出港发展为世界最大的干散货运输的港口群落。这活生生的事实和巨大的数字跨越是何等的历史进步！其中包含着几代百余位党和国家领导人对港口莅临指导、巨大鼓舞、亲切关怀，还饱含着集团职工的滴滴汗水、沥沥心血，是集团职工“永远跟党走”坚定信念的真实写照。

纵观中华民族的现代史，其实就是一部中国共产党的党史。那么，一个国有企业的发展轨迹也就是党在这里的影响力和号召力的具体体现。河北港口集团从一个荒僻的小渔港历经百年沧桑发展成今天这样一个引领一方、举世瞩目的大型港口集团，党的领导、党组织的作用无疑都是不可替代的，也是不可磨灭的！这部《组织史要》所记述的

正是党组织引领和推动企业发展历程的一部史诗！

行者无疆，任重道远。全面深化改革新时期要求我们继往开来，抓住京津冀协同发展战略机遇，强力践行“围绕一个目标、做好四篇文章、深化四项改革、坚持一个保证”的发展思路，全面提高党建科学化水平，充分发挥党员领导干部的示范带头作用和先锋模范作用，勇于担当、抢抓机遇、开拓奋进，续写河北港口集团发展新篇。困难与机遇同在，压力与动力并存。我们相信，任何困难考验也压不弯河港工人阶级先锋队的脊梁，任何艰难险阻也挡不住河港人在实现中华民族伟大复兴中国梦的道路上追寻“强港梦”的坚定步伐。

修史励志，读史见义，以启未来，是以为序。

河北港口集团党委书记、董事长

2017 年 7 月

凡例

凡例

一、《组织史要》以马克思列宁主义、毛泽东思想、邓小平理论、“三个代表”重要思想、科学发展观、习近平新时代中国特色社会主义思想为指导，坚持辩证唯物主义和历史唯物主义的立场、观点和方法，以中共十一届三中全会以来的路线、方针、政策和中共中央《关于建国以来党的若干历史问题的决议》为准绳，坚持实事求是的原则，全面系统地记载自新中国成立以来，河北港口集团党组织和党建工作的发展进程，主要包括党建、政治、纪检、群团、生产、建设、经营、改革、领导视察等方面的内容，其中以党建为核心，组织工作为重点。

二、本书记述时间上限为1948年底，下限为2017年7月。为体现事件的完整性，个别事项的记述适当上溯和下延，本书记述时间近70年。因党内统计、吞吐量数据以年度为单位，故本书收录的相关数据截止到2016年底。

三、本书以编年体和纪事本末相结合方式进行编纂，结构为章节体。按年、月、日顺序记述，但对前后连贯的同一内容的记述，则采用每事的起讫，不受时间所限，以避免首尾割裂；连续多日的要事，一律从开始时记述。凡有月份而无确切日期的，则记“上旬”“中旬”“下旬”或某月，放在旬末或月末。

四、本书采用述、记、志、图、表、录等体裁，图照、表格采用随文形式插入相关章节；采用规范的现代语体文、记述文体，使用规范的简化汉字，行文力求朴实、简练、流畅；采用公元纪年，数字、标点符号、计量单位名称及其符号的使用均遵循国家标准和规范。

五、本书采用第三人称，所记地域、机构、团体、组织、会议、文件等称谓以当时名称为准，首次使用全称，之后用简称。所称“党中央、国务院、省委、市委”，指中共中央、中华人民共和国国务院、中共河北省委、中共秦皇岛市委。

六、因河北港口集团（原秦皇岛港）的党委和行政名称在本书记述范围内多次易名，为尊重历史原貌，也是首次用全称，之后用简称。如，“秦皇岛港务管理局”简称“管理局”，“中共秦皇岛港务管理局委员会”简称“管理局党委”。

七、本书人物坚持“生不立传”原则，对工作中出现的生人，用“以事系人”的方式散记于有关章节、名表和名录。管理机构的变动，只记录了处级和管理局直属科级单位的撤、并、建。

八、本书所用资料来源于河北港口集团档案室和组织部门存档资料、《港口史志》等书刊及相关工作机构提供的材料、有关人员的调查记录；所用数据来自集团有关部室提供的统计资料。所有资料均经核实后录入，为节省篇幅，一般不再注明出处。

目录

目录

中国共产党河北港口集团有限公司第一次代表大会

中国共产党河北港口集团有限公司第一次代表大会

中国共产党河北港口集团有限公司第一次代表大会

总述

总述

一个民族的团结、振兴，离不开精神的支撑；一个政党的发展壮大，离不开旗帜的引领。河北港口集团的发展正是在鲜红党旗的领航下，以顽强奋进、勇争一流的精神，在蓝色港湾中驰目骋怀。

河北港口集团有限公司（以下简称集团）的前身是秦皇岛港。1898年，清光绪帝朱批自开口岸，秦皇岛港始建立。

秦皇岛港初期码头

由于秦皇岛港地理位置独特，具有港阔水深、风平浪小、不冻不淤等优越的自然条件，是中国北方著名的“天开良港”，因此在各个时期都受到重视，尤其是在上世纪七八十

20世纪末期秦皇岛港西港区码头

年代，其重要的战略地位和经济价值被充分挖掘，秦皇岛港迅速崛起，发展成为国家能源运输的重要枢纽和世界第一大干散货港。

远眺东港区生产作业

远眺西港区生产作业

紧跟深化国有企业改革的步伐，2009年7月，在省国资委主导下，在原秦皇岛港务集团有限公司基础上，河北港口集团有限公司成立，担起了统领省域海岸线开发及港口建设的使命。河北港口集团集港口建设、开发，国有资产运营、管理以及投融资功能于一体，业

务涵盖港口经营、物流服务、地产开发、投资金融、综合服务五大板块、多个领域。目前已拥有生产泊位 71 个，年设计通过能力 3.90 亿吨，主要布局在秦皇岛港、唐山曹妃甸港区、沧州黄骅港综合港区；集团拥有全资、控股和参股投资企业 50 家，初步形成了以秦唐沧三大港区为载体、陆港场站项目为辐射节点、集疏通道为纽带的区域港口物流服务网络，在实践国家战略中进一步提升了竞争力和影响力。仅 2012 年以来的五年间，集团累计完成吞吐量 14.69 亿吨，实现利润总额 79.54 亿元。

黄骅港区矿石码头

曹妃甸码头

邯郸国际陆港

作为集团建设发展的领导核心和政治核心的党组织，也在 70 年的风风雨雨中不断地发展壮大，目前集团领导班子由 9 人组成，党委有常委 7 人，其中书记 1 名，副书记 2 名。集团党委共有直属党组织 31 个，二级党委 10 个，三级党委 18 个，党总支 8 个，党支部 295 个，党小组 569 个，党员 7660 名，在职党员 6077 名，专兼职党务工作者 260 人，在现有 15364 名职工中充分发挥着战斗堡垒和先锋模范作用，成为集团发展进程中的中坚力量。

新中国成立以来，集团党组织始终坚持党的领导，发挥党在国有企业独特的政治优势，在不同时期紧跟党中央和时代步伐，围绕港口生产建设和改革发展及党员干部思想实际，奋勇向前，改革创新，不断提高党建工作水平，刷新着党组织各个方面的建设与成就，引领着企业一步步走向辉煌。过去的 70 年，是党组织不断壮大，创新实践的 70 年，是党组织依靠职工在建设世界一流大港中实现梦想并取得辉煌成就的 70 年。

自 1948 年 12 月初，中共秦皇岛开滦工作委员会成立起，秦皇岛港开始有了正规的党组织，负责党群组织建设和配合驻港军事代表开展工作。之后，党组织经历了新中国成立前后时期（1948.11 ~ 1952）、社会主义过渡时期（1953 ~ 1956.9）、社会主义建设曲折发展时期（1956.9 ~ 1966.5）、“文

2017 年 1 月 4 日至 5 日，中共河北港口集团有限公司第一次代表大会召开。图为会议现场

化大革命”时期（1966.5 ～ 1976）、徘徊中前进时期（1977 ～ 1978）、改革开放初始时期（1979 ～ 1990）、深化国有企业改革时期（1991 ～ 2002.9）、率先实行公司制改革时期（2002.9 ～ 2009.6）、河北港口集团时期（2009.7 ～ 2017）等九大历史时期的考验和发展，进行了 7 个阶段的历史探索和实践，迈出了坚实的步伐，思想政治上日臻成熟，组织队伍日益壮大，大批党的干部陆续走上港口各级领导岗位，带领广大职工走上了艰苦奋斗、顽强拼搏、奋发向上的蓬勃发展之路。正是在这个过程中，党确立了在港口的领导核心地位并一路走到今天。

河北港口集团第一次党代会选举产生新一届党委领导班子（左起：张志军 朱朝阳 刘广海 曹子玉 宋敬中 温建国 孟博）

——初建核心稳队伍，思想引领铸党魂

1948 年 12 月初，中共秦皇岛开滦工作委员会宣告成立，负责党群组织建设和配合驻港军事代表开展工作。自这时起，港口党组织就坚韧不拔地肩负起思想政治引导的艰巨使命，始终奉行政治思想先行，以坚定理想信念为重点，加强党性教育和思想建设。

新中国成立初期，针对企业成员的历史情况复杂，部分党员存在入党动机不端正、思想作风不纯、组织观念淡薄、政治觉悟低，对党的性质、方针、路线、政策不够了解等问题，港口党组织通过党员普训、党课教育、理论学习、职工时事政治学习等途径加强理想信念和党的基本知识教育，结合港口具体情况制定出《关于工人政治教育工作计划》，兴办职工政治、文化业余党校，讲时事政策和《中国革命与中国共产党》及《社会发展简史》，分期分批组织党员学习列宁、斯大林、毛泽东关于党的建设的理论及党的章程，同时利用民主改革、“三反”“五反”、思想改造等运动，进行党的政治思想宣传教育，

上世纪50年代，秦皇岛港早班工人读报学习

使党员、干部及职工的政治觉悟显著提高，迫切要求入党的积极分子不断涌现，党的组织得到巩固和发展。尤其通过“三大革命运动”和总路线教育，使党员干部在思想上划清了无产阶级与资产阶级的界限，认清资产阶级向无产阶级猖狂进攻的严重性和官僚主义的危害性，树立了无产阶级世界观和为人民服务的思想，坚定为社会主义和共产主义而奋斗的决心和信心，培养造就了一批具有坚定政治信念、品德高尚、思想境界较高的一代新人，保证了这一时期党的路线、方针、政策在企业的顺利实施。1961年7月，管理局党委首次召开政治工作会议，组织党委系统领导干部和相关人员学习贯彻党中央和上级党委文件精神和要求，沟通工作情况，掌握职工思想动态，部署工作。这种形式一直沿用至今，对推进各个时期思想政治工作起到了良好的作用。

随着社会主义建设的全面恢复和发展，科学技术的作用日益凸显，港口党委重视知识分子作用，组织专门力量调查和分析对知识分子关系上存在的问题和错误看法，改进对知识分子的政治思想领导，教育党员干部加强对知识分子的团结协作，党委常委经常与知识分子谈心和交换意见，吸收知识分子中的积极分子列席参加党的适当会议。针对知识分子的特点，加强了对其进行共产主义理论教育和党的基本知识教育，提高对党的深刻认识，从思想上靠近党组织。1956年6月17日，政治处组织科主持召开新党员入党宣誓大会，120名党外知识分子列席了大会，知识分子代表作了《争取做一名共产党员》的表态发言，党委书记刘抗在《关于进一步落实党的知识分子政策》的讲话中指出，党组织的大门永远向知识分子敞开着，为知识分子指出了明确的政治方向，也激发了他们为企业奉献的积极性和创造性。思想政治觉悟的提高使广大职工入党积极性倍增，1954年到1957年入党的新党员已占到全局党员总数的47.61%。

由于新中国成立初期实际情形所限，新党员缺乏党的基础知识和党性锻炼，老党员思想不适应国内外形势发展的要求成为当时管理局党委面临的新课题。1950年8月7日，开滦工委在全港开展以提高党员干部思想觉悟，改造作风，克服官僚主义、命令主义、加强群众观点为主要内容的整党整干工作，

达到了加强党内团结，正确贯彻执行党的各项政策、密切联系群众、搞好工作的目的。1957 年初，管理局党委制定《关于轮训基层党员的计划》，5 月又作出《关于 1957 年党员教育工作计划》，主要对上述问题对党员进行党章以及形势路线教育，进一步筑牢党的政治思想基础。上个世纪 60 年代初期，阶级和阶级斗争学说以及社会主义革命和社会主义建设理论成为党在宣传思想领域的重头戏。管理局党委积极贯彻落实党中央和上级党委的精神，及时开展学习教育，作出了《关于当前干部理论学习的安排》，党委宣传部发出了《关于当前干部理论学习的通知》，要求主要学习《人民日报》《红旗》杂志发表的《用阶级斗争的历史教育青年》《在阶级斗争历史的熏陶下，干部和群众的关系的重要环节》《干部参加集体生产劳动，对于社会主义制度是带根本性的一件大事》等重要文章，并编写印发了学习《中共中央关于国际共产主义运动总路线的建议》的辅导提纲，掀起了一轮理论学习热潮。

1964 年开始，党委政治部陆续举办政治训练班，提高党员干部思想认识，坚定政治信念。图为第三期学员集体合影

“文化大革命”开始后，港口曾一度陷入混乱，党委工作由军管会党委临时接管。1969 年 8 月，根据中共中央“关于进行整党建党指示”，港务局革委会成立整党建党领导小组，开始在全局进行整党建党工作。1971 年 6 月，根据上级党委指示，撤销整党建党领导小组。同年 9 月，秦皇岛港务局革委会党的核心小组遵照党的九届二中全会提出的“要认真完成整党建党任务，加强党的思想建设和组织建设”的指示，开始筹备召开中共秦皇岛港务局第六次代表大会，恢复党的委员会。12 月 23 日～25 日，中共秦皇岛港务局第六次代表大会在港口俱乐部举行，选举产生了由 27 名党员组成的中共秦皇岛港务局第六届委员会（简称局党委），瘫痪 4 年之久的中共秦皇岛港务局委员会得到了恢复。

上世纪 70 年代，秦皇岛港基层班组学习

这一时期党组织主要开展了批陈整风、批林整风运动以及思想和政治路线方面的教育，开展了活学活用毛泽东思想活动，掀起人人学哲学、处处讲哲学、事事用哲学的热潮。1974 年 6 月，局党委提出《关于加强马列主义理论学习和加强理论队伍建设的意见》。9 月，局党委作出《关于全局干部群众认真学习马列主义毛泽东思想，重读〈毛泽东选集〉一至四卷的决议》，职工学习《毛泽东选集》活动形成热潮，到年底，举办各类学习班 52 期，培训职工 13670 余人次。11 月，局党委党校开始举办党的基层干部学习班，以党的基本路线为纲，进行政治理论学习辅导，激发党员大干社会主义的积极性，以发挥党员的先锋模范作用和提高党支部的战斗堡垒作用为宗旨，对基层党员干部进行分期分批集中培训。此后，举办学习班成为各级党组织对党员进行教育思想教育和政治理论培训的主要形式之一。

1978 年 12 月，中共十一届三中全会召开，作出了把工作重点转移到社会主义现代化建设上来的战略决策，拉开了改革开放的大幕。管理局党委紧跟党中央的战略决策，及时将工作重心从“以阶级斗争为纲”转为以经济建设为中心，并在全港上下进行拨乱反正工作，为全面落实中共十一届三中全会以来的路线、方针、政策，发展港口生产建设扫清思想障碍，为推动港口工作中心的转移奠定了良好的政治思想基础。

1989 年，党中央发出《关于加强和改进企业思想政治工作的通知》，企业思想政治工作格局发生新变化。港口党、政职能分开，建立起局长（经理）领导下的思想政治工作新体制，思想政治工作机构和人员纳入行政管理序列和企业管理轨道，即在局长领导下行使思想政治工作职能，在局党委领导下行使党务工作职能。这种思想政治工作格局在当时对提高思想政治工作科学化水平、强化企业精神、用思想政治工作保证改革和经济工作的完成起到了良好的促进作用。这一年，港务局被中共中央宣传部、国家计划委员会、中华全国总工会授予“全国思想政治工作优秀企业”称号。

1989 年，秦皇岛港获得“全国思想政治工作优秀企业”荣誉称号

在 1990 年以后的 20 多年时间里，特别是集团组建 8 年间，集团党委按照党中央和上级党委安排部署，结合当时形势特点和企业实际，先后在广大党员干部中开展了“双学”“四个结合”党员教育、党的基本理论和基本路线、创先争优、保持共产党员先进性、践行科学发展观、群众路线教育、“三严三实”“两学一做”等十几次大型专题专项思想政治教育实践活动，卓有成效地增强了党员的党性观念，牢固树立了“四个意识”，进一步坚定了党员在新时期、新形势下的理想信念，强化了党组织的政治核心作用和党支部的战斗堡垒作用及党员的先锋模范作用，凸显党建工作的独特优势，为迎接

和促进集团在改革开放大潮中的跃进与腾飞奠定了坚实的政治基础和思想基础。

——固本强基抓建设，组织引领保发展

1948年12月中共秦皇岛开滦工作委员会成立后，于1949年5月秘密吸收了20名港口职工加入中国共产党，成为港口解放后的第一批新党员。从此，党组织开始在秦皇岛港开枝散叶逐渐发展壮大起来。1954年至今，已召开17次党代表大会，到2016年底，集团党委下辖直属基层党组织31个，基本实现了基层党组织全覆盖；正式党员7660名。这支从小到大、由弱到强的党组织和党员队伍无论是在秦皇岛港起步腾飞时期还是在集团化发展的今天，都在港口生产、建设、管理、服务等各个领域发挥着战斗堡垒作用和模范先锋，带领广大职工谱写了一曲又一曲壮丽的凯歌，永久载入集团辉煌史册。

党的基层组织是党在社会基层组织中的战斗堡垒，是党的全部工作和战斗力的基础，组织建设是党的建设的前提和关键。河北港口集团（原秦皇岛港）党委始终以永葆党的先进性为根本，以夯实基层组织建设为基底，

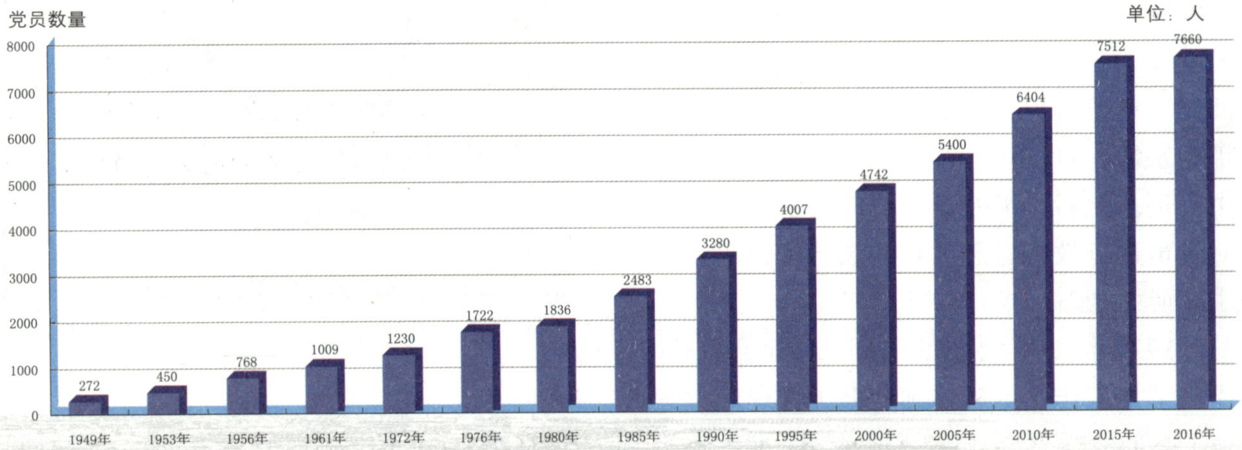

1949年以来河北港口集团（原秦皇岛港）党员数量变化情况示意图

努力打造过得硬的党组织和党员队伍。1952年，中共秦皇岛开滦工作委员会改称中共秦皇岛开滦委员会，随之设立宣传部、组织部。到60年代，组织机构进一步健全，1963年，管理局首次设立政治部，制定了办公制度。局属各单位也相应设立政治教导员或政治指导员。翌年，政治部设置办公室、组织科、宣传科和干部科，又在码头、煤厂两个作业区及管理局机关三个单位增设政治处。自此，党的组织机构基本健全起来，并在此基础上不断完善，为党委开展工作创造了先决条件。

党对秦皇岛港领导的加强，促进了党组织建设的迅猛发展，到“文化大革命”前，秦皇岛港党员人数已由新中国成立初期的200多人发展到近千人，建立直属党总支、支部15个。针对这一阶段党的生活制度不健全，使党内民主空气不浓，党员的积极性和支部的战斗堡垒作用受到影响的情况，管理局党委于1964年12月在整顿党支部的基础上健全了“三会一课”制度，并提出了书记亲自上党课、规定学习时间、进行阶段性检查等有效措施来确保“三会一课”制度的落实，保证了党内生活正常化和民主化，起到了凝心聚力的作用。

“文化大革命”时期，港口党组织工作几乎停滞，直到1971年底第六次党代表大会，秦皇岛港党委才得以恢复，党的组织建设重新走上正轨。1974年，港口首次设置原油作业区基层党委。1977 年，为加强党的一元化领导，适应革命和生产发展的需要，管理局党委决定对部分政工组织机构进行调整，成立了组织处、宣传处。管理局升格为地师级后，党委系统各职能部门同时由原科级升格为处级，并新建纪律检查委员会。

中共十一届三中全会后，党在企业中的核心领导地位重新确立并恢复了党委领导下的厂长负责制。管理局党委依据中共十三届四中全会和《中共中央关于加强党的建设的通知》精神，认真反思并总结了一个时期以来党建和思想政治工作中的经验教训，结合实际情况，制定下发了《关于发挥党组织政治核心作用的试行意见》，明确了企业党组织的政治核心地位和参与企业重大问题决策的具体内容，明确了决策的程序。随着党委领导下的厂长负责制的恢复，港口工作重点开始转向以经济建设为中心，党的组织机构和职能也随之进行了调整，以更加适应企业面临的新形势、新情况、新特点。1981年1月，管理局党委制定《关于党委常委成员、局职干部生活待遇的规定》。11月，发出《关于进一步健全中层领导班子生活会议制度的通知》，对基层党委、党总支、直属党支部委员会开好民主生活会作出了三项规定，使党中央《关于党内政治生活的若干准则》得到了很好地落实，为推动港口工作中心的转移，奠定了良好的思想和组织基础，也保证了较长时期内党的各项工作的相对稳定和正常。之后，虽然港口的隶属关系和体制名称经历了多次转换变更，党委对企业的领导始终坚定有力，不断健全和完善组织结构，保证组织生活正常化，使党在港口的领导力不断得到巩固，党的各项方针政策在港口的贯彻实施以及党组织战斗堡垒作用都得到了有效的保证和加强。2001年，集团党委（原港务局党委）荣获“全国先进基层党组织”称号，2014年和2016年，集团党委两次荣获省国资委“先进基层党组织”称号。并多次荣获省委、省企业工委，市委、市委企业工委“先进基层党组织”称号。

集团党委多次荣获先进基层党组织荣誉称号

历经70年变迁，港口党员队伍和干部队伍得到了长足发展，成为港口各个领域的中坚力量。1952年至1959年期间，管理局党委先后三次制定《关于发展新党员的计划》；“文化大革命”期间，港口党委虽然停止了工作，但组织发展工作并没有停止，当时的革委会依然按照党中央“关于进行整党建党指示”，于1969年8月在全局进行了整党建党工作。这次整党建党以“吐故纳新”为方针，“增加党的新鲜血液”。到年底，批准恢复组织生活的党员1089名，占全局党员总数的93%，纳新党员34名， 整建党总支4个（占整建党总数的57%）、基层支部43个（占应整建党总数的86%）。中共十一届三中全会以后，党的建设全面步入正轨，港口党组织

也得到快速发展，每年都有一批先进分子被吸收到党组织中来。同时，各级党组织坚持发展党员原则，从适应港口改革和党的建设自身需要出发，把好发展党员质量关，确保党员队伍的先进性、纯洁性和代表性。

自2001年开始，河北港口集团（原秦皇岛港）坚持每年进行一次入党积极分子集中教育培训

认真贯彻落实党内政治生活各项制度，坚持不懈执行“三会一课”、民主集中制等项制度，逐步健全完善党员考核管理、党员联系群众等制度，实施了《关于民主评议党员的制度》《关于加强和改进党员教育和管理的若干规定》《创建共产党员先锋岗实施方案》和《创建党员责任区实施方案》《党建工作绩效管理考核评价实施意见（试行）》等一系列制度保障和标准，形成了制度建设与思想建设的相辅相成、互动互补格局。

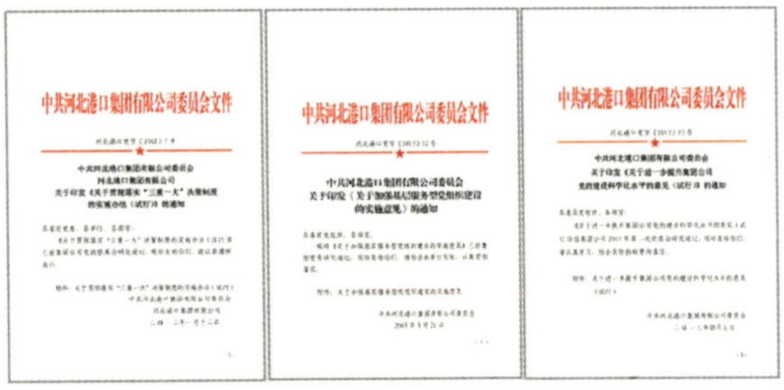
中共河北港口集团有限公司委员会文件

中共河北港口集团有限公司委员会文件

中共河北港口集团有限公司委员会
关于印发《关于加强基层服务型党组织建设的实施意见》的通知

中共河北港口集团有限公司委员会文件

集团党委建立健全组织制度

尤其注重引导和激励党员在工作岗位上充分发挥先锋模范作用，通过一条龙大协作、创先争优等各种比、学、赶、帮、超活动平台，激发党员的工作热情和积极主动性，不仅壮大了党的组织和党员队伍，而且增强了党组织的凝聚力和战斗力。至2016年，党员队伍已发展到7660人，在职党员6077人，占到职工总数的39.5%。

中共十八大以后，集团党委认真落实从严治党、管党责任，发挥各级党组织在企业决策发展中“把方向、管大局、保落实”的重要作用，制定《集团党建工作责任制实施办法》，层层构建起“党组织书记带头抓、班子成员分责抓、政工部门具体抓、基层支部联动抓”的党建工作责任体系，形成了一级抓一级、层层抓落实的工作局面。全面推行党组织书记抓党建述职评议制度，直属基层党组织书记每年在抓党建工作述职评议会上进行专项述职，亮工作、点问题、评优劣，层层传递工作责任和压力。以落实执行《关于新形势下党内政治生活的若干准则》《中国共产党党内监督条例》为契机，增强党内政治生活的严肃性和规范性，规范落实党内生活制度，组织召开了集团党代会，选举产生了新一届集团党委领导班子，确立了“十三五”发展目标，描绘了集团发展宏伟蓝图。坚持民主集中制原则，认真落实“三重一大”事项决策、谈心提醒、约谈等制度，在严肃的党内生活中体现严管厚爱。认真执行“三会一课”制度，2016年，集团各级领导班子均按要求召开了高质量的民主生活会，严肃开展批评和自我批评，真正开出了党性、开出了团结、开出了决心、开出了干劲。集团所属295个党支部也都全部召开了专题组织生活会，使每位党员对存在的问题有了更

省国资委副主任曹海燕来集团指导领导班子专题民主生活会

加清醒的认识，进一步坚定了理想信念。严格健全党的基层组织，紧紧围绕集团改革发展实际，坚持企业发展到哪里、党的建设就跟进到哪里、党支部的战斗堡垒作用就体现在哪里，按照“四个同步”及时新建调整基层组织，2017 年，新建调整直属党组织 4 个，91 个基层党支部，5 个党总支和 20 个党委完成了换届选举，实现了党的基层组织设置全覆盖。

党管干部是我党的一贯组织原则。新中国成立初期，为了满足企业不同工作岗位的需要，为提前完成第一个五年计划并为第二个和第三个五年计划作好充分准备，1953 年 8 月制定了《团结改造工程技术人员的初步意见》，组织工程技术人员进行政治和技术业务学习，明确工程技术人员的职权范围和责任，在工作中大胆使用，有力推动了港口技术改造进程和机械化程度的提高。管理局党委于 1956 年初首次制定实施了《关于培养提拔干部的七年计划》，提出到 1962 年需培养提拔干部 262 名。针对新中国成立后干部队伍在思想、立场、原则、作风、能力、政治理论水平等方面存在的问题，1963 年，管理局党委依照上级党委要求和现实情况，用 46 天时间对全局干部队伍进行了一次全面、历史的考核，考核内容涉及贯彻执行上级指示，接受与完成任务情况，对本职业务熟悉程度，组织领导能力和政治理论水平，在历次政治运动、反修斗争和国家困难时期是否经得起考验，无产阶级立场是否明确，群众关系、民主作风、工作作风、革命朝气、原则性和组织纪律性等诸多方面，并按其“德才”与现任职务进行了全面衡量，梳理出胜任现职者、基本称职者、不称职者。这次考核是港口党组织成立以来第一次对干部进行全面系统的考核，摸清了底细，掌握了现状，激励了干部的作为，此后，集团党委不断结合实际思考和探索对干部和人才的培养机制和方法，着重提高干部人才的领导力、执行力和业务技术能力，为推动港口生产建设起到了积极有效的作用。

全国劳动模范、技术能手张海波（左六）和他的团队在研究课题

2012 年以来，集团党委进一步深化干部人事制度改革，强化党组织领导和把关作用，落实好干部标准，改进推荐方式和考察办法，制定集团《领导人员管理暂行办法》《领导班子和领导人员综合考核评价实施办法》《公开选拔领导人员工作实施办法》《科级管理人员竞聘上岗指导意见》等一系列规范领导人员管理制度。组织部门“严”字当头、“实”

字托底，把严和实的要求贯穿到选人用人全过程、管理监督各方面，坚持公开、公平、竞争、择优原则选任领导人员，使领导班子的结构得到改善，整体功能得到优化，形成了德才兼备、以德为先、注重实绩、群众公认的正确用人导向。吏治则民安，民安则企定。一系列从严选拔、从严管理、从严监督干部的措施，让广大职工实实在在感受到干部工作的政策好、导向好、风气好，进一步增强了对组织的信任、信赖和信心。

集团领导班子成员谈学习焦裕禄精神心得体会

如今，在干部的考核、提拔、使用和管理上，集团党委已经形成了一整套成熟的机制和体制，对于各级领导干部的管理权限和管理方法以及兼职、重大事项报告、党风责任制等都有明确规定，领导干部走基层、访职工、做实事、搞调研等都有明确要求，对于作风、廉政、纪律都有具体规定；干部管理规定、干部岗位通用工作标准、后备干部的培养、提拔、管理等相关制度规定一应俱全，每年都有一批具备年轻化、知识化、专业化条件的党员干部或职工走上各级领导岗位和管理岗位，确保了干部队伍的朝气蓬勃又始终置于党的领导之下和规章制度的约束之下，在港口的各项工作中带领广大职工创造了众多名垂青史的佳绩。

集团党委注重将组织建设工作重心下移，构建"机关服务基层、组织服务党员、党员服务群众、党建服务大局"工作格局，推进党小组建设与班组工作的有机融合，总结提炼出"五有三关"发展党员工作方法，进一步提升发展党员工作质量。各级党组织

加强学习型党组织建设，坚持从基层抓起。图为基层党组织党员学习活动阵地

在活动内容上找准着力点，在活动领域上找准突破点，在活动手段上找准结合点，在活动机制上找准支撑点，创建"一单位一品牌"党建特色的工作目标。

集团各级党组织围绕创先争优活动，开展各种形式的对标竞赛活动。图为秦港股份七公司生产业务部党支部与浙能富兴公司秦京津党支部联合举行创建"共产党员先锋岗"对标竞赛活动启动仪式

同时，集团党委把发挥党组织政治核心作用与建立现代企业制度，完善法人治理结构、全心全意依靠职工群众有机结合起来，

把党组织机构设置、职责分工、工作任务纳入企业管理之中，使党组织发挥作用组织化、制度化、具体化，保证了各项重大决策的正确性。建立党员主体参与机制，推行党员旁听基层党委会议、民主生活会，发挥党员主体作用，推行党务公开。探索基层党支部书记公推直选，实行不断推进党内民主建设。加强党建信息化建设，建立集团党员信息库、创建集团“QQ”组工等，使组织建设工作与时俱进，体现时代性。在此基础上，创新推进党小组规范化建设，制定下发《加强党小组规范化建设实施方案》，提出“三个阶段、四个标准、五个目标”任务，按照“筑牢基础、激发活力、展示成效”三个阶段，每年一个主题加以推进，以“一室、一角、一栏、一台账”四个硬件为标准，以“有阵地、有职责、有活动、有指导、有实效”“五有”为目标，优化党小组设置，选优配强党小组长，提高党小组长和班组长“一肩挑”比例，评选“十佳党小组长”。编辑《阵地强音——党小组先进事迹》书籍，特别建立党小组攻关立项制度，推动党小组建设与班组建设合拍共振，形成了党组织服务党员、党员服务群众、共同服务发展的良好氛围，

集团党委加强党小组规范化建设建设，实施党小组长和班组长一身兼，使基层党建与班组管理同频共振，切实使“小组织”发挥“大作用”

打造出“港前待泊区”、探索雾天通航等品牌项目，有力促进班组建设和生产发展，使“小组织”真正发挥“大作用”。党小组建设经验做法，得到省委组织部、省国资委领导的充分肯定，通过《河北组工信息》向全省推广。

—教育实践聚合力，作风引领好作为

作风是在长期的实践活动中形成的氛围和风气，是长期积累并形成的精神风貌。无论是热火朝天的建设年代，还是激情奔涌的改革开放新时期，集团党委秉持党性纯则作风正，党性强则作风硬的本质，高度重视作风建设。几十年来，集团党委始终坚持党风

集团第一次党代会产生新一届纪委领导班子（左起：杨晨虹、吴震、曹栋、郑国强、孟博、严明昕、李海泳、温海廷、常虹）

党纪教育常抓不懈，用党的纪律作为执行党的路线的保证，用维护党的形象和领导权威作为加强党风建设的重要手段。教育党员干部坚守政治纪律和政治规矩，严格执行廉洁自律准则，培育良好的党风。在加强对党员干部政治纪律教育的同时，加大纪检监察和党政齐抓共管力度，形成党纪党风建设强势合力。

在党风党纪教育中，党委坚持率先垂范，

50年代就开始建立党委工作准则、党内政治生活规定、三会一课制度等相关机制和规定，在历次整党整风等政治运动中，都积极贯彻党中央和上级党委指示精神，重申党的组织原则和纪律规定，对违法乱纪行为予以坚决制止和纠正。进入80年代后，随着企业由计划经济向市场经济转变以及由此带来的不正之风，纪律建设逐渐上升到党风建设的高度。管理局党委认真贯彻执行党中央《关于党内政治生活若干准则》，并根据《准则》和新时期特点，制定了《党委成员在政治生活中的五项守则》《关于局级领导转变作风的几项规定（草案）》《关于进一步健全中层领导班子生活会议制度的通知》《党政干部抓党风的政治责任制》以及关于小汽车配备使用、干部出国、住房、旅游、对外业务、经商等六项规定和《抵制不正之风的“七要七不要”》等规章制度，同时加强纪检力度，保证制度落在实处。

党委领导下的纪检监察工作始终紧贴时代和实际，五六十年代主要是围绕政治任务展开；中共十一届三中全会以后，主要围绕市场经济条件下的党风廉政建设展开。纪检队伍始建于1955年11月，中共秦皇岛港务管理局监察委员会成立，港口党组织和党员头上的达摩克利斯之剑从此高悬。1956年4月，监察委员会制定出第一版《中共秦皇岛港务管理局监察委员会工作简则》。随之而来的便是公开处理了橡胶受雨事故、主观命令主义、违法乱纪三个典型案件，表明了党的纪律的不可违和管理局党委维护党内铁的纪律的决心，也是第一次以组织的名义对党员敲响了遵纪守法的警钟。1958年下半年到1959年上半年，监察委紧紧围绕当时的政治任务开展了“兴无灭资”的思想大检查运动和各种浪费现象，尤其是重点堵塞了浪费粮食的漏洞，全年查处各种违纪案件31起。80年代，改革开放大潮兴起，企业开始由计划经济向市场经济转变。面对经济发展带来的各种不正之风和腐败问题日益突出现象，管理局党委进一步加强党纪党风建设，重新设立了监察机构——监察处，纪检委员由7名增至11名，吸收纪委主持日常工作的负责同志列席党委常委会。各级党组织把贯彻党中央《党内政治生活若干准则》和纠正不正之风情况作为每季度班子成员民主生活会主要内容进行检查。各级党组织普遍建立健全了党内监督网，分别聘请了局级党风监督员、处级单位党风信息员、基层支部党风建设联络员。同时把打击经济领域违法犯罪作为纠风重点，仅1986年就查处党员经济领域违纪案件13起，处理违纪党员13名，查结经济案件40起，查获赃款12.6万元，挽回经济损失近30万元。90年代以后，以领导干部为主的反腐倡廉成为纪律教育和党风建设的主战场，并开始形成党政齐抓共管格局，实施了党风廉政建设责任制，开展了效能监察，各项相关制度规定也不断完善。1996年，管理局党委开展了创建“领导干部形象建设工程”，将着眼点放在处级以上领导干部和重点岗位工作人员身上，集中进行廉洁自律教育和宗旨教育，组织案例教育28场次，举办展览、竞赛活动12场次，参加人员都在2000人上下。同时召开由全局34个基层党委、总支、直属支部和23个机关处室的181名领导干部参加，以自查自纠为主题的民主生活会，就存在的问题进行深刻的批评与自我批评，并严格执行反腐倡廉各项制度措施，收到显著效果，全年全局领导干部拒礼拒贿9.1万元，大案要案结案率100%，3名处级、

2名科级、6名一般党员干部受到了党纪政纪处分，为企业挽回经济损失3.6万元。据统计，1996～2005年10年间，共受理来信、来访、电话举报845件，立案 80件，结案 80件，9名处级、20名科级干部，36名一般党员干部受到了党政纪处分，通过办案挽回经济损失59.75万元；干部上交礼品礼金381人次，折款24万元； 拒礼拒贿387人次，累计折款120万余元，有力地维护了党风党纪的严肃性。纪检系统还先后树立了6名中层领导干部廉洁自律先进典型，营造风清气正的干事环境。

2002年，秦皇岛港实施了公司制改革，成立了秦皇岛港务集团有限公司。为适应改制后组织机构和领导体制的新变化，秦港集团党委主要从制度建设入手，增加防范职务犯罪手段和措施。修订下发了《关于实施党风廉政建设责任制的规定》，配套制定了《关于党风廉政建设追究的实施办法》，将领导班子和领导干部的职责范围、责任分工和责任追究条款相统一，增加了监督内容；制定《关于建立健全教育、制度、监督并重的惩治和预防腐败体系的实施方案》《关于党内监督谈话的规定》《关于党员领导干部述职述廉的规定》《纪检监察信访举报工作实施细则》等，加强了制度的严密性和可操作性；连年开展“党风党纪教育月”活动，让警钟长鸣。还与秦皇岛市人民检察院联合成立了集团公司预防职务犯罪指导委员会，联合制定下发了《关于做好预防职务犯罪工作的实施意见》，明确了各级组织和领导人员的职责、纪律与法律责任，增强领导干部对于法规纪律的敬畏感和自觉性。同时推进效能监察，对机电设备维大修、货运计量、建筑市场管理、物资采购、废旧物资管理、港区绿化等几十个项目以及职工、货主关注的热点问题实施效能监察，促进监督与管理的融合，从源头控制腐败问题的发生。

集团召开预防职务犯罪警示教育大会

进入2010年后，集团惩治和预防腐败体系基本建立，从教育预防、问题发现、统领协调、执纪审查、工作保障五个方面，形成了管党治党的“组合拳”，强化“两个责任”落实，扎实扛起主体责任，层层传导压力。层层签订《廉洁从业承诺书》，以案为鉴、树廉勤形象、纠正“四风”，“三严三实”、“两学一做”等广泛深入的主题教育活动贯穿每一个年度，干部党性党风党纪方面群众反映强烈突出问题以及领导班子和班子成员中存在的“不严不实”等问题均得到了很好的控制或有效解决。2016年，共收到各级党委班子落实党风建设和反腐倡廉工作报告72份，领导干部述廉述责报告327份。贯彻落实《廉政准则》《廉洁从业规定》《中国共产党党内监督条例》以及“八项规定”等党纪法规得到很好落实，集团党委制定的《把纪律和规矩挺在前面实施意见》《党风建设和反腐倡廉责任制实施办法》《领导人员个人有关事项报告抽查核实办法》等系列制度措施，在集团上下筑起了一道严密的反腐倡廉防火墙。

集团党委坚持把党的领导融入集团治理，完善“双向进入、交叉任职”领导体制，巩固扩大党的组织覆盖和工作覆盖，积极推进党组织参与重大问题决策的新机制建设，深入推进企业决策的科学化、民主化、制度化，保证党组织参与决策、带头执行、有效监督。认真贯彻落实集团“三重一大”决策机制，形成各级领导班子履职尽责、凝心聚力谋发展、干事业创业求发展的整体合力。

2012 年，集团党委全面落实从严治党要求，把党风建设和反腐倡廉工作作为保障企业政治和经济“两个安全”的头等大事来抓，结合各项教育实践活动重点，不断推出加强和改进党的作风建设的有效措施，着重锤炼党员干部的党性修养和真抓实干、干事创业的良好作风。有些活动以其巨大的号召力和影响力，凝聚起强大的党建能量，在组织历史发展进程中最为耀眼夺目。

2013 年，集团党委深入开展学习贯彻党的十八大精神，建设学习型、服务型、创新型党组织，学习贯彻集团新战略，建设“四商合一”卓越港口集团的“两学两建”独具特色的主题实践活动，有机地将集团党建工作融入发展大局，聚集团发展之识，固集团发展之基，聚集团发展之魂。

2014 年，集团党委认真开展党的群众路线教育实践活动，建立领导人员联系点制度，对联系点进行全程跟踪、重点把关。精心组织“我为企业改革发展献一计”活动，组织开展专题民主生活会，查找问题，达到了触及灵魂、增强党性、改进作风、促进工作的目的。认真落实整改责任，制定出体现针对性、富有操作性、立足长远性和具备可行性的集团领导班子“两方案一计划一清单”、班子成员“一措施一清单”。同时狠抓专项整治工作、持续纠正“四风”问题，确保集团风清气正，优化了港口发展环境，形成规范领导行为作风建设的长效机制 70 个。党的群众路线教育实践活动使各个党组织得到锤炼锻造，7000 多名党员经受精神洗礼，干部党性党风党纪方面群众反映强烈的突出问题得到有效解决。

集团深入开展落实中央八项规定精神、持之以恒纠正“四风”

2015 年，集团党委全面实施“三严三实”专题教育，坚持思路上融入、抓手上融入、举措上融入的“三融入”原则和“与深化集团改革发展、转型升级的各项工作相结合；与完成年度各项重点工作任务相结合；与‘解放思想、抢抓机遇、奋发作为、协同发展’大讨论活动相结合；与‘争当职工群众喜爱的好干部’活动相结合”的工作思路，深化整改落实和立规执纪等关键动作落实。坚持问题导向，组织班子成员以“三严三实”为标尺，梳理出领导班子和班子成员存在“不严不实”问题 56 条，制定整改措施 59 条；集团各级领导班子、领导人员共梳理“不严不实”问题 2239 条，制定整改措施 2393 项。将省委、省国资委“解放思想大讨论”活动确立的“八破八立”任务具体细化为“十破十立”，各分子公司领导班子及领导人员分

别上报了有问题、有分析、有建议、有措施的报告，形成了“树正气、讲团结、聚合力、促转型”的新局面。同时，集团及各级领导人员坚持联系点制度，深入基层和联系点全年累计不少于 30 天，使集团各级领导干部的作风从中得到锤炼。

2016 年，在党的群众路线教育实践活动和“三严三实”专题教育取得重大成果的基础上，集团党委紧扣思想建党，以“学、讲、树、做、改、评”为要领，把“两学一做”学习教育融入日常、抓在经常。

集团董事长、党委书记曹子玉（右三）和总经理、党委副书记刘广海（左二）深入基层开展调研工作

集团党委一方面以向“深”处学为原则，抓紧抓实党员干部学习教育，突出港口特色实施“四三三”学习教育模式，增强学习的针对性和实效性，举办了基层党组织书记“两学一做”学习教育示范培训班，由集团党委书记做了题为《认真学习党章，严格遵守党章》的党课辅导，启迪学员们在学习中思考、在感悟中奋进。同时，实施“信仰领航教育计划”，创新活动载体，开设“领导干部大讲堂”“送党课服务基层”等活动。集团党委将“流动课堂”开设到基层一线，搭建“e 师 e 友”网络培训平台，开设学习教育专题网站和专栏，切实把学习教育融入组织生活和党员日常教育管理中，提升学习效果，做到筑牢“信仰之基”、补足“精神之钙”、把稳“思想之舵”。始终坚持思想建党和制度治党紧密结合，教育与制度，同向发力、同时发力，进一步完善党内政治生活制度。把学习贯彻《关于新形势下党内政治生活的若干准则》《中国共产党党内监督条例》纳入“两学一做”学习教育，推动党员干部对照标准查、聚焦问题改、按照要求做，把行为界限牢记于心，把行为规范体现于行，发挥好“关键少数”的表率作用，激励各级领导干部在增强“四个意识”上作表率，在践行《关于新形势下

集团总经理、党委副书记刘广海（右四）在秦港股份一公司调研

集团党委副书记、工会主席宋敬中（左四）深入秦港股份铁运公司了解党建工作及业务生产情况

党内政治生活的若干准则》和《中国共产党党内监督条例》上树标杆，在履行管党治党责任上走在前列，确保学习贯彻工作落到基层、取得实效。

另一方面，集团党委以向“实”处做为导向，深化“港口先锋红色义工”党员志愿服务活动，将6月3日定为集团党员志愿服务活动日，推动党员志愿服务制度化、常态化。各级党组织带领广大党员干部群众砥砺奋进，做到了一个党组织就是一个战斗堡垒，一名党员就是一个标杆、一面旗帜。同时，以往“真”处抓为落脚点，开展了“一问责八清理[①]”专项工作，确定了集团要开展的7个方面27项清理整改内容，形成了“问题整改清单”，着力整改党员交纳党费不足额等问题。“两学一做”学习教育深深拷问了每个党员的灵魂，荡涤了每个党员的思想，成为一次党性锻炼的生动实践。

集团党委中心组举行“两学一做”专题学习研讨

在“三严三实”专题教育中，集团各级领导班子、领导人员就梳理出“不严不实”问题2239条，制定整改措施2393项。集团党委在省国资委系统率先形成了谈话劝诫制度体系，全年共开展廉政谈话14人、谈心提醒9人、约谈13人、诫勉谈话19人。集团创造的8项经验和7项制度在省国资委系统范围内得到推广，党员干部的党性观念和“四个意识”在一次次学习教育活动中得到升华。

集团党委举办领导干部大讲堂，对领导人员进行经常性教育和培训

——创新思维强党建，发展引领新转型

国有企业是全面建成小康社会的微观经济体，是实现中国梦的重要经济引擎。在集团建设发展和改革的每个历史时期，党建工作作为国有企业独特的政治资源，始终根植于企业建设发展和改革核心，贯穿于企业生产经营和改革发展全过程。

特别是在当今，经济发展和从严治党的新常态下，国企党组织既承担着“促改革”的政治责任，又承担着“调结构”的经济责任，更肩负着“惠民生”的社会责任。集团党委坚持把提高企业效益，增强企业竞争力、

① “一问责”，是对党的领导弱化、主体责任缺失，管党治党不力、发生严重违纪违法问题的，抓住典型，严肃问责，公开处理，严肃问责和通报曝光一批落实“两个责任”不力的典型，倒逼“两个责任”落实。重点解决严重违反党的政治纪律和政治规矩、党组织政治核心作用弱化、全面从严治党主体责任缺失、党风廉政建设监督责任缺位4个方面问题。

“八清理”，是对超职数配备干部、违规进人问题，违规公费出国（境）、公款旅游问题，乱收费、乱摊派问题，领导干部经商及其亲属利用其职务影响谋取不正当利益问题，滞留截留套取挪用财政专项资金特别是涉农资金问题，省属违规配车、用车问题，招标投标不规范、违规出让土地、违反规划调整容积率等问题，懒政怠政、不作为、不在状态问题，进行清理。

实现国有资产保值增值作为企业党组织工作的出发点和落脚点，突出“价值党建”导向，以企业发展成果检验党组织的工作和战斗力，为企业做强做优做大提供坚强的组织保证。

省国资委党委在监管企业中推广河北港口集团“党建项目化运作”的经验

新中国成立以后，党领导全国人民掀起大规模的社会主义建设热潮，国民经济迅速恢复增长，而当时路港运输却落后于国民经济超常发展需要。为了满足国家经济建设对煤炭、矿石等重点物资运输需求，当时的管理局党委积极贯彻党中央提出的“全国一盘棋”方针，敦促相关部门探索新方法新路子。1956 年，经过与铁路方面共同努力，推出了煤炭运输“一条龙”的路港协作方案，双方在“制约合同”的基础上，初步建立起“统一计划、统一班次、统一指标、统一竞赛”的“四个统一”新型协作关系，确保了路港双方煤炭运输圆满完成了国家计划，港口吞吐量和港口机车拖运量都比上一年度增长了 22%，全港的煤炭出口量较上一年增长了 50%。之后，路港双方又根据水陆联运特点，逐步丰富路港协作内容，于 1959 年 4 月成功创造了矿、路、港、航、贸五位一体的“一条龙”全面大协作，形成了首尾相连、环节紧扣、货畅其流的完整运输链。该模式开创了我国“产、供、运、销”联合运输的典范，在全国交通运输战线引起广泛反响并被普遍推广应用，交通部、铁道部、河北省联合在秦皇岛召开全国路港协作现场会议，总结交流秦皇岛路港“一条龙”运输大协作经验。这是管理局党委领导秦皇岛港广大干部职工写下的辉煌一页！

1956 年，秦皇岛路、港双方联合办公，装卸作业实行统一计划、统一调度、统一指挥。图为路、港、航调度人员在局调度室前协调机车运力

由于帝国主义侵略掠夺，秦皇岛港几十年积贫积弱，运输生产几乎全靠人抬肩扛，港口机械化操作比重几乎为零。1951 年，在党组织的倡导和支持下，港机厂率先破除迷信，用废弃的旧机车重新制作了一台港用 600 吨小型蒸汽机车，拉开了港口技术革新改造的大幕。上世纪 60 年代，党中央发出“向科学技术进军”的号召，管理局党委积极响应，广泛发动群众大力开展技术双革运动，大搞技术攻关，各种技术攻关、技术创新活动此起彼伏，一批批技术革新改造成果应用于运输生产。尤其是 1956 年至 1965 年，管理局用 10 年时间，对大码头七号泊位进行了三次大的技术改造，在资金、材料、技术都严重缺乏的情况下，充分挖掘广大技术人员和职

工的积极性和聪明才智，先后实现了四机、六机联合作业，大大解放了生产力，港口机械化程度和运输效率大幅度提高。七号泊位技改是秦皇岛港解放后最大的一个由自己设计、制造、安装的技改项目，也是秦皇岛港第一个机械化煤炭运输专用泊位，在秦皇岛港的发展史中具有及其重要的意义。

秦皇岛港七号码头技术改造典礼现场

七号泊位技改的成功给秦皇岛港带来了前所未有的一次大发展，而依此诞生的螺旋卸车机则是第一功臣。这项完全由秦港人自己研究开发出来的技术成果，给秦皇岛港运输生产带来了翻天覆地的巨大变化，彻底结束了长达60多年煤炭靠人力卸车装船的历史，1980年港口煤炭运输能力猛增到1260多万吨，是1964年的7倍。螺旋卸车机的问世，为国家经济建设做出了卓越的贡献，有力地支援了华东、华南等地巨大的煤炭需求，也奠定了秦皇岛港发展为能源运输大港的坚实基础。1994年，螺旋卸车机荣幸地获得了国家发明专利而永载史册。

1973年，港口职工坚决响应国务院总理周恩来“三年改变港口面貌”的一系列号召，开始了大规模港口建设。同年，中国第一座管道式输油码头在秦皇岛港建成；1975年，甲码头建成投产；1974年至1979年进行乙码头九号泊位技术改造；1980年至1983年完成八号泊位技术改造。九号泊位改造成功后，在没有新建泊位投产的情况下，实现了十年煤炭吞吐量翻两番；八号泊位技术改造将设计通过能力由原来的69万吨提高到600万吨。七、八、九号泊位技术改造的成功，彻底改变了港口的面貌，实现了由人力到半机械化再到机械化的两次飞跃，1983年港口吞吐量首次突破了3000万吨大关，基本确立了秦皇岛港能源运输大港的地位，为后来的煤一至煤五期工程建设做了良好的铺垫，这也是管理局党委贯彻实施党的科技兴国路线的结晶。

1977年，秦皇岛港召开了规模空前的“创建大庆式企业誓师大会”，提出了两年内建成“大庆式企业”和突破“双千万”（即港口货物吞吐量突破2000万吨；利润总额突破2000万元）的奋斗目标。大会之后，全局职工积极投入创建“大庆式企业”运动，当年港口利润总额就突破了2000万元大关，实际完成2247万元。1978年，中共十一届三中全会召开，改革开放成为时代发展的主流，秦皇岛港进入了崭新发展阶段。当年港口吞吐量完成2218.5万吨，实现利润总额2861.3万元，分别比上年增长18.6%和21.5%，全面完成了国家计划。1979年10月31日，经河北省、交通部联合检查验收，秦皇岛港务管理局被省委、省革委会正式命名为“大庆式企业”。

20世纪末21世纪初，秦皇岛港进入了蓬勃发展阶段。1997年，管理局党委面对秦皇岛港在由计划经济向市场经济转变过程中遇到装卸生产严重下滑，职工情绪不稳定等前所未有的困难情况下因势利导，组织全港

职工展开了为期一个月的“秦港有困难，我们怎么办”大讨论活动，针对港口改革、生产经营、增产节约、作风建设等方面存在的问题广开言路，发动职工出主意想办法，凝心聚力渡难关。广大职工解放思想，积极参与，提出了800多条有价值的意见和建议，职工队伍的精神面貌发生很大变化，市场竞争意识、忧患意识、主人翁责任感普遍增强，为完成生产经营改革等各项年度工作任务起到了积极有效的推动作用。伴随着市场化改革的深入，港口生产有了跨越式发展，大规模的码头建设日新月异。在现有煤一期、煤二期工程的基础上，煤三期至煤五期相继投产，大大增加了码头运输能力，企业发展不断迈上新台阶。港口吞吐量由2001年首次突破1亿吨，飙升到2006年2亿吨，2009年突破3亿吨，巩固了国家煤炭运输主枢纽港地位。

秦皇岛港西港区

2010年，河北港口集团借鉴路港合署办公的经验，决定在秦皇岛港设置合署办公区域，将铁路、海事、引航、船舶拖带等部门和单位邀请集中办公，随时发现处置解决问题。随着2012年3月秦皇岛港引航公司的进驻，秦皇岛港开创的合署办公模式进一步完善，港口运输作业链条无缝衔接再度升级。以此为平台，秦皇岛港形成了从煤炭装车、调进、卸车、堆存、装船以及船舶走靠作业一系列生产流程的一体化管控。

在港口建设发展的进程中，工会和共青团组织也历经70年风雨兼程，群团组织积极发挥着强有力的桥梁纽带作用，服务港口，服务职工，把职工的意愿转化成发展港口的聪明智慧，把党的温暖，企业的关怀转化成职工为企业拼搏奉献的积极性和创造性，凝聚起强大的党建合力。

集团演出队参加省国资委系统演出

集团党委发挥群团组织优势，开展丰富多彩的职工文体活动，丰富职工文化生活。图为2010年，集团举办首届职工运动会场景

中共十六大以来，党中央坚持解放思想、实事求是、与时俱进精神，不断推进党的建设，集团党委始终紧跟党中央步伐，先后开展了以实践“三个代表”重要思想为主要内容的保持共产党员先进性教育活动、以创建先进基层党组织、争当优秀共产党员为主要内容的创先争优活动以及群众路线教育实践

活动。从党建大局到党员个体，都进行了全覆盖式的发动和教育，对于加强党的领导，推进党组织建设，发挥党员先进性都起到了积极的推动促进作用，收到了实实在在的成效。2008 年 1 月中旬，我国南方遭受雨雪冰冻自然灾害袭击，灾区电煤供应频频告急。1 月 31 日，中共中央总书记胡锦涛亲临秦皇岛港视察，对电煤运输工作作出重要指示。面对党和国家的重托和灾区人民的祁盼，秦皇岛港迅速组织起一场抢运电煤攻坚战，仅 2 月 1 日至 10 日就突击抢运电煤 728.5 万吨。在近一个月时间里，不但确保了电煤“来多少，装多少，走多少”，而且创下开港以来单月发运煤炭历史最高纪录，出色地完成了党中央、国务院交给的抢运电煤任务，保证华中、华南地区的电力供应，有力地彰显了秦皇岛港煤炭运输主枢纽的重要地位和作用，同时也印证了各级党组织和广大党员干部的战斗力和先锋模范作用。被时任中共中央总书记胡锦涛赞誉为“一支特别能战斗的队伍”。

雪中坚守

在 2010 年至 2012 年创先争优活动中，集团就涌现出 11 个先进基层党组织、30 个先进基层党支部、86 个先进党小组，234 名优秀共产党员和 48 个共产党员先锋岗。256 个基层党支部在群众评议中满意率达 95% 以上。还有一大批基层党组织和个人上榜省国资委系统先进和优秀。集团各级党组织和广大党员干部勇于担当勤奋作为，用实际行动汇聚成一股磅礴的力量。

中共十八大以来，集团党委根据企业改革发展稳定的新形势、新任务、新特点，从“抓班子、强素质”着手，有效推进党组织政治核心作用的发挥，将价值思维、效益导向的理念融入到党建管理工作中，抓思想从严、管党从严、执纪从严、作风从严、反腐从严……一系列管党治党的“组合拳”，赢得了职工群众的衷心赞誉。

集团党委在基层党组织中开展“一支部一品牌”创建活动。图为省国资委副主任曹海燕（左二）到秦港股份铁运公司参观指导支部创建工作

在集团党委的组织引领下，集团公司业绩跃上新台阶，港口吞吐量 5 年累计完成约 18 亿吨；秦港股份上市发行创造了香港资本市场国企 H 股上市的“秦港速度”，成功融资 30 多亿元，为企业后续发展积攒了雄厚实力；主动融入京津冀协同发展和“一带一路”建设，相继挂牌组建渤海津冀港口投资发展有限公司、唐山港口投资开发有限公司，开启了集团统筹规划利用岸线资源、实现错位竞争合作发展的新纪元；港口物流、港口建设、港机制造、港口地产、港口服务各大板块协调联动、竞相发展，实现了集团新跨越。

秦皇岛港码头

创新是一个民族、一个国家的灵魂，更是提高组织建设水平的关键。在集团科学发展、转型升级的战略征途上，各级党组织成为集团公司科学发展的坚实基础，以锐意进取、积极创新的斗志，不断释放党建优势，广大共产党员以强烈的责任感和勇于担当的气魄，为集团的发展注入源源不断的生机与活力，集团“十二五”目标任务全面顺利完成，集团已经拥有全资、控股和参股投资企业50家，涵盖多个发展领域，初步形成了以秦唐沧三大港区为载体、陆港场站项目为辐射节点、集疏通道为纽带的区域港口物流服务网络，在实践国家战略中进一步提升了集团的竞争力和影响力。

集团党委在从严治党中凝心聚力，在深学实做中砥砺前行，成为集团弯道取直、稳步发展的“红色引擎”。2016年，北方煤炭铁路运输呈现大秦线、蒙冀线、准池线“三足鼎立”之势，港口煤炭生产急转直下；钢铁去产能，矿石需求后劲不足；油品货源锐减、集装箱增速缓慢，致使港口吞吐量波动明显。前三季度，特别是传统的“迎峰度夏”时期，煤炭生产高点未如期到来，给集团公司实现“稳中求进、稳中有增”发展目标带来重重考验。面对这些问题，集团公司、股份公司董事长、党委书记曹子玉审时度势，提出“效益上不去绝对不行、纪律出问题绝对不行、安全出事故绝对不行”的工作思路，以扭转生产经营困难局面为工作重心，以深化服务、树立品牌、稳定客户、吸引新货源工作为抓手，破局解困，为集团公司平稳运行指明了方向。

面对货源分流、价格竞争以及去产能政策的影响，集团多次与周边港口进行磋商，

集团党委中心组扩大学习，研究集团发展策略

首次达成了煤炭价格协调机制，深入开展网格化营销，积极推行大客户经理负责制，开展“一对一”服务，严格落实任务分解和考核，形成了“人人头上有指标，千斤重担大家挑”的局面。

集团领导带队主动走访上下游客户，与神华集团签署战略合作协议，明确了多个领域合作项目，稳定了集团煤炭下水量，争取到60多家发运单位到港中转，开发冀中南市场，延伸了港口腹地，2016年11月港口生产恢复到高位水平，全年集装箱突破110万标箱，创历史最高水平，黄骅港综合港区吞吐量上6000万吨台阶，曹妃甸港区吞吐量达到8500万吨。

集团董事长、党委书记曹子玉（左四）深入基层进行实地调研

集团党委危机面前，不畏“严寒”，迎难而上，紧紧围绕生产经营中心工作和改革发展稳定大局，以党建为魂引领发展，带领各级党组织、7000余名党员和广大干部职工以高度的责任感勇挑发展重担，按照加强国有企业党的建设相关要求，强化主责主业，坚持企业发展到哪里、党的建设就跟进到哪里，以信心和行动抵御寒冬，开创属于河北港口集团的又一个春天。

集团举行“飞向春天”慰问职工演出

2017年1月4日至5日，集团第一次党代会的胜利召开，全面总结了集团组建以来取得的成绩和经验，客观分析了当前面临的形势与任务，制定出“1441”发展战略，明确“一个核心”“四项改革”“四篇文章”“一个保证”的奋斗目标，开启了“转型升级、协同发展、绿色跨越”的强企新路。时下，集团围绕秦皇岛港及曹妃甸港区、黄骅港区、投资金融和港口物流四大板块发展布局，以市场化转型、集团化管控、一体化监督、基础管理再造四项改革为抓手，创新发展模式、创优发展环境、创造发展优势，加快“调转促”步伐，基层党组织建设统筹推进，辐射到港区各个角落，深入到站队、班组，党组织的覆盖面和影响力不断扩大，奋力打造集团改革发展和党建工作两个“升级版”。一季度，集团上下坚定“说了算，定了干，干就干好”的决心与信心，倾力打好“营销、服务、效率”三张牌。1～4月份，集团完成吞吐量1.29亿吨，同比增长26.6%，实现利润总额5.3亿元，同比增长104.25%，集团公司、股份公司双双实现了生产经营开门红。

鹏程万里风正劲，逐梦扬帆恰当时。站在集团转型发展的新起点上，集团党委充分发挥领导作用，把方向、管大局、保落实，以改革创新的精神全面加强和改进党的建设，

践行“为党报国、服务地方、担当负责、客户至上”的企业理念，全面落实“两个责任”，以铁的纪律、严的规矩、实的作风营造风清气正的干事创业环境，奋力开辟出一条具有集团特色的强企新路，为实现“十三五”奋斗目标保驾护航。

港湾夜色

大事记

大事记

1948年

11月27日

秦榆市（即秦皇岛）解放，军事管制委员会派鲁延等人为驻港军代表，对港口实行军事管制，并委派郝洁轩、丁春生等人筹建中共秦皇岛开滦工作委员会（以下简称开滦工委）。

12月初

中共秦皇岛开滦工作委员会成立，主要负责党、群组织建设和配合驻港军事代表开展工作。

1949年

5月

开滦工委秘密接收20名港口职工加入中国共产党，成为港口解放后首批新党员。

7月13日

秦皇岛市原派驻港口的军事代表，奉命改称开滦煤矿总军事代表办事处驻秦皇岛经理处军事代表。

8月

开滦工委根据市委决定，领导职工开展斗争，废除了封建把头制度。

9月20日

港口召开第一次职工代表会议，选举产生了中国煤矿工会开滦秦皇岛经理处委员会。

10月5日

中共秦皇岛开滦工作委员会正式公开。

11月9日

港口职工政治、文化业余学校正式开学，入学职工1200余人。

11月10日

开滦工委举行扩大会议，决定首先公开火车房党支部，取得经验后，陆续公开其他党支部。

11月15日

火车房党支部正式公开。这是继中共秦皇岛开滦工作委员会公开后，第一个公开的基层党支部。

11月底

秦皇岛经理处六个党支部已经全部公开。

1950年

5月20日

开始整顿原港口职员队伍，开除了开滦秦皇岛经理处工务处长等11人。5月21日和6月21日，又分别撤职、开除工务处的两名高级职员。

8月7日

开滦工委在全港开展以提高党员、干部

思想觉悟，改造作风，客服官僚主义、命令主义，加强群众观点为主要内容的整党整干工作。

9月5日

原天津航政局秦皇岛办事处撤销，成立天津区港务局秦皇岛办事处。

是年

开滦工委在举办职工业余政治学习基础上，开始建立干部参加理论学习制度。

1951年

1月下旬

开滦工委在工委及党总支一层设立政治报告员，在基层党支部设立兼职政治宣传员，并以政治宣传员为骨干，组成了由青年团员、工会积极分子参加的宣传队伍，切实形成了党对职工群众的宣传网。

4月

开滦工委开始在全港范围内开展整建党工作。

10月8日

开滦工委开始在各部门开展整风审干工作。

12月

开滦工委在全港干部中开展反贪污、反浪费、反官僚主义运动。

1952年

1月14日

开滦工委在职工大会上作初步检查，以发动群众同贪污、浪费、官僚主义作斗争。

5月15日

开滦矿务总局秦皇岛经理处随总局由中央人民政府燃料工业部代管，同时撤销军事管制。中共党员干部石新任经理处代经理，至此，党掌握了经理处的行政大权。中共秦皇岛开滦工作委员会改称中共秦皇岛开滦委员会（以下简称秦皇岛开滦党委），从而实现了“我党通过人民政府管理港口的体制”。

同日

秦皇岛开滦党委设立组织部、宣传部。

8月8日

秦皇岛开滦党委组织部作出《关于发展新党员的计划》，计划到1953年6月，分期、分批发展300名新党员。

1953年

1月1日

秦皇岛港结束与燃料工业部的代管关系，划归中央人民交通部海运管理总局直接管辖领导。

2月28日

秦皇岛开滦党委开展反对官僚主义、命令主义和违法乱纪运动。

3 月 1 日

开滦煤矿总管理处宣布撤销开滦秦皇岛经理处，设置驻港开滦办事处。

3 月 10 日

秦皇岛港结束与开滦的隶属关系，将原开滦秦皇岛经理处和驻秦皇岛口岸所有之港务、航务办事处合为一体。

4 月 9 日

天津区港务局秦皇岛分局发布第一号《通告》，指出："本局遵于 1953 年 1 月 1 日起开始改组，并奉中央交通部天津区港务局命令改组为天津区港务局秦皇岛分局，于即日起宣布成立"。

4 月 11 日

中共秦皇岛开滦工作委员会撤销，成立中共秦皇岛市港务分局委员会（以下简称分局党委）。

5 月

分局党委明确针对工人中党员少的情况必须在生产班组建立以工组长为首，以党、团员为骨干，由政治宣传员和工会积极分子参加的 5 ~ 7 人核心组。

6 月 10 日

分局党委组建干部业务学习委员会，制订干部业务学习计划和学习制度，使干部的业务学习步入正轨。

8 月 21 日

分局党委明确党委加强对工程技术人员的领导，认真贯彻执行"团结改造"的方针和政策。

12 月 10 日

分局党委明确加强党支部对青年团的领导，使青年团真正成为党的可靠助手和后备军。

1954 年

3 月

分局党委纠正了党支部教育和工人教育一起进行的偏向，恢复了支部教育。

4 月 22 日

分局党委组织部明确 1954 年把发展党员工作重点放在装卸大队和职能科室，有计划、有步骤地发展新党员。

7 月 6 日

天津区港务管理局秦皇岛分局遵照交通部的决定，脱离与天津区港务管理局的隶属关系，改称中央人民政府交通部秦皇岛港务管理局（以下简称管理局），直属交通部海运管理总局领导。成立中共秦皇岛市港务管理局委员会（以下简称管理局党委）。

同日

管理局成立政治处，下设组织科、宣传科等工作部门。

8 月 5 日

秦皇岛港务管理局决定实行厂长负责制，并逐步推行区域责任制和岗位责任制。

9 月 16 日 ~ 18 日

秦皇岛港务管理局召开党代会，认真贯彻中共七届四中全会《关于增强党的团结的决议》。

9 月

管理局党委开始在党支部委员以上党员干部中进行增强党的团结的教育。开始建立每年一次的党员代表大会制度和民主检查领导的会议制度。

同月

管理局党委组织部按照积极分子的五个条件，开展整顿积极分子工作。

1955 年

2 月 12 日

管理局政治处开始开展审干工作。

5 月 30 日～31 日

秦皇岛港务管理局召开党代会，作题为《克服保守思想，在知识分子中扩大党的力量》的总结；选举出席市党代会代表；讨论并通过《关于 1955 年工作部署》和《政治工作要点》。

5 月 31 日

管理局党委明确要求加强党支部委员会的集体领导，学习和推广哈尔滨机车车辆修理厂开好党支部大会的经验，提高党支部书记、委员搞好党支部工作的能力。

6 月 22 日

管理局党委作出《执行中共中央关于揭露胡风反革命集团给各级党委的指示的行动计划》，并要求同“审干”和“清理”工作结合进行。

6 月

管理局党委在党员中认真传达贯彻中共中央《关于知识分子问题的指示》，克服了党员关门主义和保守思想，端正了对知识分子的认识。

7 月 27 日

管理局党委“肃反”五人小组成立，负责领导管理局的“肃反”工作。

8 月

管理局党委在全局开展肃清暗藏的反革命分子运动。

12 月 14 日

管理局党委建议市委帮助管理局纠正党政机关“肃反”中的“左”倾情绪，并防止把这种情绪带到工人“肃反”中去。

1956 年

2 月

管理局政治处在全局职工中开展社会主义改造和社会主义建设高潮的教育。

同月

管理局政治处决定今后每年至少对全局党员进行一次普训。

3 月 31 日

管理局党委作出《关于培养提拔干部的七年计划》，要求到 1962 年底培养提拔 262 名干部。

5 月 7 日～8 日

秦皇岛港务管理局召开党代会，讨论并通过《关于 1955 年几项主要工作的总结和 1956 年工作计划》的报告，作出相应决议。

6 月 1 日

管理局政治处明确要求依据“积极慎重”的建党方针和“重点接收”的原则，在党员少、缺少新生力量的单位和生产班组发展新党员。

10 月

管理局党委开始学习中共八大文件。

1957 年

1 月 2 日

管理局政治处开始轮训基层党员，进行党章教育，为召开管理局党员代表大会奠定思想基础。

1 月 26 日

管理局取消“一长制”，实行“党委领导下的厂长负责制”。

2 月 8 日

管理局党委作出《关于加强党委集体领导的几项规定》，强调企业的一切重大问题必须经党委会议集体讨论并作出明确决议后方能执行。

4 月 15 日～18 日

中共秦皇岛市港务管理局第一次代表大会召开，中心议题是加强党内外团结，克服“一长制”的影响，实行党委集体领导下的厂长负责制。大会选举产生管理局第一届委员会和出席市党代会的代表。

4 月 30 日

管理局党委作出《撤销政治处的决定》，拟决定撤销政治处，同时建立党委各个工作部门，改进党的领导方法。5 月 23 日，市委工业部批准这一决定。6 月 10 日，管理局党委撤销政治处，恢复党委办公室、组织部、宣传部等党委工作部门，处理日常党务工作。

5 月 15 日

管理局党委开始在全局党员中开展反对官僚主义、宗派主义和主观主义的整风运动。

9 月 5 日

管理局党委明确要求全局领导干部积极参加集体生产劳动，密切干群关系。

9 月

管理局党委开始在全局职工中开展整风和社会主义教育运动。

1958 年

1 月 20 日

管理局党委要求立即组建管理局首届一次职工代表大会筹备委员会，并于 3 月初完成筹备工作任务，正式召开职工代表大会。

1 月

管理局党委在企业开展整风和社会主义教育运动中进行整党工作。

3 月

管理局首届一次职工代表大会与管理局工会第八届会员代表大会同时举行。

4 月

管理局党委在整风、整党工作基础上，组织学习天津市党支部竞赛的经验，开展党支部工作评比竞赛。

5 月 2 日

管理局党委开始推行“两参一改”制度，即：干部参加劳动、工人参加管理、改革不合理的规章制度。

5 月 26 日～28 日

中共秦皇岛市港务管理局第二次代表大会召开，听取并审议《整风运动的基本总结和今后主要任务的报告》，选举产生管理局第二届委员会。

6 月 25 日

经交通部呈报，中共中央批准，秦皇岛港下放河北省秦皇岛市管辖。

7 月 24 日

省委决定，秦皇岛港在船舶调度和业务指导上由天津港统一指挥；党的政治思想工作，行政领导及财务收益等归秦皇岛市领导和管理。

9 月

管理局党委领导全局职工开展社会主义和共产主义教育活动。

11 月 2 日

管理局开始推行组织军事化、行动战斗化、生产生活纪律化工作。

是年

秦皇岛港建立局长接待来访群众制度。

1959 年

1 月 20 日

管理局党委明确 1959 年发展新党员的重点放在党员比例数小或缺乏新生力量的单位。

3 月

管理局党委部署党支部工作评比竞赛活动。

4 月 27 日～28 日

中共秦皇岛市港务管理局第三次代表大会召开，讨论并通过《总结经验，再接再厉，保证 1959 年取得更大更好更全面地跃进》的报告，选举产生管理局第三届委员会。

4 月

秦皇岛港发展矿、路、港、航、贸“一条龙”的全面大协作。

5 月 23 日

管理局 37 名干部下放劳动锻炼。

8 月 18 日

管理局党委发动全局职工反右倾、鼓干劲，开展增产节约运动。

9 月 10 日

交通部、铁道部、河北省在北戴河联合召开全国路港协作秦皇岛现场会议，总结、交流和推广路港“一条龙”运输协作经验。

10 月

全国群英会期间，周恩来总理在小范围内接见了秦皇岛港党委书记刘抗，对由秦皇岛港和铁路车站共同发起和创新的“一条龙”运输大协作，惠勉有嘉。

11 月 8 日

管理局党委决定从 11 月上旬开始在党员、干部中开展以反右倾机会主义为中心的整风运动。

1960 年

2 月 16 日

管理局党委业余党校举办捍卫党的“三面红旗”的党训班。

3 月 8 日

管理局党委颁发《1960 年总支、支部、党员和干部五好竞赛评比办法》。

4 月 15 日

管理局党委组织部作出《1960 年接收 100 ～ 150 名新党员的计划》，以适应大跃进的形势需要。

4 月 30 日

管理局党委要求各党总支建立 5 ～ 7 人的教研室，由党总支书记任主任；直属党支部和几个基层党支部建立 3 ～ 5 人的教研组，由党支部书记任组长。

7 月 5 日

管理局党委决定在领导干部中实行“一·二·三”工作制，科、局级领导干部每周参加集体劳动一天，在机关工作、学习两天，深入基层工作，调查研究三天。

是年

管理局党委在全局党支部中开展组、宣、监一条龙大协作的党支部工作竞赛。

1961 年

2 月 7 日

中央批准秦皇岛港等十大港口由地方划归交通部水运管理总局领导。

4 月上旬

管理局党委开始在全局上下开展整顿思想、整顿作风、整顿管理、整顿制度、整顿队伍，克服企业“七风”（共产风、浮夸风、命令风、生产乱指挥风、特殊风、资本主义经营风、铺张浪费风）的整风运动。

5 月 22 日

秦皇岛港务管理局开始直接由交通部领导。

7 月 12 日～ 14 日

中共秦皇岛市港务管理局第四次代表大会召开，听取并审查通过《关于两年来基本工作情况和今后工作意见》的报告，选举产生管理局第四届委员会和出席市党代会的代表。

7 月

管理局党委召开秦皇岛港首次政工会议。

8 月 15 日

管理局党委开始开展以自我教育为主，自上而下地整顿党组织、整顿党员队伍、整顿各项制度的工作。

9 月 5 日

管理局举行党委常委会议，研究决定成立贯彻中共中央颁发的《国营工业企业工作条例（草案）》领导小组。

11 月 9 日

管理局制定并推行《秦皇岛港务管理局“七定”“七保”、一奖实施方案》《加强党委集体领导，改进作风的若干规定》。

同月

管理局党委连续举办科级干部读书会和

党支部委员轮训班，培养教育基层领导力量。

1962 年

1 月

管理局建立起每周星期二上午为局长接待日制度，进一步健全信访工作制度。同时，建立“人民来信来访登记薄”和信访统计制度。

4 月 27 日

管理局党委为在反右倾斗争中被错误处理的同志全部进行了甄别平反。

5 月 2 日

管理局党委开始对全局党员进行以形势教育和党的基本知识教育为主要内容的普遍轮训。

5 月 14 日

管理局党委召开知识分子座谈会。与会者就党委贯彻执行知识分子政策和党与非党合作共事以及企业技术管理提出 200 多条批评和建议。

10 月 29 日

管理局党委召开组织工作会议，交流组织工作经验，明确干部工作、党员教育、干部管理教育、党内民主生活等工作任务。

12 月 6 日

管理局党委在全局职工中开展以贯彻落实中共八届十中全会精神为中心的社会主义教育。

12 月 6 日

管理局党委召开全局干部工作会议，传达贯彻中共八届十中全会和市委四级干部会议精神，统一思想认识。

1963 年

4 月 15 日

市委决定在秦皇岛港工人中进行反对现代修正主义教育的试点工作。

4 月 20 日～2 1 日

中共秦皇岛市港务管理局第五次代表大会召开，听取并审议《加强党的领导，厉行增产节约，改进企业管理，为争取成为“五好”企业而奋斗》的报告，通过相应决议。选举产生管理局第五届委员会。

4 月 25 日

管理局党委发动全局职工开展以增产节约为中心的“五反”运动。

6 月 27 日

管理局党委认真贯彻执行中央《关于各级干部参加劳动的指示》，转变领导作风，熟悉生产，提高业务，密切干群关系，克服官僚主义和干部特殊化。

7 月 6 日

交通部政治部发文批复秦皇岛港务管理局设立政治部。

7 月 8 日

管理局党委开始组织党员干部学习中共中央发出的《关于目前农村工作中若干问题的决定（草案）》和 7 个附件。

10 月 15 日

管理局党委开始进行基层党员普训工作，进行党的基本知识教育、形势教育、阶级教育和坚持社会主义方向的教育。

11 月 7 日

管理局党委进一步明确了各级干部参加集体生产劳动的具体时间和形式。

11 月 20 日

管理局党委发动全局职工开展比指标、找差距、学赶先进水平活动。

11 月

管理局党委贯彻《中国共产党工业企业基层组织工作条例（草案）》，制定《港口政治工作条例（草案）修改稿》。

1964 年

3 月 30 日

管理局政治部要求 17 级以上干部争取在两年内读完《毛泽东选集》1 至 4 卷；一般干部争取年内读完《关于阶级、阶级斗争和反修、防修学习文件》第 1、2 集。

4 月 8 日

管理局党委在职工中进行政治清理工作。

5 月 7 日

管理局政治部决定按照“五反”运动的步骤和要求有计划地进行整党工作。

7 月

管理局政治部内设办公室、组织科、宣传科和干部科。

8 月

管理局党委向交通部北方区海运管理局呈送《关于组织广大职工学习毛主席著作，运用集中力量打歼灭战的办法，多快好省地完成生产任务的报告》。9 月 13 日，北方区海运管理局批转了这份报告。

同月

管理局党委向市委呈送题为《我们是怎样学习解放军的报告》。9 月 12 日，市委向全市转发了这份报告。

9 月 28 日

交通部秦皇岛港务管理局政治部改名为中共秦皇岛港务管理局政治部。

11 月

管理局在码头、煤厂两个作业区及管理局机关三个单位增设政治处。

12 月 14 日

管理局党委政治部采取辅导与讨论相结合、学习“政工条例”与学习解放军相结合、理论与实际相结合的“三结合”的方法集训政工干部。

12 月 24 日

管理局党委政治部重新颁发《评比奖励试行办法》，贯彻“政治挂帅与物质鼓励相结合”的原则。

12 月

管理局党委在整顿党支部的基础上健全了“三会一课”制度。

1965年

2月

管理局党委政治部开始对全局697名干部档案进行审查、登记、整理和装订工作。

是年

管理局党委将33个党支部划为46个党支部，把原来2个党总支增加到7个党总支，为进一步发挥党组织的战斗堡垒作用创造了条件。

1966年

3月21日

管理局深入开展“四清”（清政治、清经济、清组织、清思想）运动。

1967年

1月20日

秦皇岛港的所谓“造反派”在“无产阶级革命派联合起来向党内一小撮走资本主义道路的当权派夺权”的号召下，夺取了管理局党、政、财、文大权，混乱局面加剧。

2月24日

中国人民解放军驻秦部队进驻秦皇岛港管理局。

4月4日

中国人民解放军秦皇岛港务局军事管制委员会正式成立（以下简称局军管会），对港口实行军管。

1968年

7月9日

省革委会批复同意秦皇岛港务局革命委员会（以下简称局革委会）成立。

10月

局军管会、革委会着手进行“清理阶级队伍”的工作。

1969年

8月

局革委会整党建党领导小组成立，开始在全局进行整党建党工作。

11月5日

局各级革委会开始执行“三三制”（即三分之一的人员坚持日常工作，三分之一的人员深入基层蹲点，三分之一的人员参加劳动）。

1970年

2月

局革委会开展“一打三反”（打击反革命破坏活动，反对贪污盗窃、投机倒把、铺张浪费）群众运动。

12月14日

局革委会作出《关于继续认真学习毛主席哲学著作的决定》。

1971 年

6 月 11 日

市委转唐山地区革委会同意港务局革委会成立党的核心小组，撤销整党建党领导小组的批复。

6 月 14 日

局革委会党的核心小组举行会议，讨论小组成员分工问题和筹备召开中共秦皇岛港务局第六次代表大会，恢复党委的问题。

9 月

局革委会党的核心小组开始筹备召开中共秦皇岛港务局第六次代表大会，恢复党的委员会。

9 月 21 日

局革委会党的核心小组发出《关于选举第六届党员代表大会代表的通知》，提出了党员代表产生基本条件。

10 月 5 日

经局革委会党的核心小组审查，196 名党员被批准为正式代表。

12 月 3 日

局革委会党的核心小组召开（扩大）会议，就前一段开展批修整风的情况作出评估，对今冬明春工作作出安排。

12 月 21 日

秦皇岛港务局第六次党代会预备会议召开。

12 月 23 日～25 日

中共秦皇岛港务局第六次代表大会召开，听取并通过局革委会党的核心小组所作的工作报告，选举产生港务局第六届委员会。

12 月 26 日

中共秦皇岛港务局第六届委员会召开全委会议，明确委员分工。瘫痪了 4 年之久的秦皇岛港党委得到了恢复。

1972 年

1 月 19 日

省委冀发［1972］25 号文，批示：“同意中共秦皇岛港务局委员会的人员组成。

5 月

局党委对全局的组织机构和定员进行调整，编制全局的机构设置和定编方案。保留局革命委员会，将其置于党委的领导之下，撤销基层革委会或革命领导小组。

8 月 21 日

局党委召开“批林整风”（扩大）会议，在批林的基础上，以党委为主，联系实际进行了整风。

1973 年

1 月 6 日

局党委作出《关于加强党的一元化领导，改进领导作风的若干规定》，明确规定坚持党委全委会议和党委常委会议制度，贯彻执行党委集体领导下的分工负责制。

1 月中旬

局党委成立定编领导小组，对全局组织

机构人员编制进行一次全面调整。

2 月底

根据中共中央（72）32 号文件指示，军管会人员全部撤离秦皇岛港。

3 月 2 日

秦皇岛港结束军事管制，实行党委领导下的革委会主任负责制。

3 月

局党委恢复政治部及其工作部门。

5 月 29 日

局党委在政治部设立党的监察组。

6 月 8 日

局党委召开全委（扩大）会议，按省委关于产生中共十大代表的条件，一致同意魏国忠为中共十大代表。

1974 年

2 月 4 日

局党委将批林整风办公室更改为“批林批孔”办公室。

6 月 28 日

局党委提出《关于加强马列主义理论学习和加强理论队伍建设的意见》，要求必须加强马克思主义理论学习和理论队伍建设。

7 月 31 日

局党委成立党员训练班，主要任务是：在上级党委的领导下，按中央政策，对全局党员进行思想和政治路线教育。

10 月

局党委组织全局职工开展学习“无产阶级专政理论”和“反修防修”的群众运动。

11 月 16 日

局党委党校开始举办党的基层干部学习班。

12 月 20 日

局党委制定下发《关于干部管理权限和管理办法的规定（试行草案）》。

12 月

局党委开始在全局广泛深入开展“学大庆赶开滦”运动。

1975 年

1 月 7 日

局革委会决定自 1 月 10 日起实行“革委会集体办公会议日”制度，每周三、五下午召开集体办公会议，局属各行政科室的领导人参加。

1 月 27 日

局党委强调在机关干部中坚持实行“三三制”（机关干部三分之一到基层蹲点劳动，三分之一进干校、党校学习，三分之一坚持日常工作），实行机关科室“包点制”（对口蹲点，进行业务指导）。

2 月 19 日

中共秦皇岛港务局委员会党校成立。

3 月

局党委开始从思想、组织、企业管理三

个方面整顿港口工作秩序。

4月10日

局党委要求各级党组织参照党校办学习班的办法及形式，对党员进行教育。

10月9日

局党委作出《关于加强党的一元化领导，改进领导作风的暂行规定》，明确要求开好党委会，加强党的集体领导，执行党委集体领导下的分工负责制。

1976年

1月7日

局党委调整撤销局生活领导小组和合并一些重叠机构。

1月8日

局党委开始在全局开展一次民主评论基层支部和全体党员工作。

1月中旬

局党委组织全局职工举行沉痛悼念国务院总理周恩来逝世的活动。

1月

局党委在全局开展整建党工作，使全局上下各级党组织得到重新建立，大多数党员恢复了组织生活。

8月20日

局党委要求以“小整风”的精神，运用批评与自我批评的武器，评议各级领导班子和党员、干部。

9月9日

局党委组织全局职工举行沉痛悼念毛泽东主席逝世活动。

10月下旬

局党委组织全局党员、干部、工人开展声讨王洪文、张春桥、江青、姚文元“四人帮”反革命罪行的活动。

1977年

1月1日

局党委提出1977年三项工作任务：认真学习马列主义和毛泽东思想，以阶级斗争为纲，深入揭批“四人帮”；加强党的建设，充分发挥党组织的战斗堡垒作用；深入开展学大庆运动，创建大庆式企业。

2月2日

局党委对部分政工组织机构进行调整，撤销原政治部所属干部科、组织科、监察组，成立组织处；撤销宣传科，成立宣传处。

6月15日

局党委撤销原局党委、革委会办公室，分设党委办公室（即政治处办公室、学大庆办公室）和革委会办公室。

1978年

1月11日

局党委作出《关于干部参加集体生产劳动的决定》，要求干部坚持参加劳动日制度、干部下基层蹲点制度、干部轮流劳动制度。

2 月

局党委书记、局长许斌当选为第五届全国人民代表大会代表。

4 月底

局党委主持召开全局干部大会，贯彻全国科学大会精神，认真积极地落实党的知识分子政策，保证科技人员每周有 5/6 的时间从事业务工作。

5 月 31 日

秦皇岛港务局被市委指定为首批“整党整风和企业整顿单位”。

7 月 1 日

局党委和港务局联合发出《关于领导体制及企业名称变更的通知》，根据交通部（78）交人字第 648 号文件指示，从即日起企业名称更改为“交通部秦皇岛港务管理局”（以下简称管理局），下属所有基层单位的名称做相应更改，撤销秦皇岛港务局革命委员会及其下属各基层单位革命委员会，实行党委领导下的局长分工负责制和总支、支部领导下的主任（厂长、队长、经理、站长、处长、院长、校长）分工负责制。同时成立中共秦皇岛港务管理局委员会。

同日

管理局党委继续整顿各级“软、懒、散”和“不齐不力”的领导班子。

9 月

管理局党委落实政策领导小组成立，并下设落实政策办公室。

10 月 25 日

管理局党委颁布《中共秦皇岛港务管理局委员会工作条例》《中共秦皇岛港务管理局政治部工作条例》《中共秦皇岛港务管理局委员会所属基层党委、总支和直属支部工作条例》《中共秦皇岛港务管理局委员会所属基层党支部工作条例》，进一步明确管理局党委、政治部、基层党委、总支、直属支部和基层党支部的性质、任务和组织制度。

1979 年

2 月 3 日

管理局党委召开全委（扩大）会议，传达中央工作会议和中共十一届三中全会精神，部署全局工作重点转移的任务，决定从 1979 年起，把全党工作着重点转移到社会主义现代化建设上来。

3 月 8 日

管理局发出《关于组织机构调整情况的通知》，遵照精简机构的相关原则进行机构调整。

3 月

秦皇岛港务管理局升格为地师级。各科室和直属基层单位同时升格为处级。

同月

中共秦皇岛港务管理局纪律检查委员会成立，负责处理党员、干部的纪律检查和积压案件。

7 月 31 日

管理局党委规定从 1979 年上半年开始在全局范围内开展评选先进党支部、先进党小组和优秀党员的活动。

8 月 1 日

管理局党委决定分期分批举办中层干部和基层支部书记、队长（车间主任）学习班。

9 月

“文化大革命”中 25 起冤假错案全部得到平反纠正。同时，管理局党委还为“文化大革命”前错划为右派和“四类分子”的 31 人摘了帽子。

10 月 31 日

交通部秦皇岛港务管理局被省委、省革委会正式命名为“大庆式企业”。

10 月

管理局落实政策工作进入复查处理历史遗留问题，处理纠正冤假错案善后工作阶段。

1980 年

1 月 16 日

管理局党委建立科级干部考察档案，对中层以上科级干部实行定期考核。

1 月 20 日

管理局作出《关于职工升级工作的安排》，规定不论干部和工人都要按“劳动态度、技术高低、贡献大小”的标准进行评定。

3 月 20 日

管理局党委召开宣传工作会议，要求深入持久地搞好“四个现代化”宣传，要结合学习中共十一届五中全会文件，继续深入宣传“四项基本原则”，抓好干部学习培训。

6 月 18 日

管理局党委开始组织全体党员在认真学习和讨论党章的过程中，结合学习中共十一届五中全会精神和《关于学习党内政治生活若干准则》。

10 月 28 日

管理局党委提出《关于深入批极“左”肃流毒加快落实政策的 10 点意见》。

11 月 29 日

管理局党委制定《政工部门职责范围（修改稿）》，明确党委办公室、组织处、宣传处、纪律检查委员会、工会、团委、武装部的职责范围。

1981 年

1 月 30 日

管理局党委结合港口实际制定《关于党委常委成员、局职干部生活待遇的规定》。

2 月 13 日

管理局党委召开常委会议，在统一思想认识的基础上，充分肯定新中国成立后 31 年来秦皇岛港取得的成绩和中共十一届三中全会以来的好形势。同时认真总结新中国成立以来特别是 1957 年之后在港口生产建设中存在“左”倾主义错误的教训。

4 月 1 日

管理局党委作出《关于为 1970 年下放到农村插队落户干部平反的决定》和《关于为在“学习班”中被错批错斗的同志平反的决定》。

5 月 7 日

管理局党委常委召开批“左”倾、肃流毒，贯彻执行《关于党内政治生活的若干准则》的会议。

5 月 15 日

管理局党委恢复管理局机关总支委员会，加强局机关思想政治工作。

7 月 10 日

管理局党委贯彻中共十一届六中全会精神，发出《关于学习〈中共中央关于建国以来党的若干历史问题的决议〉的通知》。

11 月 6 日

管理局党委进一步健全中层领导班子生活会议制度，对基层党委、党总支、直属党支部开好民主生活会作出具体规定。

11 月 27 日

管理局党委发出《关于改选基层党委、总支和支部的通知》，要求各基层党组织坚持群众路线，充分发扬民主，实行差额选举办法，在 1982 年上半年完成组织改选。

1982 年

2 月 25 日

管理局党委召开首次彻底否定“文化大革命”大会，以中共中央《关于建国以来党的若干历史问题的决议》为依据，对管理局“文化大革命”的发展过程作了深刻的剖析。

2 月

管理局党委组织处改称党委组织部，基层单位设立组织科。

3 月

管理局开展全国第一个文明礼貌月活动。

4 月 1 日

管理局进行领导体制改革，下放领导权限，变一级管理为两级管理，并公布试行《两级管理主要权限划分的暂行规定》和《各处室职责范围》，划清管理局与基层单位的两级管理权限。

4 月 11 日

管理局党委研究决定成立海港史编写组。

5 月 12 日

管理局党委批准调整充实“工程技术干部技术职称评定委员会”和建立“业务技术干部技术职称评定委员会”。

9 月 10 日

管理局党委常委召开生活会议，学习中纪委下发的《抓紧对子女教育是革命干部的责任》的通报，联系实际检查个人在对子女管教方面存在的问题，提出改进措施。

9 月

管理局党委常委带头学习中共十二大报告以及有关文件，对“历史性伟大转变的胜利实现”进行专题讨论。

1983 年

1 月 19 日

管理局党委提出 1983 年加强党员教育工作的意见，要求 7 月 1 日前，对全局党员进行一次以党章为主要内容的普遍轮训。

3 月 30 日

管理局党委明确以中共十二大文件和《十一届三中全会以来主要文献选编》《邓小平文选》《陈云文稿选编》为干部理论学习的主要内容。

4 月 18 日

管理局决定设置老干部处，负责离、退休老干部的管理和服务工作。

4 月 22 日

管理局党委成立 4 人领导小组，清理和纠正干部住房超标准的不正之风。

7 月 19 日

管理局党委、管理局联合提出认真执行省委、省政府《关于发挥知识分子作用，改善知识分子工作和生活条件的规定》的十项具体措施。

8 月 25 日

管理局开始在局属各单位开展办理“以工代干”人员转干工作。

9 月 13 日

管理局党委、管理局联合发出《关于司属基层单位党、政科室设置的通知》，明确指出在一、二、三、四作业区和铁路运输处、机修厂、公安局等 19 个基层单位下设 141 个党政业务科室。

9 月

管理局实行党委领导下的局长负责制和党委领导下的职工代表大会制。

10 月 28 日

管理局党委、管理局制定并试行《各类干部岗位名称的规定》。

12 月 12 日

管理局党委制定《关于中层以上领导班子“四化”建设的八年规划》，有计划有步骤地培养和选拔干部。

1984 年

2 月 18 日

管理局党委制定《关于对巡视员、调研员的职责权限和有关待遇的暂行规定》，妥善安置退居二线领导干部。

3 月

管理局第九届职工代表大会行使对本企业干部的监督权，对 152 名局、处级干部进行民主评议。

5 月 8 日

管理局党委召开全委（扩大）会议，决定开办职工业余中学，筹建职工中专学校，把职工脱产学习人数控制在职工总数的 2% ~ 3%。

7 月 11 日

管理局党委要求尽快完成部分职工初中文化补课和初级技术补课的“双补”任务。

9 月

管理局党委再次召开彻底否定“文化大革命”大会，为全面落实中共十一届三中全会以来的路线、方针、政策，发展港口生产、建设，扫清了思想障碍。

10 月 9 日

管理局党委要求各级党组织对知识分子要加强党的基础知识教育，建立党员联系知识分子制度，坚持重在表现的方针，缩短培养知识分子入党考察期限。

10 月 20 日

管理局党委对全局干部按局、处、科和一般干部分别划分考核、任免等管理权限。

10 月 29 日

管理局党委召开整党动员大会，开始在全局范围内进行整党工作。

12 月 23 日

交通部党组派驻秦皇岛港整党联系组到港。

12 月 30 日

管理局党委召开第三次彻底否定“文化大革命”大会，作了题为《坚决贯彻党的十一届三中全会路线，彻底否定“文化大革命”，消除派性，搞好整党》的报告。

12 月

管理局史志办公室（处级）正式成立。

1985 年

1 月 7 日

管理局党委决定建立中共秦皇岛建港指挥部委员会，加强港口基本建设的领导。

1 月 10 日

管理局党委开始安排部分知识分子分期疗养。

3 月 2 日

管理局党委、管理局共同制定领导干部出国、住房、旅游、对外业务往来等方面的规定，巩固纠正不正之风的成果。

4 月 1 日

管理局党委制定《关于改善知识分子政治生活待遇的暂行规定》。

4 月 27 日

管理局党委从职工教育、现实思想分析、党员思想教育和严格组织生活三个方面试行思想政治工作目标化管理。

9 月 3 日

管理局发出《调整组织机构和部分管理业务的通知》，将组织部管理的科以下行政干部(含科级干部和工程师)划归人事处管理。组织部管理副处以上干部和党群系统的工作人员。

9 月 5 日

管理局党委颁发《领导干部实行任期制的暂行规定》，对全局副科级以上行政领导干部均实行任期制。

10 月 29 日 ~ 31 日

中共秦皇岛港务管理局第七次代表大会召开，听取、审议并通过《团结起来，锐意改革，不断开创港口生产建设新局面》和《开创纪检工作新局面，为实现党风根本好转而努力》的工作报告，选举产生管理局第七届委员会和纪律检查委员会以及出席市党代会代表。

11 月 15 日

管理局党委明确坚持党委成员联系点制度、中心组学习制度、信访接待日制度和日常工作制度。

12 月 18 日

管理局党委要求各基层组织结合实际谈认识，摆问题，订措施，有效地巩固整党成果，为实现全局党风根本好转努力工作。

1986 年

1 月 4 日

管理局党委规定按干部编制定员，缺员可在工人吸收录用干部，不允许再搞“以工代干”。

1 月

管理局落实政策工作进入回顾复查阶段。

2 月 28 日

管理局党委组织部举办组织干部培训班。

3 月

管理局党委从干部教育、干部制度、第三梯队建设、干部管理体制改革等方面明确选拔任用干部的具体措施。

6 月 19 日

管理局科、处级领导干部企业管理基础知识培训班开课，开始分期分批培训科、处级领导干部。

6 月

管理局党委、纪委用揭、摆、查的方法进行一次全局性纪律整顿，严肃党纪政纪，加速党风和社会风气的根本好转。

9 月中旬

管理局党委在全局继续深入开展“做双文明职工、创双文明单位、建双文明港口”活动。

是年

管理局实行接访、约访、走访和定期召开政工会的“三访一会”制度，开创了港口信访工作的新局面。

1987 年

1 月 3 日

管理局党委确定 1987 年发展党员重点是生产第一线骨干和优秀中青年工人，注意在优秀知识分子和共青团员中发展党员，尤其是在党员空白班组中发展党员。

2 月 27 日

管理局党委决定在局机关处室设立主任科员职务。

3 月

管理局党委对全局 290 名科级、174 名处级领导干部进行了一次全面考察和民主评议。

4 月 1 日

管理局制定下发《交通部秦皇岛港务管理局内部体制改革和职责划分的规定(试行)》。

4 月

管理局党委实行运用统计卡片，对党员、党组织进行直接统计的制度。

8 月 7 日

管理局党委、管理局结合港口机构、编制情况制定四项措施：加强对机构和人员编制的管理；严格控制干部队伍的膨胀；按照

规定的领导职数配备干部；对现有机构、编制和领导职数进行一次认真清理。

8 月 14 日

管理局党委责成党委组织部和局工会对全局科、处级干部采取群众评议与个别征求意见相结合的方法，进行组织考察，加强基层领导班子的建设。

9 月 25 日

管理局党委、管理局制定下发《秦皇岛港行业职业道德规范（试行）》，将纠正行业不正之风纳入“双文明”建设内容。

12 月 19 日

管理局党委主持召开全局范围内进一步反对官僚主义动员大会，确定把反对官僚主义作为政治体制改革的主要目标之一，作为端正党风的大事来抓。

1988 年

1 月 4 日

管理局党政领导对局属 33 个基层单位进行党风联查后的回访，帮助基层党组织研究制定年度“党风建设规划”和措施。

1 月 18 日

管理局党委、管理局规定今后凡达到离退休年龄的人员，一律不再由本人申请，而按人事管理权限直接由组织部门、人事部门办理离退休手续，并由单位通知本人。

1 月 22 日

在省六届人大六次会议上，秦皇岛港务管理局局长黄国胜当选为全国七届人大代表。

1 月 26 日

管理局召开科级以上干部大会，明确各单位处理好“行政与党委、职代会的关系，局长负责制与改革的关系和企业升级与改善经营管理，提高港口经济效益的关系”。

3 月 17 日

管理局召开政治工作会议，确立以局长为领导，以行政干部为主体，以政工干部为骨干的思想政治工作新格局。

3 月 30 日

管理局党委成员带领 5 个调研小组，深入 20 个基层单位，通过座谈的形式对政治体制改革进行调查研究。

4 月 15 日

管理局职工代表大会开始对全局科、处级干部进行民主评议。

4 月 23 日

管理局党委在全局开展“入党为什么？在职干什么？离职留什么？”大讨论活动。

5 月 13 日

河北省地委书记 100 余人到港访问。

5 月 24 日

管理局纪委部署“怎样做一个合格党员”大讨论。

7 月 1 日

根据交通部指示，秦皇岛港实行政企分开，将港务监督和各项管理职权分离出去，成立秦皇岛海上监督局。交通部秦皇岛港务管理局改称交通部秦皇岛港务局（以下简称港务局），是全国惟一隶属交通部的沿海港口。

同时成立中共秦皇岛港务局委员会（以下简称局党委）。

8 月 13 日

秦皇岛港全面实行局长负责制和任期目标责任制，健全以局长、经理为中心的新领导体制。

8 月

局党委组织部、局干部处联合对全局现职处、科级党政领导干部进行年度工作全面考核。

9 月 28 日

局党委召开党员教育工作经验交流会，进一步加强对党员和广大干部的廉洁教育、纪律教育、改革开放教育和党性教育。

11 月 23 日

局纪委开始进行年终党内党纪大检查，评选出 21 个端正党风先进单位。

1989 年

1 月 3 日

局党委组织部颁发《关于妥善处置不合格党员的试行意见》，对处置不合格党员的基本方针、方法、政策界限和应注意的事项等作出了规定。

同日

局党委组织部颁发《关于民主评议党员的制度》，规定每年对全局党员进行一次民主评议。

1 月 20 日

局党委实行党、政职能分开，建立局长（经理）领导下的思想政治工作新体制。从 1 月起，将全局思想政治工作机构和人员纳入行政管理序列。

1 月

港务局重新设立监察机构——监察处，撤销了局打击经济犯罪办公室，其职责划归监察处。

2 月 22 日

局党委要求各基层党组织严格按照党章规定的方法程序进行改选换届工作。

3 月 4 日

局党委确立 1989 年党员教育继续坚持以党的基本路线教育和党的基本知识教育为主要内容，突出清正廉洁教育，同时把形势教育引向深入。

4 月 10 日

局党委开始开展知识分子工作“四好达标”（组织领导好，管理服务号，发挥作用好和改革创新好）活动。

4 月 25 日

局党委决定实行基层党委（总支，直属支部）书记月度工作例会制度。

4 月

局工会在全局范围内对副科级以上行政领导干部进行一次民主评议。

6 月 15 日

局党委、港务局确定全局上下实行党务工作部门和行政思想政治工作部门二位一体，

一套班子，两块牌子，行使双重职能的办事机构。

6 月 27 日

局党委研究决定建立中共秦皇岛港务局机关委员会，撤销中共秦皇岛港务局机关总支委员会。

9 月

局党委开始对全局科级以上领导班子进行一次以北京动乱、暴乱期间的政治表现为重点，包括密切联系群众、廉政建设、完成各项工作任务情况的全面考察。

12 月 1 日

局党委组织部、局干部处开始实行“下管一级，考察二级”的干部考察制度，对党政科级干部的任免实行组织部（干部处）审查预批制度。

12 月 7 日

局党委、港务局决定党政领导干部实行试用期制度，交流制度和回避制度。

12 月 25 日

局党委建立党员义务考绩管理制度。

是年

从本年度起，局党委每年都把列入发展计划的入党积极分子集中起来，进行强化教育培训。

1990 年

1 月 20 日

局党委召开扩大会议，传达学习《中共中央关于进一步治理整顿和深化改革的决定》。

3 月 26 日

局党委决定，党委组织部配备科级组织员 2 ~ 3 名；第一、二、三、四、五、六公司、铁路运输公司配备科级组织员各 1 名。

4 月

港务局领导干部深入到 50 个基层单位、处室，对各级领导干部进行考察和谈话。

6 月 12 日

局党委组织各级党组织采取普查与抽查相结合、党员评议与群众评议相结合的方法开展半年党风检查工作。

6 月

局党委开始在全局广泛开展“学先进、树典型、创四优、迎亚运”达标竞赛活动。

8 月 8 日

港务局重新修订有关党政领导干部保持廉洁的规定，明确由各级党组织和监察部门负责监督，每半年进行一次检查，并将落实情况记入《领导干部廉洁档案》。

8 月 27 日

局干部处规定凡属新提拔的科级干部（包括副科级提正科级），从任职之日起实行一年试用期。

10 月 30 日

秦皇岛港务局召开党员代表大会，选举产生苏加林、李德宣、宗玉海、林曼康等 4 名同志为出席市党代会的代表。

10 月

港务局完善干部考察档案编制，试行年度考核办法、计算机信息管理和后备干部的考察审批工作。

11 月 16 日

局党委、港务局授予助理工程师谢友权、工程师张梦北和徐宝安为首批局级专业技术拔尖人才称号。

12 月 7 日

局党委召开思想政治工作人员评定专业职务工作动员报告会，在全局进行政工专业职务评审工作。

1991 年

1 月 1 日

港务局标准化委员会发布《干部岗位通用工作标准》。

1 月

局党委开始实行党员义务考绩管理制度。

3 月 20 日

局党委颁发《基层党组织选举工作实施细则》。

6 月 10 日

港务局开展“四职一纠、创三优单位”（即职业理想、职业道德、职业技能、职业纪律、纠正行业不正之风；三优即优质服务、优良秩序、优美环境）竞赛活动。

7 月 18 日

局党委、港务局制定实施《一九九一年至一九九五年领导班子建设规划》，强化领导班子建设。

12 月 1 日

农民轮换工丁亚臣被港务局四公司党委批准接纳为中共预备党员，成为秦皇岛港第一个加入党组织的农民轮换工。

是年

局党委开始在基层党支部中开展“达标升级”活动。

1992 年

3 月

局党委明确局党委中心组坚持每两周集中学习一次的制度，发挥港务局党校的教育阵地作用。

5 月 27 日

局党委组织部、局干部处制定《关于健全干部谈话制度的意见》。

9 月 8 日

局党委副书记汪秉康应邀参加中宣部召开的“企业文化与企业现代化”座谈会。

10 月 27 日

局党委、港务局印发《关于做好公安行政职级评定工作的实施意见》。10 月 29 日，又下发《关于公安行政职级评定暂行规定》。

1993 年

2 月

秦皇岛港被交通部党组授予党风建设先进单位。

4 月 15 日

局干部处规定担任党群、行政工作的处级女干部，凡能坚持正常工作，本人自愿的，其退（离）休年龄可到 60 周岁。

6 月 1 日

港务局规定处室正、副科长一般从现职正、副主任科员中选拔，现为副主任科员任职满一年的，经考察优秀者，可提任为正科长。

11 月 11 日

局党委发出《关于在全局党员干部中学习〈邓小平文选〉第三卷的通知》。

1994 年

1 月 20 日

局党委制定《关于加强领导班子思想作风建设的意见》。同时，对 1990 年颁布的《关于发挥党组织政治核心作用的试行意见》进行补充和修改，印发《关于发挥党组织政治核心作用的意见》。

10 月

局党委组织部对全局直属党组织的年度组织工作进行调查，就企业党组织如何发挥政治核心作用、党建工作如何体现以经济建设为中心、如何加强党组织自身建设、改进创新党组织的工作内容和活动方式等 14 个专题与基层单位的领导及组织干部进行了座谈。

是年

局党委对 1982 年以来入局的大专以上毕业生的思想、工作情况进行了调查。722 名大专以上毕业生中，加入党组织的 118 人，被提拔到科级以上干部岗位的 51 人，被评聘为中级职称的 157 人。

1995 年

3 月 16 日

港务局印发《关于进行调研员出勤及从事第二职业情况调查的通知》，加强局调研员队伍的管理。

4 月 24 日

秦皇岛港务局召开党代会，选举产生苏加林、李德宣、朱钰为出席市第八次党代会的代表。

5 月 5 日

局党委召开领导廉洁自律大会，开展自查接受被服务单位钱物活动。

5 月 12 日

局党委在全体党员干部中开展向孔繁森同志学习活动。

7 月 14 日

港务局组织 185 名副处以上干部进行保密普法教育考核验收。

11 月 9 日

港务局聘请 47 名党风廉政监督员。

11 月 29 日

港务局决定对全局处、科干部的德、能、勤、绩等情况进行年度工作考核，为下届任期的使用提供依据。

12 月 7 日

港务局开始执行局长助理制度。交通部考虑到秦皇岛港领导班子状况和港口发展需要，任命了 2 名局长助理，并向局合资企业推荐董事长、董事等。

1996 年

3 月 1 日

局团委制定《基层专兼职团干部挂职培训暂行办法》，规定基层团干部到局团委兼任组织干事或宣传干事。

9 月

港务局实行离退休干部与退休工人的统一管理，局老干部处和退休职工管理办公室合并为离退休职工管理中心。

10 月

港务局决定科级以下干部实行交流制度，进一步加强全局干部队伍建设。

同日

港务局工人考核委员会成立。

是年

港务局先后开展“领导干部形象建设”“尽领导责任、做廉勤表率”等主题系列活动，进一步提高领导干部廉洁自律意识。

从本年度开始，港务局纪检监察部门每年围绕港口生产经营的重点项目、重点领域开展效能监察活动。

1997 年

5 月

港务局对上海、天津、大连、青岛等兄弟港口的专业技术职务评聘工作进行调研，重点了解专业技术职务岗位设置工作。

7 月

港务局国家技能鉴定所成立，与工人考核委员会合署办公。

11 月

交通部党组向全国交通系统推荐秦皇岛港《关于全心全意依靠职工群众办好企业的若干意见》，要求各单位抓好建制工作。

12 月 19 日

秦皇岛港开始进行机构改革，局机关 22 个处室调整为 19 个，局机关人员由 687 人，调整为 326 人。

1998 年

1 月

局史志办公室并入局办公室，成立史志编研科。

6 月

港务局修订《干部管理办法》，决定建立一支政治坚定，结构合理的局、处级后备干部队伍。

7 月

港务局下发《关于科级干部管理等问题的说明》，对科级干部的任职条件、任免程序，组织管理等问题做出进一步说明。

8 月 26 日

港务局职称工作领导小组制定《交通部秦皇岛港务局专业技术职务聘任工作意见》，确定专业技术岗位设置原则、设置方法及管理办法。

11 月

开始启动秦皇岛港务局与交通部脱钩，划归中央大型企业工委管理的工作。年底，秦皇岛港与交通部脱钩。

1999 年

4 月 7 日

交通部秦皇岛港务局更名为秦皇岛港务局，作为中央直属企业由中央企业工委直接管理。

5 月 30 日～6 月 1 日

中共秦皇岛港务局第八次代表大会召开，审议通过了《充分发挥党组织政治核心作用，团结带领广大职工为建设文明兴盛的现代化港口而努力奋斗》的工作报告，选举产生港务局第八届委员会和纪律检查委员会。

7 月

港务局制定《科级干部及一般管理人员动态考核试行办法》，开始对科级干部及一般管理人员进行动态考核。

9 月

港务局制定《科级干部及一般管理人员竞聘上岗实施办法》，开始实行干部竞聘上岗。

11 月

港务局对提拔财会系统科级干部的有关事项、从事财会专业的年限、应取得的相应专业任职资格作出规定。

12 月

港务局团委被团中央确定为全国青年职工创新创效试点单位。

2000 年

2 月 11 日

港务局二公司工人技师王余禾荣获国务院政府特殊津贴，是秦皇岛港技师中的首位。

3 月 6 日

省解放思想大讨论活动督导组到秦皇岛港督导检查工作。

4 月 3 日

局党委举办局管干部学习中共十五届四中全会精神研讨班。

5 月 25 日

局党委中心组集中学习“三个代表”重要思想。6 月 15 日，再次集中学习。

是年

局党委加强基层党支部建设，开展党支部“工作落实年”活动。

港务局职改工作由交通部直接管理变为在人事部的指导监督下，由企业按照国家政策自主实施。

2001 年

6 月 4 日

港务局召开党代会，选举产生了李俊杰、崔忠健、薛德成等 3 名同志为出席市党代会代表。

7 月 5 日

局党委中心组专题学习和讨论江泽民“在庆祝中国共产党成立八十周年大会上的讲话”。

7 月 18 日

局党委召开学习江泽民“七一”重要讲话座谈会，要求把实现超亿吨目标作为实践“三个代表”重要思想的具体行动。

7 月

港务局制定《秦皇岛港务局专业技术人员继续教育证书管理的有关规定》，推动专业技术人员继续教育工作。

8 月 28 日

港务局科级干部培训班开班，学习江泽民“七一”重要讲话，并对港口“十五”规划、加入 WTO 后我国企业的对策等问题进行探讨。

11 月 24 日

秦皇岛港累计完成吞吐量超亿吨。

11 月 28 日

局党委组织部召开组干工作调研成果交流会，总结 2001 年组干工作调研情况，表彰优秀组织奖及调研成果奖获得者。

2002 年

1 月

秦皇岛港务局由原中央直管企业下放到河北省管理，同时实行政企分开、企业改制。

7 月 25 日

省政府同意以秦皇岛港务局企业的全部国有资产改制为秦皇岛港务集团有限公司(国有独资)，并以集团公司及其全资企业和控股企业为成员单位，组建秦皇岛港务集团。

8 月 12 日

秦皇岛港务局成立“秦皇岛港务集团有限公司”暨“秦皇岛港务集团”筹建工作领导小组。

9 月 9 日

秦皇岛港实行政企分开，正式挂牌成立“秦皇岛港务集团有限公司”和“秦皇岛港务集团”，为我国沿海主要港口中率先实行公司制改造的港口企业，成为河北省省属企业。同时成立中共秦皇岛港务集团有限公司委员会（以下简称秦港集团党委）。

2003 年

3 月 19 日

秦港集团党委制定《中共秦皇岛港务集团有限公司委员会工作规则（试行）》，充分发挥党组织政治核心作用，保证党对国有企业的政治领导。

4 月 9 日

秦港集团纪委制定下发《关于实施党风廉政建设责任制的规定》《关于党风廉政建设责任追究的实施办法》，明确领导班子和领导干部党风廉政建设责任。

4 月 15 日

秦港集团中层领导干部理论培训班开班，开始分 5 期对 200 多名中层领导干部进行培训。

6 月 10 日

在纪念建港 105 周年大会上，秦港集团党委将港庆经费全部捐献给灾区。

8 月 14 日

秦港集团党委组织部举办秦港组工系统“三个代表”重要思想集中学习教育培训班，50 余名组工干部参加培训。

8 月

秦港集团开始在全港范围内建立专业技术人才数据库。

9 月

秦港集团党委组织部在集团和基层有档单位两个层次上同时进行了档案材料的收集整理工作。

10 月 15 日

秦港集团党委举办基层专职党支部书记学习“三个代表”重要思想培训班。

11 月 5 日

秦港集团党委决定分学习文件、提高认识，回顾总结、查摆问题，制定整改措施、健全完善制度，专项总结四个步骤推进民主集中制学习教育活动。

是年

秦港集团党委在组干系统中组织开展“公道正派”为主要内容的“树组工干部形象”集中学习教育活动。

2004 年

4 月 6 日

省政府召开产权重组与管理体制调整大会，对秦港集团产权结构进行调整，标志着秦皇岛港向建立投资主体多元化的现代企业制度迈出实质性一步，使秦港集团成为投资主体多元化的国有有限责任公司。

5 月 17 日

秦港集团党委开始在集团公司和直属单位领导班子中开展“学、比、赶、促”干部教育活动。

7 月

秦港集团团委向集团主要领导和有关部门提交了《关于秦港青工技术等级情况的调查报告》，为落实 “青工技能振兴计划”做好准备。

8 月 17 日

秦港集团党委决定在全港广泛深入地开展“个人干一流工作、港口创一流品牌、服务创一流环境”活动。

9 月

秦港集团党委批转下发了由团委和党委组织部联合制定的《推荐优秀团员作为入党积极分子工作实施细则》。

10 月

秦港集团党委理论学习中心组连续组织中心组成员认真学习《中国共产党第十六届中央委员会第四次全体会议公报》《中共中央关于加强党的执政能力建设的决定》。

10 月 21 日

秦港集团党委召开学“振超精神”、创“三个一流”活动推进会。

是年

秦港集团直管干部政治理论学习改变以往举办脱产培训班的学习方法，利用每月一次的中心组学习日时间分东港、西港和机关三个学习区集中进行学习。

从本年度开始，秦港集团停止实行职工退休（养）调入子女的规定。

2005 年

4 月 5 日

秦港集团党委举办 2005 年领导干部理论培训班，分 4 期对中层领导干部进行培训。

4 月 22 日

由省委、市委组织部，省、市国资委有关领导组成的企业党建工作调研组来秦皇岛港检查指导工作，充分肯定秦皇岛港党建工作，特别是党建工作创新，促进了党建工作的制度化、规范化，为全省国有企业党建工作起到了引路和示范作用。

7 月 20 日

秦港集团党委对保持共产党员先进性教育活动领导小组办公室全体工作人员和各基层单位的组织科长、政工科长、组织干事进行了先进性教育活动准备工作培训。

7 月 26 日

秦港集团党委召开保持共产党员先进性教育（以下简称先进性教育）活动动员大会，开始开展以实践“三个代表”重要思想为主要内容的保持共产党员先进性教育活动。

7 月

秦港集团团委下发《推荐优秀团员作为入党积极份子工作责任追究制实施办法》。

8 月 10 日

中央巡回检查组来秦皇岛港就先进性教育活动的开展情况进行检查指导，对秦港集团开展先进性教育所做的工作和取得的效果给予充分肯定。

8 月 18 日

秦港集团党委举办保持共产党员先进性教育活动专题党课。

8 月 20 日

秦港集团领导前往李大钊故居和纪念馆参观学习。

8 月 30 日

秦港集团党委召开先进性教育活动学习动员阶段总结暨分析评议阶段动员会议。

8 月

秦港集团党委在基层党组织和广大党员中广泛开展“学习李家庚精神，学习任庆宪先进事迹，争创先进党支部，争做优秀共产党员，保证生产建设任务完成”活动。

9 月 1 日

秦港集团党委先后召开 6 个保持共产党员先进性教育活动分析评议阶段座谈会。

9 月 13 日

市委先教办第五督导组到秦港集团督导检查先进性教育活动第二阶段工作情况。

9 月 15 日

秦港集团党委举办第二次先进性教育活动专题党课。

9 月 27 日

参加全国十五市区组工信息交流会第十五届年会的 50 余名组织系统干部来秦皇岛港参观。

9 月 28 日

秦港集团党委召开先进性教育活动分析评议阶段总结暨整改提高阶段动员会议。

11 月 9 日

省委检查组来秦皇岛港检查指导先进性教育活动，认为秦港集团先进性教育活动做到超前谋划、精心组织、创新载体，实现了“两不误，两促进”。

11 月 10 日

秦港集团党委召开先进性教育活动整改通报会。

11 月 18 日

秦港集团党委召开先进性教育活动总结大会。

11 月

在省委召开的先进性教育活动座谈会上，秦港集团党委作了题为《认真整改，注重实效，促进企业先进性教育活动深入开展》的典型发言，得到省委的高度评价。

2006 年

1 月 14 日

河北电视台《前沿访问》大型访谈栏目以“开门看整改，树党员旗帜，谋企业发展”为专题，播放了秦港集团巩固和扩大先进性教育成果专题片。

3 月 23 日

秦港集团党委制定《关于加强和改进基层党建工作的意见》《关于基层党组织领导人员民主生活会的若干规定》，建立健全党建工作长效机制。

3 月 27 日

中央巡回检查一组对秦港集团先进性教育活动情况进行检查指导，对秦港集团深入开展先进性活动以及巩固和扩大整改成果“回头看”工作给予充分肯定。

4 月 11 日

秦港集团 2006 年直管干部党的十六届五中全会精神学习培训班开班。

6 月 5 日

秦皇岛港务集团有限公司召开党代会，选举产生了齐桂秋、陈立志、周忠义、聂振一等 4 名同志为出席市党代会的代表。

8 月 17 日

市委组织部调研组来秦皇岛港调研党建工作。

8 月 28 日

秦港集团制定《公开招聘管理人员办法》。

9 月 27 日

秦港集团党委开始在各级党组织和全体党员中广泛开展“保持党的先进性，促进港口全面、协调、可持续发展”主题实践活动。

11 月 21 日

秦港集团党委理论学习中心组集中学习讨论贯彻落实河北省第七次党代会精神。

是年

秦港集团初步建立职工思想情况预报机制。

秦皇岛港累计完成吞吐量超 2 亿吨。

2007 年

3 月 27 日

秦港集团党委制定《关于在集团公司管理的领导干部中开展“为民、务实、清廉”主题教育活动的通知》，全面加强领导干部的作风建设。

3 月 29 日

秦港集团党委组织开展“双学、双守、双做”教育实践活动，即：在全体党员中开展“学党章、守党规、做合格的好党员”，在全体职工中开展“学宪法、守纪律、做合格的好职工”活动。

5 月 30 日

省委组织部来港调研，对秦港集团坚持以人为本，结合港口实际，不断创新载体和机制方法，加强领导班子建设、党员干部和人才队伍建设所取得的成绩给予高度评价。

6 月 7 日

秦港集团党委制定《领导干部报告个人有关事项实施办法》，加强对领导干部的管理和监督。

6 月 14 日

秦港集团党委制定《中层后备干部管理办法》，明确后备干部培养的目标和措施。

6 月 15 日

市“双学、双守、双做”教育实践活动第四督导组来秦港集团检查指导。

7 月 6 日

省委组织部到秦港集团调研，对创新人才培养等方面工作给予充分肯定。

9 月 11 日

广西省党建思想政治工作和企业文化建设研讨会的 51 名代表到秦皇岛港考察。

10 月 29 日

秦港集团党委印发《关于认真学习宣传贯彻落实党的十七大精神的通知》，对学习宣传和贯彻落实十七大精神做出安排。

11 月 20 日

秦港集团党委理论学习中心组集中学习中共十七大报告和省委七届三次全会精神，结合港口改革发展、集团公司上市和谋划 2008 年工作等实际问题，深入开展讨论。

11 月 28 日

秦港集团党委组织部组织组工系统全体人员集中学习了中共十七大精神。

12 月 7 日

秦港集团党委召开贯彻落实中共十七大和省委七届三次全会精神大会。

12 月 19 日

秦港集团党委制定实施方案，组织开展解放思想大讨论活动，进一步解放思想，打开制约集团发展的思想瓶颈，推进港口科学发展。

是年

秦港集团首次在部分领导岗位实行民主推荐领导干部人选工作。

2008 年

2 月 1 日

秦港集团党委召开党委会，就贯彻落实胡总书记的重要指示进行了认真讨论，会议形成《关于坚决贯彻落实胡锦涛总书记重要指示精神，全面完成抢运电煤任务的决定》。

3 月 31 日

秦皇岛港股份有限公司成立。在秦港集团党委领导下产生了中共秦皇岛港股份有限公司委员会。

4 月 2 日

市委组织部批复，同意建立中共秦皇岛港股份有限公司委员会，党委由 9 名成员组成，其中设书记 1 名，副书记 2 名。建立中共秦皇岛港股份有限公司纪委检查委员会，纪律由 7 名成员组成，其中设书记 1 名，副书记 1 名。

5 月

秦港集团党委开始在全体党员干部中开展以“讲党性、重品行、作表率”为主题的教育活动。

6 月 21 日

秦港集团召开直管干部大会，传达贯彻中共中央总书记胡锦涛、国务院总理温家宝重要讲话精神。

是年

秦港集团党委以“学习和实践科学发展观”为主题召开中层以上党员领导干部民主生活会。

2009 年

3 月 17 日

秦港集团党委制定《开展深入学习实践科学发展观活动的实施方案》。

3 月 23 日

秦港集团党委召开深入学习实践科学发展观活动动员大会，部署学习实践科学发展观活动。

4 月 15 日

包括秦港集团在内的全市 12 家单位在港口宾馆参加深入开展学习实践科学发展观和“干部作风年”活动经验交流汇报会。

4 月 18 日

秦港集团党委中心组举行专题讨论会，围绕学习实践科学发展观、促进港口科学发展进行了深刻讨论。

4 月 21 日

市委深入学习实践科学发展观指导检查第八组来秦皇岛港检查指导工作。

4 月 29 日

秦港集团学习实践科学发展观活动正式由学习调研阶段转入分析检查阶段。

5 月 21 日

秦港集团党委召开深入学习实践科学发展观专题民主生活会和“落实廉洁理念、促进科学发展”主题教育生活会。

6 月 4 日

省属企业学习实践科学发展观活动领导小组到秦港集团检查指导学习实践科学发展观活动，对活动给予充分肯定。

6 月 10 日

秦港集团党委组织召开座谈会，通过书面评议等方式，对学习实践科学发展观分析检查报告进行了群众评议。

6 月 22 日

秦港集团召开党委扩大会议，集体学习国务院总理温家宝的重要讲话，并作出《关于坚决贯彻落实温家宝总理重要指示精神，开创港口改革发展和生产经营新局面的决定》。

7 月 6 日

河北港口集团暨秦港集团有限公司领导干部大会在秦港集团召开，宣布省政府关于同意组建河北港口集团的批复和省委、省政府关于河北港口集团领导班子成员任免职决定。

7 月 8 日

河北港口集团有限公司挂牌成立（以下简称集团公司）。同时成立中共河北港口集团有限公司委员会（以下简称集团党委）。

7 月 29 日

秦皇岛市委深入学习实践科学发展观活动指导检查第八组在秦皇岛港召开集中攻坚月调度会，对包括秦皇岛港在内的 11 家单位学习实践活动相关工作进展情况进行总结调度。

8 月 20 日

集团党委召开学习实践科学发展观活动群众满意度测评大会。

12 月 15 日

河北港口集团有限公司港口服务管理分公司正式成立。

是年

河北港口集团累计完成港口吞吐量超 3 亿吨。

2010 年

1 月

集团党委要求各级党组织在抢运电煤工作中发挥党组织政治核心作用、战斗堡垒作用和共产党员先锋模范作用。

4 月 29 日

集团党委开始在全体党员中开展以创建“五个好”先进基层党组织、争做“五个模范”优秀共产党员为主要内容的创先争优活动。

6月3日

集团党委召开深入开展创先争优活动协调会。

6月17日

集团党委制定《关于推进权力运行监控机制建设的实施方案》《关于实施党风建设和反腐倡廉责任制的规定》，加快推进集团公司惩治和预防腐败体系建设。

6月18日

集团党委举行《廉洁从业承诺书》签订仪式。

7月30日

集团党委印发《关于领导人员任免工作程序的规定》，规范集团领导人员任免工作。

8月6日

集团党委召开创先争优活动暨权力运行监控机制建设推进会。

9月27日

集团党委制定《创建共产党员先锋岗实施方案》《创建党员责任区实施方案》，启动创建共产党员先锋岗工程。

11月11日

集团党委召开创先争优活动经验汇报会。

11月中旬

集团党委组织部组织15名党员集中填写了工作绩效评价表，以量化测评方式促进党员创先争优。

2011年

1月20日

省国资委创先争优活动领导小组来集团点评创先争优活动开展情况，对集团创先争优活动予以充分肯定。

3月10日

集团党委举行省国资委系统企业共产党员先锋岗现场授牌仪式。集团共12个共产党员先锋岗接受授牌。

4月

集团党、政联合印发《关于权力运行监控机制试运行工作的通知》，全面启动权力运行监控机制试运行工作。

8月8日

集团党委召开会议，部署推荐出席省第八次党代会代表和召开河北港口集团有限公司党员代表大会选举出席市第十一次党代会代表工作。

9月6日

河北港口集团有限公司召开党代会，选举产生邢录珍、朱向东、贺永生等3人为出席市党代会的代表。

10月19日

省国资委创先争优活动领导小组到集团调研指导创先争优活动。

11月24日

集团党委召开党委理论中心组扩大会议，传达河北省第八次党代会精神。

12 月 23 日

集团党委制定《集团公司所属单位领导班子和领导人员综合考核评价实施办法（试行）》，进一步加强领导班子建设和领导人员管理监督，完善激励约束奖惩机制。

12 月 26 日

集团党委制定《关于领导人员选拔任用工作“一报告两评议”办法（试行）》，加强对领导人员选拔任用工作的民主监督。

2012 年

1 月 12 日

集团党委、集团公司制定下发《关于贯彻落实“三重一大”决策制度的实施办法（试行）的通知》，进一步规范决策行为，防范决策风险，切实加强集团公司反腐倡廉建设。

5 月 3 日

由省委组织部、省国资委组成的综合考核组对集团公司领导班子和领导人员进行了 2011 年度综合考评。

6 月

集团党委开始开展基层党组织书记讲党课活动。

7 月

集团党委开展党性教育知识竞赛活动。

7 月 24 日

集团党委在西柏坡组织开展“弘扬西柏坡精神，加强党性教育”主题党日活动。

8 月 3 日

集团党委举办“惠在何处、惠从何来”形势报告会暨专题党课。

9 月 5 日

集团党委、集团公司下发《关于印发权力运行监控机制建设有关工作文件的通知》，进一步推进权力运行监控机制建设。

9 月 13 日

集团党委开展“喜迎十八大、百名书记讲党课、百名书记进党校，促进党建工作提升，促进年度各项任务完成”活动。

11 月 26 日

集团党委分期举办“贯彻党的十八大精神、双百双促活动”专题培训班。

2013 年

1 月 11 日

省国资委调研指导集团党建工作和学习宣传贯彻党的十八大精神情况。

3 月 28 日

集团党委召开党委理论学习中心组（扩大）集体学习会议，学习习近平总书记和刘云山在新进中央委员会的委员、候补委员学习贯彻中共十八大精神研讨班上的讲话。

3 月 29 日

市委组织部调研组到集团就“健全党员教育工作体系问题”进行调研，一致认为集团公司党员教育工作制度健全，体制规范，举措创新，成效显著，考核完善。

4 月 26 日

秦港股份公司“张海波技能大师工作室”正式获批成为“国家级技能大师工作室”。这是秦皇岛市首个国家级技能大师工作室。

5 月 15 日

集团公司召开“解放思想、改革开放、创新驱动、科学发展”大讨论活动动员大会。

6 月 8 日

集团党委召开领导班子专题民主生活会暨党委理论学习中心组（扩大）集体学习会。

7 月 8 日

集团党委正式启动“送党课下基层”活动仪式。

7 月

集团党委举办党小组长培训班，推进集团党小组规范化建设。

8 月 8 日

集团公司、股份公司机关举办“党的十八大精神与群众路线”专题党课。

8 月 15 日

党的群众路线教育实践活动中央第二十七督导组一行来集团调研。

8 月

集团党委组织部在交通运输部党校举办两期有 88 名中青年科级管理人员参加的培训班。

9 月 16 日

张海波国家级技能大师工作室初步建成。

10 月 14 日

集团党委理论学习中心组学习贯彻落实习近平总书记重要讲话精神。

11 月 15 日

张海波国家级技能大师工作室揭牌，标志着集团公司首家国家级技能大师工作室正式启动运行。

11 月 16 日

河北港口集团有限公司总部正式从石家庄搬迁至曹妃甸区。

是年

集团办公室史志编研科并入港口博物馆。

2014 年

1 月 26 日

集团党委召开专题会议，研究成立集团党的群众路线教育实践活动领导机构，并对集团公司召开教育实践活动作出部署。

2 月 10 日

集团党委召开专题会议，研究讨论集团公司党的群众路线教育实践活动实施方案。

2 月 13 日

集团党委召开党的群众路线教育实践活动动员大会，对集团公司开展教育实践活动进行部署。

3 月 6 日

集团党委组织基层党组织书记和党务工作者进行党的群众路线教育实践活动系统培训。

3月3日

集团党委理论学习中心组（扩大）举行集中封闭学习，领导班子成员围绕理想信念、深化改革、科学发展、群众观点和作风建设、党纪法规等5个专题进行深入学习。

3月25日

省国资委到集团公司调研指导党的群众路线教育实践活动。

3月27日

集团党委召开党的群众路线教育实践活动听取意见座谈会，就开展教育实践活动听取各界代表意见和建议。

4月16日

省国资委综合考评组对集团领导班子及领导人员2013年工作进行综合考核评价。

4月17日

集团党委召开“做焦裕禄式好党员好干部”专题讨论会。

5月21日

省委党的群众路线教育实践活动第十五督导组对集团教育实践活动“学习教育、听取意见”环节“回头看”及第一环节工作进行督导检查及评估。

6月5日

集团党委召开党的群众路线教育实践活动推进会。集团教育实践活动正式进入“查摆问题、开展批评”环节。

6月11日

集团党委组织理论学习中心组（扩大）进行专题学习，学习中共中央总书记习近平对河北省教育实践活动的重要批示、指导河北省委常委班子专题民主生活会时的重要讲话、指导兰考县委常委班子专题民主生活会时的重要讲话等内容。

6月13日

集团党委召开查找问题专题会议，查找集团领导班子在“四风”方面存在的突出问题。

7月17日

集团党委召开领导班子“党的群众路线教育实践活动”专题民主生活会。

7月31日

集团公司和股份公司领导率督导组深入基层单位，督导指导各自联系点单位领导班子专题民主生活会。

8月1日

秦皇岛港股份有限公司“e师e友”移动学习平台正式开通运行，探索“互联网+培训”模式运用。

9月5日

集团党委召开党的群众路线教育实践活动“整改落实、建章立制”环节推进会。

9月17日

集团党委理论学习中心组（扩大）进行集体学习，学习中共中央总书记习近平在中央政治局第十六次集体学习时的重要讲话以及对人才工作的重要批示和论述。

9月28日

集团党委召开党的群众路线教育实践活动调度会，安排部署阶段性重点工作。

10 月 16 日

集团党委召开党的群众路线教育实践活动总结大会。

11 月 11 日

集团党委召开教育实践活动整改落实督导工作再动员部署会议。

11 月 13 日

省委第十五督导组到集团督导教育实践活动整改落实工作情况。

12 月 2 日

集团党委组织部联合交通运输部党校举办了 2014 年集团组工干部培训班，集团各级组织部门选派的 42 名组工干部参加了此次培训。

12 月 26 日

集团党委理论学习中心组（扩大）学习与年度务虚会一并举行，结合中共十八届四中全会决定、中央及河北省经济工作会议精神，立足集团改革发展实际，析形势、拓思路、话创新，新常态下谋划新发展。

2015 年

1 月 22 日

集团党委出台《发展党员工作实施细则》《发展党员责任追究制实施办法》《发展党员公示制实施办法》，规范发展党员工作。

3 月 6 日

集团党委理论学习中心组（扩大）组织集体学习，集中学习习近平总书记在十八届中央纪委五次全会上的讲话、全省组织部长会议、全省优秀年轻干部培养选拔工作座谈会等内容。

3 月 25 日

省委党的群众路线教育实践活动第十五督导组到集团督导检查教育实践活动整改落实工作相关情况。

4 月 14 日

集团党委理论学习中心组（扩大）组织专题学习，集中学习习近平总书记在省部级主要领导干部学习贯彻中共十八届四中全会精神全面推进依法治国专题研讨班开班仪式上的讲话和中央办公厅关于保密工作的有关规定。

4 月 24 日

集团公司启动干部人事档案专项审核工作。

4 月 30 日

集团党委印发《关于进一步深化“送党课服务基层”的通知》，决定结合集团党员教育总体规划和“三严三实”专题教育，进一步深化“送党课服务基层”活动。

5 月 21 日

集团党委安排部署集团的“三严三实”专题教育，明确专题教育联系会议制度的职责任务、领导机制和工作规则。

5 月 29 日

集团公司领导分别到联系点进行蹲点调研，确保“三严三实”专题教育有序推进。

6 月 10 日

省国资委“三严三实”专题教育第二督

导组到集团公司督导检查“三严三实”专题教育开展情况。

6月16日

省国资委副主任、党委委员王平向集团公司中层以上领导人员讲授《领导干部要做践行“三严三实”的模范》专题党课。

6月18日

集团党委理论学习中心组开展“严以修身”专题学习研讨。

7月1日

集团党委举办“强基础、激活力——党小组规范化建设成果展”。

8月3日

省委第十一巡视组开始对河北港口集团有限公司进行专项巡视。

8月17日

集团党委印发《关于做好处置不合格党员工作的实施方案》，督促、指导基层党组织严格按照实施方案确定的方法步骤、时间节点、认定标准和处置程序，做好方案制定、动员部署和学习教育等工作。

9月9日

集团党委决定在全集团党员中开展“党员活动日”活动，将每月的第一个星期五确定为“党员活动日”。

同日

集团公司优秀中青年科级管理人员培训班在市委党校开班。

9月23日

老一辈革命家后代黄楠、龙铮、彭程作客集团领导干部大讲堂，就“信仰、品格、情操”三个话题进行专题报告，对话党的作风建设。

10月12日

集团党委理论学习中心组（扩大）开展“严以律己”专题研讨。

10月23日

集团党委召开全体领导干部大会，传达全省领导干部会议精神，就认清周本顺案件的严重危害、从中汲取深刻教训、坚决与其划清界限、坚决肃清其恶劣影响提出要求。

10月26日

集团党委理论学习中心组（扩大）开展“严以用权”专题学习研讨。

11月16日

集团党委理论学习中心组（扩大）组织集体学习，传达省委八届十二次全会精神，集中学习了中共十八届五中全会和党中央、国务院出台的一系列重要规划和文件。

11月19日

集团党委召开“三严三实”专题教育和解放思想大讨论活动联系会议。

12月3日

省委第十一巡视组向集团领导班子进行巡视反馈，省国资委就落实好省委巡视组反馈意见提出了要求。

2016年

1月14日

省国资委第四督导组到集团检查“三严

三实”专题民主生活会会前准备工作。

1 月 15 日

集团党委召开领导班子“三严三实”专题教育民主生活会。

3 月 8 日

集团公司召开中层领导人员学习研讨会，学习省委书记赵克志在县以上党政主要领导干部学习贯彻中共十八届五中全会和省委八届十二次全会精神专题研讨班上的讲话。

4 月 22 日

集团党委召开“两学一做”学习教育动员会议。

4 月

集团党委制定《关于在全体党员中开展“学党章党规、学系列讲话，做合格党员”学习教育实施方案》。

5 月 23 日

集团公司举办省国资委系统企业“两学一做”学习教育培训班，来自省国资委监管企业、中央驻冀有关企业的主管副书记、组织部长 80 余人参加了培训。

6 月 1 日

省国资委巡察组对集团开始进行巡视整改“回头看”，对所属 4 家二级公司开展“政治 + 业务”巡察。

6 月 3 日

集团党委组织党员干部职工开展“清洁港区·爱我家园”第一次集中行动。

6 月 15 日

省委组织部和省国资委组成的综合考评组对集团领导班子及领导人员 2015 年度工作进行综合考核评价。

6 月 16 日

集团党委举办基层党组织书记“两学一做”学习教育示范培训班。

6 月 23 日

集团党委理论学习中心组围绕遵守党章党规专题，举行“两学一做”学习研讨会。

6 月 28 日

集团党委召开纪念建党 95 周年暨“两优一先”表彰会议。

6 月 30 日

集团党委纪念中国共产党建党 95 周年主题展览——“永远跟党走”在港口博物馆开展。

7 月 12 日

集团党委组织党员示范培训班培训，来自 35 个基层党组织的 199 名骨干党员参加了培训学习。

7 月 19 日

集团党委举行“两学一做”学习教育知识竞赛决赛。公安局代表队荣获一等奖，二公司和九公司代表队获得二等奖，其余代表队获得三等奖。

8 月 10 日

集团党委理论学习中心组（扩大）举行“两学一做”学习教育第二专题学习研讨会。

8 月 31 日

集团公司召开省国资委巡察组反馈巡察意见工作会议，巡察组向集团反馈了巡察意见。

9月7日

集团党委举办组工干部“两学一做”学习教育培训班，推动各直属党组织换届改选、党费收缴专项检查等工作有序开展。

9月20日

集团“两学一做”学习教育督导工作小组深入基层单位重点了解“两学一做”学习教育、落实省委巡视组反馈意见“回头看”、基层党组织换届选举等工作进展情况。

同日

中国水运报召开会议，为评选出的中国最美港口颁奖，秦皇岛港获得中国十大最美港口称号。

10月12日

集团公司召开党委会，传达全国国有企业党的建设工作会议精神，部署学习贯彻工作。

11月7日

省委组织部调研组到集团就新常态下加强和改进国有企业党建工作情况进行调研。

11月9日

集团公司机关、股份公司机关党员代表大会召开。

11月10日

经集团党委和股份党委批复，集团党委直属任届期满的6个党委、1个党总支、10个党支部；股份公司党委直属任届期满的12个党委、3个党总支、2个党支部按照党内程序分别完成了换届选举工作。

11月14日

集团纪委举行新任职纪检监察干部谈话会，对21名纪委书记和7名纪委副书记进行集体谈话。

11月22日

省国资委调研组到集团调研督导生产经营、安全管理和党建工作情况。

11月23日

集团公司中共十八届六中全会精神宣讲报告会，集体学习领会全会精神。

12月7日

2016年省级文明单位普查组到集团公司实地检查验收省级文明单位创建工作，对集团氛围浓厚且特色鲜明的文明单位创建工作给予了充分肯定。

12月14日

集团党委召开座谈会，就中共河北港口集团有限公司第一次代表大会报告（征求意见稿）听取意见建议。

12月17日

河北港口集团提前14天完成省国资委下达的2016年港口吞吐量考核目标任务。

12月18日

集团公司纪检监察干部封闭培训班在市委党校开班，71名纪检监察干部参加培训。

2017年

1月4日～5日

中共河北港口集团有限公司第一次代表大会召开。大会审议通过集团党委报告和纪律检查委员会报告，确定了集团“十三五”

期间指导思想、目标任务，选举产生了第一届集团党委和纪委领导集体。

同日

在中共河北港口集团有限公司第一次代表大会上，集团党委与集团旗下秦皇岛港及曹妃甸港、黄骅综合大港、投资金融三大业务板块签订“十三五”经营业绩责任书。这是省国资委监管企业中首个内部签订的“职务军令状”。

1 月 5 日

中共河北港口集团有限公司第一届委员会举行第一次全体会议。会议差额选举曹子玉、刘广海、宋敬中、朱朝阳、温建国、张志军、孟博为中共河北港口集团第一届委员会常务委员会委员，选举曹子玉为第一届委员会书记，刘广海、宋敬中为副书记。举手表决通过中共河北港口集团有限公司纪律检查委员会第一次全体会议选举结果，同意孟博为集团纪委书记，严明昕、郑国强为纪委副书记。

1 月 6 日

集团党委首次将党委集体（扩大）学习与领导干部大讲堂相结合，打造丰盛的“精神大餐”。

1 月 16 日

集团纪委召开派驻工作动员会，正式启动派驻工作。成立 21 个派驻纪检组，对全集团各单位实现派驻监督全覆盖。

1 月 17 日

集团党委召开 2016 年度基层党组织书记抓党建工作述职评议会。这是集团党委首次以集中述职的形式对党组织书记抓党建工作情况进行评议。

1 月 23 日

集团党委召开 2016 年度领导班子“两学一做”学习教育专题民主生活会。

2 月 6 日

集团党委召开集团领导干部大会，传达全省深化机关作风整顿会议精神、全省安全生产电视电话会议精神，并通报集团 1 月份生产经营情况，部署一季度重点工作。

2 月 8 日

省国资委检查组到集团督导调研企业意识形态工作，对集团党委履行主体责任情况及基础党建工作予以充分肯定。

2 月 22 日

集团党委举办 2017 年入党积极分子培训班，156 名入党积极分子参加培训。

2 月 28 日

集团党委书记、董事长，股份党委书记、董事长曹子玉为股份公司中层领导人员讲党课，学习习近平总书记视察河北重要讲话精神和指示要求。

3 月 10 日

河北港口集团、秦港股份公司 2017 年度工作会议暨河北港口集团第一届八次、秦港股份公司第一届九次职代会召开。

3 月 16 日

集团党委建立集团公司、股份公司中层干部理论学习微信群。

4 月 6 日

河北建工集团到集团公司学习交流构建大监督格局的工作经验。

4月7日

省国资委党建工作调研组来集团进行党建工作调研，并征求《监管企业党建责任制实施办法》（初稿）等制度的意见建议。

4月20日

集团党委印发《关于进一步提升集团公司党的建设科学化水平的实施意见》。

同日

集团党委印发《党建工作绩效管理考核评价实施意见（试行）》，将绩效管理理念引入党建工作。

4月25日

集团公司召开纪念“五一”劳动节劳模、先进代表座谈会。

5月2日

集团党委印发《关于集团子公司党建工作总体要求纳入公司章程有关事项的通知》，规定集团全资及控股子公司结合实际，明确纳入公司章程的具体内容。

5月11日

集团公司召开领导班子和领导人员述职测评大会。

5月17日

省国资委党委副书记魏建厂率队来到张家口市张北县公会镇盘城房村和落花营村，慰问集团公司精准扶贫工作组工作人员，调研指导精准扶贫攻坚工作。

5月26日

集团党委召开2017年党风建设和反腐倡廉工作会议，总结集团公司2016年党风建设和反腐倡廉工作，部署2017年工作任务。

6月6日

河北省总工会党组书记、常务副主席常增月率调研组来到集团公司，就产业工人队伍建设改革情况进行专题调研。

6月13日

集团公司成功举办“学总书记讲话，做合格共青团员”主题团日暨服务“创城”“旅发大会”青年志愿者动员会。

6月21日

集团党委理论学习中心组（扩大）组织集体学习，传达近期中共中央、国务院、中央组织部、国务院国资委和省国资委重要工作会议精神。

6月29日

集团机关党委召开集团机关、股份机关干部职工大会，聚焦机关干部队伍中存在的问题，提出解放思想、提振精神、改进作风的要求和方法。

第一章 组织沿革

第一章　组织沿革

河北港口集团（原秦皇岛港）的前身是开滦矿务局秦皇岛经理处。新中国成立前，港口党组织处于地下秘密活动状态。1948年12月初，秦榆市（不久即改为秦皇岛市）人民政府和军事管制委员会派人组建中共秦皇岛开滦工作委员会。1949年10月5日，中共秦皇岛开滦工作委员会正式公开。2009年

中共秦皇岛开滦工作委员会原址

7月，河北省委、省政府决定成立河北港口集团有限公司，同时成立中共河北港口集团有限公司委员会，一直延续至今。从1948年到2017年，河北港口集团（原秦皇岛港）党组织走过了近70年的辉煌历程。70年间，召开17次党代表大会，历任18名党委书记，由9个直属党支部发展到31个直属党委（党总支、党支部），党员人数由最初的272名发展壮大到2016年底的7660名。港口党委积极适应时代要求，响应国家号召，充分发挥党组织在港口生产建设发展中的领导作用。

第一节 党委沿革

中国共产党建党初期，党的创始人李大钊、王尽美及邓中夏在秦皇岛、山海关地区传播马克思主义，考察或领导工人运动，创建中国共产党的基层组织。1922年9月，王尽美来秦皇岛港，组建“秦皇岛矿务工友俱乐部”，领导港口工人积极参加开滦五矿同盟大罢工。1930年6月，上海党组织派负责海员工运的程之光来秦成立秦皇岛第一个海员工会。1932年，中共北方局和北平

王尽美（1898–1925），中国共产党创始人之一，秦皇岛港早期工运领导者

市委两次派员赴秦皇岛，组织当地工人开展工人运动，并作出“以组织开滦工人打倒国民党操纵的黄色工会，建立共产党领导的红色工会为中心任务，开展港口工人运动”的决定。10月，中共秦皇岛支部成立，在港

口工人中发展党员和积极分子。抗日战争和解放战争期间，党组织派员在秦皇岛码头工人中开展工作，为在港口企业中建立党的组织作了准备。

1948年11月27日，秦榆市（即秦皇岛）解放，秦榆市军事管制委员会派鲁延等为驻港军代表，对港口实行军事管制，并委派郝洁轩、丁春生等人筹建中共秦皇岛开滦工作委员会。12月初，秦榆市人民政府和军事管制委员会派郝洁轩、丁春生等人正式组成中共秦皇岛开滦工作委员会（以下简称开滦工委），由郝洁轩任书记。开滦工委主要负责党、群组织建设和配合驻港军事代表开展工作。1949年10月5日，中共秦皇岛开滦工作委员会正式公开。

1952年5月，中央人民政府燃料工业部代管开滦及港口，同时撤销军事管制。党员石新任经理处代经理，至此，党掌握了经理处的行政大权。中共秦皇岛开滦工作委员会改称中共秦皇岛开滦委员会，受中共中央燃料工业部党组和中共秦皇岛市委员会的双重领导，从而实现了“党通过人民政府管理港口的体制”。

1952年5月，燃料工业部部长陈郁在会上宣读政务院中财委关于代管开滦煤矿和秦皇岛港的命令

1953年1月1日，天津区港务局秦皇岛分局成立，奉命将原开滦秦皇岛经理处和驻秦皇岛口岸所有之港务、航务办事处合为一体。4月9日，秦皇岛港务分局发布第一号《通告》：“本局遵于1953年1月1日起开始改组，并奉中央交通部天津区港务局命令改组为天津区港务局秦皇岛分局，于即日起宣告成立”。中共秦皇岛开滦工作委员会于1953年4月11日撤销，成立中共秦皇岛市港务分局委员会，并从5月1日起转受中共中央交通部海运管理总局党组和中共秦皇岛市委员会的双重领导。

1954年7月6日，交通部批准撤销秦皇岛港与天津区管理局领导的隶属关系，升级为中央人民政府交通部秦皇岛港务管理局。同时，成立中共秦皇岛市港务管理局委员会，受中共中央交通部海运管理总局党组和中共秦皇岛市委员会的双重领导。

1958年6月25日，经交通部呈报，中共中央批准，秦皇岛港务管理局下放河北省秦皇岛市管辖。7月24日，省委决定：秦皇岛港在船舶调动和业务指导上由天津港统一指挥；党的思想政治工作、行政领导及财务收益等归秦皇岛市领导和管理。中共秦皇岛市港务管理局委员会受中共秦皇岛市委员会领导。1961年5月22日，秦皇岛港务管理局直接由交通部领导，管理局党委受中共中央交通部党组和中共秦皇岛市委员会的双重领导。

在“文化大革命”时期，管理局党委经历了“夺权”、建立革命委员会、实行一元化领导和恢复党委领导等几个阶段。1967年2月，人民解放军驻秦皇岛部队介入“文化大革命”，进驻秦皇岛港。4月正式成立秦皇岛港务局军事管制委员会，对港口实行军管。管理局党委因“文化大革命”而停止工作，由“军管会党委”临时主持党的工作。1968年7月，秦皇岛港务局建立以军代表为主体的革命委员会，实行了一元化领导。1971年6月，经唐山地区革命委员会批准，秦皇岛港务局成立革命委员会党的核心领导小组。1971年9月，秦皇岛港务局革委会党的核心小组遵照党的九届二中全会提出的“要认真完成整党建党任务，加强党的思想建设和组织建设”的指示，开始筹备召开中共秦皇岛港务局第六次党员代表大会，恢复党的委员会。

1971年12月23日～25日，中共秦皇岛港务局第六次代表大会召开，选举产生了中共秦皇岛港务局第六届委员会。这个委员会于12月26日召开全委会议，明确委员分工，瘫痪了4年之久的中共秦皇岛港务局委员会得到了恢复。1972年1月19日，中共河北省委以冀发［1972］25号文，批示：“同意中共秦皇岛港务局委员会的人员组成”。

1978年7月1日，秦皇岛港务局党委和港务局联合发出了《关于领导体制及企业名称变更的通知》，根据交通部(78)交人字第648号文件指示，企业名称更改为交通部秦皇岛港务管理局，党委更名为中共秦皇岛港务管理局委员会。

1988年7月1日，秦皇岛港根据交通部指示，实行政企分开，将港务监督和各项职权分离出去，成立秦皇岛海上监督局。交通部秦皇岛港务管理局改称“交通部秦皇岛港务局”,党委更名为中共秦皇岛港务局委员会。

1999年初，秦皇岛港与交通部脱钩后，成为中央直属企业，4月7日，交通部秦皇岛港务局更名为秦皇岛港务局，作为中央直属企业由中央企业工委直接管理。中共秦皇岛港务局委员会受中共中央大型企业工作委员会和中共秦皇岛市委员会的双重领导。从12月起受中共中央企业工作委员会和中共秦皇岛市委员会的双重领导。

2002年9月，秦皇岛港下放河北省管理，中共秦皇岛港务集团有限公司委员会成立，受中共河北省委员会、中共秦皇岛市委员会的领导。秦港集团党委书记由省委管理，其他成员由市委管理，报省委组织部备案。2004年1月，企业改制为产权多元化的有限责任公司，秦皇岛港务集团有限公司下放秦皇岛市管理，中共秦皇岛港务集团有限公司委员会受中共秦皇岛市委的领导。

2009年7月，省委、省政府决定成立河北港口集团（冀政函字[2009]69号），随之成立中共河北港口集团有限公司委员会，受中共河北省国有资产管理委员会、中共秦皇岛市委员会的领导。

1948年～2017年河北港口集团（原秦皇岛港）党委名称沿革一览表

表1

党委名称	沿革时间
中共秦皇岛开滦工作委员会	1948.12～1952.5
中共秦皇岛开滦委员会	1952.5～1953.4
中共秦皇岛市港务分局委员会	1953.4～1954.7
中共秦皇岛市港务管理局委员会	1954.7～1965
中共秦皇岛港务管理局委员会	1965～1971
中共秦皇岛港务局委员会	1972.1～1978.7
中共秦皇岛港务管理局委员会	1978.7～1988.7
中共秦皇岛港务局委员会	1988.7～2002.9
中共秦皇岛港务集团有限公司委员会	2002.9～2009.7
中共河北港口集团有限公司委员会	2009.7～

第二节 历次党代表大会

从 1954 年至 2017 年，河北港口集团（原秦皇岛港）党代表大会共召开了 17 次。其中，最早的 3 次党代表大会是审议、讨论党委的年度工作总结和工作计划；有 9 次党代表大会主要是审议党委和纪委工作报告（其中审议纪委工作报告只有 3 次），民主选举产生新一届党委和纪委；有 5 次是选举出席秦皇岛市党代表大会的代表。

1954 年 9 月 16 日～ 18 日，秦皇岛港务管理局召开党代表大会，参会代表 89 人。大会就贯彻党的七届四中全会《关于增强党的团结的决议》，向全局各级党组织和党员提出 5 点要求：充分开展党内批评与自我批评；加强支部集体领导，改善支部工作；加强对党员的政治思想领导；进一步把政治工作与经济工作密切结合起来，达到思想步调统一，上下团结一致；全局党员要努力维护和巩固党的团结。

1955 年 5 月 30 日～ 31 日，秦皇岛港务管理局召开党代表大会，参会代表 73 人，列席 30 人。大会作出题为《克服保守思想，在知识分子中扩大党的力量》的总结。大会选举了出席中共秦皇岛市党员代表大会的代表；讨论并通过了管理局党委《关于 1955 年工作部署》和《政治工作要点》。《部署》和《要点》的主要内容包括：加强对广大职工的政治思想领导，提高社会主义觉悟；明确企业经营管理思想，提高管理水平；有组织有领导地开展群众性的劳动竞赛；巩固和壮大党的组织力量，健全党内民主生活，实现对企业的保证监督；加强党对工会和青年团的领导。

1956 年 5 月 7 日～ 8 日，秦皇岛港务管理局召开党代表大会，参会代表 212 人。大会讨论并通过了刘抗代表管理局党委所作的《关于 1955 年几项主要工作的总结和 1956 年工作计划》的报告，并作出了相应的决议。

1957 年 4 月 15 日～ 18 日，中共秦皇岛市港务管理局第一次代表大会召开，参会代表 119 人。大会的中心议题是加强党内外团结，克服“一长制”的影响，实行党委集体领导下的厂长负责制。大会审议并通过了任惠民代表管理局党委所作的题为《关于我局建党以来的基本工作总结和 1957 年工作任务的报告》和周西桥代表管理局党委所作的《关于进一步加强党的集体领导的报告》。大会选举产生了中共秦皇岛市港务管理局第一届委员会和出席中共秦皇岛市代表大会的 19 名代表。出席市党代会代表：王国良、王振忠、王彬、刘抗、刘荫、刘太胜、石宝怀、田润里、任惠民、邸忠振、苏维树、张振宇、张安、张恩清、张玉太、赵青云、赵宗甲、谢天福、霍秀兰。

1958 年 5 月 26 日～ 28 日，中共秦皇岛市港务管理局第二次代表大会召开，参会代表 121 人。大会听取并审议了刘抗代表管理局党委所作的《整风运动的基本总结和今后主要任务的报告》，并作出了相应的决议。大会民主选举产生中共秦皇岛市港务管理局第二届委员会，任期一年。本届党委委员 20 名，候补委员 2 名。

1959 年 4 月 27 日～ 28 日，中共秦皇岛市港务管理局第三次代表大会召开，参会代表 155 人，列席代表 70 人。与会代表听取、讨论、通过了刘抗代表上届委员会所作的题为《总结经验，再接再厉，保证 1959 年取得更大更好更全面地跃进》的报告，并作出相应的决议。《决议》指出，全局职工要在 1958 年取得伟大胜利和丰富经验的基础上，大鼓干劲，力争上游，夺取1959年取得更大更好更全面地大跃进。大会选举产生了中共秦皇岛市港务管理局第三届委员会。

1961年7月12日～14日，中共秦皇岛市港务管理局第四次代表大会召开。参会代表161人。大会听取并审查通过了上届委员会《关于两年来基本工作情况和今后工作意见》的报告，并作出相应的决议。提出了今后工作必须坚决贯彻党中央提出的发展国民经济以农业为基础，全党大办农业，大办粮食的方针；必须坚持不遗余力地加强党的思想政治工作；必须坚持进一步贯彻党委集体领导下的厂长负责制；必须坚持一切从党的总路线出发加强调查研究，总结经验，改进工作。大会选举产生了中共秦皇岛市港务管理局第四届委员会和出席中共秦皇岛市代表大会的代表。

1963年4月20日～21日，中共秦皇岛市港务管理局第五次代表大会召开，参会代表175人。大会听取了题为《加强党的领导，厉行增产节约，改进企业管理，为争取成为“五好”企业而奋斗》的工作报告，并通过了与之相应的决议。《决议》指出，秦皇岛港务管理局的总任务是：继续深入贯彻党的八届十中全会精神，深入开展增产节约和反浪费的运动；加强社会主义教育和反对现代修正主义的教育；不断改进企业管理，努力提高装卸效率，确保安全优质，降低成本，增加盈利，全面完成国家计划，为争取成为“五好”企业（即政治工作好，完成计划好，“三八”作风好，企业管理好，生活管理好）而奋斗。《决议》号召全党和全体职工高举“三面红旗”，鼓足干劲，努力工作，积极投入增产节约运动，反对和防止资产阶级的侵蚀，把社会主义革命和社会主义建设事业推向前进。大会选举产生了中共秦皇岛市港务管理局第五届委员会。

1971年12月23日～25日，中共秦皇岛港务局第六次代表大会召开，参会代表185人，列席代表52人。大会听取并通过了于守真代表革委会党的核心小组作的《工作报告》。《报告》指出，经过“清队”“打反”运动，“局内阶级阵线基本分明”；通过整党建党和落实党的政策，绝大多数基层党组织进行了“吐故纳新”，纯洁了党的队伍；广大党员的“三大觉悟”（阶级斗争觉悟、路线斗争觉悟和继续革命觉悟）不断提高，大部分党员恢复了组织生活，建立了半数以上的党总支和大多数基层党支部，形成了一个密切联系群众的“三结合”领导核心——革委会党的核心领导小组，基本具备了中央提出的产生（恢复）党委的条件。大会选举产生了由27名同志组成中共秦皇岛港务局第六届委员会委员。这个委员会于12月26日召开全委会议，明确委员分工，作出《关于加强学习的决议》，秦皇岛港党委得到了恢复。1972年1月19日，河北省委冀发［1972］25号文，批示：“同意中共秦皇岛港务局委员会的人员组成”。

1985年10月29日～31日，中共秦皇岛港务管理局第七次代表大会召开，参会代表270人。由于历史的原因，这次党员代表大会与第六次党代表大会间隔近14年之久。大会听取、审议、通过了刘培新代表第六届委员会所作的题为《团结起来，锐意改革，不断开创港口生产建设新局面》的工作报告和姜淑云同志代表纪律检查委员会所作的题为《开创纪检工作新局面，为实现党风根本好转而努力》的工作报告。大会选举产生了管理局第七届党的委员会和纪律检查委员会。选举产生了文隆晓、刘培新、杨宝成、

林曼康、姜淑云、郭东玉、黄国胜、薛德成等8人为出席中共秦皇岛市第六次代表大会的代表。

1990年10月30日，秦皇岛港务局召开党代表大会，参会代表152人。大会选举产生了苏加林、李德宣、宗玉海、林曼康等4人为出席中共秦皇岛市第七次代表大会的代表。

1995年4月24日，秦皇岛港务局召开党代表大会，参会代表190人。大会选举产生了苏加林、李德宣、朱钰等3人为出席中共秦皇岛市第八次代表大会的代表。

1999年5月30日～6月1日，中共秦皇岛港务局第八次代表大会召开，参会代表286人。大会听取、审议、通过了薛德成代表第七届委员会所作的题为《充分发挥党组织政治核心作用，团结带领广大职工为建设文明兴盛的现代化港口而努力奋斗》的工作报告和林文鼎代表纪律检查委员会所作的工作报告。大会民主选举产生了11人组成的第八届党的委员会和7人组成的纪律检查委员会。薛德成、林文鼎受大会主席团的委托，分别主持召开了第八届党委和纪委第一次全委会议，明确了分工。

2001年6月4日，秦皇岛港务局召开党代表大会，参会代表139人。大会选举产生了李俊杰、崔忠健、薛德成等3人为出席中共秦皇岛市第九次代表大会的代表。

2006年6月5日，秦皇岛港务集团有限公司召开党代表大会，参会代表147人。大会选举产生了齐桂秋、陈立志、周忠义、聂振一等4人为出席中共秦皇岛市第十次代表大会的代表。

2011年9月6日，河北港口集团有限公司召开党代表大会，出席大会的代表177人。大会选举产生了邢录珍、朱向东、贺永生等3人为出席中共秦皇岛市第十一次代表大会的代表。

2017年1月4日～5日，中共河北港口集团有限公司第一次代表大会召开，参会代表187人。这次大会是在中共十八届六中全会和省第九次党代会刚刚闭幕，集团迎挑战、谋新路，转型升级、再创辉煌的关键时期召开的一次重要会议。大会的主题是：紧密团结在以习近平同志为核心的党中央周围，贯彻落实国企改革发展和党建工作决策部署，进一步解放思想、凝心聚力，动员广大党员干部职工，奋力开创河北港口集团改革发展新局面。大会审议通过了曹子玉所作的题为《加强党的建设，推动转型升级，奋力开创河北港口集团改革发展新局面》的工作报告和孟博代表纪律检查委员会所作的题为《忠诚履行职责，全面从严治党，为集团深化改革、转型发展提供坚强纪律保障》的工作报告。大会确定了集团“十三五”期间指导思想、目标任务，选举产生了中共河北港口集团有限公司第一届委员会和纪律检查委员会委员，其中党委委员19名，纪委委员9名。

2017年1月，中共河北港口集团有限公司第一次代表大会召开。图为会议现场

第三节 历届党委领导人名录

1948年12月初，中共秦皇岛开滦工作委员会成立，郝洁轩任书记。截至2017年7月，近70年间，河北港口集团（原秦皇岛港）共有18位党委书记。

一、1957年4月前秦皇岛港党委领导人名录

1949年12月，开滦工委书记郝洁轩离任，由鲁延接任工委书记，此后，又多次充实主要领导人和党委成员、基本上建成了比较完整的党组织。

（一）1948年12月～1953年4月，中共秦皇岛开滦工作委员会、中共秦皇岛开滦委员会期间领导人名录：

郝洁轩、鲁延、谢天荣、石新、宗璞等人先后任书记。

郝洁轩、鲁延、谢天荣、石新、宗璞、丁春生、郭本玉、赵青云、李亚东、杨子愚、王哲民、江澎涛、刘抗、任惠民等人任委员。

（二）1953年4月～1954年7月，中共秦皇岛港务分局委员会领导人名录：

书　记：石　新（1953.4～1954.7）（分局局长兼书记）

第二书记：刘　抗（1953.4～1954.7）

委　员：杨子愚 任惠民 周西桥

（三）1954年7月～1957年4月，中共秦皇岛市港务管理局委员会领导人名录：

书　记：石　新（1954.7～1955.12）

刘　抗（1955.12～1956.10）（主持党委工作）

刘　抗（1956.10～1957.4）

副书记：刘　抗 杨子愚 任惠民 周西桥

委　员：周西桥 张振宇 王占泰 刘培新 关立斋 王仲田 王树平 孟万表 杨全生 邸忠振 田润里 文光华 王治平

二、中共秦皇岛市港务管理局第一届委员会

1957年开始，秦皇岛港党委委员由党代表大会选举产生，上级党委审查批准。1957年4月，管理局召开第一次党代表大会，民主选举产生党委委员19人，常委7人。其中书记1人，副书记2人。

书　记：刘　抗（1957.4～1958.5）

副书记：任惠民（1957.4～1958.5）

周西桥（1957.4～1958.5）

常　委：刘　抗（1957.4～1958.5）

任惠民（1957.4～1958.5）

周西桥（1957.4～1958.5）

王治平（1957.4～1958.5）

张振宇（1957.4～1958.5）

杨子愚（1957.4～1958.5）

傅锦堂（1957.4～1958.5）

委　员：刘　抗（1957.4～1958.5）

任惠民（1957.4～1958.5）

周西桥（1957.4～1958.5）

张振宇（1957.4～1958.5）

杨子愚（1957.4～1958.5）

傅锦堂（1957.4～1958.5）

王治平（1957.4～1958.5）

邸忠振（1957.4～1958.5）

刘培新（1957.4～1958.5）

文光华（1957.4～1958.5）

孟万表（1957.4～1958.5）

田润里（1957.4～1958.5）

杨全生（1957.4～1958.5）

王仲田（1957.4～1958.5）

关立斋（1957.4 ~ 1958.5）
王占泰（1957.4 ~ 1958.5）
张恩清（1957.4 ~ 1958.5）
王振忠（1957.4 ~ 1958.5）
苏维树（1957.4 ~ 1958.5）

三、中共秦皇岛市港务管理局第二届委员会

1958 年 5 月，管理局召开第二次党代表大会，选举产生党委委员 20 人，候补委员 2 人。其中，书记 1 人，副书记 2 人。

书　记：刘　抗（1958.5 ~ 1959.4）
副书记：任惠民（1958.5 ~ 1959.4）
周西桥（1958.5 ~ 1959.4）
委　员：刘　抗（1958.5 ~ 1959.4）
任惠民（1958.5 ~ 1959.4）
周西桥（1958.5 ~ 1959.4）
王治平（1958.5 ~ 1959.4）
张振宇（1958.5 ~ 1959.4）
杨子愚（1958.5 ~ 1959.4）
傅锦堂（1958.5 ~ 1959.4）
李晓群（1958.5 ~ 1959.4）
王仲田（1958.5 ~ 1959.4）
王振忠（1958.5 ~ 1959.4）
王占泰（1958.5 ~ 1959.4）
田润里（1958.5 ~ 1959.4）
关立斋（1958.5 ~ 1959.4）
刘培新（1958.5 ~ 1959.4）
苏维树（1958.5 ~ 1959.4）
邸忠振（1958.5 ~ 1959.4）
孟万表（1958.5 ~ 1959.4）
马来顺（1958.5 ~ 1959.4）
张恩清（1958.5 ~ 1959.4）
杨全生（1958.5 ~ 1959.4）
候补委员：文光华（1958.5 ~ 1959.4）
张春山（1958.5 ~ 1959.4）

四、中共秦皇岛市港务管理局第三届委员会

1959 年 4 月，管理局召开第三次党代表大会，选举产生党委委员 21 人。其中，书记 1 人，副书记 1 人。

书　记：刘　抗（1959.4 ~ 1961.7）
副书记：任惠民（1959.4 ~ 1961.7）
委　员：刘　抗（1959.4 ~ 1961.7）
任惠民（1959.4 ~ 1961.7）
王治平（1959.4 ~ 1961.7）
马来顺（1959.4 ~ 1961.7）
刘培新（1959.4 ~ 1961.7）
王占泰（1959.4 ~ 1961.7）
杨全生（1959.4 ~ 1961.7）
文光华（1959.4 ~ 1961.7）
王仲田（1959.4 ~ 1961.7）
王振忠（1959.4 ~ 1961.7）
田润里（1959.4 ~ 1961.7）
傅锦堂（1959.4 ~ 1961.7）
孙印成（1959.4 ~ 1961.7）
关立斋（1959.4 ~ 1961.7）
苏维树（1959.4 ~ 1961.7）
邸忠振（1959.4 ~ 1961.7）
孟万表（1959.4 ~ 1961.7）
张恩清（1959.4 ~ 1961.7）
张治民（1959.4 ~ 1961.7）
张振宇（1959.4 ~ 1961.7）
张春山（1959.4 ~ 1961.7）

此届党委任期两年。期间，1959 年 9 月，王治平任党委副书记；1961 年 5 月，马来顺任党委副书记；1961 年，增补贾靖伍为党委委员。

五、中共秦皇岛市港务管理局第四届委员会

1961年7月，管理局召开第四次党代表大会，选举产生党委委员25人。其中，书记1人，副书记2人。本届当选的委员与上届委员变动数量较大。

书　记：刘　抗（1961.7～1963.4）

副书记：任惠民（1961.7～1963.4）

马来顺（1961.7～1963.3）

委　员：刘　抗（1961.7～1963.4）

任惠民（1961.7～1963.4）

马来顺（1961.7～1963.4）

刘培新（1961.7～1963.4）

王仲田（1961.7～1963.4）

王振忠（1961.7～1963.4）

王占泰（1961.7～1963.4）

张恩清（1961.7～1963.4）

张玉祥（1961.7～1963.4）

李彦华（1961.7～1963.4）

李殿生（1961.7～1963.4）

李振铭（1961.7～1963.4）

田　丰（1961.7～1963.4）

吴东堃（1961.7～1963.4）

孟万表（1961.7～1963.4）

苏维树（1961.7～1963.4）

邸忠振（1961.7～1963.4）

贾靖伍（1961.7～1963.4）

杨全生（1961.7～1963.4）

关志成（1961.7～1963.4）

门志诚（1961.7～1963.4）

常智勇（1961.7～1963.4）

张　安（1961.7～1963.4）

张春山（1961.7～1963.4）

孙印成（1961.7～1963.4）

六、中共秦皇岛市港务管理局第五届委员会

1963年4月，管理局召开第五次党代表大会，选举刘抗、任惠民、马来顺、贾靖伍、张春山、于海生、王占泰、田丰、刘培新、何永生、苏维树、孟万表、张治民、张恩清、杨全生、王仲田、文光华等17人为党委委员，其中刘抗任党委书记、任惠民任党委副书记。1965年8月，陈龙昌接任刘抗为党委书记。陆续增补陈龙昌、许丛翔、张春山、魏贵才等人为党委常务委员，增补陈龙昌、邱怀志、邸忠振、许丛翔、李景瑞、景伦、魏贵才等人为党委委员。此届党委因“文化大革命”被“夺权”而停止工作。

七、秦皇岛港务局革委会党的核心领导小组

在“文化大革命”时期，管理局党委因“文化大革命”而停止工作，由秦皇岛港务局军事管制委员会临时委员会主持党的工作。1971年6月，经唐山地区革命委员会批准，秦皇岛港务局革委会成立了党的核心领导小组，成员有7人。

组　长：于守真（军代表）

副组长：刘志钦（军代表）

刘茂华（军代表）

组　员：徐宝成（军代表）

陈龙昌　王占泰

白如敬

八、中共秦皇岛港务局第六届委员会

在秦皇岛港务局革命委员会党的核心领导小组的筹备下，1971年12月，召开了局

第六次党代表大会，选举产生党委委员27人。其中，常委11人，书记1人，副书记4人。中共秦皇岛港务局第六届委员会组建，瘫痪了4年之久的秦皇岛港党委得到了恢复。

书　记：于守真（1971.12～1973.3）

副书记：刘志钦（1971.12～1973.8）
陈龙昌（1971.12～1972.9）
徐宝成（1971.12～1973.8）
王占泰（1971.12～1983.4）

常　委：于守真（1971.12～1973.8）
刘志钦（1971.12～1973.8）
陈龙昌（1971.12～1972.9）
徐宝成（1971.12～1973.8）
王占泰（1971.12～1983.4）
刘茂华（1971.12～1972.6）
白如敬（1971.12～1975.8）
柴增禄（1971.12～1975.8）
闫汝祥（1971.12～1972.6）
魏贵才（1971.12～1975.8）
李东坡（1971.12～1975.8）

委　员：于守真（1971.12～1973.8）
刘志钦（1971.12～1973.8）
陈龙昌（1971.12～1972.9）
徐宝成（1971.12～1973.8）
王占泰（1971.12～1983.4）
刘茂华（1971.12～1972.6）
白如敬（1971.12～1975.8）
柴增禄（1971.12～1975.8）
闫汝祥（1971.12～1972.6）
魏贵才（1971.12～1975.8）
李东坡（1971.12～1975.8）
苗用合（1971.12～1972.6）
张裕铭（1971.12～1972.6）
王贵森（1971.12～1972.6）
孙印会（1971.12～1972.6）
邹碧清（1971.12～1972.6）
翟宝春（1971.12～1972.8）
刘　彦（1971.12～1976.11）
薛凤歧（1971.12～1976.11）
魏国忠（1971.12～1976.11）
孟宪廷（1971.12～1976.11）
尚振华（1971.12～1976.11）
郭士英（1971.12～1976.11）
刘景平（1971.12～1976.11）
王竹春（1971.12～1976.11）
郜凤来（1971.12～1976.11）
张廷勋（1971.12～1976.11）

第六次党代表大会产生的党委会延续了14年之久，党委成员组成经历了比较大的变动，直到1985年10月召开第七次党代表大会才换届改选了党委会。期间，共有5任党委书记，14位党委副书记。

党委书记：于守真（1971.12～1973.3）
周政新（1973.3～1975.8）
许　斌（1975.8～1981.2）
李助民（1982.11～1983.4）
刘培新（1984.7～1985.11）

代理书记：李助民（1981.2～1982.11）

主持党委工作：刘培新（1983.4～1984.7）

党委副书记：王　云（1973.8～1975.8）
（第一副书记）
刘志钦（1972.1～1973.8）
陈龙昌（1972.1～1972.9）
徐宝成（1972.1～1973.8）
王占泰（1972.1～1983.4）
许　斌（1973.8～1975.8）
刘培新（1973.8～1977.11）
刘云川（1974.5～1978.10）
李助民（1975.8～1981.2）
张宝顺（1975.8～1978.12）

任惠民（1979.2～1983.4）

赵同轩（1979.4～1980.4）

刘培新（1981.2～1984.7）

李德宣（1984.8～1985.11）

期间，陆续增补周政新、王云、刘培新、张春山、周印贵、任惠民、许斌、刘云川、杨向云、李助民、田家森、卢光华、张宝顺、赵国轩、马来顺、杨子愚、许丛翔、李景瑞、苏英辉、李德宣、高凤臣、田家森、汪秉康、张春芳、黄国胜、姜淑云等人为常务委员；增补杨向云、张玉龙、赵汝兴、许斌、李助民、张宝顺、张春山、赵同轩、田家森、刘云川、任惠民、马来顺、杨子愚、李景瑞、许丛翔、刘培新、苏英辉、李德宣、高凤臣、田家森、汪秉康、张春芳、黄国胜、姜淑云等人为党委委员。

九、中共秦皇岛港务管理局第七届委员会

1985年10月，管理局召开第七次党代表大会，选举产生党委委员7人，其中，书记1人，副书记1人，未设常委会。选举产生纪委委员7人，其中，书记1人，副书记1人。

（一）中共秦皇岛港务管理局委员会

书　记：刘培新（1985.11～1987.4）

副书记：李德宣（1985.11～1997.5）

委　员：刘培新（1985.11～1987.4）

李德宣（1985.11～1997.5）

汪秉康（1985.11～1999.5）

黄国胜（1985.11～1994.5）

田家森（1985.11～1988.5）

姜淑云（1985.11～1995.7）

高凤臣（1985.11～1989.12）

（二）中共秦皇岛港务管理局纪律检查委员会

书　记：姜淑云（1985.11～1995.7）

副书记：史金城（1985.11～1986.8）

委　员：姜淑云（1985.11～1995.7）

史金城（1985.11～1986.8）

田宝民（1985.11～1995.4）

刘金生（1985.11～1987.4）

张业伦（1985.11～1989.4）

汪秉康（1985.11～1989.4）

李魁元（1985.11～1988.3）

本届管理局党委会时间跨度长达14年，直到1999年5月召开第八次党代表大会换届改选为止。期间，中共秦皇岛港务管理局委员会于1988年7月更改为中共秦皇岛港务局委员会。共有3任党委书记，3位副书记；2任纪委书记，4位纪委副书记。

党委书记：刘培新（1985.11～1987.4）

李德宣（1987.4～1997.5）

薛德成（1997.5～1999.6）

党委副书记：李德宣（1985.11～1987.4）

朱桂英（1985.11～1986.3）（未到任）

汪秉康（1987.12～1999.6）

纪委书记：姜淑云（1985.11～1995.7）

林文鼎（1995.7～1999.6）

纪委副书记：史金城（1985.11～1986.8）

栾振云（1989.4～1997.12）

林文鼎（1994.8～1995.7）

崔全顺（1997.12～1999.6）

陆续增补了张春芳、薛德成、王世宝、林文鼎、陈继舜、聂振一等人为党委委员；增补栾振云、林文鼎、高翔、杨东河、齐桂秋、韩宝全、崔全顺、李淑萍、朱丽、姚大华、刘学昌、乔忠礼等人为纪委委员。

十、中共秦皇岛港务局第八届委员会

1999 年 5 月 30 日～6 月 1 日，秦皇岛港务局召开第八次党代表大会。选举产生党委委员 11 人，其中党委书记 1 人，党委副书记 1 人。选举产生纪委委员 7 人，其中纪委书记 1 人，纪委副书记 1 人。

（一）中共秦皇岛港务局委员会

书　记：薛德成（1999.6 ～ 2002.9）

副书记：汪秉康（1999.6 ～ 2002.9）

委　员：薛德成（1999.6 ～ 2002.9）

汪秉康（1999.6 ～ 2002.9）

聂振一（1999.6 ～ 2002.9）

王阳洋（1999.6 ～ 2002.9）

王世宝（1999.6 ～ 2002.9）

林文鼎（1999.6 ～ 2002.9）

黄建华[①]（1999.6 ～ 2002.9）

徐建文（1999.6 ～ 2002.9）

赵　克（1999.6 ～ 2002.9）

董咸德（1999.6 ～ 2002.9）

齐桂秋（1999.6 ～ 2002.9）

（二）中共秦皇岛港务局纪律检查委员会

书　记：林文鼎（1999.6 ～ 2002.9）

副书记：崔全顺（1999.6 ～ 2003.4）

委　员：林文鼎（1999.6 ～ 2002.9）

崔全顺（1999.6 ～ 2002.9）

乔忠礼（1999.6 ～ 2002.9）

朱　丽（1999.6 ～ 2002.9）

齐桂秋（1999.6 ～ 2002.9）

刘学昌（1999.6 ～ 2002.9）

金晓林（1999.6 ～ 2002.9）

十一、中共秦皇岛港务集团有限公司委员会

2002 年 9 月，中共秦皇岛港务集团有限公司委员会成立。10 月，经秦皇岛市委组织部批复，薛德成任党委书记，聂振一、汪秉康、周忠义任党委副书记，王阳洋、王世宝、林文鼎、黄建华、徐建文、赵克、董咸德、齐桂秋等人任党委委员。

（一）中共秦皇岛港务集团有限公司委员会

书　记：薛德成（2002.10 ～ 2006.7）

副书记：聂振一（2002.10 ～ 2006.7）

汪秉康（2002.10 ～ 2005.12）

周忠义（2002.10 ～ 2009.7）

委　员：薛德成（2002.10 ～ 2006.7）

聂振一（2002.10 ～ 2006.7）

汪秉康（2002.10 ～ 2005.12）

周忠义（2002.10 ～ 2009.7）

王阳洋（2002.10 ～ 2009.12）

王世宝（2002.10 ～ 2005.12）

林文鼎（2002.10 ～ 2009.12）

黄建华（2002.10 ～ 2009.7）

徐建文（2002.10 ～ 2009.12）

赵　克（2002.10 ～ 2009.7）

董咸德（2002.10 ～ 2007.5）

齐桂秋（2002.10 ～ 2009.12）

（二）中共秦皇岛港务集团有限公司纪律检查委员会

书　记：林文鼎（2002.9 ～ 2003.12）

副书记：崔全顺（2002.9 ～ 2006.12）

委　员：林文鼎（2002.9 ～ 2003.12）

①黄建华因犯受贿罪于 2011 年 8 月被河北省纪律检查委员会和河北省监察厅开除党籍、政籍。2011 年 11 月 3 日，司法机关以受贿罪依法判处其死刑，缓期两年执行，并处没收个人全部财产。

崔全顺（2002.9 ～ 2006.12）
乔忠礼（2002.9 ～ 2004.3）
朱　丽（2002.9 ～ 2008.6）
金晓林（2002.9 ～ 2008.6）
刘学昌（2002.9 ～ 2009.7）

2003 年 12 月，林文鼎、王振法任党委副书记。2004 年 4 月，经秦皇岛市委组织部批复，薛德成任党委书记，聂振一、汪秉康、周忠义、林文鼎、王振法任党委副书记，王阳洋、王世宝、黄建华、徐建文、赵克、董咸德、齐桂秋等人任党委委员。2006 年 7 月，黄建华任党委书记，柴俊、邢录珍任党委副书记。2006 年至 2007 年，陆续增补朱朝阳、何善琦、崔忠健、柴俊、温建国等人为党委委员。

2003 年 12 月，王振法任纪委书记，2006 年 12 月，房树田任纪委副书记。2003 年～ 2008 年，陆续增补王振法、房树田、张维健、么春华、张金河、葛庆成等人为纪委委员。

十二、中共秦皇岛港股份有限公司委员会

2008 年 4 月，经中共秦皇岛市委组织部批复，同意建立中共秦皇岛港股份有限公司委员会，党委由 9 名成员组成，其中设书记 1 名，副书记 2 名。其党组织关系隶属中共秦皇岛港务集团公司委员会管理。同时，建立中共秦皇岛港股份有限公司纪律检查委员会，纪委由 7 名成员组成，其中设书记 1 名，副书记 1 名。2009 年 7 月，中共秦皇岛港股份有限公司委员会开始隶属于中共河北港口集团有限公司委员会。

（一）中共秦皇岛港股份有限公司委员会

书　记：黄建华（2008.3 ～ 2009.7）
邢录珍（2009.7 ～ 2016.7）
曹子玉（2016.7 ～　）
副书记：邢录珍（2008.3 ～ 2009.7）
王振法（2008.3 ～ 2012.7）
柴　俊（2009.12 ～ 2012.2）
崔忠健（2010.3 ～ 2011.7）
何善琦（2012.4 ～ 2014.6）
田云山（2012.10 ～ 2017.2）
王录彪（2014.6 ～　）
杨文胜（2017.3 ～　）
委　员：黄建华（2008.3 ～ 2009.7）
邢录珍（2008.3 ～ 2016.7）
王振法（2008.3 ～ 2012.7）
王阳洋（2008.4 ～ 2010.11）
赵　克（2008.4 ～ 2009.12）
朱朝阳（2008.4 ～ 2009.12）
齐桂秋（2008.4 ～ 2012.8）
崔忠健（2008.4 ～ 2010.3）
王金文（2008.4 ～ 2011.9）
（交通部挂职人员）
王录彪（2009.12 ～ ）
何振亚（2009.12 ～ ）
郭西锟（2009.12 ～ ）
马喜平（2012.4 ～　）
葛　瑛（2012.10 ～ 2015.6）
杨文胜（2014.6 ～ ）

（二）中共秦皇岛港股份有限公司纪律检查委员会

书　记：王振法（2008.3 ～ 2012.7）
田云山（2012.10 ～ 2014.6）
王录彪（2014.6 ～ 2017.8）
孟　博（2017.8 ～　）
副书记：房树田（2008.4 ～ 2013.2）

严明昕（2013.2 ～　）
郑国强（2016.10 ～　）
委　员：王振法（2008.3 ～ 2012.7）
房树田（2008.4 ～ 2013.2）
么春华（2008.6 ～ 2011.7）
金晓林（2008.6 ～ 2009.6）
朱　丽（2008.6 ～ 2009.6）
付佑江（2008.6 ～ 2012.12）
马喜平（2008.6 ～　）
陈林燕（2009.6 ～　）
曹　栋（2009.6 ～　）
田云山（2012.10 ～ 2014.6）
王录彪（2014.6 ～　）
严明昕（2013.2 ～　）
郑国强（2016.10 ～　）

十三、中共河北港口集团港口服务管理分公司委员会

2009 年 12 月，中共河北港口集团有限公司委员会决定成立中共河北港口集团有限公司港口服务管理分公司委员会，按照党组织隶属关系，把原隶属河北港口集团公司党委和机关党委管理的 26 个直属党组织划归其管理。中共河北港口集团有限公司港口服务管理分公司委员会设书记 1 名，副书记 2 名。其党组织关系隶属中共河北港口集团有限公司委员会管理。同时，成立中共河北港口集团有限公司港口服务管理分公司纪律检查委员会，设书记 1 名。2013 年 4 月，中共河北港口集团有限公司委员会决定撤销中共河北港口集团有限公司港口服务管理分公司委员会和中共河北港口集团有限公司港口服务管理分公司纪律检查委员会。

书　记：林文鼎（2009.9 ～ 2011.7）
副书记：王振法（2009.12 ～ 2012.7）
委　员：林文鼎（2009.9 ～ 2011.7）
王振法（2009.12 ～ 2012.7）
何善琦（2010.3 ～ 2013.4）
徐建文（2009.12 ～ 2013.4）
柴　俊（2009.12 ～ 2012.8）
齐桂秋（2009.12 ～ 2012.8）
纪委书记：王振法（2009.12 ～ 2012.7）

十四、中共河北港口集团有限公司委员会

2009 年 7 月，按照河北省人民政府《关于同意组建河北港口集团有限公司的批复》，河北港口集团设党委和纪委。省委组织部任命甄新生为党委书记，黄建华、邢录珍为党委副书记；省国资委党委任命周忠义为党委副书记、纪委书记，赵克、朱朝阳、温建国为党委常委。

（一）中共河北港口集团有限公司委员会

书　记：甄新生（2009.7 ～ 2011.4）
副书记：黄建华（2009.7 ～ 2011.4）
邢录珍（2009.7 ～ 2011.4）
周忠义（2009.7 ～ 2012.12）
常　委：甄新生（2009.7 ～ 2011.4）
黄建华（2009.7 ～ 2011.4）
邢录珍（2009.7 ～ 2016.7）
周忠义（2009.7 ～ 2012.12）
赵　克（2009.7 ～ 2016.8）
朱朝阳（2009.7 ～ 2017.1）
温建国（2009.7 ～ 2017.1）

（二）中共河北港口集团有限公司纪律检查委员会

书　记：周忠义（2009.7 ～ 2012.12）
宋敬中（2012.12 ～ 2013.12）
副书记：杨春元（2013.5 ～ 2016.1）

2009 年至 2016 年 12 月，陆续有邢录珍、

曹子玉担任党委书记，李敏[①]、宋敬中、刘广海担任党委副书记；增补李敏、宋敬中、徐建文、孟博、刘广海、曹子玉等人为党委常委。周忠义、宋敬中、孟博先后担任纪委书记。

2017 年 1 月 4 日～5 日，中共河北港口集团有限公司第一次代表大会召开，民主选举新一届中共河北港口集团有限公司委员会和纪律检查委员会。党委由 19 名委员组成，其中，曹子玉任党委书记，刘广海、宋敬中任党委副书记，曹子玉、刘广海、宋敬中、朱朝阳、温建国、张志军、孟博等 7 人为常委委员；纪委由 9 名委员组成，其中，孟博任纪委书记，严明昕、郑国强任纪委副书记。

（一）中共河北港口集团有限公司第一届委员会

书　记：曹子玉

副书记：刘广海
　　　　宋敬中

常　委：曹子玉
　　　　刘广海
　　　　宋敬中
　　　　朱朝阳
　　　　温建国
　　　　张志军
　　　　孟　博

委　员：曹子玉
　　　　刘广海
　　　　宋敬中
　　　　朱朝阳
　　　　温建国
　　　　张志军
　　　　孟　博
　　　　田云山
　　　　聂玉中
　　　　王录彪
　　　　何振亚
　　　　马喜平
　　　　郭西锟
　　　　杨文胜
　　　　陈海烈
　　　　赵剑平
　　　　李永来
　　　　张金河
　　　　严明昕

（二）中共河北港口集团有限公司纪律检查委员会

书　记：孟　博

副书记：严明昕
　　　　郑国强

委　员：孟　博
　　　　严明昕
　　　　郑国强
　　　　李海泳
　　　　曹　栋
　　　　温海廷
　　　　吴　震
　　　　常　虹
　　　　杨晨虹

①李敏因严重违纪于 2015 年 12 月 1 日河北省纪律检查委员会和河北省监察厅开除党籍、政籍，并将其涉嫌犯罪问题、线索及所涉款物移送司法机关依法处理。

1948 年～ 2017 年河北港口集团（原秦皇岛港）党委正职领导任职表

表 2

姓名	名称	沿革时间	职务
鲁　延	中国人民解放军驻秦皇岛港	1948.11 ～ 1950.5	军代表
谢天荣	中国人民解放军驻秦皇岛港	1950.5 ～ 1951.9	军代表
石　新	中国人民解放军驻秦皇岛港	1951.9 ～ 1952.5	军代表
郝洁轩	中共秦皇岛开滦工作委员会	1948.12 ～ 1949.12	书记
鲁　延	中共秦皇岛开滦工作委员会	不详	书记
谢天荣	中共秦皇岛开滦工作委员会	不详	书记
石　新	中共秦皇岛开滦工作委员会	不详	书记
宗　璞	中共秦皇岛开滦委员会	不详	书记
石　新	中共秦皇岛市港务分局委员会	1953.4 ～ 1954.7	书记
	中共秦皇岛市港务管理局委员会	1954.7 ～ 1955.12	书记
刘　抗	中共秦皇岛市港务管理局委员会	1955.12 ～ 1956.10	主持工作
	中共秦皇岛市港务管理局委员会	1956.10 ～ 1965.8	书记
陈龙昌①	中共秦皇岛港务管理局委员会	1965.8 ～ 1966	书记
于守真	秦皇岛港务局革委会党的核心小组	1971.6 ～ 1971.12	组长
	中共秦皇岛港务局委员会	1971.12 ～ 1973.3	书记
周政新	中共秦皇岛港务局委员会	1973.3 ～ 1975.8	书记
许　斌	中共秦皇岛港务局委员会	1975.8 ～ 1978.7	书记
	中共秦皇岛港务管理局委员会	1978.7 ～ 1981.2	书记
李助民	中共秦皇岛港务管理局委员会	1981.2 ～ 1982.11	代书记
	中共秦皇岛港务管理局委员会	1982.11 ～ 1983.4	书记
刘培新	中共秦皇岛港务管理局委员会	1983.4 ～ 1984.7	主持工作
	中共秦皇岛港务管理局委员会	1984.7 ～ 1987.4	书记
李德宣	中共秦皇岛港务管理局委员会	1987.4 ～ 1988.7	书记
	中共秦皇岛港务局委员会	1988.7 ～ 1997.5	书记
薛德成	中共秦皇岛港务局委员会	1997.5 ～ 2002.9	书记
	中共秦皇岛港务集团有限公司委员会	2002.9 · 2006.7	书记
黄建华	中共秦皇岛港务集团有限公司委员会	2006.7 ～ 2009.7	书记
甄新生	中共河北港口集团有限公司委员会	2009.7 ～ 2011.4	书记
邢录珍	中共河北港口集团有限公司委员会	2011.4 ～ 2016.7	书记
曹子玉	中共河北港口集团有限公司委员会	2016.7 ～	书记

第四节 基层党组织沿革

自 1949 年开滦工委公开第一个党支部——火车房党支部开始，港口基层党组织随着时代发展逐步壮大。1951 年，成立第一个基层党总支——煤场党总支，港口基层党组织开始以党总支、党支部的设置形式稳定下来。1972 年后，港口基层党组织工作逐步恢复。1974 年 12 月，成立第一个基层党委——原油作业区党委，进一步扩大了港口基层党组织设置。2002 年秦皇岛港务集团公

①“文化大革命”开始后，由陈龙昌任党委书记的党委班子被“夺权”而停止工作，由秦皇岛港务局军管会党委临时主持党的工作。

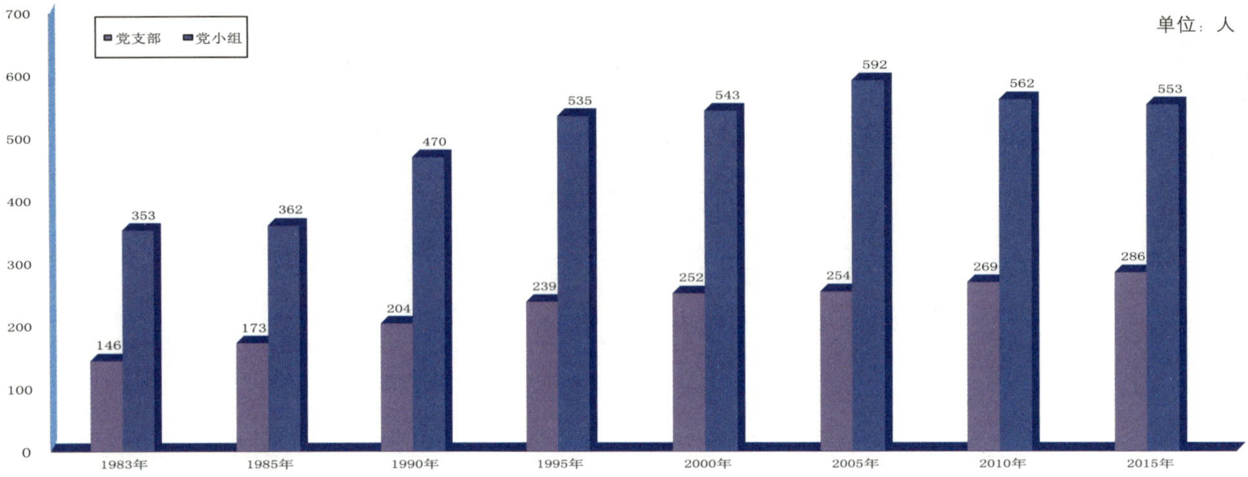

1983 年～ 2015 年河北港口集团（原秦皇岛港）基层党支部数量变化情况示意图

司成立后，集团的基层党组织设置不断完善。截至 2016 年底，河北港口集团党委下辖直属基层党组织 31 个，基本实现了基层党组织全覆盖。党员数量也从最初的 272 名，逐年递增至 2016 年的 7660 名，占全体职工总数近 50%，党员队伍的发展与扩大极大地提升了党组织的生机与活力。

1949 年，开滦工委共接收 254 名码头职工加入中国共产党，组建党支部 9 个，党小组 44 个。

1950 年，开滦工委党员队伍发展迅速，党员人数达到 433 名，共组建党支部 19 个。其中，工厂党支部 14 个，358 名党员；机关党支部 3 个，62 名党员；街道党支部 2 个，13 名党员。

1954 年，全局党员 628 名，下设党总支 2 个，即：煤场党总支、工程队党总支。党支部 16 个，即：局长室党支部、工会党支部、经保科党支部、医院党支部、工务科党支部、机厂党支部、货区党支部、运输队党支部、材料科党支部、港监室党支部、行管科党支部、调度室党支部、水厂党支部、港口工校党支部、道南党支部、河东党支部。

1955 年 2 月，全局党员 700 名。下设党总支 1 个，即：工程队党总支。党支部 16 个，即：装卸大队党支部、装卸一中队党支部、装卸二中队党支部、装卸三中队党支部、运输队党支部、货区党支部、职能科党支部、经保科党支部、港监室党支部、机厂党支部、修建队党支部、医院党支部、政训班党支部、道南党支部、河东党支部、机关党支部。

1957 年 12 月，全局党员总数 817 名。下设党总支 1 个，即：煤场党总支。党支部 15 个，即：运输队党支部、职能科党支部、行福科党支部、经保科党支部、港监室党支部、电台党支部、机厂党支部、调度室党支部、工程科党支部、水厂党支部、货区党支部、医院党支部、道南党支部、河东党支部、局机关党支部、总工程师办公室党支部。

1959 年 4 月，全局党员总数 954 名。下设党支部 22 个，即：前方一队、二队、三队党支部，后方一队、二队、三队党支部，作业区党支部、仓库党支部、参谋部党支部、机厂党支部、水厂党支部、修建队党支部、道拨党支部、机关党支部、经保科党支部、港监室党支部、医院党支部、工程兵办公室

党支部、行福科党支部、建港党支部、技校党支部、机械运输党支部。

1961 年 7 月，全局党员总数 1009 名。下设党总支 3 个，即：码头党总支、煤场党总支、建港党总支。直属党支部 12 个，即：机厂党支部、水厂党支部、运输大队党支部、职能科党支部、经保科党支部、福利科党支部、工程科党支部、机关党支部、医院党支部、技校党支部、修建队党支部、调度室党支部。

1963 年 4 月，全局党员总数 911 名（1962 年大量精简职工，故党员人数减少）。下设党总支 3 个，即：码头党总支、煤场党总支、副业科党总支。直属党支部 12 个，即：机关党支部、职能科党支部、行管科党支部、公安处党支部、调度室党支部、运输大队党支部、货区党支部、港监室党支部、机厂党支部、水厂党支部、医院党支部、修建队党支部。

1971 年 12 月，全局党员总数 1203 名。下设党总支 3 个，即：煤炭作业区党总支、杂货作业区党总支、机厂党总支。直属党支部 10 个，即：运输大队党支部、工程科党支部、外理党支部、外代党支部、政治部党支部、材料科党支部、港监室党支部、商务科党支部、医院党支部、行政科党支部。

1973 年 12 月，全局党员总数 1286 名，下设党总支 10 个，即：机械装卸大队党总支、码头装卸大队党总支、机厂党总支、运输大队党总支、油港党总支、燃油党总支、货区党总支、港务监督室党总支、工程科党总支、船舶大队党总支。直属党支部 8 个，即：医院党支部、秦港公安局党支部、通讯站党支部、汽车队党支部、外代党支部、行管科党支部、材料科党支部、外理党支部。

1974 年 12 月，全局党员总数 1413 名，其中新发展党员 46 名。党支部 69 个。下设党委 1 个，即：原油作业区党委。党总支 8 个，即：机械装卸大队党总支、码头装卸大队党总支、机厂党总支、运输大队党总支、货区党总支、港务监督室党总支、工程科党总支、船舶大队党总支。直属党支部 9 个，即：医院党支部、秦港公安局党支部、通讯站党支部、汽车队党支部、外代党支部、行管科党支部、材料科党支部、外理党支部、远供党支部。

1975 年 12 月，全局党员总数 1617 名，其中新发展党员 60 名。党支部 69 个。下设党委 3 个，即：原油作业区党委、煤炭作业区党委、杂货作业区党委。党总支 6 个，即：机厂党总支、运输大队党总支、港务监督室党总支、工程科党总支、行管科党总支、局机关党总支。直属党支部 9 个，即：医院党支部、秦港公安局党支部、通讯站党支部、汽车队党支部、外代党支部、材料科党支部、外理党支部、远供党支部、船舶大队党支部。

1976 年 12 月，全局党员总数 1722 名，其中新发展党员 65 名。党支部 87 个。下设党委 4 个，即：原油作业区党委、煤炭作业区党委、杂货作业区党委、秦港公安局党委。党总支 8 个，即：机厂党总支、运输大队党总支、基建工程处党总支、行管科党总支、局机关党总支、医院党总支、通讯站党总支、船舶大队党总支。直属党支部 11 个，即：汽车队党支部、外代党支部、材料科党支部、外理党支部、远供党支部、港务监督室党支部、航修站党支部、港一中党支部、港二中党支部、港三中党支部、七二一大学党支部。

1977 年 12 月，全局党员总数 1771 名，其中新发展党员 39 名。党支部 103 个。下设党委 4 个，即：原油作业区党委、煤炭作业区党委、杂货作业区党委、港口公安局党委。党总支 8 个，即：机厂党总支、运输大队党总支、基建工程处党总支、局机关党总支、医院党总支、通讯站党总支、船舶大队党总支、中燃公司党总支。直属党支部13个，即：汽车队党支部、外代党支部、材料科党支部、外理党支部、远供党支部、港务监督室党支部、外轮航修站党支部、行管科党支部、房管科党支部、港一中党支部、港二中党支部、港三中党支部、七二一大学党支部。

1978年12月，全局党员总数1807名，其中新发展党员25名。党支部103个。下设党委4个，即：原油作业区党委、煤炭作业区党委、杂货作业区党委、港口公安局党委。党总支8个，即：机厂党总支、运输大队党总支、基建工程处党总支、局机关党总支、医院党总支、通讯站党总支、船舶大队党总支、中燃公司党总支。直属党支部14个，即：汽车队党支部、外代党支部、材料科党支部、外理党支部、远供党支部、港务监督室党支部、外轮航修站党支部、行管科党支部、房管科党支部、港一中党支部、港二中党支部、港三中党支部、七二一大学党支部、救助站党支部。

1979年12月，全局党员总数1813名，其中新发展党员61名。下设党委4个，即：原油作业区党委、煤炭作业区党委、杂货作业区党委、港口公安局党委。党总支11个，即：机厂党总支、运输大队党总支、基建工程处党总支、医院党总支、通讯站党总支、船舶大队党总支、中燃公司党总支、物资处党总支、行管处党总支、水电站党总支、教育处党总支。直属党支部7个，即：汽车队党支部、外代党支部、外理党支部、远供党支部、港务监督室党支部、救助站党支部、外轮航修站党支部。

1980年12月，全局党员总数1836名，其中新发展党员14名。下设党委5个，即：原油作业区党委、煤炭作业区党委、杂货作业区党委、港口公安局党委、铁路运输管理处党委。党总支11个，即：机厂党总支、基建工程处党总支、医院党总支、通讯处党总支、船舶大队党总支、中燃公司党总支、物资处党总支、行管处党总支、水电站党总支、教育处党总支、外轮航修厂党总支。直属党支部7个，即：汽车队党支部、外代党支部、外理党支部、远供党支部、港务监督室党支部、救助站党支部、船检局秦皇岛办事处党支部。

1983年12月，全局党员总数2157名，其中新发展党员41名。党支部146个，党小组353个。下设基层党委7个，即：第一、二、三、四作业区党委，公安局党委、铁路运输管理处党委、机修总厂党委。直属党总支12个，即：建港党总支、建筑公司党总支、基建工程处党总支、通讯处党总支、中燃公司党总支、船舶大队党总支、物资处党总支、行管处党总支、教育处党总支、劳服公司党总支、医院党总支、局机关党总支。直属党支部8个，即：港监室党支部、外理党支部、外代党支部、远供党支部、船检局秦皇岛办事处党支部、老干部处党支部、救助站党支部、海员基地党支部。

1984年12月，全局党员总数2279名，其中新发展党员40名，党支部160个，党小组320个。下设直属党委6个，即：第一、二、三、四作业区党委，公安局党委、铁路运输管理处党委。直属党总支14个，即：基建工程处党总支、机厂党总支、通讯处党总支、船舶大队党总支、局机关党总支、行管处党总支、医院党总支、物资处党总支、防污厂党总支、教育中心党总支、中燃公司党总支、建港党总支、建筑公司党总支、劳服公司党总支。直属

党支部8个，即：港监室党支部、外理党支部、外代党支部、远供党支部、船检局秦皇岛办事处党支部、老干部处党支部、救助站党支部、海员基地党支部。

1985年12月，全局党员总数2483名，其中新发展党员179名。党支部173个，党小组362个。下设基层党委10个，即：第一、二、三、四作业区党委，公安局党委、建港党委、劳服公司党委、中燃公司党委、海员基地党委、铁路运输管理处党委。直属党总支12个，即：机厂党总支、通讯处党总支、船舶大队党总支、局机关党总支、行管处党总支、医院党总支、物资处党总支、防污厂党总支、老干部处党总支、教育中心党总支、建筑公司党总支、救助站党总支。直属党支部9个，即：港监室党支部、外理党支部、外代党支部、远供党支部、船检局秦皇岛分局党支部、水暖站党支部、电管站党支部、修建队党支部、水泥厂党支部。

1986年12月，全局党员总数2673名，其中新发展党员150名。党支部175个，党小组410个。下设基层党委10个，即：第一、二、三、四作业区党委，铁路运输管理处党委、公安局党委、建港党委、劳服公司党委、中燃公司党委、海员基地党委。直属党总支12个，即：机厂党总支、通讯处党总支、船舶大队党总支、局机关党总支、行管处党总支、医院党总支、物资处党总支、防污厂党总支、老干部处党总支、教育中心党总支、建筑公司党总支、救助站党总支。直属党支部11个，即：港监室党支部、外理党支部、外代党支部、远供党支部、船检局秦皇岛分局党支部、水暖站党支部、电管站党支部、修建队党支部、水泥厂党支部、水运卫校党支部、第五作业区临时党支部。

1987年12月，全局党员总数2950名，其中新发展党员193名。党支部187个。下设基层党委11个，即：第一、二、三、四、五装卸公司党委，铁路运输管理处党委、公安局党委、建港党委、劳服公司党委、中燃公司党委、海员基地党委。直属党总支12个，即：机厂党总支、通讯处党总支、船舶大队党总支、局机关党总支、行管处党总支、医院党总支、物资处党总支、防污厂党总支、老干部处党总支、教育中心党总支、建筑公司党总支、救助站党总支。直属党支部10个，即：港监室党支部、外理党支部、外代党支部、远供党支部、船检局秦皇岛分局党支部、水暖站党支部、电管站党支部、修建队党支部、水泥厂党支部、水运卫校党支部。

1988年12月，全局党员总数3119名，其中，新发展党员118名。党支部182个，党小组420个。下设基层党委11个，即：第一、二、三、四、五装卸公司党委，铁路运输管理处党委、公安局党委、建港党委、劳服公司党委、中燃公司党委、海员基地党委。直属党总支12个，即：机厂党总支、通讯处党总支、船舶大队党总支、局机关党总支、行政处党总支、医院党总支、物资处党总支、防污厂党总支、老干部处党总支、教育中心党总支、建筑公司党总支、救助站党总支。直属党支部11个，即：第六装卸公司党支部、港监党支部、外理党支部、外代党支部、远供党支部、船检局秦皇岛分局党支部、水暖站党支部、电管站党支部、修建队党支部、水泥厂党支部、水运卫校党支部。

1989年12月，全局党员总数3162名，其中新发展党员66名。党支部197个，党小组454个。下设基层党委12个，即：第一、二、三、四、五、六装卸公司党委，铁路运输公司党委、公安局党委、建港党委、局机关党委、中燃公司党委、海员基地党委。直属党总支12个，即：机厂党总支、通信公司党总支、船舶公司党总支、实业服务公司党总支、行管处党总支、港口医院党总支、物资处党总支、防污厂党总支、老干部处党总支、教育中心党总支、建筑公司党总支、救助站党总支。直属党支部11个，即：引航站党支部、航道局党支部、外理党支部、外代党支部、远供党支部、船检局秦皇岛分局党支部、水暖站党支部、电管站党支部、修建队党支部、水泥厂党支部、水运卫校党支部。

1990年12月，全局党员总数3280名，其中新发展党员63名。党支部204个，党小组470个。下设基层党委12个，即：第一、二、三、四、五、六装卸公司党委，铁路运输公司党委、公安局党委、建港党委、局机关党委、中燃公司党委、海员基地党委。直属党总支13个，即：机厂党总支、通信公司党总支、船舶公司党总支、实业服务公司党总支、外理党总支、港口医院党总支、物资处党总支、生活福利公司党总支、防污厂党总支、老干部处党总支、教育中心党总支、建筑公司党总支、救助站党总支。直属党支部9个，即：引航站党支部、航道局党支部、外代党支部、远供党支部、船检局秦皇岛分局党支部、水暖公司党支部、电力公司党支部、修建公司党支部、水运卫校党支部。

1991年12月，全局党员总数3394名，其中新发展党员78名。党支部201个，党小组479个。下设基层党委12个，即：第一、二、三、四、五、六装卸公司党委，铁路运输公司党委、公安局党委、建港党委、局机关党委、中燃公司党委、海员基地党委。直属党总支13个，即：机厂党总支、通信公司党总支、船舶公司党总支、实业服务公司党总支、外理党总支、港口医院党总支、物资处党总支、生活福利公司党总支、防污厂党总支、老干部处党总支、教育中心党总支、建筑公司党总支、救助站党总支。直属党支部9个，即：引航站党支部、航道局党支部、外代党支部、远供党支部、船检局秦皇岛分局党支部、水暖公司党支部、电力公司党支部、修建公司党支部、水运卫校党支部。

1992年12月，全局党员总数3539名，其中，新发展党员134名。党支部211个，党小组510个。下设基层党委11个，即：第一、二、三、四、五、六装卸公司党委，铁路运输公司党委、公安局党委、建港党委、局机关党委、中燃公司党委。直属党总支15个，即：机厂党总支、通信公司党总支、船舶公司党总支、实业服务公司党总支、外理党总支、港口医院党总支、物资处党总支、生活福利公司党总支、防污厂党总支、老干部处党总支、教育中心党总支、建筑公司党总支、救助站党总支、修建公司党总支、海员基地党总支。直属党支部9个，即：引航站党支部、航道局党支部、外代党支部、远供党支部、秦皇岛船检局党支部、水暖公司党支部、电力公司党支部、顶吉公司党支部、水运卫校党支部。

1993年12月，全局党员总数3644名，其中新发展党员156名。党支部214个，党小组510个。下设基层党委11个，即：第一、二、三、四、五、六港务公司党委，铁路运输公司党委、公安局党委、建港党委、局机关党委、中燃公司党委。直属党总支15个，即：机厂党总支、通信公司党总支、船舶公司党总支、实业服务公司党总支、外理党总支、港口医院党总支、物资公司党总支、生活服务公司党总支、防污厂党总支、老干部处党总支、

教育中心党总支、建筑公司党总支、救助站党总支、修建公司党总支、海景酒店党总支。直属党支部12个，即：引航公司党支部、发展公司党支部、外代党支部、远供党支部、秦皇岛船检局党支部、水暖公司党支部、电力公司党支部、顶吉公司党支部、水运卫校党支部、东方公司党支部、港盛公司党支部、配件公司党支部。

1994年12月，全局党员总数3894名，其中新发展党员145名。党支部228个，党小组514个。下设基层党委11个，即：第一、二、三、四、五、六港务公司党委，铁路运输公司党委、公安局党委、建港党委、局机关党委、中燃公司党委。直属党总支15个，即：机厂党总支、通信公司党总支、船舶公司党总支、实业服务公司党总支、外理党总支、港口医院党总支、物资公司党总支、生活服务公司党总支、防污厂党总支、老干部处党总支、教育中心党总支、建筑公司党总支、救助站党总支、港湾公司党总支、海景酒店党总支。直属党支部10个，即：引航公司党支部、发展公司党支部、外代公司党支部、秦皇岛船检局党支部、水暖公司党支部、电力公司党支部、顶吉公司党支部、东方公司党支部、港盛公司党支部、配件公司党支部。

1995年12月，全局党员总数4007名，其中，新发展党员120名。党支部239个，党小组535个。下设基层党委13个，即：第一、二、三、四、五、六港务公司党委，铁路运输公司党委、公安局党委、燃料公司党委、建港党委、局机关党委、港口医院党委、秦皇岛船检局党委。党总支14个，即：机厂党总支、防污厂党总支、船舶公司党总支、通信公司党总支、教育中心党总支、物资公司党总支、生活服务公司党总支、实业服务公司党总支、建筑公司党总支、外理公司党总支、老干部处党总支、海景酒店党总支、港湾公司党总支、救助站党总支。直属党支部10个，即：外代公司党支部、电力公司党支部、水暖公司党支部、引航公司党支部、顶吉公司党支部、银港公司党支部、发展公司党支部、东方公司党支部、港盛公司党支部、配件公司党支部。

1996年12月，全局党员总数4169名，其中新发展党员141名。基层党支部250个，党小组549个。下设直属党组织36个，其中基层党委15个，即：第一、二、三、四、五、六、七港务公司党委，铁路运输公司党委、公安局党委、中燃公司党委、建港党委、局机关党委、港口医院党委、秦皇岛船检局党委、离退中心党委。直属党总支12个，即：机厂党总支、船舶公司党总支、通信公司党总支、教育中心党总支、物资公司党总支、生活服务公司党总支、建筑公司党总支、外理公司党总支、港湾公司党总支、海景酒店党总支、救助站党总支、电力公司党总支。直属党支部9个，即：实业服务公司党支部、外代公司党支部、水暖公司党支部、引航公司党支部、顶吉公司党支部、发展公司党支部、东方公司党支部、配件公司党支部、银港公司党支部。

1997年12月，全局党员总数4324名，其中新发展党员139名。党小组563个，基层党支部249个，下设直属党组织36个，其中基层党委15个，即：第一、二、三、四、五、六、七港务公司党委，铁路运输公司党委、公安局党委、中燃公司党委、建港党委、局机关党委、港口医院党委、秦皇岛船检局党委、离退中心党委。党总支12个，即：机厂党总支、船舶公司党总支、通信公司党总支、教育中心党总支、物资公司党总支、生活服务公司党总支、建筑公司党总支、外理公司党总支、港湾公司党总支、海景酒店党总支、救助站党总支、电力公司党总支。直属党支部9个，即：实业服务公司党支部、外代公司党支部、水暖公司党支部、引航公司党支部、顶吉公司党支部、发展公司党支部、东方公司党支部、配件公司党支部、银港公司党支部。

1998年12月，全局党员总数4464名，其中新发展党员152名。党小组542个，基层党支部267个，下设直属党组织37个，其中基层党委18个，即：第一、二、三、四、五、六、七港务公司党委，铁路运输公司党委、公安局党委、中燃公司党委、建港党委、局机关党委、港口医院党委、秦皇岛船检局党委、离退中心党委、机厂党委、船舶公司党委、流机公司党委。党总支12个，即：通信公司党总支、教育中心党总支、物资公司党总支、生活服务公司党总支、建筑公司党总支、外理公司党总支、港湾公司党总支、海景酒店党总支、救助站党总支、电力公司党总支、外代公司党总支、水暖公司党总支。直属党支部7个，即：实业服务公司党支部、引航公司党支部、顶吉公司党支部、发展公司党支部、东方公司党支部、配件公司党支部、银港公司党支部。

1999年12月，全局党员总数4473名，其中新发展党员155名。党小组528个，基层党支部254个，下设直属党组织35个，其中基层党委17个，即：第一、二、三、四、五、六、七港务公司党委，铁路运输公司党委、公安局党委、建港党委、局机关党委、港口医院党委、离退中心党委、机厂党委、船舶公司党委、流机公司党委、生活服务公司党委。直属党总支10个，即：通信公司党总支、教育中心党总支、物资公司党总支、外理公司党总支、港湾公司党总支、电力公司党总支、水暖公司党总支、外代公司党总支、海景酒店党总支、建筑公司党总支。直属党支部8个，即：水运卫校党支部、实业服务公司党支部、引航公司党支部、顶吉公司党支部、发展公司党支部、东方公司党支部、配件公司党支部、银港公司党支部。

2000年11月，全局党员总数4742名，其中新发展党员141名。党小组543个，基层党支部252个，下设直属党组织34个，其中基层党委16个，即：第一、二、三、六、七港务公司党委，杂货公司党委、铁路运输公司党委、公安局党委、建港党委、局机关党委、港口医院党委、离退中心党委、机厂党委、船舶公司党委、流机公司党委、生活服务公司党委。直属党总支10个，即：通信公司党总支、教育中心党总支、物资公司党总支、外理公司党总支、港湾公司党总支、电力公司党总支、水暖公司党总支、外代公司党总支、海景酒店党总支、建筑公司党总支。直属党支部8个，即：水运卫校党支部、实业服务公司党支部、引航公司党支部、顶吉公司党支部、发展公司党支部、东方公司党支部、配件公司党支部、银港公司党支部。

2001年12月，全局党员总数4810名，其中新发展党员126名。党小组566个，基层党支部261个，下设直属党组织34个，其中基层党委17个，即：第一、二、三、六、七、八港务公司党委，杂货公司党委、铁路运输公司党委、公安局党委、建港党委、局机关党委、港口医院党委、离退中心党委、机厂党委、船舶公司党委、流机公司党委、生活服务公司党委。直属党总支10个，即：通信公司党总支、教育中心党总支、物资公司党总支、外理公司党总支、港湾公司党总支、

电力公司党总支、水暖公司党总支、外代公司党总支、海景酒店党总支、建筑公司党总支。直属党支部7个，即：水运卫校党支部、实业服务公司党支部、引航公司党支部、发展公司党支部、东方公司党支部、配件公司党支部、银港公司党支部。

2002年12月，秦港集团党员总数4975名，其中新发展党员109名。党小组566个，基层党支部267个，下设直属党组织35个，其中基层党委18个，即：第一、二、三、六、七、八港务公司党委，杂货公司党委、铁路运输公司党委、劳务公司党委、公安局党委、建港党委、秦港集团机关党委、港口医院党委、离退中心党委、机厂党委、船舶公司党委、流机公司党委、生活服务公司党委。直属党总支10个，即：通信公司党总支、教育中心党总支、物资公司党总支、外理公司党总支、港航公司党总支、电力公司党总支、水暖公司党总支、外代公司党总支、海景酒店党总支、建筑公司党总支。直属党支部7个，即：水运卫校党支部、实业服务公司党支部、引航公司党支部、发展公司党支部、东方公司党支部、配件公司党支部、银港公司党支部。

2003年12月，秦港集团党员总数5160名，其中新发展党员148名。党小组591个，基层党支部257个，下设直属党组织36个，其中基层党委18个，即：第一、二、三、六、七、八港务公司党委，杂货公司党委、铁路运输公司党委、劳务公司党委、公安局党委、建港党委、秦港集团机关党委、港口医院党委、离退中心党委、机厂党委、船舶公司党委、流机公司党委、生活服务公司党委。直属党总支10个，即：通信公司党总支、教育中心党总支、物资中心党总支、外理公司党总支、港航公司党总支、电力公司党总支、水暖公司党总支、外代公司党总支、海景酒店党总支、建筑公司党总支。直属党支部8个，即：水运卫校党支部、实业服务公司党支部、引航公司党支部、发展公司党支部、东方公司党支部、配件公司党支部、银港公司党支部、方大公司党支部。

2004年12月，秦港集团党员总数5212名，其中新发展党员124名。党小组587个，基层党支部251个，下设直属党组织37个，其中基层党委18个，即：第一、二、三、六、七、八港务公司党委，杂货公司党委、铁路运输公司党委、劳务公司党委、公安局党委、建港党委、秦港集团机关党委、港口医院党委、离退中心党委、机厂党委、船舶公司党委、流机公司党委、生活服务公司党委。党总支10个，即：通信公司党总支、教育中心党总支、物资中心党总支、外理公司党总支、港航公司党总支、电力公司党总支、水暖公司党总支、外代公司党总支、海景酒店党总支、建筑公司党总支。直属党支部9个，即：水运卫校党支部、实业服务公司党支部、引航公司党支部、发展公司党支部、东方公司党支部、配件公司党支部、银港公司党支部、方大公司党支部、物流公司党支部。

2005年12月，秦港集团党员总数5400名，其中新发展党员127名。党小组592个，基层党支部254个，下设直属党组织38个，其中基层党委19个，即：第一、二、三、六、七、八、九港务公司党委，杂货公司党委、铁路运输公司党委、劳务公司党委、公安局党委、建港指挥部党委、秦港集团机关党委、港口医院党委、离退中心党委、机厂党委、船舶公司党委、流机公司党委、生活服务公司党委。直属党总支10个，即：通信公司党总支、教育中心党总支、物资中心党总支、外理公司党总支、港航公司党总支、电力公司党总支、水暖公司党总支、外代公司党总支、海景酒店党总支、建筑公司党总支。直属党支部9个，即：水运卫校党支部、实业服务公司党支部、引航公司党支部、秦云公司党支部、东方公司党支部、配件公司党支部、利港公司党支部、方大公司党支部、物流公司党支部。

2006年12月，秦港集团党员总数5571名，其中新发展党员140名。党小组598个，基层党支部255个，下设直属党组织38个，其中基层党委19个，即：第一、二、三、六、七、八、九港务公司党委，杂货公司党委、铁路运输公司党委、劳务公司党委、公安局党委、建港指挥部党委、秦港集团机关党委、港口医院党委、离退中心党委、机厂党委、船舶公司党委、流机公司党委、生活服务公司党委。直属党总支10个，即：通信公司党总支、教育中心党总支、物资中心党总支、外理公司党总支、港航公司党总支、电力公司党总支、水暖公司党总支、外代公司党总支、海景酒店党总支、建筑公司党总支。直属党支部9个，即：水运卫校党支部、实业服务公司党支部、引航公司党支部、秦云公司党支部、东方公司党支部、瑞港公司党支部、利港公司党支部、方大公司党支部、物流公司党支部。

2007年12月，秦港集团党员总数5735名，其中新发展党员136名。党小组552个，基层党支部253个，下设直属党组织38个，其中基层党委19个，即：第一、二、三、六、七、八、九港务公司党委，杂货公司党委、铁路运输公司党委、劳务公司党委、公安局党委、建港指挥部党委、秦港集团机关党委、港口医院党委、离退中心党委、机厂党委、船舶公司党委、流机公司党委、生活服务公司党委。直属党总支11个，即：通信公司党总支、教育中心党总支、物资中心党总支、外理公司党总支、港航公司党总支、电力公司党总支、水暖公司党总支、外代公司党总支、海景酒店党总支、建筑公司党总支、引航公司党总支。直属党支部8个，即：水运卫校党支部、实业服务公司党支部、秦云公司党支部、东方公司党支部、瑞港公司党支部、新港湾公司党支部、方大公司党支部、物流公司党支部。

2008年12月，秦港集团党员总数5915名，其中新发展党员138名。党小组552个，基层党支部251个，下设直属党组织21个，其中：直属党委8个，即：秦港股份公司党委、机修厂党委、生服公司党委、秦港集团机关党委、建港指挥部党委、港口公安局党委、港口医院党委、离退中心党委。直属党总支9个，即：通信公司党总支、教育中心党总支、中理公司党总支、港航公司党总支、引航站党总支、水暖公司党总支、外代公司党总支、海景大酒店党总支、建筑公司党总支。直属党支部4个，即：水运卫校党支部、实业公司党支部、东方公司党支部、方大公司党支部。股份公司党委下设基层党委13个，即：第一、二、三、六、七、八、九港务公司党委，杂货公司党委、铁路运输公司党委、流机公司党委、股份公司机关党委、船舶公司党委、劳务公司党委。基层党总支3个，即：物资中心党总支、电力公司党总支、安保中心党总支。党支部7个，即：物流公司党支部、秦云公司党支部、瑞港公司党支部、新港湾公司党支部、山海关码头党支部、华正煤检党支部、海运煤炭党支部。

2009年12月，河北港口集团党员总数6178名，其中新发展党员159名。党支部261个，党小组579个。集团党委下设19个直属党组织，其中直属党委8个，即：秦港

股份公司党委、工程技术公司党委、港口建设公司党委、生服公司党委、集团公司机关党委、港口公安局党委、港口医院党委、离退中心党委。直属党总支7个，即：通信公司党总支、教育中心党总支、引航公司党总支、水暖公司党总支、外代公司党总支、海景酒店党总支、建筑公司党总支。直属党支部4个，即：水运卫校党支部、实业公司党支部、东方公司党支部、方大公司党支部。工程技术公司党委下设1个党委，即：机修厂党委（待撤销）。股份公司党委下设党组织24个，其中，党委14个，即：第一、二、三、六、七、八、九港务公司党委，杂货公司党委、铁路运输公司党委、流机公司党委、船舶公司党委、劳务公司党委、股份公司机关党委、沧州渤海公司党委。党总支4个，即：中理公司党总支、物资中心党总支、电力公司党总支、安保中心党总支。党支部7个，即：物流公司党支部、秦云公司党支部、瑞港公司党支部、新港湾公司党支部、山海关码头党支部、华正煤检党支部、海运煤炭党支部。

2010年12月，河北港口集团党员总数6404名，其中新发展党员145名。基层党支部269个，党小组562个。集团党委下设直属党组织4个，即：集团公司机关党委、秦港股份公司党委、服务管理公司党委、珠海秦发临时党支部。股份公司党委下设党组织26个，其中，党委14个，即：第一、二、三、六、七、八、九港务公司党委，杂货公司党委、铁路运输公司党委、流机公司党委、船舶公司党委、劳务公司党委、沧州渤海公司党委、股份公司机关党委。党总支4个，即：物资中心党总支、电力公司党总支、安保中心党总支、中理公司党总支。党支部8个，即：物流公司党支部、秦云公司党支部、瑞港公司党支部、新港湾公司党支部、山海关码头党支部、华正煤检党支部、海运煤炭党支部、新奥秦港党支部。服务管理公司党委下设党组织27个，其中，党委8个，即：工程技术公司党委、港口建设公司党委、后勤公司党委、服务管理公司机关党委、港口公安局党委、港口医院党委、离退中心党委、生服分公司党委（待撤销）。党总支7个，即：教育中心党总支、通信分公司党总支、引航公司党总支、水暖分公司党总支、外代公司党总支、建筑公司党总支、海景酒店党总支。党支部12个，即：水运卫校党支部、东方公司党支部、方大公司党支部、实业公司党支部、地产发展党支部、新闻中心党支部、房产中心党支部、社保中心党支部、之海船代党支部、监理公司党支部、方远公司党支部、行政中心党支部（待撤销）。

2011年12月，河北港口集团党员总数6624名，其中新发展党员148名。党支部276个。集团党委下设5个直属党组织，即：集团公司机关党委、秦港股份公司党委、服务管理公司党委、邯郸国际陆港党总支、珠海秦发临时党支部。股份公司下设26个党组织，其中，党委15个，即：股份公司机关党委、第一、二、三、六、七、八、九港务公司党委，杂货公司党委、铁路运输公司党委、流机公司党委、船舶公司党委、劳务公司党委、沧州渤海公司党委、曹妃甸煤炭公司党委。党总支4个，即：物资中心党总支、电力公司党总支、安保中心党总支、中理公司党总支。党支部7个，即：物流公司党支部、秦云公司党支部、瑞港公司党支部、新港湾公司党支部、华正煤检党支部、海运煤炭党支部、新奥秦港党支部。服务管理公司党委下设27个党组织，其中，党委8个，即：工程技术公司党委、港口工程公司党委、后勤公司党委、服务管理公司机关党委、港口公安局党委、港口医院党委、离退中心党委、生服分公司党委（待撤销）。党总支7个，即：教育中心党总支、通信分公司党总支、引航公司党总支、水暖公司党总支、外代公司党总支、建筑公司党总支、海景酒店党总支。党支部12个，即：水运卫校党支部、东方公司党支部、方大公司党支部、实业公司党支部、地产发展党支部、新闻中心党支部、房产中心党支部、社保中心党支部、之海船代党支部、监理公司党支部、方远公司党支部、行政中心党支部（待撤销）。

2012年12月，河北港口集团党员6812名，其中新发展党员158名。党支部273个，党小组561个。集团党委下设直属党组织28个，其中，直属党委9个，即：股份公司党委、港口机械公司党委、港口工程公司党委、后勤公司党委、港口医院党委、港口公安局党委、离退中心党委、集团公司机关党委、港口服务管理公司党委（待撤销）。直属党总支7个，即：教育中心党总支、外代公司党总支、通信公司党总支、水暖公司党总支、邯郸国际陆港党总支、建筑公司党总支、引航公司党总支（待转出）。直属党支部12个，即：房地产公司党支部、监理公司党支部、睿港煤炭党支部、之海船代党支部、房产中心党支部、社保中心党支部、新闻中心党支部、东方公司党支部、方大公司党支部、水运卫校党支部、方圆公司党支部、实业公司党支部。股份公司下设党组织25个，其中，党委15个，即：第一、二、三、六、七、九港务公司党委，杂货公司党委、铁路运输公司党委、流机公司党委、船舶公司党委、劳务公司党委、沧州渤海公司党委、沧州矿石公司党委、曹妃甸煤炭公司党委、股份公司机关党委。党总支4个，即：物资中心党总支、电力公司党总支、安保中心党总支、中理公司党总支。党支部6个，即：物流公司党支部、瑞港公司党支部、新港湾公司党支部、华正煤检党支部、海运煤炭党支部、新奥秦港党支部。

2013年12月，河北港口集团党员7033名，其中新发展党员164名。党支部280个。集团党委下设直属党组织26个，其中，直属党委10个，即：秦港股份公司党委、港口机械公司党委、港口工程公司党委、后勤公司党委、港口公安局党委、港口医院党委、离退中心党委、集团公司机关党委、通信公司党委、水暖公司党委。直属党总支4个，即：教育中心党总支、外代公司党总支、邯郸国际陆港党总支、建筑公司党总支。直属党支部12个，即：监理公司党支部、房地产公司党支部、睿港煤炭党支部、之海船代党支部、房产中心党支部、社保中心党支部、新闻中心党支部、东方公司党支部、方大公司党支部、水运卫校党支部、方远公司党支部、实业公司党支部。股份公司下设党组织25个，其中党委18个，即：第一、二、三、六、七、九港务公司党委，杂货公司党委、铁路运输公司党委、流机公司党委、股份公司机关党委、船舶公司党委、劳务公司党委、沧州渤海公司党委、沧州矿石公司党委、曹妃甸煤炭公司党委、物资中心党委、电力公司党委、中理公司党委。党总支3个，即：安保中心党总支、物流公司党总支、新港湾公司党总支。党支部4个，即：瑞港公司党支部、华正煤检党支部、海运煤炭党支部、兴奥秦港党支部。

2014年12月，河北港口集团党员7295名，其中新发展党员163名。党支部285个，党小组557个。集团党委下设直属党组织28

个，其中，直属党委10个，即：秦港股份公司党委、港口机械公司党委、港口工程公司党委、后勤公司党委、港口公安局党委、港口医院党委、离退中心党委、集团公司机关党委、通信公司党委、水暖公司党委。直属党总支4个，即：教育中心党总支、外代公司党总支、邯郸国际陆港党总支、建筑公司党总支。直属党支部14个，即：监理公司党支部、房地产公司党支部、睿港煤炭党支部、之海船代党支部、房产中心党支部、社保中心党支部、新闻中心党支部、东方公司党支部、方大公司党支部、水运卫校党支部、方远公司党支部、实业公司党支部、方宇物业党支部、海运煤炭党支部。股份公司下设党组织24个，其中党委18个，即：第一、二、三、六、七、九港务公司党委，杂货公司党委、铁路运输公司党委、流机公司党委、股份公司机关党委、船舶公司党委、劳务公司党委、沧州渤海公司党委、沧州矿石公司党委、曹妃甸煤炭公司党委、物资中心党委、电力公司党委、中理公司党委。党总支3个，即：安保中心党总支、物流公司党总支、新港湾公司党总支。党支部3个，即：瑞港公司党支部、华正煤检党支部、兴奥秦港党支部。

2015年12月，河北港口集团党员7512名，其中新发展党员161名。党支部286个，党小组553个。集团党委下设直属党组织30个，其中，直属党委10个，即：秦港股份公司党委、港口机械公司党委、港口工程公司党委、后勤公司党委、港口公安局党委、港口医院党委、离退中心党委、集团公司机关党委、通信公司党委、水暖公司党委。直属党总支5个，即：教育中心党总支、外代公司党总支、邯郸国际陆港党总支、餐饮公司党总支、建筑公司党总支。直属党支部15个，即：监理公司党支部、房地产公司党支部、睿港煤炭党支部、之海船代党支部、房产中心党支部、社保中心党支部、新闻中心党支部、东方石油党支部、方大公司党支部、水运卫校党支部、方远公司党支部、实业公司党支部、方宇物业党支部、海运煤炭党支部、蓝港国旅党支部。股份公司党委下设党组织25个，其中，党委18个，即：第一、二、三、六、七、九港务公司党委，杂货公司党委、铁路运输公司党委、流机公司党委、股份公司机关党委、船舶公司党委、劳务公司党委、沧州渤海公司党委、沧州矿石公司党委、曹妃甸煤炭公司党委、物资中心党委、电力公司党委、中理公司党委。党总支3个，即：安保中心党总支、物流公司党总支、新港湾公司党总支。党支部4个，即：瑞港公司党支部、华正煤检党支部、唐港投党支部、兴奥秦港党支部。

2016年12月，河北港口集团党员7660名，其中新发展党员172名。党支部295个，党小组569个。下设直属党组织31个，其中，直属党委10个，即：秦港股份公司党委、港口机械公司党委、港口工程公司党委、后勤公司党委、港口公安局党委、港口医院党委、离退中心党委、集团公司机关党委、通信公司党委、水暖公司党委。直属党总支5个，即：教育中心党总支、外代公司党总支、邯郸国际陆港党总支、餐饮公司党总支、建筑公司党总支。直属党支部16个，即：监理公司党支部、房地产公司党支部、睿港煤炭党支部、之海船代党支部、房产中心党支部、社保中心党支部、新闻中心党支部、东方石油党支部、水运卫校党支部、方远公司党支部、实业公司党支部、方宇物业党支部、海运煤炭党支部、蓝港国旅党支部、检测公司党支部、资产公司党支部。股份公司党委下

设党组织25个，其中，党委18个，即：第一、二、三、六、七、九港务公司党委，杂货公司党委、铁路运输公司党委、流机公司党委、股份公司机关党委、船舶公司党委、劳务公司党委、沧州渤海公司党委、沧州矿石公司党委、曹妃甸煤炭公司党委、物资中心党委、电力公司党委、中理公司党委。党总支3个，即：安保中心党总支、矿石公司党总支、新

1949年～2016年河北港口集团（原秦皇岛

表3

年份	总数	在职党员	正式党员	预备党员	发展党员	性别		年龄					
						男	女	35岁以下	36～45岁	46～55岁	56岁以上	小学以下	初中
1949	272	—	—	—	—	—	—	—	—	—	—	—	—
1950	433	—	—	—	161	—	—	—	—	—	—	—	—
1953	450	—	—	—	155	—	—	—	—	—	—	—	—
1956	768	—	642	126	108	725	43	—	—	—	—	—	—
1957	817	—	731	86	—	775	42	—	—	—	—	646	149
1959	954	—	—	—	—	—	—	—	—	—	—	—	—
1961	1009	—	—	—	—	—	—	—	—	—	—	—	—
1971	1203	—	—	—	—	—	—	—	—	—	—	—	—
1972	1230	—	—	—	—	—	—	—	—	—	—	—	—
1973	1286	—	—	—	13	1236	50	406	804		76	—	—
1974	1413	—	—	—	46	1358	55	508	824		81	—	—
1975	1617	—	—	—	60	1538	79	657	876		84	—	—
1976	1722	—	—	—	65	1605	117	647	981		94	—	—
1977	1771	—	1745	26	39	1634	137	644	1041		86	—	—
1978	1807	—	1760	47	25	1654	153	620	1057		130	691	834
1979	1813	—	1746	67	61	1636	177	680	1030		103	593	889
1980	1836	—	1785	51	14	1647	189	699	612	525		591	858
1983	2157	2071	2106	51	41	1912	245	788	739	457	173	488	1057
1984	2279	2104	2215	64	40	2021	258	760	765	502	252	437	1097
1985	2483	2293	2303	180	179	2182	301	796	820	578	289	410	1111
1986	2673	2462	2516	157	150	2338	335	785	907	653	328	422	1098
1987	2950	2720	2755	195	193	2585	365	842	962	769	377	390	1101
1988	3119	2874	2973	146	118	2715	404	821	1068	833	397	374	1113
1989	3162	2893	3073	89	66	2746	416	782	1107	848	425	344	1115
1990	3280	2986	3178	102	63	2840	440	776	1155	894	455	328	1132
1991	3394	3088	3293	101	78	2932	462	709	1290	941	454	311	1119
1992	3539	3211	3391	148	134	3069	470	681	1406	975	477	292	1155
1993	3644	3311	3453	191	156	3163	481	693	1464	1004	483	263	1150
1994	3894	3541	3723	171	145	3353	541	741	1526	1016	611	258	1174
1995	4007	3541	3856	151	120	3445	562	794	1510	1045	658	234	1164
1996	4169	3670	4006	163	141	3571	598	865	1459	1132	713	204	1161
1997	4324	3778	4146	178	139	3696	628	956	1369	1225	774	199	1149
1998	4464	3851	4294	170	152	3802	662	970	1370	1234	890	184	1128
1999	4473	3834	4299	174	155	3789	684	879	1353	1254	987	164	1075

港湾公司党总支。党支部4个，即：瑞港公司党支部、华正煤检党支部、唐港投党支部、兴奥秦港党支部。

河北港口集团（原秦皇岛港）基层党组织机构图见附录1。

港）历年党员基本情况统计表（部分年份）

单位：人

文化程度						职业								
高中	中专	大专以上	专科	本科	研究生以上	工人	武警、民警	管理人员	技术人员	管理干部	党政机关工作人员	学生	离退休人员	其他
—	—	—	—	—	—	—	—	—	—	—	—	—	—	—
—	—	—	—	—	—	—	—	—	—	—	—	—	—	—
—	—	—	—	—	—	—	—	—	—	—	—	—	—	—
—	—	—	—	—	—	—	—	—	—	—	—	—	—	—
14	—	8	—	—	—	613	—	172	—	—	—	—	—	32
—	—	—	—	—	—	—	—	—	—	—	—	—	—	—
—	—	—	—	—	—	—	—	—	—	—	—	—	—	—
—	—	—	—	—	—	—	—	—	—	—	—	—	—	—
—	—	—	—	—	—	—	—	—	—	—	—	—	—	—
—	—	—	—	—	—	—	—	—	—	—	—	—	—	—
—	—	—	—	—	—	1013	—	—	—	364	—	—	—	36
—	—	—	—	—	—	1215	—	—	—	341	—	—	—	61
—	—	—	—	—	—	1233	—	—	—	414	—	—	—	75
—	—	—	—	—	—	1305	—	—	—	389	—	—	—	77
198	—	84	—	—	—	1278	41	—	46	393	—	—	—	49
538	—	93	—	—	—	—	—	—	—	—	—	—	—	—
217	78	92	—	—	—	—	—	—	518	—	—	—	—	—
342	107	163	—	—	—	966	99	—	204	798	—	—	86	4
365	150	200	—	—	—	937	27	—	231	906	—	—	175	3
490	208	264	—	—	—	1009	25	—	286	955	—	18	190	—
546	237	370	—	—	—	1056	25	—	412	959	—	8	211	2
710	296	453	—	—	—	1185	—	—	361	1174	—	—	230	—
769	328	535	—	—	—	1241	—	—	566	1067	—	—	245	—
784	344	575	—	—	—	1261	—	1200	417	—	—	15	269	—
847	365	608	—	—	—	1321	—	1195	451	—	—	19	294	—
884	414	666	—	—	—	1346	—	1251	467	—	—	23	306	1
961	410	721	—	—	—	1426	—	1270	499	—	—	15	328	1
1056	403	772	—	—	—	1505	—	607	1196	—	—	3	333	—
1164	442	856	—	—	—	1608	—	606	1227	—	—	—	353	—
1226	465	918	—	—	—	1637	—	582	1312	—	—	—	466	10
1273	486	1045	—	—	—	1721	—	573	1373	—	—	—	499	3
1335	489	1152	—	—	—	1796	—	510	1467	—	—	—	546	5
1269	497	—	1399		9	1831	—	585	1435	—	—	—	613	—
1272	484	—	1456		22	1882	—	659	1293	—	—	—	639	—

续表

年份	总数	在职党员	正式党员	预备党员	发展党员	性别		年龄					
						男	女	35 岁以下	36 ～ 45 岁	46 ～ 55 岁	56 岁以上	小学以下	初中
2000	4742	4050	4562	180	141	4027	715	1064	1351	1358	969	151	1069
2001	4810	4058	4661	149	126	4095	715	1038	1272	1413	1087	136	1020
2002	4975	4152	4829	146	109	4225	750	1150	1190	1495	1140	125	989
2003	5160	4293	4989	171	148	4349	811	1266	1158	1545	1191	1087	
2004	5212	4326	5069	143	124	4423	789	1250	1178	1555	1229	1042	
2005	5400	4465	5244	156	127	4569	831	1302	1254	1501	1343	1006	
2006	5571	4582	5420	151	140	4733	838	1310	1327	1465	1469	978	
2007	5735	4697	5571	164	136	4833	902	1313	1464	1370	1588	943	
2008	5915	4829	5761	154	138	4962	953	1296	1558	1382	1679	834	
2009	6178	5019	6019	159	159	5184	994	1426	1496	1487	1769	800	
2010	6404	5168	6237	167	145	5332	1072	1555	1457	1428	1964	739	
2011	6624	5299	6455	169	148	5488	1136	1683	1490	1349	2102	566	
2012	6812	5447	6654	158	158	5594	1218	1767	1526	1368	2151	509	
2013	7033	5626	6840	193	164	5730	1303	1949	1632	1254	2198	462	
2014	7295	5812	7123	172	163	5913	1382	1867	1713	1509	2206	420	
2015	7512	5974	7346	166	161	6017	1495	2133	1775	1525	2079	368	
2016	7660	6077	7486	174	172	6079	1581	2152	1810	1622	2076	326	

第五节 基层党组织负责人名录

1948 年 12 月初，开滦工委负责党群组织建设委员就开始开展港口党政干部管理工作。解放初期，开滦工委公开基层党组织，开展整党整干工作，充分贯彻民主集中制，民主选举支委，最大限度地发挥共产党员先锋模范作用，赢得了港口职工的信任，为巩固建党成果，发展党组织打下了基础。

20 世纪 50 至 60 年代，管理局党委逐步配齐各基层组织领导人员，在全港范围内开展整建党工作，纯洁了党的队伍，壮大党的力量。“文化大革命”期间，基层党组织干部受到波及，基层党组织陷入瘫痪状态。“文化大革命”后，局党委落实拨乱反正方针，解决遗留问题，重新配齐党组织领导人员，基层党组织工作逐步回到正轨。

中共十八大以来，集团党委根据企业改革发展稳定新形势、新任务、新特点，深化了干部人事制度改革，把“双向进入、交叉任职”一岗双责领导体制落实到位，加强基层党组织领导人员队伍建设，打造高素质干部队伍和人才队伍，逐步形成中层正职以 45 岁左右为主体、副职以 40 岁左右为主体领导人员梯次配备及储备，使基层党组织干部配置更加科学化、规范化。

河北港口集团（原秦皇岛港）直属基层党组织历任主要负责人名录①见表 4 ～ 8。

①由于年代久远，资料不全，部分党组织未能查明组织成立、撤销时间，此部分并未标出具体时间或只标出成立时间（下同）；未查明的部分党组织负责人和任免时间，此部分用“不详”标记；个别负责人任免时间不确定的，只记录确定的任免职时间。

单位：人

文化程度						职业								
高中	中专	大专以上	专科	本科	研究生以上	工人	武警、民警	管理人员	技术人员	管理干部	党政机关工作人员	学生	离退休人员	其他
1421	510	—	1578		13	1970	—	614	1466	—	—	—	692	—
1453	507	—	1030	650	14	1942	—	582	1534	—	—	—	752	—
1515	526	—	1112	695	13	1975	—	659	1518	—	—	—	823	—
1563	549	—	1183	763	15	2073	—	2205		—	—	7	867	8
1585	560	—	1225	784	16	2103	—	2201		—	—	4	886	18
1609	581	—	1309	872	23	2210	—	2250		—	—	1	935	4
1636	608	—	1375	941	33	2324	—	2251		—	—	1	989	6
1669	629	—	1425	1013	56	2414	—	2277		—	—	—	1038	6
1706	641	—	1511	1154	69	2508	—	2307		—	—	—	1086	3
1733	712	—	1622	1240	71	2641	—	595	1783	—	—	—	1159	—
1625	727	—	1744	1477	92	2746	—	559	1863	—	—	—	1236	—
1691	644	—	1906	1672	145	2800	—	525	1801	—	173	—	1325	—
1682	666	—	1959	1816	180	2857	—	552	1861	—	177	—	1365	—
1672	668	—	2021	1942	268	2886	—	447	2110	—	183	—	1407	—
1683	666	—	2113	2082	331	2935	—	667	2014	—	196	—	1483	—
1646	646	—	2168	2252	432	2901	—	647	2244	—	182	—	1538	—
1603	641	—	2222	2401	467	2899	—	681	2321	—	176	—	1583	—

1949 年～ 1965 年秦皇岛港部分基层党组织主要负责人名录

表 4

党组织名称	职务	姓名	任免职时间
火车房党支部（1949 年成立）	书记	张守义	1950 ～ 1951
码头党支部	书记	赵汉杰	1951 年任
工务处党支部（1950 年成立）	书记	张洪安	1951. 6 ～ 1951. 9
		刘二斌（兼）	1951. 9 ～ 1952. 10
	副书记	张洪安	1952. 5 任
筛煤党支部	书记	马炳全	1951 年任
电厂党支部	书记	司树奎	1951 ～ 1952
		王学文	1952. 5 任
街道党支部	书记	寇丽珍	1951 ～ 1952
		刘瑞英	1952. 5 任
	副书记	李敬仪	1951 年任
开滦职工子弟小学党支部	书记	杜作广	1951 年任
开滦（港口）工校党支部	书记	王振忠	1951. 12 ～ 1953. 1
		张玉祥	1953. 1 ～ 1954. 10
西井党支部	书记	王振忠	1951 ～ 1951. 12
		李福生	1952. 5 任
	副书记	李福生	1951 ～ 1952. 5

续表

党组织名称	职务	姓名	任免职时间
道拨党支部	书记	郑海珊	1951 ～ 1952
		卢植民	1952.5 任
		赵同营	1958 ～ 1959
	副书记	刘振连	1952.5 任
开滦经理处工会党支部	书记	王哲民	1951 ～ 1952
开滦经理处党委会党支部	书记	杨子愚	1951 ～ 1952
	副书记	徐建华	1951 ～ 1952
机器厂党支部（1949 ～ 1955）	书记	王　斌	1952.8 ～ 1954.3
		郑边江	1954.3 任
机器厂党总支（1955 ～ 1957.2）	书记	王　斌	1955.3 ～ 1957.2
机器厂党支部（1957.2 ～ 1958.1）	书记	王　斌	1957.2 ～ 1959.1
机具修配厂党支部（1958.1 ～ 1965）	书记	赵传富	1959.8 ～ 1965.11
	副书记	尹作萃	1959.2 ～ 1963.2
机具修配厂党总支（1965 年成立）	书记（政治指导员）	常智勇	1965.11 ～ 1965.12
营运处党支部（1950.10 ～ 1952.5）	书记	张　祥	1950 ～ 1952.5
运输科党支部（1952.5 ～ 1953.4）	书记	张　祥	1952.5 ～ 1952.10
		张　安	1952.10 ～ 1953.4
调运科党支部（1953.4 ～ 1953.8）	书记	张　安	1953.4 ～ 1953.6
		张守义	1953.6 ～ 1953.8
调度室党支部（1953.8 成立）	书记	王占太	1960.7 ～ 1961.5
		田　丰	1963.3 任
	副书记	吴永德	1960.7 任
		刘贵清	1960.7 ～ 1963.2
运输队党支部（1953.8 ～ 1958.2）	书记	张　安	1954.1 ～ 1958.2
		张守义	1955.7 任
	副书记	王治安	1957 ～ 1958.2
运输大队党支部（1959 ～ 1965.5）	书记	张　安	1959.8 ～ 1960.5
		李振铭	1960.9 ～ 1961.7
		胡俊道	1961.9 任
		郝廷瑞	1962.3 免
	副书记	王道全	1961.7 ～ 1961.9
		王治安	1963.2 ～ 1965.5
运输大队党总支（1965.5 成立）	副书记（副政治教导员）	胡俊道	1965.5 ～ 1965.12
机械队党总支（1965.5 ～ 1965.12）	书记（政治指导员）	李　忠	1965.7 ～ 1965.11

续表

党组织名称	职务	姓名	任免职时间
装卸作业区（煤场）党总支 （1953～1957）	书记	文光华	1952.8～1953.3
		王仲田	1955.9～1956
		王治平	1958.3 免
	副书记	郑治清	1955.9 免
		王振忠	1956.11～1957
机械运输营党支部 （1958.2～1959.8）	书记	张　安	1958.2～1959.3
	副书记	张明文	1959.2～1959.8
		张伯荣	1959.2～1959.8
装卸大队党总支 （1958.1～1958.12）	书记	王仲田	1958.1～1958.12
煤场装卸作业区党总支 （1959～1965.12）	书记	张阿交	1960.8 免
		门志诚	1960.11～1965.7
	副书记	张　安	1960.2～1961.6
机械装卸大队党委（政治处） （1965.11 成立）	书记	金玉琪	1965.11～1965.12
	副书记	李　忠	1965.11～1965.12
货物管理区党支部 （1957.1 升为党总支）	书记	王国良	1953.2～1957.1
货物管理区党总支 （1957.1～1957.3）	书记	王国良	1957.1～1957.3
货物管理区党支部 （1957.3～1965.11）	书记	王国良	1957.3～1960.2
		刘金照	1960.2～1960.5
		门志诚	1960.5～1960.11
		秦玉珊	1960.11～1963.3
		王国良	1963.3～1965.11
	副书记	宋金庭	1960.7 任
商务货运科党总支 （1965.11 成立）	书记	土国良	1965.11 任
行政管理科党支部 （1952 年成立）	书记	张润身	1955～1957
行政福利科党支部 （1957 年成立）	书记	胡泽信	1957.1～1958
		谢天福	1958～1960
		许治增	1960.9 免
		苏维树	1960.9～1961.5
		张玉祥	1961.5～1961.10
	副书记	孟庆祥	1960.7 任
工程队党总支 （1952 年成立）	书记	孟万表	1953.7～1954.1
		李振铭	1955.3～1955.11
	副书记	贾书义	1954.7～1955.9
工程队党支部	书记	赵同营	1957.1 免

续表

党组织名称	职务	姓名	任免职时间
机械工程科（工程科）党总支[1]（1958.6 成立）	书记	邸忠振	1958.6～1959.1
		常智勇	1960.5～1962.10
	副书记	赵传富	1962.10 免
		韩金铎（兼）	1962～1963
		韩金铎	1965～1966
职能科室党总支	书记	孟万表（兼）	1956.9～1957.1
	副书记	李殿生	1955.11 免
		许治增	1956.7～1957.1
职能科室党支部	书记	许治增	1957.1～1960
		孟万表	1960～1963.3
		张　安	1963.3～1963.6
	副书记	刘培新	1960 年任
		吴东堃	1960 年任
码头装卸作业区党总支	书记	张玉祥	1958.1～1960.7
		孙印成	1960.11～1964.10
	副书记	孙瑞江	1960.5 任
		李金巨	1962.1～1962.4
码头装卸作业区党委（政治处）	书记	孙印成	1965.11 任
	副书记	朱凤春	1965.7 任
局直属党委（政治处）	副书记	舒虎珍	1965.7 任
港务监督室党支部	书记	杨明升	1955～1957.1
		李金巨	1957.12～1958.12
		姬从周	1959～1963.2
		田家森	1963.2 任
	副书记	韩锡祥	1960～1963
		姬从周	1963.2 任
修建队党支部（1958～1965.1）	书记	邸忠振	1958.2～1958.3
		韩金铎	1959～1965.1
	副书记	王贺楼	1963～1965.1
港口医院党支部	书记	赵汉杰	1952.5 任
		孟万表（兼）	1957.3～1959.1
		王云鹏	1959.1～1960.2
		朱珍芳	1960.2～1962.2
		王云鹏	1962 年任
	副书记	王云鹏	1960.7～1962
		李金环	1963～1965.12

① 1958 年 6 月由总工程师办公室党支部、机器厂党支部、水厂党支部合并成立机械工程科党总支，1964 年初撤销分为工程科党支部和机械动力科党支部，1965 年 5 月成立工程科党总支。

续表

党组织名称	职务	姓名	任免职时间
局机关党支部	书记	张阿交	1957 ～ 1958
		苏维树	1958 ～ 1960
		孙印成	1960.2 ～ 1960.11
		文光华	1963 ～ 1965
	副书记	李彦华	1958 ～ 1963
河东家属党支部	书记	郭秀芝	1957 年任
道南家属党支部	书记	李敬仪	1957 年任
总工程师办公室党支部（1955 年成立）	书记	邸忠振	1957.11 ～ 1958.6
工程兵办公室党支部	书记	王瑞金	1959.2 任
港口技校党支部	书记	左健民	1959.2 ～ 1961
水厂党支部①	书记	李福生	1953 ～ 1955
		常智勇	1958 ～ 1959
		李福生	1957 ～ 1960
		李福生	1963 ～ 1965.1
保卫处党支部（1950.8 ～ 1953.4）	书记	郑边江	1950.8 ～ 1952
		王治平	1952 ～ 1953.4
经济保卫科党支部（1953.4 ～ 1962.5）	书记	王治平	1953.4 ～ 1954.2
		常智勇	1954.2 ～ 1956.9
		孙凤鸣	1956.9 ～ 1962.4
	副书记	常智勇	1953.1 ～ 1954.2
秦皇岛港务管理局公安处党支部（1962.5 成立）	书记	高尚武	1962.5 任
建港党支部	书记	司树奎	1960.7 任
	副书记	刘金生	1960.7 ～ 1962.3
副业科党总支	书记	王振忠	1963.2 任
	副书记	孙瑞江	1961.12 ～ 1964.9

说明：1965 年成立码头作业区党委、煤场作业区党委、直属政治处，由党委书记任政治处主任，党总支、党支部设政治指导员（政治协理员），由党总支书记兼任

1966 年～ 1976 年“文化大革命”期间秦皇岛港部分基层党组织主要负责人名录

表 5

党组织名称	职务	姓名	任免职时间
机械装卸大队党总支	书记	门志诚	1972.6 ～ 1975.12
	副书记	李　忠	1965.11 ～ 1972.6
		王仲田	1972.6 ～ 1973.7
煤炭作业区党委（1975.12 ～ 1976.12）	书记	刘士泉	1975.12 ～ 1976.12

① 1954 年电话房支部并入水厂支部，1955 年～ 1957 年归机器厂党总支管理，1958 年归入机械工程科党总支，1962 年 10 月成为局直属党支部，1965 年 1 月并入工程科党支部。

续表

党组织名称	职务	姓名	任免职时间
煤炭作业区党委（1975.12～1976.12）	副书记	曹希印	1975.12～1976.12
		门志诚	1975.12～1976.12
码头装卸大队党总支	书记	马来顺	1973.3～1973.4
		张　安	1973.4～1975.4
	副书记	刘士泉	1971.4～1975.12
货物管理作业区党总支（1973.8～1975.12）	副书记	王国良	1974～1976.4
杂货作业区党委（1975.12～1976.12）	书记	于海生	1975.12～1976.12
	副书记	崔义奎	1975.12～1976.12
		阎　甫	1975.12～1976.12
油港作业区党总支（1973.7～1974.11）	书记	王仲田	1973.7～1974.11
	第一副书记	胡兴亚	1973.7～1974.11
	副书记	许治增	1973.7～1974.11
原油作业区党总支（1974.11～1975.1）	书记	王仲田	1974.11～1975.1
	第一副书记	胡兴亚	1974.11～1975.1
	副书记	许治增	1974.11～1975.1
中船燃料供应公司秦皇岛分公司党总支（1973.11～1975.1）	书记	常智勇	1974.12免
	副书记	唐自林	1973.11～1974.12
原油作业区党委（1975.1～1976.12）	书记	周印贵	1975.1～1976.12
	副书记	胡兴亚	1975.1～1976.12
		常智勇	1975.1～1976.12
		王仲田	1975.1～1976.12
		王成恩	1975.3～1976.12
		乔　朴	1976.4～1976.12
		张文彬	1976.1～1976.12
港务监督室党总支	书记	李德本	1972.6～1976.2
港务监督室党支部（1976.2～1976.12）	书记	李德本	1976.2～1976.12
	副书记	姚春歧	1976.9～1976.12
		陈宝荣	1976.9～1976.12
运输大队党总支	书记	李殿生	1972.6～1973.3
		胡俊道	1973.3～1976.12
	副书记	李俊义	1976.6～1976.12
		方起超	1973.3～1976.12
机具修配厂党总支（1971.3～1976.12）	书记	刘国勇	1971.3～1973.7
		李　忠	1973.7～1975.11
		王　斌（代）	1975.11～1976.12
	第二书记	王　斌	1973.7～1975.3
	副书记	常智勇	1971.3任
		刘振清	1971.3～1975.2
		王　斌	1975.3～1975.11
		端木凡宝	1975.3～1976.12
		程维权	1976.4～1976.12

续表

党组织名称	职务	姓名	任免职时间
港口医院党支部	书记	文光华	1972.6～1976.8
	副书记	邸忠振	1970.1～1970.12
		代　荣	1976.4～1976.8
		丁　黎	1976.8 免
港口医院党总支（1976.8～1976.12）	书记	代　荣	1976.8～1976.12
	副书记	文光华	1976.8～1976.12
		丁　黎	1976.8～1976.12
		侯桂琴	1976.8～1976.12
局机关党总支（1975.4～1976.12）	书记	舒虎珍	1975.4～1976.12
	副书记	王季芳	1975.4～1976.12
		曹忠喜	1976.9～1976.12
船舶大队党总支（1973.11～1975.2）	书记	姚福林	1973.11～1975.2
	副书记	齐万金	1973.11～1975.2
船舶大队党支部（1975.2～1976.2）	书记	姚福林	1975.2～1976.2
	副书记	齐万金	1975.2～1976.2
船舶大队党总支（1976.2～1976.12）	书记	姚福林	1976.2～1976.12
	副书记	齐万金	1976.2～1976.12
外轮航修站党支部（1973.9～1976.12）	书记	王　林	1973.9～1976.2
		孙重光	1976.4～1976.12
	副书记	卢桂芬	1976.6～1976.12
工程科党总支（1976.5 撤销）	书记	张治民	1973.3～1976.5
		常智勇	1972.6 免
	副书记	刘广顺	1973.3～1976.5
基建工程处党总支（1976.5～1976.12）	书记	张治民	1976.5～1976.12
	副书记	刘广顺	1976.5～1976.12
		陈学华	1976.5～1976.12
秦皇岛港公安局党支部（1973.3～1976.6）	书记	魏贵财	1973.3～1975.8
	副书记	高尚武	1973.5～1976.6
秦皇岛港公安局党委（1976.6～1976.12）	书记	赵同轩	1976.6～1976.12
	副书记	刘希芳	1976.6～1976.12
通讯站党支部（1973.8～1976.5）	副书记	林均义（代）	1973.9～1976.4
		董宗义	1976.4～1976.5
通讯站党总支（1976.5～1976.12）	书记	高　明	1976.5～1976.12
	副书记	韩　晖	1976.5～1976.12
		林均义	1976.5～1976.12
		董宗义	1976.5～1976.12
行政管理科党支部	书记	许治增	1972.6～1973.3
		张玉祥（兼）	1973.3～1975.4
行政管理科党总支（1975.4～1976.12）	书记	陈敬安	1975.4～1976.12
	副书记	孙瑞江	1975.4～1976.12
		刘家俊	1975.4～1976.12
		张连玉	1975.4～1976.12
		赵和团	1976.4～1976.12

续表

党组织名称	职务	姓名	任免职时间
汽车队党支部（1973.9～1976.12）	书记	于德永	1973.9～1976.4
		薛凤歧	1976.4～1976.12
	副书记	薛凤歧	1976.1～1976.4
		宋　文	1976.4～1976.12
中国外轮代理公司秦皇岛分公司党支部	书记	周西桥	1974.2～1976.12
	副书记	郭连山	1975.1～1976.12
材料供应科党支部	书记	陆敬藩	不详
秦皇岛港务局七二一大学党支部	书记	左健民	1976.9～1976.12
秦皇岛港务局第一中学党支部	副书记	付丽云	1976.9～1976.12
秦皇岛港务局第二中学党支部	书记	涂恩培	1976.9～1976.12
	副书记	齐桂秋	1976.9～1976.12
秦皇岛港务局第三中学党支部	副书记	高庆云	1976.9～1976.12

1977 年～ 2008 年秦皇岛港直属基层党组织主要负责人名录

表 6

现党组织名称	原党组织名称	职务	姓名	任免职时间
第一港务分公司党委	原油作业区党委（1976.12～1982.7）	书记	周印贵	1976.12～1978.3
			雷年飞	1978.3～1982.7
		第一副书记	雷年飞	1977.2～1978.3
		副书记	胡兴亚	1976.12～1977.9
			常智勇	1976.12～1979.3
			王仲田	1976.12～1977.1
			王成恩	1976.12～1979.12
			张文彬	1976.12～1979.4
			乔　朴	1976.12～1982.7
			方起超	1979.4～1981.4
			陈　达	1981.3～1982.7
			胡兴亚	1981.4～1982.7
	第一作业区党委（1982.7～1987.4）	书记	雷年飞	1982.7～1983.8
			杨东河	1983.8～1986.8
		副书记	乔　朴	1982.7～1983.8
			陈　达	1982.7～1983.8
			胡兴亚	1982.7～1983.8
			李书明	1983.8～1987.3
	第一装卸公司党委（1987.4～1993.4）	书记	李书明	1987.3～1990.8
			梁择信	1990.8～1993.4
		副书记	李海成	1992.7～1993.4
	第一港务公司党委（1993.4～2003.3）	书记	梁择信	1993.4～1995.4
			刘金生	1995.4～1997.12
			韩志鹏	1997.12～2003.3

续表

现党组织名称	原党组织名称	职务	姓名	任免职时间
第一港务分公司党委	第一港务公司党委（1993.4～2003.3）	副书记	李海成	1993.4～1993.11
	第一港务分公司党委（2003.3～2008.6）	书记	韩志鹏	2003.3～2006.12
			刘养龙	2006.12～2007.4
			樊在秋	2007.4～2008.3
第二港务分公司党委	第二作业区党委（1982.7～1987.4）	书记	贾振忠（代）	1982.7～1982.10
			贾振忠	1982.10～1986.8
			史金城	1986.8～1987.3
		副书记	姚福林	1982.7～1984.8
			李德宣	1983.8～1984.9
			李连锁	1986.3～1987.4
	第二装卸公司党委（1987.4～1993.4）	书记	史金城	1987.3～1993.2
		副书记	李连锁	1987.4～1989.1
	第二港务公司党委（1993.4～2003.3）	书记	李连锁	1993.2～1997.12
			张友权（代）	1997.12～1999.3
			张友权	1999.3～2002.3
			张　军	2002.3～2003.3
	第二港务分公司党委（2003.3～2008.6）	书记	张　军	2003.3～2008.6
第三港务分公司党委	煤炭作业区党委（1976.12～1982.7）	书记	刘士泉	1976.12～1982.7
		副书记	曹希印	1976.12～1982.7
			门志诚	1976.12～1979.4
			刘恩庭	1979.4～1982.7
			张永和	1981.5～1982.7
	第三作业区党委（1982.7～1987.4）	书记	刘士泉	1982.7～1983.8
			张燕海	1983.8～1987.3
		副书记	刘恩庭	1982.7～1983.8
			张永和	1982.7～1983.8
			刘宝珍	1983.8～1987.4
	第三装卸公司党委（1987.4～1993.4）	书记	张燕海	1987.4～1993.4
		副书记	刘宝珍	1987.4～1987.12
			张亚平	1992.2～1993.4
	第三港务公司党委（1993.4～2003.3）	书记	张燕海（兼）	1993.4～1996.5
			韩志鹏	1996.5～1997.12
			张亚平	1997.12～2003.3
		副书记	张亚平（兼）	1993.4～1995.4
	第三港务分公司党委（2003.3～2008.6）	书记	张亚平	2003.3～2008.6
第四港务公司党委（撤销）	杂货作业区党委（1976.12～1982.7）	书记	于海生	1976.12～1979.4
			王仲田	1979.4～1982.7
		副书记	崔义奎	1976.12～1982.7
			阎　甫	1976.12～1979.4
			杨致安	1979.4～1982.7
			哈增喜	1980.11～1982.7

续表

现党组织名称	原党组织名称	职务	姓名	任免职时间
第四港务公司党委（撤销）	第四作业区党委（1982.7～1987.4）	书记	王仲田	1982.7～1983.8
			赵焕国	1983.8～1984.8
			常印祥	1984.8～1987.4
		副书记	杨致安	1982.7～1983.8
			哈增喜	1982.7～1983.5
	第四装卸公司党委（1987.4～1993.4）	书记	常印祥	1987.4～1993.4
	第四港务公司党委（1993.4～2000.3）	书记	李乐敏	1993.4～2000.3
第五港务公司党委（撤销）	第五作业区筹备组临时党支部（1987.4～1987.8）	书记	刘士泉	1987.4～1987.8
	第五装卸公司党委（1987.8～1993.4）	书记	刘士泉（兼）	1987.8～1989.12
			李海成	1991.2～1992.7
			刘士泉	1992.7～1993.4
		副书记	李海成	1987.8～1991.2
	第五港务公司党委（1993.4～2000.3）	书记	刘士泉	1993.4～1995.4
			李书明	1995.4～2000.3
杂货港务分公司党委	杂货港务公司党委（2000.3～2003.3）	书记	李书明	2000.3～2003.3
	杂货港务分公司党委（2003.3～2008.6）	书记	李书明	2003.3～2004.3
			田家祥	2004.3～2007.4
			张全有	2007.4～2008.6
第六港务分公司党委	第六装卸公司临时党支部（1988.2～1988.7）	书记	聂振一（兼）	1988.2～1988.7
	第六装卸公司党支部（1988.7～1989.1）	书记	聂振一（兼）	1988.7～1989.1
	第六装卸公司党委（1989.1～1993.4）	书记	聂振一（兼）	1989.1～1990.3
			李兴和	1991.2～1993.4
		副书记	李兴和	1989.1～1991.2
	第六港务公司党委（1993.4～2003.3）	书记	李兴和	1993.4～1999.3
			王德利	2001.3～2003.3
		副书记	田云山	1999.3～2001.3
	第六港务分公司党委（2003.3～2008.6）	书记	王德利	2003.3～2006.12
			岳喜才	2006.12～2008.6
第七港务分公司党委	第七港务公司党委（1996.5～2003.3）	书记	王德利	1996.5～2001.3
			田云山	2001.3～2003.3
	第七港务分公司党委（2003.3～2008.6）	书记	田云山	2003.3～2008.6
第八港务分公司党委（撤销）	戊己码头筹备处党委（2001.7撤销）	书记	李乐敏	2001.3～2001.7
	第八港务公司党委（2001.7～2003.3）	书记	李乐敏	2001.7～2003.3
	第八港务分公司党委（2003.3～2008.6）	书记	李乐敏	2003.3～2005.7
			刘　勇	2005.7～2008.6
第九港务分公司党委（2005.7～2008.6）		书记	聂玉中	2005.7～2008.6

续表

现党组织名称	原党组织名称	职务	姓名	任免职时间
秦皇岛港公安局党委（1976.12～2007.12）		书记	赵同轩	1976.12～1979.4
			李秉科	1981.5～1983.9
			赵凤山（代）	1983.9～1986.8
			杨东河	1986.8～1988.3
			杨东河（兼）	1988.3～1996.5
			刘学昌	1997.12～1999.3
			赵洪武	1999.3～2002.3
			吴继民	2002.3～2007.12
		副书记	刘希芳	1976.12～1983.9
			赵同轩	1979.4～1983.9
			刘学昌	1996.5～1997.12
机械修造厂党委（撤销）	机具修配厂党总支（1976.12～1983.8）	书记	王　斌（代）	1976.12～1977.11
			程维权	1977.11～1979.4
			王　斌	1979.4～1983.5
		副书记	端木凡宝	1976.12～1978.10
			程维权	1976.12～1977.11
			赵相英	1977.11～1979.4
			裴崇德	1977.11～1983.8
			赵传富	1979.4～1983.8
	机具修配总厂党委（1983.8～1984.4）	书记	田国芳	1983.8～1984.4
		副书记	赵传富	1983.8～1984.4
			郑学敏	1983.8～1984.4
	机具修配厂党总支（1984.4～1998.6）	书记	赵传富	1984.4～1985.9
			文隆晓	1985.9～1987.10
			文隆晓（兼）	1987.10～1989.1
			刘金生	1989.1～1995.4
			王建洲	1995.4～1998.6
		副书记	李海成	1984.4～1987.8
			伊忠金	1987.10～1989.1
	机械修造厂党委（1998.6～2007.12）	书记	王建洲	1998.6～2006.12
			夏永中	2006.12～2007.12
防污设备厂党总支①（撤销）		书记	田国芳	1984.4～1989.1
			刘子兴（兼）	1989.1～1990.3
			王德利（兼）	1995.4～1996.5
		副书记	艾殿武	1984.4～1985.9
			王维忠	1985.9～1990.8
			李明运	1990.8～1995.4

①防污设备厂党总支于 1983 年 2 月成立，1983 年 8 月并入机修总厂党委，1984 年 4 月从机修总厂党委划出，1996 年 5 月并入七公司党委。

续表

现党组织名称	原党组织名称	职务	姓名	任免职时间
铁路运输分公司党委	运输大队党总支（1976.12～1980.11）	书记	胡俊道	1976.12～1980.11
		副书记	李俊义	1976.12～1977.11
			方起超	1976.12～1979.4
			常印祥	1979.4～1980.11
	铁路运输管理处党委（1980.11～1987.3）	书记	胡俊道	1980.11～1983.8
			王世宝	1983.8～1987.3
		副书记	芦寿新	1980.11～1982.7
			安择善	1983.8～1987.3
	铁路运输公司党委（1987.3～2003.3）	书记	安择善	1987.3～1989.4
			王世宝（兼）	1989.4～1993.2
			常印祥（兼）	1993.2～1999.3
			李俊义	1999.3～2003.3
		副书记	刘建政（兼）	1989.4～1995.4
			韩宝全	1995.4～1999.3
	铁路运输分公司党委（2003.3～2008.6）	书记	李俊义	2003.3～2007.4
			计　祥	2007.4～2008.6
秦港集团机关党委	局机关党总支（1976.12～1989.6）	书记	舒虎珍	1976.12～1979.4
			舒虎珍	1981.5～1984.10
			郑学敏	1984.10～1985.9
			房建国	1985.9～1987.4
			张福贵	1987.4～1989.6
		副书记	曹忠喜	1976.12～1979.4
			王季芳	1976.12～1979.4
	局机关党委（1989.6～2003）	书记	汪秉康（兼）	1989.6～1996.7
			林文鼎	1996.7～2003
		副书记	林文鼎（兼）	1989.6～1996.7
			齐桂秋（兼）	1989.6～2003
	秦港集团机关党委（2003～2007.12）	书记	林文鼎	2003～2007.12
		副书记	齐桂秋	2003～2007.12
通信信息工程分公司党委	通讯站党总支（1976.12～1980.6）	书记	高　明	1976.12～1980.6
		副书记	韩　晖	1976.12～1979.4
			林均义	1976.12～1977.9
			董宗义	1976.12～1980.6
	通讯导航处党总支（1980.6～1989.5）	书记	高　明	1980.6～1981.3
			李　忠	1981.3～1983.8
			董宗义	1983.8～1984.11
			张福贵	1984.11～1987.4
			李志增（兼）	1989.1～1989.6
		副书记	董宗义	1980.6～1983.8
			杨树云	1987.4～1989.6
	通信公司党总支（1989.5～1997.12）	书记	李志增（兼）	1989.6～1990.3
			李志增	1995.4～1997.12
		副书记	杨树云	1989.6～1995.4

续表

现党组织名称	原党组织名称	职务	姓名	任免职时间
通信信息工程分公司党委	通信信息工程公司党总支（1997.12 ～ 2003.3）	书记	李志增	1997.12 ～ 1999.3
			刘贺莹	1999.3 ～ 2000.3
			刘墨文	2000.3 ～ 2003.3
	通信信息工程分公司党总支（2003.3 ～ 2007.12）	书记	刘墨文	2003.3 ～ 2003.4
			刘墨文	2006.12 ～ 2007.12
		副书记	王　莹	2003.4 ～ 2007.12
港口医院党委	港口医院党总支（1976.12 ～ 1995.5）	书记	代　荣	1976.12 ～ 1977.6
			丁　黎	1979.4 ～ 1986.8
			王景坤（兼）	1986.8 ～ 1990.3
			张泰林	1993.2 ～ 1995.5
		副书记	文华光	1976.12 ～ 1979.4
			丁　黎	1976.12 ～ 1977.6
			侯桂琴	1976.12 ～ 1979.4
			李德本	1980.7 ～ 1982.5
			陈祖英	1985.9 ～ 1986.9
			张泰林	1986.9 ～ 1988.4
			张泰林	1989.1 ～ 1993.2
	港口医院党委（1995.5 ～ 2007.12）	书记	张泰林	1995.5 ～ 2002.3
			南自成	2002.3 ～ 2007.12
基建工程处党总支①		书记	张治民	1976.12 ～ 1977.2
			邸忠振	1977.2 ～ 1983.8
			赵承业（代）	1984.10 ～ 1985.9
		副书记	刘广顺	1976.12 ～ 1978.10
			陈学华	1976.12 ～ 1982.2
			刘我全	1980.9 免
			陈　达	1980.9 ～ 1981.3
			孙印成	1981.4 ～ 1983.8
			赵承业	1983.8 ～ 1984.10
			刘建政	1984.10 ～ 1985.9
建筑分公司党总支	知青建筑安装公司党总支（1979.8 ～ 1981.1）	书记	刘我全	1980.9 ～ 1981.1
		副书记	牛有在	1980.9 ～ 1981.1
	建筑公司党总支（1981.1 ～ 2003.3）	书记	刘国斌	1981.4 ～ 1983.5
			尹成瑞（代）	1983.5 ～ 1985.11
			栾振云	1985.11 ～ 1986.12
			贾培林	1986.12 ～ 1987.10
			李乐敏	1987.10 ～ 1993.2
			李培臣（兼）	1993.2 ～ 1994.11
			孙明礼（兼）	1994.11 ～ 1997.12
			张彩英	1997.12 ～ 2003.3

①基建工程处党总支于 1985 年 9 月降格为党支部，归入局机关党总支。

续表

现党组织名称	原党组织名称	职务	姓名	任免职时间
建筑分公司党总支	建筑公司党总支（1981.1～2003.3）	副书记	刘莪全	1981.1～1984.2
			李培臣	1985.9～1986.8
			李乐敏	1987.1～1987.10
	建筑分公司党总支（2003.3～2007.12）	书记	张彩英	2003.3～2006.11
			古太金（兼）	2006.11～2007.12
中国船舶燃料供应公司秦皇岛分公司党委（撤销）	中国船舶燃料供应公司秦皇岛分公司党总支（1977.11～1985.9）	书记	李殿生	1977.11～1983.2
			周济海	1983.8～1985.9
		副书记	许治增	1977.11～1983.8
			李忠林	1982.7～1984.8
	中国船舶燃料供应公司秦皇岛分公司党委（1985.9～1999.7）	书记	周济海	1985.9～1987.12
			刘宝珍	1987.12～1992.5
			李庆华	1993.7～1997
		副书记	李庆华	1991.6～1993.7
			王廷义	1997～1999.7
流动机械分公司党委	流动机械公司党委（1998.9～2003.3）	书记	陈　兵	1998.9～2003.3
	流动机械分公司党委（2003.3～2008.6）	书记	陈　兵	2003.3～2006.12
			贺剑明	2006.12～2008.1
劳务分公司党委	劳务公司党委（2002～2003.3）	书记	侯幼农	2002.3～2003.3
	劳务分公司党委（2003.3～2008.6）	书记	侯幼农	2003.3～2007.12
船舶分公司党委	船舶大队党总支（1976.12～1988.1）	书记	姚福林	1976.12～1982.7
			张林明	1983.8～1986.8
		副书记	齐万金	1976.12～1987.8
			张林明	1982.2～1983.8
			钟行广	1987.8～1988.1
	船舶公司党总支（1988.1～1998.4）	书记	常海平	1997.12～1998.4
		副书记	钟行广	1988.1～1995.4
			常海平	1995.4～1997.12
	船舶公司党委（1998.4～2003.3）	书记	常海平	1998.4～2003.3
	船舶分公司党委（2003.3～2008.6）	书记	常海平	2003.3～2008.6
行政管理处党总支（撤销）	行政管理科党总支（1976.12～1977.4）	书记	陈敬安	1976.12～1977.2
			赵和团	1977.2～1977.4
		副书记	赵和团	1976.12～1977.2
			孙瑞江	1976.12～1977.2
			刘家俊	1976.12～1977.2
			张连玉	1976.12～1977.2
	行政管理科党支部（1977.4～1979.4）	书记	赵和团	1977.4～1979.4
		副书记	张连玉	1977.4～1979.4

续表

现党组织名称	原党组织名称	职务	姓名	任免职时间
行政管理处党总支（撤销）	行政管理处党总支 （1979.4～1990.8）	书记	高　永	1979.12～1981.5
			常智勇	1981.8～1983.8
			赵士盛（代）	1983.8～1985.9
			才秉惠	1985.9～1990.8
		副书记	高　永	1979.4～1979.12
			常智勇	1979.12～1981.8
			王成恩	1979.12～1984.6
			才秉惠	1984.6～1985.9
物资采购供应中心党委	材料科党支部 （1979.4撤销）	书记	陆敬藩	1977.1免
			尹同祚	1977.1～1979.4
	物资处党总支 （1979.4～1993.4）	书记	尹同祚	1979.4～1983.8
			代　荣（代）	1983.8～1985.9
			赵承业（代）	1985.9～1986.8
			张福贵	1989.6～1993.4
		副书记	代　荣	1979.4～1983.8
			赵承业	1986.8～1989.6
	物资供应公司党总支 （1993.4～2002.6）	书记	张福贵	1993.4～1993.11
			王小勇	1993.11～1997.12
			李连锁	1997.12～2002.6
	物资供应中心党总支 （2002.6～2003.3）	书记	李连锁	2002.6～2003.3
	物资采购供应中心党总支 （2003.3～2008.6）	书记	李连锁	2003.3～2003.4
			杨静秋	2003.4～2008.6
教育培训中心党总支	教育处党总支 （1979.7～1984.4）	书记	邱怀志	1979.7～1983.9
			李明奎	1983.9～1984.4
		副书记	赵士盛	1979.7～1981.8
	教育培训中心党总支 （1984.4～2007.12）	书记	李明奎	1984.4～1991.5
			王雁春	1997.12～2004.3
			陈伟英	2004.3～2006.12
			刘桂芳	2006.12～2007.12
		副书记	哈洪鹏	1991.5～1997.12
水电站党总支 （1979.1～1981.5）		书记	高尚武	1979.4～1981.4
		副书记	刘国斌	1979.7～1981.4
建港指挥部党委	建港指挥部党总支 （1981.1～1985.1）	书记	苏英辉（兼）	1981.3～1981.10
		副书记	马庆海	1981.3～1985.1
			姜淑云	1981.3～1983.4
			扈志敏	1981.1～1981.8
			朱国树	1981.10～1985.1
	建港指挥部党委 （1985.1～2007.12）	书记	黄国胜（兼）	1985.12～1989.1
			陈继舜（兼）	1989.1～1998.2
			徐建文（兼）	1998.2～2007.12

续表

现党组织名称	原党组织名称	职务	姓名	任免职时间
建港指挥部党委	建港指挥部党委（1985.1～2007.12）	副书记	贾培林	1985.1～1986.12
			朱国树	1987.4 免
			房建国	1987.4～1989.1
			王树和（兼）	1989.1～1995.4
			林曼康	1998.2～2002.3
			高晓影	2002.3～2007.12
实业服务公司党支部	劳动服务公司党总支（1981.6～1985.9）	书记	刘春柏（代）	1983.8～1985.9
		副书记	刘春柏	1982.7～1983.8
			王德厚	1983.8～1985.9
	劳动服务公司党委（1985.9～1989.1）	书记	郑学敏	1985.9～1986.12
			胡俊道	1986.12～1988.4
		副书记	王德厚	1985.9～1988.4
			孙国柱	1987.1～1987.10
			张泰林	1988.4～1989.1
	实业服务公司党总支（1989.1～1996）	书记	赵晓勇	1994.3～1995.4
		副书记	赵晓勇（兼）	1989.1～1994.3
			温大雄（兼）	1995.4～1996
	实业服务公司党支部（1996～2007.12）	书记	刘俊侠	1998～2007.12
		副书记	温大雄	1996～1998
离退休职工管理中心党委	老干部管理处党支部（1983.4～1985.1）	书记	马来顺（兼）	1984～1985.1
		副书记	文光华	1984～1985.1
	老干部管理处党总支（1985.1～1996.8）	书记	扈志敏（兼）	1985.1～1985.9
			赵士盛（代）	1985.9～1986.8
			扈志敏（兼）	1986.8～1987.8
			张广玉（兼）	1987.8～1996.8
	离退休职工管理中心党委（1996.8～2007.12）	书记	张广玉（兼）	1996.8～2005.7
			杨炳晨	2005.7～2007.12
海景酒店党总支	交通部秦皇岛海员基地党支部（1983～1985.7）	书记	陈　达	1983.9～1985.7
	交通部海员基地党委（1985.7～1992.5）	书记	张树全	1985.7～1992.1
		副书记	陈　达	1985.7～1992.1
	海员基地党总支（1992.5～1993.10）	书记	姜恩贵（兼）	1992.5～1993.10
		副书记	吴荣源	1992.5～1993.10
	海景酒店党总支（1993.10～2007.12）	书记	姜恩贵	1993.10～1995.4
			夏福顺	2004～2006.12
			张浩然	2006.12～2007.12
		副书记	吴荣源	1993.10～1995.4
			夏福顺（兼）	1995.4～1997.12
			纪春华	1997.12～2001.3
			艾鹭江	2001.3～2003.8
汽车队党支部（1976.12～1983.8）		书记	薛凤岐	1976.12～1983.8
		副书记	宋　文	1976.12～1983.8

续表

现党组织名称	原党组织名称	职务	姓名	任免职时间
外轮航修厂党总支（撤销）	外轮航修站党支部（1976.12～1980.12）	书记	孙重光	1976.12～1978.10
			刘广顺	1978.10～1980.3
			周济海	1980.11～1980.12
		副书记	卢桂芬	1976.12～1979.4
			于兆江	1980.11～1980.12
	外轮航修厂党总支（1980.12～1983.8）	书记	周济海	1980.12～1983.8
		副书记	于兆江	1980.12～1983.8
中国远洋运输公司秦皇岛船舶物资供应公司党支部（转出）	中国远洋运输总公司秦皇岛物资供应站党支部（1984.11更名）	书记	赵吉通	1982～1983.11
		副书记	陈鸿宾	1983.11～1984.4
	中国远洋运输公司秦皇岛船舶物资供应公司党支部（1984.11～1993）	书记	岳继屏	1984.4～1993
中国秦皇岛外轮代理分公司党总支	中国外轮代理公司秦皇岛分公司党支部（1976.12～1998）	书记	周西桥	1976.12～1979.2
			张治民	1979.4～1980.3
			于海生	1980.3～1983.8
			韩锡祥（兼）	1983.8～1984.8
			张志海（兼）	1984.8～1984.11
			李学信	1984.11～1993.11
			田家新（兼）	1993.11～1997.12
			戚国栋（代）	1997.12～1998
		副书记	张治民	1977.5～1979.4
			郭连山	1976.12～1983.8
	中国秦皇岛外轮代理分公司党总支（1998～2007）	书记	戚国栋（代）	1998～2003.4
			蒋海信	2003.4～2007.12
秦皇岛中理外轮理货有限责任公司党委	中国外轮理货公司秦皇岛分公司党支部（1977.6～1988）	书记	于海生	1979.4～1980.3
			刘广顺	1981.3～1983.8
			李丕章	1983.8～1988
		副书记	张学贤	1977.7～1983.8
	中国外轮理货总公司秦皇岛分公司党支部（1988～1990.11）	书记	李丕章	1988～1989.1
			田家新（兼）	1989.1～1989.4
			安择善	1989.4～1990.11
	中国外轮理货总公司秦皇岛分公司党总支（1990.11～2007.12）	书记	安择善	1990.11～1995.4
			李德高	2000.3～2007.12
		副书记	李德高	1995.4～2000.3
港务监督处党支部（撤销）	港务监督室党支部	书记	李德本	1976.12～1980.3
			张治民	1980.3～1981.8
		副书记	姚春歧	1976.12～1979.4
	港务监督处党支部（1981.8～1989.1）	书记	张治民	1981.8～1986.8
			吴绍棠（兼）	1986.8～1987.11
			陈沛民	1987.11～1989.1

续表

现党组织名称	原党组织名称	职务	姓名	任免职时间
引航公司党总支（撤销）	引航站党支部（1989.1～1993.4）	书记	陈沛民（兼）	1989.1～1990.8
			廖绪名（兼）	1990.8～1991.5
			廖绪名	1991.5～1993.4
	引航公司党支部（1993.4～2007.9）	书记	廖绪名（兼）	1993.4～1997.12
			赵飞波	1998.12～2002.3
			张亚娜	2002.3～2007.9
		副书记	张亚娜	1997.12～2002.3
	引航公司党总支（2007.9～2007.12）	书记	张亚娜	2007.9～2007.12
交通部烟台救捞局秦皇岛救助站党总支（转出）	交通部烟台救捞局秦皇岛救助站党支部（1978～1985.3）	书记	王玉生	1984～1985.3
		副书记	刘德海	1984～1985.3
	交通部烟台救捞局秦皇岛救助站党总支（1985.3～1999.6）	书记	王玉生	1987.9～1993.3
			刘子林	1993.3任
		副书记	王玉生	1985.3～1987.9
			刘本来	1993.8～1996.3
			王志庚	1997.4任
中华人民共和国秦皇岛船检局党委（转出）	中华人民共和国船舶检验局秦皇岛办事处党支部（1980.3～1985.1）	书记	李德本	1982.5～1986.1
	中华人民共和国船舶检验局秦皇岛分局党支部（1985.1～1992.9）	书记	陈保荣	1980～1986.12
			赵长明	1990.7～1992.9
		副书记	赵长明	1986～1990.7
	中华人民共和国秦皇岛船舶检验局党支部（1992.9～1995.7）	书记	赵长明	1992.9～1995.7
	中华人民共和国秦皇岛船舶检验局党委（1995.7～1999.6）	书记	赵长明	1995.7～1999.6
电力分公司党委	电力管理站党支部（1985.9～1990.8）	书记	杨国增	1985.9～1990.8
	电力供应公司党支部（1990.8～2001.3）	书记	薛利民	1992.2～2001.3
		副书记	薛利民	1990.8～1992.2
	电力供应公司党总支（2001.3～2003.3）	书记	王庆利	2002.3～2003.3
		副书记	王庆利	2001.3～2002.3
	电力供应分公司党总支（2003.3～2003.5）	书记	王庆利	2003.3～2003.5
	电力分公司党总支（2003.5～2008.6）	书记	王庆利	2003.5～2008.6
水暖供应分公司党委	水暖管理站党支部（1985.9～1990.8）	书记	张树廷	1985.9～1990.8
	水暖供应公司党支部（1990.8～2001.3）	书记	王庆利	1997.12～2001.3
		副书记	张树廷	1990.8～1997.12
	水暖供应公司党总支（2001.3～2003.3）	书记	薛利民	2001.3～2003.3
		副书记	吕贺刚	2002.3～2003.3
	水暖供应分公司党总支（2003.3～2007.12）	书记	薛利民	2003.3～2007.12
		副书记	吕贺刚	2003.3～2007.4

续表

现党组织名称	原党组织名称	职务	姓名	任免职时间
水泥厂党支部（1985.9～1990.8）		书记	商振华	1985.9～1990.8
港航建设工程有限公司党总支	修建队党支部（1985.9～1990.8）	书记	李耀祖	1985.9～1990.8
	修建公司党支部（1990.8～1992.3）	书记	王维忠	1990.8～1992.3
	修建公司党总支（1992.3～1994.2）	书记	王维忠	1992.3～1994.2
	港湾工程公司党总支（1994.2～2002.7）	书记	王维忠	1994.2～2001.3
			吴继民	2001.3～2002.3
			赵曼莉	2002.3～2002.7
	港航建设工程有限公司党总支（2002.7～2007.12）	书记	赵曼莉	2002.7～2007.12
水运卫校党支部[①]		书记	丁　黎（兼）	1986.8～1987.8
			张盛喜（兼）	1987.12～1994.8
			刘曼丽	1999～2006.12
			沈　清	2006.12～2007.12
		副书记	沈　清	2000～2004
生活服务公司党委	生活福利公司党总支（1990.10～1993.5）	书记	孙国柱	1992.2～1993.5
		副书记	孙国柱	1990.8～1992.2
	生活服务公司党总支（1993.5～2000）	书记	孙国柱	1993.5～2000
	生活服务公司党委（2000～2007.12）	书记	孙国柱	2000～2002.3
			常伯林	2002.3～2007.12
		副书记	常伯林	2000.3～2002.3
顶吉油脂有限公司党支部（1992～2000）		书记	杨兴昌	1992～1994.1
			王福林（兼）	1994.1～1999
			单洪祥	1999～2000
秦港七二一大学党支部		书记	左健民	1976.12～1978.7
秦港第一中学党支部		书记	付丽云	1976.12～1979.7
		副书记	洪万勤	1979.7免
秦港第二中学党支部		书记	涂恩培	1976.12～1979.7
		副书记	齐桂秋	1976.12～1979.7
秦港第三中学党支部		副书记	高庆云	1976.12～1979.7
秦皇岛港发展总公司党支部（1993.4～2004）		书记	翟俊生（兼）	1993.4～1995.9
			王宝桢（兼）	1995.9～2004
东方石油有限公司党支部（1993.11～2007）		书记	刘之良	1993.11～1995.2
			王喜元	1995.2～2007.12
秦皇岛港盛包装有限公司党支部（1993.8～1995）		书记	张宝昌（兼）	1993.8～1995

①水运卫校党支部于1986年10月成为局党委直属党支部，1994年9月归入港口医院党总支，1999年成为局直属党支部。

续表

现党组织名称	原党组织名称	职务	姓名	任免职时间
秦皇岛港配件进口有限公司党支部（1993.11～2005）		书记	张承渝（兼）	1993.11～2003.4
			王晓辉	2003.4～2005
秦皇岛银港集装箱港务有限公司党支部（1995.5～2003）		书记	李明江	1995.5～1998
			陈　冰	1999.7～2003
利港集装箱码头有限公司党支部（2003～2007.10）		书记	陈　冰	2003～2007.10
新港湾集装箱码头有限公司党支部（2007.10～2008.7）		书记	陈　冰	2007.10～2008.7
		副书记	杨春元	2007.10～2008.7
方大地产公司党支部（2003.8～2007.12）		书记	艾鹭江	2003.8～2007.12
物流公司党支部（2004～2008.6）		书记	薛利军	2004～2005
			马蕴春	2005～2008.6
秦云能源开发有限公司党支部（2005～2008.7）		书记	刘继春	2005～2008.3
瑞港技术进出口有限公司党支部（2006～2008.7）		书记	王晓辉	2006～2008.7

说明：秦港七二一大学党支部、第一中学党支部、第二中学党支部和第三中学党支部于1979年归入教育处党总支

2008年～2017年河北港口集团（原秦皇岛港）直属基层党组织主要负责人名录

表7

现党组织名称	原党组织名称	职务	姓名	任免职时间
秦皇岛港股份有限公司党委（2008.4～　）		书记	黄建华	2008.3～2009.7
			邢录珍	2009.7～2016.8
			曹子玉	2016.8～
		副书记	邢录珍	2008.3～2009.7
			王振法	2008.3～2012.7
			柴　俊	2009.12～2012.2
			崔忠健	2010.3～2011.7
			田云山	2012.10～2017.2
			何善琦	2012.4～2014.6
			王录彪	2014.6～
			杨文胜	2017.3～
港口服务管理分公司党委（2009.12～2013.4）		书记	林文鼎	2009.9～2011.7
		副书记	王振法	2009.12～2012.7
			何善琦	2010.4～2012.4
集团机关党委（2009～　）		书记	林文鼎	2009～2011
			周忠义	2012～2013.4
			宋敬中	2013.4～
		副书记	齐桂秋	2009～2011
机械修造厂党委（2008～2009）		书记	夏永中	2007.12～2009.4
生活服务公司党委（2008～2012.9）		书记	常伯林	2007.12～2011.7

续表

现党组织名称	原党组织名称	职务	姓名	任免职时间
秦皇岛港公安局党委（2007.12～ ）		书记	吴继民	2007.12～2010.8
			张儒健	2010.8～2014.2
			李海泳	2014.10～
		副书记	王　峰	2015.10～
港口医院党委（2007.12～ ）		书记	南自成	2007.12～2012.1
			宋广学	2012.1～2014.6
			张浩然	2014.6～
		副书记	宋广学	2014.6～2016.8
			沈　清	2016.8～
离退休职工管理中心党委（2007.12～ ）		书记	杨炳晨	2007.12～2012.9
			董　理	2012.9～
建港指挥部党委（2007.12～2009.3）		书记	徐建文（兼）	2007.12～2009.3
		副书记	高晓影	2007.12～2008.4
港口工程有限公司党委	港航建设工程有限公司党总支（2007.12～2008.12）	书记	赵曼莉	2007.12～2008.7
			孔德彪	2008.7～2008.12
	港口建设工程有限公司党委（2008.12～2011.9）	书记	梁存付	2008.12～2011.9
	港口工程有限公司党委（2011.9～ ）	书记	梁存付	2011.9～2012.9
			裴晓宇	2012.9～
		副书记	高　科	2014.6～
港口机械公司党委	工程技术有限公司党委（2009～2012）	书记	刘贺莹	2009.4～2011.8
	港口机械公司党委（2012～ ）	书记	张维健	2012.4～
		副书记	周立兴	2014.6～
服务管理公司机关党委(撤销)	秦港集团公司机关党委（2007.12～2010.3）	书记	林文鼎	2007.12～2010.3
		副书记	齐桂秋	2007.12～2010.3
	服务管理公司机关党委（2010.3～2012.9）	书记	林文鼎	2010.3～2012.9
		副书记	齐桂秋	2010.3～2012.9
后勤物业管理公司党委（2010.6～ ）		书记	陈　兵	2010.7～2013.4
			艾鹭江	2013.4任
		常务副书记	杨喜平	2012.5～2012.12
		副书记	张浩然	2012.5～2014.6
			唐　盛	2015.1任
邯郸国际陆港党总支（2011～ ）		书记	谷春林	2011.7～2012.9
			高天水	2012.9～2016.10
			杨学军	2016.10～2017.7
			陈晓辉	2017.7～
		副书记	李冬生	2014.6～2016.10
			刘　欣	2016.11～
通信信息工程分公司党委	通信信息工程公司党总支（2007.12～2013.10）	书记	刘墨文	2007.12～2008.1
			王　莹	2008.1～2012.3
			倪志立	2012.9～2013.10

续表

现党组织名称	原党组织名称	职务	姓名	任免职时间
通信信息工程分公司党委	通信信息工程公司党总支（2007.12～2013.10）	副书记	王　莹	2007.12～2008.1
			周春旭	2012.5～2013.10
	通信信息工程分公司党委（2013.10～　）	书记	倪志立	2013.10～2016.1
			陈红利	2016.1～
		副书记	何津淮	2014.6～
教育培训中心党总支（2007.12～　）		书记	刘桂芳	2007.12～2008.12
			张维健	2008.12～2011.8
			赵建民	2011.8～
		副书记	陈立志	2014.6～
秦皇岛中理外轮理货有限责任公司党总支	中理秦皇岛外轮理货公司党总支（2007.12～2008.7）	书记	李德高	2007.12～2008.7
	秦皇岛中理外轮理货有限责任公司党总支（2008.7～2009.5）	书记	李德高	2008.7～2009.5
引航公司党总支（转出）（2007.12～2012）		书记	张亚娜	2007.12～2011.3
中国秦皇岛外轮代理分公司党总支（2007.12～　）		书记	蒋海信	2007.12～2009.5
			田家祥	2009.5～2012.12
			王海强	2013.4～
		副书记	周明伟	2014.6～
水暖供应分公司党委	水暖供应分公司党总支（2003.3～2013.10）	书记	薛利民	2007.12～2008.12
			刘振洋	2008.12～2012.3
			乔忠礼	2012.3～2013.10
	水暖供应分公司党委（2013.10～　）	书记	乔忠礼	2013.10～2014.6
			谷春林	2014.6～
		副书记	李明杰	2014.6～
建筑公司党总支（2007.12～　）		书记	古太金（兼）	2007.12～
海景酒店党总支（2007.12～2012.9）		书记	张浩然	2007.12～2012.5
实业服务公司党支部（2007.12～　）		书记	刘俊侠	2007.12～
东方石油有限公司党支部（2007.12～　）		书记	王喜元（兼）	2007.12～2008
			刘建和（兼）	2008年任
水运卫校党支部（2007.12～　）		书记	沈　清	2007.12～2016.8
			顾朝辉	2016.8～
方大地产公司党支部（2007.12～2016）		书记	艾鹭江（兼）	2007.12～2008.6
			韩利威（兼）	2012.4～2015.10
		副书记	艾鹭江（兼）	2011.7～2013.4
方远投资公司党支部（2010～　）		书记	严明昕（兼）	2010～2012.3
			杨　军（兼）	2012.3～2015.4
			张　军（兼）	2015.4～2016.3
			李　航（兼）	2016.3～

续表

现党组织名称	原党组织名称	职务	姓名	任免职时间
房地产开发有限公司党支部（2012.9～　）		书记	沈立平（兼）	2012.9～
新闻中心党支部（2010～　）		书记	王海强（兼）	2010～2013.5
			任永新（兼）	2013.5～
房产中心党支部（2011～　）		书记	杨　岭（兼）	2011.12～
社保中心党支部（2010～　）		书记	赵来泉（兼）	2010～2012.2
			朱建东（兼）	2012.2～
方圆港湾工程监理有限公司党支部（2010～　）		书记	王广奇（兼）	2011.7～2013.4
			陈　平（兼）	2014.6～2016.4
			刘明辉（兼）	2016.6～
之海船代公司党支部（2010～　）		书记	王　鹏（兼）	2010～2011.8
			薛立军（兼）	2011.8～2012.12
			苏长生（兼）	2012.12～2016.1
			吴振国（兼）	2016.1～
睿港煤炭公司党支部（2012～　）		书记	王海波（兼）	2012.12～2016.10
			钟　铭（兼）	2016.10～
方宇物业党支部（2014～　）		书记	张全有（兼）	2014.6～2017.6
			李习波	2017.6～
海运煤炭交易市场有限公司党支部（2014.12～　）		书记	钟　铭（兼）	2014.6～2015.7
			赵卫国（兼）	2015.7～
餐饮公司党总支（2015～　）		书记	乔忠礼	2015.7～2016.3
			陈　强	2016.3～
		副书记	周友存	2016.3～
蓝港国旅党支部（2015～　）		书记	李　东（兼）	2015.6～2015.11
			杨晓薇（兼）	2015.11～
检测公司党支部（2016.8～　）		书记	王丰森（兼）	2016.10～
港口资产管理分公司党支部（2016.1～　）		书记	艾鹭江	2016.1～

说明：1.2010年3月～2012年9月，生活服务公司党委、秦皇岛港公安局党委、港口医院党委、离退休职工管理中心党委、港口工程有限公司党委、港口机械公司党委、后勤物业管理公司党委、通信信息工程公司党总支、教育培训中心党总支、引航公司党总支、中国秦皇岛外轮代理分公司党总支、水暖供应分公司党总支、建筑公司党总支、海景酒店党总支、实业服务公司党支部、东方石油有限公司党支部、水运卫校党支部、方大地产公司党支部、方远投资公司党支部、房地产开发有限公司党支部、新闻中心党支部、房产中心党支部、社保中心党支部、方圆港湾工程监理有限公司党支部、之海船代公司党支部等25个基层党组织隶属于港口服务管理分公司党委

2. 秦皇岛中理外轮理货有限责任公司党总支于2009年5月划归股份公司党委，其负责人变化情况列入股份公司名录中

2008 年～ 2017 年秦皇岛港股份有限公司基层党组织主要负责人名录

表 8

现党组织名称	原党组织名称	职务	姓名	任免职时间
第一港务分公司党委（2008.6～ ）		书记	唐　盛	2008.3～2015.1
			王智强	2015.1～
		副书记	马蕴春	2014.6～2016.1
			唐　盛	2016.1～
第二港务分公司党委（2008.6～ ）		书记	张　军	2008.6～2012.5
			侯幼农	2012.5～
		副书记	史伟彬	2014.6～
第三港务分公司党委（2008.6～ ）		书记	张亚平	2008.6～2009.5
			夏永中	2009.5～2015.1
			周　超	2015.1～2017.1
			贺剑明	2017.1～
		副书记	许国强	2015.1～
第六港务分公司党委（2008.6～ ）		书记	岳喜才	2008.6～2008.12
			薛利民	2008.12～2012.3
			郭佳滨	2012.3～2017.7
			赵金业	2017.7～
		副书记	赵金业	2014.6～2017.7
第七港务分公司党委（2008.6～ ）		书记	田云山	2008.6～2011.7
			赵民华	2011.7～2013.4
			王　鹏	2013.4～
		副书记	吕贺刚	2014.6～
第九港务分公司党委（2008.6～ ）		书记	聂玉中	2008.6～2011.7
			郎建辉	2011.7～2015.5
			邵　军	2015.7～
		副书记	朱向东	2014.6～
第八港务分公司党委（2008.6～2011.7）		书记	刘　勇	2008.6～2011.7
杂货港务分公司党委（2008.6～ ）		书记	张全有	2008.6～2008.12
			郎建辉	2008.12～2011.7
			刘　勇	2011.7～2015.1
			杨　军	2015.1～2017.1
			周　超	2017.1～
		副书记	贺剑明	2014.6～2017.1
			杨一平	2017.1～
铁路运输分公司党委（2008.6～ ）		书记	计　祥	2008.6～2009.5
			赵剑平	2009.5～2012.5
			李冬生	2012.5～2014.6
			郭少伟	2014.6～
		副书记	张　军	2012.5～2015.1
			何承明	2015.1～

续表

现党组织名称	原党组织名称	职务	姓名	任免职时间
流动机械分公司党委（2008.6～　）		书记	陈伟英	2008.6～2008.12
			贺剑明	2008.12～2011.7
			李玉峰	2011.7～
		副书记	马国宏	2014.6～2017.1
			杨　军	2017.1～
股份公司机关党委（2008.6～　）		书记	王振法（兼）	2008.6～2012.7
			田云山	2012.12～2014.6
			王录彪	2014.6～
		副书记	付佑江（兼）	2008.6～2012.12
			陈红利	2013.6～2016.6
船舶分公司党委（2008.6～　）		书记	常海平	2008.6～2011.7
			李冬来	2011.7～
		副书记	张　正	2014.6～
劳务分公司党委（2008.6～　）		书记	侯幼农	2008.6～2012.5
			杨富俊	2012.5～2016.3
			乔忠礼	2016.3～
劳务分公司党委（2008.6～　）		副书记	崔　敏	2014.6～2015.5
			王　艳	2015.7～2016.3
			杨富俊	2016.3～
沧州渤海港务有限公司党委（2009.4～　）		书记	朱朝阳	2009.4～2011.11
			邢录珍	2011.11～2012.3
			陈海烈	2012.3～2014.1
			李　东	2014.1～2015.1
			杨学军	2017.2～
		副书记	陈海烈	2007.10～2012.3
			李　东	2012.3～2014.1
			杨学军	2014.2～2017.2
			李志波	2017.4～
			张全有	2017.6～
沧州黄骅港矿石港务有限公司党委（2012.8～　）		书记	陈海烈	2012.3～2017.2
			杨学军	2017.2～
		副书记	杨学军	2014.6～2017.2
			李志波	2017.4～
			张全有	2017.6～
曹妃甸煤炭港务有限公司党委（2011.8～　）		书记	陈少军	2009.4～2016.10
			李冬生	2016.10～
		副书记	陈立新	2014.6～2017.4
			李永年	2017.4～
物资采购供应中心党委	物资采购供应中心党总支（2008.6～2013.4）	书记	杨静秋	2008.6～2011.7
			刘　光	2011.7～2013.4
	物资采购供应中心党委（2013.4～　）	书记	刘　光	2013.4～
		副书记	孔德彪	2014.6～2015.10
			代贵旺	2015.10～

续表

现党组织名称	原党组织名称	职务	姓名	任免职时间
电力分公司党委	电力分公司党总支（2008.6～2013.4）	书记	王庆利	2008.6～2013.4
	电力分公司党委（2013.4～ ）	书记	王庆利	2013.4～2013.11
			汪　弘	2013.11～
		副书记	郭树辰	2014.6～2015.2
			刘汉奇	2015.7～2017.4
			王广奇	2017.4～
安保中心党总支（2008.7～ ）		书记	张晓冬	2008.7～2010.8
			陈立新	2010.8～2012.5
			刘家恺	2012.9～2015.1
			齐成民	2015.1～
秦皇岛中理外轮理货有限责任公司党委	秦皇岛中理外轮理货有限责任公司党总支（2009.5～2013.4）	书记	李德高	2009.5～2012.3
			刘云腾	2012.3～2013.4
	秦皇岛中理外轮理货有限责任公司党委（2013.4～ ）	书记	刘云腾	2013.4～
		副书记	孙远航	2014.6～2015.10
			倪志立	2016.1～
瑞港技术进出口有限公司党支部（2008.7～ ）		书记	王晓辉	2008.7～
新港湾集装箱码头有限公司党总支	新港湾集装箱码头有限公司党支部（2008.7～2013.4）	书记	陈　冰	2008.7～2012.12
			张义江	2013.3～2013.4
		副书记	杨春元	2008.7～2011.7
			王　刚	2011.8～2013.6
	新港湾集装箱码头有限公司党总支（2013.4～ ）	书记	张义江	2013.4～2014.6
			杨一平（兼）	2014.6～
		副书记	王　刚	2013.6～
物流分公司党总支（撤销）	物流分公司党支部（2008.6～2013.5）	书记	贺剑明	2008.8～2008.12
			陈伟英	2008.12～2012.9
			杨春元	2012.9～2013.5
	物流分公司党总支（2013.5～2017.2）	书记	杨云明	2013.5～2017.1
		副书记	陈伟英	2013.5～2015.12
矿石分公司党总支（2017.2～ ）		书记	杨云明	2017.2～
		副书记	马国宏	2017.2～
秦云能源开发有限公司党支部（2008.7～2012）		书记	谷春林（兼）	2008.3～2012
华正煤炭检验行党支部（2008.7～ ）		书记	于作军（兼）	2008年任
海运煤炭交易市场有限公司党支部（2008.7～2014.12）		书记	王立锋（兼）	2008～2014.6
兴奥秦港能源储运有限公司党支部	新奥秦港能源储运有限公司党支部（2009.5～2013）	书记	杨国旺（兼）	2009.6～2013
	兴奥秦港能源储运有限公司党支部（2013～ ）	书记	杨国旺（兼）	2013～2015.4
			赵　昕（兼）	2015.4～
唐山港口投资开发有限公司党支部（2015.8～ ）		书记	韩利威（兼）	2015.8～

说明：海运煤炭交易市场有限公司党支部2014年12月由股份公司党委划归集团党委

第六节 党委主要工作机构

河北港口集团（原秦皇岛港）党委办公室、组织部、党委工作部和监察部等主要工作机构逐步完善、健全，形成了责任明确、领导有力、运转有序、保障到位的工作机制，促进了党委工作科学化、制度化、规范化，为推进河北港口集团党组织建设工作提供了坚强的思想和组织保证。

一、机构沿革

1948年12月，中共秦皇岛开滦工作委员会成立，建立了港口党的组织，党委主要工作具体由组织员、宣传员负责。1952年5月，中共秦皇岛开滦工作委员会改称中共秦皇岛开滦委员会，随之设立宣传部、组织部。1953年2月28日，党委在开展反对官僚主义、命令主义和违法乱纪“新三反”运动的基础上设立了党委纪律检查委员会。4月23日，根据交通部关于建立各级交通部门监察机构的暂行规定，秦皇岛港成立了监察室（监察科）。6月，秦皇岛港设置党委办公室，管理保密工作。1954年7月1日，交通部秦皇岛港务管理局与交通部机构相对应，成立了管理局政治处，下设办公室、组织科、宣传科，实行党务、政工双重职能。同时撤销党委办公室、组织部、宣传部，保留纪委及人员配置等机构。1955年11月3日，管理局党委全委会议通过《关于建立中共秦皇岛港务管理局监察委员会的决议》，经中共秦皇岛市委批准，成立由7名人员组成的中共秦皇岛港务管理局监察委员会。

1957年4月，根据中共中央工业交通工作部和交通政治部召开的政工会议精神，为了实现党对企业的全面领导作用，进一步密切党群关系，管理局党委拟决定撤销政治处，同时建立党委各个工作部门，改进党的领导方法。5月23日，中共秦皇岛市委工业部批准这一决定。6月10日，管理局党委发文通告全局，从即日起撤销政治处，恢复党委办公室、组织部、宣传部等党委工作部门，处理日常党务工作。1963年7月，交通部政治部发文批复，同意秦皇岛港务管理局成立政治部。又于1964年7月批准政治部内设办公室、组织科、宣传科和干部科，9月，管理局政治部改名为管理局党委政治部。

“文化大革命”开始，党组织受到冲击，在无正式通知的情况下，管理局党委工作机构失去职能，工作人员中止了工作。1968年，秦皇岛港务管理局成立革命委员会，下设宣传组、组干组。“革命委员会”成立后实行的是一元化领导，直到1971年12月才产生了第六届党委会，此后才逐渐地恢复、健全了党委工作机构。

1973年3月，局党委恢复政治部及其办公室、组织科、干部科和宣传科等工作部门。5月，为了加强党的纪律监察工作，政治部设立监察组。1977年2月，为加强党的一元化领导，适应革命和生产发展的需要，局党委决定对部分政工组织机构进行调整：撤销原政治部所属干部科、组织科、监察组，成立组织处；撤销宣传科、成立宣传处。6月，撤销原局党委办公室，设党委办公室（即政治部办公室、学大庆办公室）。1979年3月，经交通部批准，局升格为地师级，各科室和直属基层单位同时升格为处级。撤销政治部，恢复党委办公室、组织处和宣传处，新建纪律检查委员会。

1984年2月，根据企业整顿和机关机构改革的要求和工作需要，管理局党委将党委组织处、宣传处分别改为党委组织部、宣传部。1985年12月，由交通部政治部批复秦皇岛港务管理局第七次党员代表大会选举结果后，局纪律检查委员会升格为领导机构。1989年1月，秦皇岛港务局实行党、政职能分开，思想政治工作纳入行政序列，其部门设置本着精简、效能、统一的原则实行党务、政工二位一体，即组织部、宣传部、纪委，同时也为行政干部处、宣传处和监察处，在党委和局长双重领导下，分别执行党务、政工部门的职能。只有党委办公室仍为单一的党务工作部门。1997年，党委办公室与局办公室实行一班人员，两块牌子。

2008年4月，秦皇岛港务集团党群部门设立党委办公室、党委工作部、党委组织部、纪委、工会和团委。人力资源部、党委组织部实行一套机构、两块牌子，合署办公；纪委、

1952年～2017年河北港口集团（原秦皇

表9

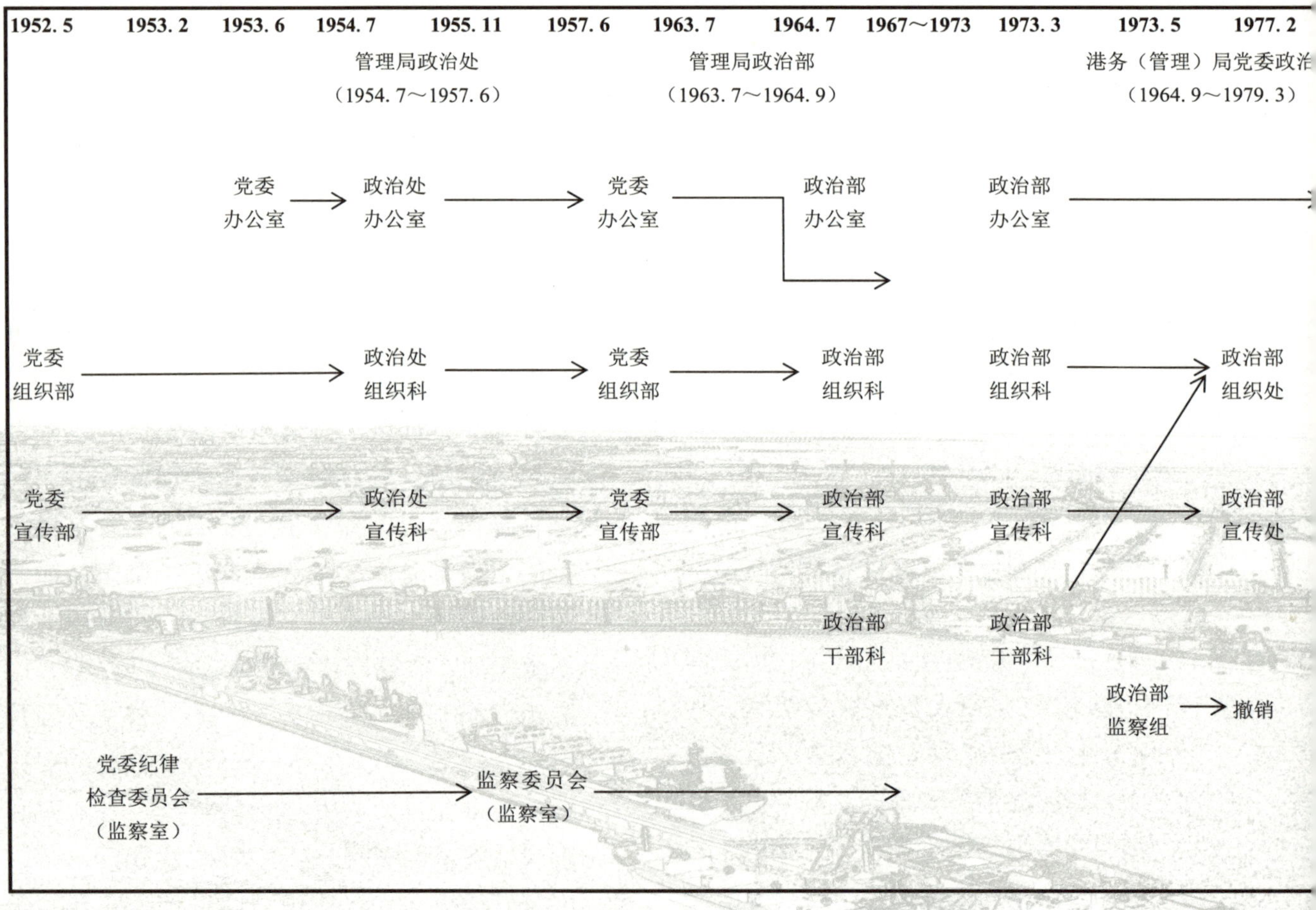

说明：1966年“文化大革命”开始后，党组织受到冲击，党委政治部失去工作职能，管理局监察工作也一度中断。1973年3月，

监察部实行一套机构、两块牌子，合署办公。纪委、监察部、工会、团委均实行秦港股份公司和秦港集团公司双跨管理，机构设在秦港集团公司。2009 年 7 月，河北港口集团党群部门设立党委办公室、党委组织部、党委工作部（宣传部、武装部、团委）、纪委、工会。集团办公室与党委办公室、人力资源部与党委组织部、监察部与纪委均实行一套机构、二块牌子，合署办公；党委工作部、宣传部、武装部、团委实行一套机构、四块牌子，合署办公。2016 年 4 月，河北港口集团党委主要工作部门调整为党委办公室、党委组织部（人力资源部）、党委工作部（宣传部、武装部）、纪委（监察部）、团委（青工部）等。这些党委主要工作机构一直延续至今。

岛港）党委主要工作机构设置沿革一览表

1977. 6	1979. 3	1984. 2	1989. 1	1997	2008. 4	2009. 7	2016. 4
党委办公室（政治部办公室、学大庆办公室）→	党委办公室 →			办公室（党办）→	办公室（党办、董办）→	办公室（党办）→	办公室（董办、党办、总经理办）
→	党委组织处 →	党委组织部 →	党委组织部（干部处）→		党委组织部（人力资源部）→	党委组织部（人力资源部）→	集团、股份党委组织部（人力资源部）
→	党委宣传处 →	党委宣传部 →	党委宣传部（宣传处）→		党委工作部 →	党委工作部（宣传部、武装部、团委）→	集团、股份党委工作部（宣传部、武装部）
	纪律检查委员会 →		纪律检查委员会（监察处）→		纪律检查委员会（监察部）→		集团、股份纪律检查委员会（监察部）

港务局党委恢复政治部及其办公室、组织科、干部科和宣传科等工作部门。5 月，在政治部设立党的监察组

二、机构职责

河北港口集团（原秦皇岛港）党委主要工作机构始终坚持贯彻党的路线、方针、政策，在党委的领导下，负责党的思想、组织、作风、制度和反腐倡廉建设，做好党员的管理教育，全面加强党的建设工作。

（一）1954年机构职责

1954年3月，为了进一步划清各部职责范围，建立党委各部正常的工作秩序，更有效地发挥党的监督保证作用，分局党委执行《机关各部办事细则（草案）》。

办公室主要职责：承办党委有关全面工作的一切事宜。1. 根据党委意见，负责拟草党委关于季度、月度每项中心工作的指示、计划和月、旬工作报告和总结。2. 在党委工作计划下达后，负责掌握基层贯彻执行的情形，并初步提出措施，按期向党委汇报（每周报告一次竞赛情况，月底报告全面工作计划完成情况）。3. 督促检查局长办公室有组织、有领导、有步骤地开展技术学习和业务学习，提高技术水平和业务水平，更好地完成各项任务。4. 按党委规定的原则，主动与各有关部门联系，并取得党委同意后，负责安排每周党委会议日程。5. 处理党委机关日常的收发、刻写、文印等工作，并在取得各部门的协助下，作好机关的卫生和保卫工作。

组织部主要职责：1. 协助党委直接负责领导全局干部管理工作，加强对干部的培养提拔工作，并经常进行对干部的审查工作，经常了解与掌握干部的政治思想状态和业务工作能力，及时供党委研究以达到不断提高和教育的目的。2. 负责全局的党员管理工作，协助党委进行经常性的整党与建党工作。根据每次大的政治运动与厂内的中心工作，系统地掌握党员思想动态及检查每名党员执行党的决议的情形，提出措施，交党委进行讨论。严格党的组织生活与组织纪律，负责检查与督促开展党内的批评与自我批评，向各种不良倾向进行斗争，加强党员党性锻炼。3. 负责研究与领导支部领导工作，提高支部的领导水平，实现支部对党、政、工、团统一思想，统一步调和加强保证监督的作用，按照党章和生产需要定期进行支部改选和支部的调整工作，以使支部能经常健全地进行工作。4. 负责起草党委关于干部管理、整党、建党、支部工作等方面的指示、计划、决议、总结报告，并负责检查贯彻情形。

宣传部主要职责：1. 负责领导全局干部的理论学习和时事政策学习，系统地学习马列主义、毛泽东思想，苏联建设社会主义的经验和党在过渡时期总路线的各项政策及目前的国际形势等，并结合思想进行揭发和批判，从而提高党员干部的政治思想水平。2. 取得党委组织部的配合，共同制订支部教育工作计划，彻底批判和清除党内的资本主义思想，向党员进行共产主义的教育，提高党员社会主义觉悟。3. 领导宣传员并通过工会和青年团，领导全局的宣传组织，使党的政策和主张及时正确地传播到广大群众中去，并通过广大的群众宣传队伍，倾听群众的意见和呼声，掌握群众的思想情况，及时进行分析研究，加以解决，使党与群众紧密地联系在一起，提高群众的思想觉悟，鼓舞其生产热情，有力地推动各项工作开展。4. 加强对政治教员的领导，有系统、有步骤地向工人进行共产主义教育，并负责指导港口工作的国际工作和工人的文化学习。5. 负责起草党委关于干部教育、支部教育、工人政治教育、党的宣传纲领等方面的指示、计划、决议、

总结，并负责检查执行情形。

纪律检查委员会主要职责：经常向党员进行党的纪律的教育，使党员自觉地遵守党的纪律，并经常检查与处理党员的违法乱纪行为，为维护党的纪律而斗争，负责处理有关党委的人民来信来访工作。

（二）1963 年政治部工作职责

1963 年 9 月 1 日，根据上级党委指示，秦皇岛港务管理局建立政治部，下设办公室、组织部和宣传部等机构。11 月，管理局党委根据交通部政治部颁发的《港口政治工作条例》和《交通部直属企业、事业单位政治工作条例》的规定精神，制定了《港口政治工作条例执行草案》，对政治部工作职责进行总体规定。

政治部在上级政治机关和党委的领导下，负责党的思想政治工作和组织建设工作。并受党委的委托领导工会和共青团的工作。主要职责：1. 遵照上级党委和政治机关的指示，以及同级党委的决议、指示，制定本单位的政治工作计划，报请党委批准后，负责组织实施。2. 不断地向职工群众进行国际主义教育、爱国主义教育、社会主义教育，特别要学会做活的思想工作，经常深入基层，了解和掌握职工思想动态，帮助基层党组织和政工人员具体解决职工思想上存在的各种问题。3. 做好发展党员的工作，有计划地培养党的骨干，加强党在港口的各级组织。4. 根据党的干部政策考核干部，提出干部的任免、奖惩、提拔和调配的建议，制定干部培训计划并组织实施。5. 定期检查和讨论工会、共青团、治安保卫和人民武装工作。6. 负责党的统战工作。7. 组织党委会议的召开，整理印发党委会议的决议，并督促检查决议的贯彻执行。8. 承办党委书记交办的工作和党委的其他日常工作。

（三）1978 年政治部工作职责

“文化大革命”开始后，管理局政治部及其工作机构被迫停止工作，直到 1973 年得到恢复。1978 年，管理局党委试行《政治部工作条例》，进一步明确政治部工作职责。

政治部根据党在新时期的总任务以及上级的决议指示和管理局党委的决定，结合实际情况，研究每个时期的政治工作任务，并组织实施。主要职责：1. 领导政治教育和思想工作。组织职工贯彻落实上级确定的总任务，深入开展学大庆的群众运动。认真学习马列著作和毛主席著作，特别要学好无产阶级专政下继续革命的理论，完整准确地领会和掌握马列主义、毛泽东思想体系。传达党的决议指示，进行阶级教育、路线教育、革命传统教育、时事政策教育和形势任务等教育。批判资产阶级，批判修正主义。做好经常性的思想工作，抓好意识形态里的阶级斗争。提高职工继续革命的觉悟，发扬爱国主义、国际主义和革命英雄主义精神，发扬艰苦奋斗、勤俭建国、自力更生的精神，为高速发展港口生产，实现新时期总任务而努力。2. 领导党的思想建设和组织建设工作。执行“要搞马克思主义，不要搞修正主义；要团结，不要分裂；要光明正大，不要搞阴谋诡计”的基本原则和“老中青”三结合的原则。贯彻执行党的路线、方针、政策、国家的法律法令。经常了解和研究党组织的状况，指导党组织贯彻执行党的民主集中制，健全和活跃党的生活，增强党的团结，有计划地整顿党组织。指导进行党的教育和发展工作，培训党支部的领导骨干。总结交流党的建设的经验。3. 贯彻执行党的干部路线、政策，全面地、历史地了解干部，有计划地考核干部，按接班人五项条件和“老中青”三结合的原则培养选拔干部。做到“知人善任”。管理干部的培养、考核、选拔、调配、任免、奖惩等工作。做好干部的退休、离休工作。4．领导生产中的政治工作。发动群众开展社会主义劳动竞赛，开展评思想、比贡献、选模范、树标兵活动，振奋广大职工的革命精神。做好后进职工思想转化工作。教育职工严格执行各项规章制度，培养“三老四严”“四个一样”的革命作风。树立“安全质量第一”的思想，开展增产节约运动，全面地完成国家计划和八项经济技术指标。5．认真贯彻执行党的知识分子政策和科技人员政策，做好统战工作。领导科学技术工作中的政治工作。教育职工努力为革命学习现代科学文化知识，学习技术业务，做到又红又专。开展群众性的岗位练兵和技术表演活动，大搞技术革新和技术革命，努力赶超国内外先进水平。6．加强企业管理工作中的思想政治工作，全心全意地依靠工人阶级，坚持“两参一改三结合”的原则，发扬政治、生产技术、经济三大民主，发挥广大职工的积极性和创造性。7．教育职工积极搞好支农生产，为实现农业机械化、现代化，巩固工农联盟作出贡献。8．认真实行政治挂帅和物质鼓励相结合的原则，教育职工正确执行工资奖励政策，树立全心全意为人民的共产主义劳动态度，在发展生产的同时逐步提高生活水平。9．发扬党的关心群众生活的优良传统，把政治工作做到职工、家属的日常生活中去。有计划地发展职工集体福利事业，坚持“五七”道路，搞好农副业生产。组织好职工业余文化技术学习、文化娱乐和体育活动。做好劳动保护，伤病员、退职、退休职工的政治思想工作。做好计划生育、知识青年上山下乡的思想政治工作，受理职工的控诉、申诉和来信来访。10．教育干部认真执行党政干部三大纪律、八项注意，坚持干部参加集体生产劳动制度，教育干部爱护群众，工人爱护干部，密切干群关系，增强革命团结。11．受党委委托领导工会、共青团工作，发挥其组织作用。加强民兵人防战备的思想政治工作。宣传毛主席的军事思想，增强战备观念。12．加强职工的社会主义法制教育，严格区分两类不同性质的矛盾，打击阶级敌人的破坏活动，为革命和生产创造良好的社会秩序。

（四）1980年机构职责

1980年，管理局党委制定《政工部门职责范围》，明确了党委办公室、组织处、宣传处、纪律检查委员会的职责范围，使党政部门的工作逐步恢复正常。

党委办公室是党委的综合性工作部门，协助党委领导处理日常具体工作。主要职责：1．负责安排组织党委常委会议、全委会议和其他主要会议，做好记录，并催办会议精神的贯彻落实。2．负责局党委重要讲话，年、季工作计划、总结等综合性文件的起草。3．经常了解分析局属各单位在贯彻执行党的方针、政策，上级文件精神及党委的计划，决议执行情况，以及各个时期的中心任务完成情况。并及时总结交流先进经验。4．负责全局的保密工作。定期或不定期地组织有关人员进行检查，针对存在问题，提出改进措施。5．负责思想政治工作的综合分析和企业管理中的政策性的调查研究工作。6．配合有关部门组织开展社会主义劳动竞赛，定期评定政工部门开展工作的具体情况。7．负责党委文件的收发、审核、保管和文书归档工作。8．认真管理，严格使用党委的印信和书记印章。9．负责处理党委领导收到的人民来信和接解群众

来访工作。10.完成党委领导临时交办的其他工作。

党委组织处是党委组织工作的办事机构，负责抓好组织、干部的具体工作。主要职责：1.负责掌握分析各级领导班子和干部的思想、工作情况，并进行教育。2.负责干部的选拔、培养、任免、晋升、调整、调出调入、分配安置等项工作。3.会同有关部门对科技干部的考察、技术考试；定职、晋升、管理使用等项工作4.负责办理干部的退、离、病休手续和管理教育工作。5.负责病故、伤亡干部的治丧事宜。6.负责待分配干部的管理教育和干部的休养、疗养工作。7.会同有关部门拟定干部的培训计划，抓好干部的技术、业务学习。8.负责基层党组织的考察，办理改选建支审批手续，监督党组织“三会一课”制度和民主集中制执行情况。9.会同宣传部门对党员进行教育。负责党的积极分子的培养发展，办理新党员的审批、转正手续。10.负责评选先进党支部和优秀党员的工作。总结交流组织工作经验。11.负责干部、党员的年和季度的表报统计。办理党员组织关系的转递。12.受理有关组干工作的来信来访，出证外调材料，负责干部、党员档案的整理保管。

党委宣传处是党委宣传工作办事机构，负责党的各项宣传工作。主要职责：1.宣传党的路线、方针、政策，掌握职工的思想动态，有针对性地、经常性地对职工进行思想教育和形势教育，指导开展各种形式的宣传工作。2.组织全局干部学习马列主义、毛泽东思想，并结合实际对职工进行政治、经济管理等方面的理论教育。3.会同组织部门对党员进行教育。4.负责全局的宣传报道工作，定期或不定期培训基层报道人员。5.负责全局的统战工作。掌握统战对象的思想反映和具体要求，及时向上级反映，做好思想工作，解决存在的问题。6.负责管理党校，定期或不定期的轮训党员、干部。7.掌握文艺方针、政策，指导全局的文艺业余创作活动。

纪律检查委员会是党委纪律检查的办事机构，协助党委做好纪律检查的具体工作。主要职责：1.负责对党员进行党章、党的纪律教育，维护党风和党纪。2.负责检查党组织贯彻执行党的民主集中制和党员遵守纪律的情况。3.了解检查《党内政治生活若干准则》的贯彻执行情况。4.负责企业管理中的纪检工作。5.负责受理党员的申诉和对党员、党组织的控告（包括群众控告）。6.负责审批局属各级党组织报送的有关纪律处分的案件。7.检查指导各级党组织的纪律检查工作。

（五）1997年机构职责

1997年12月，秦皇岛港务局正式实施《秦皇岛港务局机关机构改革实施方案》，对机关部分机构、职能进行调整，重新明确了党委主要工作机构的职责范围。

党委办公室是局党委的综合办事机构。主要职责：1.贯彻执行党和国家的路线、方针、政策，执行上级下达的指示、指令和规定，组织实施局党委的各项工作。2.负责局党委各种会议和重要活动的组织安排及筹备工作，并督促检查各项会议决定的落实情况。3.负责综合掌握局党、政各部门的工作情况，协调工作关系，并对各系统、部门开展工作考评和方针目标管理考核工作。负责对有关工作进行调查研究，综合分析，并及时反映情况，提出建议和总结交流经验。负责按局领导指令安排机关处室完成职责范围内没有明确或职能有交叉的工作。负责对基层办公室和党组织工作的指导及综合考核工作。4.负责对文书的管理、批转，处理各种往来文件、函件、电报等材料，并随时掌握办理情况。负责局内外公文的收发、登记、编号、催办及立卷归档工作。负责局印鉴和介绍信的管理及全局印信的审核、监制工作。5. 负责起草、审核以局党委名义发布各类文稿、函电。负责局党委领导内外一应公务活动安排。6. 负责党委信息的收集、整理、发布和反馈工作。7. 负责局信访和保密工作。8. 完成领导及上级部门交办的其他工作。

党委组织部是局党委管理组织干部工作的职能部门。主要职责：1. 贯彻执行党的组织路线及组织干部工作的方针、政策，制定本局有关组织干部工作的规章制度和管理办法。2. 负责局管干部的教育、培养、考察、选拔调整和配备，建设好直属单位领导班子。承办党群系统领导干部的任免。3. 负责科级干部管理的宏观指导和处级以上干部的培养、考察、选拔及其档案管理。4. 掌握基层党组织的思想建设和组织建设情况，对基层党组织进行政策、业务、制度的指导。行使监督、考察、协调职能。5. 负责对党组织提出建支改选、调整、增补委员的指导意见，办理呈报、审批手续。6. 负责对全局党员管理，组织开展民主评议党员和“创先争优”活动，对党员进行党的基本知识教育。7. 负责党员发展工作，制定全局发展党员规划及年度计划，组织积极分子培训，办理发展党员的审查及报批手续。8. 负责全局知识分子综合管理工作，贯彻落实上级有关知识分子工作政策、规定等。搞好专业技术人员队伍建设，培养选拔优秀专业技术人才。9. 负责党组织、党员统计、分析、上报。10. 负责全局党费的收缴、下拨、使用和党组织活动经费的管理。接转党员组织关系。11. 负责受理处级以上领导干部个人收入申报和领导干部个人重大事项报告工作。12. 负责办理干部、党员因公出国的政审、报备、报批等有关手续。13. 完成局党委及上级主管部门交办的其他工作。

干部处是港务局管理干部工作的职能部门。主要职责：1. 贯彻执行党和国家干部工作的方针、政策，制定本局有关干部工作的规章制度和管理办法。并组织实施。2. 负责局管干部的教育培养、考察、选拔、调整和配备工作。承办局管行政领导干部的任免。3. 负责全局行政科级干部管理指导工作。4. 协助局党委组织部做好处级以上后备干部的培养、考查和选拔工作。5. 负责制定全局干部队伍发展规划，承办局内外干部的调转及全局干部的调配、退休、退养、退职、奖惩、干部工资审查等日常管理工作。6. 负责大中专毕业生和军转干部的接收和分配安置工作，以及大中专毕业生的见习管理、转正定级、定职工作。7. 负责制定全局干部教育、培训规划和计划，并检查实施情况。受理干部信访案件。8. 负责专业技术干部的管理，专业技术职务的评聘，专业技术人员的年度和任期考核、培训，建立专业技术人员数据库。做好选拔优秀专业技术人才工作。9. 负责组织知识分子的体检和疗养。10. 负责干部信息管理和干部年统上报。11. 负责干部档案和专业技术人员档案的管理、借阅、传递和档案材料的收集、清理、归档。受理干部外调、函调及接待查档。对基层单位管理的干部档案、专业技术人员档案进行业务指导。12. 负责办理干部、党员因私出境、出国的审批手续。13. 完成局长及上级主管部门交办的其他工作。

党委宣传部（宣传处）是局党委、港务

局主管宣传工作的职能部门。主要职责：1.贯彻执行党和国家的路线、方针、政策，落实上级部门和局党委、港务局下达的指示精神和工作部署。2.负责全局职工思想政治工作，制定全局思想政治工作规划和年度工作安排并组织实施。3.负责全局精神文明建设工作，制定全局思想政治工作规划和年度工作安排并组织实施。对全局精神文明建设活动进行指导和宏观管理。组织指导军民、警民、口岸共建活动，建文明单位。4.宣传党的路线、方针、政策，对职工进行爱国主义、形势政策、普法、道德及系统的政治理论教育，有针对性地抓好各个层次的日常教育。5.紧密围绕港口的中心工作，组织开展形式多样的主题宣传活动。搞好职工思想状况的调研工作，定期进行职工思想状况分析，针对职工中的热点、难点问题进行思想教育。6.负责全局党员、干部的理论教育和培训，制定党员教育和干部理论培训计划并指导实施。组织指导编写有关培训教材。负责组织局党委中心组的理论学习，检查、指导基层党组织中心组的理论学习。负责对局党校的培训教育工作进行业务指导和工作协调。7.对局新闻中心的工作进行业务指导和工作协调。8.负责全局职工思想政治工作研究会的日常工作及企业文化研究工作。9.负责全局统战工作。宣传党的统战政策。做好统战对象的团结教育工作和接待来访工作，对基层统战工作进行指导、检查，组织开展各项活动。10.负责全局文化市场的管理和监督，负责各种宣传、教育资料、书籍的订阅、审核、编印、发放工作。负责组织全局宣传干部队伍的培训工作。11.负责对国旗、港旗、港歌的管理。12.完成领导和上级部门交办的其他工作。

纪律检查委员会是局党风党纪监督检查机构，在局党委和上级纪委双重领导下开展工作。主要职责：1.贯彻执行党的路线、方针、政策，执行局党委和上级纪委下达的指示、决议、规定。2.维护党的章程和其他党内法规，以企业生产经营为中心，监督检查党的路线、方针、政策和决议的执行情况。3.负责检查直属党组织和局管党员领导干部违反党的章程和其他党内法规的案件，并按管理权限决定其处分，负责其他党员中的重大复杂案件的查处工作。4.受理对局各级党组织和党员的信访举报，受理党员对党纪处分的申诉，保护党员的民主权利。5.审理上级党组织交办的案件，审理本级纪委直接检查的案件；审理局直属党组织和基层纪委检查的报批、报备案件；审理由上级批准或司法公安部门移送的需要做党纪处理的案件。6.协助局党委制定加强党风建设的规章制度，并对制度执行情况进行监督检查。7.负责组织局直属党组织和党员开展党性、党风、党纪教育活动。8.检查、指导局属党组织的党风建设工作和基层纪委的工作。9.负责全局纪检干部和局党风监督员的管理及业务培训工作。10.负责纪委有关文件资料的搜集、整理、归档工作。11.完成局纪委和上级纪委交办的其他工作。

监察处是在局长领导下，负责全局行政监察工作的职能部门。主要职责：1.贯彻落实国家和上级有关行政监察工作的方针、政策、法规和工作部署。2.负责对局属单位和局管干部执行法律法规、上级决议、决定、命令等情况实施监察，保证政令畅通。负责围绕港口中心工作组织开展效能监察。3.协助局行政制定有关廉政方面的规章制度，并对执行情况进行监督检查。4.受理单位和个人对监察对象违反国家法律法规和行政规定行为的检举、控告。5. 负责检查监察对象违法违纪行为，审批对监察对象的行政处分。6. 受理监察对象对政纪处分的申诉，保护他们的合法权益。7. 会同有关部门宣传行政监察工作方针、政策、法律和法规，教育监察对象遵纪守法，廉洁从政。8. 负责检查、指导、督促基层单位的监察工作。9. 负责行政监察文件资料的整理、归档工作。10. 完成局长和上级监察部门交办的其他工作。

（六）2003 年机构职责

2003 年 6 月，秦皇岛港务集团有限公司印发《机关部室工作职责（试行）》，重新明确细化各机关部室工作职责。

党委办公室是秦港集团党委的综合办事机构。主要职责：1. 贯彻执行党和国家的路线、方针、政策，执行上级下达的指示、指令和规定，组织实施秦港集团部署的各项工作。2. 负责各种会议和重要活动的组织安排及筹备工作，并督促检查各项决议、决定的落实情况。3. 负责综合掌握各部门的工作情况，协调工作关系。负责对有关工作进行调查研究，综合分析，并及时反映情况，提出建议和总结交流经验。负责按秦港集团领导指令安排有关部门完成相关工作。负责对基层办公室工作的检查指导及综合考核工作。4. 负责对文书的管理、批转，处理各种往来文件、信函、电报等材料，并随时掌握办理情况。负责秦港集团党委内外公文的收发、登记、编号、催办及立卷归档工作。负责秦港集团印鉴和介绍信的管理及印信的审核、监制工作。5. 负责起草、审核以秦港集团党委名义发布的各类文稿、函电。负责安排秦港集团领导公务活动。6. 负责信息的收集、整理、发布和反馈工作。7. 负责秦港集团信访和保密工作。8. 完成秦港集团领导和上级主管部门交办的其他工作。

党委组织部是秦港集团党委组织干部管理工作的职能部门。主要职责：1. 贯彻执行党的组织人事工作路线、方针和政策。制定秦港集团有关组织干部工作的规章制度和管理办法。2. 负责秦港集团中层领导干部的教育、培养、考察、选拔调整、配备和日常管理工作，建设好直属单位领导班子。承办党群系统领导干部的任免。3. 负责处级后备干部的管理工作。4. 负责科级干部宏观指导工作。5. 掌握基层党组织的思想建设和组织建设情况，对基层党组织进行政策、业务、制度的指导，行使监督、协调职能。6. 负责对直属党组织提出建支改选、调整、增补委员的指导意见，办理呈报、审批手续。7. 负责秦港集团党员管理，组织开展民主评议党员和“创先争优”活动，对党员进行党的基本知识教育。8. 负责党员发展工作，制定秦港集团发展党员规划及年度计划，组织积极分子培训，办理发展党员的审查及报批手续。9. 贯彻执行党的知识分子政策，负责秦港集团知识分子管理工作，搞好人才队伍建设，培养选拔优秀人才。10. 负责党组织、党员的统计、分析、上报。11. 负责秦港集团党费的收缴、下拨、使用和党组织活动经费的管理。12. 接转党员组织关系。13. 负责受理处级以上领导干部个人收入申报和领导干部个人重大事项报告工作。14. 负责办理干部、党员因公出国的政审、备案、报批等有关手续。15. 完成秦港集团党委和上级主管部门交办的其他工作。

干部处是秦港集团干部管理工作的职能部门。主要职责：1. 贯彻执行党和国家人事工作的方针、政策，制定秦港集团有关干部工作的规章制度和管理办法，并组织实施。

2. 负责秦港集团中层领导干部的教育、培养、考察、选拔、调整、配备和日常管理工作。承办秦港集团中层行政领导干部的任免。3. 负责秦港集团行政科级干部宏观指导工作。4. 协助做好处级后备干部的管理工作。5. 负责制定秦港集团干部人才队伍发展规划，做好人才的培养、吸引、使用。6. 负责秦港集团内外干部的调转。负责秦港集团干部的调配、退休、退养、退职、奖惩、竞聘、信访、工资审查等日常管理工作。7. 负责大学毕业生的接收、见习管理、转正定级、定职工作。8. 负责军转干部的安置工作。9. 负责制定秦港集团干部教育、培训规划和年度计划，并检查实施情况。负责干部学历登记。10. 负责专业技术人员管理，组织专业技术人员年度和任期考核、专业技术职务评聘、以考代评、执（职）业资格等考试人员的资历审查。11. 负责组织、协调专业技术人员和处级干部的体检和疗养。12. 负责干部信息管理和干部年统上报。13. 负责干部档案和专业技术人员档案的管理、借阅、转递和档案材料的收集、清理、归档。受理干部外调、函调及接待查档。对基层单位管理的干部档案、专业技术人员档案进行业务指导。14. 负责办理干部因私出境、出国的政审。15. 完成秦港集团领导和上级主管部门交办的其他工作。

党委宣传部（宣传处）是秦港集团党委、秦港集团主管宣传工作的职能部门。主要职责：1. 贯彻执行党和国家的路线、方针、政策，落实上级部门和秦港集团党委、秦港集团下达的指示精神和工作部署。2. 负责秦港集团职工思想政治工作，制定秦港集团思想政治工作规划和年度工作安排并组织实施。3. 负责秦港集团精神文明建设工作，制定秦港集团精神文明建设规划、方案并组织实施。对秦港集团精神文明建设活动进行指导和宏观管理。组织指导军民、警民、口岸共建活动，创建文明单位。4. 宣传党的路线、方针、政策，对职工进行爱国主义、形势政策、普法、道德及系统的政治理论教育，有针对性地抓好各个层次的日常教育。5. 紧密围绕港口的中心工作，组织开展形式多样的主题宣传活动。搞好职工思想状况的调研工作，定期进行职工思想状况分析，针对职工中的热点、难点问题进行思想教育。6. 负责秦港集团党员、干部的理论教育和培训，制定党员教育和干部理论培训计划并指导实施。组织指导编写有关培训教材。负责组织秦港集团党委中心组的理论学习，检查、指导基层党组织中心组的理论学习。负责对秦港集团党校的培训教育工作进行业务指导和工作协调。7. 对秦港集团新闻中心的工作进行业务指导和工作协调。8. 负责秦港集团职工思想政治工作研究会的日常工作及企业文化研究工作。9. 负责秦港集团统战工作。宣传党的统战政策。做好统战对象的团结教育工作和接待来访工作，对基层统战工作进行指导、检查，组织开展各项活动。10. 负责秦港集团文化市场的管理和监督，负责各种宣传、教育资料、书籍的订阅、审核、编印、发放工作。负责组织秦港集团宣传干部队伍的培训工作。11. 负责对国旗、港旗、港歌的管理。12. 完成秦港集团领导和上级主管部门交办的其他工作。

纪律检查委员会是秦港集团党风党纪监督检查机构，在秦港集团党委和上级纪委双重领导下开展工作。主要职责：1. 贯彻执行党的路线、方针、政策，执行秦港集团党委和上级纪委下达的指示、决议、规定。2. 维护党的章程和其它党内法规，以企业生产经营为中心，协助秦港集团党委加强党风建设，监督检查党的路线、方针、政策和决议的执行情况。3. 负责检查直属党组织和秦港集团中层党员领导干部违犯党的章程和其它党内法规的案件，并按管理权限决定其处分，负责其它党员中的重大复杂案件的查处工作。4. 受理对秦港集团各级党组织和党员的信访举报，受理党员对党纪处分的申诉，保护党员的民主权利。5. 审理上级党组织交办的案件；审理本级纪委直接检查的案件；审理秦港集团直属党组织和基层纪委检查的报批、报备案件；审理由上级批准或司法公安部门移送的需要做党纪处理的案件。6. 协助秦港集团党委制定加强党风建设的规章制度，并对制度的执行情况进行监督检查。7. 负责组织秦港集团直属党组织和党员开展党性、党风、党纪教育活动。8. 检查、指导秦港集团直属党组织的党风建设工作和基层纪委的工作。9. 负责秦港集团纪检干部和秦港集团党风监督员的管理及业务培训工作。10. 负责纪委有关文件资料的搜集、整理、归档工作。11. 完成秦港集团党委和上级纪委交办的其他工作。

监察处是负责秦港集团行政监察工作的职能部门。主要职责：1. 贯彻落实国家和上级有关行政监察工作的方针、政策、法规和工作部署。2. 负责对秦港集团直属单位和秦港集团中层领导干部执行法律法规、上级决议、决定、命令等情况实施监察，保证政令畅通。负责围绕港口中心工作组织开展效能监察。3. 协助秦港集团行政制定有关廉政方面的规章制度，并对执行情况进行监督检查。4. 受理单位和个人对监察对象违反国家法律法规和行政规定行为的检举、控告。5. 负责检查监察对象违法违纪行为，审批对监察对象的行政处分。6. 受理监察对象对政纪处分的申诉，保护他们的合法权益。7. 会同有关部门宣传行政监察工作方针、政策、法律和法规，教育监察对象遵纪守法，廉洁从政。8. 负责检查、指导、督促基层单位的监察工作。9. 负责行政监察文件资料的整理、归档工作。10. 完成秦港集团领导和上级监察部门交办的其他工作。

（七）2012 年机构职责

2012 年 8 月，河北港口集团印发《河北港口集团有限公司机关各部室主要职责》，进一步细化明确了党委主要工作机构的主要职责。

党委办公室主要负责集团党委日常事务性工作的综合协调管理。主要职责：秘书工作：1. 负责集团党委层面综合性会议的会议组织、会议记录、会议纪要、会议决议等项工作。2. 负责以集团党委名义印发文件的审核；负责向上级及有关部门报送文稿的文字把关。3. 编制集团党委重要工作安排并做好相应协调沟通。4. 负责起草集团月度工作会议领导讲话等相关材料及日常性文字材料，审核修改各部门起草的非综合性会议讲话材料。5. 负责集团党委秘书系统工作的指导检查，组织集团党委秘书系统人员的业务培训。6. 负责集团党委领导日常活动和相关事务，协助集团党委领导对内对外事务的沟通协调。7. 完成领导交办的其他工作。督查工作：8. 负责督促检查上级重要文件、重要会议精神、集团党委决策部署的贯彻落实，对落实情况进行跟踪督办并反馈有关情况。9. 负责上级领导和集团党委领导重要指示、批示的贯彻落实，对落实情况进行督办并反馈有关情况。10. 按照集团公司年（月）度工作会议工作

安排，根据实际情况确定督查工作重点，并分解立项，明确落实部门和单位，做好跟踪督查工作，及时反馈阶段工作情况。11. 对集团党委重大决策实施过程中出现的难点和重点问题开展督查调研，提出完善建议，为集团党委进一步决策提供参考。文书（机要）工作：12. 负责制定、执行集团党委公文处理、印信管理相关规章制度。13. 负责集团党委接收文件（密级）的分检、登记、分签、传阅、催办和清缴以及当年文件的借阅工作。14. 负责以集团党委名义制发文件的分签、登记编号、复核（盖章）。15. 负责掌管使用集团党委的印章、钢印和领导名章的刻制、启用和废止工作。保密管理：16. 负责修改和完善保密规章制度，拟定实施年度工作计划和具体措施。17. 负责承办集团公司保密委员会的日常事务工作。18. 指导、监督和检查集团公司机关部室、集团公司下属各分公司、子公司的保密工作。19. 参与调查失、泄密事件。信访工作：20. 贯彻执行上级信访工作方针、政策及规定。21. 负责集团信访工作规章制度的制定、组织实施及监督检查。22. 受理各类来信来访。负责各类信访事项的分析、研判，协调相关责任部门（单位）对个别性、突发性、群体性事件进行妥善处置，维护信访秩序。23. 负责涉稳信息的收集、分析，提出意见建议，为领导决策提供参考。24. 负责办理上级部门交办的信访事项，及时反馈上报。25. 负责集团信访工作计划制定，并组织实施。

党委组织部（人力资源部）是集团党组织和党员队伍建设、领导班子和领导人员管理、人力资源开发和管理的职能部门，为集团发展提供组织和人力资源保障。主要职责：相关制度、规划建设：1. 贯彻执行党的组织和人力资源工作方针、政策，制定、完善集团党的组织和人力资源管理规章制度。2. 制定并组织实施包括人力资源配置、员工薪酬绩效管理、员工培训开发等在内的集团总体人力资源战略规划，审核集团公司下属分、子公司年度人力资源计划。党的组织建设：3. 掌握集团基层党组织的思想建设和组织建设，对直属党组织进行政策、业务、制度指导，履行监督、检查、协调职能。4. 负责直属党组织的建支改选、调整、增补委员工作。5. 负责集团党员管理，组织开展民主评议党员和创先争优等活动，对党员进行党的基本知识教育，做好发展党员工作。6. 负责集团党组织、党员统计、分析、上报以及党费管理，接转党员组织关系。领导人员管理：7. 负责集团公司管理的领导人员的教育培养、选拔调整、考察考核以及领导班子建设，监督检查基层党组织及组织部门干部选拔工作。8. 负责集团公司管理的领导人员后备队伍建设工作。9. 负责集团公司领导人员日常管理工作。10. 负责集团公司科级管理人员的宏观管理工作。人才管理：11. 负责集团高层次人才和各类优秀人才的培养、选拔、推荐和管理工作。12. 负责集团专业技术职称评聘、考核，以及职（执）业资格考试的管理工作。13. 负责集团员工职业技能的鉴定、考核、聘用管理工作。14. 负责集团公司教育培训计划、教育经费管理，指导集团公司下属分、子公司开展教育培训工作。劳动人事：15. 负责集团组织机构、编制定员管理。16. 负责集团人才引进和员工招聘（接收）管理。17. 负责集团内员工流动管理，促进集团员工有序流动。18. 负责集团人力资源管理信息系统建设以及集团劳动统计和人力资源信息汇总分析、上报工作。19. 负责集团劳动关系、劳动合同和员工人事档案工作的管理。绩效薪酬：20.负责制定集团年度工资总额及劳务费计划，审核集团公司下属分子公司工资总额及劳务费计划。21.负责集团公司领导薪酬核算工作，负责集团公司管理的领导人员及委派人员薪酬管理工作。机关党务：22.负责集团公司机关党委办公室日常工作。机关劳资：23.负责贯彻执行集团劳资、保险方面的管理制度，负责集团公司机关员工薪酬政策的制定。24.负责集团领导和机关员工薪酬的发放和调整、个人所得税的代扣及其它符合薪酬规定项目的代扣工作。25.负责集团公司机关各种劳动保险、住房公积金、个人收入调节税等的调整、缴纳、申报、统计等日常管理工作。其他：26.完成集团公司领导和上级主管部门交办的其他事项。

党委工作部（宣传部、武装部、团委、青工部）贯彻落实党的路线方针政策和集团党委、行政关于宣传、武装、统战团委、青年工作的部署，为企业改革发展稳定提供政治保证。主要职责：1.贯彻落实上级和集团、集团党委关于宣传思想、武装战备和统一战线及团委、青年工作的部署与要求，制定相应的规章制度，并对贯彻执行情况进行监督检查。2.宣传贯彻党的路线、方针、政策和集团党委、集团的重大决策、重要会议精神、重大工作部署，用集团党委、集团公司的要求统一干部职工思想。3.组织集团党委中心组学习，指导基层党组织理论学习中心组开展学习及党员、干部的政治理论教育工作。4.组织开展职工思想政治工作，负责集团思想政治工作研究会的日常工作。5.贯彻落实上级和集团关于企业文化建设的部署及要求，制定并组织实施集团企业文化建设中长期规划、年度工作安排，在集团战略发展中推行集团文化。6.制定集团精神文明建设中长期规划并组织实施，指导基层单位开展文明创建活动。7.制定并组织实施集团法制宣传教育年度计划和中长期规划，指导基层开展法制宣传教育活动。8.负责管理、统筹协调集团对外宣传工作，组织实施集团公司对外新闻发布工作，协调处置突发新闻事件。9.负责管理集团网络舆论宣传工作，对互联网舆情进行监测，收集、研判和处置舆情。10.负责管理集团内部新闻宣传工作，指导基层单位及内部媒体开展新闻舆论宣传。11.贯彻执行党和国家关于人民武装、交通战备和人民防空工作的方针政策法规法令和集团各项决议决定指示要求，完成上级下达的各项任务。12.贯彻执行党和国家关于统一战线工作的方针政策，组织开展集团统一战线工作，指导基层单位做好统战工作。13.贯彻上级团委和集团党委的部署和要求，加强团组织建设，指导基层单位做好青年工作。14.完成上级党组织主管部门、集团党委和集团公司交办的其他工作。

纪委、监察部协助集团党委加强党风建设和反腐倡廉工作。纪委主要职责：上级法规和决策部署执行情况的监督检查：1.认真履行监督检查职责，维护党的章程和其他党内法规，加强对落实党的路线、方针、政策、决议和国家法律法规，上级党委、纪委和集团党委、集团公司决策部署的监督检查。2.对执行廉洁从业有关规定情况进行监督检查，促进各级领导人员廉洁从业。反腐倡廉制度建设：3.依据党内有关法规，协助集团党委制定并组织实施党风建设和反腐倡廉工作制度，完善纪律检查工作制度，对基层落实情况进行监督检查。党风建设和反腐倡廉责任制落实：4. 协助党委加强党风建设和反腐倡廉工作，制定惩治和预防腐败体系建设规划并组织实施。5. 制定党风建设和反腐倡廉责任制相关制度和计划，并组织实施。6. 按照要求做好党风建设和反腐倡廉责任制检查考核工作，对违反规定的领导班子和领导人员实施责任追究。反腐倡廉教育：7. 协助党委制定党风党纪和廉洁从业教育计划并组织实施。8. 协助党委制定廉洁文化建设规划、计划，并组织实施。权力制约和监督：9. 协助党委强化权力制约和监督，建立健全决策权、执行权、监督权既相互制约又相互协调的权力结构和运行机制，推进权力运行程序化和公开透明。10. 监督党组织认真执行党内监督条例和各项制度规定，重点加强对领导班子、领导人员和关键岗位的监督，促进企业有效开展内部控制和风险管理工作。11. 建立监督工作协调机制，形成监督工作合力，增强监督工作实效。信访举报和案件检查：12. 按要求做好纪检监察信访举报受理和办理工作。13. 维护纪检监察信访工作秩序，做好信访预防、预测和预警工作。14. 调查党组织、党员领导人员违反党纪的案件、上级纪检监察机关批办的重要案件和集团公司大要案的检查工作，提出处理意见。案件审理：15. 负责纪检监察申诉的受理和办理工作。16. 按照要求审理上级党组织交办的案件；审理本级纪委直接检查的案件；审理由上级批准或司法、公安部门移送的需要做党纪处理的案件；审理基层党委、纪委报批或备案案件。其他事项：17. 对基层纪检监察工作进行督促、检查和指导，及时帮助解决工作中的问题。对下级企业纪检监察组织及其负责人的工作进行考核。指导和加强基层纪检干部队伍建设。18. 完成上级及集团公司领导交办的其他工作。

监察部加强集团公司效能监察与政务监督工作。主要职责：上级法规和决策部署执行情况的监督检查：1. 认真履行监督检查职责，加强对国家法律法规，省国资委和集团公司决策部署贯彻执行情况的检查。2. 对执行《国有企业领导人员廉洁从业若干规定》等制度情况进行监督检查，促进各级领导人员廉洁从业。监察制度建设：3. 拟定效能监察、政务监督工作规章制度，并对执行情况进行监督检查。4. 参与集团公司基本管理制度的制定工作，进行制度廉洁性评估。违反政纪行为的受理和调查处理：5. 受理对集团工作人员违反行政纪律行为的控告、检举。6. 调查处理集团工作人员违反行政纪律的行为。7. 受理对处理意见不服的申诉。政务监督和效能监察：8. 按照集团公司要求，对“三重一大”等各项制度规定贯彻执行情况进行监督。9. 围绕生产经营管理和改革发展工作，加强全面效能监察、专项效能监察，促进企业发展。10. 对基层效能监察和政务监督工作进行督促、检查和指导，及时帮助解决工作中的问题。其他工作：11. 对下级企业监察机构及其负责人的工作进行考核，指导和加强基层监察干部队伍建设。12. 完成上级及集团公司领导交办的其他工作。

（八）2016 年机构职责

2016 年 7 月，集团党委、集团公司按照精简高效、职责清晰的原则，确定了集团公司机关各部室职责。

党委办公室是集团党委的综合职能部门，主要发挥组织、协调、参谋和督查作用。主要职责：制度建设：1. 负责贯彻执行国家和上级关于会议、活动、机要、档案、信访、文件管理、内外事接待等办公相关规定，制定集团相关规章制度，监督检查集团所属单位相关工作。秘书工作：2. 负责集团党委综合性会议的会议组织、会议记录、会议纪要、会议决议等项工作。3. 负责集团党委印发文件的审核；负责向上级及有关部门报送文稿的文字把关。4. 编制集团党委重要工作安排并做好相应协调沟通。5. 负责起草集团年、季度工作会议领导讲话等相关材料及日常性文字材料，审核修改各部门起草的非综合性会议讲话材料。6. 负责集团秘书系统工作的指导检查，组织集团秘书系统人员的业务培训。7. 负责集团党委领导日常活动和相关事务，协助集团党委领导对内对外事务的沟通协调。督查工作：8. 负责督促检查上级重要文件、重要会议精神、集团决策部署的贯彻落实，对落实情况进行跟踪督办并反馈有关情况。9. 负责督促检查上级领导和集团党委领导重要指示、批示的贯彻落实，对落实情况进行督办并反馈有关情况。10. 按照集团工作会议工作安排，根据实际情况确定工作重点，并分解立项，明确落实部门和单位，做好跟踪督查工作，及时反馈阶段工作情况。11. 对集团党委重大决策实施过程中出现的难点和重点问题开展督查调研，提出完善建议，为集团党委进一步决策提供参考。文书（机要）工作：12. 负责集团党委接收文件（密级）的分检、登记、分签、传阅、催办和清缴以及当年文件的借阅工作。13. 负责集团党委制发文件的分签、登记编号、复核（盖章）。14. 负责集团党委的印章、钢印和领导名章保管使用工作。保密管理：15. 负责拟定实施年度工作计划和具体措施。16. 负责承办集团公司保密委员会的日常事务工作。17. 指导、监督和检查集团公司机关部室、下属各分公司、子公司的保密工作，参与调查失、泄密事件。18. 负责保密设备管理使用和维护。信访工作：19. 负责集团公司信访工作规章制度的制定、组织实施及监督检查。20. 受理各类来信来访。负责各类信访事项的分析、研判，协调相关责任部门（单位）对个别性、突发性、群体性事件进行妥善处置，维护信访秩序。21. 负责涉稳信息的收集、分析，提出意见建议，为领导决策提供参考。22. 负责办理上级部门交办的信访事项，及时反馈上报。23. 负责制定集团信访工作应急预案，并组织实施。

党委组织部（人力资源部）是集团公司党组织和党员队伍建设、领导班子和领导人员管理、人力资源开发和管理的职能部门，为集团发展提供组织和人力资源保障。主要职责：制度、规划建设：1. 贯彻执行人力资源工作方针、政策，制定、完善党的组织和人力资源管理规章制度。2. 制定并组织实施人力资源战略规划，审核分、子公司年度人力资源计划。党的组织建设：3. 负责基层党组织的思想建设、组织建设和党员队伍建设，对直属党组织进行政策、业务、制度指导，履行监督、检查、协调职能。4. 负责直属党组织的设置建支改选、调整、增补委员工作。5. 负责党员管理，组织开展民主评议党员和创先争优等活动，对党员进行党的基本知识教育，做好发展党员工作。6. 负责党组织、党员的统计、分析、上报以及党费管理，接转党员组织关系。领导人员管理：7. 负责领导人员的教育培养、选拔调整、考察考核以及领导班子建设，监督检查基层党组织及组织部门干部选拔工作。8. 负责领导人员后备队伍建设工作。9. 负责领导人员日常管理工作。负责科级管理人员的宏观管理工作。人才培训管理：10. 负责高层次人才和各类

优秀人才的培养、选拔、推荐和管理工作。11. 负责专业技术职务任职资格、评聘、考核，以及职（执）业资格考试的管理工作。12. 负责员工职业技能的鉴定、考核、聘用管理工作。13. 负责教育培训计划、教育经费管理，培训的组织实施，指导分、子公司开展教育培训工作。劳动人事管理：14. 负责组织机构、编制定员管理。15. 负责人才引进和员工招聘（接收）管理。16. 负责员工流动管理，促进员工有序流动。17. 负责人力资源管理信息系统建设以及劳动统计和人力资源信息汇总分析、上报工作。18. 负责劳动关系、劳动合同和员工人事档案工作的管理。绩效薪酬：19. 负责制定员工薪酬绩效制度，指导、监督和检查下属分、子公司做好员工薪酬和绩效管理工作。20. 负责编制年度工效挂钩方案，配合上级主管部门做好年度工资总额清算和专项审计工作。21. 负责制定年度工资总额计划，指导、监督和检查下属分、子公司做好内外收入分配工作。22. 负责集团领导薪酬核算工作，负责集团管理的领导人员及委派人员薪酬管理工作。23. 负责制订集团劳动定额管理办法，指导、监督和检查相关单位做好劳动定额的制订、完善和执行工作。其他：24. 负责指导集团公司党建研究会秘书处工作。完成领导和上级主管部门交办的其他事项。

党委工作部（宣传部、武装部）是集团公司贯彻落实党的路线方针政策和关于宣传思想工作、企业文化和精神文明建设、武装统战等工作部署，为企业改革发展稳定提供政治保证的职能部门。主要职责：制度建设：1. 贯彻落实上级和集团党委、集团公司关于宣传思想、武装战备、统一战线、机关党委和工会工作部署与要求，制定相应的规章制度，并对贯彻执行情况进行监督检查。思想政治建设：2. 宣传贯彻党的基本理论和路线、方针、政策以及企业重大决策部署、重要会议精神。3. 组织集团党委中心组学习，指导基层党组织理论学习中心组开展学习及党员、干部政治理论教育工作。4. 组织开展职工思想政治工作。企业文化和精神文明建设：5. 贯彻落实上级和集团关于企业文化和精神文明建设、法治宣传教育的部署及要求。6. 制定并组织实施企业文化、精神文明建设和法治宣传教育中长期规划，指导基层单位开展企业文化、精神文明建设和法治宣传教育。武装战备工作：7. 贯彻执行党和国家关于人民武装、交通战备、人民防空工作的方针政策法规法令和集团各项决议决定指示要求，负责集团人民武装、交通战备、人民防空、军事动员和战时保障工作，完成上级下达的各项任务。8. 负责组织民兵开展有关军事任务、应急抢险、维护稳定等工作。9. 负责军民、警民、口岸共建及双拥工作。10. 负责集团应急办公室日常工作。统一战线工作：11. 贯彻执行党和国家关于统一战线工作的方针政策，组织开展集团统一战线工作，指导基层单位开展统一战线工作。机关党务、工会工作：12. 负责集团机关党委、机关工会日常工作，加强机关党员和职工队伍建设与管理。其他：13. 负责指导集团职工思想政治工作研究会工作。14. 完成上级和领导交办的其他工作。

纪委（监察部）是集团与股份机关一门两牌，履行党风建设和反腐倡廉监督责任的职能部门。纪委主要职责：维护党章党规党纪：1. 维护党的章程和其它党内法规，监督党的政治纪律、组织纪律、工作纪律、廉洁纪律、群众纪律等各项纪律的执行情况。协助集团党委加强党性党风党纪教育，抓早抓小，防微杜渐。检查党的路线、方针、政策和决议的执行情况：2. 加强对落实党的路线、方针、政策、决议和国家法律法规，集团党委和上级纪委下达的决策部署的监督检查。协助党委加强党风建设和组织协调反腐败工作：3. 协助集团党委加强党风建设和反腐倡廉工作，检查、考核党风建设和反腐倡廉责任制履行情况，整体推进惩治和预防腐败工作。对党员领导干部行使权力进行监督：4. 落实《党内监督条例》，负责对遵守和执行党的路线方针政策、决议决定和重大决策部署、以及廉洁自律情况进行监督。负责对各单位主要负责人，重点岗位、关键环节工作人员履职情况进行监督。纪律审查：5. 受理对集团公司各级党组织和党员的信访举报，受理党员对党纪处分的申诉，保护党员的民主权利。6. 负责检查直属党组织和集团公司中层党员领导人员违反党的章程和其它党内法规的案件，并按管理权限决定其处分，负责其它党员中重大复杂案件的查处工作。7. 审理上级党组织交办的案件，审理本级纪委直接检查的案件，审理集团公司直属党组织和基层纪委检查的报批、报备案件，审理由上级批准或司法公安部门移送的需要做党纪处理的案件。8. 负责对作风建设情况的监督，及时查处违规违纪行为，整治损害职工群众切身利益的不正之风。反腐倡廉制度建设：9. 协助集团党委制定加强党风建设和反腐倡廉工作的规章制度，并对制度的执行情况进行监督。系统监督管理：10. 加强对下级纪委的领导，负责督促、检查和考核监督责任履行情况。11. 加强纪检监察干部队伍建设，负责集团公司纪检监察干部的教育、管理和监督。其他：12. 完成集团党委和上级纪委交办的其他工作。

监察部主要职责：上级法规和决策部署执行情况的监督检查：1. 贯彻落实国家和上级有关行政监察工作的方针、政策、法规和工作部署。2. 负责对集团公司直属单位和集团公司中层领导人员执行法律法规、上级决议、决定、命令等情况实施监察，保证政令畅通。3. 负责围绕集团公司中心工作组织开展效能监察。会同有关部门宣传行政监察工作方针、政策、法律和法规，教育监察对象遵章守纪、廉洁从业。违反政纪行为的受理和调查处理：4. 受理单位和个人对监察对象违反国家法律法规和行政规定行为的检举、控告。5. 负责检查监察对象违规违纪行为，审批对监察对象的行政处分。6. 受理监察对象对政纪处分的申诉，保护他们的合法权益。监察制度建设：7. 协助集团公司行政制定有关廉洁自律方面的规章制度，并对执行情况进行监督检查。其他：8. 完成集团公司领导和上级监察部门交办的其他工作。

三、机构主要负责人

自1948年12月建立党的组织以来，河北港口集团（原秦皇岛港）党委主要工作机构处在逐步完善、健全过程，新的机构变化，人员调整比较频繁，故此时期内，没按党委会的届次变化而排列，而是按照机构的建立或撤销进行排列。

（一）1954年7月管理局政治处成立前党委主要工作机构负责人名录。

1. 党委办公室

主　任：任惠民（1952.7 ~ 1953.1）

2. 党委组织部

部　长：杨子愚（1952.12免）

任惠民（1953.1 ~ 1954.6）

3. 党委宣传部

部　长：刘　抗（1952.4 ~ 1953.3）

（二）建立政治处以后至撤销期间（1954 ~ 1957）党委主要工作机构负责人名录。

1. 政治处

主　任：刘　抗（兼）(1955.5 ~ 1957.5)

副主任：杨子愚（1954.11 ~ 1955.5）

任惠民(兼)(1955.5 ~ 1957.5)

2. 政治处办公室

主　任：荣作垣（1954.12 ~ 1955.11）

刘培新（1955.11 ~ 1957.5）

3. 政治处组织科

科　长：刘培新（1954.12 ~ 1955.11）

王治平（1955.11 ~ 1957.5）

副科长：邸忠振（1954.12 ~ 1955.11）

苏维树（1956.5 ~ 1957.8）

李殿生（1955.11 ~ 1957.8）

4. 政治处宣传科

科　长：关立斋（1954.12 ~ 1957.6）

副科长：涂恩培（1954.12 ~ 1957.6）

5. 纪律检查委员会（监察委员会）

书　记：文光华（1953.3 ~ 1954.5）

任惠民(兼)(1955.11 ~ 1957.5)

副书记：邸忠振（1955.11 任）

（三）管理局政治处撤销至 1964 年健全政治部机构期间（1957.6 ~ 1964）党委主要工作机构负责人名录。

1. 党委办公室

主　任：刘培新（1957.6 任）

孙印成（1960.5 ~ 1960.11）

孟万表（1961.7 ~ 1964.8）

副主任：李振铭（1957.6 ~ 1958.3）

关立斋（1958.2 ~ 1958.11）

关志成（1959.5 ~ 1961.7）

薛庆和（1960.4 ~ 1962.3）

贾培林（1961.7 ~ 1964.9）

关志成（1963.3 ~ 1964.8）

2. 党委组织部

部　长：文光华（1957.6 ~ 1958.3）

马来顺（1959.8 ~ 1961.5）

李殿生（1961.7 ~ 1963.3）

马来顺（1963.3 任）

副部长：李殿生（1957.6 ~ 1958.3）

王　洁（1960.4 任）

李殿生（1963.3 ~ 1964.9）

3. 宣传部

部　长：关立斋（1957.6 ~ 1958.2）

李彦华（1961.7 ~ 1963.3）

田　丰（1963.3 任）

副部长：涂恩培（1957.6 ~ 1958.2）

李振铭（1959 ~ 1960.8）

胡俊道（1960.4 ~ 1961.9）

李彦华（1963.3 ~ 1964.8）

杨虎臣（1963.3 ~ 1964.9）

4. 监察委员会

书　记：任惠民（兼）(1957.7 任）

文光华（1963.3 任）

副书记：邸忠振（1957.2 ~ 1958.3）

孙印成（1958.11 ~ 1960.5）

张玉祥（1961.7 ~ 1964）

邸忠振（1963.3 ~ 1964）

（四）1964 年至“文化大革命”期间党委主要工作机构领导人名录。

1. 政治部

主　任：任惠民（兼）(1963.7 ~ 1964.10)

许丛翔（1964.12 任代理主任）

副主任：孟万表（1964.8 ~ 1971）

魏贵才（1971.11 任）

2. 政治部办公室

主　任：邱怀志（1964.8 ~ 1964.12）

　　　　邸忠振（1964.12 任）

副主任：关志成（1964.8 ~ 1972.5）

　　　　贾培林（1964.9 ~ 1972.6）

3. 政治部组织科

科　长：李殿生（1964.8 任）

　　　　景　伦（1964.11 任代理科长）

4. 政治部干部科

科　长：邸忠振（1964.8 ~ 1964.12）

　　　　邱怀志（1964.12 任）

5. 政治部宣传科

科　长：景　伦（1964.8 任）

副科长：李彦华（1964.8 任）

　　　　杨虎臣（1964.9 ~ 1972.6）

6. 监察委员会

书　记：文光华（不详）

副书记：张玉祥（不详）

（五）由于“文化大革命”的冲击，在无正式通知的情况下，党委主要工作机构失去职能，工作人员中止了工作。直到 1971 年 12 月产生了第六届委员会，才逐渐地恢复、健全了工作机构。“文化大革命”至 1977 年间党委主要工作机构领导人名录。

1. 政治部

主　任：杨向云（1974.10 ~ 1977.2）

副主任：马来顺（1973.4 ~ 1974.8）

　　　　张玉龙（1974.10 ~ 1977.2）

2. 政治部办公室

主　任：徐安民（1974.10 ~ 1977.2）

副主任：李彦华（1973.3 ~ 1977.2）

3. 政治部组织科

科　长：刘　彦（1972.5 ~ 1977.2）

副科长：李丕章（1974.9 ~ 1977.2）

　　　　姚福林（1973.3 ~ 1973.9）

4. 政治部宣传科

科　长：韩敬宇（1972.5 ~ 1977.2）

副科长：杨虎臣（1973.3 ~ 1977.2）

5. 政治部干部科

科　长：张玉龙（1972.5 ~ 1973.5）

　　　　邸忠振（1973.5 ~ 1975.1）

　　　　房建国（1975.1 ~ 1977.2）

副科长：张守祯（1973.5 ~ 1977.2）

　　　　（1972.6 ~ 1973.5 代理）

　　　　房建国（1974.9 ~ 1975.1）

6. 政治部监察组

组　长：马来顺（兼）（1973.5 ~ 1974.8）

副组长：李殿生（1973.5 ~ 1977.2）

（六）成立组织处、宣传处至撤销政治部期间（1977.2 ~ 1979）党委主要工作机构负责人名录。

1. 政治部

主　任：杨向云（1977.2 ~ 1979.2）

2. 政治部办公室

主　任：徐安民（1977.2 ~ 1979.2）

副主任：李彦华（1977.2 ~ 1979.4）

　　　　安择善（1977.6 ~ 1979.4）

3. 政治部组织处

处　长：房建国（1977.2 ~ 1979.4）

副处长：张守祯（1977.2 ~ 1979.4）

　　　　李丕章（1977.2 ~ 1979.4）

4. 政治部宣传处

处　长：韩敬宇（1977.2 ~ 1979.4）

副处长：杨虎臣（1977.2 ~ 1979.4）

（七）1979 年撤销政治部至 1984 年党委组织处、宣传处升格为组织部、宣传部期间（1979 ~ 1984.8）党委主要工作机构负责人名录。

1. 党委办公室

主　任：李彦华（1979.4 ~ 1984.8）

副主任：安择善（1979.4 ~ 1983.8）

张春芳（1983.12 ~ 1984.8）

2. 党委组织处

处　长：房建国（1979.4 ~ 1981.5）

高　勇（1981.5 ~ 1984.8）

副处长：张守祯（1979.4 ~ 1979.4）

李丕章（1979.4 ~ 1983.8）

扈智敏（1981.8 ~ 1983.4）

姜淑云（1983.4 ~ 1984.8）

汪秉康（1983.12 ~ 1984.8）

3. 党委宣传处

处　长：韩敬宇（1979.4 ~ 1983.5）

副处长：杨虎臣（1979.4 ~ 1984.8）

4. 党委纪律检查委员会

书　记：马来顺（1979.4 ~ 1979.11）

周印贵（1980.3 ~ 1980.10）

副书记：程维权（1980.3 ~ 1984.8）

张守祯（1980.3 ~ 1983.5）

李文高（1980.7 ~ 1980.8）

史金城（1983.12 ~ 1984.8）

（八）1984 年 2 月党委组织部、党委宣传部建立后至 1989 年 1 月期间党委工作机构负责人名录。

1. 党委办公室

主　任：张春芳（1984.8 ~ 1985.4）

张春芳（1987.1 ~ 1988.6）

（1985.4 ~ 1987.1 党委办公室无正职）

副主任：李春阳（1984.8 ~ 1989.1）

张纪增（1985.9 ~ 1989.1）

2. 党委组织部

部　长：汪秉康（1984.8 ~ 1989.1）

副部长：张广玉（1984.8 ~ 1987.8）

姜淑云（1984.8 ~ 1985.8）

齐桂秋（1986.8 ~ 1989.1）

韩志鹏（1987.8 ~ 1988.3）

3. 党委宣传部

部　长：赵焕国（1984.8 ~ 1989.1）

副部长：孙国柱（1984.8 ~ 1985.4）

王小勇（1984.12 ~ 1989.1）

谷秀英（1985.11 ~ 1989.1）

4. 纪律检查委员会（1985 年 12 月升格为领导机构）

书　记：李德宣（兼）（1984.8 ~ 1985.9）

姜淑云（1985.8 ~ 1985.10）

副书记：史金城（1984.8 ~ 1986.8）

（九）1989 年 1 月 ~ 2002 年 9 月期间党委主要工作机构负责人名录。

1. 党委办公室

主　任：张纪增（1990.8 ~ 1997.12）

（1988.6 ~ 1990.8 党委办公室无正职）

何善琦（1997.12 ~ 2001.11）

赵晓勇（2002.3 ~ 2003.4）

副主任：张纪增（1989.1 ~ 1990.8）

杨静秋（1995.4 ~ 1997.12）

杨炳辰（1997.12 ~ 2003.4）

2. 党委组织部

部　长：汪秉康（兼）（1989.1 ~ 1993.8）

韩志鹏（1993.8 ~ 1996.5）

齐桂秋（1997.12 ~ 2003.4）

副部长：齐桂秋（1989.1 ~ 1997.12）

（1996 年 5 月主持全面工作）

韩志鹏（兼）（1989.1 ~ 1993.9）

3. 党委宣传部

部　长：赵焕国（1989.1 ~ 1993.11）

李军国（1997.12 ~ 2003.4）

副部长：谷秀英（1989.1 ~ 1992.2）

王小勇（1989.1 ~ 1993.11）

李军国（1991.2 ~ 1997.12）

常伯林（1993.11 ~ 2000.3）

张浩然（2000.3 ~ 2003.4）

4. 纪委、监察处

书　记（处长）：姜淑云

（1989.1 ～ 1995.7）

副书记：栾振云（1989.4 ～ 1997.12）

林文鼎（1994.8 ～ 1999.5）

崔全顺（1997.12 ～ 2003.4）

副处长：栾振云（1989.1 ～ 1989.4）

韩宝全（1989.5 ～ 1995.4）

崔全顺（1995.4 ～ 1997.12）

乔忠礼（1997.12 ～ 2003.4）

（十）秦皇岛港务集团党委主要工作机构负责人名录

2002 年 9 月，秦皇岛港务集团有限公司成立。2003 年 4 月，因企业改制，原由秦皇岛港务局党委任职的同志其职务自然免除。2008 年 4 月，秦皇岛港务集团党委主要工作部门设有党委办公室、党委工作部、党委组织部（人力资源部）、纪委（监察部）、工会和团委。

1. 党委办公室

主　任：赵晓勇（2003.4 ～ 2008.1）

葛庆成（2008.1 ～ 2011.7）[①]

副主任：杨炳辰（2003.4 ～ 2004.3）

张浩然（2003.4 ～ 2004.3）

葛庆成（2003.4 ～ 2008.1）

马喜平（2004.3 ～ 2008.4）

刘　宏（2004.3 ～ 2011.7）

李习波（2008.1 ～ 2008.4）

2. 党委组织部（人力资源部）

部　长：齐桂秋（2003.4 ～ 2006.12）

张维健（2006.12 ～ 2011.7）

副部长：张浩然（2004.3 ～ 2006.12）

赵建民（2006.12 ～ 2007.3）

李玉峰（2005.7 ～ 2008.4）

赵建民（2008.4 ～ 2011.7）

赵来泉（2008.4 ～ 2011.7）

3. 党委宣传部

部　长：李军国（2003.4 ～ 2008.1）

张金河（2008.1 ～ 2009.7）

副部长：王海强（2003.4 ～ 2008.4）

张金河（2006.12 ～ 2008.1）

4. 纪委、监察部

副书记（部长）：崔全顺

（2003.4 ～ 2006.12）

房树田

（2006.12 ～ 2011.7）

副部长：乔忠礼（2002.9 ～ 2004.3）

房树田（2004.3 ～ 2006.12）

么春华（2006.12 ～ 2011.7）

（十一）河北港口集团党委主要工作机构负责人名录

2009 年 7 月，河北港口集团党委主要工作部门设有党委办公室、党委组织部（人力资源部）、党委工作部（宣传部、武装部、团委）、纪委（监察部）等。

1. 党委办公室

主　任：葛庆成（2009.10 ～ 2012.4）

赵剑平（2012.4 ～ 2016.4）

副主任：刘　宏（2009.12 ～ 2012.3）

袁继革（2010.5 ～ 2015.10）

赵卫国（2012.1 ～ 2014.6）

邵竞伟（2014.6 ～ 2016.4）

苗桂生（2015.3 ～ 2016.4）

①根据河北港口党字［2011］66 号文件，葛庆成、刘宏、张维健、赵建民、赵来泉、房树田、么春华等原秦皇岛港务集团机关部室职务自然免除。

2. 党委组织部（人力资源部）

部　长：张维健（2009.12 ~ 2012.4）

　　　　李永来（2012.4 ~ 2016.4）

副部长：赵建民（2009.12 ~ 2011.8）

　　　　吴振国（2010.5 ~ 2016.4）

　　　　陈　平（2011.8 ~ 2015.1）

　　　　吴　震（2015.1 ~ 2016.4）

3. 党委工作部（宣传部、武装部）

部　长：张金河（2009.10 ~ 2016.4）

副部长：沈立平（2008.4 ~ 2010.1）

　　　　任永新（2009.12 ~ 2016.3）

　　　　李红艳（2012.12 ~ 2016.3）

　　　　焦　红（2014.6 ~ 2016.4）

　　　　王海安（2015.1 ~ 2016.4）

4. 纪委、监察部

副书记：杨春元（2013.5 ~ 2016.1）

　　　　严明昕（2016.1 ~ 2016.4）

部　长：杨新宏（2010.5 ~ 2013.5）

　　　　杨春元（2013.5 ~ 2016.1）

　　　　严明昕（2016.1 ~ 2016.4）

2016 年 4 月，集团和股份机关整合，集团党委主要工作部门调整为党委办公室、党委组织部（人力资源部）、党委工作部（宣传部、武装部）、纪委（监察部）等。

1. 党委办公室（集团办公室）

主　任：赵剑平（2016.4 ~　）

副主任：邵竞伟（2016.4 ~　）

　　　　苗桂生（2016.4 ~　）

2. 党委组织部（人力资源部）

部　长：李永来（2016.4 ~ 2017.8）

　　　　赵君章（2017.8 ~　）

副部长：吴　震（2016.4 ~　）

　　　　郗　雷（2016.4 ~　）

3. 党委工作部（宣传部、武装部）

部　长：张金河（2016.4 ~　）

副部长：焦　红（2016.4 ~　）

　　　　王海安（2016.4 ~　）

4. 纪委副书记、监察部

部　长：严明昕（2016.4 ~　）

四、工会沿革

河北港口集团工会组织最早可以追溯到由中共创始人之一王尽美于 1922 年 9 月亲自组建秦皇岛矿务局工友俱乐部，它是秦皇岛港最初的工会组织。1926 年 1 月，开滦五矿总工会成立，2 月，隶属开滦矿务局的秦皇岛港在工友俱乐部的基础上成立了总工会下属分会，名为开滦五矿总工会秦皇岛分会。

1949 年 9 月 20 日，第一次秦港工会会员代表大会召开，会上宣布成立中国煤炭工会开滦秦皇岛经理处分会。1953 年 1 月，秦皇岛港划归中央交通部统一管理，改称为天津区港务管理局秦皇岛分局，其工会也随之划归全国海员工会系统，更名为中国海员工会天津区港务管理局秦皇岛分局委员会。1954 年 7 月，秦皇岛港直属交通部管辖，工会更名为中国海员工会秦皇岛港务管理局委员会。“文化大革命”中的 1968 年 ~ 1972 年间，中国海员工会秦皇岛港务管理局委员会被迫停止工作，由秦皇岛港务局革命职工代表大会（简称工代会）代行职责。1973 年 1 月，中共中央提出“工会组织应通过整顿逐步健全起来”的任务。据此，秦皇岛港务局“工代会”在局党委的领导下，在全局范围内开始进行建设工会组织的工作。经过自上而下的整顿和采取筹上建下的方法，于 6 月 3 日召开第十四次全局工会会员代表大会，选举产生了秦皇岛港务局工会委员会。

1980 年 1 月，第十五次全局工会会员代表大会召开，正式恢复了中国海员工会秦皇岛港务管理局委员会的名称。为恢复工会工作，建立正常的工作秩序，管理局党委进一步明确了工会的职责范围。工会在党的领导下监督行政执行党和政府的有关政策、法令，组织职工积极投入“四化”建设。履行六项主要职责：维护职工的民主权利，执行职工代表大会工作机构的职能，做好职代会闭会期间的日常性工作；负责职工的文化、理论教育，办好各种类型的业余学校，组织职工学文化、学理论、学经济、学管理、学技术，并加强政治思想工作，提高职工的文化理论水平和业务能力；组织职工开展社会主义劳动竞赛、为四化立功活动、合理化建议和技术双革活动，完成和超额完成企业生产计划；维护职工的物质利益，关心群众生活，协助行政改进劳动保护和劳动工监工作，开展群众性的互助、互济活动，并负责女工家属工作；负责工会组织的建设工作，接收会员，办理会员的调转手续，按时收缴会费，做好劳动保护工作；负责组织群众性的业余文艺体育活动，办好俱乐部、图书馆，活跃职工的文化生活。

1988 年 7 月，秦皇岛港务管理局更名为秦皇岛港务局，工会也随之易名为中国海员工会秦皇岛港务局委员会。1996 年，中国海员工会秦皇岛港务局委员会归属中国海员工会全国委员会。随着秦皇岛港务局机关机构改革的进行，1997 年 12 月，秦皇岛港务局对工会职能进行了调整，明确了局工会是党委领导下的代表和维护全局职工主人翁地位和合法权益的群众性组织。主要职责：认真贯彻落实党的路线、方针和政策以及上级主管部门和局下达的指令、决定，履行工会四项社会职能；认真贯彻落实《中华人民共和国劳动法》，建立集体协商制度，代表职工与企业签订集体合同，负责对集体合同执行情况的监督检查，负责劳动争议调解，负责工会法律工作，维护职工合法权益，协调企业内部劳动关系；负责企业民主管理工作，组织召开职工代表大会和开展其他形式的民主管理活动，负责职工代表大会闭会期间的日常工作，建立四级民主管理网络，完善各种民主管理制度；负责民主评议企业领导干部，代表职工参与企业改革和生产经营各项重大决策的审议、决定和实施；围绕港口生产建设，组织职工开展各种形式的社会主义劳动保险竞赛、群众性合理化建议、技术革新和发明创造等群众性生产劳动，开展职工技协活动，保护和调动职工生产积极性、主动性和创造性，组织职工努力完成生产和工作任务；负责全局的“职工之家”建设，进行日常检查指导，定期复查验收，评选各类先进职工之家；负责组织开展群众性的劳动保护监督检查活动，保护职工在生产过程中的安全与健康；围绕党委和港务局的中心工作，有针对性地进行职工思想教育，开展理论研究会和工会信息工作，促进港口精神文明建设，培育“四有”职工队伍；负责指导和协调局职工文体活动中心工作，广泛开展群众性的文化体育活动、职工读书活动、兴趣爱好活动，提高职工的素质；负责女职委会的日常工作，提高女职工的“四自”水平，维护女工合法权益；负责工会系统的组织建设和对工会干部的培训及职称评定，组织召开工会代表大会，发展工会会员，加强会员会籍管理；负责职工互助基金会、职工消费合作社、职工休疗养、职工家财保险等工作，有效地实施“送温暖工程”；负责工会经费的收缴和使用，严格执行财务制度；负责对基层工会的日常指导和检查评比。负责劳动

模范、先进人物的管理工作；负责工会工作中形成的材料的搜集、整理、归档工作；完成局和上级工会交办的其他工作。

2002 年 9 月 9 日，随着秦皇岛港下放河北省管理，工会也随之更名为中国海员工会秦皇岛港务集团有限公司委员会。2003 年，中国海员总工会和中国建设总工会合并，成立中国海员建设工会委员会，中国海员工会秦皇岛港务集团有限公司委员会归属其管理。2009 年 7 月，组建河北港口集团有限公司，任命周忠义为集团党委副书记、纪委书记、工会主席，2009 年 7 月至 2010 年 2 月，集团公司工会处于组建之中。2010 年 2 月 4 日，河北港口集团党委向省总工会递交《关于成立河北港口集团有限公司工会委员会的函》。2010 年 3 月 2 日，河北省总工会下发《关于组建河北港口集团有限公司工会委员会的批复》（冀工复〔2010〕5 号），同意河北港口集团组建工会委员会，作为省总工会的对口单位工会，受河北省总工会领导。

2012 年，集团印发《机关各部室主要职责》，明确指出工会根据《中华人民共和国工会法》《中国工会章程》《企业工会工作条例》等法律法规的规定，在集团党委和上级工会领导下，认真贯彻党的依靠方针，独立自主创造性地开展工会工作，将工会职责细分为 6 大项 27 小项。体系建设：1. 负责集团公司工会的全面工作，组织指导各级工会和全体会员贯彻执行党的路线、方针、政策，执行上级工会、集团党委和集团公司会员代表大会的决定，履行各项职能。2. 根据国家有关法律、法规及上级工会要求，结合集团公司实际，制定集团公司工会各项规章制度。民主管理工作：3. 负责集团公司职工代表大会的日常工作，组织职工依照法律规定，通过职工代表大会，参与民主管理和民主监督。4. 按照有关规定和集团党委要求，负责组织开展集团公司职代会民主评议领导班子和领导干部工作。5. 负责集团公司职工代表提案的征集处理工作。6. 职代会闭会期间，负责组织召开集团公司职代会民主联席会审议企业重大决策和涉及职工切身利益的重大问题。7. 负责集团公司企务公开的日常工作。群众性生产活动：8. 负责组织开展劳动竞赛、岗位练兵、工人先锋号、合理化建议、经济技术创新等群众性生产活动，团结动员职工为集团公司发展建功立业。9. 协助行政做好安全工作，开展劳动保护监督检查活动，参与劳动安全卫生事故的调查处理。职工思想政治工作、职工文化建设：10. 负责劳动模范和各类先进的评选、管理、宣传、推介工作。11. 协助集团党委对职工进行思想政治和职业道德教育，鼓励支持职工学习文化科学知识和专业技术知识，努力提高职工的思想、道德、文化和技术素质，培育“四有”职工队伍。12. 加强职工文化建设，组织职工开展丰富多彩的文艺体育活动，陶冶职工情操，增强企业凝聚力。13. 负责组织指导基层工会开展工运理论研究工作。维护职工合法权益：14. 负责组织开展平等协商，签订集体合同和职工工资集体合同，监督合同条款的落实。15. 指导各级工会预防和参与处理劳动争议。16. 负责集团公司职工群众工作和群众工作室建设。17. 负责组织开展集团公司送温暖活动。18. 负责集团公司特困职工帮扶基金会日常管理工作。19. 负责组织开展集团公司职工荣誉休疗养、家庭财产保险、互助基金会等工作。20. 负责指导基层工会开展形式多样的互助互济和帮扶困难职工工作。21. 加强女职工队伍建设，维护女职工的特殊利益。22.负责组织集团公司女职工体检及女职工安康保险等工作。工会组织建设：23.负责指导各级工会开展职工之家建设。24.负责集团公司会员会籍管理工作。25.负责集团公司工会财务和资产管理工作。26.负责集团公司女职工委员会工作，组织开展“三八”活动。27.负责集团公司机关工会、计划生育的相关工作。

2016年4月开始，集团公司工会与秦港股份公司工会机关一门两牌，维护集团公司及全体职工的合法权益，团结和动员广大职工促进发展、支持改革、维护稳定。7月，集团党委、集团公司明晰工会职责，将其细分为9大项24小项。1.代表和维护广大职工的合法权益，大力加强企业民主管理，培育“四有”职工队伍，团结动员广大职工在推动企业发展中发挥主力军作用。体系建设：2.负责集团公司工会的全面工作，组织指导各级工会和全体会员贯彻执行党的路线、方针、政策，执行上级工会、集团党委和集团公司会员代表大会的决定，履行各项职能。3.根据国家有关法律、法规及集团公司实际，制定工会各项规章制度。民主管理工作：4.负责本级职工代表大会的日常工作，组织职工依照法律规定，通过职工代表大会，参与民主管理和民主监督。按照有关规定和集团党委要求，负责组织开展基层职代会民主评议领导班子和领导人员工作。5.负责集团公司企务公开的日常工作。群众性生产和经济技术创新活动：6.负责组织开展劳动竞赛、技能大赛、岗位练兵、创新工作室、合理化建议等群众性生产和经济技术创新活动，团结动员职工为企业发展建功立业。7.负责劳模培养、选拔、管理、服务工作及年度评先、标兵评选表彰工作。8.开展劳动保护监督检查活动，参与劳动安全卫生事故的调查处理。职工思想政治工作、职工文化建设：9.负责协助集团党委对职工进行思想政治和职业道德教育，开展职工文化技术创新培训，掌握职工思想动态，培育“四有”职工队伍。10.负责工会网络宣传体系建设，实现工会工作的信息化、网络化和管理模式、职工服务模式的创新升级。11.负责工会宣传工作及对各类先进事迹的宣传推介工作。12.负责指导文体中心及文联体协开展各类文体活动。维护职工合法权益：13.负责组织开展平等协商，签订集体合同和职工工资集体合同，监督合同条款的落实。14.负责特困帮扶、精准帮扶及困补工作。15.负责开展送温暖、送清凉、金秋助学等活动。16.负责开展普惠化服务活动，为职工办理互助金、工残基金、大病医疗互助、家财保险等实事、好事。女工工作：17.负责女职工组织建设、女职委会日常工作及评先表彰工作。18.负责实施女职工素质提升工程及建功立业工程。19.负责组织女职工体检、女职工安康保险及单亲女职工帮扶等工作，维护女职工的合法权益与特殊利益。自身建设：20.负责工会组织建设、职工之家建设。负责工会全委会、常委会以及其他综合性工作。21.负责工会信息管理工作。22.负责工会系统财务及资产管理。其他：23.配合集团行政开展相关工作。24.完成领导和上级交办的工作。

1948 年～ 2017 年河北港口集团（原秦皇岛港）工会历届主要负责人任职表

表 10

职务	姓名	任职时间	备注
工会主席	田耕夫	1948 任	筹委负责人
	张伯坚	1948 任	
	傅庆余	1949 ～ 1950	职工会主席
	李献廷	1950 ～ 1953	
	杨子愚	1953 ～ 1954	
	任惠民	1955 ～ 1956	
	周西桥	1956 ～ 1959	
	王振忠	1959 ～ 1962	
	王仲田	1962 ～ 1966	
	马来顺	1973 ～ 1980	
	许丛翔	1980 ～ 1984	
	高凤臣	1984 ～ 1989	
	薛德成	1989 ～ 1993	
	王世宝	1993 ～ 2005.12	
		2005.12 ～ 2006.5	缺职
	齐桂秋	2006.5 ～ 2009.7	
	周忠义	2009.7 ～ 2012.12	
	宋敬中	2012.12 ～	

说明：本表不包括“工代会”

五、团委沿革

河北港口集团（原秦皇岛港）团组织是党委领导下的先进青年的群众组织，是党的助手和后备军，是随着港口党组织的壮大而逐渐发展起来的。1949 年初，中国新民主主义青年团秦皇岛开滦工作委员会成立。1950 年春，中国新民主主义青年团秦皇岛开滦总支委员会正式成立。1952 年夏，更名为中国新民主主义青年团秦皇岛开滦委员会。1953 年，再次更名为中国新民主主义青年团天津区港务管理局秦皇岛开滦委员会。1956 年第三次更名为中国新民主主义青年团秦皇岛港务管理局委员会。1957 年，遵照第三次全国团员代表大会《关于将中国新民主主义青年团改名为中共中央共产主义青年团的决议》，第四次更名为中国共产主义青年团秦皇岛港务管理局委员会。

1980 年，为更好地发展港口青年工作，恢复团组织工作秩序，管理局党委明确共青团带领团员青年积极宣传和认真执行党的路线、方针、政策，在生产、工作、学习中充分发挥突击队作用。主要职责：组织团员青年学习马列主义、毛泽东思想，学习时事政治，进行理想、道德、遵章守纪和革命传统教育；围绕党的中心工作，组织团员青年学科学、学文化、学技术、学业务，积极参加生产建设，广泛开展新长征突击手活动和先进团支部活动；负责团的思想和组织建设，了解掌握各级团的领导班子和团干部的思想工作情况，办理团员的审批、离退和调转手续，按期收缴团费，受理团员的申诉和对团员的控告及处理；会同有关部门组织团员、青年积极开展丰富多彩的文体活动，丰富青年的文化生活；会同有关部门对团员、青年进行晚恋、晚婚、计划生育教育；代表青年的利益。及时向有关部门反映青年的正当要求和意见。

1988年，第五次更名为中国共产主义青年团秦皇岛港务局委员会。1997年12月，为适应港口发展的需要，秦皇岛港务局对团委职能进行了调整。主要职责：贯彻执行党的路线、方针、政策，依照共青团章程和党委及上级团组织对青年工作的指示和要求，组织开展团的工作；组织团员青年积极参与企业两个文明建设，服从和执行局党委和局行政决策，围绕港口生产建设和经营管理，组织开展安全质量、优质服务、技术练兵、创建“青年文明号”等项活动；组织和开展全局团员青年的思想政治教育工作，提高青工队伍的思想道德文化素质，培育优秀青年职工队伍；围绕企业党的中心任务，开展适合青工特点的独立活动，充分发挥党联系青年的桥梁和纽带作用，当好党的助手和后备军；加强团组织的自身建设，建立健全各项规章制度和正常的工作秩序，搞好各级团干部的培训工作，指导、督促基层团组织开展工作。做好日常团务管理工作；指导各级团组织做好“推优”工作，为各级党组织和行政培养、输送优秀青年人才，做好对有突出贡献的青工和青年集体的推荐、表彰、奖励工作；协调同党政各级组织和各有关部门的工作关系，积极配合开展工作；做好青工服务工作，指导开展各类正当的青工文体活动和社团活动，维护青工的合法权益。组织开展青工思想教育研究会、青工志愿者协会的活动；做好学生会和少先队工作，指导局属各学校做好共青团和少先队工作；协调党组织做好对直属团组织负责人的培养、选拔、考核工作；负责共青团工作中形成的应归档资料的搜集、整理、归档工作；完成局党委和上级团组织交办的其他工作。

2001年3月，局党委成立青年工作部，为正处级单位，由团委书记兼任青年工作部部长。2002年，团委第六次更名为中国共产主义青年团秦皇岛港务集团有限公司委员会。2009年7月，河北港口集团有限公司成立，团委第七次更名为中国共产主义青年团河北港口集团有限公司委员会，团委与党委工作部、宣传部、武装部实行一套机构、四块牌子，合署办公。

2016年4月，团委（青年工作部）机构从党委工作部中剥离出来，集团公司与秦港股份公司一门两牌，组织开展共青团和青年工作。7月，集团党委、集团公司明确团委（青年工作部）职责：负责企业青年思想政治工作，用马列主义、毛泽东思想、邓小平理论和“三个代表”重要思想武装青年，全面贯彻落实科学发展观，加强企业优良传统和爱岗敬业教育，引导青年争做“四有”新人；围绕企业生产经营中心，积极开展青年创新创效、争创“青年文明号”、争当青年岗位能手、创建青年安全生产示范岗、青年争先创优等符合青年和企业特点的活动，充分发挥青年在生产中的突击队作用，不断提高青年职工队伍的整体素质；协助有关部门做好团干部的选拔和配备，对团干部的任用、调动和奖惩提出建议，并负责团干部的培训和考核工作；负责集团共青团组织建设、团员队伍建设与管理、团组织的设置和撤销；做好青年先进典型的培养和宣传工作，引导青年学习先进、争当先进并积极向上级推荐先进典型；认真开展调查研究，及时向集团党委反映青年的呼声和建议；认真做好推优入党工作，

积极向党组织输送优秀人才，指导基层团组织做好新团员的发展和团籍注册工作，认真做好团费收缴、管理和使用以及团的统计工作；积极承担社会职能，负责青年志愿者协会日常工作和驻地青联委员联络工作；完成集团党政及上级团组织交办的其他工作。

1949 年～ 2017 年河北港口集团（原秦皇岛港）团委历届主要负责人任职表

表 11

职务	姓名	任职时间	备注
团委书记	谭伯羽	1949 ～ 1950	
	谢福增	1950	
	李亚东	1950 ～ 1954	
	王树平	1951 ～ 1952	
	刘培新	1952 ～ 1954	
	苏维树	1954 ～ 1960	
	李彦华	1960 ～ 1961	
	姚福林	1961 ～ 1962	
	苏维树	1963 ～ 1966	
	张宝顺	1973 ～ 1978	
	李俊义	1978 ～ 1983	
	张冀平	1984 ～ 1987	主持工作（时任团委副书记）
	孙远东	1987 ～ 1994	
	侯幼农	1995 ～ 1997. 12	
	刘　勇	1997. 12 ～ 2005. 7	
	沈立平	2005. 7 ～ 2011. 7	
	李红艳	2011. 7 ～	

第二章 党组织活动

第二章　党组织活动

自 1948 年 12 月初，中共秦皇岛开滦工作委员会（以下简称开滦工委）成立，在秦皇岛港探索党的领导体制以来，河北港口集团（原秦皇岛港）党组织经历了新中国成立前后时期（1948.11 ～ 1952）、社会主义过渡时期（1953 ～ 1956.9）、社会主义建设曲折发展时期（1956.9 ～ 1966.5）、“文化大革命”时期（1966.5 ～ 1976）、徘徊中前进时期（1977 ～ 1978）、改革开放初始时期（1979 ～ 1990）、深化国有企业改革时期（1991 ～ 2002.9）、率先实行公司制改革时期（2002.9 ～ 2009.6）、河北港口集团时期（2009.7 ～ 2017）九大历史时期。在这近 70 年的发展历程中，河北港口集团（原秦皇岛港）党委紧紧把握各个时期的政治经济形势任务，把坚持党的领导，加强党的建设作为港口发展的重要内容和强力保证，围绕港口中心工作，开展系列党建实践活动，不断加强和改进港口党组织建设，充分发挥党在港口中的领导作用，有力地维护了港口稳定，对推动港口科学发展、跨越发展具有十分重要的意义。

第一节 港口党组织在新中国成立前后时期（1948.11 ~ 1952）

1948 年 12 月初，中共秦皇岛开滦工作委员会（以下简称开滦工委）成立，开始陆续接收思想进步的职工入党，逐步在港口中组建起党组织。通过开展整党建党工作、“三反”运动、三大革命运动等活动，秦皇岛港党组织不断得到发展与巩固。1952 年 5 月，中共秦皇岛开滦工作委员会改称中共秦皇岛开滦委员会（以下简称秦皇岛开滦党委）。新中国成立初期，党组织建设紧密结合全党大规模整党，进行整顿党的组织工作。同时，有计划、有重点地发展新党员，并对党员普遍进行一次关于如何做一个共产党员的教育，使所有党员清楚共产党员标准，通过各项政治运动提高党员的政治觉悟和积极性，使党组织更富有活力和战斗力。

一、初步建立党组织，发展党员队伍

新中国成立初期，由于企业成员的历史情况极其复杂，矿区党、一贯道、安清帮等反动组织遍及各单位，给建党工作造成一定的困难，建党工作格外慎重。同时，留厂职员由于受旧社会影响较深，看不起劳动，资产阶级思想浓厚，对中国共产党持有观望态度。但是随着党组织逐步公开，开滦工委在广大职员群众中进行学习教育、思想改造，港口职工干部的政治觉悟逐步提高，迫切要求入党的积极分子不断出现，党的组织不断得到发展与巩固。

（一）成立开滦工委，公开党组织

秦皇岛和山海关解放后，华北人民政府鉴于山、秦两地的地理位置和不冻良港的重要作用，决定设置秦（秦皇岛）榆（临榆县，

治所山海关）市，成立人民政府军事管制委员会。由于开滦秦皇岛经理处的英国人和部分中国高级员司在解放前夕逃往天津，港口处于瘫痪状态，为加强对港口的监督和领导，维护广大职工的利益，人民政府于1948年12月初派鲁延为开滦秦皇岛经理处（港口原来的行政管理机构）军事代表，派郝洁轩、丁春生等人组成中共秦皇岛开滦工作委员会，主要负责党、群组织建设和配合驻港军事代表开展工作。不久，又任命谢天荣为驻港军事代表，鲁延为副军事代表。

1949年7月13日，华北人民政府与华北军分区任命徐达本为开滦煤矿总军事代表兼开滦党委书记，秦皇岛市原派驻港口的军事代表，奉命改称开滦煤矿总军事代表办事处驻秦皇岛经理处军事代表。军事代表有权代表人民政府与开滦矿务局及港口建立必要的联系，监督煤矿和港口生产、运销工作，以及人民政府援助开滦的物资在职工间的合理分配，协助港矿改进生产方法、降低成本、改革不合理的管理制度，恢复发展生产。

解放初期，港口工人由于长期受国民党欺骗宣传的影响，对中国共产党缺乏应有的认识，港口党组织没有立即公开，仍继续处于地下工作状态。经过10个多月工作后，群众对共产党有了初步认识，明白了共产党是工人阶级的政党，是为人民服务的，首先是为工人阶级求解放、谋利益的。开滦工委认为此时公开党组织，不但可以使党联系群众的渠道畅通无阻，而且能够使党得到群众的监督和批评，以便更好地领导群众前进。于是，中共秦皇岛开滦工作委员会于1949年10月5日正式公开。

1949年10月2日，开滦工委组织港口职工参加在开滦广场举行的秦皇岛市庆祝“开国大典”活动

10月5日，开滦工委举行扩大会议，就贯彻市委关于公开党组织的会议精神作出决定。指出：首先公开火车房党支部，取得经验后，陆续公开其他党支部。火车房党支部公开前，开滦工委举办了党员整训班，加强党的基础知识教育，解除党员的思想顾虑，清除个别不合格党员，强调党员密切与群众的关系，扩大党在群众中的影响。11月10日，开滦工委在劳工俱乐部召开职工临时代表会议，出席代表120多人，由市委书记、开滦工委书记、工会常委等领导阐述公开党组织的必要性和积极意义。11月15日，火车房党支部在劳工俱乐部与党外的港口职工公开见面。这是继中共秦皇岛开滦工作委员会公开后，第一个公开的基层党支部。火车房党支部的公开，进一步激励党员严格要求自己，更好地成为群众的表率。截至1949年11月底，秦皇岛经理处共有6个党支部全部公开。党支部公开后，开滦工委立即抽调党员和工人骨干组成民主改革工作组，宣传党的方针政策，消除工人顾虑，坚定地带领全体工人投入到反封建把头的斗争中去。

（二）初期艰难的建党工作

开滦工委首先从重要单位（直接生产单位）开展建党工作。如先在机器厂、电灯房发展成立党支部，逐渐扩大突出到其他单位。1949年底，秦皇岛经理处约40个单位，仅有5个单位没有党员。煤厂由几个锅伙有党员扩大到半数以上的锅伙有党员，并且这些党员在“七一”竞赛中大多数成了劳模和工作中的骨干。1949年5月，开滦工委秘密接收20名港口职工加入中国共产党，这是港口解放后首批新党员。截至12月，有计划地分期发展了7批254名党员。其中，介绍到外区3名，停止关系3名；参加过国民党的55名，一贯道的6名，道德会的4名，青帮的6名；技工35名，平常技工34名，普通工人179名，职员6名；青年67名，壮年181名。全年建立44个党小组，9个基层党支部。

从1949年开始建党到1951年的一段建党工作停顿时期，港口党组织虽然有了相当的发展，但党员政策水平低、工作方法少。1950年初，开滦工委结合生产和各项工作运动，进行了党员普训及两次小规模的党建工作，纯洁了党的组织和作风，提高了党在各项工作中的核心堡垒作用。但是，由于建党经验不足和当时的国内外环境，开滦工委在发展党员的工作中犯了一些错误，如在工作中把掌握生产的领工、工头看成为压迫剥削者，深入到群众工作时，不通过他们，结果工人畏手畏脚；宣传工作不深入，工人对党的政策不十分了解，发展又急于求成，结果未能吸收入党，有的人反而产生了怀疑；认为老技工不积极，没有发展他们；对知识分子，强调思想动摇、有臭架子，而对知识分子好的方面认识不足，犯了关门主义；考虑了解不周到，发展了4个国民党、矿区党区分部委员；有的党员在发展时没有谈清即给填表入党，结果交党费和开会时，他们有了抵触心理；参加过一贯道、青帮、道德会的在入党时没有谈出来，经过两三个月的教育后，这些党员才交代说清；一些人表现很好，也赞扬共产党，结果在谈话时坚决不入党；

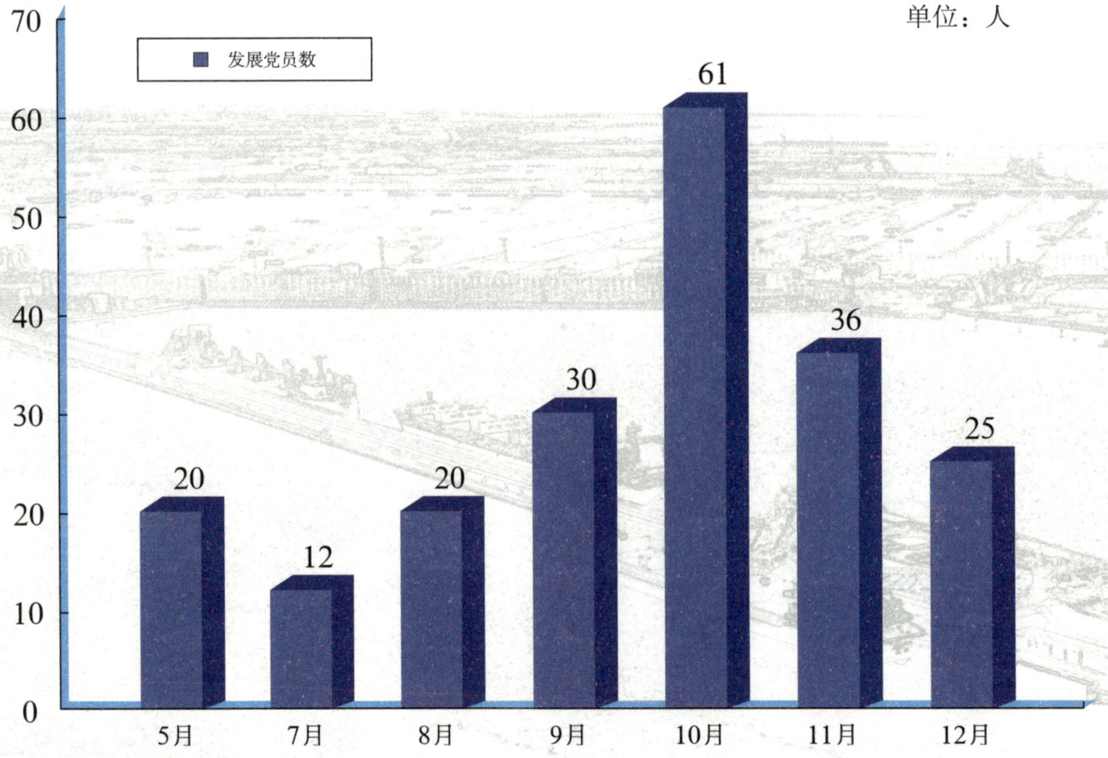

1949年5月～12月开滦工委发展党员数量月份分布图

有好多国民党委员、伪工会委员、谍报员、压迫工人的工头给发展党员工作制造困难；由于物质条件的匮乏困难，发展党员工作与群众本人利益结合不起来。同时，建党初期，一些党员为了个人利益而入党，对党认识模模糊糊，认为只要好好生产、作风好，就能成为党员，真正明白为革命事业奋斗终身的为数不多。经过一个时期的教育之后，党员在思想上不但认识到要好好生产、作风正派，而且也了解到了为了消灭阶级，建立一个无产阶级专政的人民享受幸福美满生活的共产主义社会而奋斗到底。同时，在政治上、行动上、思想作风上都有很大程度提高。

1952 年以前，港口党支部除极少数是由几个厂间党员组成之外，其余全是根据厂间的生产单位而建立的。自 1952 年 4 月，秦皇岛港开工扩建以来，行政上调大批工人到新码头、新工房、新仓库去工作，其中也有 43 名党员被调到新的工作岗位。党员的调离导致煤厂原有党支部的组织支离分散，而新的工作岗位的党员是由各处抽调组合在一起，工作不协调、领导混乱，影响了生产和其他工作。

1952 年，开滦工委根据党组织发展实际和生产的需要，对被调党员的党支部重新进行整顿，对有 3 名以上党员的行政单位和生产车间有条件地建立了党支部，便于加强生产领导和组织管理。一是煤厂的调动与调整。煤厂共调出党员 43 名、支委 11 名、组长 1 名。经过整顿和调整，新选 7 名支委、1 名组长，并重新建立会议制度。二是建立新党组织。工程队建立党总支，下有工房党支部（26 名党员）、码头党支部（14 名党员）和木厂党支部（10 名党员）；新建工程科党支部（7 名党员）、材料科党支部（3 名党员）、会计科党支部（3 名党员）、人事科党支部（8 名党员）、工校党支部（8 名党员）、营业科党支部（6 名党员）。三是整顿机关党支部。针对在“三反”运动中，部分同志被撤职和处分，代管后也增加了新同志，同时针对部分机关支委、组长被调到行政工作，机关党支部的领导也很涣散的情况，机关党支部重新进行了改造，建立各种严格的制度，便于更好地执行和完成党委的决议。经过整顿原有党支部、建立新党支部，进一步健全了党的组织，为各单位、各部门研究工作计划和完成各项任务起到决定性的领导核心和保证作用。港口各个党支部都积极培养和教育积极分子，发展了大批新党员，培养了大批的工人干部，调剂了干部的成分，改造了职员中的旧思想。同时改善了党与青年团、工会的关系，强化了党支部的领导核心作用。

（三）教育和改造党员

1950 年，开滦工委结合生产和各项工作运动，进行了党员的普训工作，开展以学习党的基本知识、群众路线方针政策、国际主义的思想教育和组织纪律方面为主要内容的党支部教育，解决了部分党员入党动机不端正、思想作风不纯、组织观念淡薄、政治觉悟低、脱离群众、工作方法少等问题，党的组织和作风得到了纯洁，提高了党在各项工作中的核心堡垒作用。在迎接“七一”的生产竞赛运动中，党员占生产模范人员近 1/3，党小组会、党支部会经常研究生产问题，有的后进党支部经过集训和加强领导，变为较先进的党支部。

1951 年，开滦工委主要在党课上对党员普遍进行党性教育，时事政策方面的教育则放在党支部讨论布置工作和向群众做宣传或对宣传员传授时一起进行，全年共开展教育

47 次，加强了党员的国际主义和爱国主义教育，提高了思想政治水平。此外，党员还积极参加群众的各种学习组织，其中 100 余名党员参加了群众的读报组，除个别极少数党员没参加工校外，其余绝大部分都参加了理论学习或工校的文化学习。党员还在抗美援朝、民主改革等各种运动中以身作则，积极参加活动，成为群众的领导核心，在运动中教育了群众，提高了自己，树立了党在人民群众中的威信。

开滦工委坚持“保证情绪、不走弯路”的教育方法，举办党训班，对广大党员进行教育和改造。一是贯彻“教育提高”方法，依靠和发动党员一起办好学习班，及时宣布并执行征求到的切实可行的意见。通过制订小组学习计划，保证党员准时出勤，并在每周公布出席率，表扬优秀小组或个人，进一步鼓励党员及时参加培训学习。二是干部深入到党员的工作岗位或家庭中去，随时了解情况、关心党员的学习，特别是对思想比较落后而有顾虑的同志，反复强调“教育提高而不是清党”的学习目的，消除“群众怕民主改革、党员怕整党”等错误思想。三是了解党员掌握知识和能力的程度，根据党员的实际情况确定授课方式、测验内容和制度以及理论联系实际的工作方法。

此外，开滦工委还在广大党员中开展了讲党课、过党日、办党支部小报工作。一是党课。根据市委指示，开滦工委于 7 月开始在党员中进行了中国共产党的党史教育。但是，由于材料多、时间短，只能讲述没有讨论时间，存在着“听不懂与不愿听的矛盾”，收效很小。经市委指示，8 月份按程度适当地进行了分班，放慢了进度，健全了上课点名请假等制度，提高了学习情绪。出席情况能够保持在 80% 左右，除因参加整党学习者外都按期完成了计划，使党员对党的革命斗争历史有了初步的认识，提高了党员的阶级觉悟，进一步加强了革命信心，有力推动了各项工作开展。二是党日。机关党支部采取党日制度，组织党员学习，保卫处党支部仅在 7 月开始时，就组织了几次党日和一两次党委会。三是党支部小报。根据市委指示，逐步地培养党支部小报通讯员，以增强党支部小报的质量与实际效果。开滦工委先后有条件地在党支部中培养了 9 名通讯员，截至 1951 年底共计 16 名通讯员。

1952 年，针对部分党员、干部存在的个人主义、自由主义、工作不深入、轻视党的工作等问题，开滦工委各党支部严格党的生活制度，组织开展批评与自我批评，加强党员八条标准和时事政策理论的学习，提升政治觉悟和理论水平。同时在党员、干部中进一步明确依靠工人阶级的观点，强化与职工及同志间的团结，深入工作，克服部分党员、干部脱离群众的个人主义和浮躁的工作作风。

（四）开展第一次整党工作

1950 年 8 月 7 日，开滦工委作出《整党整干工作计划》。根据中共中央 5 月 1 日发出的《关于在全党全军开展整风运动的指示》精神和市委部署，在全港开展以提高党员、干部思想觉悟，改造作风，克服官僚主义、命令主义、加强群众观点为主要内容的整党整干工作。在整党整干过程中，开滦工委带头检讨了执行劳资政策不利、党政不分、官僚主义、工作粗枝大叶等问题。这次整党整干持续了 2 个多月的时间，于 10 月 14 日结束，达到了加强党内团结、正确贯彻执行党的各项政策、密切联系群众、搞好工作的目的。

（五）开展第二次整党工作

1951 年 4 月，开滦工委认真贯彻执行中共中央召开的第一次全国组织工作会议《关于整顿党的基层组织的决定》精神，在全港范围内开展整建党工作。这次整建党工作坚持“先教育，后整顿”的原则，分三个阶段进行。一是学习文件，提高思想觉悟。采取举办党训班的方法，分期分批组织党员学习列宁、斯大林、毛泽东关于党的建设的理论以及党的章程。二是在提高思想觉悟基础上，对党员进行登记、审查，作出政治历史以及现实表现的结论和处理。三是召开党支部大会，总结工作，改选党支部委员会。通过普遍训练全部党员、系统地整顿八个党支部，纠正了普遍存在的强迫命令、脱离群众的现象，促进了党员在作风、组织和思想上的进步。

1952 年 10 月，整党工作分为交代问题、鉴定和教育巩固三个阶段。在交代问题上，以小组为单位，先由问题不多、较好的党员交待，做表率作用，并在个人交代问题时，由其他同志进行分析、批判，根据共同存在的问题，批判错误的思想作风。在鉴定阶段，以小组为单位，本人先用八项条件，根据整党中情况和整党后提高的情形，进行自我衡量，然后由小组民主发言，提出修改意见，再交由支部大会通过。为了巩固成绩和总结经验，本次整党工作以小组为单位，检查过去的领导和工作，然后由党支部总结向全体党员作报告。通过此次整党工作，党员的政治觉悟和思想作风有了很大程度的提高，进一步巩固了党群关系，并在生产中充分发挥先锋作用。

经过党支部大会讨论、工委同意、市委批准的手续，在本次整党中共处理了党员 75 名，其中开除 20 名，撤销工作 20 名，劝退 13 名，留党察看 6 名，警告 6 名，劝告 5 名，批评教育 4 名；结合民主改革运动，共处理了党员 16 名，开除 5 名，警告 2 名，劝告 3 名，撤销工作 3 名，批评教育 3 名。这次整建党工作历时 20 个月，基本达到了在政治上、组织上纯洁党的队伍，壮大党的力量和使党员真正懂得了怎样做一个共产党员的目的。

二、审查、教育和管理干部

面对部分干部理论素质低、腐化思想严重等现实问题，开滦工委通过开展整风审干、教育改造、时事政策学习等工作加强对干部的管理，及时纯洁干部队伍，提升干部的政治理论素质和科学文化水平，为港口生产发展提供坚强的队伍保障。

（一）开展整风、审干工作

1950 年 10 月 9 日至 14 日，开滦工委利用每天上午 6 点到 12 点 5 个小时的时间集中力量开展整风。此次整风坚持四项原则：自集体到个人，后由个人联系到集体；自原则到具体，后由具体到原则；以检查劳资协商会议和整编委员会为主；不仅重检查过去而尤重策勉将来。在编制委员会的组织构成和工作方式、劳资协商会议制度、对职员的态度、工作作风问题上进行检讨。同时，确定几个工作方向：认真学习和研究政策，正确执行政策，在原则上不犯错误；加强调查研究，详细分析情况；在切合实际而可行的原则下，制定工作计划；健全会议制度及报告制度；正规学习生活、工作制度；改善行政对职员的态度和作风；善于运用批评和自我批评的武器。

1951 年 10 月 8 日，开滦工委开始在各部门开展整风审干工作，截至 11 月 10 日，几个主要部门已经结束，参加人数共 164 人，除党委会、军代表、工会、青年团、保纪处等部门全体干部（共60人）参加之外，开滦合作社干部、保纪处警队员及开滦民主改革工作队（共104人）也尽数参加了整风审干工作。为了开展好此次审干工作，开滦工委在全体干部大会上作了整风审干工作动员报告，阐明了审干的意义、目的与方法，并提出港口当前工作和干部思想情况，反复交待了政策，批判了各种不正确的态度与不应有的顾虑，这次审干工作是党与政府进一步团结改造的政策。各部门成立了审干委员会，划分小组，由部门负责同志进行启发动员。经过一周的阅读文件联系实际，逐渐端正了干部对于整风审干的态度，特别是着重解决了革命人生观的问题，普遍提高了干部的积极性。

由于开滦工委领导班子亲自动手，站在运动之中，及时掌握思想情况，正确地开展批评与自我批评，并能及时启发动员每一名干部，有力地推动了运动的开展，取得了当时极其需要的实际效果。一是干部的政治觉悟普遍得到提高，有些同志向组织忠诚坦白，无保留的交待自己过去的全部历史；部分新提拔的干部中革命人生观模糊的得到进一步明确。二是经过审查的同志，绝大多数解除了思想负担，放下了思想包袱，积极努力投身于工作之中。三是切实解决了有些干部的不团结。军代表、保纪处的干部在检查中分析了过去各种个人主义的错误思想意识，在党和人民利益一致的原则下互相了解，充分认识到了过去政治觉悟不高、不忠实于党的领导和教育、不重视政治学习等问题，主动要求进一步改造。四是唤醒了绝大多数党员政治上的自觉，使其充分认识到审查干部就是培养干部，批评与自我批评是改造思想、推动工作的有力武器，为进一步巩固组织、加强团结打下了基础。五是对干部的思想状况有了进一步的了解，对今后干部思想工作、干部使用以及培养干部的方针上均获得了较深的经验与教训。

（二）教育、改造干部，纠正腐化思想

1951年，开滦工委针对部分干部存在讲门面、摆摊子、享受主义以及日益增长的腐化思想，结合中心工作对不问政治、麻痹大意、干部不如职员等思想及时进行了教育和改造。一是党小组在党日时组织学习有关党员修养的文件，平时有计划地组织学习指定文件，如学习《在工作中如何依靠工人阶级》和河北日报公布的《唐山粮食公司贪污事件》等文章，并结合文件进行自我检查。二是加强生活会议制度，开展批评与自我批评，充分发扬党内民主，切实解决了部分干部的错误思想和不正确的认识。三是各个机关的负责人亲自负责干部的教育和培养，尤其注重在中心工作中实际锻炼干部，对其不正确的工作方法和思想进行教育和改进，提高其工作能力。四是抓住干部主要思想动态，随时采取有效措施，随时培养和教育。

（三）开展时事政策学习教育

1950年，开滦工委在举办职工业余政治学习基础上，开始建立全部干部参加理论学习制度，此项工作由学委会领导。学委会是在党委领导下吸收一些热心理论学习的积极分子参加组成的，当时主要依靠集体自学和讨论。直到1953年贯彻中央在职干部理论教育规划取消了学委会之后才改由党委直接领导。

1951年，按照市委指示精神和秦皇岛港的具体情况，开滦工委加强对干部的时事政策学习，从下半年开始严格执行每周五、六一起学文化、学理论、学时事政策的制度，

提高干部的文化理论水平和政策思想水平。在市总学委会的指示下，从7月开始组织62名干部学习“七一文献”（《中国共产党三十年》等十个文件），8月进行《简明中国通史》的文化学习，11月开始学习《中国近代史》。

按市委指示，6名县级以上干部自8月起又利用时事政策学习及业余时间学习了《实践论》，获得了一定的成绩，为以后的理论学习打下基础。但也存在不能联系实际，不能及时总结经验、研究问题，不能严格遵守时间等问题，针对此情况，开滦工委提出要求，在每周五和周六，无论学习理论和学习文化的干部，一律学习时事政策，抓紧每一个重要环节及时进行国际主义和爱国主义教育。学习由市总学委统一布置和自己所选择的国内外重要时事、党和政府的重要政策、重要社论等内容，提高干部的政策水平，使干部能够正确地认识问题和掌握现实。

三、开展“三反”运动和“三大革命运动”

开滦工委积极响应上级指示精神，先后在港口干部、职工中开展反贪污、反浪费、反官僚主义运动及抗美援朝、镇压反革命、民主改革等“三大革命运动”。经过这几次运动，广大干部、职工的思想政治觉悟有了较大程度提高，工作作风得到进一步改进，涌现出一大批要求入党的积极分子，党组织战斗力不断增强。

（一）开展“三反”运动

新中国成立后，在资产阶级的腐蚀拉拢和旧社会腐朽思想的影响下，港口部分干部滋长了贪污、浪费、官僚主义等“三风”现象。为了纠正干部的不良作风，改进工作，1951年12月，开滦工委根据省委《关于在党、政机关内部开展反贪污、反浪费、反官僚主义的指示》，在全港干部中开展“三反”运动。首先在机关进行，各级领导带头对资产阶级的腐化思想作风进行了严肃清算，明确认识到，某些干部因受资产阶级思想侵蚀，沾染了旧社会的污毒，贪污自私、铺张浪费和官僚主义给生产和各项工作造成了很大损害。同时，广大职工在党的领导下，迅速掀起大揭发、大检举的高潮，并号召贪污分子坦白自首，检举同伙，将功折罪。

1952年1月14日，开滦工委在职工大会上作初步检查，以发动群众同贪污、浪费、官僚主义作斗争。广大职工认真学习《工人日报》的《打退资产阶级的猖狂进攻》的社论，大张旗鼓地开始了“三反”运动。这次运动历时7个月，参加干部102名。通过运动使干部在思想上划清了无产阶级与资产阶级的界限，认清了资产阶级向无产阶级猖狂进攻的严重性和官僚主义的危害性，克服了家长制作风，树立了无产阶级世界观和为人民服务的思想。在组织上，清理了伪职员、贪污分子、各种嫌疑分子和商贩出身的人员。但是，由于掌握政策不准不稳，初期产生了右倾思想，经纠正之后，又产生追数字、追任务、乱扣帽子的“左”倾情绪，造成了一些遗留问题。

（二）开展“抗美援朝、保家卫国”运动

1950年10月19日，“抗美援朝、保家卫国”运动在港口轰轰烈烈开展起来。在开滦工委和工会的领导下，通过广泛的宣传教育，清除在一部分人中存在的“亲美、崇美、恐美”的思想，提高职工的爱国主义和国际主义觉悟，许多青年工人踊跃报名参加志愿

军和各种军校，掀起“抗美援朝，保家卫国”运动热潮。10月25日，港口工人刘兰田、孟令国、李长荣、傅荣藻、张凤贵等11名青工光荣参加志愿军和支前军工。11月底至12月底，开滦工委组织发动“抗美援朝保家卫国”安全生产月活动，加强安全生产，提高效率，积极克服港口经济困难，以实际行动响应抗美援朝。

上世纪50年代，港口职工开展爱国主义生产竞赛，支援抗美援朝

留在后方的职工遵照党中央“边打、边稳、边建”的方针，掀起捐献飞机大炮和爱国生产竞赛的热潮。1951年5月1日，5764名职工参加和平签名运动，占全港职工总数的94%。7月，港口职工积极响应党中央《关于推动爱国公约、捐献飞机大炮和优先军烈属的号召》，超额完成了捐献“开滦职工号”飞机一架的任务，认捐人数达5081人，占职工总数的97%，捐款15.4亿元（旧币）。同时，港口职工开展优属基金运动，每人每月捐1000～5000元（旧币）不等，到8月就筹集现金1800多万元（旧币）。职工纷纷表示“美帝不倒，运动不止”，写慰问信、捐慰问袋，热情慰问“祖国最可爱的人”。10月，开滦工委组织职工开展慰劳中国人民志愿军和救济朝鲜灾民的募捐活动，参加这项活动的职工5725人，募捐慰劳品和救灾款84.58万元（旧币）。

全港职工普遍订立和修订了爱国公约，并建立了经常性的检查制度。在“多扛一个袋子就是多消灭一个美国鬼子，多装一节车皮就是多抢占一个高地”的口号下，生产效率显著提高。1952年港口吞吐量完成181万吨，为1950年的2.2倍，出色地完成了抗美援朝物资的装卸任务。整个“抗美援朝，保家卫国”运动一直持续到1953年7月。

（三）开展镇压反革命运动

在抗美援朝运动期间，镇压反革命运动也在全国范围内大张旗鼓地开展起来。1951年2月，开滦工委按照市委《关于镇压反革命活动的部署》，开展了镇压反革命运动，取得了一定的战果，提高了全港职工的阶级觉悟。港口工人群众首先协助人民政府逮捕和镇压孙士河等一批罪大恶极的反革命分子。随后，全港职工在党的领导下，认真学习《中华人民共和国惩治反革命条例》，职工及家属纷纷揭发有反革命罪行的人和事。

3月，在党的政策和群众舆论的巨大压力下，62名有问题的人作了自首交待，并缴出手枪4支，子弹201发，长枪2支，子弹80发，长短刀等凶器19把。4月，港口工人又协助公安机关破获潜伏在港口和五矿的反革命组织——“开滦工人反共救国会”，全案首要分子50多名全部归案。5月，开滦工委按照第三次全国公安会议提出的“关于镇压反革命工作要采取谨慎、收缩的方针”，把主要斗争任务放在集中力量清理现有积案和组织犯人劳动改造等方面。通过清理、核查，对隐藏的和现行的反革命分子分别予以处理

和惩治。1952年底，镇压反革命运动基本结束。港口镇反运动取得胜利，摧毁了反革命组织，纯洁了职工队伍，使职工解除了对反、特的恐惧心理，更加拥护党和人民政府，人民政权进一步巩固。

（四）开展民主改革运动

新中国的成立，标志着人民民主革命的胜利和社会主义革命的开始，但在有些地区和有些部门里，民主革命的任务还没有解决。在港口解放初期，政府因忙于接管和复航工作，无暇顾及改革码头经营管理制度。封建把头制度还未铲除，一些封建把头乘机与潜伏特务等反革命分子勾结，在工人中造谣生事，涣散人心，妄想国民党卷土重来，有的人还继续为非作歹。不改变这种旧的生产关系，生产就不能发展，港口就不能前进，码头工人就不能彻底解放。因此，铲除封建把头制度就成为港口解放后码头工人最强烈的愿望，也是党和人民政府把人民民主革命进行到底的一场重要任务。

1949年6月23日，中共秦皇岛市委提出废除开滦（港口）大把头制度的初步意见。1951年7月1日，根据中央及地方的指示精神，开滦工委积极开展工作，首先成立了民主改革委员会，而后抽调党员和工人骨干组成民主改革工作队，深入基层宣传党的方针政策，广泛发动工人群众，消除工人顾虑，坚定工人反霸斗争的决心和信心，使反霸斗争既轰轰烈烈又扎扎实实地开展起来。8月初，召开各种类型揭发控诉大会，揭发封建把头残酷压榨工人的事实，大张旗鼓地同封建把头作说理斗争。截至8月底，全港共召开揭发控诉大会125场次，分别将杨长清、孙士河等8个罪大恶极的送交政府法办；8个罪恶深重的封建把头开除厂籍，42个交群众管制劳动，67个罪行较轻的经过批判教育后撤销领工职务。然后，由工人自己民主选举，行使翻身后的民主权利，67名在民主改革中思想觉悟高、在群众中有威信、生产劳动积极的优秀工人升任为领工。这次民主改革运动摧毁了国民党特务残余势力的社会基础，彻底铲除了横行于码头上半个世纪的封建把头制度。

秦皇岛港封建把头制度的铲除，新的生产关系建立，解放了港口的生产力，但是封建残余势力及其意识形态，还没有彻底清算。在旧社会，封建势力建立了一些在政治上压迫工人，在组织上分化工人，在经济剥削工人的帮派和反动会道门组织。这些封建势力及其意识形态的存在，与社会主义经济基础格格不入，成为港口生产力发展的一大障碍。因此，从1952年9月开始，全港又开展了回忆运动，以清除暗藏在企业内部的反革命分子，纯洁工人队伍，搞好工人团结。

在回忆运动中，港口工人通过新旧社会的对比，明白了在旧社会压在他们头上的是帝国主义、反动派和封建把头，明白了正是工人阶级的政党——中国共产党领导的民主改革，才使他们翻身当家作主人。由于工人们的阶级觉悟不断提高，截至1951年10月中旬，又清理出敌伪残余、反动会道门的首、从分子共471名。过去受把头欺骗而参加反动组织和封建会道门的工人，也主动交待了历史问题，放下包袱，积极投入生产劳动和民主改革。

开展回忆运动，有利于生产的各种新型经营管理制度普遍建立起来，如班组生产会、厂间生产会、技术改进会、时事座谈会等。同时，改革和建立了有利于生产、有利于工人的合理规章制度和基层班组的定期生产会议制度，重新修订了班组爱国公约、联系合同、师徒合同、生产检查制、交接班负责制、记工考勤、合理化建议等制度。

按照团结改造的政策，在职员中开展了改造旧思想、旧意识、旧观念，同工人融洽感情，清算封建帮派残余势力及其影响的整风运动。在党的团结、教育、改造政策的感召下，在广大工人的诚恳帮助下，职员们进行自我思想改造，开展批评与自我批评，努力清除帝国主义、封建主义和官僚资本主义的政治思想影响，主动交待问题，划清敌我界限，并在一定程度上批判资产阶级思想，接受工人阶级思想，树立为港口的革命和建设事业服务的思想。整风运动的胜利结束，使港口工人阶级队伍得到进一步纯洁，增进了职员与工人之间的团结。同时，秦皇岛港完成自建5000吨仓库两座，向中国共产党成立三十周年献礼。

四、围绕生产经营开展宣传活动，建立人民群众宣传网

1948年12月初，开滦工委的政治宣传员负责全局宣传工作。1949年2月，开滦工委宣传鼓动职工代表向资方提出支付护港费的要求，经过说理斗争获得实现。6月，由于宣传工作跟得紧，激发了广大职工的积极性，使迎“七一”生产竞赛开展的既轰轰烈烈又卓有成效。党的组织陆续公开后，各支部宣传委员在抗美援朝安全生产月中，将职工的国际主义和爱国主义精神引导到提高劳动生产率，保证装卸运输质量上来。1950年，开滦工委宣传工作紧紧围绕发展港口运输生产，克服港口经营困难这一中心任务，对全港职工进行热爱新中国的教育，保卫世界和平和抗美援朝保家卫国的宣传教育，达到了激发全港职工爱国劳动热情的目的。

1952年，围绕生产经营，港口宣传工作者在煤场工人宿舍院内宣传增产节约运动

1951年1月，开滦工委认真贯彻落实中共中央1月1日发出的《关于在全党建立对人民群众宣传网的决定》，在工委及党支部一层设立政治报告员，在基层党支部设立兼职政治宣传员，并以政治宣传员为骨干，组成了由青年团员、工会积极分子参加的15种宣传组织、1786人的宣传队伍，切实形成党对职工群众的宣传网。政治宣传员既是党密切联系群众的桥梁之一，又是加强党的宣传工作不可缺少的组织力量。鉴于政治宣传员的发展还不够平衡，党委要求，按照政治宣传员应具备的条件，加快发展速度。截至1952年11月底，政治宣传员队伍壮大到832名。

五、初步建立工会、共青团组织

建国初期，开滦工委初步建立并完善了港口各级工会组织和团组织，在广大职工中广泛开展迎“七一”生产大竞赛、爱国主义竞赛活动，积极开展时事政策学习、文化知识学习和政治教育，提高了广大职工的科学文化水平，提高了工人的爱国劳动热情，充分激发和调动

了职工投身于港口生产的积极性。

（一）初步建立职工工会

1949年，开滦工委根据1948年召开的第六次全国劳动大会关于解放区迅速建立工会组织的决议，立即选调工运干部，开始着手筹备组织工会。1月18日，在开滦女子小学成立职工会（即工会）筹备委员会，由田耕夫、张伯坚、裴守信等13人为筹备委员，并推荐田耕夫、张伯坚为正、副主任。3月11日，港口职工筹备委员会召开全体会议，通过职工会章程，并决定着手发展会员。9月19日，筹备工作就绪，在员司俱乐部召开中国煤矿工会开滦秦皇岛经理处委员会第一次代表大会。9月20日，在劳工俱乐部召开第一次职工代表会议，并根据第一次全国工会工作会议作出的关于将“职工会”“职工联合会”等统一改称工会的决定，选举产生了“中国煤矿工会开滦秦皇岛经理处委员会”。傅庆余（工人）任主席，李宪廷（工人）任副主席。

1950年6月，在风雨球场召开第一次劳模发奖大会

随着工会章程的制定和公布，各基层工会组织也相继建立。1950年，陆续成立了机厂、道拨、工务处、营运处、煤厂车码、大小码头等9个分会并相继组建了生产、组织、文教、劳保、青工、安全、卫生等委员会，贯彻大家办工会的方针，健全了工会组织，充实和加强了工会工作。为加强工会组织，又于10月底改选工会为中国煤矿工会开滦矿厂委员会秦皇岛经理处委员会，其下成立了两个基层委员会和19个厂间委员会。1950年，港口职工总数为6174人，会员发展到6113人，占职工总数的99%。

在劳动竞赛和历次政治运动中，港口工人涌现出大批人才。448人被选为工组长，提拔36名为领导干部、82名为一般干部，充实企业领导机构；228人被评为先进生产者和劳动模范，230名职工光荣入党，93名青年入团，还有的被选为人民代表，参与管理国家大事。

（二）开展生产竞赛活动

1949年6月，开滦工委向全港发出《开展迎“七一”生产大竞赛的指示》。全港职工遵照这一指示，积极行动，将第一次迎“七一”生产大竞赛开展得轰轰烈烈。在职工会的组织下，装卸工人开展劳动竞赛，生

1952年6月，秦皇岛市市长王植范在动员秦皇岛港职工开展爱国增产节约竞赛运动

产效率不断提高，创造了昼夜24小时出口各种货物15280吨的新纪录；港口技术工人也坚持出全勤、干满点，出色完成了5号火车头、1号轨道吊、11号汽车的修复和30辆港内专用车皮以及码头靠帮的维修等项任务，使港口生产得以迅速恢复。1951年2月28日，工会发动全港工人积极响应马恒昌先进生产小组为了使爱国主义竞赛经常地开展下去，向全国各厂矿工人提出的挑战。3月，首批应战班组18个，进而扩大到全港所有班组，使爱国主义竞赛在全港掀起高潮。此项运动一直持续到1953年。

（三）开展职工科学文化知识教育

1949年9月12日，开滦工委作出《关于成立职工政治、文化业余学校的决定》。经积极筹建，职工政治、文化业余党校于11月9日正式开学，入学职工1200余名。政治课由驻港军事代表任教，讲时事政策和《中国革命与中国共产党》《社会发展简史》；文化课由4名文化教员担任，按《职工识字课本》进行教学。1950年，大力开展职工文教工作，参加业余文化和技术学习的有3137人，占职工总数的50%以上，并于年底举办了两期大学校和四期短期学习班，参加学习的有4000人以上。经过一年的教育，职工在文化技术和科学知识方面有所提高。宣传工作起到了一定作用。在"七一"竞赛时，就出现了快报、壁报、黑板报、广播、贺功、报功、写信、演剧、说书、开大小会等20余种形式，为生产及各项工作进行宣传鼓动，由职工群众自己编写材料，仅剧本在竞赛中就有10余本。在提高职工爱国主义和国际主义上也有显著成绩，参加中苏友协的已有职工4850余人。1952年8月29日，秦皇岛开滦党委作出《成立扫除文盲委员会的决定》，成立速成识字班共21个，在港口职工中开展扫除文盲运动。1952年8月至1953年6月，分三期扫除全部4490名文盲。通过学习，职工学会1500字到2000字，能阅读通俗书报，写简单书稿。

（四）开展工人政治教育

1952年7月4日，党委宣传部依据中共中央华北局宣传部编写的《国营企业工人政治教材提纲》，结合港口具体情况制定出《关于工人政治教育工作计划》。通过实施《计划》，普遍提高港口工人的阶级觉悟，使其划清与资产阶级的思想界限，认清资产阶级的本质及其3年来向无产阶级进攻的严重性，提高了政治警惕性。港口工人普遍树立了工人阶级的伟大理想，增强了为社会主义和共产主义而奋斗的信心，提高了工人的爱国劳动热情，积极参加增产节约生产竞赛运动。7月6日，秦皇岛开滦党委部署职员思想改造学习运动。职员思想改造学习运动始终贯彻教育从严，处理从宽的政策，采取思想动员，自我检讨，领导帮助的方法进行，基本达到团结、教育、改造的目的。

（五）建立、巩固港口共青团组织

1949年5月，中国新民主主义青年团基层组织在秦皇岛港开始建立。在开滦工委和中国新民主主义青年团秦皇岛市委员会的领导下，首先以进步青年为骨干组织文体活动，宣传中国新民主主义青年团的性质和任务。而后，在各项中心工作和群众运动中培养青年加强团的组织。截至年底，共发展123名团员，建立了6个基层团支部。

1950年，港口青年团在巩固中不断壮大，已有团员193名。通过对团员加强政治思想和工作上的教育，使团的工作顺利开展，加强了团在各项工作中的带头作用。针对在发

展团员方面出现的“拉夫”现象，继续加强教育，巩固团的组织和加强党对团的领导，使之切实起到党的助手的作用。

1952 年 1 月 28 日，中国新民主主义青年团秦皇岛经理处委员会作出《关于学习东北“321”厂团的工作经验，改进团的工作的决定》。全港各级团组织加强对党的方针、政策和各项指示的学习，做好推进先进典型经验的工作，做好团员和青年思想情况的调查，针对性地抓好团员和青年的思想教育工作，建立批评与自我批评的制度。1952 年 6 月 24 日，团委向全港团员、青年发出《在爱国增产节约生产竞赛运动中以创造精神建设新开滦的号召》，充分发挥全港团员、青年在生产战线上的先锋模范作用和创造精神，积极开展合理化建议活动，把旧开滦建设成新开滦，在党的领导下协同工会做好修订爱国公约的工作。

第二节 港口党组织在社会主义过渡时期（1953 ~ 1956.9）

1953 年，秦皇岛港脱离开滦煤矿，由交通部接管，企业内部开始实行党的各级组织领导下的局长（厂、队长）负责制和职工代表大会制度，港口的社会主义管理体制基本上确立起来。秦皇岛港管理权限虽几经更迭，但在港口党组织和全体党员的共同努力下，全港职工的思想政治觉悟有了较大程度的提高，涌现出了一大批要求入党的积极分子，党组织的战斗力不断加强，为生产建设提供了强大支持。在各方共同努力下，秦皇岛港提前 1 年零 49 天顺利完成了第一个五年计划中国家下达的各项经济技术指标。

一、壮大党员队伍，迎接大规模经济建设

为壮大党员队伍，加强党的战斗力，迎接大规模的经济建设，管理局党委在 1952 年 8 月开展建党工作的基础上，结合生产及各个时期的中心工作，不断发展党员，基本上掌握了成分好、觉悟高、历史清楚、工作积极、作风正派、群众拥护、懂得党员条件、愿意依照党员条件奋斗的党员标准，保证了党员质量。

（一）积极慎重发展党员

1952 年 8 月至 1953 年 8 月，分局党委共发展新党员 435 名，随职工转走 138 名，历史未弄清条件尚待批的 48 名，取消预备资格的 2 名。其中已转正 68 名，延长候补期的 6 名。加上原有的 209 名老党员和转来的 22 名党员，秦皇岛港共有党员 478 名，占全局职工数的 13.5%。

1954 年，管理局党委根据党的“积极慎重”的建党方针，不断发展党的组织。一是各级党组织重视建党工作，不断召开会议进行督促和检查。如装卸队三个党支部、货区、医院、经保科等党支部对建党工作比较重视，将其视为支部的经常工作，分工明确，因而发展新党员较多。二是为实现党对生产工作的保证和监督作用，组织科结合生产开展建党工作，从生产运动中发现积极分子，通过生产运动培养与锻炼积极分子，入党后分配给具体工作教育其继续努力。三是由于秦皇岛港职工历史情况比较复杂，党委不断审查和教育积极分子。除结合生产运动审查外，还于每季度根据“成分纯洁、历史清楚、工作积极、思想进步、群众拥护”的积极分子条件普遍审查一次。全年共审查 14 次，有

管理局党委注重发展在港口建设中涌现出来的劳动模范和优秀分子入党。图为 1953 年秦皇岛港劳动模范及家庭模范合影

183 名不够条件的人被审查出去。四是严格履行入党手续，正确掌握党员标准，保证新党员质量。明确规定：入党者必须是经过培养和教育的积极分子；党支部接收新党员前必须经过个别谈话，然后交支部大会讨论通过；党委批示前先由组织员做一次负责的谈话，并签署负责的意见；党委批示时，均请工会、青年团、人事科、经保科的负责干部参加，逐个进行审查，然后决定接收与否。

1954 年，秦皇岛港全年共接收新党员 173 名，其中工人 155 名，干部 9 名，技术人员 4 名，技术工人 5 名；青年 31 名，壮年 142 名；团员 34 名，宣传员 18 名，劳动模范 17 名，厂间委员 17 名；历史清白的 87 名，参加过矿区党的 70 名，参加其他反动组织的 16 名（这些问题已向党作了清楚的交待）。共有 628 名党员（正式党员 455 名，候补党员 173 名），占职工总数的 15%。

针对 1954 年出现的基层干部对建党工作基本知识了解不够多、建党水平尚低、有时审查不严、在入党手续上还有些不合乎规定的混乱现象，以及党员发展不够平衡，在职员干部和技术人员中发展的很少等现象。1955 年，管理局党委对基层干部进行训练，提高建党水平，并加强对职能科室和技术部门建党工作的指导，以便在职员干部和技术人员中多发展党员，增强党的战斗力。

（二）广泛接收知识分子入党

1955 年 6 月，政治处组织科在接收知识分子入党方面作出题为《克服保守思想，在知识分子中扩大党的力量》的总结。经过在全局党员中认真传达贯彻中共中央《关于知识分子问题的指示》，克服了关门主义和保守思想，端正了对知识分子的认识，从实际

出发制定了发展知识分子入党的计划。在实施计划过程中，发动全党动手，加强领导，针对知识分子的特点加强共产主义理论教育和党的基本知识教育，贯彻“积极慎重”的建党方针和重点接收的原则，积极在知识分子中发展党员。

为了增加党在知识分子中的骨干力量，密切党与知识分子的联系，启发知识分子的积极性，1956 年，管理局党委通过学习建党指示，在提高认识的基础上，根据市委指示和秦皇岛港实际情况，制订了《今后两年发展党员的计划》和接收知识分子党员的计划，加强了在知识分子中发展党员的三个关键工作。

一是认真贯彻中央关于知识分子问题的政策，提高党员的思想水平，消除党内对知识分子的错误看法。首先组织专门力量调查和分析了党内对知识分子的错误看法和党对知识分子的关系上存在的问题，根据中央指示精神和秦皇岛港实际，由党委书记向全体党员作了动员报告，揭发和批判了党内存在的右倾保守思想和宗派情绪，并利用党日活动时间，组织党员进行了讨论，在提高认识的基础上联系个人进行了检查，并互相之间开展了批评。专门组织党员科长、党支部书记和党的兼职组织员学习和讨论了在知识分子中发展党员的文件，检查在知识分子中发展党员存在的问题。此外，还结合日常工作，教育党员主动和知识分子接近，密切与他们之间的联系。

二是加强对知识分子的政治思想领导，提高其觉悟。各级党组织吸收知识分子中的

1954 年秦皇岛港各单位发展党员计划表

表 12　　单位：人

	第一季度	第二季度	第三季度	第四季度	共计
党委会	—	1	—	1	2
局长室	1	6	6	2	15
工会	—	3	1	—	4
经保科	2	2	1	—	5
医院	—	8	3	1	12
工务科	—	2	2	1	5
机厂	1	6	5	3	15
货区	2	4	3	1	10
运输队	1	4	6	4	15
第一队	14	30	21	7	72
第二队	14	30	20	1	65
第三队	12	30	24	7	73
大队部	1	—	1	—	2
基建队	—	—	—	—	—
道南	1	4	1	1	7
河东	—	4	2	—	6
共计	49	134	96	29	308

积极分子列席参加党的适当会议，如支部大会、党小组生活会、接收新党员举行入党仪式大会等，使其了解党的工作和活动，增加党的基本知识，解除知识分子对党的神秘看法，并促使其从思想上靠近党的组织。为了做到具体了解知识分子的思想情况，密切党与他们的联系，除教育党员干部加强和知识分子的团结协作外，对11名高级知识分子，党委常委作了明确的具体分工，经常与他们谈心和交换意见。

三是在对知识分子进行摸底排队的基础上，按照积极分子的五个条件慎重挑选积极分子。根据“兵对兵”“将对将”的精神，作了明确分工：高级知识分子中的积极分子由党委书记和党委常委负责培养，一般知识分子中的积极分子由党委委员和坚强有力的党员科长负责培养，并对每个同志提出了发展党员的具体要求。同时，积极弄清知识分子的政治历史问题，并作出正确结论。由于知识分子中，年龄较大的知识分子出身历史和社会关系较为复杂，在226名知识分子中，经过审阅档案材料发现有86人（不包括高级知识分子）的政治历史和社会关系不清，其中怀疑较大的有34人。党委结合肃反和审干工作，对有怀疑者进行了调查。曾先后派出10名调查人员，用了2000多个工作日对86名有怀疑的知识分子的出身历史和社会关系进行了外出查证。同时，与知识分子本人进行个别谈话，交待政策、解除顾虑，动员本人主动向党交代问题或提供查证线索。

1956年6月17日，政治处组织科主持召开新党员入党宣誓大会，全局党员干部出席了大会，120名党外知识分子列席会议。大会在新党员举行入党宣誓之后，知识分子代表作了《争取做一名共产党员》的表态发言，接着由党委书记刘抗作了《关于进一步落实党的知识分子政策》的讲话，刘抗在讲话中着重说明了党组织的大门是向知识分子敞开的，并向知识分子指出了努力方向。

（三）整顿、审查入党积极分子

在对入党积极分子的考察管理上，党委组织部从1954年9月上旬开始，利用两个月的时间开展了整顿积极分子工作。按照积极分子的五个条件，由点到面在全局18个支部中逐个对积极分子进行排队，审查出66名有重大历史问题而交待不清的及不够标准的积极分子，吸收了22名历史清楚、工作积极、思想进步的具备积极分子条件的职工。截至1954年11月11日，共有积极分子296名。党委组织部首先召开组织委员会议，传达及布置审查积极分子的工作计划，同时确定以运输队党支部为审查的重点。各支部在检查建党工作的基础上，以党支部为单位召开一次支委、组长联席会，学习积极分子的五个条件，在提高认识掌握标准的基础上，逐个对积极分子进行较细致的衡量，然后决定是否具备条件。党支部通过本组党员、工长、组长和积极分子本人深入细致地调查和了解积极分子的历史、工作、生产、思想等情况，填写《积极分子登记表》，并由厂间、团支部负责的党员干部签署意见，最后由党委组织部协同党支部进行审查和校正。通过对积极分子的审查，党委进一步了解和掌握积极分子的历史工作及思想情况，对积极分子做到心中有数，以便更好地对积极分子开展教育，提高其阶级觉悟和对党的认识，并严防坏分子混入党内，保证党员队伍的纯洁。

（四）教育、管理新党员

1953年3月，分局党委采取集体上党

课、个别谈话、严格生活会、进行鉴定等方式对新党员进行教育和管理。一是对新党员集体进行共产党和共产主义教育（春天每月两次、夏天每月四次、十月开始每月一次），大部分由党委委员或主要党员干部进行授课。二是严格组织生活会议，使新党员在入党后即进行组织生活，增强党的组织观念和纪律性。三是由各党支部结合生产情况和新党员的思想动态，不断对新党员进行个别谈话，及时发现和解决问题。四是从 9 月份开始以支部为单位进行新党员鉴定工作，进一步挖掘新党员的历史问题和入党动机等，纠正错误观念，纯洁党员思想。五是严格转正程序，经过支部大会讨论通过，组织员个别谈话，再经过党委主持组织部召集组织员会议研究批示。

（五）考察、管理预备党员

1956 年 3 月至 1957 年 2 月，管理局党委共研究批准按期转正者 145 名（包括延长预备期的 11 名）。在此期间，由各支部结合先进生产者运动和各项中心工作，对预备党员进行考察教育，注意在各项工作中经常给每个预备党员分配任务，并帮助其解决在实际工作中遇到的困难和问题。同时，各党支部基本能够按三个月开展一次预备党员鉴定工作，并指定正式党员对预备党员进行培养教育。为加强预备党员在预备期间的考察教育，党支部将此项工作列入会议内容，如二队党支部对 8 名预备党员除指派专人负责以外，还建立了培养者汇报会。党支部根据预备党员条件的不同，指定自学文件和集体上课的方法，进行怎样做一名共产党员的教育，召集座谈会交流自学经验。

1957 年，针对预备党员缺乏教育制度，到转正期现抓教育的现象，以及在对预备党员每三个月进行一次鉴定中发现的部分问题，管理局党委根据上级指示精神，基本停止接收新党员，着重加强党员的管理教育，特别是预备党员教育，明确要求各支部按时召开小组生活会，并经常检查其执行决议的情况，指导其开展批评与自我批评。为了提高预备党员鉴定效果，各党支部在鉴定之前均事先通知预备党员本人作好准备。同时，各党支部发挥每个支委的积极性和创造性，加强对预备党员进行党的基本知识、如何做一名共产党员、个人利益与党的利益的关系以及党的组织性和纪律性的教育，提升预备党员的政治觉悟和理论素养。

二、统一思想，密切党、政联系

1953 年 1 月，在市委的领导下反复学习了五三工厂的经验，并结合秦皇岛港的实际情况进行检查，分局党委在党员队伍中发现存在以下几个主要问题：一是对国营企业中党、政、工、团统一，搞好生产的思想不明确，党群干部布置任务与检查总结工作时未能从经济效果上出发，存在着政治工作与经济工作脱节的现象，对生产、财务任务完成的好坏缺乏政治上的责任感。党群干部与行政干部思想不统一、步调不统一，各搞一套。二是对如何依靠工人阶级的思想不明确，特别对依靠工人阶级必须对其进行思想教育，提高其思想觉悟和思想水平认识不足，工作方法很少。三是党的政治思想工作薄弱，不能及时、系统地掌握职工的思想变化，工作处于被动。为此，分局党委积极开展以下工作：

（一）行政干部向党组织汇报

局长定期向党委汇报前一阶段生产财务计划的完成情况，提出生产、财务工作中的关键及薄弱环节和下一阶段的工作计划，交由党委会讨论和审查。党、工、团组织则根据存在的问题和要求制订本部门的保证措施计划，推动组织力量组织实现。党支部委员会也如期听取和审查行政负责人的汇报，如煤厂3个中队的党支部从1954年6月开始先后学习与推广哈尔滨机车车辆修理厂货车车间党支部的工作经验，每月月底召开支部大会时让行政的中队长向党员大会报告上月各项指标的完成情况和下月的技术组织措施计划。党支部根据生产中存在的问题和行政要求向党员布置工作任务、提出要求。

（二）提拔、配备工人干部

分局党委培养与提拔大批工人干部，并为行政科室和生产单位配备强有力的党员干部，加强行政科室与生产单位的工作。1952年5月至1954年11月，共提拔科级干部57名，科长、办事员级干部128名，充实各单位的领导骨干。绝大多数新旧干部兢兢业业工作，在各项工作中积极发挥带头作用，影响和改造工人的旧思想和旧作风，保证工作不断改进与提高。与此同时，将干部政治理论、时事和业务学习形成制度，不断提高干部思想觉悟和业务水平，有力克服部分干部的非工人阶级的思想，提高政治思想觉悟和业务能力。

（三）发挥党员与非党积极分子的作用

各级党组织经常对党员、团员、党的宣传员进行不间断的政治思想教育，如每月由18名兼职的支部教员对党支部党员进行两次支部教育，结合每个时期的中心工作和党员的思想情况，通过讲课、讨论结合检查个人的方法提高党员的思想觉悟（其他教育也均有正常的教育制度）。此外，党委经常听取基层干部、工厂干部的汇报，也有时抽取行政的负责干部汇报，发现工作中的关键问题，立即组织干部查找原因，解决问题。同时，党委经常组织人员到各单位检查技术组织措施、计划的执行情况，针对发现的问题，提出改进意见。

（四）贯彻民主集中制原则，严格党内生活制度

党委严格控制与统一安排各部门的工作任务，各部门的工作计划、方针任务和带有政策性的重大问题都交由党委审查批准，涉及范围大的工作上报市委批示。同时，各党组织加强集体领导、明确分工，充分发扬民主，对重要的工作计划与安排进行讨论，以统一思想认识和步调。如有不符本单位情况的，可提出缓办或不办的请示，明确既不请示、又不执行是一种严重违纪行为。各党支部严格按照党委规定的时间、日程，每月召开一次党员小组生活会、一次小组学习、一次支部大会。党委委员除参加所在单位组织活动外，每2个月召开一次全体小组会，着重检讨与检查党委委员对上级指示及党委决议、政策的掌握和执行的情况，开展一次思想立场和作风上的批评与自我批评。

（五）健全党内外民主制度

认真健全党委制。党委、党支部严格按照党内民主集中制的原则进行工作，明确分工、各有专责，坚决执行已经通过的决议，如有不同意见，可向组织系统反映。建立民主检查工作与民主检查领导的制度（检查党委领导每3个月一次），年终结合一年工作对党、政、工、团进行检查，做一次干部鉴定。同时在一项中心工作任务完成之后，也召开所属范围的会议，对干部在工作中掌握政策、工作态度、工作作风、政治立场进行一次系统检查，以统一提高思想认识。党、政、工、团各系统部门也每3个月召开一次本范围的干部会议或临时座谈会，专门检查领导，听

取基层意见。

三、整顿、教育和管理基层党支部

从 1953 年开始，管理局党委加强整顿、教育和管理基层党支部工作，切实解决港口党支部存在的诸多问题：交待任务和传达政策时生搬硬套、浮于表面，不能深入、具体地开展工作；事务凌乱，缺乏计划性，抓不住工作重点，工作效率不高；部分支部书记对支部的具体领导科学分工不清楚、责任不明确，不能更好指导支委和组长开展工作；会议制度不完善，导致“会前无计划、会中乱成一团”，不能切实解决实际问题；多数支部中党员只能自我检讨，不能开展互相批评；部分新党员存在脱离群众的危险，尤其在生产单位表现突出，部分老党员对团结党与群众关系也做的不够。

（一）整编基层党支部

为及时加强政治思想领导，在各单位编制固定之后，分局党委抓紧整顿基层支部，根据生产单位和工作性质，将原有的 25 个基层党支部整编为 16 个，346 名党员减少为编内 298 名（含预备党员 96 名）。由于有的党支部党员互相不了解，对业务不熟悉，由党委指定的党员组成支部支委，以后再进行改选，也有党支部根据情况民主选举产生了支委委员。通过民主选举出在群众中有威信、有工作能力的党员为支部委员，发挥了支委会的作用。各党支部根据党委意图，结合本支部情况作出月计划和周计划，并深入密切联系群众，真正成为各单位的领导核心。5 月，分局党委作出《关于在生产班组建立核心组的决定》，针对工人中党员少的情况在生产班组建立以工组长为首，以党、团员为骨干，由政治宣传员和工会积极分子参加的 5 ～ 7 人核心组。核心组在党支部的领导下，根据分局党委的意图，统一班组成员的思想和行动，保证生产和各项政治任务的完成。实践证明，这是一项加强企业思想政治工作，保证企业发展生产，完成或超额完成各项经济指针的有效组织措施。

（二）明确党支部教育和管理制度

一是加强集体领导与科学分工，明确、细化支部书记和委员的职权范围。同时，充分发挥支部委员会的工作职能，重要事项均要经过委员会讨论通过、作出决议之后再根据支部情况分工执行。二是各党支部经常研究和掌握本支部的具体工作情况，根据情况和任务确定政策，支书和委员监督和保障各项工作的顺利完成。三是各党支部明确自己的日常工作和中心工作，分清轻重缓急。首先是根据党委计划作出支部计划，提出如何完成业务工作和中心工作。然后根据计划布置，支委再分别深入到党员、群众中调查研究，了解和掌握政策的执行情况和工作的完成情况，帮助发现和解决问题。四是严格执行生活会议制度，开展批评与自我批评，加强党内的团结和统一。坚持每月召开一次批评会，由支部委员帮助小组长作准备工作，分析本小组存在的主要问题和产生问题的原因，并提出解决办法；支部委员会除研究工作外，也定时开展自我批评，使支部委员、党员在政治上保持团结统一，顺利开展各项工作。五是各支部无条件执行党委的决议，认真用好请示和报告这两种工作形式，便于在开展工作时及时得到党委的指示，明确工作方向。

（三）发挥党支部对生产的保证和监督作用

1954 年，为了充分发挥党组织对生产的保证和监督作用，管理局党委在 6 个较大而又重要的单位配备了4名脱产支书，着手推广《哈尔滨机车车辆修理厂货车车间的支部工作经验》，改进支部大会的召开方法，制订以生产、财务任务为中心内容的支部计划、决议。各党支部充分发挥每个党员在生产和工作中的积极带头骨干作用，自1954年3月起由点到面，普遍地发动每个党员逐月制订了个人保证条件，截至年底共有491名党员完成制订，占党员总数的81%，进一步明确党员的努力目标。同时，各支部委员、小组长明确具体分工，在每月的小组会上集中检查，开展批评与自我批评，在党支部大会上，评价党员工作的情况，表扬执行好的党员，批评执行不好的党员，促使党员在生产工作中发挥骨干带头作用，推动劳动生产竞赛的不断提高，保证各时期工作任务的完成，同时也通过实际工作教育了新党员，提高党员的思想觉悟和完成计划的责任感。

（四）建立健全支部会议制度和汇报制度

1954年，管理局党委针对党支部和党小组工作方法简单、制度不健全，有的党支部处于“兵来将挡水来土掩”的被动局面，导致某些党员干部产生骄傲自满情绪和资产阶级个人主义，互不联系、不团结的分散现象，管理局党委建立健全支部会议制度和汇报制度，加强党的集体领导，严格党的组织纪律，发挥党员在生产工作中的更大作用。

一是会议制度（包括学习制度）。（一）每月第一次支部党员大会。明确支部党员大会（每月第一个星期五召开）内容：由支部向全体党员汇报上月工作完成情况、经验教训、存在的问题和解决的办法，并传达本月工作计划（围绕生产、具体适时、突出重点）。党支部党员大会充分发扬民主，开展批评与自我批评，对上月工作总结报告和本月工作计划进行分组讨论，再形成决议，变为全体党员的实际行动。其中，职能科室支部着重总结汇报党员干部完成科室工作计划、掌握党的政策，团结群众、学习业务、思想作风等情况，并根据上月工作情况，制订出加强党员干部业务、时事政策学习的计划，提高其政治觉悟，密切党群关系。（二）党员小组学习会（每月第二个星期五召开）内容：科室主要（科员以上）党员干部学习党委规定的学习文件或组织有关党刊（如《河北建设》）的讨论；一般党员可组织学习党委的指示、党支部生活和党的基本知识等文件。在学习中，结合本单位的工作情况，检查个人的工作思想和作风，进行分析、提高、认识，从中找出工作中和思想上的不足，提出自我改进意见。通过学习，以提高党员干部的政策原则性和思想水平，进而提高工作效率，有效保证完成各项工作任务。（三）每月第二次党支部党员大会（每月第三个星期三召开）内容：由党支部报告上半月完成工作计划的情况，及时推广好的工作经验，针对工作不足及时采取积极措施，进一步明确分工，以保证完成月度计划。此外，由检查组报告检查情况，通过完成任务的好坏，开展批评与表扬的方法进行教育，使全体党员树立起完成党支部决议的信心和决心，增强支部战斗力。（四）党员小组生活会（每月第四个星期五召开）内容：以检查个人保证条件为主，其次检查思想作风、群众关系等问题，有计划有目的地开展正确的批评与自我批评，最后将问题拉到原则上认识，以提高党员的思想水平。在会议进行方式上，做到有重点、有目的地解决问题，防止每人轮流一遍的现象。同时对压制批评、不接受群众意见、实行打击报复等现象开展无情斗争（小组会进

行记录，将原始记录会后交组织部）。

二是每月汇报制度。（一）在第一次召开党支部大会后，由支部书记向党委作一次包括工作完成情况及存在的问题、党员发挥的作用、如何实施本月计划及具体分工等内容的书面或口头汇报。（二）在党小组会学习之后，由宣传委员向党委宣传部作一次包括学习的内容、讨论的情况、解决的问题等内容的口头或书面汇报。（三）在第二次党支部大会后，由党支部书记向党委作一次包括检查执行决议的情况、完成工作计划的情况、存在的问题及解决措施等内容的口头或书面汇报。(四) 在开完党的生活小组会之后，由组织委员向党委组织部作一次包括党员个人保证条件执行情况、解决的思想作风问题以及还存在哪些问题等内容的口头或书面汇报。（五）在保证各项中心工作中，及时向党委汇报临时发现的问题。

（五）恢复党支部教育

1954 年 3 月，管理局党委遵照市委指示，纠正了党支部教育和工人教育一起进行的偏向，恢复了党支部教育。以各党支部分片进行党课的教育为主（小党课），由党支部书记及兼职支部教员包干授课，以各党支部全体党员集中上课形式，针对一定时期的党员思想情况进行每月一次的大党课。教材以市委编印的课本为主，同时根据每一时期党员的思想情况，编写辅助材料。9 月，管理局党委开始在支部委员以上党员干部中进行增强党的团结的教育，重点批判了党员干部中存在的资产阶级个人主义和骄傲自满情绪，突出解决个别党员干部之间长期不团结的问题，作出了改进集体领导的规定，建立了每年一次的党员代表大会制度和民主检查领导的会议制度，达到了增强党的团结，巩固和发展党的团结的目的。

1956 年，在加强党支部教育工作方面，一是从推广哈尔滨机车车辆修理厂党支部工作经验以来，管理局党委重视了会前的准备工作，加强支委会的集体领导作用，基本建立了党支部工作的正常秩序。各支部每月在支部党员大会前，一般均能根据党委计划和党支部的具体情况，起草支部月计划，向全体党员传达贯彻执行，克服了过去少数支委决定问题的缺点。如，装卸二队党支部坚持定期召开支委会，讨论党委布置的中心工作，切实发挥了每名支委的智慧；装卸三队党支部委员按照分工（每个支委掌握一趟工房）掌握党员的思想情况，每月召开两次定期支委会，月初研究支部工作计划，月中检查计划执行情况，进一步发扬了党内民主，开展批评与自我批评。二是加强党员密切联系群众的思想教育，在先进生产者运动中注意帮助落后工人的转变，注重教育党员发挥骨干带头作用。全年党员被评为先进生产者 332 名，占全体先进生产者总数的 33.2%。三是组织科于 12 月提出党小组划类意见，交各党支部负责结合工作将 106 个党小组进行一次排队，并在党小组排队的基础上，将 680 名党员（不包括政工人员）逐个进行摸底排队。根据“党员排队标准”，初步划分第一类党员 37 名，第二类党员 282 名，第三类党员 27 名，通过批评与表扬，对党员进行了一次教育。

1950 年～1957 年，管理局党委组织党员、团员开展学习共产党和共产主义、党与团的基本知识等内容的党团课教育。同时，进行《中国共产党简史》、党章教材、党员标准八项问题、怎样做一名共产党员、怎样做一名共青团员、新党章新团章以及党的各项政策决议教育。1954年以前每月两次，以后改为每月一次。教育方法也根据党团员水平的提高不断改进。由刚开始的正面教育，逐步改为针对党内与团内的重要思想进行教育，结合党的政策向党团员进行教育，并有领导地组织辩论，开展对错误思想的批判，有时也利用生产空隙抽调部分党团员脱产训练，由于党团员思想觉悟不断提高，从而保证了党团员在各项工作的骨干、带头作用。

（六）推行党支部五项管理工作

经过学习五三工厂和哈尔滨机车车辆修理厂党支部的工作经验，港口各党支部初步明确了政治工作与经济工作相结合和发挥全党集体力量的重要性。支委会的集体领导有所加强，批评与自我批评有所开展，在政治工作与经济工作相结合方面取得了一定的成效，但仍不同程度存在着违反党的集体领导和民主集中制原则等倾向，不能有效进行党内批评和自我批评，削弱了党支部对生产及各种工作监督保证的战斗堡垒作用。

1955年，为解决这些问题，管理局党委开展了以下5项工作。

1955年，管理局党委在基层党支部中推行五项管理工作，有力地推动了港口生产经营。图为表彰先进基层生产小组

一是明确党支部的基本任务：在人民群众中进行宣传和组织工作，以实现党的主张和上级组织的各种决议；经常注意并向上级机关反映人民群众的情绪和要求，关心人民群众的政治、经济和文化生活，并组织人民群众解决其问题；吸收新党员，征收党费，审查鉴定党员，对党员执行党的纪律，并教育党员、组织党员的学习。同时，根据各个支部的不同业务和工作情况，经常性有区别地抓住不同的工作重点。（一）生产和辅助生产单位。积极向职工进行共产主义教育，提高职工的觉悟程度，发动职工积极参加劳动竞赛，学习与推广各种先进经验，提倡合理化建议，严格遵守劳动纪律与操作规程，不断提高职工的技术水平和操作熟练程度，监督保证党的方针政策和国家法令正确贯彻和实施，关心职工的正当福利与身体健康，向党员、职工进行服从领导、执行命令的教育，帮助行政领导人员改进工作，保证正确贯彻一长制和民主化管理相结合的方针，密切上下级和职工与行政首长的联系，巩固与壮大党的组织，开展现场的宣传鼓动，鼓励职工群众的生产积极性。（二）职能科室和机关支部。发动科室干部积极参加劳动竞赛，端正经营管理思想，保证党的方针政策和国家法令得到正确贯彻，行政各种工作计划得以及时完成；掌握干部思想情况，开展批评与自我批评，向干部中的不良思想倾向作斗争，以使干部发扬优点、克服缺点、纠正错误，树立社会主义思想和朴实的工作作风，兢兢业业工作；教育干部树立坚韧苦学和互助互学的精神，积极参加时事、政策、文化、理论、业务等学习，不断提高干部的思想觉悟和工作能力；发动干部积极参加体育运动和文娱活动，提高干部的健康水平。

二是加强党支部的集体领导，发挥支部委员会的集体领导作用。（一）党支部书记牢固树立高度的民主作风，充分发挥每个支部委员的经验和智慧，凡有关党的方针政策和涉及面较广的重大问题都经过支委会讨论决定，克服和防止个人或少数委员决定重大问题的违反党的集体领导的思想和作风。（二）每个党支部委员充分认识自己不但要完成自己分担的业务，更重要的是对党的全面工作负责，定期向支委会汇报自己的工作，以取得支委会对自己的领导和监督。在支委会讨论任何问题时，每个委员认真负责的进行讨论，大胆地发表自己的意见，决定后保证按照决议彻底贯彻坚决执行。（三）每半月召开一次党的支委会例会，研究上月工作总结和下月工作计划，检查支部决议执行情况。如有特急问题由支委自行决定召开。

三是普遍深入地学习与推广哈尔滨机车车辆修理厂和其他地区开好支部党员大会的经验，采取“边学习、边推广、边总结、边改进”的方法，认真开好支部党员大会。（一）支委会对支部党员大会负责，在会前充分作好会议的准备工作。党支部委员、党小组长和一定数量的党员积极分子参与会前准备工作，使其成为检查工作、研究分析、明确关键、统一领导思想的过程。提前召开支委、组长座谈会、党员积极分子座谈会和个别访问有关人员，围绕总的中心议题多方面汇总情况，加以分析研究，责成专人结合党的方针政策起草，切实做到总结报告有成绩、有问题、有分析、有批判、有批注、有表扬，工作计划有任务要求、有工作方法，提出完成任务中的有利因素，指明工作中的困难。同时，对会议的程序、会场的布置以及时间、地点等均作慎重的改进和周密的安排，并及时通知党员开会时间、地点和会议的中心议题，方便党员提前准备意见。（二）在党支部党员大会中，强调开展批评与自我批评，尤其是自下而上的批评。一是凡超过10名党员的支部在每次召开支部党员大会时，通过民主方法组成大会主席团，由主席团主持会议的进行。为发扬民主，吸收党员参与会议领导。二是严格控制支部党员大会报告时间，给予党员充分发表自己意见和开展批评的机会。三是每个党员专心听取群众的意见，诚恳接受群众的批评监督，积极支持群众的正确意见，支持和发扬党员发表意见的积极性。四是由支委、组长和党员干部带头在党员大会上发表意见，培养积极分子带头发言，树立积极发表意见的榜样，带动和启示所有党员敢于大胆发表意见和开展批评。

四是支部党员大会作出明确决议后，每个党员均按照决议积极开展工作，使党的决策得以彻底贯彻执行。（一）在每月的第一次支部党员大会结束后，以党小组为单位，由党小组长负责领导，发动与组织党员按照支部党员大会决议中对党员的要求，结合本工组、本岗位生产及工作中存在的薄弱环节以及个人的实际情况，制订个人当月的保证条件。然后，由党小组长掌握，经常进行正面和侧面地了解每名党员的执行情况，并在每月党小组会议上集体进行一次检查和修订，以执行个人保证条件为中心内容开展批评与自我批评，促使党员坚决执行党的决议，通过实际工作提高党员的政治思想觉悟，锻炼党性。（二）党的支部委员要有明确分工，深入检查决议的执行情况，克服只布置不检查的官僚主义作风，定期听取小组长汇报，有重点地直接了解党员，并在党的会议上，针对党员执行决议的真实情况进行表扬和批评。同时，给予每个党员检查支委会执行党员大会决议情况的机会，以便上下互相监督。（三）支部委员，尤其是支部书记时常复习支部大会通过的工作报告或工作计划，以便发现问题及时扭转。（四）加强党小组工作。党小组长切实负起责任，按时召开党的小组生活会，发动党员开展批评与自我批评，帮助每个党员发扬思想、工作中的优点，克服缺点、纠正错误，保证党的决议在各个党小组中彻底落实。

五是党委组织部门经常选择有关改进支部工作的文件，组织支部书记和委员进行学习，并及时总结及推广支部工作和小组工作经验，结合各支部的实际情况开展经验交流与学习，不断充实基层干部的指示和分析问题的能力，达到不断改进与提高工作的目的。

同时，管理局党委以开好支部党员大会作为进一步提高党组织政治思想领导水平、贯彻党的集体领导原则的主要措施，加强基层党组织工作。一是以支部为单位，突出开展反对资产阶级思想的斗争，克服一些党员的资产阶级思想，有效地提高广大党员的觉悟程度。二是统一思想步调，增强组织力量，形成全党性的保证与监督。三是加强党员遵守纪律的自觉性，90%以上的党员提前或按期将保证条件交到支部，并且能较好实现个人保证条件。四是克服了支部书记认为支委“没有时间、工作太累、文化程度低、情况了解不全面”的思想，改善了党支部的集体领导。

四、党员、干部教育工作

管理局党委以实现党在过渡时期的总任务和秦皇岛港的“一五”计划为目的，加强对党员、干部进行以贯彻执行过渡时期总路线为核心的政策、理论教育，不断提升政治觉悟，提高理论水平，纯洁党员、干部队伍，使其更好地服务于港口“一五”建设。

运输队党干部向干部、职工宣讲向秀丽先进事迹

（一）进行社会主义思想和革命纲领教育

1956年，根据市委今后对基层党员每年普训一次的指示精神，管理局政治处组织科、宣传科以省委宣传部编写的《城市工矿支部党课教材》为教材，结合实际情况抓住提高教育质量、加强支部领导、建立必要制度三个环节，进行一次包括社会主义新形势和社会主义革命阶段的任务、第一个五年计划的基本任务和基本政策、党的基本知识和反对资产阶级思想三项内容在内的社会主义思想和社会主义革命纲领教育，深入地开展反对资产阶级思想的斗争。一是除13名党委委员为支部教员外，吸收5名科长级党员干部为兼职支部教员，每两人分为一组包讲一课，教员于授课三天前组织备课、准备意见，并由宣教科参加具体研究联系实际的方法和内容。二是各党支部在训练前根据讲课内容了解和掌握党员思想情况，提供给支部教员，以便掌握讨论。同时，以党小组为学习小组，个别人数过多或过少的在原有基础上适当划

分。三是制订学习公约，建立点名签到、请假、补课等制度，严格学习纪律。

（二）增强党员干部团结教育

1954 年，为进一步向全体党员贯彻增强党的团结的重要意义，解决某些党员干部之间所存在的不团结和不利于党的团结的问题，管理局党委于 8 月 2 日开始以近一个月的时间在全体党员中传达、贯彻中共秦皇岛市第四次代表大会精神，同时针对党员思想作动员报告，在 214 名支委以上的党员干部中开展思想检查，组织一般党员座谈讨论。通过充分开展党内的批评与自我批评，把反对资产阶级个人主义思想贯彻到党的日常生活中去，加强支部集体领导，改善支部工作。同时，加强党员的政治思想领导，进一步把政治工作与经济工作密切结合起来，达到思想步调统一、上下团结一致。在学习与检查中，由于党委的直接掌握，党员觉悟的提高，一般均能对照党中央《关于增强党的团结的决议》文件精神密切联系实际，对资产阶级个人主义思想骄傲情绪及不团结问题进行了比较系统深入的检查，普遍提高了增强党的团结的重要性的认识，提高了政治觉悟和革命警惕性，重点解决了干部间的不团结问题，提高了对集体领导与相互协作的重要性的认识，发展了批评与自我批评并正确的掌握了批评与自我批评的武器，进一步摸清了党组织情况与党员干部思想情况的“底”。

（三）反对资产阶级思想斗争

1955 年，管理局党委有目的、有计划地进行了反对资产阶级思想斗争，打击个人主义和非无产阶级思想残余，突出解决在干部中一团和气、互不监督、不开展批评与自我批评的现象。根据市委关于《加强党的政治思想教育，深入开展反对资产阶级思想斗争的指示》，管理局党委责成宣教科、组织科对干部思想情况进行了比较全面、系统的调查研究，并在此基础上，经党委反复研究制订了具体执行计划，确定了学习文件、思想检查、总结建设三个阶段。

1955 年 2 月 4 日至 3 月 26 日，管理局党委集中利用每周时事学习、专业学习、党的活动等七个小时活动时间，在全局干部中（除 26 人外出学习及 62 名三班人员未参加外）开展反对资产阶级思想的斗争。首先组织全体干部深入学习市委辑印的有关文件，召开典型处理大会，使干部受到一次生动的实际的教育，有效地提高干部的觉悟水平，使其进一步深刻认识资产阶级思想侵蚀的严重性、危害性。同时针对在学习中暴露出来的一些政策不清、界限不明、学习态度不正确等问题，进一步交代政策，划清界限，澄清部分干部对开展反对资产阶级思想斗争的糊涂观念和认识，并解决其中个别的右的和“左”的情绪，端正态度，从而为开展思想检查和批判创造了有利条件。在思想检查阶段，党委加强领导，组织 12 名党、团干部分别参加各单位协助开展工作，并以定期汇报的办法，及时掌握斗争的开展情况。最后，党委针对发现的问题，初步制定了相关制度堵塞漏洞。由于这些漏洞还仅仅是初步揭发的，党委在反浪费运动中进一步揭发，并制定了具体的改进措施。

（四）加强政治理论与政策业务学习

1955 年，在加强干部政治理论与政策业务学习上，由政治处分类、分级制订具体可行的学习计划，切实安排时间，党组织负责进行监督、检查。各党组织经常以总路线精神监察工作、改进工作、教育干部，以提高社会主义企业经营思想和管理原则。运用批评与自我批评的武器，通过经济活动分析揭

1956 年 2 月普训基层党员情况一览表

表 13

时间	内容	教员
2 月 3 日	讨论	王树平
2 月 4 日	社会主义革命运动高涨的新形势	任惠民 孟万表
2 月 7 日	共产党员要做社会主义革命的先进战士	杨子愚
2 月 8 日	讨论	李殿生
2 月 9 日	共产党员要不断提高共产主义觉悟，反对资产阶级思想的影响和侵蚀	傅锦堂
2 月 10 日	讨论	关立斋
2 月 17 日	共产党员要经常保持高度的革命警惕性	王治平 苏维树
2 月 18 日	共产党员要坚决向保守势力作斗争	周西桥
2 月 21 日	讨论	张治民
2 月 22 日	加强党对党员的监督，严格遵守党的纪律	王占泰
2 月 24 日	讨论	涂恩培
2 月 25 日	充分发挥城市工矿基层党组织的战斗堡垒作用	刘培新
2 月 28 日	讨论	王仲田

露批判资产阶级个人主义、骄傲自满情绪和违反党的方针、政策的错误行为。全年选送 44 名干部到市委党校及其他业务、文化学校进行学习，对 69 名科级以上干部进行了一次初步摸底，进一步掌握干部的工作、思想以及执行党的方针政策等情况。同时，加强干部唯物主义学习的领导，强调理论与实际结合，从而转变不深入实际、空提口号不钻研业务、主观臆断，只布置工作、不检查工作等工作作风，树立兢兢业业、克服困难、实事求是的工作作风，保证了党的各项政策的正确贯彻实现。

五、改进党的集体领导，增强党的团结

1954 年，根据市委 4 月下旬召开的传达中共四中全会决议的县级干部会议精神，管理局全体党委委员以中共四中全会文献为主，结合有关文件和管理局实际情况，集中进行历时 6 周的学习和讨论，在思想觉悟提高的基础上，就党委集体领导和团结问题进行较为系统的检查。通过学习教育和开展批评与自我批评，明确了“党的集体领导的原则是党领导的最高原则”是完成各项工作可靠有力的保证，并把《增强党的团结的决议》六条规定作为党委执行工作的规范。

（一）精简全委会讨论内容

为克服会议过多和对问题讨论不细致的现象，突出全委会议研究的重点，根据市委指示和精神管理局建立党的政治工作机构及实行一长制后工作方法的转变，管理局党委规定党委会要讨论决定的内容：（一）行政工作：年度计划、季度计划和月度的生产计划；定额修改、奖励制度修改、厂长基金使用计划、厂工升级和晋级制度；一定时期中心工作安排；机构的重大变动；生产班次和作息时间的改变；行政和工会及对外签订的涉及面较大、时间较长的合同；干部管理、行政正副科长、车间主任及工段长级的技术干部；行政定期的总结报告（日、旬报党委一份）；其它重大问题。（二）党、工、团：党委定期听取和审查党委各部门及工会、青年团的

工作报告；业余时间的分配；其他重大工作。

为使各项工作有条不紊地进行研究讨论，党委规定如下制度：逐步扩大党委会，并建立常委会，掌握党委决议、计划的执行情况，研究决定个别干部的提调和处理临时工作；每月月底召开一次党委全委例会，由常委向全委会汇报当月工作完成情况，由局长向全委会汇报当月生产财务计划完成情况和下月工作安排；工会、青年团、党委组织、宣传部门及国际工作，半年作一次系统研究，由主管部门负责人向党委汇报上半年工作执行情况和下半年工作部署，党委经过深入研究讨论作出决议；每周五早上一个半小时为党委办公时间，由书记主持研究上级党委指示和处理临时事务工作；凡需临时召集权威研究工作时，得由主管部门提出意见，取得书记同意，由党委办公室安排时间。

（二）提高会议质量，切实贯彻会议决议

一是做好会前的准备工作。凡列入党委会议做系统讨论的内容，各主管部门负责人必须写出较系统的文字材料，并交主管委员做认真审阅修改，然后交党委办公室统一安排时间。办公室负责将材料在会议召开三日前分发各委员（如不需要发文字材料，也必须提前通知会议要讨论的中心内容以及目的和要求）。各委员认真审阅思考，充分准备意见，各委员之间注意相互酝酿、互通情报，随时交换意见，熟悉全面情况。二是充分发扬民主，发挥集体领导的作用。各委员树立对全面工作负责的思想，对任何一个问题的讨论均认真负责，充分发表自己的意见，以批评与自我批评的精神展开争论。党委书记充分发扬民主，发挥每个委员的经验和智慧，尊重每个委员的意见，并注意发现和分析分歧意见，组织会议上的争论，最后达到思想统一，作出明确的决定。三是掌握党委会议的严肃性，除根据需要严加控制列席党委会议的成员之外，党委书记负责明确和掌握会议讨论的重点，防止脱离中心的就事论事现象，以便讨论的中心议题得到充分细致的讨论，集中各委员的意见，作出明确而切实可行的决议，提高会议质量。四是每个党委委员树立对党委会负责的明确思想，保证在自己的主管部门切实认真地贯彻执行党委会上作出的决定，确保各部门的工作遵循党的方针政策，围绕党委中心意图去进行，实现党委决议。

（三）发动群众参与领导，实行对党委领导的批评与监督

一是建立党代表会议制度，在首次党代表会议的基础上进而形成制度，由党委向党员汇报工作，通过充分发扬党内民主，对党委上次党代会议决议的执行情况进行审查和批评，对下一步工作部署进行讨论和修改，达到全党对党委领导的监督。二是每年年中通过总结上半年工作，制定下半年工作计划，对党委领导进行一次系统的民主检查，听取群众的批评和意见，克服党委领导工作中的缺点和错误。三是根据工作需要，不定期地召开活动分子会议（党员正副科长、支部书记等），统一中层党员干部的思想和行动，有力地推动党委决议的实现。四是坚持党委之间的生活会制度，发展同志式的批评与自我批评。党委委员编入所属单位党的小组过生活，以便联系群众，随时听取和接受群众的批评。

六、充实干部队伍，团结技术人才

管理局党委以“德才兼备”为原则，采

取自上而下、由下而上相结合的群众路线的方法，大胆又细致地开展干部的培养选拔工作，并建立后备干部名单，培养后备力量。同时，团结改造工程技术人员，培养业务技术人才，满足生产技术发展的实际需要。

（一）解决干部缺额问题

1953年，分局党委采取“就地取材、自力更生”的办法解决干部缺额问题，配齐副职和后备干部名单。同时，对新干部一方面巩固其工作的积极性和热情，另一方面采用加强思想立场教育和解决问题的观点方法积极提高他们的政策理论水平。全年共新提拔工人干部109名，其中党员64名；提拔科长级干部36名，其中党员32名。全年向国家共输送干部120名，其中党员干部34名，科长级干部10名，党委委员5名。同时，针对提调干部不慎重、对干部缺乏全面具体了解、车间支部和科长对干部的政治思想领导不够、干部统战政策教育不够等问题，分局党委首先从干部的培养与提拔入手，建立后备干部名单，主动提拔工人干部，改善干部成分。在各科、厂、院、室增设副职，充实各单位的干部力量，并注意提升群众干部的职位，发挥其积极性，扩大党的影响。其次加强对干部的思想政治领导，对所有干部进行具体的、深入的、彻底的了解情况，根据其历史条件和环境，加强教育帮助，提高其政治思想水平和阶级觉悟。6月10日，分局党委组建一个由14人组成的干部业务学习委员会，制订了干部业务学习计划和学习制度，使干部的业务学习步入正轨。各部门认真坚持党日制度，通过每月一次生活会、两次学习会、一次支部党员大会研究重点问题，批判落后的非无产阶级思想，对危害党的利益现象进行斗争。同时，党委深入基层对干部进行个别谈话，发现问题予以适当解决，并经常召集不同形式的座谈会，交换工作意见，不断检查干部政策的实施情况。

1954年，管理局党委结合生产成批提拔干部，解决干部缺职问题。党委坚持“先生产单位后一般科室”的干部选配原则，把强有力的干部调到最重要的岗位上。如为装卸大队输送与提拔了装卸指导员24名，并配备了6名中队长及大队长。这些干部到职后，均能够埋头苦干，积极钻研业务，因而有力地执行计划管理，改造了派工方法，减少派工不当及窝工浪费等现象，改变了旧有的干部领导工作方法，对职工加强了政治思想工作，鼓舞了职工的生产情况，不但提高了生产效率（如1954年初平均效率4.94吨，12月提高到21.79吨），而且密切了领导与群众的关系，为保证完成全年生产任务打下良好基础。同时，给党员少、政治空气稀薄的党组织配备了精干力量。如港口主要科室之一的商务科，工作任务很繁重，但只有副科长一人（群众干部），不但领导能力一般，而且思想较落后，科室工作不能很好展开。党委为商务科配备了一正一副2名党员科长，改变了该科业务不主动、政治空气稀薄的落后状态。管理局党委从解决干部的历史问题入手，解除干部的思想包袱，为提拔干部扫清障碍。在党委的重视下，组织科全年通过派人出门直接了解和发信索要证明材料两种办法，了解了18名干部的历史问题。

（二）培养、教育后备干部

为能够挑选“政治历史清楚、思想品质好、能联系群众、有一定工作能力”的后备人才，1954年，管理局党委召开科长级党员干部会议，征求对后备干部的意见，从名单去除经讨论认为不适合的人员。全年调整和

补充了三次后备干部名单，确定后备干部65名。在确定后备名单之后，管理局党委积极对这些后备干部进行培养和教育。一是指定专人培养，锻炼后备干部，使其全面熟悉工作，同时不断给予指导，提高业务能力和在群众中的威信。二是有意识地让后备干部参加一定的会议，派他们到其他港口参观，进一步开拓眼界，增加实际经验。全年共有18名后备干部到天津、大连等港口进行参观学习。三是有计划地输送后备干部到党校和其他政治学校学习，提高其政治理论水平。四是加强政治思想领导，让后备干部参加各类整治活动，并组织听报告、上党课与参加党的会议及个别谈话。

（三）开展审干工作

1955年2月12日，管理局政治处作出《1955年审干工作计划》，开始审干工作。根据应审或免审界限，划为应审范围的417名，列为免审的187名（其中包括理货员、指导员、护士、医师、工程师、引水员、党委委员）。全年共审查417名干部档案，其中审查对象116名，包括27名科级以上干部，89名一般干部。进一步全面了解干部的思想品德和工作能力，弄清干部的政治历史，纯洁干部队伍，做到正确使用干部，保证党的总路线的贯彻执行。这一审干工作如期得到实施，清除一批混入干部队伍的历史反革命分子和坏分子，基本上达到审干的目的。审干工作于第一季度末结束。

在审干工作中，管理局党委先后共派出20名具有生活朴素、抓紧时间、实事求是的工作态度的调查人员，调查了共计52名干部的妥协脱党、历史转折不明和参加反动组织等问题。党委大胆使用党支部组织力量，发动群众共同作好审干工作。在审干工作开始，就召开各支部书记和党员科长会议，进一步贯彻上级指示，从“政治上审查方针”，由党支部负责解决一般干部政治历史问题。7月下旬肃反斗争开始后，党委将审干工作与肃反斗争密切联系起来，和市内的审查对接，使一般政治历史问题大部分得到基本解决。

（四）培养提拔干部七年计划

1956年3月31日，管理局党委作出《关于培养提拔干部的七年计划》。指出，为了充实领导骨干，为了满足企业各个不同工作岗位的需要，为了提前完成第一个五年计划，给第二个和第三个五年计划作好充分准备，从1956年到1962年底需培养提拔干部262名，其中处级以下行政管理干部159名，科级以下政工干部24名，科级以下工会干部8名，工程师以下技术干部70名。此项计划分年实施，第一年（1956年）计划培养提拔各类干部60名，实际培养提拔各类干部58名，为年计划的96.66%。其中科级以上干部19名（助理局长1名，正科长4名，副科长14名），技术干部11名（助理工程师1名，技术员4名，医师以上干部6名），一般干部28名；党员40名，群众18名。全年共输送干部12名，其中科级干部4名，一般干部8名。

（五）团结改造工程技术人员

1953年8月21日，分局党委提出《团结改造工程技术人员的初步意见》，从6个方面开展团结改造工程技术人员工作：党委加强对工程技术人员的领导；认真贯彻执行“团结改造”的方针和政策；明确工程技术人员的职权范围和责任；组织工程技术人员利用每周六下午2个小时进行技术业务学习；在可能的情况下，适当解决他们的生活问题；历史问题尚未搞清的人员，以经保科为主，抓紧搞清，以便大胆使用。1956年4月，党中央发出“向科学技术进军”的号召，激发企业开展职工教育和进行技术培训工作的积极性，管理局专门成立教育科，贯彻理论联系实际的教学方针，通过各种学习形式，本着“干啥学啥”“缺啥补啥”和“边干边学”的精神，迅速提高了工程技术人员本职业务、技术。1956年～1957年，管理局通过各类专业技术学习，培养了大批业务技术骨干，提升晋级者共137名，占技术干部和工人总数的23.6%。另外培养数百名装卸技术操纵手，基本适应了港口“一五”计划后两年的生产技术发展的实际需要。

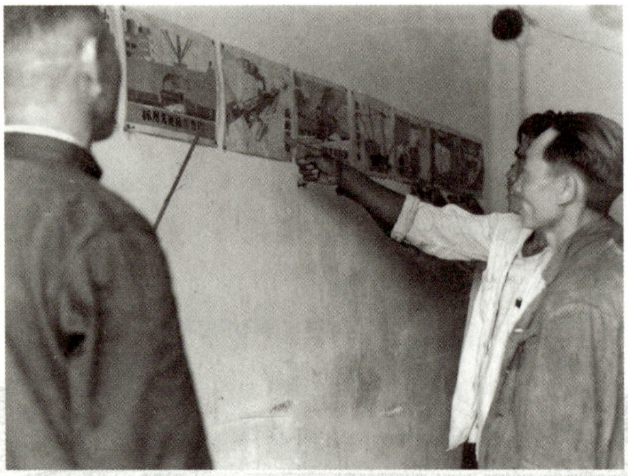

上世纪50年代，秦皇岛港使用图片展览的方法推广先进经验

七、纠察违法乱纪行为，肃清反革命分子

为支持国家大规模经济建设，保证港口建设的顺利进行，秦皇岛港大力开展反对官僚主义、命令主义和违法乱纪运动以及肃清反革命分子运动，并于1955年成立监察委员会，由其专门负责打击违法乱纪行为。

（一）开展“新三反”运动

1953年2月28日，秦皇岛开滦党委认真贯彻中共中央发出的《关于反对官僚主义、命令主义和违法乱纪的指示》，开展“新三反”运动。党委在运动中检查工作部署多、检查少，只求数量、不求质量，工作作风拖拉，民主空气不浓等问题。全局干部经反复学习文件，讲座案例，对官僚主义、命令主义和违法乱纪的危害性有了比较深刻的认识，思想觉悟得到提高，工作作风有了改进。

在“新三反”斗争中，党委揭发与检查出25起问题，根据所犯错误的轻重及性质，对几名问题党员给予了不同的处理。一是党员干部受党纪处分共9名，内含开除党籍的4名，警告的4名，劝告的1名。其中有党员干部7名，工人党员2名。二是党员干部有13件问题是在支部内通过开展批评与自我批评进行纠正，并结合了监察室与人事科进行了四名非党员干部的检查与处理。三是对接受处分的党员进行了两次鉴定，不但被处分者受到了很深刻的教育，同时对其他党员也有很大教育意义。在鉴定后撤销党员党内处分的3名（都是警告处分）。

“新三反”运动，使党、政、工、团在企业中的地位和基本任务得到进一步明确，改善了相互关系，扭转了行政只管生产不关心工作福利，缺乏依靠工人阶级搞好企业的观点，纠正了工会单纯搞福利忽视生产的观点，克服了领导上的官僚主义和事务主义，密切了同群众的关系。

（二）开展“肃反”运动

秦皇岛港务管理局原属开滦矿务局，历经英、日和国民党三个时期的统治，一贯道、矿区党、安清帮等反动组织及道会门遍及各单位。仅国民党就在此建立了“特区党”“矿区党”“国民党临榆县党部直属开滦区分部”等三个反动组织。区分部达41个，区分部委员以上的骨干即达130余人（截至1955年9

月有 56 人），受骗的职工达 3800 多人。加之 1952 年政府代管前的旧开滦人事制度混乱、人员流动性大，在日本投降和国民党失败时，有相当一部分土匪、汉奸、特务、恶霸地主等分子更名改姓潜伏在港口之中。同时，秦皇岛港系军事要塞，帝国主义国家船只经常往来，构成敌特机关要利用反革命分子进行反革命罪恶活动的客观条件。解放以来，经过各类运动和长期教育，职工觉悟普遍提高，绝大多数职工真正脱离了反动组织，靠近共产党和人民政府。与此同时，经过镇压反革命、思想改造和审干以及专门机关的调查，掌握一部分敌对势力的活动情况，并有一部分反革命分子受到应有的惩处。

1955 年 7 月 27 日，管理局党委“肃反”五人小组成立。经市委批准，“肃反”五人小组由刘抗、傅锦堂、王治平、关立斋、申振伍组成，刘抗任组长，共同负责领导管理局的“肃反”工作。8 月 8 日，“肃反”五人小组遵照 7 月 1 日中共中央发出的《关于开展斗争肃清暗藏的反革命分子的指示》，作出《关于肃清反革命分子的具体执行计划》，强调严格掌握政策界线，加强请示报告制度。但是，交通部政治部鉴于管理局党政机关“肃反”运动中存在的“左”倾情绪，于 1955 年 12 月 14 日以《对秦皇岛港务管理局机关肃反工作中的几点意见》一文主送中共秦皇岛市委，建议市委帮助管理局纠正党政机关“肃反”中的“左”倾情绪，并防止把这种情绪带到工人“肃反”中去。市委接受了这个建议，及时地帮助管理局纠正了“左”倾情绪。整个“肃反”运动历经 14 个月，于 1956 年 9 月基本结束。1956 年，管理局党委通过肃反审干查清了 109 名干部的政治历史问题，并作出了文字结论，进一步发挥了干部的工作积极性和主动性。

（三）建立监察委员会

1955 年 11 月 13 日，管理局党委举行全委会议，会议根据 1955 年 3 月 21 日至 31 日党的全国代表大会《关于成立党的监察委员会代替中央和地方各级党委纪律检查委员会工作的决议》，作出《关于建立中共秦皇岛港务管理局监察委员会的决议》，并向上级党委报告。经中共秦皇岛市委批准，任惠民、邸忠振、傅锦堂、周西桥、王治平、孟万表、苏维树等 7 人组成中共秦皇岛港务管理局监察委员会（以下简称管理局监委会），任惠民任监委书记。1956 年 4 月 17 日，管理局监委会制定出《中共秦皇岛港务管理局监察委员会工作简则》，明确管理局监委会在上级党的监察委员会领导和管理局党委的指导下进行工作。1956 年 10 月 8 日，管理局监委会公开处理三个典型案件：橡胶受雨事故，主观命令主义，违法乱纪。监委会将这三个案件分别在党内外适当范围作了公开处理，对党员和职工群众进行了一次深刻的思想教育和遵纪守法的教育。

八、开展职工教育，加强党对共青团的领导

1954 年 10 月 18 日，管理局党委发出《关于加强职工文化教育工作的指示》。简要分析了目前职工文化教育的形势，总结经验教训，着重向局属各单位各部门的党、政、工、团组织和各级领导干部提出了必须切实重视职工文化教育，保证职工学习时间和教育职工树立为实现社会主义工业化而努力学习的要求。

1954 年 12 月 20 日，管理局党委发出《关于加强职工业余技术学习的指示》，针对局

属各单位职工业余技术教育发展不尽平衡的问题，分析产生的原因是某些领导干部对此项工作的重要性认识不足，对我国海运事业的迅速发展和港口逐步实现机械化的前景估计不足，看不到当前技术力量落后的状况，缺乏培养技术力量的长远打算，不理解提高技术与发展生产的关系，把技术教育与生产对立起来，重生产轻教育。要求局属各单位的领导干部认真解决好对职工业余技术学习的认识问题，切实加强领导，克服无人负责的自流状态。

1956 年 2 月上旬，政治处在全局职工中开展了社会主义改造和社会主义建设高潮的教育。这项教育以贯彻落实“多、快、好、省”的社会主义建设方针，反对保守主义为主要内容。发动全局职工广泛深入地开展先进生产者运动，为超额完成第一个五年计划而奋斗。结果提前 1 年零 49 天顺利完成了第一个五年计划国家下达给秦皇岛港的各项经济技术指标。

1953 年 12 月 10 日，分局党委作出《关于加强党支部对青年团领导的指示》。指出，加强党支部对青年团的领导，其目的在于使青年团真正成为党的可靠助手和后备军。对党支部提出四项要求：把青年团的工作列入党支部议事日程；向团支部布置工作时首先要交待清党的政策、工作的关键和完成任务的方法，而后再提具体要求；及时检查与研究团的工作，加强指导；照顾青年特点，使青年团的工作保持一定的独立性。为落实这四项要求，分局党委带头吸收分局团委书记列席党委会议。同时，在分局党委的带动下，各党支部相应配备了条件较好的年轻党支部委员兼任团支部书记，使团组织时刻在党的教育下与党统一思想、统一行动。

第三节 港口党组织在社会主义建设曲折发展时期（1956.9 ~ 1966.5）

1957 年 1 月，管理局取消“一长制”，开始实行党委领导下局长负责制，强调企业的一切重大问题必须经党委会议集体讨论并作出明确决议后方能执行。1957 年，召开中共秦皇岛港务管理局第一次代表大会，选举产生了中共秦皇岛港务管理局第一届委员会，为实现党委集体领导下的厂长负责制奠定了组织基础。这一时期，港口党组织紧紧围绕贯彻好“党委领导下局长负责制”，开展整党建党工作、整风运动、政治工作、甄别平反工作、支部评比竞赛等活动，发展和巩固党员、干部队伍，强化党支部工作。

一、适应形势发展，开展多次建党、整党工作

由于形势的发展，广大党员干部对在社会主义建设曲折发展时期能够接收新党员，如何接收新党员以及如何纯洁党员队伍等问题在认识上不够一致。同时，1954 年以来占全局党员总数的 47.61% 的新党员由于党员教育工作不及时等原因，致使新党员缺乏了解党的基础知识和党性锻炼，同时，老党员思想落后于实际，不适应国内外形势迅速发展的要求。为了积极慎重发展党员，壮大党组织，管理局党委积极开展建党和整党工作。

（一）积极慎重发展党员

1956 年，根据中央“积极慎重”的建党方针和上级党委指示，管理局党委结合各项中心工作，认真贯彻中共中央在知识分子中发展党员的指示。通过组织学习提高认识，检查在发展知识分子党员中的关门主义和宗

派主义情绪。全年接收新党员 108 名，占职工总数的 21.28%。其中工人 62 名，技术工人 9 名，一般职员 2 名，管理干部 30 名（一般知识分子 26 名），医务人员 2 名（高级知识分子 1 名），家属 3 名。

一是通过学习建党指示在提高认识的基础上，根据市委指示和秦皇岛港实际情况，制订了两年建党规划和接收知识分子党员的计划。根据积极分子的不同条件，确定分工负责：知识分子中的积极分子由党委委员和党员科长负责培养；工人中的积极分子由支委和较强的党员负责培养。二是结合生产和中心工作，加强对积极分子考察和教育。全年结合先进生产者运动对积极分子按季度进行了四次审查，同时把在生产中涌现出 185 名新的积极分子列入了积极分子名单，并把 18 名不符合积极分子条件者清出培养队伍。经过培养和教育，把 108 名经过履行入党手续者批准为预备党员。三是认真贯彻中共中央关于知识分子的政策，提高党员的思想水平，消除党内对知识分子的错误看法。在二季度，由党委书记向全体党员作了动员报告，批判了党内存在的错误思想和认识，并组织党支部书记、党员科长以及全机关党员进行了反复学习和讨论，提高认识，全年发展 27 名知识分子党员。四是加强对基层骨干的具体指导，提高党建知识。组织科每月召开一次兼职组织员和各党支部书记、组织委员会议，除汇报建党工作外，有计划地学习有关建党指示和互相介绍培养积极分子工作的经验，使其正确地掌握党员标准。同时，通过指定自学文件、开展定期鉴定和指定专人负责培养教育等方式加强对预备党员的培养教育工作。

1957 年 1 月 2 日，管理局党委组织科和宣传科共同制定出《关于轮训基层党员的计划》，对党员进行党章教育，为召开管理局党员代表大会奠定思想基础。5 月 14 日，管理局党委作出《关于 1957 年党员教育工作计划》，强调必须加强党员教育工作，使党员充分发挥先锋模范作用。1959 年 1 月 20 日，管理局党委组织部制订《1959 年建党工作计划》。明确当年发展新党员的重点放在党员比例数小或缺乏新生力量的单位，发展对象以老工人、先进生产者、土专家和技术革新能手，以及在“整风、反右”斗争和大跃进中涌现出来的具有高度共产主义觉悟又有突出事迹的积极分子为主。全年发展新党员 150 名。

（二）系统管理预备党员

1959 年，管理局党委进一步加强对预备党员的教育、考察工作，在深入贯彻中共八届八中全会公报和决议，开展反右倾、鼓干劲为中心的增产节约运动中，使每名预备党员接受一次严格的考验和锻炼。全年研究 72 名预备党员的转正工作，其中按期转正 65 名，延长预备期 7 名。从五个方面开展预备党员的管理教育工作。一是结合党员评比工作，坚持每 3 个月给预备党员进行一次鉴定的制度。各党支部采用个人总结、小组会上帮助的方法，通过批评与自我批评，使预备党员系统地认识一次自己的优缺点，使其不断发扬优点、克服缺点。二是在接收为预备党员以后，及时将其编入党小组，按时过组织生活，使每名预备党员都能很好地受到党组织约束，同时使其逐步增强党的组织性和纪律性。三是支委们对预备党员采取分工负责进行培养。根据不同的对象进行分工培养，一般由负责培养其入党的党员来培养，便于系统地掌握新党员的发展变化情况，使其按期转正。四是加强对预备党员的基本知识教育，全年采取除有计划地选送到局党校进行培养外，均以党支部为单位，每月或半个月由党支部书记上一次党课，讲解党的基本知识，提高预备党员的政治觉悟，增强党性。五是严格组织生活会议，以检查党员的五好条件为内容，开展批评与自我批评。同时，交给预备党员实际工作，对其进行考察，锻炼其工作能力。

（三）开展第三次整党工作

1958年初，管理局党委作出《关于在整风中进行整党的工作报告》，明确整党工作要在企业开展整风和社会主义教育运动中进行。党委在整风和反右派斗争取得决定性胜利的基础上，从1月中旬开始，经过分析情况、摸清底数、端正思想、全面鉴定、组织处理、选举新的各级党的委员会和建立制度几个阶段，整顿了13个基层党支部，对42名问题严重的党员进行了组织处理（其中开除党籍的11名，劝退出党的3名，党内警告的10名），占全局党员数的6.9%，进一步提高党员的社会主义觉悟。在组织处理阶段之后，各级党组织于2月底以前普遍选举产生了新的委员会，整党工作结束。

（四）开展第四次整党工作

1961年8月15日，管理局党委作出《关于在全局内开展整党工作的计划》，明确这次整党主要是整顿组织，整顿队伍，整顿各项制度。在方法上，以自我教育为主，自上而下地进行整顿。这次整党工作从8月14日开始到9月上旬结束，普遍提高党员的政治觉悟和政策理论水平，充分发挥党员的先锋模范作用。

（五）开展第五次整党工作

1964年5月7日，管理局党委政治部作出《关于结合“五反”和社会主义教育运动进行整党工作的安排》，根据中共中央《关于社会主义教育运动中的一些具体政策和规定（草案）》的精神，整顿党的组织，使党的基层组织达到七项要求：让所有党员受到一次阶级教育和社会主义教育；有重点地对党员的社会成分、阶级立场、政治历史和思想作风进行一次审查；把蜕化变质和混入党内的地、富、反、坏分子清洗出去；对犯有比较严重，而又屡教不改的党员，进行适当处理；教育党员、干部，特别是支部书记带头参加集体生产劳动；充实和健全党的基层组织的领导核心；把党的基层组织的日常工作和组织生活制度建立健全起来。此次整党工作按照“五反”运动的步骤和要求有计划地进行，9月份随着“五反”运动的收缩而中断。

二、开展系列竞赛活动，改进基层党支部工作

管理局党委陆续开展党支部工作评比竞赛、五好评比竞赛和组、宣、监一条龙大协作的党支部工作竞赛等活动，评先进、比贡献，开始实行政工会议制度，严格基层党组织生活制度，调查、摸底党支部和党小组的基本情况，规范党组织管理，进一步发挥了基层党支部的战斗堡垒作用和党员的先锋模范作用。

（一）开展党支部工作评比竞赛活动

1958年4月，秦皇岛港在整风、整党工作基础上，学习天津市党支部竞赛的经验，组织开展了党支部工作评比竞赛。管理局党委结合外地经验，综合各党支部的竞赛条件，提出党支部、党小组、党员个人的统一评比条件：党支部以比集体领导和发挥组织作用、比干部“五同三化”、比活跃民主生活、比

党员作用、比政治思想工作、比完成中心工作作为党支部竞赛条件；党小组以比发动群众完成生产跃进计划、比开好生活会、比党员积极参加政治活动、比模范作用为党小组的竞赛条件；党员个人以比党性、比作思想工作、比模范带头作用、比同群众关系、比干劲钻劲、比艰苦、比学习为个人的竞赛条件。

为了更好推进评比竞赛工作，管理局党委首先明确把支部工作竞赛列入各级党组织的议事日程，党委对党支部评比竞赛情况进行检查，听取汇报发现问题，加以解决。各党支部的党小组建立每周一次思想活动分析会，经常对党员和职工思想情况进行分析，发现思想问题分头解决，保证每名党员的饱满情绪。在党支部竞赛工作方面，党委采取“抓两头带中间”的方法，及时总结经验，推动运动的深入。管理局党委于6月上旬在18个党支部、125个党小组和761名党员中开展了一次评比。其中，党员之间的评比是采用划分类型和评比先进、批评落后的形式进行。共评选出2个先进党支部，4个先进党小组。

1959年3月初，管理局党委召开党总支、党支部书记会议，就开展党支部工作评比竞赛活动进行具体部署。会议明确规定，党支部以比集体领导和发挥组织作用、比干部的思想作风、比活跃民主生活、比党员作用、比政治思想工作、比完成中心工作为主要条件。评比的目的是总结工作，取长补短，互相帮助，共同提高。全局各基层党组织根据局党委的部署，相互之间积极开展比赛活动，取得了较好效果。经年终评比，全局23个党支部，有11个被评为五好支部。

（二）开展五好竞赛评比活动

1960年3月8日，管理局党委颁发《1960年总支、支部、党员和干部五好竞赛评比办法》。规定党总支、党支部的五好条件是：党的核心堡垒作用发挥好，政治思想工作好，增产节约运动开展得好，群众路线走得好，职工物质生活改善好。党员和干部的五好条件是：思想好，工作好，学习好，团结好，作风好。党总支、党支部评比采取月检查、季评比、年终总评的办法。被评为“五好”的党总支、党支部，在全局党内通报表扬。连续四个季度的“五好”党总支、党支部，为全年“五好”党总支、党支部，由局党委颁发优胜红旗。被评为五好党员、五好干部者，一律授予荣誉奖。在党委领导下成立评比委员会，负责竞赛的组织发动和评比工作。在1960年终评比中，275名干部被评为“五好”（其中27名被评为“五好”标兵），占干部总数的62.8%。此办法坚持实行了数年。

秦皇岛港从1960年开始开展五好竞赛评比，发挥基层组织和党员的模范带头作用。图为1965年度五好班组运输队——五号机车包乘组全体成员合影

（三）开展组、宣、监一条龙大协作党支部工作竞赛

1960年，管理局党委在全局党支部中开展组、宣、监一条龙大协作的党支部工作竞赛。从组织工作、宣传工作和党的监察工

作三个方面规定了竞赛条件：（一）组织工作。1.继续深入贯彻中共八届八中全会决议，通过反右倾，鼓干劲，不断提高干部的政治思想水平，以整风为纲开展干部评比竞赛工作，即比干劲、比思想、比劳动、比学习、比共产主义风俗。通过评比改进工作方法，使科室工作面向生产，面向群众，实现科室工作全面跃进，保证各项任务的顺利完成。2.加强党的集体领导，坚持政治挂帅，正确贯彻执行党的总路线以及各项方针政策。坚持群众的工作方法，领导生产，使工作继续大跃进并围绕生产和各项中心工作，深入开展党支部党员五好评比竞赛。3.充分发挥党小组的核心堡垒作用和党员的模范带头作用，严格组织生活，健全党小组生活会议制度，加强团结，发挥党员的积极性和创造性，坚持每三个月对预备党员进行一次鉴定的制度。4.做好积极分子的考察教育工作，坚持党课学习。有计划、有目的，保质、保量地接收新党员。（二）宣传工作。1.全面经常掌握和分析职工的思想情况，并采取措施积极解决。2.发动与组织全体职工积极参加理论、文化学习和对党员的党课教育。3.经常活跃职工的文娱生活，不断掀起职工文艺创作高潮。4.及时改进环境和各种形式的宣传，为党的中心工作服务。5.加强宣传网的领导，活跃宣传员工作。6.及时准确地报道本单位的新人新事。（三）党的监察工作。1.能够认真地执行党的“严肃谨慎，分别对待”的方针，在查处案件上能作到“三准”，即：事实对证得准、错误性界定得准、处理得准。2.能坚持经常地向党员进行纪律教育，使党员不犯错误或少犯错误。3.能够经常及时掌握党员各种违反党的纪律的情况，及时向党委忠实地反映，通过党的严格的组织生活能对各种错误行为正确地开展批评与自我批评。4.能及时妥善处理和检查群众对党员违反党纪的检举控告，能作到维护了党的方针政策，教育了同志。5.真正作到使党支部监察工作成为捍卫三面红旗的有力武器，时刻为党的中心政治任务服务。

在评比办法方法上，一是采用月检查、季评比，到年终进行总评，凡参加评比的支部，事前必须准备好材料，按时参加评比，评比时可根据本单位的具体情况，采取自报公议的形式进行支部与支部之间的评比，以达到经验交流，互相取长补短、共同提高的目的。二是在现有23个支部中，按照业务性质划分为4个评比组，即：码头党总支、煤厂党总支、工程科党总支、直属党支部。除了各直属党支部由组、宣、监掌握评比外，各党总支可由党总支书记掌握进行评比，组、宣、监派人参加。三是被评为季度先进党支部，一般为荣誉奖，在全局党内给予通报表扬，连续四个季度的先进党支部，年终总评时，可评为全年先进党支部，发给红旗奖。

（四）召开港口首次政工会议，摆正党支部工作方向

1961年7月底，秦皇岛港召开首次政工会议，组织党支部书记和其他政工干部，以学习文件为主，本着虚实结合的精神，进行一次比较深刻的学习，通过鸣放、理论学习、调查研究、制定工作条例四个过程分析政工干部特点和支部工作情况，进一步明确思想政治工作方向，提高政工干部的工作水平。检查支部工作中包揽事务过多，放松思想政治工作的倾向，进一步确立党支部必须以做好思想政治工作为主的思想，摆正党支部工作方向。在学习、讨论，统一思想的基础上，

党的各级领导干部开展调查研究工作，以讨论的方式召开各种调查会，反复研究讨论党支部工作情况。最后，根据党章和《国营工业企业工作条例（草案）》的有关规定，管理局党委结合各党支部和党小组几年来积累的工作经验，制订党支部工作条例和小组工作条例，成为加强党支部工作的准则。

（五）调查、摸底党组织，改进党支部工作

1963 年，为进一步加强党的组织工作，彻底克服党不管党的倾向，同时本着对党员要求更高更严的精神，管理局党委对 3 个党总支、32 个党支部、173 个党小组和 907 名党员进行深入细致地调查摸底，按照党支部、党小组的实际情况划分类别。党委经过系统调查，发现党支部普遍存在着包揽事务工作多、做思想工作少，参加会议多、深入工作少，党支部书记包办支委工作多、推动组织力量不够等问题。同时许多党支部不能认真正确地贯彻执行党的民主集中制原则，领导制度和组织生活制度不够健全。针对以上情况，党委采取以下措施改进党支部工作。

一是参照党章及党的有关指示，制订了《支部工作条例》，明确了党支部工作基本任务、建立健全必要的制度和党支部工作方法。把党支部对生产行政工作实行领导的制度改为保证监督的制度，克服包揽行政事务过多的现象。二是党委通过召开政工会议、组织工作会议和现场会等总结推广 17 个党支部的工作经验。其中有对生产行政工作保证监督的经验、党支部领导生产竞赛的经验、发动全体党员作思想工作的经验等。三是举办 7 期党支部工作训练班，分期分批训练 321 名党小组长以上的党支部干部。党总支、党支部书记主要是参加党委举办的“读书会”。不脱产的支委委员、党小组长主要学习党的基本知识、国内外形势，交流思想工作经验。

1965 年，管理局党委将原来摊子过大，人员过多，班次不一，工种复杂，情况难以掌握，不好开展活动，不便于做思想工作，设置不当的基层党支部适当划小，按照统一班次，人员集中百人左右，便于活动的原则，将 33 个党支部划为 46 个，把原来 2 个党总支增加到 7 个，为进一步发挥党支部工作的战斗堡垒作用创造了条件。同时，调整党支部领导核心，整顿不齐、不力、不纯、影响工作开展的党支部领导班子，除补充 16 名党支部书记外，还将一些严重四不清问题的、革命意志衰退的、长期闹不团结不能胜任党支部工作的领导成员进行了调整，调换了 10 名党支部书记、38 名党支部委员。

（六）严格基层党组织生活制度

1965 年，基层党组织中的生活制度存在着许多问题。一是多数党支部虽然每月能够坚持召开一至两次支委会和一次党员大会，但是会议质量较差，缺乏充分准备，解决问题不突出，在开支委会和党员大会时，仍然是书记说的多，党员发表意见的机会少，党内民主空气表现的不够高。二是有的党支部不能按时召开党的三个会，党的小组生活会议有些放松，有的党小组常常以研究生产而代替党的生活会议。

针对上述情况，管理局各级党组织积极采取措施，堵塞工作中的漏洞，严格党的组织生活。一是加强基层党组织的集体领导，积极调动委员的积极性，坚持集体领导和个人负责相结合的制度。各党总支、党支部对一切有关政策、原则性的有关群众生活的重大问题，均提交党总支（支部）委员会进行充分的研究和讨论，作出明确决议，然后分别贯彻执行。二是各党支部坚持党的生活会议制度，充分发扬民主，认真地开展批评与自我批评，加强支部委员会的团结，使支部委员会保持思想统一、步调一致，积极影响和带动全体党员、群众全面完成各项工作任务。三是为更好开展“三会一课”，政治部决定除机关、工会、公安处三个支部外，直属支部一律占用每周五的业务时间为党的活动日。在通常情况下，各党支部每月坚持一次支委会、一次党员大会、一次党的小组生活会和一次党课教育。

三、加强党委集体领导，提升党委领导能力

为加强党委集体领导，管理局党委从规范党委常委会议的几项办公制度入手，在党委委员中开展整风运动，明确规定领导干部工作机制，贯彻党委领导下的局长负责制，有效地克服了官僚主义作风，进一步提升了党委领导能力和企业领导水平。

（一）党委常委办公制度

管理局党委分别于1956年和1957年规定党委常委会议的有关制度，明确党委正、副书记及常委委员的分工，进一步加强党委集体领导。

1956年，管理局党委根据《关于党委在集体领导上存在的主要问题和今后改进办法》和当时党委会已经扩大的情况，为提高党委会议质量，进一步加强党委集体领导，规定几项办公制度。

1956、1957年管理局党委正、副书记及常委委员分工

表14

职务	1956年分工	1957年分工
党委书记	除掌握全面工作外，重点负责领导肃反、青年团、知识分子、统一战线工作	除掌握全面工作外，重点负责领导经保、青年团、知识分子工作
党委副书记	负责领导组织、宣传、监察、竞赛等方面工作	重点负责党委办公室、监察、组织、宣传、竞赛等方面工作；负责领导工会的全面工作
党委常委	负责领导行政的全面工作，并重点负责有关生产作业的领导；负责领导行政管理的各项工作和肃反、港监等工作；负责领导工会的全面工作	负责领导行政的全面工作；负责行政有关生产作业的领导；负责领导行政管理的各项工作和港监、经保等工作；负责党的组织工作和兼管统战工作

一是会议制度。（一）每周三举行由党委书记或副书记主持、全体常委委员参加的党委常委会，讨论行政工作和党、工、团工作两方面内容。行政工作方面：年度、月度生产财务计划；定额与奖励制度的修改，福利基金使用计划，职工升级、晋级制度；一定时期的中心工作；机构的重大变动；厂规的制定、改变，生产班次和作息时间的改变；行政和工会及对外签订的涉及面较大、时间较长的合同；干部管理，正副科长、车间主任及工程长级的技术干部；经保科每季度向党委汇报工作；定期的总结报告；全局或某项主要工作的长远规定；行政上级的重要指示；其他重大问题。党、工、团工作：党委年度、季度、月度工作计划，重大工作指示、决定和年度、季度工作总结；党委各部门、

工会、青年团年度、季度工作计划及重要的工作报告；业余活动时间分配；统一战线和知识分子工作；劳动竞赛、职工福利、国际工作；其他重大工作。（二）充分发挥政治处的领导作用，建立处务会议制度，在党委和上级政治机关的既定方针下，对全面政治思想工作，负责认真组织实现。并负责向上级报告情况，向下级发布指令。（三）为提高党委会议质量，发挥各个常委委员独立负责的精神和各个部门的作用。行政、工会、党委各部门面对不能解决的问题，首先提交主管该项工作的党委常委委员解决，如需要党委讨论时，再提交党委会上解决；凡提交常委会讨论的问题，必须事先通过主管该工作常委委员分析研究，修改审核同意后，亲笔签署意见；各单位参加上级机关的会议，如会议内容需要向党委汇报时，事先把主要内容和本单位执行意见及汇报需要时间，书面报到党委审查。（四）加强会议的组织工作和会前的准备工作。党委常委会由党委办公室负责筹备后，由正副书记决定会议内容；凡提交党委常委会议讨论的问题，必须于三日前交到党委办公室，由党委办公室于会议召开二日前连同材料通知各常委及有关人员，遇有重大的紧急问题可由党委书记临时召开；加强有关委员之间的酝酿交谈、思想讲通，以便使问题讨论的深入，减少会议时间。（五）每次党委会后，党委办公室将决议事项通过有关部门贯彻执行，并及时检查决议执行情况，将检查结果报予党委书记。

二是文件审核签发规定。党委各部门以本部门名义印发文件，以党委名义印发的通知、通报，交主管该项工作的党委常委委员审核签发。以党委名义印发的重要指示、决议、报告等需党委书记审核签发。

鉴于工矿企业中“一长制”制度的废除和党委集体领导下的厂长负责制制度的贯彻实施，党委常委会议的建立和个别委员工作调动，以及几年来的实际体验，1957 年，党委重新规定了党委集体领导的有关制度。

一是明确认识党的集体领导原则是党的最高指导原则，是完成各项工作的有力保证。对本企业的一切重大问题均必须经过党委会集体讨论并作出明确的决议后方能执行。每名委员要认真学习党的政策、指示，不断提高自己的政策理论水平和分析问题的能力及领导工作的艺术，在集体的领导下，充分发挥自己的积极性和创造性，在既定的原则下对自己分担工作认真负责，认真贯彻党委集体领导下的分工负责制。

二是党委会议讨论的内容。为了加强党委的集体领导而又避免党委会议干预不必要的事务，全面正确地贯彻党委集体领导和分工负责的制度，党委分别明确规定党委全委和常委会议的内容：（一）党委常委会议原则规定每月召开一次。行政工作：年度计划和季度计划；定额修改、奖励制度修订、企业基金使用计划、职工升级和晋级制度；一定时期的中心工作；劳动组织和职能机构的重大变动；港际竞赛和集体合同；年度总结报告；其他重大问题。党、工、团工作：党委年度、季度工作计划和重大工作指示、决定；年度、季度工作总结；政治处各科、监委会、工会、青年团年度工作计划和总结，重大工作的指示和重要工作总结；劳动竞赛、职工福利和劳动保护有关的重大问题；其他重大问题。党委书记认为或有三分之一以上的党委委员提议认为有必要在党委全委会议上讨论的问题也必须提交党委全委会议讨论决定。（二）党委常委会议原则上每周三上午召开一次。行政工作：月度主要生产指示；生产时间的改革和劳动组织的调整；科级、车间主任、工段长级的技术干部的提拔调动；每季度到半年听取一次调度作业；定期的总结报告；其他问题。党、工、团工作：政治处的月度工作计划；统战工作和知识分子工作；工会、青年团、政治处各科、监委会的专题工作计划和指示；半年研究一次国际工作；科级以上政工干部及支部书记的提拔调配；业余时间的改变；报纸工作计划和一定时期的要求；批示新党员；其它重大问题。党委书记或三分之一以上的常委提议认为有必要在常委会议上讨论的问题也必须提交常委会议讨论决定。

三是发动全党监督并参与党委领导。（一）每年一季度内召开一次党员代表大会，党委负责向大会报告并提交代表大会讨论审查上年度工作总结和当年的工作计划，并民主选举党的委员会。（二）每季度末召开一次党员正副科长、党支部书记参加的活动分子会议，通过讨论党委本季度工作总结和下季度工作计划，进行对党委领导的批评检查，并统一中层干部的思想和行动。（三）党委委员坚持每季度一次的党委小组生活会，开展同志式的批评与自我批评，互相帮助，提高觉悟，改正缺点，纠正错误。

（二）以整风运动强化党委领导核心

1960年，管理局21名党委委员，除2名因病休养，1名在市委党校学习外，其余18人参加整风运动。这次整风在党委领导核心中反映出一些问题。一是有少数领导干部对党的三面红旗和党的粮食政策、物资供应等重大的方针、政策问题存有极端错误的认识。二是存在违反党的集体领导原则，不尊重党的领导，危害党的团结的现象。三是有个别领导干部缺乏民主作风，有较严重的特权思想，把个人放在群众之上，严重脱离群众。四是存在右倾情绪，干劲不足，在工作中看不利条件多，看有利因素少。对待技术革新和技术革命的问题，有些党委委员信心不足，领导无力。

根据运动中反映出来的问题，党委对重点人和重点问题都逐一进行深刻的检查、揭发和批判。对重点人的错误言行，通过反复查证、核对事实，分析其错误论点，组织理论队伍，本着既严肃认真又和风细雨的精神，有计划、有目的进行了系统的、理论性的批判，彻底驳倒了各种谬论，进一步巩固了党的团结。此外，在几个行政局长之间也增强了团结，建立了每天一次的碰头会制度，互相交换意见，互相沟通情况，进一步加强了行政的系统领导。

（三）规定领导干部工作机制

1960年，为了有效地克服官僚主义作风，进一步提高企业领导水平，管理局党委在领导干部深入工作、参加生产、总结经验等具体问题方面作出规定。一是在局、科级领导干部中实行“一二三”工作制，即在一周之内一天参加劳动，两天在机关开会研究检查工作和学习，三天深入工作。其中，党委书记及行政局长于每周星期三、六学习开会研究检查工作，星期五参加劳动，星期一、二、四除留一名书记和局长在机关主持工作外，其他书记和局长都深入工作。党委各部及工会、共青团的干部于每周星期三、六学习开会总结研究工作，星期五参加劳动，星期一、二、四深入工作。因各部门工作性质不同，深入工作的人数和方法可自行规定。基层党的脱产党总支书记、党支部书记、工会主席、团总支书记以及行政科长级以上干部也执行

"一二三"工作制，具体安排由总支、支部酌情规定，但与局级领导执行"一二三"工作时间交错开，方便上下对口。二是领导干部深入工作和参加生产的任务。帮助基层干部出主意，当好参谋，使其更有力地领导好群众的实践斗争；加强调查研究工作，抓新事物、新问题、新关键，抓先进经验，以便突破一面，指导全面，提高领导水平；参加生产、熟悉生产情况，发现生产关键，及时解决生产和群众生活中的问题；帮助基层贯彻宣传党的路线、方针、政策，保证党的路线、方针、政策在全局付诸实施。三是规定多种深入工作的方法，根据实际情况，既可以采取"走马观花"和"下马观花"相结合，"转圈"和"蹲点"相结合的方法，可以全面地调查研究，也可以专题调查研究。四是划分战线，分工负责。明确规定每名委员必须树立整体观念，关心委员会的集体领导，并认真学习党的政策、指示，不断地提高自己的政策理论水平和分析问题的能力及领导工作的艺术，充分发挥自己的积极性和创造性。

管理局党委书记刘抗（中）和局长张振宇（左一）在6号泊位参加劳动

（四）贯彻党委领导下的局长负责制

1963年，管理局党委在总结工作的基础上，进一步健全集体领导制度，贯彻党委领导下的局长负责制，加强调查研究工作，提高党的领导水平。一是进一步建立与健全党委集体领导和个人负责相结合的制度。党委根据工业"七十条"的规定精神和我局具体情况，重新确定党委全委和常委会的工作范围。基本上坚持每季度一次全委会、每周一次常委会的制度。二是充分发扬民主，把党委领导置于全党的监督之下。党委每季的工作总结和计划，都向全体党员干部作报告，并组织讨论，便于统一步调，自觉执行党的工作任务。同时，每季度召开一次党员干部民主检查领导会议，以讨论党委季度工作总结、计划为依据，围绕当前工作对领导提出具体批评意见，改进领导作风，改进工作方法，提高党委领导工作水平。三是不断增强党委领导核心的团结。常委之间特别是党委书记和局长之间保持密切的工作联系，互相尊重、互相支持，经常沟通情况、交换意见、统一思想。坚持每季在群众民主检查领导的基础上召开一次常委小组生活会议，开展批评与自我批评，加强委员之间团结。四是正确贯彻党委领导下的局长负责制，改进对生产行政工作的领导方法，彻底纠正和克服党委包揽行政事务的现象。党委对重大生产行政工作讨论决定之后，由局长组织贯彻执行，并且积极帮助与支持行政建立与健全以局长为首的生产行政指挥系统。

四、党员、干部学习教育

为使党员干部在建设社会主义国家，发展港口运输生产中，充分发挥应有作用，管理局党委主要进行了贯彻执行中共"八大"

上世纪 60 年代，秦皇岛港召开社会主义教育忆苦思甜大会

政治路线、建设社会主义总路线、阶级和阶级斗争为主的政策、理论教育。

（一）学习中共八大精神

1956 年，根据市委指示，在中共八大会议召开的同时，管理局党委组织了党内外干部利用全部理论学习及一部分业务时间对中共八大文件进行了一般性的讨论，奠定了深入、系统学习的基础。中共八大结束后，党委根据市委指示，重新制订了学习计划，确定了在党委统一领导下，由一名书记负责，宣教科管理日常工作，每周以 8 小时（星期一、六两个半天的工作时间）组织了学习，此项学习于 1957 年 1 月底基本结束。在学习中根据会议精神，密切联系实际，以边学习、边检查、边改进的方针，认真检查和总结了 1956 年工作，克服主观主义、官僚主义。

通过学习文件、检查和总结工作，广大干部在理论、思想认识和工作上取得一定成效。一是进一步领会了党自七大以来的革命斗争经验，了解了当前国内外的政治形势，明确了国内的主要矛盾以及今后的主要任务。对党的群众路线在理论上有了较正确的理解，区别了群众路线与尾巴主义。对统一战线与人民民主专政的关系，扩大民主加强法制教育和缩小转正等问题，从理论上有了进一步明确。二是在学习文件的基础上，广大干部普遍提高了思想认识，认识了调查研究的工作方法，深刻地体会到党的群众路线政策，就是党进行工作的根本政策的实际意义。三是各单位普遍改进了工作方法，建立和健全了各项制度，明确划清了各科之间和科内部的负责范围，并通过开展批评与自我批评揭发和检查了各级领导干部的思想和工作作风。

（二）轮训党员、干部，强化思想作风

1956 年，管理局政治处组织科和宣传科联合实施《党员普训计划》，以进行社会主义思想教育和社会主义革命纲领教育为主，统一采用省委宣传部编写的党课教材，对党员进行第一个五年计划基本政策、党的基本知识等内容的教育，提高了党员的思想政治素质。

1957 年 1 月 2 日，管理局党委组织科和宣传科共同制定出《关于轮训基层党员的计划》，要求到 2 月 8 日，将全局 494 名党员分四批脱产轮训一遍，主要是对党员进行党章教育，目的是为召开管理局党员代表大会奠定思想基础。参加轮训的党员为 88.21%。全年干部先后学习了《社会发展史》《政治经济学》《中国简明通史》《中国近代史》《党史三十年》《联共党史》和苏共十九次、二十次代表大会文件、党在过渡时期总路线和当前主要政策、中共七届四中全会、“八大”会议的有关文件和决议，以及唯物主义、哲学常识等系统课程。

1958 年初，管理局党委对党员队伍进行研究分析发现：在全体党员中，立场坚定、

干劲十足、作风正派、能密切联系群众的约占64%；工作一般、干劲不显著、在思想意识上或工作作风上有些缺点的约占30%；思想落后、工作消极或思想作风有较多缺点的约占6%。鉴于此种情况，党委着重从思想、政治和组织上提高党组织和党员的水平。一是在现有的基础上继续深入地开展党支部之间、党小组之间和党员个人之间的三级挑战竞赛，并坚持“逐级检查、按月评比”，达到“总结经验、步步提高”。二是加强党员的思想教育，发展党内批评与自我批评，活跃党内民主生活，及时纠正党内的错误思想倾向。三是密切党员与群众之间的联系，党群之间及时沟通思想，使群众有话肯于向党反映，真正把群众团结在党的周围。

随着社会主义革命和社会主义建设事业的发展，迫切需要提高全党干部，特别是基层骨干的理论和领导水平。1961年，管理局党委在坚持学习制度的同时，采取上下结合、业余训练和离职训练结合的方法，有计划地分期分批训练干部。一是支部负责对党小组长、工长、工会组长进行业余培训，采取“一事一训，一次一讲”的方式教育党员怎样围绕党的中心工作搞好小组工作，讲完就讨论，学懂就去用。二是不脱产的党支部委员、工会车间主席、团支部书记，分别按系统利用业余时间或半脱产的形式进行训练。一般是一月两三讲，结合各部门月初订计划、月中检查计划执行情况和月末总结工作时，有计划、有准备地学习一些文件，研究解决问题的方法同时，局业余党校分期分批进行训练，突出地解决了如何跳出小组“圈子”，全面做好思想政治工作的问题。三是由党委负责脱产党总支、支部书记、行政科长、工会车间主席、团总支书记的培训工作，实行议书和议论并行，强调认真读书、独立思考、研究政策、检查思想。针对中层干部中存在缺乏调查研究、理论学习较差和不善于作思想政治工作等问题，确定《毛主席论调查研究》《刘少奇在庆祝党的40周年大会上的讲话》等文件为学习内容。四是恢复正常的党课、政治课教育，采取“大统一”“小机动”的教育方法，向党员进行党的基本知识和政策理论教育。

1962年5月2日，管理局党委遵照中共中央《关于重新教育党员的指示》，开始对全局党员进行普遍轮训。普训以形势教育和党的基本知识教育为主要内容，目的在于端正全体党员对形势的认识，使全体党员继承和发扬党的优良传统，充分发挥先锋模范作用，带领广大职工群众迎接即将到来的国民经济新高潮。普训采取以党委业余党校组织分期分批集中轮训为主，以基层党支部组织业余短期培训为辅，上下结合的方法进行，共轮训党员852名，占全局党员总数的93.21%，完成了普训任务。同时，管理局党委先后组织了四期科级干部“读书会”，52名科级干部集中脱产进行短期学习，主要学习了当前形势、时事政策、群众路线、调查研究等文件。参加学习的干部联系个人的工作、思想作风和工作方法进行对照检查，使一些不经常学习的干部初步养成学习的习惯，认清形势，提高思想，改进了工作方法和工作作风。

1965年，管理局政治部为了迅速提高中、下层干部的政治思想水平和组织领导能力，举办政工、外语、引水、外轮等5个短期训练班，培训各级干部645名，提升知识和业务水平。

（三）办起“红专”大学，建立毛泽东思想教研室（组）

1958 年 7 月 10 日，管理局党委发出《关于加强干部理论学习和举办“红专”大学的指示》，根据党的“八大”二次会议精神和省委、市委提出的“攻三关”（理论、文化、科学技术）的指示，管理局和基层两级办学，办起“红专”大学和“红专”学校 11 所，每年平均入学职工 500 人左右，1960 年停课。1960 年 4 月 30 日，管理局党委发出《关于在各党总支、党支部建立毛泽东思想教研室（组）的指示》，各党总支建立 5 至 7 人的教研室，由党总支书记任主任，直属党支部及各基层党支部建立 3 至 5 人的教研组，由党支部书记任组长。

（四）举办党员培训班，恢复党课、政治课

1959 年 5 月 22 日，管理局党委作出《举办党员培训班的计划》，要求党员通过社会主义过渡到共产主义和集体所有制过渡到全民所有制以及生活数据分配问题的学习，了解不断革命论和革命发展阶段论的辩证关系以及“按劳分配”制度在当前存在的意义和作用。通过党的基本知识的学习，进一步丰富党员对党的基本知识的了解，批评形形色色的个人主义，加强党的团结，增加党性锻炼和党的战斗力；通过党的群众路线的学习，使党员进一步认识群众路线的深刻理论意义和实践意义。管理局党委业余党校按照计划，举办了两期培训班，培训党员 137 名，使党员基本弄清了实现“两个过渡”的必备条件，解除了培训前认为“马上就到共产主义和干脆由国家管吃、管穿、管用”等糊涂观念，系统地掌握了党的基本知识，增强了党性观念，克服了骄傲自满情绪，增加了群众观点。

1962 年，管理局党委普遍恢复了每月两次党课和两次政治课教育制度。为了能够坚持经常，实行了“三固定”制度，即：固定时间、固定报告员、固定教材。党委除积极培训了一批报告员以外，党委委员亲自准备教材，亲自给党员和干部上党课、作报告。据不完全统计，全局经常作思想工作的党员和积极分子达 896 人，占党员和积极分子总数的 73%。

上世纪 60 年代，管理局党委书记刘抗在秦港业余党校（南山）为学员讲课

1964 年 12 月 14 日，管理局政治部用一周的时间以《中国人民解放军政治工作条例》为主要学习内容集训政工干部，进一步使其明确本身职责，学习工作方法。此次集训采取辅导与讨论相结合、学习《中国人民解放军政治工作条例》与大学解放军相结合、理论与实际相结合的“三结合”方法，对 86 名政工干部、40 名副科级以上行政干部进行了系统的教育培训。

（五）健全“三会一课”制度

1964 年以前，党的生活制度不健全，使党的民主空气不高，致使党员的积极性和支部的战斗堡垒作用受到影响，因而部分党员的组织观念和纪律观念在不同程度上有些淡薄。1964 年至 1965 年 2 月间，管理局党委

根据调查了解，发现在党的基层组织中“三会一课”制度存在着几项问题：一是会前无准备，会中内容多无重点，重点不突出，有议无决；会后由于讨论的问题凌乱及不明又无决，无法执行的会议为数不少。在会上书记说的多，委员和党员发表意见的机会少，所以党内民主空气不高，充分发挥党支部集体领导力量不够。二是党内的会议生活坚持的不好，表现在不能按时召开会议和上党课，“三会一课”抓的不紧，要求的不严。有的党小组三个月只召开了一次会议（在运动中除外），有的党支部在1964年“五反”运动收缩以后最长达三四个月不召开支委会和支部党员大会。三是党政会议不分，以行政的生产会议、业务会议代替党的生活会议，主要表现党小组生活会比较突出，不能认真开展批评与自我批评和有针对性地解决思想问题。四是部分领导干部对于“三会一课”制度没有高度重视，经常不参加会议甚至有的行政领导干部虽然兼任党支部书记，但只是挂帅不出马，强调行政工作多。

为了从根本上加强党的生活制度，1965年，管理局党委采取四项措施加强“三会一课”制度。一是调查研究组织学习。组织科全体成员一方面组织学习了毛泽东关于论党委的工作方法和怎样开好“三会一课”的有关材料，进行研究。另一方面，用了一个多月的时间对全局各党总支、党支部进行了全面调查了解，掌握真实情况，并提出了关于加强“三会一课”的有效措施。二是召开政工会议。根据全局各党组织活动的实际情况，对“三会一课”制度坚持好的货区、运输队等党支部和原来坚持差的经过整顿后有了进步的行管科、医院等党支部进行了表扬，对坚持活动不够好的调度室、局长室等党支部进行了批评教育，同时还利用各种不同干部会议和集训班的形式，讲解开好“三会”、上好“一课”的重大意义，进行教育。三是收集和整理了从1964年7月至1965年2月期间全局各级党的组织活动情况，通报存在的主要问题和意见，以及党课的教育内容，即以毛泽东著作为主要内容，结合各党总支、党支部的具体情况进行讲解，并指定党总支、党支部书记亲自讲课，同时还专门把生产队指导员以上的干部以8天的时间，学习了支部工作条例和海军如何抓活思想的经验，以此来提高全体政工干部的活动能力。四是进行试点和阶段性的检查。为了加强“三会一课”制度，充分发挥党员模范带头作用和更好地发挥党支部的战斗堡垒作用，管理局党委到煤厂党总支一队支部进行了3个月的专门试点，从点上抓一些经验，指导面上的工作，更好地加强全局各级党的组织的活动。除了在点上下功夫、摸路子以外，还在面上不断地检查党日活动的开展情况。

（六）学习关于阶级和阶级斗争的学说

1963年7月8日，管理局党委开始组织党员干部学习中共中央发出的《关于目前农村工作中若干问题的决定（草案）》和7个附件，统一编组，每天下午集中学习。经过坚持和发扬理论联系实际的学风，全局党员干部对毛泽东关于阶级和阶级斗争的学说、社会主义革命和社会主义建设的理论以及马克思主义的领导作风和工作方法加深了理解，学会了用阶级观点观察和解决问题的方法，正确认识目前的阶级和阶级斗争形势，从而端正思想，坚定无产阶级立场，坚定社会主义方向，推动增产节约和“五好”运动的深入发展。7月18日，管理局党委宣传部发出《关于当前干部理论学习的通知》，要求主

要学习《人民日报》《红旗》杂志近几个月发表的《用阶级斗争的历史教育青年》《在阶级斗争历史的熏陶下，干部和群众的关系的重要环节》《干部参加集体生产劳动，对于社会主义制度是带根本性的一件大事》等重要文章。8 月 22 日，管理局党委宣传部编写印发学习《中共中央关于国际共产主义运动总路线的建议》的辅导提纲，明确提出了具体学习内容。1964 年 3 月 30 日，管理局政治部根据市委学习《关于阶级、阶级斗争和反修、防修学习文件》的指示精神，作出《关于当前干部理论学习的安排》，要求 17 级以上干部争取在两年内读完《毛泽东选集》1 至 4 卷，一般干部争取年内读完《关于阶级、阶级斗争和反修、防修学习文件》第一、二集。全局干部认真落实《安排》，立即掀起了理论学习热潮。

五、干部、人才管理工作

管理局党委通过开展审干工作、干部思想调查和排队工作、甄别平反以及全面考核干部和全面整理档案工作，进一步批判部分干部中存在的右倾思想，提升了干部的思想觉悟和革命信心，增强了干部队伍的凝聚力。同时，紧紧团结知识分子，开展技术双革运动，培养技术人才。

（一）开展审干工作

1958 年，根据省委、市委关于妥善解决审干遗留问题的指示精神，管理局党委于 4 月中旬恢复了审干组织，首先对 1955 年、1956 年已审的 406 名干部进行了逐个排队复查。其中，应审对象 109 名，有一般历史问题免审兑现 192 名，全部历史清楚者 105 名。

1958 年审干复查结果情况统计表

表 15　　单位：人

	应审干部	一般历史问题免审者	历史清楚免审者	合计
退职、退休、开除、死亡者	26	32	19	77
经整编为工人	23	54	24	101
在职干部	60	106	62	228
合计	109	192	105	406

根据省委、市委扩大审干范围的指示精神，管理局党委抽调 3 名专职审干人员，恢复原有的审干组织。在市审干办公室和党委的领导下，审干人员首先学习了上级有关指示等文件，进一步明确了这次复查和扩大审干工作重要意义和政策，相继开展了审阅档案工作。在 101 名干部中历史清白或有一般历史问题已清除免审者 88 名，确定应审者 8 名，历史转折有疑问需要查证者 5 名，有一般历史问题需要旁证者 7 名，共计 20 名的调查任务。经过 20 多天的外出调查，在各地各级党组织的配合下除极个别线索不明无法查清外，绝大多数问题均取得证实材料，根据查证结果已有 7 名作了结论，5 名写出调查报告，暂时不能结论者 1 名。

（二）开展干部思想调查和排队工作

1960 年，管理局党委组织部坚持对干部的思想情况进行调查、研究和分析排队，及时、

细致地加以掌握。据不完全统计，全年对干部的思想调查、分类排队达 14 次，从而对干部做到了有的放矢的思想教育，使其不断提高思想觉悟，鼓舞干劲。四季度，党委组织部根据党委指示，在全局干部中进行了一次全面系统的思想调查和排队，发现有部分干部对我国当前形势还有暂时困难缺乏正确的认识，在工作中情绪不高、干劲不足，上班晚来早走。针对以上问题，党委在党员中细致传达了中央十二条指示信和进行了当前形势的教育，发动全体党员结合思想深入地进行讨论和检查。同时，在全体干部中反复进行了 8 次形势教育，批判了在部分干部中产生的右倾思想和畏难松劲情绪，进一步提升干部的思想觉悟和革命信心。

（三）开展甄别平反工作

1961 年 11 月，管理局党委根据中央指示进行甄别平反工作。首先由党委副书记挂帅，组成甄别平反 5 人领导小组，下设甄别平反办公室。而后经过学习文件，掌握政策，摸清底数，组织复查。1962 年 4 月 27 日，中共中央根据扩大的中央工作会议（又称七千人大会）精神，发出《关于加速进行党员、干部甄别工作的通知》，“凡是在拔白旗、反右倾、整风整社、民主革命补课运动中批判和处分完全错了和基本错了的党员、干部，应当采取简便的办法，认真地、迅速地加以甄别平反。”管理局党委本着坚持真理，修正错误，实事求是，辨别是非的精神，对 1957 年下半年社会主义教育运动、1959 年整风反右运动和平时被批判处理的 318 名同志进行了甄别，实事求是地对错批判、错处分的人员进行了平反、赔礼、道歉，召开团结大会和小型的座谈会、谈心会，帮助错批判、错处分的人员和运动中的积极分子提高思想觉悟，卸掉思想包袱。同时，认真总结近几年来党内斗争的经验教训，深入贯彻了党的团结——批评——团结的方针，积极恢复党的正常民主生活，增强了党的团结。

（四）首次全面考核干部

1963 年，管理局政治部根据区政治部 6 月份干部工作会议精神，结合全局干部的现实情况，拟定了一个全面考核干部的工作计划。这是我局干部史上的第一次。经过对考核小组成员的训练和充分准备，从 7 月 29 日至 9 月 15 日共用了 46 天时间，通过被考核干部的上级、同级和下级共计 361 人次个别了解，全面地历史地考核了 78 名科级干部（有 15 名科级干部在外未能进行）。此外，管理局党委对 1954 年至 1961 年干部发展情况作了系统统计。

通过被考核干部的上级，主要了解在贯彻执行上级指示、接受与完成任务情况，对本职业务熟悉程度、组织领导能力和政治理论水平。通过被考核干部的同级和下级，主要了解在历次政治运动、反修斗争和国家困难时期是否经得起考验，无产阶级立场是否明确，群众关系、民主作风、工作作风、革命朝气、原则性和组织纪律性，总结改进工作能力以及毛泽东著作学习如何，虚心听取他们对被考核干部意见看法，按其“德才”与现任职务进行了全面衡量。其中胜任现职者 40 名，基本称职者 25 名，不称职者 13 名。

在考核工作中，本着“严肃认真、深入细致、全面求实”的精神，考核小组首先审阅了被考核干部的档案，了解其政治历史情况、历次政治运动态度，有无问题、是否结论和各时期的“德才”表现。其次，按照计划深入基层，向考核干部的所在党组织说明来意和考核干部的不必要怀疑，又可以预约谈话对象事先做好准备。确定预约谈话对象注意挑选熟悉被考核干部的上级、同级（包括党支部书记）、下级，分别由预约对象对考核内容介绍被考核干部的全面情况。再次，综合整理调查记录，进行分析研究，写出单行考核材料。在此基础上，提交考核小组逐个进行结论研究，把干部考核材料弄清、弄准，去粗取精、去伪存真，抓住重点，抓住本质的关键。在对科级干部考核的同时，也考核了基层领导班子。

（五）召开 18 级以下党员干部会议

1964 年 11 月 7 日，管理局党委组织召开 18 级以下党员干部会议，传达学习 5 月 15 日至 6 月 17 日中共中央工作会议精神。219 名党员干部参加会议（另有 27 人根据市委规定参加会议的人员条件不能参加），会期 31 天。会议始终坚持“以阶级斗争为纲”的指导思想和“理论联系实际的学风”，步步深入，达到使党员干部认清国际、国内阶级斗争形势，懂得怎样反对和防止修正主义，弄清“四清”（清政治、清思想、清组织、清经济）运动的伟大意义，懂得阶级斗争的长期性、尖锐性、复杂性及其形式与特点，进一步提高阶级觉悟和革命自觉性，反对和克服“右倾”思想以及不良精神状态，实现思想、工作革命化的目的。11 月 29 日，开始转向群众干部会议，结合贯彻省经委工作会议精神，联系思想、联系实际，找差距，开展批评与自我批评，解决了群众干部中的不良精神状态。

（六）开展全面整档工作

1965 年初，管理局政治部根据上级整理档案有关指示精神，结合本局情况，拟订一个全面整档计划。从 2 月 9 日至 9 月 2 日，共用六个半月的时间，对全局 697 名干部档案进行审查、登记、整理和装订，对有关干部的重大历史问题、反动党团及较复杂的社会关系做了摘记，共审查出新老问题 853 件，发调查信 353 件，回信 173 件，弄清楚 51 名干部长期悬而未决的问题。经过这次档案审阅整理，不仅基本上弄清各类干部的一些政治历史问题，掌握干部底数，而且全面系统

1954 年～1961 年秦皇岛

表 16

年度	干部总数	增减情况	副科长以上	党的专职干部	工会专职干部	团的专职干部	性别		民族		高等学校
							男	女	汉族	少数民族	
1954	590	+93	50	—	—	—	—	—	—	—	—
1955	545	-45	5	—	—	—	—	—	—	—	—
1956	641	+96	57	—	—	—	604	37	—	—	22
1957	265	-376	22	19	—	2	233	32	263	2	23
1958	324	+59	14	—	—	—	289	35	324	0	37
1959	487	+163	84	41	24	5	439	47	486	1	72
1960	509	+22	117	40	23	4	435	74	505	4	87
1961	584	+76	125	44	22	6	491	93	583	1	67

说明：1957 年减少 376 名干部中，转入工业企业直接参加生产的 128 名，编余 224 名

地整理了干部档案，改变基层干部档案分散管理的落后局面。同时，政治部于 5 月结合战备建立了一整套内容较全面的干部卡片名册，既适应战时需要，又为今后调配使用和考核了解干部提供了方便条件。

（七）开展技术双革运动，培养技术人才

1959 年 3 月，管理局党委发动群众开展以装卸机械化和减轻工人劳动强度为中心的技术双革运动，组织由领导干部、工程技术人员和工人参加的“三结合”技术双革队伍，大搞攻关活动，到 1960 年底已见成效，实现了七号泊位六机联合作业和库场高站台、低货位卸车线两项重大技术改造任务。此次活动为广大技术人才提供了实践平台，极大地提升了港口运输效率。1962 年第二季度，管理局党委采取上下结合的方法，对全局 112 名技术人员的工作和学习进行了两次系统的调查研究，逐个了解技术人员的政治思想状况和学习、专业水平、工作能力以及个性特点、业务活动等，初步克服了工作中的主观主义。

（八）召开知识分子座谈会，密切党与非党合作关系

1962 年 5 月 14 日 ～ 17 日，管理局党委召开知识分子座谈会，58 名知识分子出席座谈会。与会者就党委贯彻执行知识分子政策和党与非党合作共事以及企业技术管理提出 200 多条批评和建议。党委就贯彻执行知识分子政策中存在的问题作了自我批评，并向近几年来被错批判、错处理的知识分子赔礼道歉。党委还就政治与业务、理论与实践、老年知识分子与青年知识分子、党与非党合作共事的关系作了比较全面系统阐述，对老年和青年知识分子以及党员干部提出不同要求。与会的高级知识分子表示：抓紧工作，多出成果，带好徒弟，培养后辈，进一步向党靠近，积极进行自我思想改造。座谈会开得人人心情舒畅，人人满意，人人受感动，收到了密切党与非党合作共事关系的积极效果。

港干部综合情况一览表

单位：人

现有文化程度				政治情况			参加工作时间				
高中	初中	高小	初小以下	共产党员	共青团员	非党团员	1927 年以前	土地革命战争时期	全面抗战时期	解放战争时期	新中国成立以后
—	—	—	—	—	—	—	—	—	—	—	—
—	—	—	—	—	—	—	—	—	—	—	—
31	347	112	129	378	53	210	77	100	159	80	225
39	165	38	—	118	24	123	—	1	19	22	223
37	219	31	—	134	43	147	—	1	17	30	276
72	295	73	5	241	58	187	—	—	19	35	433
87	264	100	21	242	54	213	—	2	21	15	488
67	381	109	3	282	76	226	—	4	10	18	552

六、开展多项整风运动，促进港口生产发展

从1957年开始，根据上级相关指示精神，管理局党委在港口党员、职工中陆续开展多项整风运动，基本达到团结队伍、端正思想、改进作风、强化企业管理的目的，进一步促进港口生产发展。

（一）开展反“三种主义”的整风运动

1957年5月15日，管理局党委根据4月27日中共中央发出的《关于整风运动的指示》精神，作出《关于在全局党员中开展一次普遍的深入的反对官僚主义、宗派主义和主观主义的整风运动的决定》。此次整风运动把正确处理人民内部矛盾作为主题，采取团结——批评——团结的方针，自始至终坚持边整边试的原则，基本达到了“惩前毖后，治病救人”的目的。整风运动于1958年5月基本结束。

（二）开展以反右倾机会主义为中心的整风运动

1959年11月8日，管理局党委认真贯彻执行中共中央八届八中全会通过的《为保卫党的总路线，反对右倾机会主义而奋斗》的决议。从1959年11月上旬开始，到1960年2月中旬结束，在党员、干部中开展以反右倾机会主义为中心的整风运动。参加整风反右运动的党员干部229名，经过鸣放交心、上交下烧、全面揭发、左右横扫，受到批判和处分的占42.35%。由于这次整风反右斗争是在“左”的思想指导下进行的，结果在政治上使党内民主生活遭到严重损害，在经济上使“左”倾错误更加发展，并延续了更长时间。1962年，管理局党委遵照中共中央发出的《关于加速进行党员、干部甄别工作的通知》的指示精神，为反右倾斗争中被错误处理的同志全部进行甄别平反。

（三）开展“双反”“五反”运动

1958年3月21日至9月下旬，管理局党委在全局开展反浪费、反保守的“双反”运动。通过大鸣大放、大整大改和为谁劳动的专题辩论，提出港口吞吐量突破300万吨，上缴利润超过550万元和十大经济技术指标跃居全国六大港口第一位的增产节约奋斗目标。

1963年4月25日，管理局党委认真贯彻执行中共中央发出的《关于厉行节约和反对贪污盗窃、反对投机倒把、反对铺张浪费、反对分散主义、反对官僚主义运动的指示》，发动全局职工开展以增产节约为中心的“五反”运动。这次运动采取大鸣、大放、大字报的方法，分三个阶段开展了以反浪费为中心的增产节约运动和领导干部带头洗手洗澡，层层下楼以及面上的社会主义教育。1964年9月运动开始收缩，等待转入“四清”。

1964年4月8日，管理局党委根据省委、市委指示精神，结合“五反”运动在职工中进行政治清理工作。随着“五反”运动的深入发展，职工群众在“查上当，放包袱”的过程中，与敌人划清了界限，一些反革命分子也找上门来坦白交待问题。管理局党委采取依靠专门班子和发动群众相结合的方法进行政治清理工作。先对全局职工进行调查摸底排队，确定清理对象，后做清理。但是由于9月份“五反”运动开始收缩等待“四清”，只确定政治清理对象而清理工作未能进行下去。

1964年5月20日，管理局党委召开常委会议，传达5月16日交通部电话会议精神和薄一波副总理《关于做冷静的促进派的指标》，并联系实际，分析几个月来全局的“五

反”运动和生产形势。管理局党委针对执行“劳逸结合”的方针不够得力、职工加班加点过多、疲劳过度等问题贯彻实行三项决定：严格控制工人加班加点，压缩工人班前、班后的会议时间，减轻工人负担，使工人有足够的休息时间，以便集中精力搞好政治运动和安全生产；局级领导干部要深入下去，帮助基层干部改进工作方法，科学地组织劳动，使基层干部有劳有逸；积极安排好职工生活，以保持旺盛的革命干劲，推动生产持续高涨。

（四）开展纠正“五风”运动

1961 年 4 月上旬，管理局党委认真贯彻中共中央《关于彻底纠正共产风、浮夸风、命令风、生产乱指挥风、特殊风问题的指示》，在全局上下开展整顿思想、整顿作风、整顿管理、整顿制度、整顿队伍，克服企业“七风”（共产风、浮夸风、命令风、生产乱指挥风、特殊风、资本主义经营风、铺张浪费风）的整风运动。从 4 月上旬开始经发动群众大鸣大放彻底整改，进行思想、作风和企业管理制度方面的建设，于 9 月结束。这次运动对端正思想、改进作风和加强企业管理起到一定的积极作用。

七、围绕政治任务开展监察工作

自 1958 年下半年到 1959 年上半年，管理局监委紧紧围绕党的政治任务作了三项工作：开展“兴无灭资”的思想大检查运动，批判党内各种错误思想；在经济生活紧张的情况下，检查了各种浪费现象，重点堵塞了浪费粮食的漏洞；全年查处各种违纪案件 31 起，为顺利完成党的政治任务和中心工作，起到了保证作用。

1963 年 6 月 7 日，管理局监委会召开全局党员干部会议，255 名党员干部参会。会议传达了中央监察委员会起草的《关于清仓核资中的案件和违反财经纪律案件的处理意见（草案）》《关于共产党员犯有破坏人民公社集体经济，走资本主义道路错误的处理意见（草案）》《关于严肃处理违法乱纪，腐化堕落等错误和反对特殊行为的意见（草案）》三个文件，并进行分组讨论。此次会议提高了党员干部的思想认识，划清是非界限，对推动增产节约和“五反”运动的深入发展起到了积极作用。

八、创新煤炭运输“一条龙”全面大协作

为适应国民经济出现急剧增长的形势，落实国家对煤炭、矿石等国家重点运输物资必须保证国民经济超常发展需要的要求，1956 年，秦皇岛路港双方在“制约合同”的

路、港、航三方的生产调度人员，在港站调度室联合值勤，协调装卸生产

基础上，初步建立起“统一计划、统一班次、统一指标、统一竞赛”等“四个统一”的新协作关系，并提出煤炭运输“一条龙”的协作组织与工作方法。这种初级协作关系，使路港双方的煤炭运输都完成了国家计划，港口吞吐量和港口机车拖运量都比上一年度增长了22%，全港的煤炭出口量也较上一年度增长50%。在贯彻“全国一盘棋”方针的同时，路港双方又学习了阜新、本溪等兄弟单位的大协作经验，并根据水陆联运的特点，逐步丰富了路港协作的内容，并于1959年4月发展成为矿、路、港、航、贸“一条龙”的全面大协作，从而扩大了港口和铁路秦皇岛站的通过能力，加速了车、船、货的周转。

九、开始实行职工代表大会制度

1958年1月20日，管理局党委举行全体会议，作出《关于推行职工代表大会制，召开管理局首届一次职工代表大会的决定》。《决定》认为：自中共第八次全国代表大会以来，通过实行职工代表大会制度的试点工作，在管理局正式建立职工代表大会制度的条件基本成熟。要求立即组建管理局首届一次职工代表大会筹备委员会，并于3月初完成筹备工作任务，正式召开职工代表大会。3月3日～5日，管理局首届一次职工代表大会与管理局工会第八届会员代表大会同时举行，出席大会的代表150人。大会听取并审议了管理局和管理局工会关于《1957年工作总结和1958年跃进计划的报告》。职工代表大会通过了《管理局职工代表大会暂行组织条例》。会员代表大会选举产生了本届执行委员会。会上管理局党委向全局职工发出了关于开展“反浪费、反保守“运动的号召。

1959年～1965年，管理局又陆续召开几次职工代表大会，分别审议、讨论、通过了《反对保守思想，鼓足干劲，深入开展增产节约运动》《总结经验，改进工作，为全面完成1961年第一季度生产任务而奋斗》《以总路线精神大鼓干劲，大挖潜力，迅速扩大港口通过能力，为全面完成第二季度运输任务而奋斗》《关于三年来工作总结》《坚决贯彻勤俭办企业的革命精神，为多快好省地完成下半年运输任务而奋斗》《关于反浪费整改工作的基本总结》《高举毛泽东思想伟大红旗，加强政治思想工作，为建立一支思想革命化，行动战斗化的职工队伍而奋斗》等报告，分析当年度的经营形势，明确全年生产任务，进一步调动广大职工投身于港口生产的积极性。

第四节 港口党组织在“文化大革命”时期（1966.5～1976）

“文化大革命”开始后，港口党政工团相继被夺权，被迫停止了工作。由秦皇岛港务局军事管制委员会（以下简称港务局军管会）对港口实行军管，“军管会党委”临时主持党的工作，以“阶级斗争为纲”，开展群众运动，按照上级部门的部署多次进行整风。随着1971年12月秦皇岛港务局召开党代会选举产生新一届委员会，秦皇岛港务局党委开始陆续调整组织机构，解放干部，加强党的一元化领导，开展工作思想整顿和企业管理整顿，逐渐恢复了正常的党政工作秩序。

一、以“吐故纳新”为方针，开展第六次整党工作

1969年8月，港务局革委会整党建党领

导小组成立。根据中共中央“关于进行整党建党指示”，开始在全局进行整党建党工作。由革委会领导和主持整建党工作，是一种不正常现象。因此，把“吐故纳新”的最高指示，作为整顿的方针，采取将“每一天支部都要重新在群众里头进行整顿”，充分相信群众“实行开门整党”的方法，用“毛主席的无产阶级建党思想，批判刘少奇的修正主义的建党思想”，以黑《修养》（即《论共产党员的修养》和黑“六论”（阶级斗争熄灭论、驯服工具论、群众落后论、入党做官论、党内和平论、公私溶化论）为重点，把所谓的“叛徒、特务、死不悔改的走资派”等作为整顿对象，“清除出党，不准重新入党”，把所谓“在革命大风浪中经过考验的”“造反派”吸收入党，“增加党的新鲜血液”。截至 1971 年 11 月，批准恢复组织生活的党员 1089 名，占全局党员总数的 93%，纳新党员 34 名，整建党总支 4 个（占整建党总数的 57%）、基层党支部 43 个（占应整建党总数的 86%）。1971 年底，全局已建立党支部 47 个，占应建支单位 94%，已建党总支 5 个，占应建党总支单位的 70%，纳新党员 39 名。

二、逐渐恢复港口党政工作秩序

（一）恢复党的委员会，调整组织机构

1971 年 6 月 11 日，中共秦皇岛市委转唐山地区革委会同意港务局革委会成立党的核心小组，撤销整党建党领导小组的批复。6 月 14 日，党的核心小组举行会议，讨论小组成员分工问题和筹备召开中共秦皇岛港务局第六次代表大会、恢复党委的问题。1971 年 9 月，秦皇岛港务局革委会党的核心小组遵照党的九届二中全会提出的“要认真完成整党建党任务，加强党的思想建设和组织建设”的指示，开始筹备召开中共秦皇岛港务局第六次代表大会，恢复党的委员会。

1971 年 12 月 23 日～25 日，中共秦皇岛港务局第六次代表大会在港口俱乐部举行。大会选举产生由 27 名委员组成的中共秦皇岛港务局第六届委员会（简称局党委）。这个委员会于 12 月 26 日召开全委会议，明确委员分工。瘫痪 4 年之久的中共秦皇岛港务局委员会得到恢复。1972 年 1 月 19 日，河北省委冀发［1972］25 号文，批示：“同意中共秦皇岛港务局委员会的人员组成。”

1973 年 1 月，对全局组织机构人员编制进行全面调整，政工系统设政治部、工会、团委、人民武装部，直属机关和 3 个作业区设基层党委。行政系统设 27 个业务单位，直属辅助及其他单位 9 个。7 月至 8 月又相继成立了原油作业区总支委员会和货区总支委员会等基层党组织。这次调整将全局非生产人员控制在 16% 以内，适应了当时港口发展的需要。1974 年 12 月 5 日，原油作业区与燃料公司合并建立基层党委，称中共秦皇岛港务局原油作业区委员会。1975 年 12 月，局党委 作出《关于生产系统机构调整中若干问题的规定》，设立装卸作业区，明确各装卸作业区党政机构设置，划分了局、区两级职责。1976 年 4 月 16 日～5 月 22 日，局党委继续根据实际做好组织机构更替工作，相继作出关于建立中共秦皇岛港务局煤炭作业区 9 号泊位总支委员会，撤销原 9 号泊位党的核心领导小组、原中共秦皇岛港务局通讯站党支部委员会，建立中共秦皇岛港务局航修站党支部委员会、中共秦皇岛港务局汽车连党支部委员会、中共秦皇岛港务局通讯站总支委员会的决定。

（二）加强党的一元化领导

1973年1月6日，局党委作出《关于加强党的一元化领导，改进领导作风的若干规定》，明确坚持党委全委会议和党委常委会议制度，保证会议质量，加强党的集体领导，使党委决议切实得到贯彻执行；贯彻执行党委集体领导下的分工负责制，在党委集体领导下，革委会主任负责统一指挥企业的生产行政工作。

1974年3月4日，局党委根据中共十大修改后的《中国共产党章程》中关于加强党的建设、巩固“文化大革命”成果的规定和交通部1973年底召开的干部工作座谈会以及市委组织工作会议要求，提出《关于进一步加强党的建设的意见》，明确要求认真学习毛泽东《关于健全党委制》《党委工作方法》等著作，在思想上树立党领导一切的观念，行动上坚持党领导一切的原则，自觉维护和加强党的一元化领导；按照培养革命接班人五项标准，注意培养提拔青年干部、妇女干部和生产一线及重要部门的技术干部，实现各级党组织领导班子的“老中青”三结合；采取经常、深入地对党员、干部进行党的基本路线教育，组织干部参加上级党校和“五七”干校学习的方法，加强干部队伍的思想建设；采取分期分批轮训党支部委员、党小组长及新党员，以对基层党组织进行组织整顿的方法，加强基层党组织的建设；加强党的监察工作。各党总支、党支部保证有一名书记或委员兼抓好有关“破坏社会主义经济，走资本主义道路”和严重违法乱纪等案件的处理。

（三）加强思想整顿和企业管理整顿

1975年3月，局党委认真贯彻中共中央关于对行业进行整顿的一系列指示，开始从两个方面整顿港口工作秩序。一方面，思想整顿主要是克服派性，发展安定团结，在全局开展一场围歼资产阶级派性的人民战争。通过揭摆派性表现，论及派性危害，集中批判“拉山头、搞宗派、争权夺势、任人唯亲”等种种资产阶级派性表现，使港口初步形成安全团结的政治局面。另一方面，企业管理整顿主要是根据国务院计划工作务虚会议精神，本着精简机构，加强集中管理的原则，对部分管理机构进行了调整，健全了必要的规章制度。这一年，局党委坚持“以学习无产阶级专政理论，促进安全团结”和“把国民经济搞上去的三项指示”为纲，认真进行企业秩序整顿，使港口的革命和生产形势发生了较大变化，年吞吐量完成1557万吨，创历史最高纪录，跃居全国沿海港口第三位。这次整顿由于受到“批邓、反击右倾翻案风”运动的冲击而中断。

1975年11月，秦皇岛港甲码头两个杂货泊位建成投产

（四）开展解放干部运动及系列群众运动

1969年2月4日，港务局革委会清理指挥部发出关于狠抓落实毛主席对待干部的一系列最新指示和贯彻中发（68）165号文件、

170号文件的通知，要求把应该解放的干部尽快解放出来。2月5日，港务局革委会下发《革委会常委扩大会议纪要》，认为解放干部是目前审干工作中的一项主要任务。为搞好审干工作，尽快解放干部，必须做到：高举毛泽东思想伟大红旗，用毛泽东思想统帅审干工作；做好调查研究工作，领导把关，严格区分两类不同性质的矛盾；认真执行毛主席一系列最新指示和党的干部政策；加强领导，进一步发动群众，大搞人民战争。要求在10至15天内，“对犯严重错误，但不是敌我矛盾的干部，坚决解放出来。有些人的问题，暂时搞不清，又不能定案的，也要从政治上解放出来。”

1969年11月5日，港务局革委会作出《关于各级革委会坚持执行“三三制”的通知》，要求各级领导班子成员和机关干部要遵照毛主席“必须坚持的执行干部参加集体生产劳动的制度”的指示，从即日起执行“三三制”（即三分之一的人员坚持日常工作，三分之一的人员深入基层蹲点，三分之一的人员参加劳动）。

1975年1月27日，局党委决定干部参加集体生产劳动，要求机关干部中坚持实行“三三制”（即机关干部三分之一到基层蹲点劳动，三分之一进干校、党校学习，三分之一坚持日常工作）。同时，实行机关科室“包点制”（即对口蹲点，进行业务指导），深入基层蹲点的干部保证在半年内使所在蹲点单位达到方向路线端正和领导班子建设好、党的各项政策落实好、职工队伍革命化程度高、生产上得去的目标；留下坚持机关日常工作的干部，积极参加全局生产大会战和每周至少参加集体生产劳动1天，基层干部保证每年参加生产劳动100天。

1970年2月，港务局革委会落实中共中央《关于打击反革命破坏活动的指示》《关于反对贪污盗窃、投机倒把的指示》《关于反对铺张浪费的通知》，开展“一打三反”群众运动。“一打三反”运动坚持以“阶级、阶级斗争、路线斗争和无产阶级专政下继续革命”的理论为指导思想，通过举办各类型的学习班、阶级教育展览会等形式，使中央文件精神家喻户晓。同时强调“对局内反革命破坏活动以及贪污盗窃、投机倒把、铺张浪费现象进行大检举、大揭发、大批判、大清理”，设“专案”进行内查外调，核实处理。“一打三反”运动历时近一年，打击了一批反革命分子和贪污盗窃、投机倒把分子。但由于“文化大革命”指导思想上的错误，加之派性严重作祟和“左”的思潮干扰，造成许多冤假错案。

1976年1月中旬，周恩来总理逝世，局党委组织全局广大职工沉痛哀悼敬爱的周总理，反映了人民群众和绝大多数共产党员对敬爱的周总理衷心爱戴。

1976年9月9日～17日，局党委组织全局职工举行沉痛悼念毛泽东主席逝世的活动。11日，以局党委的名义发唁电给党中央、全国人大常委会、国务院、中央军委，并在局党委党校设立毛泽东悼念堂，组织全局职

1976年9月，秦皇岛港举行毛泽东主席逝世追悼大会

工家属 10425 人分期分批吊唁至 17 日，并敬献花圈。

1976 年 10 月下旬，局党委组织全局党员、干部、工人掀起声讨王洪文、张春桥、江青、姚文元“四人帮”反革命集团罪行的活动。10 月 29 日，局党委组织集会，热烈庆祝粉碎“四人帮”反革命集团的历史性伟大胜利，愤怒声讨“四人帮”分裂党、篡党夺权的滔天罪行。大会之后，全局上下掀起了揭批、声讨“四人帮”罪行的高潮。截至 11 月底，全局召开各类型批判会、声讨会 370 场次，到会者万余人，写批判文章 3700 多篇，办批判专栏 2000 多期，贴出大小字报和标语 4000 多张（条），编演批判“四人帮”的剧目 110 多个。而后，揭批“四人帮”的运动步步深入，直至彻底否定“文化大革命”。

1976 年，码头作业区一队职工在新建甲码头批判“四人帮”

（五）开展第七次整党工作

1976 年 1 月，局党委按照毛泽东主席提出的“党组织应是无产阶级先进分子所组成，应能领导无产阶级和革命群众对于阶级敌人进行战斗的朝气蓬勃的先锋队组织”的 50 字建党纲领，在全局开展整党建党工作，使全局上下各级党组织得到重新建立，大多数党员恢复了组织生活。

三、开展干部理论学习教育

“文化大革命”期间，秦皇岛港主要在广大干部中开展以学习马列主义、毛泽东思想为主的理论教育，并开始将举办基层干部学习班作为强化党员干部教育的一种常规方式固定下来。

1969 年 1 月 23 日～28 日，港务局革委会召开第二次“活学活用”毛泽东思想积极分子大会。出席这次大会代表共 292 名，特邀代表 108 名，列席代表 26 名。大会总结交流“在两个阶级、两条道路、两条路线斗争中活学活用毛泽东思想的经验”。

1969 年 12 月 14 日～17 日，港务局革委会召开第三次“活学活用”毛泽东思想积极分子代表大会。出席大会代表 346 名，分大、中会议进行讲用，其中 20 人在大会上进行讲用，51 人在中会上进行了讲用。“这次大会集中地反映了全局广大革命群众活学活用毛泽东思想的新水平、新经验。”

1970 年 12 月 14 日，港务局革委会作出《关于继续认真学习毛主席哲学著作的决定》，总结贯彻党的九届二中全会精神以来，关于“全党要认真学习毛主席哲学著作”的经验和典型。为了进一步推动“三大革命运动”（阶级斗争、生产斗争和科学实验）的发展，把全局“活学活用”毛主席哲学思想的群众运动引向深入，提出了“迅速掀起人人学哲学、处处讲哲学、事事用哲学、学出新水平、讲出新高度、用出新成绩，在‘三大革命斗争’中，不断夺取新胜利”的要求。

1974 年 6 月 28 日，局党委制订《关于加强马列主义理论学习和加强理论队伍建设的意见》，明确加强马克思主义理论学习和理论队伍建设。一是加强党的领导，各级党组织必须把这项工作列入议事日程，书记要亲自抓。二是成立有党委成员参加的理论学习小组，同工人批判组、评论组上下结合，形成一个“学”“批”“评”的组织系统。各基层党组织要组建3至7人的理论学习辅导小组，班组要有1至2名理论辅导员。三是坚持学习制度，保证干部每周半天学习，一天批判的时间和工人每周1.5小时学习时间。同时办好党校、党训班、辅导员和骨干培训班，工会、共青团试办工人政治文化夜校。要求各级党组织及领导要提高认识，深刻理解加强理论学习和理论队伍建设的重要意义，在斗、批、改的实践中培养和建设理论队伍。根据党委要求，各基层单位相继举办读书班、训练班。7月1日，党训班成立，继之工人政治文化夜校成立。到年底，全局共建立业余理论学习小组120多个，有理论辅导员500多人，自上而下配备了专（兼）职理论干部。

1974年11月16日，局党委党校开始举办党的基层干部学习班。学习班以党的基本路线为纲，以深入学习无产阶级专政理论，坚持批林批孔，激发党员大干社会主义的积极性，发挥党员的先锋模范作用和提高党支部的战斗堡垒作用为宗旨，对基层党员干部进行分期分批集中培训。截至1975年3月，先后举办培训班4期，每期13天，共轮训基层党支部书记、党支部委员、党总支委员129人。4月10日，局党委批转局党委党校《关于举办党的基层干部学习班情况的报告》中要求各级党组织都要关心党的基层干部和党员的学习，参照党校办学习班的办法，发挥本单位的优势举办学习班，当时，此举动成为各级党组织对党员进行教育的主要形式之一。

1976年9月27日，局党委作出《关于全局干部群众，认真学习马列主义毛泽东思想，重读〈毛泽东选集〉一至四卷的决议》。指出，全局职工，凡有通读能力的，利用一年时间，都要重新通读《毛泽东选集》一至四卷。要求各级领导干部带头通读和抓好理论队伍的培训，使其充分发挥作用，把学习推向深入。10月，职工学习《毛泽东选集》活动形成热潮。截至年底，举办各类学习班52期，集中组织培训理论队伍2631人，培训职工13670余人次。

第五节 港口党组织在徘徊中前进时期（1977～1978）

“文化大革命”结束后，面对港口党政正常工作秩序亟需恢复的局面，秦皇岛港党委开展了许多有关拨乱反正、落实政策、整顿组织的工作，为党领导港口开辟了一些新路，重新确立了党在企业中的政治核心作用。1978年7月，秦皇岛港务局撤销局“革命委

1977年8月，秦皇岛港召开庆祝中共第十一次代表大会胜利召开

员会”，企业名称改为交通部秦皇岛港务管理局，组建中共秦皇岛港务管理局委员会（以下简称管理局党委）。秦皇岛港开始实行党委领导下的局长分工负责制和党总支、党支部领导下的主任（厂长、队长、经理、站长、处长、院长、校长）分工负责制。

一、拨乱反正，恢复党政正常管理秩序

“文化大革命”十年中，极“左”路线的干扰和破坏是多方面的，其中港口装卸运输生产所受危害最大的是“四人帮”煽动的无政府主义。为了消除“四人帮”对秦皇岛港的危害，把被“四人帮”颠倒了的是非重新颠倒过来，港口针对“要当码头的主人，不做吨位的奴隶”的大字报在思想上、组织纪律上以及生产指挥上的极端混乱状态，集中进行揭露和批判，从而使全港职工弄清革命与生产，政治思想与各种规章制度，党的领导与工人当家作主的辩证关系。同时结合企业整顿，学习、贯彻《工业三十条》，抓住典型的人和事，深入开展对无政府主义的批判，基本刹住了歪风邪气，恢复了原有的各项规章制度，从制度上确保了组织纪律的执行。港口管理工作也逐步走上正轨，恢复和加强了计划统计工作、经济效益分析、劳动定额管理、技术设备管理、安全质量管理以及强化生产指挥调度等基础工作，生产管理得到加强，装卸运输生产逐步纳入正常轨道。通过企业整顿，全港结合“工业学大庆”的群众运动，掀起了社会主义劳动竞赛的热潮，比学赶帮，你追我赶，装卸运输生产不断发展。1977 年，港口提前完成吞吐量计划和利润计划，吞吐量实际完成 1805 万吨，利润总额实际完成 2247 万元，比 1976 年分别增长 9.6% 和 19.2%。

在党组织建设上，管理局党委继续推进党建组织工作正常化。1977 年 2 月 2 日，局党委决定对部分政工组织机构进行调整，为加强党的一元化领导，适应革命和生产发展的需要，撤销原政治部所属的干部科、组织科、监察组，成立组织处；撤销宣传科，成立宣传处。1978 年 5 月 31 日，港务局被市委指定为首批“整党整风和企业整顿单位”。据此，局党委作出《关于整党整风、企业整顿的安排意见》，采取自下而上，先基层后党委的方法，针对各级领导班子中存在的学大庆信心不足和抓生产心有余悸等问题进行整顿，逐步排除长期以来极“左”思潮的干挠，消除抓生产的思想顾虑，增强学大庆的信心。10 月 25 日，管理局党委颁布《中共秦皇岛港务管理局委员会工作条例》《中共秦皇岛港务管理局政治部工作条例》《中共秦皇岛港务管理局委员会所属基层党委、总支和直属支部工作条例》《中共秦皇岛港务管理局委员会所属基层党支部工作条例》，对管理局党委、政治部、基层党委、总支、直属支部和基层党支部的性质、任务、组织制度等作了明确规定。

1978 年 9 月，管理局党委与纪律监察组为落实党的政策，组建落实政策领导小组，下设落实政策办公室。根据中共中央关于为“文化大革命”中造成的冤假错案甄别平反的指示和市委具体部署，坚持“实事求是，有错必纠，有反必肃”的原则，采取分片包干、突击重点的方法，开展落实政策工作。党委把这项工作列入党委重要议事日程，由党委主要领导亲自挂帅，并抽 30 多名党性强、作风硬、政策水平高的干部加强落实政策办公室的力量。从涉及人多且在全局影响

较大的所谓“刘贾许反革命集团”案入手进行甄别平反，打开落实政策工作局面。接着又为杨宝璋、邓灿熙等5名高级知识分子恢复名誉。

二、秦皇岛港始创“大庆式企业”

1977年1月21日，局党委、港务局召开规模空前的创建大庆式企业誓师大会。大会提出，在跨入省、市两级学大庆先进行列的基础上，力争一年，确保两年建成“大庆式企业”的奋斗目标和“大学促大干，大治之年创高产，明年突破‘双千万’（即港口货物吞吐量突破2000万吨，利润总额突破2000万元），大庆红旗遍港湾”的战斗口号。大会之后，全局职工积极投入创建“大庆式企业”运动。这一年，港口除利润总额突破2000万元大关（即实际完成2247万元）外，货物吞吐量只完成1800万吨。

1978年3月，局党委根据中共中央关于在揭批“四人帮”斗争中，搞好各条战线整顿工作的指示，以创建“大庆式企业”为动力，整顿恢复港口秩序。整顿之初，由于各级领导干部及职工群众存在“以干代整”和对“四人帮”流毒影响估计不足的错误认识，致使整顿工作进展迟缓。为此，党委决定在全局上下开展以揭摆企业遭受“四人帮”干扰破坏，在生产、质量、消耗等造成重大损失为主题的“算账”活动，以推动企业整顿工作。4月下旬，掀起一个“层层算账，人人算账”高潮。通过算账，共揭摆出4000多个问题。继而，对全局各岗位的规章制度进行了全面整顿，在192个工种、900多个岗位建立296项、3073条规章制度。

1978年12月，管理局被交通部、河北省委、秦皇岛市委列为继续创建“大庆式企业”，通过学习贯彻中共中央《关于加快工业发展若干问题的决定（草案）》（简称《工业七十条》），按照整顿企业的要求和标准，“运用经济手段”，加强企业管理。重点抓了“整章建制”工作，全局192个工种，990个岗位共建各项规章制度3073条；在管理局一级实行计划、财务、材料、劳动、技术、生产、生活等七项管理“规章制度”；以产量、质量、劳动生产率、成本、利润、流动资金、船停时、设备使用率等八项主要经济技术指标为内容，开展“全面完成国家计划百分赛”活动；在政治工作系统，完善各项工作条例。这些举措大大促进了港口装卸运输生产的发

1977年，秦皇岛港召开学大庆奖先会

展。至年底，通过自查，在整顿各级领导班子、整顿企业管理、增产节约、革新改造挖掘潜力、完成主要经济技术指标、抓好职工生活等六个方面，基本达到了“大庆式企业”标准，并且提前37天完成国家计划。1978年，港口吞吐量实际完成2218.5万吨，实现利润总额2861.3万元，分别比上年增长18.6%和21.5%，全面完成了国家计划。

1979年10月31日，经河北省、交通部联合检查验收，交通部秦皇岛港务管理局被省委、省革委会正式命名为“大庆式企业”。

三、实行干部集体生产劳动制度

1978年1月11日，局党委作出《关于干部参加集体生产劳动的决定》，确定了坚持干部参加劳动日制度、干部下基层蹲点制度、干部轮流劳动制度，明确要求局级领导干部每人每年平均参加劳动66天，中层领导干部和一般干部每人每年平均参加劳动100天，车间、厂队干部做到基本不脱产。局党委责成组织处对干部参加劳动情况进行经常检查，并将“按时完成劳动任务”作为评选先进工作者的标准之一。1978年起实行“干部参加劳动手册制”，记载干部参加劳动的天数、地点、证明人等，并定期张榜公布，接受群众监督。

四、整顿各级领导班子

在落实政策工作、进行甄别平反的同时，管理局党委加速干部队伍革命化，改进领导作风问题。1978年7月1日，管理局党委继续整顿各级领导班子，通过对领导班子的考察，先后对机厂等6个基层单位的班子进行调整，在中层领导班子中，调整充实15名青年干部。这次整顿后，在全局22个中层领导班子和100个基层支部中好的和比较好的分别占92%和89%。中共十一届三中全会后，为适应党的工作重点转移的要求，管理局党委按照领导干部革命化、知识化、年轻化、专业化的方针，对局、处级领导班子重新进行考核，再次进行调整，使局级干部的平均年龄由58岁下降到47.6岁，高中以上文化程度的比例提高到36.2%。

管理局各级领导班子注重提高政治理论素质。图为货区领导班子畅谈学毛泽东著作心得

自1978年以来，在创建“大庆式企业”整顿企业管理中，局党委经考察领导班子和整顿组织机构，提拔一批拥护中共三中全会、熟悉业务技术、年富力强的干部，调整充实了30个处、室以及36个基层的领导力量，安排调整了副处级以上干部127名，占中层干部总数的70.5%，并将原来的50个处、室、单位，精简为40个。同时，恢复职工代表大会制度，从而使职工代表民主评议和考核领导干部的权利得以恢复。

五、整顿、恢复工会组织

1973 年 3 月，港务局“工代会”（“文化大革命”中建立的非常组织，有别于工会）根据中央（73）17 号文件中有关提高工会工作的指示精神及局党委的意见，开始整顿和筹建工会工作。4 月初，提出《关于整顿和筹建工会工作的意见》，其主要内容是整顿目前“工代会”组织，筹备召开港务局第 14 届工会会员代表大会，按照调整、充实、完善、提高的精神，按照老、中、青三结合，阶级性和群众性结合的原则，做好建立新的工会领导班子和健全各级工会组织机构的工作，做好核实老会员，发展新会员的工作。6 月 3 日晚，港务局第 14 届工会会员代表大会预备会议召开，会议听取由港务局工会筹建小组所作的《关于筹备工会会员代表大会的工作报告》和《代表资格审查报告》，通过《大会主席团名单》《大会日程安排》《大会须知》。6 月 4 日，管理局工会第 14 届会员代表大会正式召开，标志着秦皇岛港工会恢复正常工作秩序。

第六节 港口党组织在改革开放初始时期（1979 ~ 1990）

1978 年 12 月，中共十一届三中全会召开，结束了粉碎“江青反革命集团”以后两年党的工作处在徘徊不前的局面，做出把工作重点转移到社会主义现代化建设上来的战略决策。秦皇岛港逐步将企业工作重点从“以阶级斗争为纲”转为以经济建设为中心，把单纯依靠行政经营管理企业转为运用经济手段，按经济规律办事，为新时期港口生产建设做好充分准备。同时，管理局党委切实进行全面认真地拨乱反正工作，重新确立了党的正确组织路线，对港口组织机构进行调整和加强，尤其是通过整顿和建设各级党组织、领导班子，推动港口工作中心的转移，为港口发展紧跟时代步伐奠定良好的思想基础和组织保证。

在中共十一届三中全会精神指引下，秦皇岛港掀起建设东港区热潮。图为 1980 年建设煤一期堆场情景

一、加强党对企业的领导

从 1979 年开始，管理局党委把全党工作重点转移到社会主义现代化建设上来，调整组织机构，优化人员设置，全面整顿企业，实行党委领导下的局长负责制，巩固党在港口中的领导核心地位。同时，管理局党委甄别平反冤假错案，拨乱反正，落实政策，逐步清除“文化大革命”对港口发展造成的消极影响，有力地推动了港口生产建设向前发展。

（一）调整党政组织机构

1978 年，秦皇岛港遵照上级指示撤销秦皇岛港务管理局和基层单位的“革命委员会”，并立即建立起管理局党、政领导班子。

1979 年 3 月，根据上级指示精神，经请示交通部批准，管理局发出《关于组织机构调整情况的通知》，遵照精简机构的五项原则进行机构调整：撤销政治部，将业务相同的17个单位合并为6个，人事劳资科和知识青年下乡办公室合并为人事处，新建中共秦皇岛港务管理局纪委检查委员会。

1980年11月6日，管理局党委根据交通部秦皇岛港的《港口建设座谈会纪要》精神，向交通部呈送《关于改变建港指挥部体制的请示报告》。为适应形势的发展，对交通部秦皇岛建港指挥部体制改革提出四点意见：对外保持原名称，对内归港务局直接领导；隶属关系改变后，局党委对指挥部实行方针政策和重大原则问题的领导；充实和健全指挥部的领导班子；本着有利于工作的精简的原则，对指挥部机构进行必要的调整。22日，交通部发出通知，宣布自1981年1月1日起，将秦皇岛建港指挥部并入秦皇岛港务管理局，作为秦皇岛港务管理局新建工程的机构，履行甲方职责，名称暂仍保留。

1980年11月29日，管理局党委制定出《政工部门职责范围（修改稿）》，规定党委办公室、组织处、宣传处、纪委检查委员会、工会、团委、武装部的职责范围。这些职责范围的制定与执行，使党政部门的工作逐步恢复正常。

1981年6月27日，管理局为解决局现有待业知识青年的劳动就业问题，经报交通部批准建立劳动服务公司。劳动服务公司为管理局领导下的实行独立核算、自负盈亏，为港口生产建设服务的集体所有制企业。公司成立后，使1801名待业青年分期分批得到妥善安置，解除了职工的后顾之忧。

1982年2月17日，管理局党委、管理局联合颁发《关于局和基层单位两级管理主要权限划分的暂行规定》，明确划分两级管理权限的基本原则，实行两级管理权限的基层单位必须具备的条件，以及有关处室制定本系统两级管理的专业规定和实施办法。

1983年1月22日，管理局根据交通部转发国务院《关于发布〈合理化建议和技术改进奖励条例〉的通知》，作出《建立合理化建议和技术改进奖励评审委员会的决定》。1983年9月13日，管理局党委、管理局联合发出《关于局属基层单位党、政科室设置的通知》，明确指出在一、二、三、四作业区和铁路运输处、机修厂、公安局等19个基层单位下设141个党政业务科室。

1983年9月，管理局党委贯彻《中国共产党工业企业基层组织工作暂行条例实施细则（草案）》，实行党委领导下的局长负责制和党委领导下的职工代表大会制。确立党委在企业的领导核心地位，对生产行政组织、职工代表大会以及工会、共青团等群众组织实行统一领导。

1989年6月15日，局党委、港务局联合发出《关于党务干部和政工机构设置及定员的通知》。根据“党政职能分开”和“精简、精干、高效、加强”的原则，确定全局上下实行党务工作部门和行使思想政治工作部门二位一体，一套班子，两块牌子，行使双重职能的办事机构。局一层党委组织部与行政干部处合一，党委宣传部与行政宣传处合一，党的纪律检查委员会与行政监察处合一的办事机构。局属基层单位仅设党务工作职能，在局长（经理、厂长）领导下行使思想政治工作的职能。党务干部、政工干部的定员，按照身兼二职行使“双重职能”和增机构、不增人员的原则进行配备。

（二）全面整顿企业

1982年2月2日，管理局党委和管理局

开始进行企业全面整顿。按中共中央、国务院《关于国营工业企业进行全面整顿的决定》，进行恢复性整顿补课，为建设整顿创造条件；按交通部《企业整顿五项工作验收标准》进行以提高企业素质为中心，以提高经济效益为目标，以整顿领导班子、健全领导制度、整顿劳动组织、按定员定额组织生产和推行经济承包责任制为重点的全面整顿；由职工代表组成17个检查验收团，对局属各单位进行内部自查验收、查漏补缺；接受交通部、河北省、秦皇岛市联合检查验收。这次企业全面整顿共用2年零6个月的时间，经部、省、市联合检查验收团按《企业整顿五项工作验收标准》打分，得942分（满分为千分），被批准为“整顿”合格单位。

“文化大革命”结束后，管理局党委进行企业全面整顿，开展技术比赛，提升港口生产水平。图为技术比赛现场

1983年，管理局以贯彻执行中共十届二中全会精神为动力，以提高经济效益为中心，以企业全面整顿为重点，充分发挥党委的核心领导作用。一是加快企业整顿步伐，加强各项基础工作。党委三次召开企业整顿工作会议。11月，管理局党委以第四作业区为试点，组织了企业内部的系统验收，互相观摩，交流经验，取长补短，探索新路子。对照交通部颁发的五项135条验收标准，找出33条差距，党委立即采取集中力量，集中时间，统一步调，分片包干，查漏补缺等措施，再一次掀起企业整顿的高潮，加快了企业整顿的步伐。二是建立健全了企业管理制度，各项管理工作条理化、科学化。9月，管理局党委制定了《中国共产党工业企业基层组织工作暂行条例》实施细则、《国营工厂厂长暂行条例》实施细则和《国营工业企业职工代表大会暂行条例》实施细则。明确管理局各级党组织的根本任务是加强与改善党的领导，恢复和发扬党的优良传统，提高党组织的战斗力，促进港口现代化建设。管理局实行党委领导下的局长负责制和党委领导下的职工代表大会制。按照党委集体领导，职工民主管理，局长行政指挥的原则，实行党政分工，不断改善和加强党的领导，确立局党委在企业的领导核心地位，对生产行政组织，职工代表大会以及工会、共青团等群众组织实行统一领导等。

1984年9月15日，管理局党委、管理局召开企业全面整顿总结大会，肯定九个方面的成绩：经济体制改革和机构调整基本适应新形势的要求；各级领导班子建设在革命化、年轻化、知识化、专业化方面有了提高；党的组织建设和思想建设以及政治工作得到了加强，职工的精神面貌有了新的改观；建立健全了各类人员的岗位责任制；进一步完善了企业管理的各项基础工作，经营管理水平有所提高；整顿加强了劳动纪律；职工培训工作有了较大的进展；港容、港貌、卫生、文明生产、职工福利和物质文化生活得到了改善；经济效益有显著提高，主要经济技术指标超过了历史最高水平。

（三）实行党委领导下的局长负责制

1988年7月，秦皇岛港党政分开，政企

分开，实行党委领导下的局长负责制，局长的职权和责任得到加强。交通部决定将港务监督分出，单独成立秦皇岛海上监督局。同时，交通部秦皇岛港务管理局改称交通部秦皇岛港务局。经交通部批准，港口全面实行局长负责制和任期目标责任制，健全以局长、经理为中心的新领导体制。8 月 13 日，港务局召开副处级以上干部会议，会上，交通部政治部徐秉铎代表交通部宣布：秦皇岛港务局实行局长负责制，并任命黄国胜为交通部秦皇岛港务局局长，任期 3 年，自 1988 年 1 月 1 日起至 1990 年 12 月 31 日止。

（四）贯彻《全民所有制工业企业法》精神，发挥党组织保证监督作用

1988 年，局党委认真贯彻《全民所有制工业企业法》，发挥党组织在推进企业内部改革中的保证监督作用。一是建立健全《党政联席会制度》《党委议事规则》《基层党组织书记工作例会制度》《党组织实施保证监督职能》等制度，重新修订《党委的基本任务》《党委书记、副书记职责》《党务组织部工作职责》，从组织制度上为实施保证监督职能奠定了基础。二是严格执行制度，通过正常渠道实行保证监督。党委领导成员定期参加党政联席会，直接参与企业的重大决策，为行政工作提出意见和建议。局长在作出重大决策之前，及时向党委通报情况，统一思想，主动接受党委的保证监督。三是通过参加局务会，深入生产经营实际调查研究等方法，把握职工思想实际，提高思想政治工作的效果，为生产和行政工作提供保证和服务。

1990 年，局党委把加强党组织机构和党务、政工干部队伍建设作为加强党的建设，发挥政治核心作用的重要基础。在贯彻中共十三届四中全会和《中共中央关于加强党的建设的通知》精神中，认真反思并总结了一个时期以来党建和思想政治工作中的经验教训，结合实际情况，制定下发《关于发挥党组织政治核心作用的试行意见》，明确了企业党组织的政治核心地位和参与企业重大问题决策的具体内容和决策程序，进一步落实了党组织的政治思想领导。

（五）甄别平反冤假错案

1978 年 9 月，管理局党委成立落实政策领导小组，为在“文化大革命”中造成的冤假错案进行甄别平反。1981 年，管理局党委总结“文化大革命”时期教训，逐步对期间造成的冤假错案进行平反工作，并逐步恢复正常党建政工工作秩序。从 3 月份开始，逐步对“文化大革命”时期的冤假错案的当事人彻底平反，恢复名誉。同月，管理局党委作出《关于处分党员批准权限的暂行规定》，主要包括对犯错误党员给以党纪处分的报批程序及权限、纠正党员处分的权限及需履行的手续、党员对组织处分的申诉权以及处分党员的方针政策等。

1981 年 4 月 1 日，管理局党委作出《关于为 1970 年下放到农村插队落户干部平反的决定》，把在 1970 年 3 月下放到农村插队的 51 名干部于 1972 年全部回城恢复工作，并为这些干部在政治上彻底平反，恢复名誉。管理局党委作出《关于为在“学习班”中被错批错斗的通知平反的决定》，认为在 1968 年 5 月至 1969 年 5 月举办的所谓“毛泽东思想学习班”，执行了林彪、“四人帮”的极“左”路线，伤害了大批干部和工人群众，组织上应该承担责任，向在“学习班”中被错批错斗的同志赔礼道歉，并推倒一切污蔑不实之词，为受迫害的同志平反，恢复名誉。

1981 年 5 月 7 日，管理局党委常委召开批“左”倾，肃流毒，贯彻执行《关于党内政治生活的若干准则》的生活会议。党委常委成员检查了普遍存在的宁“左”勿右的思想观点，提出防止重犯或少犯“左”倾错误的三条措施，通过根据《准则》制定的党委成员在政治生活中的五项守则。事后，管理局党委将会议情况向市委作了报告。通过实施一系列冤案平反、恢复名誉的补救措施，解决了大量知识分子尤其是管理人员的后顾之忧，为港口建设提供了大量人力支持，为港口后续快速发展奠定基础。截至 1986 年 10 月底，“文化大革命”期间及“文化大革命”前的历史遗留问题得到基本解决。

（六）批极“左”，肃流毒

1980 年 10 月 28 日，管理局党委根据中央及省、市委指示精神提出《关于深入批极“左”肃流毒，加快落实政策的 10 点意见》，开始在港口中先上后下逐步端正态度，加快批极“左”、肃流毒的步伐。管理局党委坚持“在稳定中提高，在提高中稳定”的方针，认真学习中共十一届三中、四中、五中全会文件，联系实际摆表现，论危害，分清路线，肃清流毒，促进团结，调动积极因素，同心同德搞四化。一是认真落实政策，清理好“打砸抢”问题，对党中央讲的“四种人”（即行凶杀人的刑事犯罪分子，搞阶级报复的地富反坏分子，搞挟嫌报复、后果严重的分子，一贯打砸抢、情节恶劣的分子）严肃处理，进领导班子的清除，是共产党员的开除党籍；对于绝大多数受蒙蔽参加过打砸抢的人，包括犯有严重错误的，都本着“惩前毖后，治病救人”的方针，着重思想教育，不要追究个人责任，尽可能缩小打击面，坚持团结多数人。二是批极“左”，肃流毒，落实政策，同调整领导班子结合起来，同贯彻中共中央 1980 年 66 号文件从班子中清理“三种人”（即造反起家的人，帮派思想严重的人，打砸抢分子）结合起来。批极“左”，肃流毒，彻底否定无产阶级文化大革命，巩固和发展了秦皇岛港安定团结的政治局面。

（七）继续拨乱反正，召开否定“文化大革命”大会

1981 年，管理局党委继续拨乱反正，落实政策，进一步加强政治工作。为贯彻落实中央工作会议确定的在经济上实行进一步调整，在政治上实现进一步安定的方针，采取普遍学习与重点办骨干学习班相结合的方法，掀起了学习中央一、二号文件的高潮，使广大职工干部领会经济上实行调整和政治上实现安定的重要意义，以及两者之间的相互关系。2 月 13 日至 19 日，管理局党委召开常委会议，学习 1980 年 12 月中央工作会议精神，在统一思想认识的基础上，充分肯定了新中国成立后 31 年来秦皇岛港取得的成绩和中共十一届三中全会以来的好形势。同时认真总结了新中国成立以来特别是 1957 年之后在港口生产建设中存在的“左”倾主义错误的教训。公开检查七种“左”倾表现，即：在经济工作中违反经济规律；在生产建设上习惯采取大搞“政治运动”的办法；在技术“双革”中生搬硬套别人经验，缺乏严谨的科学态度；在政治上坚持“以阶级斗争为纲”，搞唯成分论；在组织上存在突击提拔干部和突击发展党员现象；在学大庆运动中搞了一些“左”的和不切实际的东西。会议认为，今后必须加强党的政治思想工作，加强建设社会主义的精神文明，批判违反四项基本原则的错误思潮，打击破坏社会主义事业的反革命活动，坚决纠正“左”倾思想，以巩固和发展政治上的安定团结。

中共十一届六中全会召开后，管理局党委先后召开12次不同范围的干部会议，认真贯彻《建国以来党的若干历史问题的决议》和省委、市委工作会议精神，联系实际批左批刘，彻底否定“文化大革命”，肃清“左”的流毒和影响，不断端正思想路线。在贯彻六中全会精神中，以《建国以来党的若干历史问题的决议》为基本内容，举办形势教育展览会，参观人数达6000余人，还组织90多名领导干部、理论骨干到北京参观党史展览，250余人基层支部委员以上的领导成员参加了局党校和省、市委党校学习。

1982年2月25日，管理局党委召开首次彻底否定“文化大革命”大会。大会以中共中央《关于建国以来党的若干历史问题的决议》为依据，对管理局“文化大革命”的发展过程作了深刻的剖析。1984年9月，管理局党委再次召开彻底否定“文化大革命”大会，为全面落实中共十一届三中全会以来的路线、方针、政策，发展港口生产、建设扫清了思想障碍。12月30日，管理局党委召开第三次彻底否定“文化大革命”大会，作了题为《坚决贯彻党的十一届三中全会路线，彻底否定“文化大革命”，消除派性，搞好整党》的报告。

二、改进基层党组织和党员队伍建设

从1979年开始，管理局党委区别不同情况，根据中共中央组织部（78）年组工通讯第八期和中共中央组织部（78）年38号通知精神，妥善解决“突击纳新”问题。同时，总结和接受正反两方面的经验教训，肃清“四人帮”在组织路线上的错误，扎实做好基层党组织和党员队伍建设工作。

（一）改选基层党组织，严格党组织生活

1981年11月27日，管理局党委发出《关于改选基层党委、总支和支部的通知》，指出全局各基层党组织已有8年之久未进行过组织改选，不符合党章规定，不利于党的建设。党委要求各基层党组织要在明年上半年完成组织改选。组织改选工作要坚持群众路线，充分发扬民主，实行差额选举办法。截至1982年8月底，全局5个基层党委、10个党总支、139个党支部委员会的改选全部结束。

1982年，管理局党委以整顿领导班子为重点，加强党的建设。按照新党章的规定，对党的基层组织进行了改选。全局有17个基层党委、党总支和直属党支部，141个基层党支部，经过党员大会或党员代表大会，民主选举产生了新的委员会。党委结合考察和整顿领导班子，从“四化”建设的需要出发，大胆提拔中青年干部和科级干部。全年先后任用了149名副科级以上干部，其中40岁以下的中青年干部39名，具有大中专以上学历的专业和科级干部40名。

1982年，根据市委组织部关于《过一次严格组织生活》的通知精神，管理局党委对各级党组织的“三会一课”情况报告进行普查。各级组织部门深入基层，直接参加基层的生活会，对个别缺乏组织生活经验的加以指导，使“三会一课”的质量有了提高。同时，加强对广大党员的思想教育，对新党员比较多，党员质量不高的问题，先后举办4期新党员学习班和支部委员学习班，认真学习《建国以来党的若干历史问题的决议》、新党章和党的基本知识。

1989年，局党委加强各级党组织建设，

不断完善各项基础工作。一是建立健全《直属党组织书记工作例会制度》《党政领导联席会制度》《党委会议事规则》等各项工作制度，深化党建工作目标管理，建立了党员活动台账和考核手册，做到工作有目标，考核有制度，检查有依据，评比有标准。二是基层党组织积极探索党建工作的新方法，如二公司党委把党小组建设作为加强党建基础工作的重要环节，健全党员模范作用手册，把党员标准具体化为14项内容，由党小组对每个党员进行月检查，季评议，并把总结评议结果填入考核手册，实行动态管理，为全局党小组建设提供了新鲜经验。

（二）开展第八次整党工作

1984年上半年，管理局党委初步进行了整党准备工作，组织党员学习中央规定的有关文件，提高党员对整党必要性的认识，对各级党的组织和党员进行了摸底排队，调整个别单位党组织，核查了“三种人”。从11月开始，管理局党委组织各级党组织和2376名党员开展整党工作，在学习文件，对照检查、整改，组织处理和党员登记四个阶段中主要开展了以下5方面工作。

一是以教育为主和疏导的方针，着眼于提高党员的思想觉悟，并把教育贯穿于整党全过程。各级党组织紧紧围绕整党中要解决的主要问题，组织党员采取认真读书、专题讨论和系统教育的方法，反复学习有关整党文件，用中央整党的方针、政策武装全体党员的思想。同时，对不同类型党员进行不同的思想教育，广泛开展谈心活动，引导党员深入总结经验教训，及时纠正了对整党必要性认识不足、整党“与己无关”的思想和厌倦急躁情绪。

二是党委在4个方面加强对整党工作的领导。第一，自上而下建立整党工作机构，成立整党指导小组和整党办公室，负责整党的日常工作。按照党员人数和所在地点将28个单位划分为7片，抽调由退二线的老党员和“第三梯队”的年轻党员组成7个整党联络组，负责指导、联络工作。第二，在转入每个阶段之前和每隔十至十五天，召开一次有基层党组织的书记和整党联络组参加的整党工作会议，总结前段工作，部署下阶段任务。第三，先后召开11次大、中型经验交流会，组织了15个单位和4个典型个人介绍了经验，运用典型引路，充分发挥样板的示范作用。第四，深入对党组织的状况做了调查，用调查的具体事实进行教育，解决了部分干部思想上存在的看不到党内存在的“三个严重不纯”的问题，明确了整党的主要问题，抓住了整党的主要矛盾。

三是针对“十年动乱”造成的严重影响，局党委把彻底否定“文化大革命”教育列为整党的重要内容，在学习文件阶段集中时间专题学，联系实际、分清是非，从根本上彻底否定了“文化大革命”。在对照检查阶段列为检查的主要方面，强调了把自己摆进去，认真总结经验教训，从思想感情上彻底否定“文化大革命”。在转入组织处理和党员登记阶段之前，又利用两周时间认真进行清理“文化大革命”遗风，使广大党员从理论和实践的结合上认清“文化大革命”的危害，明辨是非，增强党性，促进团结。

四是整党中坚决贯彻《中共中央关于整党的决定》的一系列方针、政策，不搞大揭发、大批判式的“群众运动”，不拿少数人“运动”多数人，而是引导广大党员在学习好文件的前提下，充分发扬党的民主，正确运用批评与自我批评的武器，自觉认识检查缺点，总结经验教训，既认真解决“三个严重不纯”问题，又力求巩固和发展安定团结、生动活泼的政治局面，对党员个人的问题，坚持摆事实、讲道理，进行耐心疏导，坚决执行了“四不”（即不抓辫子，不戴帽子，不打棍子，不装袋子）、“四允许”（即允许收回，允许反复，允许申诉，允许保留意见）。同时，各单位在执行整党的方针政策上注意处理好六个方面的关系：整党不搞群众运动与必须依靠群众整好党的关系；不搞人人过关与每个党员都要认真对照检查的关系；不纠缠历史旧账与彻底否定“文化大革命”的关系；不当“老好人”评功摆好与讲究批评方式方法的关系；搞好整党与抓好其他工作的关系；学习文件与统一思想的关系。

五是坚持整党工作与经济工作双管齐下，切实做到整党促进经济，用经济检验整党。局党政领导既有分工，又密切协作，防止顾此失彼。在整党过程中，每周召开一次党政工团碰头会，在权衡工作轻重缓急的基础上，按照“轻缓服从重急，次要服从主要”的顺序安排下一步工作。

8 个多月的整党工作基本完成“统一思想、整顿作风、加强纪律、纯洁组织”的工作任务。一是明确端正了港口的业务指导思想，就是要牢固树立全心全意为货主服务的思想，发展和繁荣国家进出口贸易，为“四化”建设当好“先行”，进一步认识港口在国民经济发展的地位和作用。二是查出和处理经商办企业、以权谋私、弄虚作假、虚报冒领等不正之风。三是澄清“一派正确论”“朴素感情论”等模糊观点，肃清了“文化大革命”遗风，消除派性，增强党性。四是增强党员的革命干劲，提高了党员的思想觉悟，进一步突出发挥了党员的先锋模范作用。五是核查并处理“文化大革命”中犯错误的党员，严肃了党的纪律，保持党组织的纯洁性。六是始终贯彻边整边改的方针，下放 10 项管理权限，实行经济承包责任制，改革干部管理制度和工资奖励方法，对安全生产实行重奖重罚，对全局实行了目标管理，促进了改革和经济的发展。

（三）开展评优、创先活动

1979 年 7 月 31 日，管理局党委发出《关于开展评选先进党支部、先进党小组和优秀党员的通知》，明确指出为了党的组织和党员适应四化建设的要求，发挥党支部的战斗堡垒作用和党员的先锋模范作用，从 1979 年开始在全局范围内开展评选先进党支部、先进党小组和优秀党员的活动，对评先条件作了具体规定。按照党委安排，评先工作如期进行，并形成每年两次的评先制度。

1989 年，局党委在“创两先争一优”活动的基础上，开展“创三先争一优”竞赛活动，即先进直属党组织、先进党支部、先进党小组、优秀共产党员。为了使检查有依据，评比有标准，党委试行《基层党组织考核标准》，切实做好直属党组织和基层党支部建设。此标准分为两部分，第一部分是常规的考核分项，共分 4 大项、20 小项，每项都有“好”“较好”“一般”三个维度，并设相应分值。第二部分是加分和减分内容，加分项有：全年被评为局级先进单位、在市级会议上介绍或交流经验、在局级会议上介绍或交流经验和严格妥善处置不合格党员；减分项有：发生重大安全事故、党员生产（出现）事故、党员受到纪律处分、领导班子成员受到纪律处分。

（四）开展党建系列活动

1981 年 7 月 10 日，管理局党委贯彻中

共十一届六中全会精神，发出《关于学习〈中共中央关于建国以来党的若干历史问题的决议〉的通知》。其中提出学习《决议》是党委下半年的中心任务之一，各级党组织必须高度重视，认真抓好。根据《通知》精神具体开展了“四大讲”活动，即大讲32年来社会主义革命和社会主义建设的光辉成就；大讲毛主席和毛泽东思想在中国革命实践中的地位和历史作用；大讲坚持四项基本原则；大讲建党60年来党的光荣传统。全局各级党组织举办骨干学习班33期，轮训骨干500余名。参加省、市党校和管理局党校学习的基层党支部委员以上骨干250余人。结合“四大讲”举办了党史、港史和形势教育展览，参观人数达6000余人。整个学习到8月底告一段落，达到了统一思想、统一认识的目的。

1988年4月23日，管理局党委下发《关于开展“入党为什么？在职干什么？离职留什么？大讨论”的通知》。全局各基层党组织认真执行党委下达的通知精神，组织党员围绕“三问大讨论”，开展了重温入党誓词和入党志愿书活动，以及优良革命传统教育活动，将“三问大讨论”开展得既生动又活泼，既广泛又深入，使党员明确了在改革开放的形势下应该干什么、比什么，增强了党性观念和组织纪律观念，振奋了精神，促进了少数后进党员的转变。

（五）建立入党积极分子集中培训和党员义务考绩管理制度

1989年，局党委在认真坚持对入党积极分子的月谈话、季考察的基础上，进一步建立和完善《发展党员工作程序及标准》和积极分子入党、预备党员转正前的集中培训制度，连续举办三期党校培训班，对全局184名预备党员和重点发展对象进行轮训，比较系统地学习党的基本知识和邓小平有关重要论述。党委还重视生产一线的党员发展工作，加强对一线职工中积极分子的考察培养。1989年新发展的75名党员中，装卸一线职工61人，占81.3%。自1989年起，党委每年都把列入发展计划的入党积极分子集中起来，进行强化教育培训，这种行之有效的方法形成了制度。

1989年12月25日，局党委建立党员义务考绩管理制度，制定党员义务考绩管理标准、党员义务考绩手册和党员义务考绩评议表，将这些作为一种较系统的党员管理形式，在全局各级党组织和党员中试行，以加强党员队伍建设。同日，局党委发出《关于在局机关进行党员重新登记工作的通知》，明确在局机关范围内进行党员重新登记工作是党中央的指示精神，保持党的纯洁性和先进性，增强党的战斗力。

（六）配备科级组织员

1990年3月，局党委贯彻落实党中央和省委、市委关于尽快恢复和建立组织员制度的要求，根据“组织部门可设正、副科级组织员”的精神，在党委组织配备科级组织员2～3名，在一公司、二公司、三公司、四公司、五公司、六公司、铁运公司配备科级组织员各1名。党委的组织员在党委和组织部门领导下开展工作，是专门做党的建设工作的干部，负责监督、检查、指导党委下属党组织的组织建设工作。一是组织员紧紧围绕党的建设工作，及时了解和掌握基层党组织建设中的新情况、新问题，并提出解决的意见和建议；二是协助党委抓好党的制度建设，监督检查基层党组织坚持党的民主集中制的情况，总结和探索新形势下活跃党内生活的典型和经验，不断提高民主生活会质量；三是指导做好发展党员工作，检查发展党员工作的情况，总结经验，解决问题，保证新党员的质量；四是调查研究基层党组织和党员队伍的状况，加强对党员的教育管理，负责“创先争优”活动的检查指导，妥善做好处置不合格党员的工作；五是协助下属党组织疏通党内民主渠道和健全民主生活制度，切实保障党章规定的党员民主权利，使党员对党内事务有更多的了解和直接参与的机会；六是研究总结加强党组织建设的经验，协助党委搞好基层党组织领导班子的换届选举工作，抓好整顿和提高工作，增强党组织的战斗力。

（七）开展党员脱产轮训，探索“四个结合”的教育方法

1983 年，管理局各基层党组织按照党委印发的学习安排，传达中共中央[1983]36 号文件和邓小平、陈云在中共十二届二中全会上的重要讲话，组织党员学习《党员必读》，制订党员脱产轮训计划。机关党员利用政治学习日、党课及业余时间，集体组织学习和自学。管理局党校从 1982 年 12 月开始，分 5 期对支委以上的学习骨干进行轮训，年底前已经轮训 2 期 140 人。在学习中，第二作业区党委采取了领导干部逐个找党员谈心的方法，解决了部分党员的思想顾虑；教育处党总支采取问答形式编写了《十个为什么》交党员讨论，加深了党员对整党的意义、基本方针、基本任务、基本政策和基本方法的理解。

1988 年，管理局党委不断探索党员教育新方法，积极开展“四个结合”的党员教育工作。一是把党的基本路线、基础知识教育与改革开放教育结合起来，采取举办党员学习班、座谈会以及征文、演讲、知识测验和抢答赛等多种形式，组织广大党员重新学习中共十一届三中全会以来党的路线、方针、政策，从理论与实践的结合上弄清党的基本路线与改革开放的关系，进一步提高广大党员的政策水平。二是把坚持四项基本原则教育和党员标准教育与党员登记、党员民主评议结合起来。全年共进行两次党员民主评议和一次民主评议“回头看”，并在局机关党员中进行重新登记，使党员接受党风、党纪、党员标准和坚持四项基本原则的再教育。三是把共产主义理想教育与发挥典型作用结合起来，在加强对党员的共产主义理想教育的同时，通过港报、广播和召开表彰会等形式，大力宣传优秀党员和劳动模范的先进事迹，使广大党员从其身上重新感受到党员所应发挥的作用，重新认识树立共产主义理想的现实意义，从而自觉地把远大理想融于各项具体工作之中。四是把党员先锋模范作用教育与培养企业精神结合起来，广泛开展“党员义务劳动”和创先争优活动，在各级党组织和广大党员中形成争创先进基层党组织、争当优秀党员的浓厚风气。

三、强化领导班子和领导干部建设

为了顺利实现党的工作着重点的转移，使各级领导班子适应四个现代化建设的要求，管理局党委在调整组织机构的同时，对全局中层领导班子和部分基层领导班子进行一次比较大的调整，充分调动了中层干部的革命积极性，进一步加强革命团结，鼓足干部的工作干劲。同时，管理局党委把制度建设作为强化领导班子和领导干部工作的重要保障，先后建立健全了领导干部生活待遇的规定、党委常委会工作和领导班子生活会议的几项规定等多项管理制度，肃清领导干部内的不

良风气，改进工作作风，形成坚强的领导核心。

（一）教育、培养和选拔领导干部

1979年8月，为适应工作重点转移的需要，提高领导干部业务知识和管理水平，改进企业管理，贯彻执行国民经济“八字方针”，管理局党委作出《关于举办领导干部培训班的安排意见》，分期分批举办中层干部和基层支部书记、队长（车间主任）的学习班，着重学习中共十一届三中全会公报和五届全国人大二次会议政府工作报告，《党内政治生活若干准则》以及党的基本知识，从而打好国民经济调整这一战役，顺利进行港口经济建设工作。

1983年12月12日，管理局党委为有计划有步骤地培养和选拔干部，制定《关于中层以上领导班子“四化”建设的八年规划》。《规划》分3步走，第一步，1983年底以前，全局中层以上领导班子中，超过55岁的除个别暂留一段时期外，其余均退居二线；超过60岁的都要离、退休。第二步，1985年底以前，选拔40名左右中青年干部进入班子。第三步，1990年底以前，选拔50名左右优秀中青年干部进班子。全面实现各级领导班子的“四化”。同时，制定了《关于建立健全后备干部制度的意见》，确定后备干部名额保持常数，坚持后备干部条件，择优选定，实行定向培养，放手大胆使用，分级负责，定期考核，建立考核档案，加强领导，搞好后备干部的管理，以保证新老干部的交替经常化、制度化。为保证后备干部的素质，还制定出《关于1983年至1990年干部培训工作的规划》。

1984年，管理局党委抓好局、处两级班子的调整工作，坚持严把“三关”。一是政治关，在对干部的全面考核中，重点考核革命化程度如何，是否与党中央保持一致，防止“三种人”进入各级领导班子。二是年龄关，年满55岁的处级干部退居二线，50岁以上不提处级，45岁以上不提科级，使大批中青年干部走上领导岗位。三是文化关，凡提科级以上领导干部，必须具有高中以上文化程度。在调整步骤上采取先一线、后二线，先基层、后机关的方法。调整后局党委常委班子平均年龄由58岁降至47.7岁，大专以上文化程度者占66.7%；局级领导干部平均年龄由57.6岁降至47.6岁，大专以上文化程度者占88.9%；处级领导班子平均年龄由53.2岁降至46.5岁，大专以上文化程度者占26.7%。

1984年2月18日，管理局党委为妥善安置退居二线领导干部，制定《关于对巡视员、调研员的职责权限和有关待遇的暂行规定》，明确退居二线的局级干部任巡视员，处级干部任调研员。

（二）明确党委常委会工作的规定

1981年6月29日，管理局党委制定《关于加强常委会工作的几项规定》，对常委会议的召开时间、流程、内容以及党委集体领导下的分工负责制、常委“一班人”政治生活守则等内容作了具体规定。一是常委会议原则每周召开一次（星期二下午），党委书记负责主持。书记不在由副书记依次主持，全体常委参加（无特殊情况不准缺席）。每半年将会议作出的决定和决议执行情况向党委全体委员会报告一次。二是常委会坚持民主集中制。讨论决定内容，严格遵循“个人服从组织，少数服从多数，下级服从上级，全党服从中央”的原则，在民主讨论的基础上实行集中，最后根据多数人的意见形成决议。党委书记要当好“班长”，树立民主作风，善于集中正确的意见。书记和委员、委员和委员之间要互相通气，树立全局观念。三是列入常委会讨论的内容主要包括：上级党委和上级领导机关要求企业党委讨论、贯彻的重要决议、指示和有关会议精神；局党委的半年度、年度工作计划和总结；审批港口的总体规划，半年、年度生产、财务、基本建设、技术改造计划和职工生活福利、企业基金使用计划及其主要措施；决定基层厂队以上，机关科室以上组织机构的设置、撤销和调整、管理体制的改变，重要的规章制度的建立和修改；审批科级以上干部和基层党委、党总支、直属党支部书记、副书记以及科级以上的群、团组织负责干部的升降、调动和任免；研究决定对党员、干部的奖惩；每半年听取一次组织处、宣传处、纪律检查委员会、工会、共青团、武装部的工作情况汇报，分析掌握干部、职工的思想动态，并审议这些部门和组织的工作计划；讨论决定书记或三分之一常委认为需要经常委会研究决定的其他重要问题。四是认真执行党委集体领导下的分工负责制。按照“大权独揽、小权分散，党委决定、各方去办，办也有决、不离原则，工作检查、党委有责”的原则，常委会作出决定后，每个常委成员都要按照分工，主动负责地抓好自己分管的工作。五是常委“一班人”政治生活守则。党委常委每周四集中进行政治、业务学习，每季度召开一次常委生活会议，并主动参加所在党支部的活动。在政治生活中坚持四项基本原则，坚持党性，坚持保密制度，坚持党的优良传统，坚持常委轮流信访接待日制度和现场办公制度。

（三）健全中层领导班子生活会议制度

1981年11月，管理局党委制定《关于进一步健全中层领导班子生活会议制度》，用以健全党的组织制度和民主生活，严格党的组织纪律，端正党风，提高党的战斗力。一是健全生活会议制度。各基层党委、党总支、直属党支部的委员，除了必须编入党的一个组织，参加组织生活外，同时坚持每季度召开一次委员会成员生活会。各基层党支部的委员生活会，每月召开一次，每半年向局组织处作一次综合汇报。二是民主生活会的内容。认真学习党的文件和党的路线、方针、政策；汇报自己的思想和工作，总结经验教训，找出差距，提出改进措施；反映群众的要求和意见；开展批评与自我批评。各单位根据上级的指示和本单位的实际情况，对上述民主生活会的内容有所侧重。三是召开生活会时注意的事项：会前确定中心内容，提前通知参会成员，告知开会时间、中心内容和要解决的主要问题；会上要抓住重点，主次分明，重点解决一至两个问题；会议结束后，书记或副书记注意检查每个委员在实践中改正缺点的情况，委员之间也要相互监督检查和帮助，以便进一步消除思想顾虑，切实解决问题。

（四）明确领导班子自身建设的规定

1984年2月，管理局党委根据整党精神和省委、市委指示，结合实际情况，制定《关于加强自身班子建设的几项规定》，进一步加强各级领导班子建设。一是认真贯彻执行党的路线、方针、政策和指示，努力学习马列主义、毛泽东思想，学习《邓小平文选》和中共十一届三中全会以来的重要文献，学习经济管理知识。坚持四项基本原则，克服一切“左”的和右的错误倾向，在思想上、政治上和中央保持高度一致。二是树立全心全意为人民服务的思想，当好人民的勤务员。严格要求自己，以身作则，勇于接受群众监督，绝不以权谋私，杜绝各种不正之风。三是坚持民主集中制，充分发挥每个常委的积极性，

独立负责做好分管的工作。凡属党的建设、思想政治工作、生产行政、群团组织等方面的重大问题，必须经常委集体讨论决定，坚决反对个人专断，反对“一言堂”。四是认真实行党委领导下的局长负责制，实行党政分工，日常生产行政工作由生产行政领导负责去办，党委不包揽行政事务，集中精力抓大政方针的贯彻执行、抓党的建设、抓干部队伍的建设、抓思想政治工作，抓调查研究和督促检查。五是坚持原则，敢于硬碰，敢于和歪风邪气、错误倾向和坏人坏事作斗争。克服软弱涣散状态，克服党不管党，克服老好人思想，对己要从严要求，对下要从严管理，敢抓敢管，大胆履行领导职责。六是严格组织生活会制度，主动开展批评与自我批评，并以普通党员身份坚持参加所在单位党组织的各项活动，经常听取党内外群众的意见，不断改进思想和工作作风。七是坚持实事求是，一切从实际出发，密切联系群众。党委常委都要与基层党委建立联系点，经常深入基层调查研究，帮助其及时解决问题。

（五）严格领导干部生活待遇

1980 年 4 月 21 日，管理局党委遵照《关于高级干部生活待遇的若干规定》和邓小平关于《高级干部带头发扬党的优良传统》报告的精神，联系实际作出《关于局级领导转变作风的几项规定（草案）》，要求局级领导干部认真学习《中国共产党章程》，带头端正党风，不断加强常委一班人的自身革命化建设，严格执行民主集中制原则，增加党的团结，提高党的战斗力，保证党的政治路线和思想路线的贯彻执行；带头艰苦奋斗，在住房、用车等生活方面，不搞特殊化；严格组织生活，不当特殊党员；牢固树立以生产为中心的思想，坚持学习，不断提高技术业务和管理水平，带头深入基层调查研究，自觉按客观经济规律办事。这一《规定》的执行，为进一步端正党风奠定了基础。

1981 年 1 月 30 日，管理局党委认真贯彻执行《关于党内政治生活若干准则》（以下简称《准则》），结合港口实际制定《关于党委常委成员、局职干部生活待遇的规定》。5 月 7 日，管理局党委常委召开批“左”，肃流毒，贯彻执行《准则》的生活会议。党委常委成员检查了普遍存在的宁“左”勿右的思想观点，提出防止重犯或少犯“左”倾错误的三条措施：加强理论学习，端正思想政治路线；讲究工作方法，对事不搞“上纲上线”；注意执行政策，提高坚持四项基本原则的自觉性。会议通过根据《准则》制定的党委成员在政治生活中的五项守则：在政治上同党中央保持高度一致，同背离四项基本原则的言论作斗争；坚持党性，根绝派性，维护团结，常委之间开诚相见，互相支持；坚持保密制度，不泄露常委会议机密；严格执行《准则》，不搞特殊化，自觉抵制不正之风；坚持常委接待信访日和现场办公制度。

（六）狠抓领导干部工作作风和党风建设

1982 年 9 月 8 日，管理局党委进一步清理纠正干部建私房中的不正之风，重点清理违反国家规定，侵占国家和集体土地建私房；户口不在城市而在城市或户口不在农村而在农村建私房；利用职权侵吞国家、集体劳力、财建私房等不正之风。各基层党组织召开生活会议，学习文件，提高认识，由建私房者个人主动提交建房基金、工、料来源等项清单，再由组织检查，提出处理意见。9 月 10 日，管理局党委常委召开生活会议，学习中纪委下发的《抓紧对子女教育是革命干部的责任》的通报，联系实际检查个人在对子女管教方面存在的问题，提出改进措施。9月17日，局党委发出《关于各级领导干部加强对子女教育的几点意见》，强调要坚决制止干部子女借助父母的职权搞特殊化。9月29日，市委《工业通报》第十期转发了管理局党委常委这次生活会议的情况。

1983年4月22日，管理局党委贯彻中发（83）4号文件，认真清理和纠正干部住房超标准的不正之风问题，成立了4人领导小组，制定了清理办法，采取学习文件、提高认识、自报自纠、群众监督的方法，摸清了全局237名处级以上干部（包括离退休干部）的住房情况，其中超标者31人；摸清了全局1688名科级以下干部住房情况，其中超标者28人。经清理，做退房纠正的3人，加收住房超标费者56人，住房超标的问题得到基本解决。

1984年，管理局党委在加强领导班子四化建设的同时，进一步端正党风，狠刹不正之风。一是进一步清除“左”的思想，提高执行中共十一届三中全会以来党的路线、方针、政策的自觉性。二是抓作风建设，要求各级领导干部要深入基层，解决问题，提高工作效率。三是要求领导成员做端正党风的带头人。建立《党政干部抓党风的政治责任制》，规定了各级干部抓党风的责任和任务。管理局领导首先做出表率，私人用车、私事用长途电话都照章交费。基层领导班子也都按照党章和《关于党内政治生活若干准则》的要求制定“约法三章”，自觉抵制新的不正之风。

1985年3月2日，为巩固纠正不正之风的成果，管理局党委和管理局共同制定领导干部出国、住房、旅游、对外业务往来等方面的“六项规定”。11月15日，局党委作出《转变工作作风，提高工作效率的决定》，明确坚持“四项基本工作”制度——党委成员联系点制度、中心组学习制度、信访接待日制度和日常工作例会制度，要求深入基层密切联系群众，每个党委成员每月至少做3～5次调查研究。

1986年，管理局党委把端正党风作为全局总目标切实抓紧抓好。一是党委班子成员严于律己，自身清正，带头端正党风。党委成员严格执行领导班子革命化措施以及党委的有关规定，以实际行动为干部职工做出表率。党委成员转变作风，树立领导就是服务的思想，深入基层，现场办公，帮助基层解决实际问题，召开现场办公会50余次，为基层解决400多个疑难问题。二是切实纠正行业不正之风。先后制定关于小汽车配备使用、干部出国、住房、旅游、对外业务、经商等六项规定和《抵制不正之风的“七要七不要”》，认真贯彻执行，从业务部门入手，切实纠正带有行业特点的各种不正之风，总结推广调度室等基层党组织纠正行业不正之风的做法，先后2次召开大会，及时交流这方面的经验，推动了全局纠正行业不正之风活动的开展。

1988年1月，管理局党政领导对局属33个基层单位进行党风联查后的回访，帮助基层党组织研究制定本年度“党风建设规划”和措施。局级党、政领导在同基层党、政领导对话中指出：“当前和今后一个时期的党风建设要以中共十三大精神为指针，突出加快和深化这一主题，采取积极稳妥的方法从严治党”。首先，对党员特别是党的领导干部，严格要求，严格管理，切实增强党员的先锋模范作用。其次，严肃党的纪律，注意解决对违纪党员失之过宽的问题。再次，从严教育，着眼于提高党员素质，使党员经受“两个考

验”（执政的考验、改革开放的考验）。最后，强调在改革开放中加强制度建设，加强党内监督工作的研究和实践，增强有效性。回访帮助各级党组织提高了对抓党风建设的重视程度，有效地推动了党风党纪状况定期调查、综合分析制度的建设，加速了全局党风进一步好转。1月20日，管理局党委办公室转发市委《关于春节期间防止铺张浪费的通知》。全局各级党组织对党员、干部、群众广泛进行艰苦奋斗、勤俭建国精神的教育，严格遵守国家财经制度，勤俭节约，反对铺张浪费，端正党风。5月6日，管理局党委召开端正党风，加强基层党组织建设座谈会。会议传达了市委端正党风和基层党组织建设会议精神，对全局各基层党组织提出了大力加强对广大党员的教育；严格党员管理，加强党内监督；严肃党的纪律，切实加强基层党支部班子的建设；深化改革，从根本上纠正不正之风的要求。会议强调，各级党的领导干部在端正党风中“率先垂范，从自身做起”。8月26日，局党委召开党政领导干部会议，就刹住抢购商品风提出6项措施：压缩社会集团购买力；宴请和接待内外宾，禁止以烟酒和易拉罐招待；重申局属各单位之间的工作业务往来，一律不准相互宴请；严格职业纪律，遵守职业道德，各单位的协作不准发给（索要）个人费用、礼品和请吃请喝；各单位党、政、工、团组织要“打击非法经营，维护市场秩序”；对于有令不行，有禁不止者，视情节予以处罚。

（七）反对官僚主义

1987年8月13日，管理局党委根据河北省反对官僚主义广播电视大会精神，结合实际，提出反对官僚主义的五点意见：全体干部特别是领导干部要查找官僚主义的各种因素和表现，提高办事效率，改进作风；从大案、要案入手，不迁就，不回避，对过去一些轻罚、不罚的案件进行复查，认真处理；纪检部门要发挥监督作用，对违法乱纪案件迟迟不予处理的官僚主义进行查处；把反对官僚主义同局内各项改革工作密切结合起来，运用社会舆论和群众监督，克服官僚主义。8月14日，管理局贯彻落实中办发（86）35号文件精神，加强基层领导班子的建设，并责成党委组织部和局工会对全局科、处级干部采取群众评议与个别征求意见相结合的方法，进行组织考察。经考核，对部分干部进行了调整，对个别不称职干部做了降职使用。12月19日，局党委主持召开全局范围内进一步反对官僚主义动员大会，把反对官僚主义作为政治体制改革的主要目标之一，作为端正党风的大事来抓，有效促进深化改革，改变港口面貌。

四、党员、干部学习教育工作

为实现全党工作重点的转移和党在新的历史时期的总任务以及全面开创港口现代化建设新局面，管理局党委在对党员进行拨乱反正的同时，开展了党在社会主义初级阶段以基本路线为主的方针、政策、理论教育，坚定政治方向，强化理想信念，提升理论素质，建设了一支高素质、高水平的党员队伍。

（一）学习《中国共产党章程》

1980年6月18日，管理局党委发出《关于组织党员学习讨论党章的通知》。根据中央（80）29号文件精神和上级党委的部署，在认真学习和讨论《中国共产党章程（1977）》过程中，结合学习中共十一届五中全会精神和《关于学习党内政治生活若干准则》（以下简称《准则》），进行一次坚持党的政治路线、思想路线、组织路线，加强党的团结和统一，加强党的民主集中制和组织纪律性的思想政治教育，进行一次思想上、作风上的整顿和建设，达到发挥党的先锋模范作用，率领广大职工为“四化”建设多做贡献的目的。从6月15日开始到8月15日，各级党组织利用党日活动时间及干部学习日时间，认真组织安排好这次学习。通过这次学习活动，大多数党员都能按《准则》严格要求自己，自觉发挥模范作用。

1983年7月，管理局党委组织全体党员进行一次以《中国共产党章程》为主要内容的普遍轮训，坚持学习党章与贯彻中共十二大精神和执行《准则》相结合，联系实际有重点地解决一些思想认识问题。大多数党员基本弄清了新党章的内容、性质、地位和作用，弄清了党在现阶段的总任务、党在国内国际方面的基本政策、加强党的建设必须实现的三项基本要求和党风问题是关系到执政党生死存亡的大问题。

（二）政治理论教育

1983年3月30日，管理局党委认真贯彻执行中发（82）38号文件精神，作出《1983年4至6月全局干部理论学习安排》，明确以学习中共十二大文件和《中共十一届三中全会以来主要文献选编》《邓小平文选》《陈云文稿选编》为主要内容。各级党组织加强对学习的组织领导，切不可放任自流；处级以上干部学习时间每月保证不少于4天，以读书为主，适当安排讨论和辅导；一般干部学习时间每月不少于2天；通过学习达到进一步加深对中共十二大文件的理解，联系实际，总结经验，打破框框，狠抓改革，认真贯彻中央各项方针、政策，开创新局面的目的。12月5日，管理局党委发出《关于今冬明春党员教育的安排意见》，指出这次教育以邓小平和陈云在中共十二届二中全会上的讲话和中共中央整党指导委员会规定的三本书——《党员必读》《十一届三中全会以来主要文献选编》《毛泽东同志论党的作风和党的组织》为主要内容。通过教育使党员明确整党的基本方针、任务、政策和方法，把党内的思想不纯、作风不纯等问题尽可能地解决在整党之前，为全面整党作好准备。广大党员在教育中端正学风，认真联系实际开展批评与自我批评，全局各级党组织加强对党员教育工作的领导，达到了教育的预期目的。

1986年，管理局党委宣传部在1984年、1985年两年学习《政治经济学》《科学社会主义》的基础上，做出对全局干部进行《马克思主义哲学》教育安排。副科级以上干部由局党校统一培训，每期15天，分批考试结业；一般干部由各单位组织，利用学习日上大课或小集中等形式学习。年底，党委宣传部进行统一出题考试，结业率达到98%。6月至11月，分期分批对科、处级领导干部进行企业管理基础知识培训，通过学习，使广大干部了解现代化企业科学管理方法，真正胜任各自担负的工作。

1987年3月19日，局党委宣传部制定《关于1987年干部理论学习的安排意见》，主要学习省委编写的《干部政治理论学习基础教材》，补充“坚持四项基本原则，反对资产阶级自由化”的内容，并适当增加省委组织部编写的《加强党性锻炼——河北省党员干部短期轮训教材》一书中的有关内容。此次学习改变了统一考试的方法，采取写学习心得笔记，字数在2000字以上，由各单位宣传部门负责审阅判卷，并报党委宣传部备案。

1988年下半年开始，港务局用两年半的

时间连续举办 5 期现代化管理知识培训班，用国家培训交通系统厂长、经理的教材，把局管干部基本轮训一遍。各单位、各部门也用多种形式对科级以下干部进行了岗位培训。同时，积极开展文化培训，支持广大干部参加大专、中专、高中以及专业证书班的学习。

1989 年 7 月 17 日～18 日，局党委召开扩大会议，向全局 1800 多名党员干部传达学习中共十三届四中全会文件。局党委书记李德宣代表局党委作了题为《认真学习贯彻四中全会精神，把全局改革和生产建设继续推向前进》的重要讲话，强调各级党组织要把学习四中全会精神作为当前第一位的任务，聚精会神地抓好党的建设，进一步提高党组织战斗力，改变一手硬、一手软的不正常状况，搞好治理整顿，推进企业改革，保持港口生产稳定增长，力争多超产，多为国家作贡献。

1989 年 10 月 5 日，局党委发出《关于认真学习宣传江泽民在庆祝中华人民共和国 40 周年大会上讲话的通知》，指出江泽民的讲话是一个指导当前全党工作的纲领性文件，要求全局各级党、政领导班子成员首先带头学好，全面领会其精神实质，以便指导广大党员、干部和群众的学习。要求把学习的重点放在统一认识，统一行动，振奋精神，同心协力，切实在推进反对资产阶级自由化，制止动乱、平息反革命暴乱的胜利成果上，巩固和发展安定团结的政治局面，努力实现国民经济的稳步发展。11 月 9 日，局党委组织全体局级领导干部收听收看中共十三届五中全会公报，并立即进行学习和讨论。各级党组织联系港口工作实际，以学习贯彻中共十三届五中全会精神为动力，切实加强思想政治工作和企业管理，进一步研究制定增产节约、增收节支的方法和措施，调动广大职

1989 年 12 月 29 日，秦皇岛港新建煤三期码头竣工。图为国务院副总理邹家华（前中）正在剪彩

工的生产积极性，发扬艰苦奋斗的精神，千方百计地搞好运输生产，为国民经济建设做出新的贡献。

1990 年，局党委组织全局干部学习《马克思主义哲学纲要》。党校共举办科处级干部和支部书记培训班 6 期，参加人数 485 人，支部书记 133 人，占应考人数的 95.6%。同时，对全局一般干部采用 A、B、C 三种试卷进行开卷测试，参考人数 2152 人，占应考人数的 93.2%，科以上干部结业率达 95.6%，一般干部结业率为 93.2%，合格率为 100%。为督促领导干部参加学习，在每期党校培训班结束后都发一次通报（共 7 期），公布学员姓名和成绩。

（三）党的基本路线教育

1988 年，管理局党委把党的基本路线教育作为职工教育的主线，组织广大党员、干部认真学习中共十三大文件和邓小平的《建设有中国特色的社会主义》《邓小平同志的重要讲话》《坚持改革、开放、搞活》三本书，收看省委举办的党的基本路线教育讲座，教育和引导广大党员、干部职工正确认识我国的国情，学习和掌握社会主义初级阶段的理论和“一个中心、两个基本点”，开展党的基本路线和基础知识答题竞赛，组织撰写学

习体会和理论文章 48 篇，其中 4 篇论文在市以上刊物发表。党委还举办 44 期培训班，培训党员、干部 4612 人次，培训率达 98% 以上。各基层党组织也结合本单位实际，采用多种形式学习和宣传中共十三大精神，开展基本路线教育，提高了广大党员、干部执行党的路线、方针、政策的自觉性。

（四）坚定理想信念教育

1990 年，针对国内外形势变化和党员思想状况，局党委着重对全局党员进行形势教育、马克思主义哲学教育、共产主义理想教育和党的基本路线、基本知识教育，引导广大党员坚定社会主义和共产主义信念，在稳定大局和加快港口生产中发挥模范带头作用。在形势教育中，党委先后 3 次召开副科级和支部书记以上干部会议，传达中共中央、国务院《关于当前东欧局势和采取相应措施的通知》，学习上级有关文件。党委主要领导到基层单位宣讲东欧形势，引导党员认清东欧局势变化的本质以及我们应采取的对策。在“双基”教育中，组织全局党员收看了党的基本知识电教系列片，并开展“新时期共产党员形象”演讲、学习党史及参加革命纪念馆等活动。各基层党组织还结合本单位实际，采取多种形式丰富和深化教育内容。如，四公司党委在党员中开展“三创达标、四争六赛”活动，外轮代理公司党支部开展了“因为我是一名共产党员”活动等，进一步增强了党性观念，提高了发挥先锋模范作用的自觉性。

1990 年，局党委召开回顾光辉历程革命传统报告会

五、干部、技术人才管理工作

管理局党委正确贯彻执行党的干部路线、方针和政策，坚持实行党管干部的原则，全面考核、民主评议干部，不断改进和完善干部管理制度，搞好干部的培养、使用和选拔工作。同时，管理局党委积极落实知识分子政策，改善工作和生活条件，并开始在港口中逐步开展职称的评定与聘任工作。

（一）全面考核、民主评议干部

1980 年 1 月 16 日，管理局党委根据 1979 年 9 月中组部全国组织工作座谈会精神和省市委关于组织工作部署，局党委建立起科级干部考察档案，对中层以上科级干部实行定期考核。

1984 年 3 月，管理局第九届职工代表大会行使对本企业干部的监督权。在职代会常任主席团的领导下，对 152 名局、处级干部进行了民主评议，评议结果登表上报局党委，而后通过民主生活会的形式将评议情况同本人见面，开展批评与自我批评。10 月 20 日，局党委本着 “管少、管好、管活”的方针，对全局干部按局、处、科级和一般干部，明确划分考核、任免的管理权限。

1987 年 3 月 1 日，管理局党委组织部下发《关于做好科、处级领导干部考察和民主评议工作的通知》。用一个月时间，对全局 290 名科级、174 名处级领导干部进行了一次

全面考察和民主评议。8月7日，管理局党委和管理局贯彻落实《中共中央、国务院关于制止机构、编制和干部队伍膨胀的通知》，结合港口机构、编制情况提出4项措施：加强对机构和人员编制的管理；严格控制干部队伍的膨胀；按照规定的领导职数配备干部；以现有的机构、编制和领导职数进行一次认真清理。8月14日，管理局党委加强基层领导班子的建设，并责成局党委组织部和局工会对全局科、处级干部采取群众评议与个别征求意见相结合的方针，进行组织考察。经考核对部分干部进行了调整，对个别不称职干部做了降职使用。

1988年4月15日，通过局职工代表大会对全局科、处级干部进行评议。评议工作于7月15日结束，评议结果：优秀干部占科、处干部总数的44%，称职干部占52%，基本称职占3.5%，不称职干部占0.5%。8月，管理局干部处在民主评议行政领导干部的基础，联合对全局现职处、科级党政领导干部进行全面的年度工作考核。

1989年，根据中共中央的有关指示，局党委从10月开始分3组对局管干部进行了全面考察。在考察中，突出“一个重点”，即重点考察干部的革命化情况，特别是在制止动乱、平息反革命暴乱中的思想、现实表现和廉政、勤政情况。考察结果，全局科级以上领导班子整体素质好的18个，占34.6%，较好的18个，占34.6%，一般的8个，占15.4%，问题较多的有8个，占15.4%；政治业务素质好的领导干部27人，占17%，较好的99人，占63%，一般的24人，占15%，问题较多的8人，占5%。考察工作注重三个结合：一是把考察与加强领导班子的思想作风建设结合起来，局党政领导分8组到各基层单位、机关处室将经过分析整理的考察情况反馈给领导班子，肯定成绩、指出不足，对群众意见较大的干部进行个别谈话。二是把考察与调整领导班子结合起来，以便使一些单位的领导班子群体结构更加合理，同时按照“德才兼备”的原则和干部“能上能下”的原则，提拔一批中青年干部，也注意发挥了50多岁老干部的作用。三是把考察与选拔后备干部结合起来，注意发现优秀人才，扩大后备干部队伍。

1989年12月，港务局颁布《关于加强科级干部管理的暂行规定》和领导干部试用期制度、交流制度及回避制度，实行“下管一级，考察二级”的干部考察制度，对党政科级干部的任免实行组织部（干部处）审查预批制度。

1990年4月，港务局领导干部分成8个组，利用10天时间，深入到50个基层单位、处室对各级领导干部进行考察和反馈谈话。通过考察和反馈谈话，证明全局各级领导班子和各级干部在北京发生“两乱”期间，都能拥护党中央的决策，积极做好本单位职工的思想政治工作，稳定了生产形势和职工情绪，保证了全局运输生产的持续发展。当年，港口吞吐量创最高纪录，受到国务院领导的表彰。

（二）成立老干部处，在机关设置主任科员

1983年4月18日，管理局决定设置老干部处，负责离、退休老干部的管理和服务工作。老干部处成立后，建立老干部党支部，制定老干部工作制度，建立老干部活动中心和老干部诊病室，使老干部的管理和服务工作开始走向正常化的轨道。老干部处成立时，工作人员5人，离休干部29人，退休中层干部21人。随着老干部队伍逐年扩大，老干部处于1985年、1986年先后建立了海滨路、三货区、河东、东山4个老干部活动站和1个司机班。1986年9月，局成立老龄工作委员会，由1名副局长任主任委员。1993年8月，老干部处下设办公室、生活管理科。1994年5月，接管全局退休干部后，将原生活管理科改为离休科，并增设退休科。

1985年1月15日，管理局下发《关于局机关处室设置主任科员并享受岗位责任津贴的通知》，开始在局机关处室开始设置主任科员。但是主任科员不算提拔科级干部。1987年2月27日，局党委和管理局在局机关处室设立主任科员，下发《关于局机关聘任主任科员的通知》和附件《关于主任科员聘任办法及有关规定》《正副主任科员条件》《正副科级秘书条件》及《聘任干部审批表》。

（三）整顿“以工代干”人员

20世纪60年代以来，由于缺乏正常吸收录用干部的制度，形成了历史性的以工人代替干部的问题。1983年8月25日，管理局党委、管理局联合向局属各单位发出《关于整顿“以工代干”人员的指示》，根据中央组织部和国家劳动人事部关于整顿“以工代干”有关文件精神，作出以下决定：“文化大革命”以前的“以工代干”人员，现仍在干部岗位上或经管理局党委任命为副科级以上职务者，补办任职手续即可；1979年底以前的“以工代干”人员，具备坚持四项基本原则、工作积极、业务熟练、胜任本职、遵守纪律、作风正派、身体健康、年龄在40岁以下（技术干部可适当放宽）且具有相当高中文化者，由本人申请，经所在单位组织审核，报局审批领导小组批准办理转干手续。此项工作于1983年底结束。

（四）建立、健全干部管理制度

1983年12月，为正确贯彻执行党的干部路线、方针和政策，坚持实行党管干部的原则，不断改进和完善干部管理制度，明确职责、提高效率，搞好干部的培养、使用和选拔工作，党委制定《干部管理暂行规定》，从干部的管理权限、任免和调配、管理教育、技术干部的管理等四个方面作了具体规定。全局干部分为中央管理的干部、交通部管理的干部、局党委管理的干部和直属党委、总支、支部管理的干部四个层级，并严格规定每个层级干部的任免和调配程序。同时，通过组织干部学习培训，规范对干部信访接待问题的处理程序、强化档案管理和明确福利待遇、干部奖惩等方式开展干部的管理教育工作。在技术干部的管理方面，明确技术干部的见习管理时限、工作内容、转正定级和定职、晋升程序。

1984年10月，管理局党委根据交通部党组及省委、市委的有关规定，结合干部管理工作的实际情况，制定《关于改革干部管理制度的规定（试行）》，贯彻执行中共中央、国务院关于改革干部管理制度和在国营工业企业中进一步“简政放权”的文件精神，实行“管少、管好、管活”的方针，进一步做好干部的培养、使用和选拔工作。《规定》明确了局党委、组织部和各单位管理干部的权限，严格规定了各级干部的任免程序和选用制度。同时，规定每年二月、三月对干部进行一次鉴定，每两年对各级领导干部进行一次系统考核。管理党委组织部负责监督检查各单位执行干部政策的情况，根据管理局党委和管理局的指示、命令，有权调整、调动全局处级以下干部。

（五）落实知识分子政策，改善工作和生活条件

1983年7月，管理局党委认真执行省委、省政府《关于发挥知识分子作用，改善知识分子工作和生活条件的规定》，提出解决好落实知识分子政策的遗留问题、培训专业技术干部、每年发放一次图书资料费、建立完善技术干部考核制度、改善科技人员生活条件等10项具体措施。10月9日，管理局党委召开工作会议，就吸收知识分子入党为重点的问题，明确四点要求：各级党组织对知识分子要加强党的基础知识教育，吸收其参加党课活动；建立党员联系知识分子制度，提倡“结对子”，互相促进；排除“左”的干扰，坚持重在表现的方针；缩短培养知识分子入党考察期限，只要培养期满一年，即可发展入党。截至1984年底，解决了32人的入党、111人的住房、139人的业务进修和培训等问题，还有29人被提拔担任各级领导职务（其中局级2名，处级13名，科级14名），专业不对口的问题基本得到解决，保证知识分子政策的全面落实，极大调动了全局知识分子的工作积极性。

1985年1月，管理局党委安排部分知识分子分期疗养，并确定“中青年优秀知识分子和生产第一线骨干”作为是年党员发展重点对象。4月，管理局党委、管理局制定《关于落实知识分子政策改善知识分子政治、生活待遇的几项暂行规定》，包括在政治上充分信任知识分子，大力提拔、合理使用知识分子，提高成绩显著的知识分子的工资待遇等内容。全年共为465名知识分子检查了身体，先后安排三批共37名知识分子进行了疗养。同时，注意关心和帮助知识分子在政治和工作上的进步。全年共有76名优秀知识分子加入了党组织，为前7年知识分子入党人数总和的1.3倍。有51名知识分子被提拔到科、处级领导岗位，占新提拔干部的63%。

1983年至1986年期间，管理局党委积极落实知识分子政策，取得了良好效果。平反知识分子冤假错案22件，清理档案700余份。这4年共发展114名知识分子入党，为1978年至1982年5年发展知识分子党员总数的7.5倍。1983年至1986年，有69名知识分子被提拔到处级以上领导岗位，占同期提拔处级以上干部总数的70%。对551名知识分子进行了培训和进修，其中选派了164人出国考察学习。为9户中级以上知识分子的家属和子女办理了农转非，为45人解决了夫妻两地分居问题。为知识分子解决住房357户，扩大住房231户。对部分用非所学人员的工作进行了调整。

1988年10月，为进一步做好知识分子工作，重点保护好中年中级以上知识分子的身体健康，局干部处制定《关于知识分子生活待遇的几项规定》，对体检、休假、住房待遇等作了规定。1989年4月，局党委作出开展知识分子工作“四好达标”活动安排。局属各单位的党政领导，加强这一活动的组织和领导，使其经常化、制度化，开创知识分子工作的新局面。

（六）开始实行职称的评定与聘任工作

1982年5月12日，管理局党委批准调整充实“工程技术干部技术职称评定委员会”和建立“业务技术干部技术职称评定委员会”，并按“评定技术职称”有关文件整改、审定、晋升、确认一批工程技术人员职称。这项工作延续到1983年底完成，调动了知识分子的积极性。

自1987年开始，管理局党委着力推进职

称改革和评聘工作。1987年，港务局被列为交通部的职称改革工作试点单位，开始全面开展职称改革工作，1989年完成职称改革首批评聘工作。1991年基本完成专业技术职务评聘转入正常化的准备工作。

1988年8月，港务局颁发《关于各级干部、专业技术人员实行职务工资和工人技师实行技师津贴有关问题的若干规定》，被聘用的专业技术人员，现行工资等级标准低于本规定相应的职务工资等级标准的可以一次纳入最低职务工资等级。同月，为了做好专业技术职务聘任工作，港务局制定《关于专业技术职务聘任工作中若干问题的规定》。10月，局干部处下发《关于对〈关于专业技术职务聘任工作中若干问题的规定〉有关问题的说明》，进一步健全了聘任制度。

1990年，港务局通过制定《秦皇岛港务局专业技术干部管理暂行规定》《选拔管理专业技术拔尖人才的意见》，对专业技术干部的选拔、使用、培养、待遇等作出了明确的规定，使专业技术干部的管理逐步走上正规化。11月，局党委、港务局授予第二装卸公司助理工程师谢友权、第六装卸公司工程师张梦北、防污设备厂工程师徐宝安为首批局级专业技术拔尖人才称号。12月，局党委召开思想政治工作人员评定专业职务工作动员报告会。依据4月19日中央办公厅和国务院办公厅批转的《企业思想政治工作人员专业职务试行条例》，局党委书记李德宣从正确认识开展企业思想政治工作人员评聘专业职务的目的意义、政工专业职务评聘的主要内容和有关政策规定、严格按规定办事等四个方面提出了要求。从当月开始，港务局开展了政工专业职务评聘工作，经过摸底调查、测算设岗、制定职责、专业知识培训等一系列准备工作，年底基本完成了聘任工作。

六、打开港口思想政治工作新局面

管理局党委紧紧围绕港口现代化建设的中心工作，不断推进港口思想政治工作，首创基层党支部书记月度工作例会制度，并从1989年底开始，实行党、政职能分开，建立了局长（经理）领导下的思想政治工作的新体制。同时，管理局党委以系列文明创建活动为依托，积极推进港口精神文明建设。

（一）举办政工干部培训班，充实政工干部队伍

1985年10月4日，管理局党委举办政工干部培训班。43名干部参加培训，系统地学习了基础理论知识和政工人员业务知识，并就新时期企业思想政治工作的基本任务、内容、特点、重点、工作方法和政治工作科学化问题进行了探讨，撰写了36篇论文。参加培训的人员还结合自己的工作经历，对加强思想政治工作提出了一些建设性意见。

1990年，局党委恢复5个较大基层党委的组、宣、办机构，免去16个直属党组织书记兼任的行政副职，在较大的基层党支部增设专职书记，重新核定专兼职党务、政工干部定员，党组织机构和政工干部队伍得到了加强和稳定。截至年底，全局共有专职党务、政工干部234人，兼职党务、政工干部和政治报告员、政工信息员、班组宣传员1416人。全年先后组织8批共65名党委、政工干部到外地进行短期学习培训，举办9次不同类型的党建、政工理论研讨会，发表论文30余篇，对如何加强党的建设，加强企业思想政治工作从理论与实践的结合上进行研究探讨，不断提高党务、政工干部的思

想水平和工作能力。

（二）实行基层书记月度工作例会制度

1989年4月25日，局党委决定自1989年5月起实行基层党委（党总支、直属党支部）书记月度工作例会制度，进一步加强党组织建设，改进工作方法，提高工作效率，更好地实现企业党组织的保证监督职能，以适应局长（厂长、经理）负责制的要求。工作例会每月召开一次，原则定于每月最后一天召开（遇周日提前一天）。基层党委书记工作例会的主要任务是交流工作经验，研究解决党务工作中存在的问题，传达贯彻上级党组织有关文件和指示精神，检查当月工作情况，安排部署下月工作任务以及党组织建设中的其他有关问题。实行月度工作例会制度后，原党委月度政治工作要点改为季度党委工作要点。例会的有关决定和工作安排执行情况由局党委办公室检查、催办和协调。基层党委书记工作例会制度的建立和实行，是港务局党务工作的一大创新。

（三）建立局长（经理）领导下的思想政治工作的新体制

1989年1月，局党委认真贯彻落实中共中央《关于加强和改进企业思想政治工作的通知》精神，实行党、政职能分开，建立局长（经理）领导下的思想政治工作的新体制。从1月起，将全局思想政治工作机构和人员纳入行政管理序列。本着精简、效能、统一的原则，实行党务工作部门和思想政治工作部门二位一体，对内一套班子，对外两块牌子，行使双重职能，即在局长领导下行使思想政治工作职能；在局党委领导下行使党务工作职能。党、政职能分开后，思想政治工作作为企业管理的重要组成部分列入局长（厂长、经理）的工作日程。在局长（经理、厂长）的统一规划下，党、政、工、团各司其职，各负其责，通过各自不同的途径和方法，共同做好职工思想政治工作。

1989年4月14日，港务局召开1989年思想政治工作会议。会上，局长黄国胜作工作报告。主要内容是建立思想政治工作新体制；将思想政治工作纳入企业管理轨道；提高思想政治工作科学化水平；研究企业理论，发展企业文化，强化企业精神，实现思想政治工作的社会化、经常化、规范化；用思想政治工作保证改革和经济工作的完成。会上，党委书记李德宣作了题为《健全新体制、完善新格局、开创新局面》的讲话，要求全局各级党组织、广大党员和专兼职政工人员通过这次政工会议，进一步认清形势，明确自己的责任，热爱“政工”、研究“政工”、改进“政工”，提高思想政治工作的实际效果。会上，有6个单位和班组介绍了政治工作经验。

1990年8月，港务局荣获河北省“思想政治工作优秀企业”称号，局党委书记李德宣荣获河北省1989年度优秀思想政治工作者称号。12月，港务局被中共中央宣传部、国家计划委员会、中华全国总工会授予“全国思想政治工作优秀企业”称号。

（四）“五讲四美”活动

1982年，港口经济形势大好，思想政治工作开创了好的开端。在精神文明建设中，做好思想政治工作。3月份全国开展第一个文明礼貌月活动。与此同时，全局职工齐参战，治理“脏乱差”，建设环境美，仅清理垃圾2600多吨，绿化植树8000余株。各基层班组普遍制订文明礼貌公约，后勤服务部门建立“五讲四美”（讲文明、讲礼貌、讲卫生、讲秩序、讲道德，心灵美、语言美、行为美、环境美）服务守则。通过联查，通讯处、行政处、三区、运输处、医院、四区、汽车队等单位被评为1982年开展五讲四美活动，治理“脏乱差”的先进单位。

1983年，港务局开展了“五讲四美三热爱”（讲文明、讲礼貌、讲卫生、讲秩序、讲道德，心灵美、语言美、行为美、环境美，热爱祖国、热爱社会主义、热爱中国共产党）活动，以治理“脏乱差”为突破口，以改善港容港貌、整顿劳动纪律、改变服务态度为重点，进行思想教育，提高了职工和青工的思想觉悟，好人好事不断涌现。全局共清除垃圾2134吨，植树4743株，铲除杂草15400平米，义务修车714辆，义务理发293人次，成立学雷锋小组260个，做好事职工达6574人次。

（五）“学先进、树典型、迎亚运、添光彩”活动

1990年4月初，局党委决定在全局职工中开展“学先进、树典型、迎亚运、添光彩”活动，此活动以学习雷锋、焦裕禄、王进喜、刘庄煤矿和局内模范人物的事迹为主要内容，以造就一支“四有”（有理想、有道德、有文化、有纪律）职工队伍，促进港口两个文明建设为目的。6月，局党委根据秦皇岛市精神文明建设委员会的统一安排，作出在全局广泛开展“学先进、树典型、创四优、迎亚运”达标竞赛活动的决定，创造“四优”（优质服务、优良秩序、优美环境、优异成绩）达标单位。截至11月上旬，全局涌现出12个创“四优”达标基层单位。是年，港务局被秦皇岛市授予“四优达标单位”称号。

七、成立管理局纪委，恢复纪检、监察工作

1979年3月，秦皇岛港务管理局纪律检查委员会（以下简称管理局纪委）成立，负责对党员、干部的纪律检查和积压案件的处理。根据党在新时期的总任务，管理局党委以维护党规党法，搞好党风建设，保证港口工作重点转移为中心，把纪律教育作为“三会一课“的重要内容，切实对党员、干部加强纪律和党的优良作风的教育，抓紧处理积压案件，查处包括危害党的团结，破坏党的路线、方针、政策，破坏党规党法和社会主义法制，侵犯党员民主权利等影响较大的案件，加强自身建设，选派党性强、作风好、懂政策、不信邪、讲团结的干部从事纪检工作。随着党的纪检工作逐步纳入正常轨道，局内党风党纪开始好转。

1981年7月10日，管理局党委常委会议作出关于加强纪检工作的三项决定：充实纪检部门的领导力量，将纪检委员由7名增至11名；为便于开展工作，在通常情况下吸收纪委主持日常工作的负责同志列席党委常委会；全局各级党组织把贯彻《关于党内政治生活的若干准则》，纠正不正之风列入每季度班子成员民主生活会的主要内容进行检查。

1982年4月，管理局党委成立“经打”领导小组；1984年11月，局成立“经打办公室”，开展打击在经济领域的违法犯罪工作，到1987年12月结束。1989年1月，港口重新设立监察机构——监察处，撤销了局打击经济犯罪办公室，将其职责划归监察处。管理局监察处制订了《监察机关职责范围》《调查处理政纪案件试行办法》，以及案件检查、审理、信访工作等方面的制度。

1985年6月4日，管理局党委召开纪检工作会议，贯彻1985年3月21日至26日全国纪检工作会议和省、市纪检工作会议精神。管理局党委书记刘培新作了题为《进

一步解决纪检工作的指导思想，把全局纪检工作提高到一个新水平》的讲话，肯定了全局纪检工作的成绩，指出一些局属单位在纠正不正之风方面行动迟缓等问题，提出进一步解决好纪检工作的指导思想，搞好端正党风规划，落实责任制，搞好调查研究，抓好典型，搞好党风党纪大检查，加强纪检干部的业务学习，加强党对纪检工作的领导等六项要求。

1986年4月2日，管理局纪委召开纪检工作会议，传达学习中纪委第七次会议和交通部纪检工作会议精神，部署管理局1986年纪检工作任务。5月30日，管理局党委、纪委召开工作会议，根据中纪委《关于整顿纪律的通知》精神，决定6月份进行一次全局性纪律整顿，严肃党纪政纪，加速党风和社会风气的根本好转。会后，局属各单位采取揭、摆、查的方法，广泛深入地开展以纠正行业不正之风为主要内容，以处级以上领导干部为重点的纪律整顿工作，形成了纠正行业不正之风的第二个高潮。

1987年5月4日，管理局党委召开纪律检查工作会议。会议中心议题是，贯彻交通部纪检工作会议精神，继续端正党风，维护党纪，迎接党的十三大的召开。会议就中央提出的纪检工作5项任务，作了具体安排和部署。会后，纪委着重抓了加强领导班子的党风建设，在党员中开展党风党纪教育，克服官僚主义，转变工作作风等三项主要工作。截止年底，共查处党员违纪案件12起，结案11起，对4名党员给予了党纪处分。全年涌现出党风先进单位22个，基本克服了官僚主义，实现了党风好转，被评为秦皇岛市端正党风先进单位。

1988年1月23日，管理局纪委转发省纪委关于《严禁趁改革机构之机滥发钱物的通报》。省纪委在《通报》中要求各级党组织要教育全体党员，特别是党、政领导干部严守纪律，防止趁机构撤销或合并之机滥发钱物。全局各级党组织认真组织党员、干部学习贯彻《通报》精神，严禁发生借改革之机营私舞弊，损公肥私。5月11日，管理局纪委转发中纪委《关于从严治党必须努力提高党员素质的通报》，各级党组织认真组织党员学习、讨论《通报》精神，使党员尤其是党员领导干部在改革开放的新形势下，保持清醒头脑，坚持党性原则，正确处理“权”与“钱”的关系，抵制金钱、物质的引诱，严格按照党规党法办事，带头遵守各项纪律，克尽职守，努力工作，更好地完成党和人民赋予的历史重任。5月24日，管理局纪委部署“怎样做一个合格党员”的大讨论。通过召开生活会，针对存在的问题进行综合分析，提出整改措施，把党风党纪建设向前推进一步。11月23日，港务局纪委发出《关于进行年终党风党纪检查工作的通知》。经检查，全局各级党政干部均制定了廉政措施，各级党组织普遍健全了党内监督网，并分别聘请了局级党风监督员50名，处级单位党风信息员100名，基层支部党风建设联络员156名。评选出21个端正党风先进单位。12月26日，局党委、港务局下达《关于严明分房纪律的若干规定》。明确了分房原则；职工申请住房、调房的具体条件和标准；各级党政领导干部不得在分房工作中以权谋私、擅自批“条子”；分房主管单位和个人要忠于职守，秉公办事，不准利用分房子搞个人交易；职工申请分房、调房的程序。这一《规定》维护了职工的切身利益。

1989年8月19日，局党委、港务局召开全局科级以上干部参加的反腐败斗争、推进廉政建设大会，宣布了局党委《关于反腐败斗争首先从各级领导机关、各级领导干部抓起的决定》《关于局级党政领导干部保持廉洁的七项规定》以及三个推进廉政建设清查小组的成立，即清查住房分房领导小组，清查往来接待不正之风领导小组和清查多种经营不正之风领导小组。三个清查小组的任务是组织力量，认真调查核实群众举报的案件，做到事事有着落，件件有回声，以取信于民。10 月 18 日，局党委、港务局召开部署反腐败、促廉政紧急会议。明确反腐败促廉政是各级党委的一项重要政治任务，一定要抓好。全局各级领导干部带头贯彻最高人民检察院、最高人民法院和国家监察部《关于贪污、受贿、投机倒把等犯罪分子必须在限期内自首坦白的通告》的精神，把全局的反腐败促廉政建设的工作扎扎实实地不断推向深入。

八、整顿工会、共青团组织

1984 年 6 月，管理局工会认真贯彻执行中华全国总工会《关于整顿工会组织，开展建立“职工之家”活动的决定》，在全局范围内开展整顿各级工会组织和建设“职工之家”的工作。1988 年 10 月，在中华全国总工会第十一次全国代表大会上，港务局工会主席高凤臣被授予“优秀工会工作者”称号。1989 年 3 月 30 日，港务局工会根据《中华人民共和国全民所有制工业企业法》的有关规定，研究决定自 4 月 1 日至 5 月底，在全局范围内对副科级以上行政领导干部进行一次民主评议。民主评议工作由局第十届职工代表大会常任主席团负责统一部署，各级工会负责组织职工代表，对行政副科级以上干部的政治思想、工作业绩、工作作风、工作能力和群众观点，进行认真评议。

1980 年 11 月 24 日，管理局党委转发团委《关于共青团工作的报告》，指出，目前团的工作还存在一些问题，主要是班子不健全，团干部专职不专用，团干部流动性大，活动经费没有保证等，建议党委给予以下支持：各级党组织要加强对共青团工作的领导；正确看待青年，全党作青年工作；健全各级团组织，配齐团干部；培训团干部，提高干部素质；合理解决活动经费。常委在批转此报告时要求各级党组织，一定要把团的工作和对青少年的教育工作列入党的议事日程，帮助团组织搞好改选和选拔好干部；尽可能保证团的活动经费；各级党组织和工会要明确一名委员负责青年工作，宣传处、教育处等部门在搞好本部门工作的同时，做好对青年的教育工作。在各级党组织的帮助下，共青团组织的改选工作顺利完成，班子不断健全，干部素质不断提高，工作出现新起色。1988 年 1 月 27 日，管理局团委作出《在全局各级团组织中开展创建红旗团组织竞赛活动的决定》，并制定《红旗团组织评比细则》。8 月 8 日，港务局团委被河北省团委命名为企业先进团委。

局团委组织新团员到李大钊纪念馆举行入团宣誓仪式

第七节 港口党组织在深化国有企业改革时期（1991～2002.9）

1988年，秦皇岛港全面实行局长（经理）负责制和任期目标责任制，健全了以局长、经理为中心的新领导体制。随着现代企业制度和社会主义市场经济的初步建立，秦皇岛港务管理局党建体制机制积极适应建立现代企业制度的要求，完善工作机制，充分发挥政治核心作用，针对港口党建工作和现代企业制度相结合的有效探索，把建设高素质经营管理队伍、人才队伍、党员队伍、职工队伍和增强港口经济活力、控制力、影响力贯穿党组织活动始终，保证党组织参与决策、带头执行、有效监督。在此期间，党委紧紧围绕深化国企改革的实际，在全局党员、职工中学先进、树典型、展形象，做文明职工，建文明企业，塑造并大力弘扬“超亿吨”精神，持续发挥党组织的政治核心作用，有力推动了港口的改革发展。2001年，港口货物吞吐量首次突破亿吨。

一、加强和改进党的基层组织建设

20世纪90年代，随着改革开放的不断深入，在党组织建设和党员管理上出现了一些新情况、新问题，港务局各级党组织认真坚持党的基本路线，以港口经济建设为中心，把加强党的组织建设作为突出环节，切实抓紧抓好，较好地发挥了党组织政治核心作用，实现了党委工作与经济工作目标同向，工作同步。

（一）贯彻实施关于加强党组织建设的几项制度

1991年，局党委继续认真落实中央《关于加强党的建设的通知》精神，以及省、市委组织工作会议精神，先后修改、建立并印发《基层党员工作程序标准》《关于党员义务考绩活动的补充意见》《基层党组织选举工作实施细则》《关于领导干部民主生活会的若干规定》《民主评议党员制度》《关于开展基层党支部达标升级活动的实施意见（试行）》等一系列规章制度，并严格检查落实，逐步使党建工作制度化、规范化。在坚持民主评议党员制度中，做到与党员义务考绩活动相结合，全局有3308名党员参加评议活动，占应评人数的99.8%，评出优秀党员252人，占参加评议党员总数的7.6%；合格党员2713名，占参加评议党员总数的82.61%；基本合格340名，占10.29%；基本不合格党员3名，占0.09%，有7名党员因经济问题被开除党籍，2名党员因消极落后被劝退除名。在支部达标升级活动中，按照《基层党支部达标升级考核标准》，采取听、查、谈、议的方法，严格进行了考核评审，使党支部建设逐步纳入了目标管理的轨道，激发了党支部的内在活力。

1994年，局党委认真贯彻中共十四届四中全会作出的《中共中央关于加强党的建设几个重大问题的决定》精神，紧密结合实际情况，制定《关于加强党组织建设的若干意见》，在加强党的思想、作风建设的同时，加强和改进党的基层组织建设。

一是局直属党组织根据生产经营需要及时合理调整党的基层组织设置，做好改选换届工作。随着港口规模的不断扩大和企业改革的深入发展，先后建立一些基层单位以及合资、合作企业、多种经营企业等，及时在新建单位建立健全相应的党组织。基层党组织根据工作需要选配好专兼职党支部书记，对个别软弱涣散的基层组织积极采取整顿措施。认真坚持“三会一课”制度，抓好党小组建设，发挥党支部的战斗堡垒作用。有11个直属党组织调整或增补党组织成员14名，有62个基层党支部进行了改选换届，调整支部委员71人。

二是各级党组织高度重视民主集中制建设，对广大党员进行民主集中制的教育，特别是各级领导干部自觉带头学习、带头执行。建立健全贯彻民主集中制的各项具体规定，完善党内政治生活的各项准则，加强党内外民主监督；坚持党的集体领导制度，推进决策的民主化和科学化；充分尊重和保障党员的民主权利，维护党的团结和统一；严格党内民主生活，定期召开民主生活会，认真开展批评和自我批评。

三是围绕港口生产经营，改进党组织工作内容和活动方式，把搞好港口运输生产和深化改革作为党建工作的根本出发点和落脚点。在工作内容上，坚持民主评议党员、“创先争优”、党员责任区、党员模范岗等活动，并紧密结合生产经营和党员的思想实际，不断赋予新的内容。在活动方式上，从本单位特点出发，力求生动活泼，灵活多样，讲求实效，防止和克服形式主义，切实把加强党的建设融于经济工作之中。铁运公司、二公司、四公司、燃料公司等单位的党组织，开展党员身边“三无”（无违纪、无违章、无事故）活动；三公司党委、六公司党委、水暖公司党支部分别开展党支部“达标升级”、党员目标管理和党员责任区、模范岗活动；港口医院党总支着眼于行业风气建设，开展“医患关系大家谈”“高尚医德医风赞”活动。

四是坚持开展民主评议党员和党内“创先争优”评比活动，抓好典型教育、弘扬共产党人的无私奉献精神，提高广大党员的党性观念。基层党支部定期分析党员队伍状况，对发挥党员作用差的党员进行批评教育，对违反党纪国法的按照规定程序进行处理，以保持党员队伍的纯洁性和战斗力。同时，针对流动党员逐渐增多且情况比较复杂的情况，切实抓好流动党员管理工作。

五是各级党组织按照“坚持标准，保证质量，改善结构，慎重发展”的方针，认真做好生产、工作一线的发展党员工作。突出工作重点，把具备党员条件的先进分子及时吸收到党内来。同时加强对积极分子的培养、教育、考察工作和预备党员的教育考察；严格履行入党程序，把好预批、审批的质量关。继续做好解决没有党员的班组的工作。

1995年3月，党委组织部制定《关于加强基层党组织建设的若干暂行规定》，明确了组织工作的指导思想、党建工作的指导方针和基本目标，并对党组织的设置及成员构成、党组织的任期、改选和成员补选、党内生活制度、民主集中制原则和党内监督等内容进行具体规定。各级党组织党建工作按照党的基本路线的要求，为港口生产经营和改革开放服务，用党建工作促进经济工作的实际效果作为检验党组织工作的重要标准。提出正确贯彻党建工作的三点指导方针：一是必须按照党章规定的职责和国家的有关法律法规，开展工作，用改革的精神研究新情况、解决新问题，改进创新基层党组织的活动内容和工作方式。二是必须严格党内生活，严肃党的纪律，弘扬正气，反对歪风，保持党员队伍的先进性和纯洁性，增强党组织解决自身矛盾的能力。三是立足于经常性工作，常抓不懈，既制定切实可行的长期规划，又抓紧解决当前的突出问题。全面贯彻《中

共中央关于加强党的建设几个重大问题的决定》，把各级党组织建设成为团结带领全局职工，把秦皇岛港建设成为现代化、多功能的国际贸易口岸的战斗堡垒。

1996 年，局党委正式颁布实施《党委工作条例》，严格规范党委各项工作，加强党组织建设。健全基层党组织，新建改建基层党委 2 个，直属党总支 1 个，直属支部 1 个，新建基层党支部 19 个；制定《“九五”期间发展党员工作规划》，为发展党员树立明确目标，全年发展新党员 141 人，实现发展新党员合格率 100%。此外，局党委还依照江泽民“领导干部一定要讲政治”的指示，提出领导干部要“解决好三个问题”“树立四个观念”的要求，局领导率先垂范，亲自带队对全部基层单位干部进行考核，根据考核结果，重新确定 181 人为处级后备干部，其中 40 岁以下 137 人，正规大专院校毕业生 63 人，进一步优化了后备干部队伍。

（二）充分发挥党组织政治核心作用

1994 年 1 月，根据中央组织部、中央政策研究室 1993 年 9 月召开的“国有企业党的建设工作座谈会”精神，局党委结合当前建立社会主义市场经济体制的新形势和港务局转换经营机制的实际，对 1990 年颁布的《关于发挥党组织政治核心作用的试行意见》进行补充和修改。

根据中共十四大修改并通过的《中国共产党章程》第 32 条规定的企业党组织五项职责及党的基层组织八项任务，明确了局党委和直属党组织的五项具体职责：一是保证监督党和国家的方针、政策在本企业的贯彻执行，坚持港口的社会主义方向；二是支持局长（经理）依法行使职权，坚持和完善局长（经理）负责制，协调局长（经理）与职代会及其它群众组织之间的关系；三是领导思想政治工作和精神文明建设，实行统一规划、组织协调、督促检查；四是领导企业职代会和工会、共青团等群众组织，支持这些组织依照法律和各自的章程独立负责地开展工作；五是从根本上加强党的思想、组织、作风建设，着力抓好加强党的制度建设、党员教育和管理工作以及党的各级领导班子建设和党务、政工干部队伍建设。

在机构设置和人员配备上，坚持精干、高效、协调的原则，既有利于加强党的建设和思想政治工作，又有利于港口改革和生产经营。一是基层党委、党总支的党政主要领导设置，本着从实际出发，宜专则专、宜兼则兼的原则，既可以分设，也可以书记兼经理或经理兼书记。二是直属书记原则上以兼职为主，基层党组织工作机构的设置本着解放思想和实事求是的精神，根据本单位的规模大小和工作特点，由单位党组织确定。但人员编制不能突破局控制定员。三是基层厂队（车间、站段）党支部书记的设置，从实际出发，宜专则专，宜兼则兼。兼职的党支部书记要保证有足够时间和精力抓好党的建设和思想政治工作。四是实行党政主要领导一人担任的党委，主要负责领导干部做到行使两种职权，承担两个责任，党委按照要求考核其业绩。五是全局专职党务工作和政工人员的编制一般不超过职工总数的 1%。

根据新的形势和任务，各级党组织努力改进工作方法和活动方式。一是把搞好港口改革和生产经营作为党的工作的基本出发点和落脚点，根据港口的中心任务制定党组织活动计划，把促进港口改革和发展取得的成果作为最终检验党的工作成效和党组织战斗力的主要标准。二是把克服港口改革和生产经营中的难点，作为党组织发挥作用，支持局长（经理）工作的重点。三是有针对性地开展思想政治工作，将其渗透、融合、落实到生产经营的各个环节中去，及时解决群众中的思想认识问题，并把解决思想问题与解决实际问题结合起来，引导、发挥、保护好职工参与改革和搞好生产经营的积极性。四是主动与行政领导共商改革和生产经营的大计，提出积极的建议和意见，协调好行政与职工、群众组织的关系。五是结合生产经营和党员的思想实际，不断赋予党的组织活动新内容。六是根据生产经营的需要，在必要时抽调党务干部充实关键岗位或帮助工作。七是坚持各级领导干部学习制度，建立党委（总支、直属支部）定期听取局长（经理）工作报告制度，坚持每年一次的民主评议干部制度。

（三）开展调查党组织年度组织工作

1994 年 10 月，局党委组织部对全局直属党组织的年度组织工作进行调查，就企业党组织如何发挥政治核心作用，党建工作如何体现以经济建设为中心，如何加强党组织自身建设，改进创新党组织的工作内容和活动方式等 14 个专题与基层单位的领导及组织干部进行了座谈。在肯定成绩和经验的同时，针对有些单位党组织活动不够正常，对党员教育管理不够严格，发展党员工作重点不突出等问题进行对症下药：认真贯彻中共十四届四中全会精神，全面加强党的建设，充分发挥党组织在港口两个文明建设中的政治核心作用和战斗堡垒作用；按照党要管党和从严治党的要求，切实加强党员和管理工作，充分发挥党员的先锋模范作用；围绕港口生产经营，改进创新党组织的工作内容和活动，用改革的精神研究新问题，解决新问题，切实把党建融于港口改革和经济建设之中；加强组织部及其工作人员的自身建设，不断提高专业技能和为港口经济建设服务的本领。

（四）发展、壮大基层党组织和党员队伍

1993 年，为贯彻中共十四大精神，使党的组织工作突出以经济建设为中心，局党委修订了《发展党员工作程序标准》。规定在发展党员工作上，对发展对象的预审工作由基层党委组织部门和局党委组织部负责；基层单位科队级管理人员入党由党委成员进行谈话，一般干部、工人由组织员谈话；党总支、局直属党支部单位的科以下干部、工人入党分别由党总支成员、党支部书记谈话；局直属党组织半年检查一次，每年总结一次发展党员工作情况。

1995 年，局党委从基础环节着手，加强党建工作。上半年，局党委建立合资企业党支部 1 个，改选直属党组织 4 个，改选调整基层党支部 21 个。同时，规范党内生活，壮大党员队伍，坚持有计划、有重点、严把关的方针，举办入党积极分子党的基础知识脱产培训班，参训率达 98%，在新发展党员中，中青年党员占 41.1%，并有 20 名中青年职工被提拔任用，改善了干部队伍结构，增强了中青年职工的积极性。

1998 年上半年，局党委不断加强基层党组织建设和党员队伍建设，新建党组织 2 个，该选举直属党组织 6 个。并根据对基层党组织进行调查的情况，下发调查通报，有针对性地指导基层党建工作；结合“创先争优”活动，充分发挥党员的先锋模范作用，积极开展“党员责任区”“一个党员一面旗”等活动，使党员逐步发展成为港口稳定和发展的中坚力量。局党委还坚持有计划、有重点、重培养、严把关的原则，壮大党员队伍，举

办积极分子党的基本知识培训班，培训积极分子 147 名，注重在生产一线优秀工人和知识分子中发展党员，仅上半年就发展党员 78 名，其中工人 37 名，高中以上文化程度的 70 名，青年党员 45 名，新党员的年龄结构、知识结构有了明显改善，提升了整体素质。

基层党组织举办党支部书记培训班

（五）开展“达标升级”活动

局党委于 1990 年开始着手将创先争优活动经常化、制度化，进一步明确创先争优的指导思想和评比内容、评比条件、和评比方法，完善《基层党组织考核标准》，制定优秀党员评选条件，为创先争优活动不断深入奠定了基础。此外，局党委还将创先争优活动与民主评议党员相结合，通过评议、评比，每年评选优秀党组织和优秀党员，激发了广大党员的积极性和主动性，逐步成为集团党建工作的品牌。

根据中共中央《关于加强党的建设的通知》要求和上级党委的指示，局党委结合基层党支部建设的实际，于 1991 年开始在基层党支部中开展“达标升级”活动，以党委组织部制定的《基层党支部“达标升级”标准（试行）》为主要内容。各基层党委、党总支根据此标准的原则精神，结合本单位的工作实际，本着可行有效的原则，制定具体的“达标升级”内容和考核计分办法，使“达标升级”条件定量化、具体化。

本次基层党支部“达标升级”活动分五个步骤推进：一是考核定位、确定类别。将现有基层党支部划归为四个类别：90 分以上的为一类支部；80 ～ 89 分的为二类支部；60 ～ 79 分的为三类支部；59 分以下的为四类支部。其中一类支部为达标支部；二类支部为基本达标支部；三类支部为基本不达标支部；四类支部为不达标支部。依据上述划类原则，各基层党委、党总支组织所属党支部按照“达标升级”标准进行自查归类。由党支部召开支部党员大会，本着公开、民主和从严的原则，经过党内充分讨论，作出自我评估划类的决议，党支部按照决议填写《基层党支部“达标升级”意见卡》，报上级党组织审批。二是制定规划、落实措施。党支部的基础类别确定之后，各基层党委、党总支帮助支部总结工作，找准各自存在的问题和努力方向，有针对性地制定本单位的支部“达标升级”规划和分期达标的具体措施，既注意先进性与可行性的统一，又把日常工作与长远目标相联系，使其真正成为激励和调动支部做好工作的动力。三是跟踪考评、具体指导。各基层党委、党总支对支部“达标升级”活动情况进行半年考核、年终总评验收。半年考核时，党支部结合半年工作总结，认真自查升级目标的实施情况，实事求是地填写、上报《基层党支部“达标升级”意见卡》。同时，各单位要把支部“达标升级”活动与创先争优活动有机地结合起来，使之相互促进，相得益彰。四是考核验收。各基层党委、党总支对年终申报验收单额支部进行一次全面考核验收。采取听汇报、查阅记

1991 年秦皇岛港党员义务考绩管理标准

表 17

考绩条件	评分标准	得分		
		好	较好	一般
一、加强党性修养，发挥党员作用，为两个文明建设积极做贡献（25 分）	1. 认真学习马列主义、毛泽东思想和党的基础知识，学习科学、文化和业务	5	4	3
	2. 坚决执行党的路线、方针、政策和上级党组织决定。对党忠诚老实，言行一致	5	4	3
	3. 讲理想、讲奉献、抢困难、让方便，完成生产（工作）任务突出。坚持安全生产，执行工作规范，遵守各项规章制度。发扬社会主义新风尚，提倡共产主义道德	15	12	9
二、维护党的团结和统一，遵守党的各项纪律（20 分）	1. 坚持四项基本原则，自觉地在政治上、思想上和行动上与党中央保持一致	5	4	3
	2. 正确地行使党员的民主权利，遵守党纪、政纪、国法，保守党和国家的秘密	5	4	3
	3. 团结同志，正确地开展批评与自我批评，勇于同不良倾向作斗争	10	8	6
三、密切联系群众，全心全意为人民服务，克己奉公，富有牺牲精神（30 分）	1. 坚持个人利益服从党和人民的利益，吃苦在前、享受在后、富有自我牺牲精神	10	8	6
	2. 发挥党员的骨干、桥梁和带头作用，在群众中威信较高	5	4	3
	3. 善于做职工的思想政治工作，联系群众，家访谈心，积极做好事	5	4	3
	4. 清正廉洁，不滥用职权，秉公办事，不谋私利	10	8	6
四、严格坚持党组织各项活动制度，完成党组织交给的各项任务（25 分）	1. 积极参加党组织活动，坚持汇报思想工作情况，领导干部过好组织生活，组织观念较强	10	8	6
	2. 做好宣传群众、帮助群众、壮大党的新生力量工作	5	4	3
	3. 按规定的比例及时交纳党费	5	4	3
	4. 改革创新、务实进取，完成党交给的各项任务，为群众作出表率，争当优秀共产党员	5	4	3
五、加分项（20 分）	1. 本职工作做出重大贡献（含市级以上先进）者	+6		
	2. 上年被评为局先进生产（工作）者	+5		
	3. 上年被评为各单位先进生产（工作）者	+3		
	4. 上年被评为局单项先进个人者	+2		
	5. 民主评议党员群众评价好	+2		
	6. 在社会生活中表现好	+2		
六、减分项（20 分）	1. 受到党、政纪处分者	−10		
	2. 发生重大安全质量事故者	−8		
	3. 未完成生产（工作）任务者	−2		

录和召开座谈会等形式，按照标准进行逐项考核。党委会或党总支委员会集体讨论决定支部升级、不升级或降级。五是评比表彰。根据检查验收结果，对连续两年达到标准的支部，由局党委授予“党支部建设达标”称号，并颁发荣誉证书，并利用报刊、广播和《秦港组工通讯》等各种工具宣传先进党支部的事迹。“达标升级”活动的实施，进一步增强了基层党组织的生机和活力，是探索新形势下发挥企业党组织政治核心作用的方法和途径，促进了基层党支部建设向制度化、规范化不断发展。

（六）实行党员义务考绩管理

1991 年 1 月，局党委修订《关于实行党员义务考绩管理制度的规定》，开始将党员义务考绩管理制度作为组织工作的一项主要内容在全局实行。党员义务考绩管理首先由党员个人填写《党员义务考绩手册》，党小组和党支部根据《党员义务考绩管理标准》及有关条件，对以党员必须履行的八项义务和党员领导干部必须具备的六项基本条件为主，兼容党组织活动的有关制度、规定和要求等内容进行评议，并记载填表。党支部每年累计一次党员各季度评议情况，按优秀、合格、基本合格、基本不合格、不合格列出考绩结果。基层党支部和局直属党组织在召开党内外群众座谈会，重点征求意见的基础上，每年总结上报一次党员义务考绩情况。党委组织部注意总结推广基层单位好的经验和做法，适时在全局组织工作会议上进行交流，不断充实和完善党员义务考绩管理制度。同时，党委组织部和基层单位在“七一”前夕对开展党员义务考绩活动好的党支部、党小组和党员进行一定程度的表彰奖励。通过实行党员义务考绩管理，进一步促进了党员的规范化管理，充分发挥党员在工作、学习中的先锋模范作用。

（七）党支部“工作落实年”活动

2000 年，局党委开展党支部“工作落实年”活动，加强基层党支部建设。活动中，局党委先后召开 7 次基层党支部工作研讨会，88 名基层党支部书记参加研讨交流；举办 5 期基层党支部书记脱产培训班，对全局 200 名基层党支部书记进行政治理论和党支部业务知识培训。2001 年，局党委深化党支部“工作落实年”活动，将党支部书记研讨会文稿汇编成册，为基层党支部书记在实际工作中相互学习、参考提供了载体。

（八）纪念建党七十周年、八十周年系列活动

1991 年，局党委以纪念建党七十周年为契机，先后开展“忆传统、比贡献、添光彩、做合格共产党员”“学党刊、用党刊专题竞赛”“党员岗位奉献月”“党员义务为民服务”等一系列活动，对广大党员进行了一次深刻的党风、党性、党的基本知识和基本路线教育，激发了党员的光荣安和责任感，促进了党员先锋模范作用的发挥。1991 年全年，全局各类先进党员 1271 人，其中 71 人获得市级以上荣誉称号，局党委被河北省委授予先进基层党组织称号。

2001 年，局党委开展纪念建党八十周年系列活动，制定印发《局党委关于开展纪念建党八十周年活动的安排意见》，统一部署纪念活动。一是在全体党员干部中，开展“忆党史、颂党情，为实现港口生产超亿吨尽职尽责”主题教育活动，组织全局党员、入党积极分子参加省委举办的党的知识竞赛活动，并翻印 5300 份答卷下发到基层，参赛率达 90% 以上。二是全局党支部书记全部参加“三学”知识答题活动；在党员干部中，开展“在鲜红的党旗下”征文活动，共征集各类作品172篇。三是参加中央企业工委组织的“我身边的共产党员”征文活动，反映全国劳模李俊杰事迹的征文荣获二等奖，被《人民日报》刊登。四是组织党员干部听取中共十五届六中全会学习报告会、省领导学习“七一”讲话宣讲报告，邀请交通部体改法规司的领导来局为党员干部做报告，召开学习江泽民总书记“七一”讲话座谈会，加深对“三个代表”重要思想的理解。通过系列活动的开展，激发了广大党员的积极性和主动性，使全体党员重新进行了一次党史和宗旨教育，有效推动了港口建设和发展。

2001年，秦皇岛港举行庆祝中国共产党成立80周年文艺汇演

二、领导班子和领导干部建设

在强化领导班子和领导干部建设上，局党委坚持组织建设、制度建设和思想作风建设相统一，进一步优化各级领导班子的梯次配备和年龄、文化专业结构，提高领导干部政治理论素质和业务决策能力，在改革开放和现代化港口生产、建设中更好地发挥领导核心作用。

（一）考察领导班子和领导干部

1991年，局党委考察领导班子和领导干部，发现绝大多数处级（直属科）领导班子和领导干部的情况是好的或比较好的。这些干部在政治上认真贯彻执行党和国家以及上级领导机关的有关方针、政策和规定，坚持四项基本原则，在1989年春夏之交政治风波中，全局53个领导班子和174名在职处级（直属科）干部能够经受住严峻考验，在政治上同党中央保持一致。

（二）认真执行领导干部考核、试用、交流等制度

从1991年开始，局党委规范领导干部考核、试用和任期、交流和回避制度，对基层直属党组织和机关处室的领导干部进行多次调整、重新任命、明确任期、重点考核，领导班子在梯次配备和年龄、文化专业结构、政治理论素质等方面都有了很大程度的优化。

一是坚持领导干部考核制度。坚持每年年末对处、科级干部进行一次考核，全面考核干部的德、能、勤、绩，注重考核工作实绩。通过个人述职、群众评议、测评打分、班子生活会等形式，对工作实绩进行全面考核和准确评价。根据考核结果实施升降奖惩，对不胜任现职的果断调整。

二是坚持领导干部试用和任期制度。新提拔的处级干部继续实行一年试用期制度。行政处、科级干部的任期为2～3年，党群领导干部按各自章程规定按期改选换届。任职期满不再受聘和改选落选的，均为自动免职，打破领导干部职务终身制。

三是坚持领导干部交流制度和回避制度。局和基层单位坚持每年对处、科级干部进行档位之间、党政之间、单位与处（科）室之间的岗位交流，特别是在人、财、物、货、调、房等岗位上的领导干部任职时间原则上不超过6年。领导干部的近亲不得与其在同一单位或处室的班子中任职，不担任受其直

接领导的职务，一般不安排在其直接管辖的单位工作。

（三）明确领导干部民主生活会制度

1991 年 3 月，局党委根据《中国共产党章程》《关于党内政治生活的若干准则》和中共中央、河北省委有关基层党组织领导干部民主生活会的若干规定精神，印发《关于基层党组织领导干部民主生活会的若干规定》，指导基层党组织领导干部严格执行民主生活会制度，不断提高生活会质量，加强领导班子思想作风建设，增强班子的凝聚力、吸引力和战斗力。

《关于基层党组织领导干部民主生活会的若干规定》明确民主生活会主要是就八个方面内容进行检查、总结，统一认识，开展批评与自我批评：贯彻执行党的路线、方针、政策和上级党组织决议，发挥党组织作用的情况；学习马列主义、毛泽东思想，改造世界观的情况；加强领导班子自身建设，坚持民主集中制、维护领导班子团结和统一的情况；艰苦奋斗、廉洁奉公、不谋私利、遵纪守法的情况；坚持群众路线，关心群众生活，全心全意为人民服务、为职工办实事的情况；密切联系群众，深入基层调查研究，改进领导作风的情况；检查总结思想和工作情况；上级党组织要求通过生活会解决的问题或需要在生活会上解决的其他问题。

此项制度明确了基层党组织领导干部要参加双重组织生活，即参加所在支部、小组的生活会，又参加定期召开的基层党组织领导干部民主生活会。局直属党组织和基层党支部的民主生活会，每季度末召开一次，也可根据实际情况进行变动，但需报请上级党组织同意。

对于民主生活会上检查和反映出来的问题，有不同处理方式：一是应由本级党组织解决的，积极制订改进措施，切实加以解决；二是需要向上级党组织反映和帮助解决的，应及时向上级党组织报告；三是属于违反党纪、政纪、国法的，按干部管理权限，分别交党的纪律检查机关、监察部门和司法部门查处。

（四）加强领导班子思想作风建设

为进一步把局、处两级领导班子建设成为政治坚定、勇于改革、创新务实、团结协调、廉洁勤政、密切联系群众、全面贯彻党的基本路线的坚强集体，局党委从 1994 年开始明确实施加强领导班子思想作风建设的四项措施。

一是认真学习马克思主义理论，不断提高领导班子成员的理论素养和决策水平。领导班子在全面系统地学习马克思主义，掌握马克思主义基本原理的基础上，重点学深学透、弄懂弄通邓小平建设有中国特色的社会主义的理论。同时，认真学习社会主义市场经济理论、现代管理和科学技术知识，全面提高领导素质，以适应改革开放和现代化港口生产、建设的需要。认真坚持领导班子中心组学习制度，班子成员每月用 1–2 天时间集中学习理论，做好学习记录和学习考勤；继续坚持领导干部定期脱产培训制度；认真坚持检查、考核制度，定期对学习情况进行检查考核。坚持学以致用，做到精而管用，切实提高各级领导干部运用马克思主义立场、观点、方法去观察、分析和解决实际问题的能力。

二是完善企业领导体制，维护领导班子团结。坚持党的民主集中制和局长（厂长，经理）负责制的辩证统一。对事关全局的重大决策、重要的工作部署等，按照党政职责分工，分别提交党委、局长办公会或党政联席会研究决定。坚持职工代表大会或职工大会制度，定期向职工报告工作，认真处理职工代表提案，切实加强民主管理和民主监督，充分发挥工人阶级的主人翁作用。严格遵守党的政治纪律、组织纪律和保密纪律，坚决克服本位主义、分散主义、自由主义倾向。领导班子成员牢固树立党性观念、集体观念、原则观念和纪律观念，认真贯彻民主集中制的原则，正确处理正职和副职之间的关系。

三是加强廉政建设，坚决克服消极腐败现象。领导班子成员廉洁自律，以身作则，坚决反对拜金主义、享乐主义和极端个人主义，树立正确的人生观、价值观；带头执行上级和本局提出的关于领导干部廉洁自律的各项规定，管好自己、管好家人、管好身边工作人员。领导班子实行抓党风廉政建设的责任制，其他人员切实抓好分管部门和系统的廉政建设，进一步建立健全党内外监督机制，将上级对下级监督、领导班子自我监督、新闻舆论和群众监督有机结合起来，及时发现问题，认真整改。

四是密切联系群众，切实转变工作作风。认真坚持群众路线，从职工的利益出发，继续为职工办实事、办好事，充分调动职工群众的积极性。建立领导干部基层联系点制度，围绕改革开放、经济建设、党建、思想政治共和精神文明建设等重大课题和本职工作，深入实际调查研究，解决基层反映的实际问题，为指导全局工作提供经验。领导干部树立创新务实、真抓实干的工作作风，减少事务性活动，严格控制对领导干部活动的新闻报道。

（五）创建“领导干部形象建设工程”

1996年，局党委着手创建“领导干部形象建设工程”，将着眼点放在处级以上领导干部和重点岗位工作人员身上，全年局党委召开3次全体处级以上干部参加的专题大会，集中进行廉洁自律教育和宗旨教育，组织案例教育28场次，2220人参加；举办展览、竞赛活动12场次，1857人参加。同时，召开由全局34个基层党委、党总支、直属党支部和23个机关处室的181名领导干部参加，以自查自纠为主题的民主生活会，认真听取意见，进行深刻的批评与自我批评，并严格执行反腐倡廉各项制度措施，效果显著。全年，全局领导干部拒礼拒贿90998元，大案要案结案率100%，3名处级受到了党纪政纪处分，为企业挽回经济损失35610.75元，重树了企业领导干部形象，领导干部队伍作风为之一新。

1996年，秦皇岛港着手创建“领导干部形象建设工程”。图为召开领导干部形象建设工程推进会

三、开展党员、干部理论学习教育培训

加强政策理论学习是党对各级党员干部包括领导干部提出的要求。为提高干部的政治素质，局党委及各级党组织认真坚持班子中心组学习，组织好干部和职工的理论学习，做到学习时间、内容、人员三落实，并采取有效措

施在学习质量上下功夫，促使学有成效。

（一）学习贯彻江泽民“七一”重要讲话精神

1991年，局党委将学习贯彻江泽民“七一”重要讲话精神作为加强党的建设的大事，及时安排部署，各级领导率先学，领导干部带头学。一是及时把学习江泽民“七一”重要讲话同国内外形势结合起来，分别召开支部书记、副科级以上党员干部大会和全体党员、干部大会，通报有关情况，统一思想认识。聘请中央党校教授作“七一”重要讲话辅导和东欧、苏联形势报告，引导党员干部用“七一”重要讲话精神和阶级斗争的观点分析当前的国际形势，坚定社会主义信念，增强反“和平演变”斗争的责任感和紧迫感。各基层党组织也分别采取上党课、召开座谈会、形势报告会、问卷调查等方法，重点组织学习江泽民讲话中关于加强党的建设，反对“和平演变”的论述，以“七一”重要讲话精神为指导，认识苏联“红旗落地”的深刻教训，进一步提高广大职工坚持四项基本原则，坚持党的领导，坚持改革开放的自觉性。六公司党委还结合学习讲话，在党员中开展“三查”活动，即：查党性观念强不强，查学习热情高不高，查先锋模范作用发挥的好不好。并联系广泛开展“党员岗位奉献月”活动，进一步提高党员队伍素质。二是把学习“七一”重要讲话列为职工双基教育和副科级以上领导干部《当代社会主义若干问题讲话》学习的重要内容，成立了双基教育领导小组，下设办公室，采取了以脱产培训为主，兼用半脱产、业余刊授培训的方法，自编1.9万册培训教材，制定《教学大纲》、教员守则、学员守则等规章制度，严格考核、奖惩规定，并在教学中坚持正面灌输与生动多样的教育形式相结合，通过组织学员观看《世纪行》《让历史与现实告诉我们》《开国大典》等电教片，参观辽沈战役纪念馆、李大钊纪念馆，举办征文、演讲，以及搞社会调查等方式，深化教育成果。四公司党委还结合本单位特点，探索并总结了“双基教育八法”（回顾对比法、展望激励法、声像教育法、授课辅导法、双向交流法、专题研讨法、典型示范法、考核测验法）。全年举办5期《当代社会主义若干问题讲话》，377名副科级以上干部参加了学习，收到了良好效果。三是结合宣贯十一届七中全会精神，通过举办报告会、座谈会，开辟港报专栏，举办电台专题节目以及征文演讲比赛等形式，使职工深刻领会中央十二条建议、十年发展规划以及八五计划的精神实质，提高了思想认识。

（二）学习贯彻中共十四大及系列全会精神

1992年，局党委组织全体党员干部学习贯彻中共十四大精神，收听、收看大会实况，制定《关于学习党的十四大文件的安排意见》，在港报、电视台、广播电台开辟专题节目和专栏，进行专题辅导，介绍全体党员和干部学习领会中共十四大精神的情况和经验体会。在此基础上，局党委实行学习贯彻工作的“三结合”：把学习中共十四大文件与学习“邓小平视察南方讲话”相结合，通过开展“解放思想，加快改革开放步伐”大讨论，使全体党员干部准确把握中共十四大报告的精神实质；把学习中共十四大精神与港口生产建设实际相结合，配合行政加快煤四期建设，并大力宣传，增加职工的积极性，是年，提前36天完成全年吞吐量计划；把学习中共十四大精神与职工思想实际相结合，在全体干部职工中摆事实，谈体会，破除小满即富、固步自封、求稳怕乱等模糊认识，明确了全体职工在贯彻落实十四大精神中的责任，增强了紧迫感和使命感。

1993年，局党委将学习贯彻中共十四大和八届全国人大一次会议精神作为当年的首要任务，从社会主义市场经济理论学习、机遇教育和思想教育三个重点，统一思想，提高认识。局党委加强社会主义市场经济理论学习，采取脱产培训与集中辅导相结合的方法，先后举办8期培训班，培训教员、支部委员、科处级干部530人，利用报刊、广播办专栏、专题节目进行学习辅导，使广大干部职工掌握了解社会主义市场经济基本理论和基本规律，增强责任感和使命感。加强机遇教育，在干部职工中宣传“主业要精，副业要兴”的指导方针和本世纪内将秦皇岛港建设为“多功能、综合性、现代化的世界亿吨大港”的奋斗目标，掀起促进港口多功能发展的热潮。同时，积极开展思想调查，有针对性进行思想教育，深入开展党的基本路线教育，组织学习中央领导在全国职工思想政治研究会年会上的讲话以及相关文章，解决部分职工存在的“左”倾思想和“拜金主义”思想，把职工思想引导到港口经济建设上来，增强了企业的凝聚力。

1994年，局党委制定下发《关于认真传达学习党的十四届四中全会〈决定〉的通知》，按照先党内，后党外的原则传达学习会议精神，并组织各级政工干部深入基层调查研究，查找问题和不足，制定《中共秦皇岛港务局委员会关于加强大组织建设的若干意见》，从加强和改进基层组织建设、加强改进党员教育工作、培养选拔德才兼备领导干部三方面提出具体提措施。并以此为契机，开展党员教育，落实“三会一课”，全年召开支部大会1430次，举办党课547次，民主评议党员3524名，不合格率仅为0.03%。

1996年，局党委把认真学习贯彻中共十四届五中、六中全会精神作为各项工作的重点来抓。从领导干部教育着手，落实各级中心组学习制度，全年开展各级中心组学习116次，并建立中心组学习秘书培训机制，指定素质较高的干部担任秘书，定期组织培训，提高中心组学习质量。在中共十四届六中全会召开后，局党委把学习全会文件和港口生产经营实际相结合，提高全体职工，特别是领导干部对坚持“两手抓，两手硬”重要性的认识，多次利用各种形式向职工讲形势，析原因，号召全体干部职工发扬敢打硬仗的精神全力投入港口生产，确保年度生产任务顺利完成。同时，还将学习全会精神与职工思想实际相结合，局党委组织全局“三德”建设状况调查，下发2000份调查问卷，初步摸清了思想道德状况，并针对职工思想实际，明确职工责任，增强使命感和责任感，全年征集职工合理化建议2847项，创造经济效益1719.6万元。

（三）中国特色社会主义理论教育

1995年，局党委制订《关于在全局党员中开展建设有中国特色社会主义理论及〈党章〉学习活动的意见》，统一部署全局中国特色社会主义理论教育工作，编发学习教材6700册，举办支部委员和副科级以上党员干部培训班5期，有435人参加了培训。同时采取多种形式，深入学习中央经济工作会议、交通工作会议和全国八届人大三次会议上的政府工作报告。在此基础上先后组织召开局级和基层单位职工代表大会和政治工作会议，学习传达上级精神，谋划全年工作，使广大职工在思想上实现了在建设有中国特色社会主

义理论、党和国家大政方针以及全局两个文明建设总体目标上的统一。此外，局党委下发《关于用三年时间在全局党员中开展建设有中国特色社会主义理论和党章学习活动的意见》《关于举办全局支部委员、副科级以上干部“两学”培训班的通知》。全年局党校举办领导干部培训班10期，累计培训962人，共撰写论文944篇，评出优秀论文101篇。

（四）开展“讲学习、讲政治、讲正气”教育

1999年，局党委根据中央《关于在县级以上党政领导班子、领导干部中深入开展以“讲学习、讲政治、讲正气”为主要内容的党性党风教育的意见》精神，在直属单位领导班子和局管干部中开展“三讲”（“讲学习、讲政治、讲正气”）教育。全年举办了6期脱产培训班，集中对226名局管干部进行思想发动和理论辅导，系统学习必读篇目，提高理论修养。通过广泛征求意见，认真查找存在问题，召开各级领导班子民主生活会，针对性地制定整改方案，逐条落实整改，使领导干部受到一次马克思主义的理论和党的优良传统的教育。还组织了局管干部工商管理知识培训班、中青年干部培训班以及改革、管理、法律知识专题讲座等一系列培训，进一步提高了领导干部的业务素质和管理水平。

1999年，秦皇岛港举办第一期青年干部培训班

2000年，为发展和巩固“三讲”教育成果，局党委又开展“三讲”教育“回头看”活动。在“三讲”教育和“三讲”教育“回头看”活动中，局党委严格按照中央确定的指导思想，认真遵循“三讲”教育的基本原则，严格按照规定的方法步骤，统一安排部署，认真开展“三讲”教育，取得较好效果，达到了预期目的，提高了领导干部队伍整体素质。

四、改革干部管理和人才工作机制

从1991年开始，局党委积极贯彻落实交通部干部人事会议精神，制定《八五期间领导班子建设规划》《干部岗位培训规划》《领导干部谈话制度》《加强后备干部管理的办法》等多项规章制度，开始对港口干部管理和技术人才工作机制进行长达多年的积极慎重改革。集中体现在处、科级干部实行任期制、聘用制、废除干部职务终身制，明确各级各类干部管理权限，实行专业技术职务聘任制和从工人中选拔干部聘任制，进一步充实港口干部和专业技术人才队伍。

（一）多次修订《干部管理办法》

为了适应深化经济、政治体制改革的需要，进一步贯彻中共中央《关于建立社会主义市场经济体制若干问题的决定》和《中华人民共和国全民所有制工业企业法》精神，1994年8月，局党委、港务局联合制定新的《干部管理办法》，修改完善了选拔处级后备干部和提拔科级干部的条件，并加强对各级干部的考察、考核。1994年，先后调整了18个单位和处室的领导班子，调整、任免处级干部43人，其中提职15人，岗位交流14人。

在举办2期经理（厂长）岗位培训班的基础上，继续与武汉交通管理干部学院联合举办党群系统处级干部岗位资格培训班，全局35名党群系统领导干部系统学习了政治、业务理论，经考试考核全部结业。同时，注意加强对后备干部的培养，对1982年以来入局的大专以上毕业生的思想、工作情况进行了调查。722名大专以上毕业生中，加入党组织的118人，被提拔到科级以上干部岗位的51人，被评聘为中级职称的157人。

1995年，为了落实中共十四届四中全会及交通部干部人事工作会议精神，局党委、港务局对现行的《干部管理办法》进行修改和补充。一是可在科级干部编制定员内配备35岁以下、具有大学以上文化程度的行政助理。二是基层党委、局机关处室所属科级干部，在局规定的任职条件和职数之内由所在单位（处室）自行任免。三是科级干部任职满6年，男满55周岁，女满50周岁，由所在单位（处室）安排在非领导岗位工作，改任主任科员。坚持正常工作的，享受原职政治和经济待遇。四是处级女干部和具有高级职称的女干部年满55周岁时一律按时办理退休手续。工作特殊需要的，由所在单位提出申请，经局党政联席会批准可返聘一年，但不得继续担任原领导职务。五是在管理岗位工作的职工，符合申报专业技术职务学历规定条件的，均可申报评聘专业技术职务。

1998年6月，港务局制定新的《干部管理办法》。坚持党管干部，坚持干部队伍革命化、年轻化、知识化、专业化的方针和德才兼备的标准，积极创造公开、平等、竞争、择优的用人环境，建立干部能上能下充满活力的用人机制，努力建设高素质的干部队伍，并就干部管理权限和机构、领导干部的选拔和任免、干部的交流、回避、监督、调配、聘用和退休、考核与奖惩、待遇等作出明确规定。

（二）实行科级以下干部交流制度

1996年10月，港务局下发《关于科以下干部实行交流制度的规定》，明确科以下干部进行交流是干部增长知识，增长才干，培养干部一专多能的重要途径，并有利于廉政和职业道德建设以及全面提高干部队伍素质。交流对象是在局机关和基层单位机关工作的科以下干部，重点是人事、财务、物资、货运、调度、工程、房管等岗位的科以下干部。根据工作需要其他岗位的科以下干部也应交流。交流的时间一般任职满4年～6年，工作需要也可提前交流。交流的形式可在本处室、本科室进行，也可在局机关与基层单位机关范围进行。

1998年7月，港务局下发《关于科级干部管理等问题的说明》，对科级干部的任职条件、任免程序、组织管理等问题作出进一步说明，明确科级干部应具备局《干部管理办法》中有关领导干部应具备的基本条件。新提拔的科级干部（含大型厂队党支部书记、队长）应具备大专及其以上文化程度，提拔副科级干部年龄应在45周岁以下，提拔正科

1998年，各单位职工代表为应聘科级干部评分

级干部年龄应在48周岁以下。管理权限属基层单位、局机关处室的科级干部，在局规定的任职条件和科级职数内由所在单位（处室）自行任免。对科级干部的任免工作程序要求事先必须由单位（处室）组织专人进行考核，要通过民主推荐，广泛听取群众意见，并与局组织干部部门沟通，召开单位（处室）领导班子会议，集体研究决定科级干部的任免。基层单位任免团委书记、组织科长、财务科长、武装部长，应事先征得局主管部门的同意。

（三）实行科级干部及一般管理人员动态考核

1999年7月，港务局制定《科级干部及一般管理人员动态考核试行办法》。动态考核的基本原则是坚持公开、公平、公正和从严考核，动态管理，常抓不懈，实事求是的原则。根据局干部管理权限有关规定，科级干部及一般管理人员动态考核由各单位负责，各基层单位要成立动态考核领导小组，负责动态考核的组织领导。考核采取自我评价、群众评议、组织考核评议相结合的办法进行，重点突出工作效率和工作质量，实行领导小组综合评价后的“尾者”试岗制，“尾者”试岗人员的比例各单位根据实际自行确定。科级干部一年为一个考核周期，一般管理人员采取日积累、月考核、半年综合评价的办法进行，每半年为一个考核周期。考核的内容根据科级干部及一般管理人员履行岗位职责的情况，突出德、能、勤、绩四个方面情况，着重考核政治素质、职业道德、工作能力、工作态度、遵章守纪、工作任务、工作质量等方面内容。动态考核结果作为组织对科级干部实行奖惩、升降、调整、培训等重要依据，一般管理人员通过动态考核，分为“在岗”“试岗”“待岗”三种基本形式。“试岗”指经领导小组综合评价，从考核团体的“尾者”中按本单位试岗比例确定的试岗人员，以及经“待岗”培训合格后重新上岗的人员。“待岗”是指经综合评价连续两次属“试岗”范围的人员，或动态考核中违规、违纪、不适合本岗位工作的人员。待岗人员原则上留本单位安排临时性工作。对经教育、培训合格的待岗人员要视岗位缺员情况重新安排上岗，各单位无法安置的移交局再就业中心。考核结果作为奖励、晋级、评先、精简人员的重要依据。

（四）实行科级干部及一般管理人员竞聘上岗

1999年9月，港务局制定《科级干部及一般管理人员竞聘上岗实施办法》。坚持干部“四化”方针和“公开、公平、竞争、择优”的原则，在本单位定员定编范围内进行竞聘。实行“双向”选择，逐级聘任竞争上岗的方法，科级为聘任制，一般管理人员为聘用制。同月，为适应社会主义市场经济的需要，改革用人机制，规范和加强对在管理岗位上工作人员的管理，根据中组部、人事部有关规定，制定《关于从工人中聘用管理人员的暂行规定》。在单位管理岗位编制定员之内，坚持公开、公正、竞争、择优的原则，对从生产岗位招聘管理人员的政治业务素质、学历、年龄、工龄分别提出要求。同时，对聘用管理人员的程序、日常管理、解聘续聘、待遇、退休、退职等作出了明确规定。11月，为适应社会主义市场经济形势下财会工作的需要，加强财务监督，提高经济运行的质量和效益，搞好财会人员队伍建设，秦皇岛港对提拔财会系统科级干部的有关事项做出规定，并根据财会专业的不同学历分别对从事财会专业的年限、应取得的相应专业任职资格作出了明确规定。

（五）加强后备干部队伍建设和管理

1998 年 6 月，《干部管理办法》对后备干部队伍建设和管理作出规定，要求加强后备干部队伍建设，建立一支政治坚定，结构合理的局、处级后备干部队伍。局级后备干部工作由局党委负责，处级后备干部工作由各基层党组织、机关处室的主要领导负责。各级组织干部部门要在党委(党总支、党支部)领导下做好后备干部的选拔、培养和使用的具体工作，全局后备干部队伍建设工作由局党委统一领导。处级后备干部人选要符合有关规定条件，其选拔范围是：大专及其以上文化程度、年龄在 45 周岁以下、担任中级专业技术职务的科级、基层厂队级或担任高级专业技术职务的干部。选拔后备干部必须经过民主推荐、广泛听取群众意见、组织干部部门考核、党委（党总支、党支部）会讨论决定的工作程序，并要求各级党委（党总支、党支部）要切实加强对后备干部工作的领导，按规定及时考核、培养、调整充实后备干部队伍。

2001 年 3 月，港务局制定《秦皇岛港务局后备干部管理办法》，对后备干部的选拔条件分别从政治素质、思想修养、工作能力与业务水平、文化程度、年龄、身体状况等提出了要求，并分别对后备干部的选拔程序、培养措施、日常管理等提出具体要求。

（六）加强干部、专业人才继续教育工作

1998 年，港务局制定《秦皇岛港务局关于干部参加自费继续教育的学历登记工作程序》。根据国家有关全国各类成人高、中等学校招生规定，报考各类自费成人高（中）校的考生，须经本单位干部（组织）部门按照局有关文件的规定审核报主管领导批准后方可报名。考生报名、领取准考证和接到学校录取通知后，应分别及时到所在单位干部（组织）部门进行登记备案（自学考试者，建立考籍管理档案后，同时在所在单位登记备案）。每学期结束，考生应主动将考试成绩上报单位干部（组织）部门。考生取得毕业证，由干部（组织）部门审核后，将考生学籍档案和毕业证书原件提交局干部处复审。各单位干部（组织）部门结合职工继续教育工作和有关考核工作，做好有关资料的收集归档工作，对在学历上弄虚作假者根据有关规定按干部管理权限进行处理。

2001 年 7 月，为推动局专业技术人员继续教育工作，促进继续教育管理工作科学化、规范化，港务局制定《秦皇岛港务局专业技术人员继续教育证书管理的有关规定》，明确继续教育证书是用来连续记载专业技术人员接受继续教育学习内容、时间、学时、成绩等内容的手册，并作为专业技术人员考核晋升和评聘专业技术职务的重要依据之一。

（七）开始系统评聘专业技术人员

1994 年 6 月，港务局根据交通部、劳动部《关于印发〈交通行业高级技师评聘试点办法〉的通知》和交通部《关于开展交通行业高级技师评聘试点工作的通知》精神，在港口开展高级技师评聘工作。

1997 年 5 月，港务局对上海、天津、大连、青岛等兄弟港口的专业技术职务评聘工作进行调研，重点了解专业技术职务岗位设置工作，局职称办深入基层召开专业技术人员座谈会，对局的职称工作进行调查研究。

1998 年 7 月，港务局起草《交通部秦皇岛港务局专业技术职务聘任工作意见》，经过讨论几易其稿，8 月 26 日，经局职称工作领导小组研究通过，确定专业技术岗位设置

原则、设置方法及管理办法。专业技术职务岗位设置历经调研、酝酿、起草文件、讨论部署、组织实施、审核批复等阶段，初步建立起来。12 月，全局涉及工程、经济等 14 个系列共设专业技术岗位 4434 个，其中高级岗位 619 个，中级岗位 2106 个，初级岗位 1709 个。

1998 年底，港务局取得各级专业技术资格人员 3746 人（不含 109 名担任处级干部的高职人员），有 3252 人符合聘任原则被聘任，有 494 人被解聘或不聘。其中有 311 人符合有关保留待遇规定的保留原职待遇 1 年；其余 183 人不享受现资格对应的职务待遇。解聘或不聘主要原因：一是所持有资格与岗位设置要求不符，二是履职资历不符合要求而高职低聘，三是属于超编人员没有专业技术岗位等。1998 年，通过评审取得高级专业技术职务任职资格 55 人，不含处级高职 2 人，有 5 人未被聘任。在通过考试获得中职资格的人员中，有的虽然担任助理级职务资历未满 4 年，但因工作突出，年度考核为优秀而被聘任为中级职务。

1999 年，港务局各单位在完成合理设岗和 1998 年度考核的基础上，落实“按岗聘任、双向选择、竞争择优、聘约管理、严格考核”的聘任原则，根据聘任权限和专业技术岗位设置拟订具体的聘任条件，坚持双向选择，竞争择优确定聘任对象，签定聘约履行手续，加强聘后管理。通过 1998 年设岗和 1999 年按岗位聘任等一系列工作，秦皇岛港初步建立具有激励机制的专业技术人员管理制度，首次打破专业技术职务聘任终身制，“使专业技术人员在思想上基本扭转那种“到年头就应该评审，评上就应该聘，就应该享受待遇”的观念，认识到通过评审要靠业绩、实力，取得资格要聘上还要看工作需要(岗位设置)、个人的工作态度和工作能力。同时，规范专业技术人员的管理，制定聘约，对聘任双方的权利与义务做了明确的规定，实行“契约管理”，同时加强聘后管理工作；因事设岗，按岗聘任，促进各单位岗位职责的建立和完善，还在一定程度上促进人员的合理流动，避免了用人的随意性造成专业人才的浪费。

2000 年，港务局职改工作由交通部管理变为在国家人事部的指导监督下，由企业按照国家政策自主实施。1999 年交通部所属评审会又进行较大调整，撤消卫生、政工等评委会，加之交通部、河北省的评审政策都有较大变化，并且两个系统政策出入较大，为了使局职称工作顺利进行，在局领导的带领下，走访国家人事部、中央企业工委、交通部、河北省人事厅等部门，协调工作，理顺关系，保证局职称工作在隶属关系与交通部脱钩后平稳过渡。在进行调查研究的基础上，制定《秦皇岛港务局专业技术职务任职资格评审工作实施意见》等文件，使评审工作向国家评审的条例迈进一步，重新修订下发《专业技术职务通用岗位职责》，以岗位职责为标准对专业技术人员进行年度考核，为择优聘任提供充实依据。除了强调分级负责，严把初审关，除了申报人员的学历、资格等有关证件原件进行审核外，职改办还深入部分申报人所在科、队，听取申报人的《业绩成果摘录表》宣读，参加群众对摘录表内容及申报材料真实性的审查评议，强化了“公开”的原则，加大了群众监督力度。职改办在调查总结以往评审工作的基础上，组织专家针对工程、政工、教育专业的工作性质和要求，对评审量化标准进行认真地修订。加强基础管理，利用计算机不断提高工作质量和效率，对200多人（其中国民教育132人）的学历按规定程序进行调查，及时做好全局专业技术人员数据库的维护工作和专业技术档案的分类管理，保证评审工作有关材料和数据的真实、完整、准确、及时。积极鼓励专业技术人员根据国家及局的有关规定，参加全国统一组织的专业技术资格考试和职业资格考试。

2000年，为提高评审质量，加大评审的激励作用，职改领导小组提出降低评审通过率10%。评审比例的下调，加大申报人员的竞争，提高评委会专家的责任心，不仅达到提高评审质量的目的，也缓解评审系列与考试系列不平衡的矛盾，加大评审的激励作用。2000年，全局参加专业技术职务聘任的专业技术人员共有3656人，其中高职276人，中职1370人，初职2010人。这些人中，符合按岗聘任原则被聘任（持有最高专业技术职务任职资格）的3308人，低聘的44人，不符合聘任原则而不聘的303人，低聘和不聘的人员中不保留或不享受最高资格待遇的 204人。

2001年，港务局专业技术职务聘任工作是实施岗位工资后进行的，对局聘任的301人的考核结果和岗位、资格、履职时间等进行严格审查，用计算机对其他人员尤其是以考代评人员的履职时间等进行严格的把关。进一步落实竞争择优、按岗位聘任的原则，逐步建立起具有激励机制的专业技术人员管理制度。一是对政工高职、档案初职的评审政策进行调整，解决历史遗留问题。二是积极鼓励专业技术人员根据国家及局的有关规定，在参加全国统一组织的专业技术资格考试和职业资格考试的基础上，扩大参加考试系列和参考人员，开展质量工程师考试报名工作，放开了对党校学历参加会计考试的限制，扩大造价工程师的报名范围。三是改革外调入人员的职称确认方法。在对近5年入局军转干部的职称情况调查和走访有关部门的基础上，制定外调入人员的职称确认办法，为人才引进及调动局军转干部的积极性起到积极作用。是年，在完成2000年度考核的基础上，全局参加专业技术职务聘任的3674人中，符合按岗聘任原则被聘任（持有最高专业技术职务任职资格）的3258人，其中低聘和不聘的人员中不保留或不享受最高资格待遇的205人。

（八）启动思政工作人员专业职务评审工作

根据交通部的统一部署，港务局于1990年12月开始进行政工专业职务评审工作。此次评审工作分准备、个人申报和组织考核、评审阶段、总结验收聘任四个阶段进行。

港务局政工干部队伍状况比较复杂，具体表现有：岗位变动频繁的多，专业工作年限长的多，不具备规定学历的多，以工代干转干的多，后取得学历的多。这些复杂状况使得对政工评审的范围难以划定，对专业工作时间很难计算，对学历较难审定。为了弄清楚每名政工干部的学历、资历、政工工作年限和岗位变动情况，各级职改工作人员通过查阅政工干部的档案材料，逐一核实他们的基本情况，并对部门岗位变动频繁，任职时间查证不清，学历不易认定的问题进行了反复查证核实，比较准确系统地掌握了每一名政工干部的基本情况以及属于评审范围内的政工干部总人数、具备高、中、初级专业职务基本条件的人数、比例和岗位分布情况。

为了进一步提高政工干部的文化素质和专业理论水平，港务局根据交通部的统一部署，积极组织不具备规定学历的政工干部参

加《马列主义原理》《中国革命史》《企业思想政治工作专业知识》的培训和考试。举办三批政工干部基础知识培训班和两期文化补习班，有148名政工人员参加了专业课考试，32名参加了文化考试，平均分数86分，及格率均为100%。

在评审过程中，职改办和各单位注意坚持标准，从严要求，自觉维护政工专业职务评审的严肃性。一是执行文件政策从严，不降低标准。由基层单位、局职改办、评审组织层层把关，不符合条件的不迁就、不照顾，做到上报的够条件，不上报的有依据。二是工作程序从严，层层把关。在个人申报中把好硬件关，群众审议把好真实关，组织考核把好素质关，单位审核把好推荐关，材料核实把好送审关，评委审定把好质量关。三是执行制度从严，确保评审质量。制定并执行了申报推荐制度、职改办审核制度、按程序评审制度、办事公开和评审中的回避制度。同时，还制定“三个坚持”“八个不准”的评审工作纪律，即：坚持原则、坚持实事求是、坚持公道正派，不拉关系、不营私舞弊、不自作主张、不批条子、不降低标准、不搞论资排辈、不扩大范围、不突破指标。

此次评审工作共评审出政工专业职务263人，稳定了政工队伍，促进了政工干部的自我学习和自我提高，提高了加强和改进思想政治工作的自觉性，为思想政治工作注入了新的生机和活力。

五、加强和改进思想政治工作，推进企业文化建设

局党委紧紧围绕深化港口改革发展的中心任务，加强和改进港口思想政治工作，大力推进企业文化建设，积极培育和弘扬秦港精神、“超亿吨”精神，进一步提高职工发挥主人翁作用，搞好港口生产的自觉性。

（一）弘扬秦港精神和“超亿吨”精神

早在1988年开港90周年时，秦皇岛港就正式提出了“爱我港口、建我港口、团结奋进、敢创一流”的十六字秦港精神，将爱国主义、爱港精神与搏击市场经济大潮的气魄和建设港口宏伟蓝图的愿望贯穿起来，并把重点放在“敢创一流”上，用“创一流的装卸质量、创一流的服务质量、创一流的工作效率”激励和凝聚全港职工，使秦港精神成为全港开展企业文化建设的灵魂。同时，还制作港旗、港徽，谱写港歌，从视觉和精神上鼓舞了职工士气。

1996年，为适应港口发展需要，不断探索和开展企业文化工作，促进职工转变思想观念，提高职工思想道德和技术业务素质，港口制定了《关于加强企业文化建设意见》，明确提出“以培养秦港精神为核心，以塑造港口形象、增强港口凝聚力为内容，以调动职工积极性、促进港口生产经营、提高经济效益为目的”的指导思想，使港口优秀文化传统与时代精神更好地结合。同时，局党委着重提炼先进典型人物表现出来的优秀思想，形成富有时代特征的、具有港口特色的生动教材。树立了李俊杰、任庆宪、王和平等一大批可亲、可敬、可学的典型，将他们身上表现出来的无私奉献、爱岗敬业精神融入到港口企业文化建设之中。

2001年，局党委开展“为实现超亿吨尽职尽责”宣讲活动，宣传一大批先进集体和个人事迹，激励职工立足岗位、建功立业，并在此基础上形成“万众一心、顽强拼搏、勇攀高峰、振兴秦港”的“超亿吨”精神，丰富了企业文化内涵。

2002年，局党委开展“弘扬超亿吨精神，再攀生产新高峰”主题教育活动，把“确保实现两个不低于”目标，保证职工的根本利益融入到具体行动之中，进一步提高广大党员干部的理论水平和政治素质。党校举办了5期中层领导干部培训班，200多人参加了培训，重点学习江泽民“七一”重要讲话、“5·31”重要讲话、《江泽民论有中国特色社会主义》、党的十五届六中全会、中纪委七次全会精神和入世基本知识及现代企业制度等内容。此项活动充分调动了广大职工的积极性和创造性，党建工作有效推动了经济管理体制改革的不断深化，生产建设突飞猛进的发展和经济效益显著提高。

（二）“学起帆精神，树秦港形象”活动

1994年，局党委广泛开展“学起帆精神，树秦港形象”活动，活动贯穿全年。局党委先后制定下发《向包起帆同志和“华铜海”轮学习的决定》和《关于在全局开展“学起帆精神，树秦港形象”活动的安排意见》，订购包起帆和“华铜海”轮的先进事迹材料，举办包起帆事迹图片展览，邀请包起帆来港作了专场报告，并利用局电台、电视台、港报等媒体以及举办报告会、座谈会等形式，广泛宣传包起帆先进事迹。全局组织收听收看包起帆事迹报告120场，共计11324人参加；召开各类座谈会、研讨会、演讲会167场次，8499人参加；举办知识讲座23场，2878人参加；参观包起帆事迹展览达5000余人次。局党委还将此项活动与港口生产、爱国主义教育、日常思想政治工作和法制教育相结合，将活动推向高潮。在职工中广泛开展“提一条合理建议，搞一项革新创造，攻一道生产技术难关”活动，全年攻克技术难关289个，技术革新325项，提前23天完成了全年装卸任务。同时，着力解决职工生产、生活中的实际困难，新建、改建和购进职工住宅900套，有线电视工程正式投入使用，极大地增强了企业凝聚力。当年，港口年吞吐量8206.9万吨，创历史最高水平。

（三）“学、创”活动

1996年，局党委以“三学三创”活动（即学习包起帆、创文明职工，学习华铜海轮、创华铜海式先进集体，学习青岛港、创青岛港式先进单位）为主线，带动港口各项工作顺利开展。局党委制定下发《关于开展“三学三创”活动的实施意见》，制定包起帆式文明职工、华铜海式先进班组和先进集体、青岛港式先进单位的评比标准，促进了港口各项工作的顺利进行。以此为契机，结合煤四期工期短、质量要求高的的特点，开展“奉献在岗位”主题活动，保证了煤四期建设工程顺利完成，实现年底装船实验成功。

1997年1月，局党委结合港口实际情况，召开局党委扩大会议，研究确定秦皇岛港务局精神文明建设的目标和任务：通过开展学习青岛港、华铜海轮和包起帆活动，力争5年内创建秦皇岛港为文明港口，即“三学一创”的具体内容。3月，局党委制定印发了《秦皇岛港务局“九五”精神文明建设规划》《1997—1998年精神文明建设实施意见暨“三学一创”活动实施意见》，规定了“学创”活动的目标、方法步骤和文明职工、班组、厂队及单位的标准，“三学一创”活动正式启动。4月，局确定首批20个创建文明港口示范“窗口”单位。全局各单位和各“窗口”认真改进工作，不断提高优质服务水平。同时，各级领导加强了对创建活动的检查指导，局先后两次召开局党委扩大会，研究全局的优质服务标准和保证措施，局党委主要领导

对创建活动提出具体要求。局党委利用全局季度综合联查对单位的活动情况进行检查，特别是对“文明窗口”落实优质服务标准情况进行抽查。通过活动，局党委集中力量解决港口在文明言行、环境卫生、服务质量、交通秩序等方面存在的问题，让货主、用户切实感受到明显变化，使党员干部和全体职工的社会公德、职业道德水平有了新提高，塑造了秦皇岛港环境优美、服务优质、秩序优良的文明形象。

1998年，局党委进一步深化“三学一创”活动，印发《关于一九九八年深入开展“三学一创”活动的安排》，统一部署，制定全年奋斗目标，广泛开展“树文明形象，创文明岗位活动”。同时，局党委把“文明窗口”建设作为“三学一创”一项重要工作来抓，建立健全“窗口”考核细则和工作制度，使这项工作科学化、规范化。还对全局20个文明窗口单位的服务质量进行了调查反馈，对全局窗口建设情况进行了检查考核。通过创建活动，职工文明服务意识有了明显提高。

（四）“秦港有困难，我们怎么办”大讨论活动

1997年，秦皇岛港生产一度困难，上半年未实现“双过半”，职工情绪不稳定。局党委因势利导，组织开展为期一个月的“秦港有困难，我们怎么办”大讨论，针对港口改革、生产经营、增产节约、作风建设等方面存在的问题，提出800多条有价值的意见和建议，促进了职工思想的大解放、大转变，职工队伍的精神面貌发生很大变化，职工市场竞争意识、忧患意识、主人翁责任感普遍增强，为完成生产经营改革任务和做好年度各项工作奠定了良好的思想基础。

局演讲团在二公司开展“秦港有困难我们怎么办”宣讲活动

（五）建港100周年系列活动

1998年，局党委以百年港庆为契机，开展以敬业爱岗教育为目的的港口形象设计活动。编辑印发形象设计学习材料1300册，举办40多人参加的形象设计骨干培训班。在基层单位中层层发动职工设计港口形象，共设计各类形象方案1569套，其中报局方案474套，局党委组织有关人员对上报方案进行评定，共评出优秀港口形象方案6套，优秀公司形象方案5套，优秀厂队（科室）方案10套，优秀班组方案20套，10个单位获优秀组织奖。与此同时，还组织力量归纳、整理提炼，最终形成秦皇岛港“天开良港、与时俱进”的整体形象、“忠于职守、岗位尽责”的职工

1998年，局党委召开纪念秦港开港一百周年座谈会

形象、“用户无小事、诚信重于山”的服务形象、“优美整洁，境畅人和”的环境形象和“奉献社会、报效国家”的社会形象等一系列秦港形象方案，为港口形象建设打下了基础。此外，局党委大力开展爱港教育，进一步增强港口凝聚力。编辑出版《走过百年》《秦皇岛港口志》《秦皇岛港口史话》《秦皇岛开埠记事》等书籍，举办港史展览、港口发展报告会、美术书法展等活动，激发职工知港史、爱港口、岗位尽责的热情。

（六）“增产节约”活动

1998年，面对严峻的生产形势，局党委组织开展贯穿全年的“增产节约”活动，以增产节约教育为主线，开展切实有效的思想政治工作。5月中旬，全局召开“增产节约”动员大会，布置全局增产节约工作。局党委下发《关于开展增产节约活动宣传教育工作的安排》，采取有重点、分层次、按阶段实施的办法，开展宣传教育工作。各基层党组织响应局党委号召，利用各种形式深刻理解增产节约活动内涵，组织开展艰苦奋斗、勤俭节约教育，引导职工眼睛向内，挖掘潜力。局党委宣传部门定期会同有关部门听取增产节约工作汇报，印发《增产节约活动简报》，对活动效果进行反馈，大力宣传降成本、控开支的先进典型，在全局形成了“浪费可耻，节约光荣”的良好氛围。局各级群团组织也纷纷组织相应活动助力活动开展。局工会召开班组增产节约表彰会，推广先进单位经验做法；局团委则开展“五个一”活动，即围绕增产节约查摆一个问题、提一条合理化建议、参与一项小革小改，为客户做一件好事，奉献一个劳动日，营造了良好氛围。此外，全局还积极揭摆浪费现象、问题602条，相关单位针对具体问题，制定了整改措施，科学合理的增产节约机制逐步建立起来。全年压缩成本1.1亿元。

（七）港口主人翁教育

1991年，局党委在全局掀起学先进、赶先进，争做港口一代新人的热潮。在职工中宣传雷锋、严历宾、傅显忠等全国典型的模范事迹，号召全局职工学习先进的高尚情操和奉献精神。通过学习全国先进典型人物，全港干部职工工作热情和积极性明显提高。局党委树立了全国五一劳动奖章获得者、省部级劳动模范苏加林、宗玉海等一大批先进典型，利用港报、广播、先进事迹报告、表彰会等形式，宣传他们的事迹，使广大职工学有榜样，赶有目标，提高了职工发挥主人翁作用，搞好港口生产的自觉性。

1995年，局党委广泛开展三项思想教育，激发广大职工投身港口生产积极性。一是开展爱国主义教育，制定《关于开展爱国主义教育的规划》《九五年爱国主义教育实施意见》，宣传了一系列英雄群体事件，营造见义勇为、拾金不昧的良好道德氛围。二是开展形势任务教育，针对几年以来港口经营的实际困难，向广大职工做好宣传，加大职工思想教育力度，引导职工正确处理眼前利益和长远利益、局部利益和整体利益的关系，同时开展增收节支活动，有效遏制了港口亏损形势。三是以学习“华铜海”轮为契机，开展主人翁教育，局党委订购“华铜海”轮事迹丛书800套分发至各基层单位，并制定学习实施意见，在基层以班组为单位推行“学习华铜海轮，做好本职工作，当好企业主人”系列活动，实施以“打快速航次”“创高产班组，优质设备，优质服务”为内容的短距离、小目标的劳动竞赛活动和合理化建议征集活动，上半年就征集合理化建议1005条，其中

实施407项，创经济效益1488.6万元。

1999年，局党委把主人翁教育作为思想政治工作的一条主线，通过大力开展思想教育工作，利用减员增效、竞聘上岗等工作提供的新机制，促进职工思想观念转变，增强职工的改革意识和紧迫感、危机感。通过庆祝新中国成立50周年、澳门回归宣传教育，激发广大职工热爱祖国、敬业爱岗的主人翁责任感。各单位、各部门领导坚持带着感情做好职工思想工作，把解决思想问题与解决实际困难相结合，确保职工队伍思想的稳定。

七、强化港口纪检、监察工作

1989年以后，秦皇岛港纪委、监察处合署办公。纪检、监察部门在局党委、局纪委领导下，以严格贯彻落实党风廉政建设为抓手，在党员干部尤其是领导干部中持续开展党风党纪教育，严肃查处信访举报案件，纯洁党员干部队伍。同时，从1996年开始，每年围绕港口生产经营的重点项目、重点领域开展效能监察活动，提出监察建议，帮助整改问题、完善制度。

（一）基层单位设立监察科

1996年1月14日，局党委下发《关于在部分基层单位设立监察科的通知》，明确凡设纪律检查委员会的基层单位可相应设立监察科，实行一套机构两块牌子，不增加人员和科级干部职数。一公司、二公司、三公司、四公司、五公司、六公司、铁运公司、公安局、建港指挥部9个设立纪委的党委设立监察科。以后新成立的符合相关条件的单位均成立纪委，并设监察科。

（二）抓好党风廉政建设

1991年，局党委认真贯彻党的十三届六中、七中全会和中央工作会议精神，学习贯彻江泽民“七一”重要讲话，以“反和平演变”的高度加强党的政治纪律和党内法规的学习教育，落实抓党风责任制和“两公开、一监督”制度，开展“学吉化”“四职一纠创三优”竞赛活动，进一步加强党的思想作风建设和廉政建设。广大党员，特别是各级领导干部廉洁勤政、依法行政的自觉性明显提高，在企业管理和装卸生产中充分发挥了先锋模范作用。

局党委根据市纪委和交通部纪检组提出的要求，本着进一步完善抓党风责任制的保证措施，以适应国民经济发展第二步战略目标需要的精神重新修订了《局党政领导抓党风责任制》，做到一级带一级，一级对一级负责，并进一步明确了追究责任范围和抓党风责任制保证措施。为增强各级领导干部在新形势下落实抓党风责任制的责任感，党委、纪委针对社会上出现的“纪律松绑”和一些党员干部中的“党风建设搞的差不多”的思想情绪，组织党员干部认真学习中共十三届七中全会文件，引导基层领导干部以“反和平演变”的高度认识党风建设的重要性，统一了搞经济建设必须加强党风建设的认识。各基层单位通过季分析、半年检查等形式经常分析本单位党风和廉政建设状况，有针对性地健全和完善有关的规章制度。全年各单位共新定制度68项，修订72项，基本做到了内容具体、界限清楚、奖惩分明，便于落实和检查。

1994年，局党委制定、修订《关于处理控告、申诉问题的办法》《党纪处分批准权限》《政纪处分批准权限》《立案实施办法》等4项制度。监察处组成4个调查组，先后到24个单位和处室与50余名干部谈话，听取干部职工对领导干部廉洁状况的反映，协助局党委征求对局领导班子、局级领导干部的意见并向局领导反馈。同时，还检查纠正摆阔气的奢侈风，对不给好处不办事的卡要风和报喜不报忧的浮夸风违反纪律的案例进行通报。

1998年，局党委组织实施“做廉洁表率”活动，召开全局副处级以上干部廉洁自律大会和专题民主生活会。仅上半年，就对局科级干部、青年干部、公安干警进行反腐倡廉培训教育480多人次，及时纠正了违反规定公款吃喝、以权谋私、接受吃请、违规报销等一批问题，为企业挽回损失1万余元，有效纠正了不正之风。

（三）党风党纪教育

1991年，局党委坚持不懈开展以党内法规教育为主线的党风党纪教育。纪委、组织部、宣传部联合下发《党内法规教育实施计划》，根据全局党员分布面广和三班作业的特点，有重点、有层次地组织党内法规教育。在开展教育中，各单位注意做到四个结合，即把学习党内法规与学习江泽民“七一”重要讲话相结合，与当前党风和廉政状况相结合，与东欧、苏联形势相结合，与党员个人的思想实际相结合，提高了党内法规教育的针对性和实效性，提高党员政治素质，维护党的政治纪律，从而坚定了党员干部反和平演变，走社会主义道路的信心。

1992年，局监察处继续抓好廉政教育，会同有关部门举办培训班，共培训科、处级干部120余人；购买教育录像片3部，组织观看33场次，1828名干部受到教育，并向电视台推荐一部，让全局职工家属收看；购买下发反腐倡廉教材3430册。

1993年，局监察部门举办骨干培训班56期，参训1194人次，组织放映反腐录像167次，8769人次观看。9月下旬到年底，在局党委统一领导下，组织全局中层领导干部开展廉洁自律、纠正行业不正之风和查处违纪案件，建立健全规章制度3项工作。全年查处采购价格超常和采购渠道不顺等问题6起，挽回经济损失近4万元。

1995年，对全局800多名科以上党员干部分10期进行反腐倡廉教育，将局纪委对新提干部谈话的形式制度化。开展“两不准”（不准接受可能对公正执行公务有影响宴请，不准参加用公款支付营业性的歌舞厅、夜总会娱乐活动）活动中，各行政领导分口把关，落实抓党风责任制，形成齐抓共管的领导格局。全年共有49人次，拒礼拒贿5.35万元，谢绝宴请160多次，局机关业务招待费比去年下降39.6%。此外，建港指挥部与市检察院侦查处结成检企廉政单位，并签订了协议，成为探索领导干部廉洁自律方法的新尝试。组织15个单位35名副科级以上干部、163名工作人员填写了《与建筑工程有关的干部及工作人员廉洁自律登记表》，有效发挥了廉洁教育的作用。

（四）效能监察活动

1996年，针对企业传统计划经济体制向市场经济机制转轨过程中出现的薄弱环节，港务局制定《秦皇岛港务局效能监察暂行办法》，以此规范全局效能监察工作，推动效能监察有序进行。基层单位开展技协劳务费使用、物资发放、汽车使用等方面的效能监察，促进基层管理工作，二公司、三公司、六公司进行煤炭亏吨效能监察。同时，与有关部门联合开展执法监察，配合市纪委、市劳动局对局在社会上为七公司招工工作立项进行执法监察，这是秦皇岛港自1992年以来，

首次向社会招工，成为人们极为关注的热点。为保证“面向社会公正、公平竞争和择优录取”原则的落实，对应招人员的报名、考试命题、判卷、检查、录取实施全过程监察，纠正18起违纪问题，保证局录取的120人合格。

1997年，面对港口生产严峻形势，针对管理中的难点和职工反映的热点问题，监察部门开展执法检查和效能监察6项，提出监察建议37项，避免和挽回经济损失398.26万元，为港口加强有关方面的管理提供了依据。

1998年，局监察处以维护信誉、促进管理、提高港口竞争力为中心，认真开展效能监察，纠正不正之风，共挽回和减少损失68.45万元。

1999年，局党委将效能监察工作列入党政工作总体安排，在调查研究的基础上制定全年效能监察规划，作为全局企业管理的重要内容，由行政副局长牵头，与有关部门组成联合监察组，加大监察工作的力度。开展物资管理跟踪、合同管理、质量管理、建筑市场管理等4项全局性效能监察。针对港口生产经营管理和改革中出现的问题选题立项，使效能监察服务于生产经营。

2000年，港务局立项开展企务公开、合同管理跟踪、质量管理、建筑市场管理4项全局性全面效能监察。一是局监察处会同有关部门深入到局内各个单位，谈话、评测、征求意见建议，全面掌握局企务公开取得的成绩和仍需整改的问题，下发整改通知单。进一步完善基层主管的一些公开项目的运作和公开程序。二是局监察处会同安质处、宣传处重点监察《秦皇岛港货运质量管理办法》《货运质量责任制》《局长质量投诉电话管理办法》等规章制度落实情况，走访货主用户88家，召开服务质量座谈会9个，对10个基层单位进行重点抽查，征集到货主用户意见103条，下发整改通知单19份。三是制定违反《应收款催收责任制管理办法》的纪律处分规定，为维护企业利益，解决应收账款催收中存在的问题提供纪律保证。

2001年，效能监察作为党风廉政建设与企业管理相结合的重要切入点，港务局狠抓项目实施、指导基层、总结拓展工作思路3个方面，推动效能监察不断深入。组织开展全局性效能监察和专项监察，围绕全局年度吞吐量超亿吨目标，提高企业竞争力，开展质量管理效能监察和跟踪监察。7月，港务局召开全局效能监察工作会议，全面总结局1996年～2001年来的效能监察工作情况，肯定效能监察在完善监督机制，促进管理人员树立正确经营理念，纠正不正之风和促进提高管理水平，增加经济效益方面发挥的重要作用，提出按照港口改革和发展的新情况，向管理的更深层面拓展，切实加强效能监察的新要求，进一步明确效能监察工作思路。

（五）查处信访举报案件

1991年，局纪检部门共受理来信来访和举报71件。查结跨年度案件4件，违纪案件6件，处理违纪干部4人。结合中心工作，专项审理个别干部利用职权之便谋取住房、骗取住房，向维修单位要回扣，在物资采购中擅自提高单价贪污公款、卖土煤等案件8件。

1992年，全年共受理来信来访和举报68件，全部结案。初查违纪案件12件，其中立案3件结案。处分干部3名，其中，政纪处分2名，党纪处分1名。

1993年，局纪委把查处违纪案件作为反腐败斗争的突破口来抓，重新公布举报电话，颁发了《控告、申诉条例》。坚持领导包案制度，定期分析案件，协助基层办案。开展调研，撰写了《结合企业生产经营实际抓苗头，及时发现和查处违纪线索》报告，总结通过案检工作惩处违纪的做法和体会。对以岗谋私等行业不正之风进行认真调查处理，全局共受理信访举报 77 件，纠正行业不正之风 14 起。各单位普遍修订了领导干部廉洁规定，局机关 26 个处室全部修订了职业道德规范。

1994 年，港务局共受理来信、来访、电话举报 44 件，查结率 100%，初查案件线索 40 件，其中立案 15 件，并全部结案，挽回经济损失 23.69 万元。纠正行业不正之风 15 起，外轮理货公司认真处理了“大通轮”散粮亏吨一案中的 14 名责任者，并制订了提高计量、理货质量的 4 项措施。

1995 年，加大办案力度，突破出纳员司南挪用巨款炒股案，并清理军警车号牌，查结了五公司技协小金库，其余额 69120.20 元被纳入财务帐。全年共初步核实案件线索 28 件。立案查处违纪案件 11 件，自办案件 8 件，占 72%，并全部结案，其中大案要案 3 件，涉及处级干部 2 人，科级 2 人，6 个受到党纪处分，9 人受到政纪处分，为企业挽回经济损失 74 万元。

1996 年～ 2005 年，共受理来信、来访、电话举报 845 件，平均当年办结率 98.2%。立案 80 件，结案 80 件，9 名处级、20 名科级干部，36 名一般党员、干部受到了党政纪处分。通过办案挽回经济损失 59.75 万元，维护了纪律的严肃性。干部上交礼品礼金 381 人次，折款 239943 元；拒礼拒贿 387 人次，累计折款 1207478 元。

八、党建带群建

1991 年，局工会围绕党委中心工作，开展“为秦港争光，为四化做贡献”竞赛活动，助力港口生产；举办“迎七一大型歌咏比赛”“国庆文艺比赛”“职工冬季体育锻炼系列活动”等一系列文体活动，丰富职工业余生活。1992 年，局工会着手为职工解决实际问题，年初确定的职工住宅改建、候工室改造等 8 项实事全部完成，并积极开展“三热爱”教育、“建家”等活动，促进港口生产建设。1995 年，局工会围绕生产中出现的急、难、新等关键问题，开展合理化建议征集活动，仅上半年就收到合理化建议 1005 条，采纳 526 项，实施 407 项，创经济效益 1488.6 万元。1996 年，局工会与局行政系统签订集体合同，在维护职工合法权益，深化企业民主管理方面迈出了重要的一步。在全局范围开展两年一度的技术业务练兵比赛活动，此后作为一项特色工作一直坚持下来。1999 年，局工会制定《关于开展岗位技术练兵和技术比赛的通知》，对组织领导和竞赛标准作了进一步规范。2000 年，局工会以港口建设为中心，开展了“职工素质行动计划”“两学三创一弘扬”等活动，建立企务公开协调制度，充实完善了企务公开内容形式，并定期检查指导，使企务公开工作逐步制度化、规范化。制定《秦皇岛港开展经济技术创新工程的意见》，总结推出了一批先进工作法，选树了一大批技术能手和岗位明星。2001 年，制定《为实现“超亿吨”目标建功立业竞赛方案》，提出“保优质、超指标、创水平”竞赛，“比创新、搞科技、促进步”竞赛等一系列竞赛项目，有力促进了超亿吨目标的实现。2002 年，局工会开展“两学三

比四提高”活动（即学《中华人民共和国工会法》、学《公民道德建设实施纲要》，岗位比贡献、服务比质量、生产比安全，提高广大职工自身素质、提高职工服务质量和工作质量、提高职工参政议政能力、提高工会整体工作水平），对生产活动进行层层分解，全年征集先进工作法 40 项。

1991 年～ 1993 年，局团委连续开展“青春献八五，奉献在岗位”活动，征集成果 71 项。其中，三公司青工王宏庆的“剥头方便运输带”荣获“河北省青年五小博览会”银奖。1994 年，局团委在全体团员中开展“青年技能月”活动和“青年志愿者”活动，提升青年的技术水平，奉献爱心。1995 年 3 月，局团委制定《基层专兼职团干部挂职培训暂行办法》，规定挂职培训的相关内容；制定下发《共青团基层工作协作区制度》，将局团委直属的 30 个团组织按照区域划分为 3 个协作区，每个协作区分别由 10 个单位团组织组成，局团委人员分别担任联络员指导并参加各协作区的活动；重新修订直属团组织《创建“五四红旗团组织”考核标准》，采取定性与定量考核相结合、基础评价与加分奖励相结合的方法，使考核内容更加准确、全面和规范，考核方法更加合理公正。1997 年 8 月，局团委召开创建“青年文明号”活动推进会，通过了《秦皇岛港青年文明号管理办法》。1998 年 2 月，局团委根据实际适时调整团委委员，确保团组织活动顺利开展。重新修订《创建“五四红旗团组织”竞赛考核标准》，在原有基础上加大对“号、手”活动的考核力度，鼓励基层团的工作创新。制定下发《关于加强和改进组织工作有关问题的意见》，从发展团员，超龄离团手续办理，组织关系接转等六方面提出了加强改进意见。1999 年 6 月，局团委制定下发《直属团组织负责人诫勉暂行规定》，对诫勉范围，诫勉程序与时限、诫勉实施与管理等内容做出统一规定。12 月，局团委被团中央确定为全国青年职工创新创效试点单位，成为秦皇岛市首家国家级试点单位。2000 年 4 月，局团委制定下发《关于加强团干部思想作风建设的实施意见》，又重新修订下发《创建“五四红旗团组织”竞赛考核标准》，进一步强化了各单位团组织勇于实践的工作氛围。2002 年 1 月，局团委根据局党委组织部《关于加强和改进基层团干部管理的补充规定》，制定下发《基层团干部转岗输送工作制度》对直属专兼职团委书记、副书记的任职条件、任职期限、转岗程序及后备团委书记的选拔培养工作做出了明确规定。根据局党委下发的《秦皇岛港务局 2002—2004 年“党建带团建”三年工作规则》，明确基层“党建带团建”工作的指导思想、工作目标和具体要求。

第八节 港口党组织在率先实行公司制改革时期（2002.9 ～ 2009.6）

2002 年 9 月，秦皇岛港下放河北省管理，隶属于新成立的河北省港航管理局，原秦皇岛港务局改制为秦皇岛港务集团有限公司，秦皇岛港成为全国沿海主要港口中率先实行公司制改革的港口，成为省属国有独资企业，同时成立中共秦皇岛港务集团有限公司委员会（以下简称秦港集团党委）。2004 年 4 月，秦皇岛港务集团有限公司改制为产权多元化的有限责任公司。

这期间，秦港集团党委坚持解放思想、实事求是、与时俱进，主动适应深化企业改革的新要求，紧紧把握党员职工队伍思想观念和利益诉求发生的新变化，在党员、干部、职工中开展一系列专题活动，创新干部、人才管理机制，强化党风廉政建设，以党建带群建，不断提高港口党建工作水平，充分发挥了党组织的政治核心作用。

2004年4月，秦皇岛港务集团有限公司改制为产权多元化的有限责任公司。图为秦皇岛港务集团有限公司产权重组与管理体制调整大会现场

一、开展系列专题活动，强化党的政治核心作用

秦港集团党委通过开展系列专题教育和主题实践活动，进一步凸显党员的先锋模范作用，增强各级领导班子解决问题的能力和全局意识，为实现港口跨越式发展提供坚强的政治动力和组织支持。

（一）民主集中制学习教育活动

2003年11月，秦港集团党委结合实际，在党委领导班子中集中开展民主集中制学习教育活动。整个活动分为学习文件、提高认识，回顾总结、查摆问题，制定整改措施、健全完善制度和专项总结四个步骤进行，活动历时1个月。2004年1月，又在直属单位领导班子中开展民主集中制学习教育活动。此次教育活动中，秦港集团党委坚持把活动作为加强领导班子建设重点内容，以学促教，注重抓关键环节，提高民主生活会质量，做到"三个结合"，即把民主集中制学习教育活动与学习贯彻党的"三个代表"重要思想相结合，与总结工作、谋划发展、保持港口稳定的大局相结合，与深化企业改革、全面完成年度生产任务和各项工作相结合。在实践中坚持民主集中制，进一步解放思想，统一认识，增强领导班子的凝聚力和战斗力，坚定信心，确保生产任务和改革等工作规范有序、积极稳妥地进行。秦港集团党委采取多种方式，广泛征集职工群众意见和建议，发放民主评议问卷658份，收回648份，基层党组织召开民主生活会27次，取得较好效果。各级党组织书记认真履行第一责任人职责，带头自查班子和个人在贯彻民主集中制方面存在的问题和不足，揭摆问题不护短，真正触及思想，触及实质问题，达到了总结经验教训，增进团结，促进工作的目的。

通过开展民主集中制学习教育活动，秦港集团党委各级领导班子进一步提高了对民主集中制的认识，增强了贯彻执行民主集中制的自觉性，在查找差距，制定整改措施，建立完善相关规章的过程中，逐步增强了领导班子解决问题、驾驭全局、处理复杂问题的能力。

（二）"树组织人事干部形象"主题实践活动

2003年，秦港集团党委利用8月～10月3个月的时间，在组织干部系统中开展了"公道正派"为主要内容的"树组工干部形象"集中教育活动。在活动中，建立例会制度和季度考核讲评等项制度，严格按照规定的方法步骤，统一部署，着力解决"公道正派"

方面存在的问题，进一步强化了组织干部部门形象建设和工作作风建设。

2004 年，秦港集团党委下发《关于开展“强素质、促创新、讲大局、比贡献——树组织人事干部形象”主题实践活动的实施意见》和《关于开展“树形象、见实效”征文活动的通知》。秦港集团党委严格按照既定的方法步骤，统一安排部署，结合组工干部思想、工作实际，着力解决在“公道正派”方面存在的突出问题，建立《组织干部系统会议制度》《组织干部工作人员行为若干规范》《组织干部系统文明服务质量标准》等符合公道正派要求的的有效制度，增强了广大组工干部坚持公道正派的自觉性，整体素质得到进一步提高，促进了各项工作的开展。

（三）“学振超精神，创三个一流”活动

2004 年，秦港集团党委开展“学振超精神，创三个一流”活动。印发《关于开展学习宣传许振超先进事迹活动的通知》和《弘扬振超精神，争创三个一流活动的安排意见》，统一安排，充分利用港报、有线电视、局域网络、板报、橱窗等载体宣传许振超的先进事迹；向全体职工发出“学振超精神、做金牌工人”“创振超效率、做敬业职工”的号召。秦港集团各级领导班子根据安排，开展针对性学习教育，查找自身不足，制定整改措施，深入学习青岛港、天津港等先进经验和许振超先进事迹。秦港集团党委和六公司、八公司、流机公司等单位组织领导班子到青岛港调研，考察学习兄弟港口改革发展和两个文明建设的先进经验。各级党组织也开展了系列活动，把学习振超精神与爱岗敬业联系起来，提高港口职工积极性。2005 年，秦港集团党委深化“学振超精神，创三个一流”活动，开展向二公司全国劳动模范任庆宪学习的活动，总结任庆宪的先进事迹，引导职工向劳模学习，在全港掀起学技术、学业务练绝活、增本领的高潮。

（四）保持共产党员先进性教育活动

2005 年 7 月，秦港集团党委召开保持共产党员先进性教育活动动员大会，对秦港集团开展以实践“三个代表”重要思想为内容的保持共产党员先进性教育活动进行动员和部署，正式启动以“三个代表”重要思想为主要内容的保持共产党员先进性教育活动。活动历时近 4 个月，秦港集团 38 个直属党组织，252 个基层党支部，5291 名党员参加了活动。

秦港集团党委紧紧围绕学习贯彻“三个代表”重要思想主线，紧密结合企业实际，全方位动员，高标准运作，抓领导表率作用，抓三级责任制，抓活动载体。党员领导干部上党课 110 场次，深入联系点 1102 人次。在广大党员中广泛开展“两学两争一保”“对照先进找差距，立足本职做贡献”等主题实践活动，学习李家庚精神，学习任庆宪先进事迹，争创先进党支部，争做优秀共产党员，保证生产建设任务完成。组织开展新时期保持共产党员先进性具体要求大讨论，提炼总

2005 年，秦皇岛港召开李家庚、任庆宪事迹报告会

结39份具有港口特点、符合不同岗位实际的共产党员先进性具体要求，掀起广大党员学先进、赶先进、做贡献的热潮。坚持开门搞教育，打造群众满意工程，广泛征求群众意见，开好民主生活会，共发出征求意见表5201份，召开座谈会218次，征求意见和建议1290条。召开专题民主生活会39次，召开专题组织生活会443次。集团各级组织切实把实现好、维护好、发展好职工群众利益当作先进性教育的出发点和落脚点，听呼声，找不足，制定整改方案39个，整改措施578项，为职工办实事、解难题370件，使先进性教育取得实实在在效果，实现了提高党员素质、加强基层组织、服务职工群众、促进各项工作的目标要求。在6550名职工代表参加的群众满意度测评中，秦港集团两级党组织的满意度达到99.96%。广大党员理想信念进一步坚定，宗旨意识、党员意识进一步增强；对“三个代表”重要思想科学内涵、精神实质的认识进一步提高，践行“三个代表”重要思想的自觉性、主动性进一步增强；对新时期保持共产党员先进性的具体要求进一步明确，先锋模范作用进一步发挥，有力促进了港口生产建设，实现了“两不误、两促进”。2005年，港口吞吐量第五次超亿吨，杂货装卸生产创历史同期最高纪录。河北省重点工程煤四期扩容项目，从规划到到建成投产仅用一年半时间，创造了国内港口工程建设的新速度，活动有效推动了港口建设自我跨越、自主创新。秦皇岛港的先进性教育活动得到中央巡回检查组和市先教办第五督导组的充分肯定和高度评价。

2006年，秦港集团党委继续巩固先进性教育活动成果，注重加强先进性教育活动长效机制建设，制定下发《关于加强基层党组织和党员队伍建设的意见》《关于基层党组织领导干部民主生活会的若干规定》《关于“创先争优”活动的实施办法》《关于进一步完善民主评议党员制度的实施意见》。8月，分三批召开直属党组织书记座谈会，就如何增强党组织凝聚力和战斗力、如何加强领导班子建设、如何提高领导干部队伍素质等问题征求了意见和建议，制定了《开展“保先进、促发展”主题实践活动方案》，进一步发挥党组织政治核心作用和党员的先锋模范作用，促进了港口的全面发展。

（五）“保先进、促发展”主题实践活动

2006年9月，秦港集团党委制定《“保先进、促发展”主题实践活动实施方案》，结合“创先争优”活动，开展以“强核心、固堡垒、争先锋”为主要内容的“保持党的先进性，促进港口全面协调可持续发展”主题实践活动。此次活动延伸先进性教育，创新党建工作载体，深入推进“三项”建设（即以“四发挥四确保”为抓手的核心工程，加强“四好”领导班子建设；以“三抓三促进”为抓手的堡垒工程，加强“四强”党组织建设；以“四比八促三提高”为抓手的先锋工程，加强“四优”党员队伍建设），进一步增强了各级党组织和党员的创造力、凝聚力和战斗力。

一是实施核心工程，创新中心组运作模式，推行双向进入、交叉任职等措施，举办“领导干部大讲堂”，拓宽领导干部视野，提高了领导干部综合素质和和抓班子带队伍的能力，加强和发挥党组织的政治核心作用。二是实施堡垒工程，抓党支部，开展“标准化”党支部建设，健全完善《“建设标准化基层党支部工程”活动实施办法》和《标准化基层党支部工作标准》等制度，

进一步规范“三卷二本一册”，构建高效、互动、个性化的集团党建电子化平台，增强了基层党建工作的时代性、创造性。三是实施先锋工程，开展“明权责、激活力、促发展”、共产党员先锋岗、共产党员责任区等活动，激励党员比党性、比境界、比作风、比廉洁，有效提高广大党员的政治理论素养、岗位专业技能和服务职工能力。创新提炼“五有三关”发展党员工作方法，确保了发展党员质量。

“强核心、固堡垒、争先锋”工程的持续开展，促进了集团发展“四提升”，即发展战略提升，运行效益提升，科技创新提升，幸福和谐提升。为港口吞吐量跨上2亿吨新台阶，实现经营利润指标，较好地完成全年各项任务提供了坚强有力的政治和组织保证，实现了“十一五”良好开局。是年，秦港集团党委荣获河北省先进基层党组织荣誉称号，秦港集团被评为河北省AAA级劳动关系和谐企业。

2006年，秦港集团港口吞吐量突破2亿吨

（六）“为民、务实、清廉”主题教育活动

2007年，秦港集团党委围绕强港战略，全面开展以党员干部作风建设为主要内容的“为民、务实、清廉”主题教育活动。采取召开多层次座谈会和“千人问卷”等形式，对全港党员干部作风建设现状进行调研、分析和评估，使作风建设做到有的放矢。秦港集团党委两次邀请中纪委研究室主任刘春锦以党课形式专题作反腐倡廉形势报告，在领导干部中引起强烈反响，引发了广泛学习和讨论。2007年，共组织领导干部作风建设专题党课教育109次，各级领导干部写出心得体会文章654篇。各级领导班子和领导干部制定的197条整改措施全部落实，使广大党员干部特别是领导干部的作风得到了明显改善。

（七）“讲党性、重品行、做表率”主题教育活动

2008年，秦港集团党委开展“讲党性、重品行、作表率”主题教育活动。此次活动从5月初开始至9月底结束，共分三个阶段进行。通过中心组学习、“三会一课”（支部党员大会、党支部委员会、党小组会和党课）等形式，在全体党员干部中组织专题学习讨论，并将活动与“党风党纪教育月”、宣传学习“创先争优”等活动结合起来，充分发挥党员干部在各项工作中的表率作用，使学习教育取得实效。特别是结合“保先进、促发展”主题实践活动，组织党员干部开展争创好支部、好党员活动，举办“讲党性、重品行、作表率”有奖征文活动，激励各级党组织和广大党员发挥政治核心作用、战斗堡垒作用和先锋模范作用，深入基层，帮助职工解决生产、生活中存在的实际困难，树立了良好的党员干部形象。

二、持续深化党员政治理论教育

2002年，秦港集团党委开展以“三个代

表”重要思想、“5·31”重要讲话和中共十六大精神为核心的党员干部政治理论教育，深入贯彻、全面落实“三个代表”重要思想，把“确保实现两个不低于”目标，保证职工的根本利益作为践行“三个代表”重要思想的具体行动，进一步提高广大党员干部的理论水平和政治素质。党校举办5期集团公司中层领导干部培训班，200多人参加培训，重点学习江泽民“七一”重要讲话、“5·31”重要讲话、《江泽民论有中国特色社会主义》、中共十五届六中全会、中纪委七次全会精神和“入世”基本知识及现代企业制度等。九届全国人大五次会议和中共十六大召开后，在全体党员干部，特别是领导干部中，深入开展学习宣传贯彻活动。

2003年，围绕港口“与时俱进，开拓创新、深化改革、加快发展”的方针和秦皇岛港中心工作，秦港集团党委相继制定印发《2003年党员干部理论学习安排》《关于学习党的十六大精神的安排意见》《关于兴起学习贯彻“三个代表”重要思想新高潮的安排意见》《关于学习贯彻党的十六届三中全会精神的通知》，对理论学习进行周密安排。在全面学习的基础上，围绕发展是第一要务、国企改革、加强党的建设等重点，进行深刻理解。学习全国人大十届一次会议、省委六届三次、四次全会精神，购买《政府工作报告》《干部群众关心的二十五个理论问题》《“三个代表”重要思想学习纲要》等学习材料，发至基层单位。8月～10月，党组织中心组增加集中学习时间，将原来两周学习一次调整为每周学习一次，保证学习时间的落实。10月～11月，市委宣传部、秦港集团党委分别对两级中心组的学习情况进行检查。发挥党校的阵地作用，先后在党校举办中心组秘书暨宣传干部中共十六大精神培训班，开办5期中层领导干部、2期基层专职党支部书记脱产学习班，共培训中层领导干部212人、基层专职支部书记103人，中心组秘书40人，进行“三个代表”重要思想、党章及国企改革政策的学习培训。为搞好一般党员干部和职工的学习，各基层单位分别制定学习计划，将学习材料印发至厂队、班组，基层厂队、科室利用支部学习日、班组学习日、班前班后会的时间，采取多种形式组织好学习。

2004年，为开展好党员干部理论教育，增强学习的系统性和针对性，秦港集团党委按季度制定印发党委中心组理论学习要点，对两级中心组的学习内容进行布置。针对港口生产形势压力大，改变往年脱产培训一周的方式，采取分片集中上大课的形式，利用中心组学习时间由党校教员进行集中辅导讲课，组织开办中共十六届三中全会学习辅导班。组织两级中心组认真学习全国“两会”的主要精神，重点学习讨论政府工作报告。认真学习胡锦涛总书记《在河北考察工作时讲话》及关于科学发展观的论述等，此外还学习中纪委三次全会精神、《中国共产党纪律处分条例》《中国共产党党内监督条例》、张春贤部长在2004年全国交通会议上的讲话、“学、比、赶、促”党员干部教育活动学习材料。

2006年，秦港集团党委深入学习贯彻中共十六届五中、六中全会精神，坚持两级中心组学习制度，制定《加强党组织理论学习中心组理论学习的规定》，举办中层领导干部培训班，突出抓好科学发展观、港口改革与发展等重大理论和紧贴实际的学习内容，营造了聚精会神搞建设，一心一意谋发展的良好氛围。还结合省第七次党代会会议精神，

组织领导班子学习，明确港口集团的长期发展思路，与市委、市政府等主要领导共同研讨谋划港口发展，促进港城经济一体化。

2006 年，举办中层领导干部理论培训班

2007 年 11 月，秦港集团党委安排部署“学习宣传和贯彻落实党的十七大精神”工作，各级党组织把学习宣传和贯彻落实党的十七大精神作为当前和今后一个时期的首要政治任务。12 月，秦港集团党委召开贯彻落实党的十七大和省委七届三次全会精神大会。各级党组织坚持以党的十七大精神为指导，引领广大党员干部以科学发展观为统领，重点“突出三个方面，增强三种能力”，即突出“保先进，促发展”等实践活动主题，增强推动集团公司和谐发展、科学发展的能力；突出思想和制度建设，增强领导班子和干部队伍执行力；突出基层党组织和党员队伍建设，增强凝聚力和战斗力。各级党组织积极创新党建工作机制，深度融入集团改革发展，将政治优势较好地转化为集团核心竞争力，有效解决影响和制约集团发展的瓶颈问题，明确集团战略发展目标，取得优异的成绩。

三、深化港口干部、人才管理工作

秦港集团党委按照现代企业制度的要求，从健全完善干部、人才的管理机制入手，加大领导干部选拔、任用力度，创新考核模式。同时，通过大力实施人才强企战略，强化职称改革工作，为企业发展提供高水平的技术人才。

（一）完善领导干部选拔、任用、考核机制

2005 年，秦港集团党委进一步完善领导干部考核办法，搞好领导干部选拔调整工作，增强各级领导的责任感，保持干部队伍朝气与活力。结合十六届四中全会的学习宣贯工作，对 210 名中层领导干部进行了集中培训，选派 11 人参加了省委、市委举办的处级干部进修班。2006 年，秦港集团党委坚持德才兼备的用人导向，建立能上能下的用人机制，充分运用考核结果，逐步推行党政主要领导、纪委书记、工会主席兼任职，精简了领导干部职数。通过调整，优化了领导班子年龄、文化和专业结构，提升了干部素质。2007 年，秦港集团党委坚持选拔“政治上靠得住、工作上有本事、作风上过得硬、群众信得过”的优秀干部进入领导班子，首次在部分领导岗位实行民主推荐领导干部人选，建立了有利于优秀人才脱颖而出的选拔任用新机制。坚持日常考核与年度考核相结合，强化领导班子和领导干部动态管理，使考核工作从定期向平时延伸。建立健全体现科学发展观要求的考核评价办法，综合各方面情况，形成全方位、多角度的考评结果。是年，基层领导班子好和较好的占 92%，一般的占 8%；优秀领导干部占 24%，称职占 75.6%，基本称

职占 0.4%。

（二）实施人才强企战略，创新人才培养机制

2005 年，秦港集团党委大力实施人才强企战略，进一步扩大人才选拔竞聘的范围和渠道，调整充实关键岗位的管理和专业技术人员，进一步优化干部队伍结构。2006 年，秦港集团党委坚持“人才强企”战略，树立“人人是才，培训育才，岗位成才，绩效论才”的人才理念和“德才兼备、以德为先”的用人标准，建立党委统一领导，组织部门牵头抓总，有关部门各司其责、密切配合的人才工作格局，制订《2006 年 – 2010 年干部教育培训规划》，积极搭建人才成长平台，创新人才培养。

一是建立专业考评、资格认证平台。坚持以国家技术资格认证体系为依托，大力推行考评结合的职业资格认证体系建设工作。作为河北省仅有单独设立工程高级评审委员会的两家企业之一，秦港集团把职业资格考评作为衡量专业技术人员工作业绩的重要指标，对急需职业资格从业人员，在薪酬管理上给予政策倾斜。并把职业技能鉴定作为技能操作人才队伍建设的主要抓手，建立起电动装卸机械司机、修理工等 16 个企业内部行业特有的港口主体工种，220 多万字的职业技能鉴定试题库和试卷库，考核鉴定工种达到 64 个。

二是建立专业培训、企校联合平台。健全完善秦港集团教育培训管理机构和三级培训网络，取得河北省专业技术人员“创新能力”和“知识产权”培训定点单位资质，具有专、兼职教师 300 多人，培训设施在沿海港口行业处于领先地位。每年举办各类适应性、资格性岗位培训班 200 多期，“十一五”期间，累计投入教育培训费 2813 万元，培训职工总人数 66587 人次。同时，根据职工职业生涯需求和实际工作需求，与北京大学、大连海事大学等院校进行合作，开展专科至研究生不同层次的在职学历教育，鼓励职工业余时间学习，设立自学成才奖。秦港集团先后荣获“国家技能人才培育突出贡献奖”“全国企业职工教育培训先进单位”，并被确定为首批“国家高技能人才培育示范基地”。

三是建立技能竞赛、导师带徒平台。广泛开展岗位竞赛、技术练兵活动，及时发现、培养高层次技术人才。评选出集团“十大标兵”，对生产、技术领域表现突出的一线职工实行重奖，树立了职工可信、可学的先进典型群体。2007 年～ 2009 年，相继开展“学技术年”“技术提升年”和“技术创新年”等主题实践活动，举办各类技术培训班 1600 多场次，举办职工技术练兵比赛 2360 余项次，85% 以上的技术岗位职工参加比武艺竞赛，1000 多名职工技术等级提升了一个档次。

2009 年，秦港集团开展技术创新年活动，培养高层次技术人才。图为钳工竞赛现场

四是认真做好管理人员教育培训工作，采取多层次、多渠道、多形式开展培训，为管理人员、技术人员知识更新创造了有利条

件。不断完善用人机制，修订下发《集团公司公开招聘管理人员办法》，完成对生产业务部、企划部、安质部、宣传部等单位的岗位招聘工作，招聘技术、管理人员 47 人，保证了正常运营急需专业人才的需求，组织面向社会公开招聘毕业生工作，招聘 122 人，并做好优秀专业技术人才的选拔推荐活动，推荐各级优秀专家、人才 93 人次，为港口实现吞吐量 2 亿吨提供了人才和组织支持。

（三）积极推进职称改革工作

2002 年，秦皇岛港由中央下放为省属企业。秦港集团按照“报哪随哪、体现激励、适度平衡”的原则，在保持政策相对稳定、兼顾各专业平衡的基础上，及时对职称政策和有关工作进行调整、改进，适时扩大计算机考试范围，增加政工理论考试项目，首次开展正高级工程师任职资格申报工作和卫生中初职人员以考代评、注册安全工程师认定等工作，妥善处理评审条件政出多门、新旧矛盾层出不穷的问题。一是在积极争取保留评委会的基础上，对卫生、教育评委会进行必要的调整，重点抓好工程评委库的建设，切实把那些德才兼备的专业技术人才吸收到评审队伍中来，确保评委政治上的合格，业务上过硬。对工程高级评委会成员采用微机抽取的办法产生，且在开评一周前抽取，增强组建高级评委的透明度，在一定程度上减少人为因素对评审工作的干扰。二是进一步规范评审评议办法，不断提高评审质量。在总结过去经验的基础上，工程、政工、教育评委会，根据专业的工作性质和要求，本着“尊重知识、尊重人才、尊重劳动、尊重创造”的精神，进一步修改完善评审量化标准。三是在评议工作中，采取小组集中评议，个人或集体量化打分，最后无记名投票的办法，使评议工作更加民主、更趋合理，避免人才评价的随意性。

2003 年，职称改革工作以为港口建设发展提供人才支持和保障为出发点，在聘任工作中坚持按岗聘任、双向选择、竞争择优、严格考核的原则。在保持政策相对稳定，兼顾平衡的基础上，根据评审隶属关系，及时对职称评审政策进行较大的调整。随机抽取组建了工程高级评委会，调整政工、卫生、教育评委会。调整评审通过率和卫生教育高级资格评审推荐办法。进一步修改完善评审量化标准，并在政工专业评审中采取随机抽取评审材料等办法。

2004 年 3 月，秦港集团印发《河北省专业技术职务任职资格申报评审条件汇编》《河北省专业技术职务任职资格申报评审违纪处理暂行规定》《河北省专业技术职务任职资格申报推荐办法（试行）》等文件，开展专业技术职务申报评审工作。秦港集团职称申报工作涉及机电、电子、交通运输、建筑、标准化、计量、质量、测绘、环保、林业、卫生、中专、技校、会计、审计、档案、出版、图书、艺术（美术）、副译审、实验师等 20 多个专业。秦港集团针对评审条件的变化，各级领导工作措施到位，使技术骨干的职称晋升不受影响，并选派有关人员参加省职改办举行的职称工作业务培训班。为了体现“重水平、重业绩、重创新”的人才评价方向，组织专家针对新的申报评审条件，按不同类型的专业，重新修订评审量化打分标准。为了保证秦皇岛港职称评审工作的顺利进行，通过积极协调，使省里做出了继续保留工程高级评委会一年的决定，再次调整了评审通过率和卫生、教育高级资格评审推荐办法。

2005 年，秦港集团把聘任工作作为港口建设服务的放在首要工作，加强政策指导，不断完善岗位设置。一是从当年开始，担任副处级以上领导职务并取得高级专业技术职务任职资格者也办理聘任手续，使聘任工作程序更加完善。二是充分考虑人才资源的综合利用效应，制定《专业技术岗位设置修改审批工作规定》，明确审批原则，规范岗位设置，修改工作程序，对11个单位 83个高职岗位设置调整申请进行审定，批复增加高职岗位32个。三是利用考核优秀者台账和岗位设置台账，对由集团公司聘任的509人(2004年为367人)的考核结果和岗位、资格、履职时间等情况逐一进行严格审查，对不符合聘任原则的进行纠正，对聘任情况进行分析，进一步落实按岗聘任、双向选择、竞争择优、严格考核的原则。

2006年，秦港集团党委选拔推荐享受政府特殊津贴人员、河北省有突出贡献的中青年专家、交通部水运工程建设专家等优秀人才共计93人次。并针对技能人才缺乏，比例不均衡的现状，积极推进职业技能鉴定及培养推荐优秀技能人才工作，提高职工队伍素质。先后对电动装卸机械司机、流体装卸操作工、计量鉴修工等21个工种、1402人次进行工人升级考核和补考。全年聘任各类专业技术人员3344人（含低聘14人），不符合聘任原则未聘382人。完成工程、教育、政工等专业技术人员任职资格推荐及评审119人，办理大中专毕业生转正定级定职198人，举行经济、会计、卫生、计算机等17个专业的考试。

2007年，秦港集团党委积极拓宽工人升级考核渠道，协调市有关部门对车工等6个专业（工种）进行了命题和考试考核，同时为2006年度集团公司职工技能竞赛七个专业（工种）22名获得前六名选手，办理了相应专业（工种）级别的《职业资格证书》。

（四）停止办理退休、退养职工子女调入工作

秦皇岛港实行的职工办理退休（养）手续时如无子女在集团工作，可以照顾调入一名符合条件子女的内部规定，是根据当时的企业发展特点和职工队伍构成状况，以及企业的承受能力提出的，在兄弟企业和单位中也是极少有的。这项规定曾对调动职工的积极性，增强企业凝聚力，缓解社会就业压力，优化职工队伍年龄结构，起到积极的促进作用。但同时也存在一些弊端，很不适应建立现代企业制度、增强企业发展后劲以及社会主义市场经济体制的形势需求。一些单位和部分职工对此也多次提出议案和意见，建议取消职工退休（养）调入子女的规定。考虑到职工退休（养）调入子女关系到职工切身利益和企业发展的特点，秦港集团采取慎重的态度，通过广泛地征求各方意见，深入地调查和分析，多次召开专题会议研究，决定从2004年开始，停止实行职工退休（养）调入子女的规定。这是企业改革的大势所趋，是企业发展的需要，也是涉及职工长远利益和国家利益的根本所在。

四、推动党风廉政建设责任制

2002年，秦港集团纪委协助党委推动党风廉政建设责任制，将《领导干部廉洁自律登记手册》试行范围扩展到16个主要生产单位和处室，推动各级领导干部落实党风廉政建设责任和“转变作用，树立领导干部新形象”主题活动，开展“述、评、纠、建”活动，组织基层单位领导班子、干部进行民主测评，制定《关于对领导班子和领导干部

进行党纪提示的规定》，领导干部廉洁自律意识得到进一步提高。全年，党员干部登记上交礼品44人次，折合人民币2.026万元；拒礼拒贿40人次，折合人民币8.99万元。同时，党风党纪教育取得显著效果，组织开展“党风党纪教育月”活动，组织领导干部学习6方面28条党规党纪；对215名中层干部进行测试，使党员干部受到了较系统的党规党纪教育。

2003年，为适应企业改制后组织机构和领导体制的新变化，秦港集团党委修订下发《关于实施党风廉政建设责任制的规定》，配套制定《关于党风廉政建设追究的实施办法》。将领导班子和领导干部的职责范围、责任分工和责任追究条款相统一，增加监督内容，加强可操作性。同时，购买党风党纪教育光盘18部，组织党员干部集中观看。

2004年，秦港集团党委将全年党风廉政建设工作任务细化为8类57项，逐一落实责任领导、责任部门和完成时限。秦港集团纪委向中层领导干部和科队级干部印发了《领导干部廉洁自律登记手册》，与市人民检察院联合成立秦皇岛港务集团公司预防职务犯罪指导委员会，并与市检察院联合制定下发《关于做好预防职务犯罪工作的实施意见》，明确各级组织和领导人员的职责、纪律与法律责任，提出具体的工作任务和措施，为预防职务犯罪工作提供了制度保证。

2005年3月，秦港集团党委下发《关于开展企业廉洁文化建设实施方案》，部署廉洁文化建设。并结合企业文化建设，提出“修身正己、清廉从业”的秦港廉洁理念，并将其纳入秦港理念识别系统。

2006年4月，秦港集团纪委制定《关于建立健全教育、制度、监督并重的惩治和预防腐败体系的实施方案》，推动集团党风建设和反腐倡廉工作。7月，针对领导班子调整的实际，印发《2006年下半年党风建设和反腐倡廉责任分工表》，把下半年的反腐倡廉工作细化为8类65项具体任务，重新确定责任领导和部门。全年，各级领导班子召开会议研究党风建设和反腐倡廉工作273次，领导干部按照责任分工，召开分管系统科队级干部和重点岗位人员参加的反腐倡廉会议257次，对分管系统人员进行廉洁从业教育1029次，涉及党员干部和重点岗位人员7855人次，有力地促进了企业反腐倡廉和党员干部廉洁自律工作。

2007年，秦港集团各级党组织以“党风党纪教育月”和“警示教育”活动以及重要节假日廉洁教育为主要载体，全年各单位共编写反腐倡廉学习材料47篇，组织集体学习612次，举办反腐倡廉知识竞赛22场，廉勤演讲比赛15场，观看反腐倡廉教育片496场。党委确定以“修身进德，清廉从业”为内容的新廉洁理念，并且在全体干部职工中进行宣传贯彻。全年选树以省市先进个人范广志为代表的53名廉勤典型，起到了倡廉崇廉的示范导向作用。在中层以上领导干部中开展“廉洁自律座右铭”征集展示活动，14名集团公司领导和200多名直管干部确定自己的廉洁自律座右铭，并利用不同形式进行展示，发挥了提示警戒、规范行为的功能。

2008年，秦港集团纪委认真学习贯彻中共十七大和中纪委十七届二次全会精神，协助党委部署党风建设和反腐倡廉工作，推动责任制落实。两级党组织共召开党委会和党政联席会56次，谋划部署2008年党风建设和反腐倡廉工作，为年度工作顺利推进奠定了坚实基础。同时，按照党风建设和反腐倡廉责任制要求，将全年工作分解为10类65项具体工作任务，落实到党委和经营班子成员，明确责任部门和完成时限，把反腐倡廉任务纳入企业经营管理方针目标，与领导班子和领导干部年度绩效奖惩挂钩，7名领导干部报告了个人重大事项，上缴礼金共计1.64万元。

2009年，集团党委按照党风建设和反腐倡廉责任制规定，坚持对重要管理行为、“三重一大”招投标项目进行监督，全年对82个“三重一大”招标项目实施监督，提出规范管理的意见和建议50条，对在监督中发现的问题和不足要求相关责任单位进行认真整改，促进了企业项目建设科学化，进一步规范了管理行为。

五、党建带群建

在秦港集团党委的领导下，秦港集团工会和团委紧紧围绕港口生产和改制两大重点，大力加强各级工会组织和团组织建设，通过建设职工之家、开展竞赛活动、实施青工技能振兴计划等多种方式不断探索管理新模式，进一步激发广大职工的积极性和创造性，更好地推动了港口发展。

2002年，秦港集团工会按照“以务实求提高、以创新求发展、以作为求地位”的指导思想，加大对职工之家的考核力度，进一步巩固和发展了全国模范职工之家成果。广泛开展“三比”活动，即开展岗位练兵、技能竞赛，实施经济技术创新工程，选拔优秀人才，全年征集先进工作法40项，征集合理化建议3000项，创经济效益数千万元。2003年，秦港集团工会开展了星级建家活动，在突出特色、丰富内涵、加大考核力度、引入竞争机制的基础上，采取专业评审的方法，使建家整体水平有了新的提高。2004年，秦港集团工会开展向许振超学习活动，制定具体工作安排，并与“四学三建一创”活动相结合，组织职工开展“振超精神”宣讲、大讨论征文等活动，不断激发职工主人翁责任感。2006年，秦港集团工会制订了《工会信访工作管理规定》《职工思想动态反馈办法》，初步建立了职工思想情况预报机制。2007年，秦港集团工会建立了工会常委与基层联系点制度，推动了“重心下移，搞活基层”工作方针的有效落实。掀起向十大标兵学习的热潮，引导职工学习标兵“感恩报效、爱岗敬业、甘于奉献、争创一流”的精神，采取事迹报告会、巡回演讲、“标兵精神在哪里”大讨论等形式，激励广大职工学先进、赶先进的热情。2008年，秦港集团提出强化“四种意识”

2008年5月15日，秦皇岛港广大职工为四川地震灾区人民捐款

的工作要求，确定“抓重点、讲规范、求实效”的工作标准，采取主要工作、重要措施民主酝酿的工作方法，增强了各级工会的活力、凝聚力和创造力。同时，各级工会不断赋予建家活动新形式和新要求，24个单位被评为三星级以上职工之家。

2002年，秦港集团团委积极探索新形势下团建新思路，全年组织青研会100多名分

会长和骨干参加市青年经济论坛、团市委培训班，并采取集中调研和分散调研相结合的方式，撰写调查报告和论文 199 篇，为新形势下团建工作提供了依据。2004 年，秦港集团团委实施青工技能振兴计划，制定《关于实施青工技能振兴计划的意见》，对未来 5 年全港青年高、中技能人才的长效培养做出规划部署。实施导师带徒“三个五”工程，即制定五项标准、编写五个教材、规范五个环节。2005 年，秦港集团团委开展“团支部形象展示周”活动，从团员意识入手，通过学习团章、重温入团誓词、新老团员座谈等形式，增强了团员的荣誉感和责任感。开展“学理论，知团情”党团知识竞赛、“我为团旗添光彩”“大干四季度，我是团员我奉献”等活动。2006 年，秦港集团团委开展“青春奉献十一五”主题教育活动，组织 200 多

在“青春奉献十一五”主题教育活动中，秦港集团团委为青年突击队授旗

名团员进行红色文化寻访活动，以重温入团誓词和践行“八荣八耻”宣誓等形式帮助团员青年回顾历史，邀请省委党校专家为团干部和青年骨干讲解省市“十一五规划”，解读“十一五”发展战略，先后组织青年骨干 300 余人次参观煤四期扩容、煤五期工程和曹妃甸港区，激发青工工作热情。2007 年，秦港集团团委以创建学习型团组织为契机，采取以点带面，重点推进的方式，通过对 8 个创建示范单位进行重点跟踪，营造了浓厚的创建氛围。完善团干部的考核、培养、推荐机制，深入基层党组织进行走访，邀请部分老团干部参与调查并广泛听取了团员青年的意见和建议。2008 年，秦港集团团委紧紧围绕企业改革发展稳定大局，以学习落实团中央十六大精神为主线，重点开展“向青年岗位明星学习”活动，启动实施“基层支部建设年”活动，进一步深化基层党建带团建工作。

第九节 港口党组织在河北港口集团时期（2009.7 ~ 2017）

2009 年 7 月，河北省所属的沿海港口重新整合，河北港口集团有限公司在原秦皇岛港务集团有限公司的基础上正式成立。集团公司设党委，由省国资委党委领导。集团党委成立后，认真贯彻落实全面从严治党新要求，立足于集团改革发展、转型升级实际，坚持把抓好党的建设作为首要职责，坚持服务港口发展，坚持开拓创新。集团党委围绕集团生产经营创造性地开展工作，通过开展“创先争优”“党员对标，党员示范岗”等

2009 年 7 月，河北港口集团有限公司成立

主题活动，充分发挥党委的战斗堡垒作用与党员的先锋模范作用，为集团发展保驾护航、攻坚克难，促进集团实现了跨越发展。特别是党的十八大以来，集团党委全力打造集团改革发展和党建工作两个“升级版”，党建工作带有鲜明的时代特征和行业特点，充分发挥了推动发展、服务职工、凝聚人心、促进和谐的作用。

2016年，集团党委面对吞吐量下滑的现象，迎难而上，通过深入开展调研论证，着力从内部深挖潜力，不仅增强了党组织的凝聚力和战斗力，更是激发了党员队伍的创造活力，在困难面前能“站”得出来，危险时刻能“豁”得出去，重担面前能“挑”得起来，实现了党建工作与集团发展的有机结合，不仅帮助集团渡过难关，而且推动集团不断地稳健发展壮大。2014年和2016年，集团党委荣获省国资委“先进基层党组织”称号。

一、开展专题教育、实践活动，打造坚强领导核心

从2009年开始，集团党委坚持一年至少开展一项专题教育、实践活动，以各级党组织、基层党支部、党小组和领导干部、一般干部和普通党员为教育、实践的主体，规范党组织建设、领导班子建设和党员队伍建设，不断锻造河北港口集团坚强的领导核心。

（一）深入学习实践科学发展观活动

2009年3月8日，集团党委在43个基层党组织、251个基层党支部、5951名党员中开展了深入学习实践科学发展观活动。同月23日，集团公司召开深入学习实践科学发展观活动动员大会，部署学习实践活动，确定了以“坚定信心、把握机遇、应对挑战、加快发展”为活动主题，以“加强学习、统一认识；结合实际、突出实践；提高能力、解决问题；创新机制、促进发展”为总体思路，以“干部作风建设年”和“保先进、促发展”活动为载体，突出解放思想，突出实践特色，突出改革创新，突出转变作风，进一步提高推动企业科学发展的能力。

按照活动3个阶段10个环节总体部署，学习实践活动伊始，集团党委高度重视，成立了调查组，深入各基层单位开展调研。先后召开40多次座谈会，发放调查问卷150多份，收集合理化建议书24份，为活动的开展打下了坚实的基础。各级党组织把握各阶段各环节要求，发挥自身优势，确保活动紧密衔接，推动活动深入开展。集团党委结合理论学习和港口发展实际，通过集团党委中心组带头学，加强基层党组织中心组理论学习引领，活动中两级党组织中心组理论学习326次，组织党员干部培训208次，总计参加6365人次，有效深化了学习成果。围绕集团战略目标，广泛开展解放思想大讨论活动和“我为港口献一策”活动，查找、聚焦影响和制约港口发展的突出问题，汇集以解决问题的思路和措施为内容的意见建议2180条，调研成果692个，形成《论强港战略》等符合实际的理论研究成果。针对需要整改的问题，开展集中攻坚月活动，提升学习实践活动的实效性，集中攻坚月确定的94个整改项目全部完成。活动期间，河北港口集团成功组建，建立了以港口运营为核心，以港口建设、综合物流等纵向产业链，以秦唐沧三港为主干的横向发展格局，推进了集团功能结构调整和资源重组。在此基础上，集团党委通过此次活动进一步统一了集团科学发展的思想共识，形成“五个坚持”的理念，即坚持贯彻

落实科学发展观，以人为本，维护好、发展好、实现好国家和职工的根本利益；坚持尊重科学、尊重规律的态度，正确处理速度、质量、效益之间的关系，走科学发展之路；坚持统筹兼顾，实现集团各业务单元全面发展，港口功能协调布局；坚持可持续发展，合理利用沿海岸线资源，保护生态环境，推行清洁生产，履行社会责任，建设有利于企业发展的自然生态环境和社会生态环境，实现企业与自然、社会同生共赢；坚持三个文明一起抓，不断壮大企业经济实力，光大港口事业，涵养企业和员工道德，将集团打造成为经济实力雄厚的企业集团，打造成为讲诚信、重责任的道德典范。并确立了解放思想，转变观念；转变作风，锤炼队伍；抓住机遇，提高效益；产业升级，港城双赢等9个方面重点工作，极大推动港口生产经营各项工作。当年港口吞吐量首次突破3亿吨大关，多项自主创新成果荣获省市级科技进步奖，并解决了经济适用房政策问题和退休职工年金发放等一批职工生活难题，极大地调动了广大职工的积极性和创造性，当年学习实践活动群众测评满意率达100%。

（二）“下基层、访职工、做实事”活动

从2010年6月起，集团党委积极探索建设服务型党组织的有效途径，在基层党组织中深入开展“下基层、访职工、做实事”活动（以下简称“下、访、做”活动），营造“服务职工办实事，凝心聚力促和谐”的良好氛围。

集团党委领导各级党组织和党员领导干部深入基层，服务职工，改进基层党组织工作作风，以“听、看、问、研”为主要工作方法，密切党群关系，解决实际问题，搭建了联系服务群众平台，以“四帮”为工作目标，即一帮职工提高思想觉悟，树立正确的价值观和人生观；二帮职工学习技术理论知识，提高实际操作能力；三帮职工解决工作中的难点问题，相互促进共同提高；四帮职工解决生活困难，做群众的贴心人。建立活动台账和月度反馈制度，推进活动落实，凝聚集团发展合力。各级党组织建立制度，明确流程，加强督导，活动中把在改革经营发展和稳定中的难点和职工思想上的疑点作为工作的落脚点，做到有具体事项、有工作标准、有责任人、有完成期限。广泛开展帮扶结对活动，领导与职工结对子、党员与群众结对子、先进与后进结对子，建立了学习交流、沟通思想、探讨问题长效机制，拓展了现场慰问、家庭走访、设立《职工建议征集卡》等形式，引导党员广大党员在港口生产经营、维护稳定、促进和谐中做共享。

通过开展“下、访、做”活动，使党的工作更加深入基层、深入群众，更好地服务职工解决实际问题，更好地履行党员领导干部的职责，增强了党的先进性，为建设服务型党组织积累了成功经验。该活动荣获省级思想政治工作研究优秀成果二等奖，市级思想政治工作创新案例一等奖。

（三）“解放思想、改革开放、创新驱动、科学发展”大讨论活动

2013年5月15日，集团公司召开“解放思想、改革开放、创新驱动、科学发展”大讨论活动（以下简称“大讨论活动”）动员大会，要求各级党政工团组织切实加强组织领导，成立工作机构，明确工作责任，严格督导检查，加大宣传力度，确保活动扎实有效开展，集团大讨论活动正式启动。

此次大讨论活动从5月开始，6月结束，历时1个月。为确保活动取得实效，集团党委科学组织、统筹安排、重点突破，组织各

单位、各部门通过动员会、报告会、宣讲会等多种形式，动员党员干部职工积极参与大讨论活动，广泛开展“我为河北科学发展献良策”和“我为企业科学发展献良策”的“两为两献”建议征集活动，对征集到的意见建议认真进行梳理和分析，制定具体改进措施并抓好落实。在各单位、各部门组织党的十八大报告和相关专题的学习辅导，使其全面准确地领会和运用党的十八大精神。

在广泛动员和深入学习的基础上，集团党委要求各单位、各部门对照党的十八大和省委八届五次全会精神，对标国内国际先进港口和本领域的经验做法，围绕活动主题、目标要求和制约科学发展的突出问题，组织领导人员、干部职工召开专题研讨会，确定研讨重点和课题，深挖思想、体制、机制根源，认真研究解决问题的办法和措施。并利用理论学习中心组组织集体学习，交流解放思想大讨论的成果，吸收党员干部职工的具体建议，明确本单位发展定位、目标和举措，制定破解发展难题的措施和办法，提出推进集团和本单位发展的新思路、新举措，形成有深度、有体会、有建议的学习成果。

通过开展大讨论活动，有效贯彻落实了党的十八大和省委八届五次全会精神，冲破制约集团科学发展的思想和体制束缚，把握客观规律，破解发展难题，实现跨越发展，形成了集团建设“四商合一”卓越港口集团的强大动力。

（四）“送党课服务基层”活动

从 2013 年 5 月起，集团党委开展“送党课下基层”活动，加强党员党性教育和能力培育，不断拓宽党员教育培训渠道，丰富党课内容，增强党员教育的针对性和实效性，提升党员党性观念和综合能力。同时，提升直属党组织书记政策理论水平，促进基层党组织相互学习交流。通过“送党课下基层”活动，进一步改进工作作风，增强服务意识，寓管理于服务之中，扎实推进基层党组织和党员队伍建设，为集团公司科学发展、转型升级提供坚强的组织保证。7 月 8 日，集团党委在港口机械公司举行“送党课下基层”活动启动仪式，集团党委副书记、纪委书记、工会主席宋敬中为港口机械公司基层党组织书记代表发放“送党课下基层”学习资料，希望各基层党组织将“送党课下基层”活动形成制度，不断加强党员教育，将学习成果转化为推动集团公司发展的强大动力。2013 年，各级党组织根据各自生产实际，通过“三会一课”等方式，组织基层党员进行学习，实现党员教育全覆盖，取得了较好效果。全年集中送党课 23 场，培训党员 1964 人次；举办“交流党课”18 场，听课党员达 1258 人次；刻录最新电化教育光盘 250 余盘。

2014 年 3 月，集团党委按照党的群众路线教育实践活动部署和省委开展“六个一”活动要求，结合“两学两建”活动，为进一步强化和提升服务观念，推进服务型党组织建设，将“送党课下基层”升级为“送党课服务基层”活动。在采取集中送、交流送、选学送、资料送四种方式的基础上，开展组织志愿服务活动，不断拓宽党员教育培训渠道，丰富党课内容和资源，及时将党的声音传递到全体党员，促进党员转变工作作风，增强服务意识，扎实推进党员能力提升，为集团公司科学发展、转型升级提供坚强的组织保证。

2017 年，集团党委决定新增“网络送”的党课方式，利用 e 师 e 友学习平台开设由集团党委组织部主办、基层党委承办的“组

工干部掌上课堂”，一个季度学习一个“主题”，涵盖发展党员、换届改选、党内政治生活、党费管理、干部任免等内容。

（五）“两学两建”实践活动

2013年，集团党委开展“两学两建”实践活动，即学习贯彻中共十八大精神，建设学习型、服务型、创新型（简称：三型）党组织；学习贯彻集团新战略，建设“四商合一”（集资本运营商、资源开发商、码头运营商和综合物流服务商为一体）的卓越港口集团。引导党员干部解放思想，创新驱动，切实把党的十八大精神落到实处。

在学习贯彻十八大精神和集团新战略的过程中，集团党委发挥中心组理论学习“龙头”作用，仅2013年上半年就组织中心组学习7次，举办“领导干部大讲堂”7期，以大会精神为指导，研究推动集团科学发展的思路、举措，谋划开展工作可行措施，形成了指导企业改革和发展的新认识。全年，集团党委组织聘请专家进行专题辅导36场，举办专题党课162场，集团领导深入一线宣讲18场，听课党员6831人次，集团党委培训各级党组织书记530余人次，切实把广大党员干部的思想行动统一到中共十八大精神上来。同时，集团党委结合“解放思想、改革开放、创新驱动、科学发展”大讨论活动，组织广大党员开展“我为河北发展献良策”“我为企业科学发展献一策”建议征集活动，共征集集团科学发展的18个方面85条建议，进一步提高了思想认识，不断将学习活动引向深入。此外，集团党委丰富学习方法，不断提升学习效果。编写了《河北港口集团发展战略精编》，印制口袋书，分发到基层厂队、班组。利用电子屏幕、网络载体、宣传栏、宣传橱窗等媒介，宣贯中共十八大知识精神和集团发展战略。借助调研平台，集团领导赴上海、大连、广州等沿海港口进行学习考察，开阔了视野，启发了思路，有效提升了学习效果。

“两建”工作方面，集团党委推进“三型”党组织建设和“四商合一”的集团建设，实施“三推动”，构筑“两学两建”活动丰富内涵。推动制度体系建设，研究制定《进一步提升集团党的建设科学化水平的意见》《基层党支部公推直选实施办法》《公开选拔领导人员工作实施办法》等工作制度，进一步规范和创新党建工作。推动基层堡垒建设工程，是年，集团党委将党建工作重心进一步下移，全面实施“党小组规范化建设”，按照“有阵地、有职责、有活动、有指导、有实效”的“五有”标准建设党小组。建立党小组攻关立项、党小组长列席支委会等制度，实现了党小组建设与班组工作的有机融合。创新开展“送党课下基层”活动，以集中送、交流送、选学送、资料送为主要活动方式，组成党课讲师团，深入基层一线按需施教，发放“党课资料袋”，不断丰富党课内容，有重点地选树和培育基层党建工作品牌，共形成党建品牌20余个，有效激发了党建活力。

为保证“两学两建”活动深入开展，集团党委还扎实推进作风建设。集团党委在党员领导干部中开展了“强作风、守廉责、树形象”教育活动和“四查四看”工作，剖析查找了领导人员的薄弱环节，分析了产生问题的原因，制定了整改措施。在查找“四风”问题的基础上，深化“下基层、访职工、做实事”活动，各级党组织和党员领导人员拓展现场慰问、家庭走访、设立《职工建议征集卡》等多种联系方式，建立群众工作室377个，全年共排查化解矛盾纠纷29起，解决职工实际困难600多项，为职工做好事5000多件，慰问职工11400多人次，真正把组织的关怀、集团的温暖送到了职工群众的心坎上。2013年上半年实现经济运行双过半，“两学两建”成为助推进“四商合一”卓越港口集团建设的不竭动力源泉。

（六）“路港联创提效率，携手共建促发展”主题实践活动

2013年，集团党委开展了“路港联创提效率，携手共建促发展”主题实践活动，积极推进集团主要生产单位秦港股份二、六、七、九、铁运公司与大秦铁路车务段等路港十方党组织，跨地域联合共建，实现了党建工作和生产经营工作的互促共赢。11月7日，秦东三方场站基层党支部“路港联创”活动在秦港股份铁运公司东港站启动，大秦铁路秦皇岛东站、秦港股份铁运公司、二公司三方5个党支部共同签署共建协议。“路港联创”共建协议包括组织建设、生产组织、安全管

集团党委积极推进路、港联创共建主题实践活动。图为2013年，启动“践行群众路线，促进党建共建”主题活动

理和文化生活四方面内容，结合三方组织建设和生产实际，建立信息沟通、安全共保、应急应变、党建交流等十项制度。各方采取交流上党课、岗区观摩、思想交流、专题研讨等多种形式开展组织活动，定期组织开展技能竞赛和文化体育交流活动，实现组织建设上的同优共创和文化生活上的互动共享，以党建共建的方式促进生产组织上的互促共赢和安全管理上的联防共保。通过此次主题实践活动，充分发挥了路港各方基层党组织的战斗堡垒作用和共产党员的先锋模范作用，推动路港协作和秦东一体化进程，全面提升了运输生产效率。路港党建共建已成为河北港口集团党建的新“名片”，受到省国资委党委的高度评价，在全省监管企业范围内得到了集中推广。

（七）党的群众路线教育实践活动

2014年，集团党委开展党的群众路线教育实践活动，有效遏制“四风”问题、有效解决职工关注的热点难点问题，干部作风和精神面貌发生明显变化，为集团科学发展、转型升级提供了强大动力。

集团党委务真实、见真章、出效果，扎实开展教育实践活动。在“学习教育、听取意见”环节，集团党委成立活动领导机构和工作机构，明确工作思路和目标任务，为活动有条不紊推进打下坚实基础。举办直属党组织书记、专职党支部书记专题培训班，发放学习资料和光盘18500多份，党员受教育率达到100%。开展“好干部”标准大讨论活动，与习总书记提出的“三严三实”要求、省委“做焦裕禄式好党员好干部”活动有机结合，汇集讨论成果238篇，使领导人员理想信念更加坚定，群众观念树得更牢。建立领导人员联系点制度，对联系点进行全程跟踪、重点把关，使职工群众看到实实在在的成效。在“查摆问题、开展批评”环节，集团党委精心组织“六个征集”和“我为企业改革发展献一计”活动，共发放调研问卷3224份，书

2014 年 6 月，集团党委举办党委书记教育实践活动培训班

面征求意见函 100 份，组织召开查找问题专题会议，帮助集团班子及领导成员深查细照，共汇总集团层面意见建议为 5 大类 312 条。各基层党组织共召开查找问题专题会 45 场，梳理汇总问题 7 类 2793 条。深入细致的查摆问题，使集团领导问题找得准、找得深，达到了触及灵魂、增强党性、改进作风、促进工作的目的。集团领导带头“红脸出汗”，集团 48 个基层领导班子也相继全部召开了专题民主生活会，使集团各级领导班子的创造力、凝聚力和战斗力得到新加强，1200 余名职工代表听取了情况通报并参加评议，满意率为 95.89%。280 个基层党支部全部召开专题组织生活会并进行党员民主评议，5260 名党员参加了评议，占在职党员的 95.7%，每名党员普遍受到了一次党的群众路线教育。在查问题、真批评的基础上，集团党委强调“整改落实，建章立制”的实效性和稳定性。对存在的问题进行了梳理、清盘、分解，制定出富有针对性、操作性、长效性、可行性的集团领导班子“两方案一计划一清单”、班子成员“一措施一清单”。将整改措施落实到牵头领导和责任部门，实施项目化管理，解决一件、注销一件。并强化制度落实，列出制度建设计划 70 个，规范领导行为，形成作风建设长效机制。集团党委扎实细致的组织工作得到了省国资委领导及巡视组的一致好评。

2015 年，集团党委持续用力推进机制建设，巩固教育实践活动成果。建立集团整改落实工作推进机制，进一步明确整改内容和责任部门，对整改任务完成情况进了再排查、再梳理，并及时公开整改落实情况，对职工群众反映的问题进行了书面回复，接受职工群众监督。建立周督导、月报告、定期召开协调会的整改工作督办机制。特别将整改工作与年度领导班子和领导人员综合考评有机结合，召开考核讲评通报大会，奖先罚劣，从源头上解决作风顽疾。集团各级领导班子整改清单中列出的各项整改任务全部完成。此外，还先后出台《集团企业负责人公务用车管理暂行办法》《贯彻落实〈国有企业领导人员廉洁从业若干规定〉的实施细则》等规定，扎紧制度“笼子”，规范领导人员的行为，使“作风常态”建设长效化。

（八）“三严三实”专题教育

2015 年，集团党委开展“三严三实”专题教育。此次专题教育深入学习贯彻中共十八大和十八届三中、四中全会精神，深入学习贯彻习近平总书记系列重要讲话精神，紧紧围绕协调推进“四个全面”战略布局，对照“严以修身、严以用权、严以律己，谋事要实、创业要实、做人要实”的要求，聚焦对党忠诚、个人干净、敢于担当，着力解决“不严不实”问题，切实增强践行“三严三实”要求的思想自觉和行动自觉，努力在深化“四风”整治、巩固和拓展党的群众路线教育实践活动成果上见实效，在守纪律讲规矩、营造良好政治生态上见实效，在真抓实干、推动改革发展稳定上见实效。

5月，时任集团党委书记、董事长邢录珍以《做“三严三实”的忠实践行者》为主题讲授专题党课，标志着集团“三严三实”专题教育正式启动。集团党委制定集团“三严三实”专题教育实施方案，建立了专题教育联系会议制度，将专题教育及时传达到位。各基层党组织积极响应，相继召开“三严三实”

2015年5月22日，集团党委召开“三严三实”专题教育党课

专题教育专题党课暨启动大会，全年集团各直属党组织书记共讲专题党课50余场，5800余人次党员接受了党课教育。集团党委还定期组织召开集团专题教育联席会议，研究推进重点工作，督促集团领导班子成员及集团各直属党组织抓好学习研讨、蹲点调研、整改落实和立规执纪等关键动作，认真制定整改台账。集团各级领导班子及领导人员共梳理问题2239条，制定整改措施2393项。同时，全面开展解放思想大讨论活动，广泛征求意见建议，突出港口特色，聚集“十破十立”，组织领导人员进行“三看三查三对照”，形成专题成果391篇，确保活动取得实实在在的成效。

2016年，集团党委继续扎实推进“三严三实”专题教育和解放思想大讨论，围绕加强作风建设和调结构、转方式、促改革、增效益等中心任务，着力解决“不严不实”的问题。1月15日，召开集团领导班子“三严三实”专题民主生活会，对集团公司、股份公司领导班子成员深入基层参加“三严三实”专题民主生活会作出安排。会后，制定整改方案、问题清单和整改清单，按照整改时限，逐条逐项抓好整改落实。开展“三严三实回头看”工作，建立整改跟踪督查机制，对整改不力的进行约谈提醒，对态度消极、搪塞应付进行严肃追责。同时，结合“解放思想、抢抓机遇、奋发作为、协同发展”大讨论，开展集团“我为协同发展献良策”和“我为国企协同发展、转型发展、创新发展献一计”活动，集思广益，群策群力，为集团科学发展出谋划策。

（九）“两学一做”学习教育

2016年，集团党委认真贯彻落实省委、市委和省国资委党委的统一部署，迅速启动，周密部署，扎实开展“两学一做”学习教育。4月19日，集团党委召开“两学一做”学习教育动员会议，就扎实推动集团“两学一做”学习教育深入开展提出了明确要求。以此为契机，集团党委在学习教育活动中聚焦“上级精神”，突显集团特色。在第一时间成立了活动领导机构，制定下发实施方案，认真谋划集团“两学一做”方法内容，实施“四三三”学习教育模式，突显了港口实践特色。一是聚焦“学做重点”，突出以知促行。印发《集团“两学一做”学习安排实施方案》《集团党委理论中心组学习安排》《“两学一做”学习教育工作提示》等，对中层以上领导人员和普通党员的学习内容、学习要求、学习方法、重点解决的问题进一步明确，增强了

学习的针对性和实效性；实施“信仰领航教育计划”，举办了基层党组织书记“两学一做”学习教育示范培训班，集团党委书记、董事长带头进行党课辅导；创新学习载体，开设“领导干部大讲堂”，培训党员干部700余人次；开展“送党课服务基层”活动，将“流动课堂”开设到基层一线，上半年共集中送党课15场，培训党员3442人次，送学习资料7300余本，同时搭建起“e师e友”网络培训平台，开设了学习教育专题网站和专栏，切实把学习教育融入组织生活和党员日常教育管理，提升了学习效果。二是聚焦“问题导向”，突出教育成效。深入开展了“亮身份、树形象、展风采”“立足岗位当先锋”、党员志愿服务三项活动，引领党员发挥模范作用；持续开展“创共产党员先锋岗、建共产党员示范责任区”活动，不断深化“港口先锋·红色义工”党员志愿服务活动，将6月3日定为集团党员志愿服务活动日，开展多种形式的党员志愿服务活动，党员志愿者统一佩戴“港口党员志愿者”胸牌，推动党员志愿服务制度化、常态化；开展“一问责八清理”专项工作，确定集团要开展的7个方面27项清理整改内容，形成了“问题整改清单”；开展党费收缴自查自纠专项工作，对集团党员特别是中层以上党员领导人员2008年4月～2015年12月缴纳党费情况进行核查，着力整改党员交纳党费不足额等问题。圆满承办省国资委系统企业“两学一做”学习教育培训班，省国资委党委副书记曹海燕及13个驻冀央企、27个省国资委监管企业的党组织书记、组织部长70余人参加了培训。培训班上，交流集团党委党建工作经验，并重点推广秦港股份六公司党建工作项目化做法，与会人员还参观了集团“一单位一品牌”党建工作成果展，极大地扩大了集团党建工作的影响力，集团“两学一做”学习教育工作得到了省国资委和其他兄弟单位的充分肯定和高度评价。

2016年5月，省国资委系统“两学一做”学习教育培训班参会人员参观集团党建工作成果展

2017年1月23日，集团党委召开2016年度领导班子专题民主生活会，以学习贯彻中共十八届六中全会精神为主题，围绕“两学一做”学习教育要求，重点对照《关于新形势下党内政治生活的若干准则》和《中国共产党党内监督条例》，结合思想工作实际，进行党性分析，开展批评与自我批评，进一步统一思想、凝聚共识，扎实推进集团实现科学发展。

（十）“一问责八清理”专项行动

2016年3月底，集团党委召开党风建设和反腐倡廉工作会议，总结2015年反腐倡廉和党风廉政建设工作，对集团公司2016年开展的“一问责八清理”进行了部署，确定从3月底到6月底开展“一问责八清理”活动，消除顽疾、解决问题，形成长效机制。活动深入学习贯彻习近平总书记系列重要讲话精神，聚焦省委巡视组巡视过程中发现的带有普遍性的问题、“三严三实”专题教育中反映的问题以及日常经营管理中存在的问题，逐一清理整治，强化监督问责，完善规章制度，以优良作风推动集团公司深化改革、转型发展。集团党委专门成立活动领导小组，确定活动分为动员部署、解决问题、总结提高三个阶段。活动中期，集团党委组织召开活动调度会，总结回顾前期存在的问题，部署中后期工作，积极做好问题整改。针对专项行动中移交的问题线索，开展查办工作，做到有线索必核、有案件必查、有腐败必惩，在集团范围内营造了遵规守纪的良好氛围。

（十一）"学纪知规，挺纪在前"主题教育活动

2016 年 4 月，集团党委在全体党员干部中开展"学纪知规，挺纪在前"主题教育活动，进一步加强集团党风和反腐倡廉建设。集团党委明确教育重点，组织全体党员干部学习党章《中国共产党廉洁自律准则》《中国共产党纪律处分条例》等内容，引导党员干部坚定理想信念，强化政治意识、大局意识、看齐意识。集团党委、纪委创新教育形式，通过推动实践"四种形态"，落实领导人员选拔任用前党纪政纪条规知识考试制度，深入开展廉政谈话、诫勉谈话、谈心提醒等个性化教育，对苗头性问题早发现、早提醒、早纠正；开展警示教育、重点教育和典型示范教育，严明党的纪律。此外还严明工作要求，确保活动成效。

2016 年 12 月 7 日，集团党委理论学习中心组组织专题学习，学习《中国共产党党内监督条例》、中央八项规定精神及六项禁令等有关内容。《中国共产党党内监督条例》、中央八项规定精神及六项禁令等有关内容充分反映了党的十八大以来党中央全面从严治党的新经验新成果。专题学习中，集团党委要求集团上下把思想统一到党的十八届六中全会精神上来，始终坚定不移地与党中央、省委、省国资委党委保持高度一致。坚持党委负主体责任，领导干部充分把握基本要求，增强自律意识、标杆意识、表率意识，发扬好传统、传播正能量。同时，还要求集团党委成员及各单位领导对中央八项规定精神及六项禁令身体力行、率先垂范，做合格的党员领导干部。

二、扎实开展党建工作，提高党组织战斗力

2009 年以来，集团党委持续推进党的建设工作，从严格基本组织、基本队伍、基本制度抓起，创建"共产党员先锋岗"工程，开展党支部标准化和党小组规范化建设，推动创先争优活动和学习型党组织建设，坚持党建理论创新，提升集团党建工作科学化水平，充分发挥党组织的战斗堡垒作用和党员的先锋模范作用。

集团党员积极发挥先锋模范作用。图为秦港股份九公司党员突击队正在清理堆场积煤

（一）建立基层党组织建设"三同时"制度

从 2009 年开始，集团党委坚持以"三同时"原则推进基层党组织建设，即组建新的行政单位的同时建立党组织，明确行政单位隶属的同时明确党组织隶属关系，任命行政

领导的同时任命党组织负责人。是年，集团党委根据行政单位变化，分别成立了港口建设工程有限公司党委、工程技术有限公司党委和地产发展公司党支部，撤销了建港指挥部党委和港航公司党总支，对外理公司党组织属关系进行了更改。

（二）创建“共产党员先锋岗”工程

2010 年 10 月，集团党委启动创建“共产党员先锋岗”工程。此次创岗活动以邓小平理论和“三个代表”重要思想和科学发展观为指导，以建设“四优”党员队伍为主线，以《中国共产党章程》规定的党员权利和义务为依据，以“一名党员一份责任、一名党员一面旗帜”为目标，引导党员坚定共产主义理想信念，立足岗位，无私奉献，为集团公司和谐稳定发展提供坚强的精神动力和思想保证。期间，六公司卸车队机修大班、一公司罐区队、二公司装船一队电工工段、八公司门机队技术组、通信公司自动化工程开发中心、杂货公司库场队、七公司卸车作业部运行丙班、九公司安全监督部、铁运公司电务段东五场信号维修班、船舶公司 17 号轮、港口医院核磁共振室、工程技术公司港机分公司制造二部 12 个基层单位荣获省国资委系统企业共产党员先锋岗称号，进一步激发了共产党员发挥先锋模范作用的决心和信心。

2011 年 3 月，在秦港股份六公司举行省国资系统共产党员先锋岗现场授牌仪式

（三）开展“双标化”建设

党支部和党小组是基层党组织的最前沿，是树立党在职工群众心中形象的重要基石。从 2013 年开始，集团党委深入开展以建设标准化基层党支部和建设标准化、规范化党小组为主要内容的“双标化建设”活动，通过定标准、严考核、建载体，立标、对标、达标，基层党支部实现了标准化、精细化管理。在党小组规范化建设工作中，集团党委提出“三个阶段、四个标准、五个目标”任务，即按照“筑牢基础、激发活力、展示成效”三个阶段，以“一室、一角、一栏、一台账”四个硬件为标准，以“有阵地、有职责、有活动、有指导、有实效”为五个目标建设党小组，每年一个主题加以推进，推动党小组建设与一线班组工作合拍共振。优化党小组设置，选优配强党小组长，探索党小组长列席支委会形式，加大培训力度，强化考核激励，提高党小组长和班组长“一肩挑”比例，评选“十佳党小组长”，编辑《阵地强音——党小组先进事迹》书籍，形成了党组织服务党员、党员服务群众、共同服务发展的良好

秦港股份杂货公司开展党小组集中学习活动

氛围。同时，建立党小组攻关立项制度，把提高效率、改进技术、强化安全现场管理等急需解决的问题，分解到党小组实际工作中，组织党员带头立项、带头攻关、带头钻研、带头奉献，发挥了基层组织和党小组前沿阵地作用，创造性地开辟“港前待泊区”，减少船舶在港非生产时间，提高泊位使用效率；探索雾天通航，把恶劣天气对生产的影响降到最低；借助“湿润剂”“人工造雪”等科技手段，降低煤尘、粉尘对环境的影响，党小组建设成为党组织服务生产经营的有力抓手。党小组规范化建设工作经验得到了省委组织部、省国资委领导的书面批示，通过《河北组工信息》向全省推广。

（四）坚持入党积极分子教育培训制度

自 2001 年开始，党委将积极分子教育培训制度化，将其作为坚定理想信念，确保发展党员质量的有效途径。集团党委组织部于每年的 1、2 月份组织当年的入党积极分子进行培训，通过进行党的历史和优良传统、党的基本理论、基本路线和形势任务教育，帮助入党积极分子端正入党动机，提高政治素养、业务素质和工作能力，不断改造主观世界、净化精神境界，以实际行动争做一名合格的共产党员。1989 年～ 2017 年，累计培训入党积极分子 3830 余名，其中绝大多数顺利加入了党组织。

集团党委举办 2017 年度入党积极分子培训班

2001 年～ 2017 年集团党委入党积极分子培训情况一览表

表 18

年份	时间	人数	培训内容
2001	1 月 9 日～ 12 日	124	邓小平理论、“三个代表”重要思想、党的十五届四中全会精神和中央思想政治工作会议精神学习辅导，马克思主义唯物论和无神论教育讲座，在新的历史条件下坚持共产党人的价值观教育等
2002	1 月 29 日～ 2 月 1 日	124	江泽民同志在庆祝中国共产党成立八十周年大会上重要讲话学习辅导，国有企业改革的有关内容，党的基本知识等
2003	2 月 25 日～ 28 日	130	江泽民同志在中国共产党第十六次代表大会上讲话学习辅导，中共十六大精神最新辅导，入党培训专题学习，著名党章研究专家叶笃初教授谈《中国共产党章程》学习
2004	1 月 24 ～ 27 日	129	以中共十六大报告、新《中国共产党章程》及《入党培训教材》为内容，从中选取专题进行学习
2005	3 月 1 日～ 4 日	132	中共十六大关于“三个代表”重要思想的科学论述、十六届四中全会基本精神和主要内容、十六大党章学习辅导、共产党员先进性教育专题《如何认识和保持党的先进性》和《以共产党员的条件严格要求自己争取早日加入中国共产党》、优秀共产党员先进事迹专题片《永远的先锋战士》等
2006	2 月 22 日～ 24 日	141	入党培训新教材、中共十六届五中全会专题报告、保持共产党员先进性教育活动专题报告等内容
2007	1 月 30 日～ 2 月 1 日	142	观看中共十六届六中全会《决定》专题讲座《把对构建社会主义和谐社会认识提高到一个新水平》《维护和实现社会公正，构建社会主义和谐社会》《构建社会主义和谐社会需要着力解决的几个问题》《和谐社会与法制建设》，学习入党培训教材、共产党员先进性教育专题报告和《如何认识和保持党的先进性》

续表

年份	时间	人数	培训内容
2008	1月5日～17日	141	以胡锦涛同志在中共十七大上所作的报告和新修改的《中国共产党章程》为主要内容，观看中共十七大录像片
2009	2月26日～27日	41	观看《深入贯彻落实科学发展观，实现经济又好又快发展》《中国共产党章程》，听取《把握港口历史脉络，珍惜港口发展局面，为企业健康发展贡献力量》讲座
2010	1月13日～15日	142	学习《河北港口集团发展战略的思路》，观看《培养造就伟大的干部队伍》《党的思想理论建设与建设学习型政党》《推进党内民主》《谱写党风建设的新篇章》《自从有了中国共产党》《旗子立起了才有所指望》《就是因为我们有理想有信念》《早日站在党旗下》和《辉煌60年》系列电教片
2011	3月1日～3日	150	系统学习入党培训教材、中央党校教授解读“十二五”精神、创先争优学习讲座，邀请共产党员先进典型就创建“共产党员先锋岗”的心得体会与入党积极分子进行现场交流
2012	2月29日～3月2日	155	学习党的历史和党章，观看《入党培训教材》，回顾共产主义的发展历程，观看全国优秀共产党员系列片《人民的好儿女》
2013	2月26～28日	167	以学习党的基本理论、基本路线、基本纲领、基本知识和中共十八大《中国共产党章程》有关内容为主
2014	2月25日～27日	163	党的基本知识和中共十八大《中国共产党章程》、十八届三中全会精神、党的群众路线教育实践活动等有关内容学习辅导，观看电教片《入党培训新教材》《集团群众路线专题报告会录像》
2015	2月11日～13日	168	学习习近平总书记关于党的建设系列讲话，党的基本知识和基本党史的学习，《新主人翁精神与职业化》
2016	2月24日～26日	173	学习《中国共产党章程》《中国共产党廉洁自律准则》《中国共产党纪律处分条例》，进行党的历史和优良传统、党的基本理论、基本路线和形势任务以及社会主义核心价值观教育
2017	2月22日～24日	156	学习中共十八届六中全会和习近平总书记系列重要讲话精神，重温党章党史、学习党规党纪

（五）开展创先争优活动

2010年4月，集团党委召开创先争优活动动员大会，决定以“深入学习实践科学发展观，做大做强河北港口集团”为主题，以“筑坚强堡垒、树先锋形象、促科学发展”为主线，开展创先争优活动。创先争优活动从2010年4月开始，至2012年7月结束，历时2年多，以创建“五个好”（领导班子好、党员队伍好、工作机制好、工作业绩好、群众反映好）先进基层党组织、争做“五个模范”（自觉学习的模范、执行政策的模范、服务职工的模范、爱岗敬业的模范、遵纪守法的模范）优秀共产党员为主要内容，围绕迎接建党90周年、向党的十八大献礼两个重大节点展开，分广泛发动、全面争创、对标定位、系统总结四个阶段进行。

活动坚持高起点谋划、高规格组织、高标准要求，高质量推进。活动初期，集团党委制定印发《关于深入开展创先争优活动的

2010年4月，秦港股份公司党委召开创先争优暨“建支工程”推进会，推进党建工作创新

实施方案》，规定活动主题、主线和载体，明确活动方向。实施党建工作对标、岗位工作对标、管理工作对标“三重”对标活动，将强党性、求境界、比作风、讲廉洁融入活动始终，着力党建工作“四增强”，即强党性，增强党组织的凝聚力和战斗力；求境界，增强党员干部坚定的理想信念；比作风，增强党员干部的执行力；讲廉洁，增强党员干部的拒腐防变能力，使活动形成集团主题统一、多项活动并进、合力推动发展的良好局面，推动创先争优活动向纵深发展。期间，集团党委加强“三推进”，即推进党建基础工程建设，巩固“建设标准化基层党支部工程”成果；推进“党小组建设年”活动，充分发挥“共产党员先锋岗”“共产党员责任区”示范带动作用；推进党员攻关项目、党员品牌工程建设，充分发挥共产党员当先锋、作表率的引领作用，使亮牌示范、夺旗争星成为每名党员的自觉行动和精神追求。集团各基层党组织上党课564次，集团党委书记邢录珍带头为全体中层领导人员进行了“惠在何处、惠从何来”形势报告会暨专题党课；集团中层领导干部249人，建立联系点374个，深入创先争优联系点开展调研指导工作，到一线、进厂队、入班组，现场了解基层工作情况，有效解决实际问题，使企业内部形成了“树正气、讲团结、求发展”的良好风气。集团公司256个基层党支部在群众满意评议中，满意率达95%以上。在集团创先争优表彰大会上，有11个基层党组织、30个基层党支部、86个党小组、234名党员受到表彰。涌现出12个省国资委共产党员先锋岗，48个集团公司共产党员先锋岗。

在此基础上，集团党委不断深化创先争优活动，全面促进港口集团党建工作上水平，企业管理上台阶，企业发展上位次。以党建、管理、岗位工作“三重对标”为重点，以“四比八促三提高”为抓手，以党员先锋岗、党员责任区、建支工程等活动为载体，扎实开展各阶段工作，实现了创先争优与企业生产经营、改革发展的深度融合。建立“五建立五促进”的创先争优长效机制，实现了集团“六提升二升级”，即发展战略提升、实体项目提升、运行效益提升、安全质量提升、科技创新提升、和谐稳定提升、优质服务升级和节能减排升级。相继确立集团2012～2020发展战略和集团核心发展战略，集团企业生产运营保持平稳，企业综合竞争力不断增强。活动期间，集团涌现出河北省国资委先进党支部2个、优秀党员3名、优秀党务工作者2名、秦皇岛市先进基层党组织1个、优秀共产党员2名、优秀党务工作者2名等先进典型，成为创先争优活动有力注解。

2011年，集团党委紧紧围绕主题开展创先争优活动，对标定位，晋档升级，推动各项工作创先进、争优秀。全年编发活动简报104期，发表新闻稿件423篇，营造了浓厚的氛围。组织各级领导干部深入联系点，访职工、做实事，有效推进了建设标准化党支部工程。深入开展创建党员责任区和党员先锋岗活动，12个基层党组织荣获省国资委“共产党员先锋岗”称号。

（六）全面推进“七权七责”工作机制

2012年，集团党委全面推进“七权七责”工作机制，结合企业实际，开展“明权责、激活力、促发展”活动，以明权确责为总抓手，以促进发展为目标，以制度建设为保障，使党员的基本权利全面落实，党员的主体地位和责任意识更加强化，激发党员队伍活力，促进集团公司科学发展。一是抓实

三个环节，夯实活动基础。抓好活动谋划环节，精心安排部署，制定下发《“明权责、激活力、促发展”活动实施方案》，围绕一个主题，突出贯彻党的十八大精神和迎接建党 92 周年两个重大节点，将活动分为宣传发动、扎实推进和巩固提高三个主要阶段，不断提升党员队伍的生机和活力。抓好组织领导环节。成立集团党委书记、董事长为组长的领导小组，加强对活动的指导、协调。抓好活动考核环节。注重督促检查，坚持随时抽查与定期检查相结合，及时掌握活动情况，帮助解决问题，确保活动效果。二是坚持三个注重，突出活动特色。注重务实。推进认责承诺，下发《关于建立健全党员承诺践诺制度的意见》，坚持因人而异、简便易行的原则，明确每名党员的权利和责任，组织党员承诺、践诺，讲实话，干实事，看实效，并采取适当方式向职工群众公布，接受监督。注重创新。开展“五比四看八促三争先”活动（五比：比党性、比责任、比形象、比奉献、比学习；四看：看执行组织决定是否到位，看工作提高是否有效果，看党员责任区是否和睦团结，看群众是否满意；八促：促效率升级、促效益升级、促管理升级、促安全升级、促服务升级、促节能减排升级、促和谐稳定升级、促转型发展升级；三争先：争创先进党员责任区、争做共产党员先锋岗、争当先锋共产党员）。注重服务。以贯彻十八大会议精神为重点，以基层党组织服务党员、党员服务群众、共同服务发展为主线，不断丰富党组织活动，提升党员党性修养。三是健全三项机制，确保活动实效。建立健全党员主体参与机制，尝试推行党员旁听民主生活会、党代会代表列席同级党委有关会议等做法，发挥党员主体作用；建立健全党员主体监督机制，做好党务公开；建立健全党员主体权利保障机制，建立和完善保障党员选举的制度，推进基层党支部书记公推直选。

（七）积极开展党建理论实践活动

从 2013 年开始，集团党委注重党建工作调研，逐步提升集团党建工作影响力。

2013 年，集团党委加强与国资委党建处、党建研究会的沟通联系，先后在全国部分省市企业党委书记工作研究会 25 次会议、国有企业深入开展党的群众路线教育实践活动专题座谈会、省国资委机关及事业单位党的群众路线教育实践活动交流会上进行交流。积极向国企党建研究会投搞，在《河北企业党建》第 4 期上发表反映集团党建工作的稿件 5 篇，全年在《党建动态》、新浪网、省国资委网站、省国资委党建动态等媒体刊发集团党建方面稿件 23 篇，扩大集团党建在全省影响力。同时，注重发掘积累党建经验，抓好党建调研工作，提炼总结集团党建特色项目，在省国资党委“四创”活动项目评选工作中，集团党委荣获优秀组织奖，港口机械公司党委的“113”党性提升工程、秦港股份六公司党委的“双服务”竞赛等 4 个项目，荣获省国有企业“四创”活动奖。在全省“中国梦 · 组工人”征文活动中，集团组工干部撰写的征文荣获省委组织系统二等奖，集团党委荣获省国资委系统优秀组织奖，9 篇征文分别荣获省国资委系统各项等级奖。

2014 年，集团党委探索实践加强和改进党建工作的新思路、新方法，总结提炼的《集团践行党的群众路线报告》《强化集团领导班子核心作用，引领集团科学发展转型升级》《“三步五平台”：鲜活党日活动的有益探索》以及发展党员工作经验等文章，先后上报省委教育实践活动督导组、省委组织部、省国资委，集中展示了集团党建工作特色。组织开展“党的群众路线教育理论研讨”“群众路线在国企大家谈”征文活动，组织系统共撰写稿件 174 篇，择优向上级推荐 77 篇，先后在《国企》《河北党建》《党旗飘飘秦皇岛》和河北共产党员网、省国资委网站等媒体刊发，其中党委书记邢录珍的理论文章获省委教育实践活动理论研讨成果奖，集团党委荣获“优秀组织奖”，是全省唯一一家获此殊荣的国有企业，有力地提升了集团党建影响力。

2015 年，河北港口集团成立了集团党建研究会及第一届理事会，先后开展党建调研年度立项、“三严三实”主题征文、“一单位一品牌”建设等活动，全年形成理论成果 180 余篇，推荐上报 80 余篇，其中“两学两建”“党小组规范化建设”等党建创新做法在全国部分省市企业党委书记工作研究会 27 次年会、省国企党建研究会一届五次全会等重要会议上作交流发言，20 余篇文章在《国企》《河北企业党建》等杂志刊载，扩大了集团党建工作影响力。

集团党建工作研究成果

2016 年，集团党委注重总结，加强推介集团党建工作。坚持在“实”“新”“亮”上做文章，着力提升打造党建工作品牌的水平。仅当年上半年，集团党委就囊括了省国企党建研究会所有活动和工作的组织奖。集团党委副书记、工会主席宋敬中撰写的《唤醒党员的角色意识，做“严以修身”的表率》，集团纪委书记孟博撰写的《以“三严三实”新要求推进党风建设和反腐倡廉监督责任落到实处》等 8 篇文章分获“三严三实”主题征文一、二、三等奖和优秀奖；集团党委的《实施能源物流链党建共建，推动企业提质提效和转型升级》、股份公司党委的《加快高素质人才引进和培养，促进企业转型升级》分获“党建工作服务企业转型升级案例”征集活动的最佳案例和优秀案例，并在省国企党建研究会进行了交流；《强化引领、创新实践，不断加强改进新常态下的党建工作》等 6 篇调研成果荣获 2015 年度国企党建研究课题成果一、二、三等奖和优秀奖。编撰了集团党建工作画册《领航》，有力提振了集团形象。

（八）学习贯彻中共十八大精神

2012 年，集团党委把学习宣传贯彻中共十八大精神作为首要的政治任务，统一部署，精心组织，集团党委中心组开展集中封闭学习，举办集团中层领导人员和党委书记、党支部书记培训班，全年各级党委中心组组织集中学习 387 次，举办领导干部大讲堂 9 期，使各级领导人员的理想信念更加坚定，政治理论水平有了新的提高。各级党组织逐级部署、层层宣讲，达到了统一思想、凝聚力量、共谋发展的目的。在学习宣讲的基础上，集团党委围绕贯彻落实上级会议精神和工作部署，全面开展“惠在何处、惠从何来”形势

任务教育，深入宣讲党的惠民政策、集团改革发展成就以及给职工带来的实惠，增强了广大干部职工的事业心、责任感和使命感。深入开展“喜迎十八大、双百双促”“弘扬西柏坡精神、加强党性教育”等党性提升活动，形成了一批理论学习成果，收到了以教育提修养、以教育促工作的成效。坚持正确舆论导向，集团新闻媒体发表报道稿件3400多篇，准确及时地把集团的声音传递给广大干部职工，营造了昂扬向上、奋发进取的浓厚氛围。

（九）学习贯彻全国国有企业党建工作会议精神

2017年1月12日，集团公司召开党委会，传达全国国有企业党的建设工作会议精神，部署学习贯彻工作。要求集团各级党组织发挥党组织中心组龙头作用，认真组织学习会议精神，切实把思想和行动统一到中央要求上来。一是深入领会党的领导的重大政治原则，切实发挥党组织领导核心和政治核心作用，在“把方向、管大局”基础上，进一步强化“保落实”作用，保证国有企业党的建设各项部署的落实。二是深入领会突出监督重点的要求，整合监督力量，形成监督合力。三是深入领会健全以职工代表大会为基本形式的民主管理制度的要求，鼓励职工代表有序参与公司治理。四是深入领会坚持党管干部原则，强化领导干部管理，建设一支“对党忠诚、勇于创新、治企有方、兴企有为、清正廉洁”的干部队伍。五是深入领会从基本组织、基本队伍、基本制度严起来的要求，充分发挥基层党组织战斗堡垒作用和党员先锋模范作用。六是深入领会把思想政治工作作为企业党组织一项经常性、基础性工作来抓的要求，守住意识形态的阵地。七是在学习贯彻落实全国国有企业党的建设工作会议精神上下功夫，迅速行动，尽快安排，推动生产经营和党建工作深度融合，把党建工作成效转化为企业发展优势。

三、加强领导班子和领导干部建设

集团党委以贯彻落实中央从严管理干部新精神为指引，坚持正确的选人用人导向，严格选任工作程序，着力构建科学有效的选拔任用体系，不断优化所属单位领导班子结构，加强领导人员队伍和投资企业法人治理结构建设，2012年以来，集团共提拔中层领导人员233人次（2012年80人次，2013年33人次，2014年56人次，2015年43人次，2016年21人次），为集团公司改革发展、转型升级提供了坚实的人才保障。

（一）严格选任工作程序，选优配强领导班子

严格选拔任用工作程序，重点抓好七个环节。严把提名环节，根据集团改革发展大局需要，针对所属单位领导班子缺员、新设立单位领导班子配备不完善等情况，注重班子成员的年龄、知识、性格、气质等多因素合理搭配，集团党委常委领导充分沟通酝酿，提出领导人员调整工作方案，努力使班子群体素质趋于优良、个体优势互补、整体功能协调；严把资格审核环节，坚持德才兼备、以德为先的用人标准，拟提拔人选一般应具有大学本科及以上学历、中级及以上专业技术职务，并在下一职级岗位工作两年以上，对特别优秀的人才，由集团公司根据工作需要，破格提拔使用；严把民主推荐环节，坚持把民主推荐作为选拔任用干部的必经程序和基础环节，严格按照要求确定参加民主推荐的人员范围。同时，坚持对民主推荐结果进行综合分析，将干部得票情况与组织平常掌握情况相印证，与年度考核及民主测评情况相印证，防止简单以票取人；严把组织考察环节，注重综合采用民主测评、个别谈话和查阅干部档案、有关资料等多种方式对干部进行考察，注重扩大考察工作调研范围，张贴考察预告，力争全面、客观地了解考察对象的真实情况。推进“凡提必核”，对拟提拔考察对象的个人有关事项进行认真核查；严把讨论决定环节，在讨论领导人员任免时，严格执行集体领导、民主集中、个别酝酿、会议决定的党委议事规则，坚持有三分之二以上成员到会的规定，同时，征求集团公司纪委对拟提拔人选在廉洁自律方面的意见；严把任前公示环节，对拟提拔的领导人员，在现任职单位进行任前公示，不断扩大职工群众在干部工作中的知情权、参与权和监督权，对公示中反映问题未查清的，提交集团党委会研究，不予任职或暂缓任职，并由集团公司领导或党委组织部门进行谈话；严把试用环节，对提拔为中层以上领导人员，一律实行一年的试用期，试用期满考核合格的，正式任职，试用期计入任职时间。严格的工作程序和选人用人标准优化了集团中层领导班子结构，提升了集团选人用人公信度，激发了领导人员干事创业的积极性和主动性。同时，在集团党总支以上单位全面落实了领导班子双向进入、交叉任职领导体制，为企业党组织充分发挥政治核心作用、参与企业重大问题决策开辟了有效途径，有力地提高了决策力和领导力。加强对投资企业董、监事调整，充分考虑拟推荐人选经历、业务相关等方面因素，通过调整健全完善了投资企业法人治理结构，强化了对投资企业管理。为进一步创新选拔任用方式、加大竞争性选拔领导人员工作力度，拓宽选人视野，先后组织公开选拔港口医院、餐饮公司等8个岗位中层领导人员。坚持贯彻民主公开竞争择优的方针，制定科学严谨公选方案，细化工作流程，引进专业机构和集团外部评委，增加职工评委，集团领导参加面试全过程，体现了党委对选贤任能工作的高度重视，做到信息、过程、结果三公开，使公选工作民主性、公正性得到大幅加强，为进一步开展竞争性选拔领导人员奠定了基础，营造出优秀人才脱颖而出的浓厚氛围。

（二）改进完善领导班子和领导人员考评机制，发挥激励约束作用

创新考评方式，以经营实绩和管理水平为依据，采用“一定量、五评价”的方式，围绕业绩和能力考核，将定量考核与定性考核相结合，突出业绩考核权重和作风建设内容，重点检查贯彻落实中央“八项规定”、解决“四风”方面情况，实现了分类考核、量化评价，提高了考核工作的科学化水平。完善考评体系，将党建考评纳入领导班子考核评价体系中，并占一定权重，体现抓好党建工作是最大政绩的新导向。将领导班子和领导人员年度综合考核评价与企业绩效考核、直属党组织书记履行党建责任考核、党风建设和反腐倡廉责任制考核、职代会民主评议领导班子和领导人员五考合一，形成“五位一体”综合考评体系。使年度考评工作由侧重单一性考核逐步向综合性考评转变，由侧重本单位评价向开放式多维度评价转变，由侧重考评过程向强化考评的针对性和实效性转变。发挥导向作用，召开领导班子及领导人员综合考评讲评大会，通报考评情况，选树并重奖在年度工作中做出突出贡献的领导班子和领导人员，对存在问题、考评结果一

般的领导班子及领导人员提出批评并予以调整，充分发挥考核评价指挥棒作用，充分调动各单位领导班子及领导人员干事创业的积极性、主动性和创造性，树立了“三严三实”的价值导向。

2017 年 1 月 17 日，集团党委召开 2016 年度基层党组织书记抓党建工作述职评议会，这是河北港口集团首次开展基层党组织书记集中述职工作。按照集团党委要求，各基层党组织书记分别从履行抓基层党建工作责任情况、基层党建工作进展情况、抓基层党建工作取得的成效、存在的突出问题与改进工作的思路措施四个方面进行述职，其中港口机械公司、港口工程公司、秦皇岛港公安局，秦港股份一公司、二公司、杂货公司、六公司、七公司、九公司、中理公司党组织书记进行

2017 年，集团党委开展基层党组织书记抓党建工作述职评议工作

现场述职，其他基层党组织书记做书面述职。与会人员严格根据各单位党组织书记述职情况对述职人员进行了评议。此次是集团党委首次以集中述职的形式对党组织书记抓党建工作情况进行评议，是对集团基层党建工作的一次集中检验，是对基层党组织书记抓党建工作落实情况的深入交流和全面展示，是对基层单位领导班子和领导干部考核的一次创新性举措，充分发挥了领导核心和政治核心作用，为企业生产经营管理工作提供了强有力的政治保障。

（三）完善领导人员管理制度体系

为贯彻省委关于提高选人用人公信度工作精神，集团党委组织部深入基层单位对集团选人用人工作进行调研，通过面对面沟通、发放调查问卷等形式，广泛听取基层单位对集团选人用人工作的意见和建议，通过研究梳理，提出了进一步加强和改进集团选人用人工作的建议和方案，为进一步加强和改进集团选人用人工作奠定了基础。在此基础上，结合集团战略发展需求和具体工作实际问题，集团党委新建或修订了集团领导人员选任和管理制度，包括《领导人员管理暂行办法》《关于领导人员任免工作程序的规定》《公开选拔领导人员工作实施办法》《公开招聘领导人员工作实施办法》《科级管理人员竞争上岗工作指导意见》《领导人员任职试用期制度实施办法》等 13 项。在制度制订的过程中，组织召开多次专题研讨会议，多次征求相关单位的意见和建议，确保了制度制定的科学性和合理性。制度体系的逐步建立健全，为加强集团领导人员选任和管理工作奠定了基础。

（四）严格监督管理，规范领导人员履职行为

2016 年，按照省委组织部转发的中组部《关于进一步规范党政领导干部在企业兼职（任职）问题的意见》，集团党委完成对党政领导干部在集团兼职（任职）情况调查及清理工作。同时，对集团中层领导人员兼职领薪情况进行了调查、清理，规范领导人员履职行为。严格执行领导人员报告个人有关事项制度，结合省委组织部、省国资委对领

导人员报告个人有关事项工作的新要求，起草下发了集团公司《领导人员个人有关事项报告抽查核实办法》，提高各级领导人员对个人有关事项报告工作的重视程度和自觉性，强化领导人员管理和监督。研究制定集团公司领导人员离任交接工作办法，规范领导人员离任交接工作程序，严肃交接工作纪律，并针对领导人员离任工作交接制度执行不到位的问题，深入基层听取意见和建议，及时制定补充说明，确保了制度执行的严肃性和规范性。认真落实“一报告两评议”制度，在年度考评工作中对上一年度干部选用工作和新提拔领导人员进行评议，实现了无死角、全覆盖。建立重要人事任免事项权力运行监控机制，对领导人员选拔任用的提名、民主推荐、考察、研究决定及中层后备领导人员的确定等事项制订权力运行流程图，规范决策程序，明确各环节廉洁风险点和防范措施，有效杜绝违规行为。

（五）严格党内组织生活，不断提高民主生活会质量

集团领导班子坚持每年至少召开一次民主生活会，深入开展批评和自我批评。2012年5月，根据省国资委《关于在监管企业开展廉洁从业对照检查活动的通知》要求，结合集团原领导违法违纪案件剖析，召开廉洁自律专题民主生活会，领导班子及成员深入查摆了在思想、作风和廉洁从业方面存在的问题，查找了反腐倡廉建设的薄弱环节，开展批评和自我批评，分析原因，提出整改措施，促进了集团反腐倡廉建设。2013年1月，根据省纪委、省委组织部《关于开好2012年度县以上党和国家机关党员领导干部民主生活会的通知》精神，集团领导班子组织召开了年度民主生活会，重点就领导班子及成员在党性修养、道德品德、思想作风、工作作风和清廉守纪等方面存在的问题开展了批评和自我批评。2014年7月，组织召开了党的群众路线教育专题民主生活会。生活会前，组织开展了“六个征集”和“我为企业改革发展献一计”活动，共发放调研问卷3224份，书面征求意见函100份，组织召开查找问题专题会议，帮助集团领导班子及成员深查细照，共汇总集团层面意见建议5大类312条。各基层党组织共召开查找问题专题会45场，梳理汇总问题7类2793条。集团领导问题找得准、找得深，集团领导班子专题民主生活会达到了触及灵魂、增强党性、改进作风、促进工作的目的，进一步提高了领导班子的凝聚力和战斗力，得到了省委督导组和省国资委领导高度评价。同时，严格审核子分公司领导人员对照检查材料，指导各级党组织和班子成员广泛听取干部群众意见建议，找准自身存在的问题，确保对照检查材料的整体质量。集团48个基层领导班子全部召开了专题民主生活会，使集团各级领导班子的创造力、凝聚力和战斗力得到新加强，1200余名职工代表听取了情况通报并参加评议，满意率为95.89%。280个基层党支部全部召开专题组织生活会并进行党员民主评议，5260名党员参加了评议，占在职党员的95.7%，其中评价为“好”占77%，使每名党员普遍受到了一次党的群众路线教育。

（六）贯彻民主集中制，严格履行组织程序

集团领导班子把坚持和执行民主集中制作为加强自身建设的一项重要任务来抓。多年来，集团党委坚持按照“集体领导、民主集中、个别酝酿、会议决定”的原则办事，相继印发《基层党组织领导人员民主生活会

的若干规定》《关于党组织中心组学习的规定》，完善党内学习教育和组织生活要求，认真组织班子成员进行各类专题学习，按要求参加民主生活会，系统地进行民主集中制学习教育，提高了班子成员贯彻民主集中制的自觉性。按照“集体领导、民主集中、个别酝酿、会议决策”的原则，建立健全了集团党政议事决策机制，制定了董事会、党委会、党政联席会、总经理办公会工作规则，对决策准备、决策过程和决策执行等各环节管理进行了明确和规范要求。贯彻落实中央、河北省《关于国有企业贯彻落实“三重一大”决策制度的实施意见》，制定集团《关于贯彻落实“三重一大”决策制度的实施办法（试行）》，明确了集团“三重一大”事项范围以及各类事项的决策程序，为实现科学决策、民主决策提供了制度保障。

集团领导班子能够做到带头按规则办事、按制度办事，严格执行民主集中制。坚持集体领导和个人分工相结合，凡涉及重大事项决策，必须提交会议集体讨论决定，不搞个人说了算。决策之前，班子成员能够做到遇事多沟通、多协调，大事讲原则、小事讲风格，尽量形成一致意见。在决策过程中，做到了既充分讨论、畅所欲言，又不搞无原则争论、议而不决。党政一把手严格做到不抢先表态、不压制意见，让每名班子成员都充分发表自己的意见，党政一把手根据多数人的意见最后发言，并进行表决。一旦决定形成，不管个人赞成与否，都要不折不扣地贯彻执行。通过严格履行组织程序，各项决策得到了较好执行。

（七）加强教育培训，提升领导素质

集团党委采用党委改进教育培训方式，在继续强化推进“领导干部大讲堂”的基础上建设“e师e友”培训平台，并先后举办新提拔中层领导人员、中层后备领导人员培训班和中层领导人员“学习党的十八届三中全会精神、推进集团科学发展战略转型”研修班共九期，脱产培训431人次，对中层领导人员实现了全覆盖轮训。通过系统讲授、研讨交流，开拓了视野，提高了能力。为增强培训效果，在港报开辟专栏，参训人员谈收获、讲体会、定措施，激励学以致用。领导人员增长了政治、经济、法律、人文方面的理论知识，对综合素质的提升、管理水平的提高起到很好的促进作用。

从2015年开始，集团党委组织开展“党委书记荐学”活动。集团党委书记亲笔致信机关部室全体同志加强学习，并先后推荐《中国人不会膜拜西方价值观》等4篇文章和《互联网＋大融合与大变革》《知之深，爱之切》《一带一路：机遇与挑战》等书籍，并逐步把荐读对象扩大至全体中层以上领导干部。采取集团党委主要领导点题学、推荐学的做法，实施“组织学习、专题研讨、高层指引、向下延伸”的学习模式，灵活运用个人自学、专人领读、集体学习等方式深入掌握学习内容。在此基础上，系统运用学习内容到实际工作之中，将调研讨论结果转化为推动集团改革实践的政策举措，形成对当前形势的科学判断、补齐短板的务实性措施，推动集团科学发展，转型升级。

（八）加强作风建设，强化领导班子和人员带头作用

集团领导班子始终把作风建设作为促进集团发展、维护职工利益，密切党群关系的有效途径，把解决职工关心关注的热点和利益问题作为一切工作的出发点和落脚点。开展“基层、访职工、做实事”活动，建立集团领导联系点和指导点制度，班子成员以“听、看、问、研”为主要方法，深入厂队、班组直接指导，倾听民意呼声，2014年，集团班子成员深入联系点、指导点及分管单位开展工作共达65次，及时发现和解决一些棘手问题，维护了职工的根本利益。同时，领导班子把廉洁自律作为必备的政治品德和第一操守，带头开展正风肃纪专项行动，活动开展以来，集团压缩会议同比减少9.68%，精简文件80个，同比减少10%；压缩“三公”经费381.6万元，压缩比例65.4%；减少因公临时出国（境）9批次，共10人。调整清理办公用房8175平米。收紧制度笼子，出台《企业负责人公务用车管理暂行办法（修订）》，严格规范领导行为，带动集团上下形成了风清气正干事业、一心一意谋发展的生动局面。

2016年1月，集团机关党委组织领导人员和党员干部赴北京市反腐倡廉警示教育基地，开展党日活动

（九）开展档案专项核查工作，规范领导干部档案管理

2010年4月～6月，集团党委根据省委组织部《关于开展干部档案专项核查工作的通知》和省国资委有关要求，组织开展干部档案专项核查工作。集团党委成立档案专项核查工作领导小组，由集团党委主要领导人任组长、副组长。此次档案专项核查工作涵盖集团所有在职干部（管理人员），重点核查集团公司总部全体干部、子（分）公司领导班子成员和中层干部，集团中层后备干部的档案情况。核查工作的主要内容是“三龄两历一身份”，即年龄（出生年月）、党龄（入党时间）、工龄（参加工作时间）；学历和工作经历；干部（管理人员）身份。主要核查上述内容有无涂改伪造材料现象；有无前后记载不一致或矛盾的问题；有无审核认定不符合规定的情况；涉及升学、招工、录用、调动、提拔等事项重要材料是否齐全，内在逻辑关系是否合理。核查工作按照“谁主管谁负责，谁核查谁负责”的原则，实行分级负责，层层落实责任制，确保核查信息准确，取得扎实成效。

2015年4月～2016年6月，集团党委为进一步从严管理干部人事档案，切实解决档案管理中的突出问题，在集团集中开展干部人事档案专项审核工作。审核前，集团党委制定《干部人事档案专项审核工作实施方案》，明确档案审核工作的范围、方法及时间安排等内容。此次审核工作重点是集团公司所有在职科级及以上管理人员的档案，对干部人事档案中的干部出生时间、参加工作时间、入党时间、学历学位、工作经历、干部（管理人员）身份、家庭主要成员及重要社会关系等重要信息进行真实性、完整性审查，确保干部信息真实准确。此次干部档案审查是继2010年集团开展的干部人事档案专项核查整治工作后，时隔5年后又一次全面的干部档案审核工作，此次专项审核有效解决了干部档案中存在的一些新问题和遗留问

题，为进一步规范集团干部人事档案工作奠定了基础。

四、强化人才队伍建设，提供坚实人力保障

中共十八大召开后，集团党委实施“410成才计划”和“15510”培训计划等人才培育计划，逐步建立和开展包括技能人员、专业技术人员、蓝领人才建设工程、资格性岗位、学历教育等在内的10类培训，打造校企合作、国家级技能大师工作室、人才实训示范基地、云学习4大培训平台，建立健全各项人才管理制度与机制，评审、推荐各类专业技术人才，成立“张海波国家级技能大师工作室”，培育出大批高素质人才，为企业发展提供了坚实的智力支持和人才保障。

集团实施1231蓝领工程，打造高素质职工队伍

（一）积极做好人才管理工作

2009年，集团党委对有关规章制度进行梳理，起草、修改了职工教育培训管理制度、集团优秀人才激励机制、技师考评和技能鉴定等有关规章制度；起草印发了《开展技师社会化和企业内考评工作的通知》，审核申报资格。7月，为加快技师社会化管理进程和高技能人才队伍建设，集团党委做好优秀人才选拔推荐工作，组织开展河北省“三三三”人才、秦皇岛市“优秀科技工作者”“青年科技奖”“第八批拔尖人才”和“优秀女性人才”人选申报工作。同年，集团党委还组织做好到岗后的见习期管理工作，认真制定2008年新入职毕业生见习计划，安排毕业生到基层和生产一线上岗见习。修改下发成立博士后工作管理机构的通知和博士后工作站管理规定，筹备成立博士后工作站的相关工作。

2010年，集团党委以开展创先争优活动为契机，借鉴和运用现代企业管理的科学方法和手段开展工作，进一步加强人才队伍的培养与建设，形成人才辈出的良好环境，打造集团优势。全年分别向省、市推荐“国务院政府特殊津贴”1名、河北省“有突出贡献的青年专家”2名；向交通部推荐“水运工程和交通支持系统评标专家”25名、“航海领域专家”2名、“交通运输行业职业技能鉴定专家”8名。成立人才管理对策课题组，对各级各类人才的基本情况进行统计汇总，发放调查问卷，为后续制定人才管理工作的改进措施奠定基础。并积极为高级人才谋福利，组织集团公司中层干部和高职人员疗养140人次、体检650多人次；协助省、市完成各类专家走访慰问、年度考核等项工作，领取发放26位专家的省政府岗位津贴15.69万元；为博士后工作站申请秦皇岛市人才开发专项资金和河北省博士后基金择优资助款共28万元。

2011年，集团党委继续加强优秀人才选拔推荐和管理工作。根据集团公司定位和发展战略对人才培养工作提出的要求，研究制定《集团公司中长期人才发展规划（2010–2020）》，明确十年内集团公司人才开发工

作的指导思想、发展目标、主要任务和重点工作。组织开展各类优秀人才选拔推荐工作。全年先后向省安全监督局推荐职业健康专家，向省水运评标专家库推荐评标专家，向省国资委系统推荐人才工作先进单位、有突出贡献优秀高级经营管理人才、有突出贡献的优秀专业技术人才和高技能人才，推荐省工业经济运行咨询专家、“全国交通技术能手”等各类人才100余名，进一步提升了集团的知名度。

2012年，集团党委积极落实十八大会议和省委组织工作和人才工作会议精神，坚持“党管人才”的原则，以深化创先争优活动为抓手，不断加强人才队伍建设和管理。完善人才工作体系，成立集团公司人才工作领导小组、调整了教育委员会、博士后工作管理委员会及其办公室，进一步明确了各组成单位的职责分工，理顺了工作流程，形成了完备的人才选拔、评价、培养工作组织领导机构。

2013年，集团党委以贯彻落实党的十八大精神为主线，紧紧围绕集团科学发展、转型升级，以提高企业发展质量和效益为中心，进一步巩固创先争优活动成果，强化人才队伍建设，为集团生产经营和战略发展提供人才支撑。调整集团人才工作领导小组、职称改革领导小组、工人考评工作领导小组及各专业考评委员会、教育委员会和博士后工作领导小组等5个人才工作领导机构，从组织层面确保人才工作开展的畅通；制定《集团人才引进管理办法（讨论稿）》，从制度上保证集团人才队伍建设的科学化、规范化。集团党委还根据集团所属各单位上报的毕业生需求计划，组织参加哈工大、吉林大学等高校校园招聘，实施面向社会公开招聘毕业生工作，快速择优为部分单位补充了急需的一批重点大学毕业生，集团员工综合素质水平得到有效提升。

2014年，结合集团战略布局，集团党委推进人力资源基础管理，确保人力资源配置最优化。加大引才力度、放宽引才视野的新方式、新渠道，贯彻“以人为本”的管理理念，相继修改完善了《优秀人才引进管理办法》《员工招聘管理办法》《河北港口集团职位管理办法》，为各类人才的成长提供更广阔的发展空间。全年向有关部门推荐河北省省管优秀专家、河北省第二批“巨人计划”创新创业团队和领军人才、河北省“三三三人才”、秦皇岛市首批“市管优秀专家”等各级各类人才28人次，为集团公司培养和储备了一批高层次人才。

2015年，集团党委着力抓好经营管理、专业技术和技能操作三支人才队伍建设，人事管理体系日趋完善。全年公开招聘大学毕业生287人，为集团管理、专业人员积蓄了后续力量，缓解了技能操作人员短缺状况。扎实组织全员竞聘试点工作，做好清退工作，全年清退劳务500余人，为企业经营节本增效。此外，集团人力资源管理信息系统全面上线，覆盖集团所属全部分子公司，实现集团对人力资源情况的实时、精确、动态掌握，集团人力资源管理信息化水平达到同行业先进水平。

2016年，集团党委坚持人才工作要服务生产经营、助推改革发展的工作方针，扎实推进三支人才队伍建设，激发人才活力，为集团转型发展提供人才保障。调整选拔优秀领导人员，首次启动外派优秀青年干部到先进企业学习锻炼活动，提高人员工作能力和领导水平。专业技术和技能人才队伍方面，

首次采取委托专业招聘机构面向社会招聘的方式，招聘 181 名大学毕业生。修订《工资总额管理办法》《中层管理人员吸筹管理办法》《机关绩效工资管理办法》，研究制定《员工持股方案》，激励各类人才增强主人翁意识和干事创业的积极性。

（二）严格专业技术人才考评、竞赛工作

2011 年，集团党委严格执行考核工作程序，采取自下而上的方法，逐级确定考核结果，提高考核工作的针对性和准确性。经考核 535 人优秀，比例为 14.52%，无不称职人员。根据考核结果，对涉及 3403 名专业技术人员，按照“按岗聘任、双向选择、竞争择优、严格考核”的原则进行聘任，同时对年度聘任工作进行了安排部署和检查审核。

2012 年，集团公司成立工人考评工作领导小组及各专业考评委员会，集团职业技能鉴定所通过了民办非企业单位“双评”验收，获得 AAAA 级评价。

2013 年 4 月，秦港股份公司“张海波技能大师工作室”正式获批成为“国家级技能大师工作室”，成为秦皇岛市首个国家级技能大师工作室，获得 10 万元建设项目资金补助。同年 11 月，张海波国家级技能大师工作室揭牌，标志着集团公司首家国家级技能大师工作室正式启动运行。

2015 年，集团党委着力推动专业技术人才和技能操作人才管理工作，承办省级技能人才大赛门机司机和叉车司机项目比赛，为技能操作人才搭建展示才能、交流切磋、促进提高的舞台。开展以“当好主力军，建功十二五”为主题的技能竞赛，项目涉及生产一线、技术维修和生产服务等各个领域，参赛对象覆盖老中青各个年龄层次。大赛产生的 8 名技术状元、31 名技术能手由集团公司统一进行奖励，并将符合条件的选手晋升技术等级，逐步形成了培训、竞赛、晋级“三位一体”的人才成长机制。同时，借助“张海波国家级技能大师工作室”和“股份公司人才实训示范基地”，突出实用性，努力发挥示范引领作用。截至 2015 年，完成创新技改项目 24 项，为公司创造效益累计 1690 多万元，培育出了河北省劳动模范万秦生、河北省能工巧匠顾绍辉等一批优秀高技能人才。

万秦生创新工作小组研究电控系统

2016 年，集团党委拓展技能竞赛领域，首次吸引秦皇岛、唐山、沧州三地职工参加，形成环渤海跨港联动技术比赛新机制。并首次组织跨地域鉴定考试，完成 6 个机型，195 名职工的技能鉴定考试工作，为实现跨港仅能人才建设提升奠定基础。

（三）加大人才教育培训力度

2009 年，制定《集团公司 2009 年度教育培训计划》，对基层单位教育培训计划的实施进行指导和审核；对大批医师、骨干民警外出集中培训、中高层领导干部参加“新千年”论坛培训等重要培训项目进行调研，提出管理意见；建立网络教育平台，涉及选修课程 19 门，进一步丰富了干部学习平台。并组织集团中、高层领导干部集团化建设理论培训班、赴根特港培训人员的选拔和英语听说强化训练，协办交通教育系统干部培训班等一系列职工教育培训班，取得明显成效。

2010 年全年培训 9223 人次，完成年度培训目标的 129%，比 2009 年增加 1715 人次。2011 年，积极探索培训模式和机制，大力开展适应性岗位和资格性岗位培训。全年培训职工总人数 10107 人次，其中，技能鉴定考前培训 819 人，安全培训 7261 人次，适应性岗位培训 2027 人次。2013 年，紧紧围绕科学发展、转型升级，提高培训质量和效益，做强港口所需专业培训项目，取得良好成效。截至 2014 年年底，培训职工 11643 人次，其中资格性岗位培训 5608 人次，适应性岗位培训 6035 人次，完成年度计划的 155%。

2014 年 7 月，秦港股份公司人才实训基地正式启动，为集团人才培养提供良好平台

2015 年，集团党委开发重点培训内容，激发经营管理人才高效决策潜能。精心挑选培训机构，商议培训内容和授课老师，组织举办 6 期领导干部大讲堂、2 期“一带一路”战略机遇下的港口发展与创新培训班、3 期中层后备干部脱产学习培训班、多期“提素质、促转型”科队级干部培训班等，帮助参训人员深化对经济新常态下政策的理解，在工作中更准确地为集团领导提供决策支持。同时，发挥“张海波国家级技能大师工作室”和“股份公司人才实训示范基地”示范引领作用。“张海波国家级技能大师工作室”组织开展“门机数据采集”“液压技术”“PLC 知识”“数控铣床操作”等专项培训 7 次；利用股份公司人才实训示范基地的平台，全年组织开展培训 28 期 370 人次，大大提高了技术技能人员的理论知识水平和实际操作能力。

2016 年，集团党委创新校企实效化新模式，与东北大学罗克韦尔实验室合作，邀请培训讲师到现场与技术人员共同商讨培训需求、了解生产设备，力使培训落脚点精准到每一名技术员负责的每一台设备，再到每台设备的每一个指令，打造针对性更强、效率值更高的的专业技术人才“精准培训”。

（四）实施“410 成才计划”

2014 年，集团党委贯彻落实中央关于“五个进一步”要求，将打好素质提升攻坚战列为党的群众路线教育实践活动“四大攻坚战”之一。集团党委结合实际，围绕港口生产经营发展和职工个人成长需要，把创新职工教育培训模式、提升职工教育培训质量，作为维护职工发展权益重要手段，制定并实施“410 成才计划”。

“410 成才计划”是指打造校企合作、国家级技能大师工作室、人才实训示范基地、云学习 4 大培训平台，做好中层以上领导干部人员、科队级干部人员、技能人员、专业技术人员、党务人员、班组长（党小组长）、蓝领人才建设工程、青工专场、资格性岗位、学历教育等 10 类培训，年培训职工 16000 余人次，为企业发展提供了坚实的智力支持和人才保障。

一是创新职工教育培训模式，实现职工队伍素质的整体提升。整合职工教育培训资源，

要求各基层单位教育部门、兼职教师与集团职工教育培训部门进行对接，协作开展培训管理、教材开发和培训实施。成功开办新入职员工培训，开设班组长、科队长及中高层管理者政策法规和管理知识培训，举办党群工作人员培训，拓展职工教育培训新领域。

二是利用社会优质资源开展联合办学，拓展职工教育培训渠道。与清华大学合作，以中层领导人员为教育培训主体对象，创立“领导干部大讲堂”。与新千年经济论坛合作，举办科队级管理人员培训班、“金牌班组长”培训班。与交通运输部管理干部学院合作，举办新提拔中层领导干部培训班、中层后备干部培训班。与青岛港湾职业技术学院和秦皇岛技师学院合作，举办专业技术人员和技能人员培训班。

三是创新导师带徒模式，建立由高技能人才、青年专业技术人员、技术工人组成的多层级带徒模式。组织新入职大学生、青年技术人员拜师高技能人才，依托“技能大师工作室”“职工教育实训基地”两大平台，实施实物现场培训。举办技术创新创效竞赛，开设青工专场培训，培养了一批青年技术骨干。成立“张海波国家级技能大师工作室”，集团公司两次荣获国家技能人才培育突出贡献奖。

四是开通运行“云学习平台”网络培训课堂，为优秀中青年科队级管理人员开通账号，实现了学习、考试、交流、评估全网络在线运行。尝试建立“移动学习”平台，通过手机等移动终端打造教育培训新载体，巩固“云学习平台”培训成果，成为实体培训的必要补充，进一步提升在职培训的信息化、高效化和便捷化水平。

通过实施“410成才计划”，培育了一批经营管理人才、专业技术人才和技能人才，全面提高了职工队伍素质，为集团转型发展，创新升级提供了坚实的智力支持和人才保障。

五、全面强化纪检、监察工作

2009年以来，在集团党委的正确领导下、集团纪委认真落实党风建设和反腐倡廉责任制，推动“两个责任”落实，制定惩治和预防腐败体系基本框架，启动纪检组派驻工作，构建集团大监督格局，在集团内全力营造了清正廉洁、遵规守纪的良好风气。

（一）开展党风廉政建设和效能监察工作

2009年，集团纪委制定《关于建立惩治和预防腐败体系基本框架的意见》。通过集中学习、自查自纠、公示整改，严格落实《国有企业领导人员廉洁从业若干规定》。在党员领导干部中开展“落实廉洁理念、促进科学发展”主题教育活动，有针对性地开展党风党纪教育月、警示教育和短信征集等活动，廉洁从业氛围愈加浓厚。全年共有77名党员干部拒礼拒贿、上缴礼金2.35万元。开展“三重一大”事项决策执行情况专项检查，对395项固定资产投资项目招标、重要岗位人员招聘等进行过程监督，提出规范管理的意见和建议146条。修订和新建反腐倡廉和重要管理制度30余项。纪检监察系统全年受理信访举报21件，比2008年下降64.4%。

2010年，集团纪委积极落实责任制，推进党风建设和反腐倡廉工作。通过责任分解、述职述廉、检查考核，推进各项工作落实。在广大党员特别是各级领导人员中广泛开展“学准则、作表率”和“党风党纪教育月”等工作，层层进行廉洁从业承诺。加大制度建设力度，建立和完善党风建设和反腐倡廉责任制、招标活动管理及监督办法等制度269项。以推进权力运行监控机制建设为重点，积极开展监督监察工作，查找权力风险点1090个，制定防范措施1258条。效能监察工作方面，实施监督重点项目招标、资产处理、员工招聘等重要事项109次，开展效能监察42项，避免和挽回经济损失300余万元。

2011年，集团纪委认真履行“一岗双责”，贯彻落实十七届中央纪委六次全会精神，按照省纪委和省国资委工作部署，以认真汲取个别领导人员违法违纪案件教训，查漏洞、挖根源、定措施为主线，严格落实党风建设和反腐倡廉责任制，将全年工作分解为8个方面71项具体任务，明确责任领导、部门和完成时限。深刻剖析案件发生的深层次原因，从教育、制度、监督和管理等多方面制定落实27项整改措施。着眼源头治理，稳步推进《贯彻执行“三重一大”决策制度实施办法》制定工作，全年制定《股权投资管理办法》等规章制度40余项。以案为鉴开展警示教育和“学法规、查言行、履承诺”主题教育，组织中层领导人员深入学习《中国共产党廉洁自律准则》《国有企业领导人员廉洁从业若干规定》等党纪法规，签订《廉洁从业承诺书》，对67名新提拔中层领导人员全部进行任前考试和廉洁谈话，广大党员干部特别是各级领导人员的廉洁自律意识明显提高。效能监察工作方面，集团纪委扎实开展效能监察，落实工程建设领域“十公开”制度，全年公开单项金额500万元以上工程项目49项，对包括工程建设、对外投资合作等51个重要项目在内的“三重一大”事项进行监督，提出意见建议136条，进一步规范了内部管理。

2012年，集团纪委加强警示教育，完善惩防体系，增强廉洁从业意识。深入开展“以案为鉴，树廉勤形象”主题教育活动，召开集团警示教育大会，主要通报集团发生的腐败案件，以案为鉴，引以为戒，警钟长鸣，进一步强化了全体党员干部拒腐防变的思想道德防线。召开各级领导班子专题民主生活会，对照党章和廉洁从业规定，重点围绕权力行使、责任落实、遵章守纪等内容进行自查，开展批评与自我批评，制定改进措施，明确努力方向。完成惩防体系基本框架编制工作，完善教育引导、制度防控、权力运行监控、惩处腐败四个运行系统，集团惩防体系建设工作不断深入。加强高风险权力运行主要环节监控工作，制定实施“三重一大”决策制度实施办法，并开展执行情况专项检查，保证了权力透明、规范运行。在此基础上，加大对违纪违法问题的查处力度，全年有3名党员干部受到党纪处分，14名党员干部受到组织处理，避免经济损失13万余元。成功承办了全国地方国资委纪委书记研讨会，集中展示了集团反腐倡廉建设成果。

2013年，集团纪委认真落实中央“八项规定”等要求，聚焦“四风”问题，开展“强作风、守廉责、树形象”主题教育活动，通过“四查四看”，查找问题70余个，落实整改措施100余条。积极推进廉洁文化建设，严肃查处案件。全年共受理来信、来访、电话举报25件，初核案件线索2件，立案5件，结案5件，办理司法机关移送案件4件，26名党员干部受到党纪处分或组织处理，3个移送司法机关。命名秦港股份六公司、七公司和铁运公司3个首批廉洁文化建设示范点，股份公司获得秦皇岛市“四星级廉政文化先进企业”称号。

2014年，集团纪委开展查办腐败案件体制机制改革试点工作。组织召开预防职务犯

罪警示教育大会，开展谈心提醒教育，对发现的苗头性、倾向性问题早打招呼、早提醒、早纠正，让党员干部受警醒、明底线、知敬畏。发挥集团廉洁文化建设示范点引领带动作用，开展廉洁微动漫、微电影、漫画征集展播活动，制作廉洁文化理念意象群手册，围绕“修身进德、清廉从业”廉洁理念，对领导人员、重点岗位人员、普通职工等廉洁自律座右铭进行提炼，通过漫画形式形象地展示理念释义，引导树立廉洁价值观，营造了“修身进德、清廉从业”的廉洁文化环境。制定落实“两个责任”实施意见、领导人员廉洁从业实施细则，健全完善了反腐倡廉制度体系和监督问责机制，进一步提升了工作规范化水平。创新性地开展谈心提醒教育，对党员干部存

集团纪委坚持反腐工作抓早抓小。图为纪委系统人员进行“清风颂”主题演出

在的苗头性、倾向性问题早打招呼、早提醒、早纠正，变传统反腐倡廉教育模式为个性化、暖色调、温情式教育。当年年底，还制作完成“河北港口集团大力建设廉洁文化”专题网页，通过标题语形式链入河北新闻网及国企频道。网页集中展示集团廉洁文化建设亮点工作开展情况，大力宣传纪检监察改革创新的工作成果，展现了纪检监察干部队伍奋发有为的精神风貌。

2015年，集团纪委构建从严治党新常态。集团纪委倒逼责任，厘清责任，确定6类77项具体工作任务，实施半年工作检查，约谈履责不力的单位和部门党组织，切实提高了履职尽责能力。深入开展“把纪律和规矩挺在前面”试点工作，取得良好效果。健全包括谈话劝诫、纪律审查、责任保障等21项制度规定在内的完整制度体系，其中7项被收录到省国资委试点工作汇编之中；制定落实信访预警管理办法，建立微信举报平台，对苗头性、倾向性问题，进行信访预警提示，从源头防范。加大查办案件力度，健全办案机制，全年共受理纪检监察信访举报78件、初核78件，初核率达100%，11人次受到党纪处分和组织处理。开展谈心提醒工作，组织党员干部学习廉洁准则和党纪处分条例，剖析违法违纪典型案例，推动廉洁文化建设，形成了廉荣贪耻的浓厚氛围。

2016年，集团纪委制定“两个责任”追究办法，严格落实“一案双查”和重大案件通报制度，对8名党员干部实施责任追究。构建教育预防、问题发现、统领协调、执纪审查、工作保障等5个反腐倡廉制度体系，在省国资委系统率先形成了谈话劝诫制度体系，全年共开展廉政谈话14人、谈心提醒9人、约谈13人、诫勉谈话19人，集团8项经验和7项制度在省国资委系统范围内推广。推广“把纪律和规矩挺在前面”试点工作经验，制定《贯彻落实省国资委“把纪律和规矩挺在前面”试点经验的实施方案》，历时3个月，分为学习部署、推进实施、总结提高3个阶段，力促集团“挺纪在前”再上新台阶。将学习贯彻党规党纪作为贯彻落实全面从严治党要求的重要抓手，组织学习贯彻《中国共产党

廉洁自律准则》和《中国共产党纪律处分条例》，推动党纪党规在集团落地生根。在此基础上，规范监察问题线索管理和处置，集团、股份公司两级纪委制定出台《纪检监察问题线索管理办法（试行）》，防止线索失管、案源流失，确保违法问题得到及时有效查处。构建“五统一”执纪审查工作模式，全年共受理信访举报55件，立案11件，党纪处分15人，政纪处分3人。整合纪检、监察和监事会监督职能，成立21个派驻纪检组，对全集团65家单位实现派驻监督全覆盖，初步形成了“大监督”格局。

（二）制定惩治和预防腐败体系基本框架

2013年，集团党委制定惩治和预防腐败体系基本框架。惩治和预防腐败体系基本框架分为总体要求、结构与主要内容、运转保障体系三大部分。基本框架的总体要求包括指导思想、基本原则和工作目标。基本框架以邓小平理论、“三个代表”重要思想和科学发展观为指导思想。基本原则包括“六个坚持”，即坚持围绕中心、服务大局；坚持惩防并举、注重预防；坚持改革创新、融入管理；坚持突出重点、统筹推进；坚持从严治企、依法依纪；坚持贴近实际、注重实效。工作目标则是以本框架为基础，建成与集团发展战略相适应，具有河北港口集团特色的惩治和预防腐败体系，使拒腐防变教育长效机制更加健全，反腐倡廉制度体系更加完善，权力运行监控机制更加有效，腐败现象得到有效遏制，职工群众的满意度有新的提高。

基本框架将惩治和预防腐败体系建设细化为教育引导、制度防控、权力运行监控、惩处腐败四个运行系统以及反腐倡廉工作、责任和考核评价3个保障体系，并对每个系统和每个体系的建设范围、内容和方法等进行明确阐述。4个运行系统和3个保障体系涵盖了集团公司党风建设和反腐倡廉重点工作内容。

（三）强化“两个责任”落实

2016年，集团党委按照省国资委党风廉政建设“两个责任”清单要求，立足企业实际，厘清“两个责任”七项清单，抓住统筹部署、制度建设和督查问责三项举措，强化“两个责任”落实。组织召开党委各部门、纪委参加的“两个责任”落实工作推进会，明确集团党委办公室负责落实党委主体责任的日常工作及党风建设和反腐倡廉工作的综合协调，探索制定了7项责任清单。其中，主体责任包括党委（党组织）领导班子21项责任清单、党委主要负责人10项责任清单、党委其他班子成员10项责任清单、党委工作部门18项责任清单等四项清单，监督责任清单包括纪委领导班子18项责任清单、纪委主要负责人10项责任清单、纪委其他班子成员6项责任清单等3项清单。在此基础上，集团党委还建立了纪委、党委各部门联席会议制度，并将“两个责任”的年度内容具体化、细化，分解为8类81项具体工作任务，落实到党委和经营班子成员，明确责任部门和完成时限，形成了实实在在的工作支撑，解决责任虚化、空转问题。

在落实“两个责任”方面，集团党委将“两个责任”的落实纳入集团重点工作谋划部署推进，定期听取工作情况汇报，专题分析反腐倡廉建设形势，研究工作计划、目标要求和具体措施，层层传导压力；增设了纪委党风监督室，从各个方面保证纪委履行好监督责任。集团党委、纪委还建立“两个责任”日常考核、督查通报、述职评议、考核追究等责任动态管理制度，力促7项清单落地生

根。深入开展“两个责任”问责实施年活动，研究制定《党风建设和反腐倡廉主体责任和监督责任考核办法》，对考核内容、方式、程序、结果运用做出明确规定。制定《党风建设和反腐倡廉主体责任和监督责任追究办法》，对管党治党主体责任缺失、监督责任缺位，巡视整改不落实的，一律严肃追究责任。对受到党纪处分的党员从严进行经济处罚，对典型问题公开通报曝光，将“两个责任”落到实处。

（四）启动纪检组派驻工作

2017 年 1 月 16 日，集团纪委召开派驻工作动员会，正式启动派驻工作。集团纪委整合纪检、监察和监事会监督职能，成立 21 个派驻纪检组，对全集团 62 家单位实现派驻监督全覆盖。派驻纪检组代表集团公司纪委履行对驻在单位的监督职责，揭示问题，摸清驻在单位的基本情况和存在问题，综合分析研判，找准监督方向和切入点。针对不同单位性质，明确监督重点，切实发现和揭示驻在单位存在的突出问题。

2017 年，集团纪委启动纪检组派驻工作

六、党建带群建

集团党委坚持以职工为中心，加强党对群团工作的领导，改进群团工作，深化群团工作改革，始终保持和增强群团工作的政治性、先进性、群众性，组织动员职工、教育引导职工、联系服务职工，把广大职工对美好生活的追求汇聚成强大动力，团结一心谱写企业发展新篇章。

（一）工会建设

2009 年，集团工会深入开展“全员学标兵、岗位见行动”活动，7 名职工被评为省市劳动模范，评选命名秦港首批 15 个“工人先锋号”。在职工中广泛开展“技术创新年”活动，制定安排意见，举办职工创新能力培训。编印《十佳绝技绝活和操作法汇编》《创争之路》为各基层单位提供指导。通过举办技术比赛，提高职工技能水平和实操能力。开展“大干四季度、为完成生产任务做贡献”劳动竞赛，引导职工提高工作效率和服务质量，保证运输生产各个环节有序衔接和高效运行。

2010 年 3 月，河北省总工会下发《关于组建河北港口集团有限公司工会委员会的批复》（冀工复〔2010〕5 号），同意组建河北港口集团有限公司工会委员会。8 月，港口集团召开工会第一次会员代表、第一届一次职工代表大会，全面总结 2009 年工作，提出总体工作要求。下发《向全国劳动模范王余禾同志学习的决定》，召开劳动模范、标兵代表座谈会，在职工中大力弘扬工人阶级伟大品格。以“技术强化年”活动为载体，广泛开展“双十双百”、创建“工人先锋号”、职工技能竞赛和“创争”等活动，编印《十佳绝技绝活和操作法汇编》等书籍，一大批创新示范岗、技术能手、创新成果不断涌现。坚持建家就是建企业、建工会、建队伍，全年有 1 个单位和 3 个班组被评为省级模范职工之家和职工小家。

2011 年，集团工会创新职工维权机制，建立工资集体协商制度，加大标兵宣传力度，召开劳动模范、标兵代表座谈会，引导职工争做贡献，使港口吞吐量再创历史最好水平。深入实施职工素质工程，举办技术培训和技能比赛 890 场次，职工参赛率达 85% 以上，根据竞赛成绩，为 22 名技术能手晋升了技术等级；提合理化建议 1947 条，实施 718 条，创经济效益 4041 万元。制定职代会提案工作管理办法，全年共收到并处理职工提案 46 件。是年，工会突出抓好作风建设，召开常委会梳理、修改、完善涉及民主管理、经济工作、生活保障、宣传思想工作、工会基础工作等各项规章制度 24 项，为工会各项工作规范有序开展提供了制度保证。

2012 年，集团工会开展“对标定位找差距，创先争优上水平”活动，在群众工作、素质工程、职工队伍建设、机制创新等方面，积极选树一批思路好、基础好、绩效好的基层、厂队工会组织，总结提炼他们的工作经验和有效做法，编印《创先争优工会组织在行动》一书，形成了工会组织履行职责创先进、工会干部立足本职争优秀的生动局面。

2013 年，集团工会与党委组织部共同制定下发《关于进一步加强基层工会组织工作的意见》，对工会领导班子、干部队伍、组织体系和工作制度建设作出了明确规定。成功举办首届职工技能大赛，命名表彰首批技术状元，以“凝聚主力军，建功十二五”为主题，开展“五比五赛”劳动竞赛，全年共创生产纪录 78 项，创经济效益 3678.68 万元，形成培训、竞赛、晋级“三位一体”的新机制。广泛开展“解放思想、改革开放、创新驱动、科学发展”大讨论活动，收到来自 29 个单位的职工建议 567 件，内容实、参与广、效果好。

2013 年 4 月，港口工程公司荣获省总工会“工人先锋号”荣誉称号

2014 年，集团工会实施职工素质提升工程，建设职工创新工作室，技能大赛项目向生产管理岗位延伸，对技术状元和技术能手给予重奖和晋升激励，激发了职工学技术、比贡献的积极性。集团工会系统还围绕中心、服务大局，着力搭建的技术、管理、服务创新平台，以突出提高职工创新意识、提升技术业务水平为工作重点，确定秦港股份一公司、六公司、七公司、九公司、杂货公司、铁运公司、船舶公司、劳务公司、中理公司、新港湾公司和港口机械公司、水暖公司、通信公司、教育中心等 14 个单位的创新工作室成为首批集团公司级职工创新工作室。

2015 年，集团工会深化劳动竞赛活动，参赛人数达 9000 余人次、创经济效益 2627 万元。以竞赛为契机推进技术创新，产生创新成果 4042 项。在维护职工利益方面，增加力度与扩大覆盖面并重，落实劳模奖励、困难劳模救助以及特困职工帮扶制度，全年慰问困难职工 2036 人次，发放慰问金、互助金、助学金 148 万元。职工提案办结率达 100%。集团工会女职工委员会被评为省女职工工作先进单位，股份公司工会荣获省模范职工之家红旗单位称号。

2016 年，集团工会深化劳动竞赛活动，

形成异地联动的竞赛体系。同时，建立市以上劳模奖励和困难劳模救助制度。坚持“四送”工作机制，全年慰问困难职工、劳模4043人，累计发放慰问金、互助金、助学金600余万元。开展“文化下基层”活动，打造“职工消夏文艺晚会”等文化品牌，丰富广大职工业余文化生活。集团工会组织三支代表队参加2016年度全市职工职业技能大赛，取得两个团体第一名和一个团体第二名的好成绩，创造了集团成立以来乃至是秦皇岛港建港以来的历史最好成绩。

2017年3月10日，集团党委召开第一届八次职代会、秦港股份公司第一届九次职代会，与会代表讨论审议了《走新路、开新局，以全新状态迈向转型发展新征程》工作报告以及其它各项工作报告，相关责任单位、部门签订了集体合同。此次会议在全面总结2016年工作的基础上，安排部署2017年重点工作，明确抓好七方面工作：狠抓生产经营，确保全年经济效益提升；加大港口建设投资力度，推进后续优质项目尽快落地；全力推进改革创新，积极打造符合市场化要求的运行机制；加快推进重点工作，确保年内实现重大进展；加强安全生产与环保工作，确保集团持续健康运行；关心职工群众生活，共享集团改革发展新成果；不断加强和改进作风，营造干事创业的良好环境。

2017年，集团工会制定下发《职代会实施细则》，明确各级职代会的职责和权限。为进一步弘扬劳模精神、劳动精神、工匠精神，激发广大职工创新潜能，在集团公司走新路、迎挑战，转型发展的各项事业中充分发挥新时期职工队伍主力军作用，集团工会决定命名秦港股份杂货公司万秦生创新工作室、杂货公司门机创新工作室、曹妃甸实业公司赵焕章创新工作室、新港湾创新工作室、流机公司创新工作室、沧州渤海公司集装箱创新工作室6个单位创新工作室为集团级职工创新工作室。截至目前，集团有7个创新工作室，被评为省级创新工作室。

（二）团组织建设

2009年，集团团委以“明确责任、树立信心、自强素质、创新发展”为主线，推动青年创新创效品牌化建设，依托“四型”青年突击队、“五定”青年志愿者服务和“号岗”青年集体创建活动，发挥了广大团员青年在生产经营管理工作中的重要作用。集团团委将2009年确定为“标准化支部建设年”，开展标准化团支部创建工作，以硬件设施配套化、软件建设规范化、活动建设品牌化为目标，开展创建活动。团省委领导对集团标准化支部工作给予高度评价。

2010年，集团团委以党组织创先争优活动为契机，认真谋划实施“创建五四红旗团组织、争当企业发展排头兵”主题活动，促进青年工作水平不断提高。从团干部队伍建设入手，圆满完成“破三气、树三风”为目标的“团干部作风建设年”活动。通过团干部素质系列赛、共青团工作发展论述等有效形式，对团干部进行综合能力检验。10名团干部分别被评为省国资委优秀团干部和秦皇岛市优秀团务工作者。

2011年，集团团委以固本强基、服务党建为目标，重点创建“组织建设好、团员教育好、活动开展好、青年反映好”的五四红旗团组织，夯实集团党建工作的青年群众基础。此外，集团团组织还以党团携手创先争优为契机，大力开展“坚定信念跟党走、青春奉献‘十二五’”主题教育活动，组织青工向青年岗位明星学习，实施关爱青年行动，启动第 8 周期导师带徒活动，帮助 140 多名青工顺利实现了转岗晋级。开展“五比五赛”青年突击队竞赛、“千百十”青年创新创效活动，累计完成创新创效项目 58 项，获直接经济效益 600 多万元。

2012 年，集团团委以深入开展创先争优活动为载体，以“青春冀港”主题教育活动为红线，团结、带领、引导广大青年团员强素质、重实干，务实效、比奉献，定期举办拓展训练、体验教学、知识竞赛等活动，全年培训团干部 634 人次，向集团党委、行政和各单位输送人才，解除团干部的后顾之忧。

2013 年，集团团委紧紧依靠以党建带团建，开拓团建模式，激发基层活力。深入开展理想信仰、形势任务、价值理念三项教育，引导和带领广大青工主动融入企业，实现个人成长，成功组织了“落实《公开信》，作逐梦先锋”“两代情，秦港梦”“走进西半柏坡，青春强港梦”“牵手新员工，共圆一个梦”等一系列以‘梦”为主题的青年思想教育活动，以时尚的话题、新颖的形式，极大地吸引了青年关注。

2014 年，集团团委实施青年职工素质提升工程，建设青年创新创效实践基地，围绕服务青年生产生活，畅通青年发展渠道，开展系列主题实践活动，积极创建“国家级安全生产示范岗”“河北省青年文明号标杆”、争当“全国交通技术能手”，发挥团员青年的模范带头作用，以青春梦助力强港梦。是年 8 月，集团公司团委联合有关部门和单位举办首届青年职业技能大赛，此次竞赛共有电焊工和 PLC 两个比赛项目。根据比赛的总成绩择优表彰，直接晋升技术等级，获得前 6 名的选手，优先推报青年岗位能手。

2015 年，集团团委开展“凝聚青年力量，服务转型发展”主题活动，实施青年创新创效技改项目 112 项，征集“互联网 + 港口”合理化创意 68 项，圆满承办了全国港口共青团工作会议和青年文明号现场经验交流会，集团团委受到团中央表扬。集团团委荣获省“青年志愿者工作先进集体”和省国资委“五四红旗团委标兵”称号。

2016 年，集团团委与中央企业和业务上下游单位共同开展“融情共建促发展，提质增效当先锋”主题活动，突出“号手”竞赛，创新项目化运作，全年共完成青年创新创效课题攻关 100 余项，创造经济效益 800 余万元。扩大青工培训供给，统筹设计全年青工教育培训课程，创新运用微课堂、公众号等新兴媒体平台，发布团组织重要信息，启动“共青团网络文明行动”，组织青年利用网络和大数据，提升生产运营和管理效率。开展青年理想信念教育，切实推进服务创新型党组织建设，为集团可持续发展凝聚力量。强化典型引领，评选表彰港口“青年岗位明星”，为广大青年职工树立了榜样。

七、开展驻村帮扶工作

按照省国资委的统一部署和要求，2012 年开始，河北港口集团陆续派员进驻贫困村开展脱贫帮扶工作。

2012 年，集团公司组成 6 人工作组，进驻承德市围场满族蒙古族自治县下伙房乡下伙房村和棋盘山镇九号村开展帮扶，相继进行了村街道路建设、饮水安全、农村文化资源共享工程、农村危房改造、发展一村一品致富产业等帮扶项目，陆续完成了机井配套、村民活动中心、太阳能路灯、幼儿园改造、村委会办公室、党员活动室等项目，投入帮扶资金 292.3 万元。

2013 年，集团公司派 6 人进驻沧州市海兴县张会亭村和任庄村 2 个村，开展道路硬化、用电安全、文化体育资源共享工程、建卫生室、环境治理、危房改造、一村一品致富产业等帮扶项目，投入帮扶资金 100 万元。

2014 年，集团公司派 6 人到黄骅市滕庄子乡东道安村和官庄乡东河村开展帮扶工作，分别为滕庄子乡东道安村庄排水和官庄乡东河村道路硬化投入帮扶资金 60 万元。

2015 年，集团公司派驻 19 人，组成 7 个驻村工作组，深入张家口市崇礼县白旗乡白旗村和南山窑村以及承德市围场满族蒙古族自治县下伙房乡下伙房村、下老窝铺乡下窝铺村等贫困村开展帮扶。集团拨付建设项目资金共计 109.91 万元。

2016 年，集团公司派驻 21 人，组成 7 个工作组，进驻承德市围场满族蒙古族自治县黄土坎乡海字村和黄土坎村、半截塔镇要路沟村和托果奈村以及秦皇岛市青龙满族自治县官场乡石门子等村开展帮扶工作。同时，为省国资委帮扶村拨付 90 万元，作为省国资委驻村工作组的帮扶资金。

2017 年 3 月，集团驻张家口市张北县公会镇精准扶贫工作组正式入村开展帮扶工作，

2017 年 4 月 18 日，集团党委领导深入到集团定点扶贫村调研

集团党委领导在调研驻村工作期间，召开一次别开生面的民主生活会

分别对盘城房村、落花营村、东号村进行定点扶贫。4 月 18 日，集团党委书记、董事长曹子玉，党委副书记、总经理刘广海，党委副书记、工会主席宋敬中带领相关部门负责人，先后深入到集团定点扶贫村——张北县公会镇盘城房村、落花营村、东号村调研。集团党委领导认真查看村容村貌，听取各驻村工作组负责人关于本村基本情况及近期工作汇报，详细了解全村建档立卡的贫困人口数量、致贫原因及扶贫项目等具体情况。并与驻村工作人员边走边算“扶贫账”，共同就危房改造成本、项目支撑投入等问题进行深入探讨，与当地干部就精准扶贫中生态环境保护、人口转移等问题进行交流。

5 月 17 日，省国资委党委副书记魏建厂率队来到张家口市张北县公会镇盘城房村和落花营村，慰问集团公司精准扶贫工作组工作人员，调研指导精准扶贫攻坚工作。在听取集团驻村工作组所作的汇报后，魏建厂充分肯定集团公司对扶贫工作的高度重视和驻村工作组近期所作的工作。同时，要求工作组继续开展扶贫攻坚，深刻理解精准脱贫战略决策的重大意义，不脱贫、不脱钩，加倍努力工作，为党和人民交上一份满意的答卷。

第三章 党建纪录

第二章　党建纪录

一部集团组织发展史，就是一部坚持党的领导，加强党的建设的光辉历史。70 年风雨兼程，70 年波澜壮阔，彰显着集团发展，党建领航的坚实步伐。

第一节 足迹

新中国成立后，尤其是改革开放以来，在国家的重视和支持下，伴随我国市场经济体制改革不断深化，秦皇岛港相继实施了一系列的管理体制、经营机制改革，陆续建成的国内第一座大型、专业化煤码头一期工程和具有国际先进水平的国家重点工程煤码头二、三、四、五期工程，在国民经济发展中发挥了重要作用。

秦皇岛港逐步从一个小港发展成为国家级能源运输主枢纽港和世界最大的干散货港口运输企业——河北港口集团。目前，河北港口集团是领军河北省港口群落的龙头企业，总部设在河北省唐山曹妃甸区。河北港口集团坚持以科学发展为主题，以转变发展方式为主线，全力打造转型升级，协同发展，绿色跨越的现代企业集团，实现了企业上市，形成了以秦唐沧三大港区为载体、物流项目为辐射节点、集疏通道为纽带的港口物流网络。

集团组建 8 年来，特别是中共十八大以来，集团党委坚定不移地坚持以效益为核心，加快市场化转型升级步伐，积极谋划做好黄骅港区、金融投资、西港搬迁和港口物流“四篇大文章”，应对困难和挑战，狠抓效益、强化管控、推进战略合作，谋划新的增长点。2016 年 8 月，集团完成吞吐量 2586 万吨，环比增加 67 万吨；11 月份，集团完成吞吐量 3147 万吨，超额完成月度生产计划，创当年新高，同比增长 13.4%，吞吐量“断崖式”下滑的局面得到控制。10 月 26 日，集团公司与神华集团在沧州渤海新区签署《战略合作框架协议》，正式建立全方位战略合作伙伴关系，在强强联合联手打造河北沿海经济发展重要增长极上迈出了历史性步伐；

2016 年 10 月，河北港口集团与神华集团签署合作协议

11 月 9 日，韩中蒙国际海铁联运直达列车正式开通，标志着集团公司贯彻国家“一带一路”战略，助力韩中蒙国际海铁联运直达班列业务取得突破性进展。12 月 17 日，集团公司完成吞吐量 31107.6 万吨，提前 14 天完成省国资委下达的 2016 年港口吞吐量考核目标任务，使港口从传统运输企业快速向

主业突出、相关多元的综合性港口企业转变。

70年来，秦皇岛港是在伟人的关爱和人民的期盼中成长壮大起来的，历史的聚光灯从来没有离开过这片热土。从新中国百废待兴之际，到改革开放之时，中央领导人莅临港口总计120余位。1954年4月21日，中共中央主席毛泽东视察秦皇岛港，听取了港务局局长关于港口生产和对外关系的汇报。时任全国人大常委会委员长刘少奇偕夫人王光美，国务院总理周恩来，国家副主席、全国人大常委会委员长、共和国元帅朱德等老一辈无产阶级革命家也先后视察秦皇岛港。1983年7月31日，时任中共中央政治局常委、中央军委主席、中顾委主任邓小平到港视察。1988年8月14日，时任中共中央政治局委员、上海市委书记江泽民到秦皇岛港，视察了煤二期码头和翻车机房。2008年1月31日，中共中央总书记、国家主席、中央军委主席胡锦涛到秦皇岛港考察电煤运输情况，看望并慰问为保障电煤运输而奋战在港口生产一线的广大干部职工。他希望秦港广大职工牢固树立“全国一盘棋”思想，努力完成抢运电煤的任务。当他得知今年将力创新高时，说：“你们以自己的实际行动表明了是一支特别能战斗的队伍。”2008年7月15日，时任中共中央政治局常委、国家副主席习近平到秦皇岛港海景假日酒店考察奥运会接待筹办工作。他对秦皇岛港为迎接奥运会所做的大量筹备工作给予充分肯定。2010年7月18日，时任国家副主席习近平莅临集团曹妃甸实业公司25万吨级矿石码头进行调研，十分关注港口生产建设。中共中央政治局常委、国务院总理朱镕基、温家宝、李克强也都曾经莅临秦皇岛港指导。河北省委、省政府、省国资委的领导同志更是多次来港口集团指导工作，给予港口极大的支持和帮助。

河北港口集团之所以基业长青，是因为有一支薪火相传的领导班子和“特别能战斗”的工人阶级先锋队。在整章建制、管理体制改革、转型升级、建立现代企业制度的企业发展进程中，在企业历史转折时期，在企业遇到空前困难和考验的关头，企业党组织都起到了定海神针的作用。回顾70年发展历程，尤其是改革开放以来，企业获得全国“五一劳动奖状”“国家能源大港”“中国企业500强”“中国服务业企业500强”“全国模范劳动关系和谐企业”“全国先进基层党组织”“全国思想政治优秀企业”“全国企业文化建设实践创新奖”“中央纪委党风廉政建设室先进联系点”“全国精神文明建设先进单位”等百余项国家级荣誉。

中共秦皇岛开滦工作委员会成立在新中国成立前，成立伊始，就面临恢复生产，建立新秩序的考验。1949年1月，平津等地相继解放，南京国民党政府封锁南北水道，造成华东地区燃煤奇缺，工厂停电停工。当时在国共双方和谈气氛推动下，在上海商业、轮船业公会和各界爱国人士的呼吁下，国共双方核准恢复“申—秦航线”和签订以煤换面的易货协定。1949年2月12日至4月中旬，南北共易货开滦煤炭11万吨，面粉30万袋。军事管制委员会和开滦工委依靠工人阶级，放手发动群众，不负众望，完成了这一政治任务。

20世纪50年代是港口管理体制和生产经营机制探索时期。管理体制从“党委领导下的局长负责制”到“一长制”，最后实行“党委领导下局长负责制”。1959年，秦皇岛港与天津铁路分局秦皇岛站建立党政领导联合办公制度。在路港党政领导合署办公的基础

1959 年 9 月，召开“全国路港协作秦皇岛现场会议”，推广秦皇岛路港“一条龙”大协作经验

上，确立“路、港一家”思想，路、港之间形成了“统一思想、统一计划、统一指标、统一措施、统一班次、统一布置、统一竞赛、统一指挥、统一汇报、统一总结、统一组织机构、统一设备和劳动力使用”的新型协作关系。此后，路港协作运输扩大到矿、货、路、港、航、贸之间的全面运输大协作。9 月，河北省和铁道部、交通部在秦皇岛召开全国路港协作秦皇岛现场会议，推广秦皇岛路港“一条龙”大协作经验。天津电影制片厂摄制了“一条龙”运输现场会议《路港协作》新闻纪录片。10 月，秦皇岛路、港双方负责人应邀参加了在北京召开的“全国群英大会”，“一条龙”协作运输的经验在全国交通运输战线上普遍推广应用。

“文化大革命”初期，港口党政受到严重冲击。秦皇岛港排除干扰，根据运输生产实际需要，自行设计施工，完成了 9 号通用泊位的技术改造，创新卸车、输送、平舱等工艺流程，是我国港口第一套机械化装运大块煤的岸壁设备。1969 年《人民日报》头版报道了这一消息。1967 年 4 月，成立“秦皇岛港务管理局军事管制委员会”，对港口实行军事管制，由“军管会党委”临时主持党的工作。后成立“秦皇岛港务局革命委员会”，由军管代表担任革委会主任，实行港口党政“一元化”领导。1973 年 3 月，港口结束军管，成立局革委会新的领导班子，实行党委领导下的革委会主任负责制。文革期间，由于极左路线影响，加上装卸工艺落后、劳动组织松懈，港口“三压”现象严重。周总理发出“三年改变港口面貌”的号召，秦皇岛市和秦皇岛港借东风，排除干扰，组建联合指挥部，大干快上油港项目。1974 年 12 月，与大庆油田相连的我国第一座管道原油码头——秦皇岛港原油码头一期工程建成投产。

1974 年 12 月，秦皇岛港原油码头一期工程建成投产

1978 年 7 月，企业更名为“交通部秦皇岛港务管理局”，撤销秦皇岛港务局革命委员会。党委更名为中共秦皇岛港务管理局委员会，实行党委领导下的局长分工负责制。1982 年 4 月，秦皇岛港务管理局领导体制改革，下放领导权限，实现了管理局与基层单位的两级管理。1983 年 9 月，管理局实行党

委领导下的局长负责制和党委领导下的职工代表大会制。

20 世纪 80、90 年代，在改革开放的新形势下，港口全面实行局长负责制和任期目标责任制，健全以局长、经理为中心的新领导体制。秦皇岛改革发展驶入快车道，一批国家重点工程建设在秦皇岛港展开，年吞吐量以 500 万吨以上速度连年递增，跃居全国沿海港口第二位。2002 年 1 月，秦皇岛港下放河北省。9 月 9 日，成立秦皇岛港务集团有限公司，在沿海港口中率先改制为港务集团公司，成为国有独资企业。同时，成立中共秦皇岛港务集团有限公司委员会，在企业改革发展中发挥政治核心作用。

2004 年 1 月，河北省政府将秦皇岛港务集团有限公司由原省属国有独资公司，改制为有限责任公司。同年 4 月，重组后的秦港集团向现代企业制度迈出实质性一步，秦皇岛市政府持股 50%。2005 年 5 月，港口产权结构相应调整，标志着秦皇岛港完成了从计划经济体制向市场竞争主体的转变。2008 年 3 月，秦皇岛港股份有限公司和中共秦皇岛港股份有限公司委员会成立。2009 年 7 月 8 日，河北港口集团有限公司挂牌成立。河北港口集团是按照现代企业制度要求，通过调整秦港集团股权结构组建的省属国有独资的综合性集团公司，由省国资委履行出资人职责。组建后的中共河北港口集团有限公司委员会，加强和改进河北港口集团党的建设和发展，开启集团深化改革、转型升级、跨地域发展、多元发展的新航程，为建设国内领先、世界一流企业集团保驾护航。

2009 年 7 月，河北港口集团有限公司挂牌成立

第二节 探索

纵观集团组织工作历程，与党的正确领导密不可分，不仅是一次次党建与企业发展休戚相关，同频共振的过程，更是一次次践行宗旨，从严治党，永葆党的先进性的探索过程。从 1948 年到 2017 年，集团组织工作聚焦党建，走过了近 70 年不平凡的征程，经历 9 个时期的发展变化与锤炼，进行了 7 个重要历史阶段的探索创新与实践，即新中国成立初期港口逐步恢复生产经营，党组织艰难起步（1949 ~ 1956）、推行党领导下的局长负责制，党组织开始逐步发展（1957 ~ 1966）、“文化大革命”实行港口军管，党组织曲折前进（1967 ~ 1976）、港口管理开始步入现代化轨道，党组织在两个文明建设中发挥作用（1977 ~ 1987）、港口发展突飞猛进，党组织充分发挥政治核心作用（1988 ~ 2003）、打造“四商合一”现代企业集团，党组织全面发展，迈上新台阶（2004 ~ 2012 年）、推进港口转型升级科学发展，党建工作全面提升科学化水平（2013 年至今）。70 年砥砺前行，集团组织工作高扬党的旗帜，强化党建引领，让党建工作始终聚焦企业改革发展，不断释放党建优势，形成了推动集团科学发展的引擎动力，保障集团在经济发展中爬坡过坎，行稳致远。

一、新中国成立初期港口逐步恢复生产经营，党组织艰难起步（1949 ~ 1956）

1948 年 11 月 27 日，秦皇岛解放，人民政府即向港口派驻军事代表。1948 年 12 月初，由郝洁轩、丁春声等人组建中共秦皇岛开滦工作委员会（简称开滦工委），配合军事代表开展工作。1949 年 10 月 5 日，开滦工委公开。

在这一期间，开滦资方消极经营，置生产于不顾，给港口造成了巨大的经济损失。1952 年 5 月，中央人民政府燃料工程部对港矿实行代管，中共秦皇岛开滦工作委员会改称中共秦皇岛开滦委员会。至此，开滦煤矿和秦皇岛港终于回到了中国人民的手中。

1952 年 5 月，中央人民政府燃料工程部对港、矿实行代管。图为开滦煤矿总管理处

与此同时，港口党组织积极落实上级指示精神，在企业内部开展了一系列党建活动。1950 年 10 月 19 日，抗美援朝开始，10 月 25 日，开滦工委选派孟令国、李长荣、傅荣藻等 11 名同志参加中国人民志愿军和支前军工。1950 年 11 月底至 12 月底，开滦工委组织开展了“抗美援朝保家卫国”安全生产月活动，加强安全生产，提高生产效率，积极克服港口经济困难，以实际行动响应抗美援朝。1951 年 10 月，开滦工委组织职工为中国人民志愿军和朝鲜灾民捐款，参与者共计 5725 人，募得慰劳品和救灾款 845800 元（旧币）。

1950 年 12 月，全港开展了镇压反革命运动，通过清理、核查，对隐藏的和现行的反革命分子分别予以处理和惩治。1952 年底，镇压反革命运动基本结束。

1951 年 7 月，开滦工委领导全港职工进行民主改革运动，广泛发动群众揭发“大头子”残酷压榨工人的事实，彻底废除了残余的封建把头制度。一些思想觉悟高、生产积极性强的优秀职工被推上了各级领导岗位，工人阶级开始当家做主人。

经过这些运动，全港职工的思想政治觉悟有了较大程度的提高，涌现出了一大批要求入党的积极分子，党组织的战斗力不断加强，为生产建设提供了强大支持。“一五”（1953 ~ 1957 年）期间，港口增添设备、延展铁路，采用新的装卸工艺，部分减轻了体力劳动强度，提前完成了发展国民经济的第一个五年计划，为港口以后的发展铺平了道路。随着社会主义事业的快速发展，港口职工特别是装卸工人的工资收入普遍有了较大提高，职工的劳动保险、住房条件、医疗保险、文化普及教育等亦有了明显改善，职工生活得到了可靠保障。

1953 年 2 月，秦皇岛港设立纪律检查委员会。3 月，宣布撤销开滦秦皇岛经理处，秦皇岛港结束了与开滦的隶属关系。随后，成立天津区港务局秦皇岛分局，秦皇岛港更名为中央交通部天津区港务管理局秦皇岛分局。同时成立中共秦皇岛市港务分局委员会。从 1953 年起，秦皇岛港脱离开滦煤矿，由交

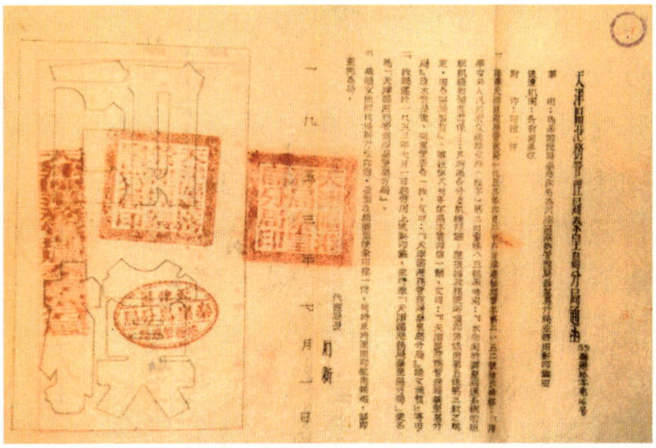

1953 年，秦皇岛港受天津区港务局管理通函

通部接管，企业内部开始实行中共各级组织领导下的局长（厂、队长）负责制和职工代表大会制度，港口的社会主义管理体制基本上确立起来。这一体制的建立，有力推动了港口生产建设的发展。

1954 年 7 月，经交通部批准，港口升级为交通部秦皇岛港务管理局，撤销了天津区港务局与港口的隶属关系，同时成立中共秦皇岛市港务管理局委员会。1955 年 11 月，中共秦皇岛港务管理局监察委员会成立。

二、推行党领导下的局长负责制，党组织开始逐步发展（1957 ~ 1966）

1957 年 1 月，社会主义建设时期，管理局取消“一长制”，实行“党委领导下局长负责制”，强调企业的一切重大问题必须经党委会议集体讨论并作出明确决议后方能执行。6 月，为了实现党对企业的全面领导作用，决定撤销政治处，建立党委各个工作部门。围绕港口生产经营，开展了一系列党建活动。

1958 年 6 月，秦皇岛港务管理局下放河北省秦皇岛市管辖。1961 年 2 月，中国沿海大港口由地方划归交通部水运管理总局领导。秦皇岛港务管理局更名为交通部秦皇岛港务管理局。1964 年 7 月，经国务院批准，交通部在上海成立“北方区海运管理局”，秦皇岛港务管理局划归北方区局领导。

自 1958 年初至 1964 年 5 月，管理局党委连续开展 3 次整党工作，第一次整党，对 42 名问题严重的党员进行了组织处理，占全局党员数的 6.9%，之后，各级党组织选举产生了新的委员会。1961 年 8 月 15 日，第二次整党以自我教育为主，自上而下地进行整顿。1964 年 5 月，第三次整党，因随着社会主义教育运动的收缩而中断。

管理局党委充分发挥政治核心作用，围绕企业生产经营，开展了一系列丰富多彩的党建活动。1957 年开展增产节约运动。提出增产节约指标，开展以增产节约为中心的社会主义劳动竞赛和先进生产者运动。1958 年在全局职工中开展“双反”（反浪费、反保守）运动，开始出现“跃进”局面。1959 年，秦皇岛港在鼓足干劲，挖掘装卸运输生产潜力的过程中，与铁路秦皇岛站共同开创了“一条龙”运输大协作的先进经验，开辟出一条联合运输的新路子，并在全国交通运输战线上得到普遍推广应用。

港口党组织还发动职工开展以装卸机械化和减轻工人劳动强度为中心的技术双革运动，到 1960 年大见成效，港口自力更生设计制造和安装了运煤系列机械，并首次成功地对 7 号泊位进行技术改造，扩大了码头通过能力，局部摆脱了装卸工人的笨重体力劳动，提高了装卸效率，货物吞吐量连续两年突破 500 万吨大关，创港口历史最高水平。

但是，港口在贯彻执行“总路线”过程中，受宏观方面的“左”倾错误的影响，指导思想上有片面性，强调鼓足干劲而忽视科学的实事求是，“大跃进”和“反右倾”的错误，加之连续 3 年的自然灾害使港口付出了高昂的代价，装卸运输生产遭受挫折。三年困难时期，管理局党委始终关心职工生活，多次请求市委设法解决一些营养品，组织农副业生产，积极改善职工生活，实行领导人员“一二三”工作制，推进领导干部深入基层，改进作风，对稳定港口生产起了一定作用。1961 年，管理局党委作出在全局职工中开展社会主义教育运动的安排，贯彻落实中央提出的国民经济要实行“调整、巩固、充实、提高”的八字方针，坚定了广大职工艰苦奋斗，节约度荒的思想，使港口生产得到迅速恢复和发展。1963 年，开展了“五反”运动，持续不断地开展以反浪费为中心的增产节约和领导干部带头洗手洗澡，层层下楼以及面上的社会主义教育，开展了社会主义劳动竞赛，调动了职工生产积极性，装卸运输生产开始逐步回升。在调整期间，管理局党委总结建国以来，特别是“大跃进”以来的经验和教训，整顿基层组织，推进企业管理，配合行政按照“填平补齐”的原则，加强主要装卸作业线的机械化步伐和基本建设工程进度，克服 3 年自然灾害给职工生活带来的困难，使港口生产和建设在调整中稳步发展，到 1965 年，主要经济技术指标都超过了 1957 年水平。

三、“文化大革命”实行港口军管，党组织曲折前进（1967 ~ 1976）

1967 年 2 月，人民解放军驻秦皇岛部队介入“文化大革命”，进驻管理局。4 月正式成立“秦皇岛港务局军事管制委员会”，对港口实行军管。港务局党委因“文革”而停止工作，由“军管会党委”临时主持党的工作。1971 年 6 月，秦皇岛港务局革委会成立党的核心小组，撤销整党建党领导小组。1971 年 12 月，中共秦皇岛港务局第六届委员会组建，瘫痪了 4 年之久的中共秦皇岛港务局委员会得到了恢复。1973 年 1 月，港务局党委加强党的一元化领导，在党委集体领导下，革委会主任负责统一指挥企业的生产行政工作。1975 年 8 月，港务局新领导班子成立。

在这期间，港口的各项生产建设大致可分为两个不同阶段，第一阶段 1967 年 ~ 1972 年，港口在极“左”路线的干扰和破坏下，管理秩序出现了极端混乱局面，生产发展停滞不前；各种群众组织把企业的各项管理制度视为“修正主义路线的管、卡、压”，迫使大批干部停止工作，港口的经营管理陷于瘫痪。1967 年 4 月 4 日，秦皇岛港务局军事管理委员会成立，对港口实行军管，港务局党委因“群众组织踢开党委闹革命”而停止工作。这种混乱局面严重阻碍了港口生产建设的正常发展，1967 年 ~ 1972 年，港口的装卸运输生产和基本建设发展几乎陷入停滞状态，货物吞吐量不断下降，国内煤炭供需连年告急。

第二阶段 1973 年 ~ 1976 年，在毛泽东的支持下，周恩来、邓小平先后主持党中央日常工作，各项工作有了明显转机，港口装卸运输生产及基本建设都取得了重要成果。1973 年 2 月 17 日，周恩来总理提出了沿海港口“要在三年以内改变港口面貌”的号召，这一指示精神成为港口生产建设的巨大推动力。国务院专门成立了港口建设领导小组，将秦皇岛港列入首批国家重点发展建设项目。1973 年 4 月 17 日，河北省港口建设指挥部成立，10 月，原油码头一期工程 1 个深水泊位建成并简易投产，为国务院提出的 3 年建成 40 个深水泊位打响了第一炮，这项工程于 1974 年 11 月全部竣工投产，合计投资 5263

1974 年秦皇岛港西港区甲、乙码头

万元。1973 年 11 月，甲码头动工兴建，至 1975 年 12 月，码头主体工程竣工并简易投产，基本缓解了港口杂货泊位紧张的状况。乙码头 9 号泊位进行了三次技术改造。秦皇岛港经过三年建设，港口落后面貌大为改观，港口吞吐量翻两番、外贸进出口杂货翻一番、上缴利润超出总投资 1 倍、全员劳动生产率提高近 1 倍。

“文化大革命”期间，秦皇岛港多数职工，特别是党员干部始终不渝地坚守在自己的工作岗位上，在极左思潮泛滥时，能够明辨是非、坚持作业，顶着巨大压力喊出了“武斗不参加，生产不能停”的响亮口号。港口职工经过“文化大革命”的考验，变得更加坚强和成熟。1975 年 3 月，港务局党委认真贯彻中共中央及邓小平同志关于对行业进行整顿指示，开始组织整顿。首先是在局级领导班子中，解决“软懒散”问题，建立敢于同派性作斗争，敢于落实党的政策，敢于抓生产的“敢”字当头的领导班子。同时，在“三年改变港口面貌”的方针指引下，局党委带领广大职工排除一切干扰，加紧重点工程建设，战胜了 1969 年罕见冰封和 1976 年的唐山大地震的波及，港口的生产和建设取得崭新的成果。1975 年，货物吞吐量达到 1557 万吨，跃居全国沿海港口第三位。

四、港口管理开始步入现代化轨道，党组织在两个文明建设中发挥重要作用（1977 ~ 1987）

1978 年 7 月，秦皇岛港务局撤销局“革命委员会”，企业名称改为交通部秦皇岛港务管理局，党委更名为中共秦皇岛港务管理局委员会，实行党委领导下的局长分工负责制。1978 年 9 月，管理局党委成立落实政策领导小组，为“文化大革命”中造成的冤假错案进行甄别平反。到 1986 年 10 月底，“文化大革命”期间及之前的历史遗留问题得到基本解决。1983 年 9 月，管理局党委确立局党委在企业的领导核心地位，对生产行政组织，职工代表大会以及工会、共青团等群众组织实行统一领导。

中共十一届三中全会以后，整顿各级领导班子“软、懒、散”和“不齐不力”，先后对 6 个基层单位的班子进行了调整。党委按照领导干部革命化、知识化、专业化、年轻化的标准，使局级干部的平均年龄由 58 岁下降到 47.6 岁，高中以上文化程度的比例提高到 36.2%。1982 年 4 月，秦皇岛港务管理局领导体制改革，下放领导权限，划分了管理局与基层单位的两级管理权限。

1979 年 2 月，管理局党委召开全委（扩大）会议，传达中央工作会议和中共十一届三中全会精神，确定逐步将企业工作重点从“以阶级斗争为纲”转为以经济建设为中心，把单纯依靠行政经营管理企业转为运用经济手段，按经济规律办事，为新时期港口生产建设做好充分准备。自 1977 至 1979 年，在管理局党委的号召领导下，港口争创大庆式企业，通过开展职工技术业务比赛等形式，为鼓足干劲、发展生产起到了极大的促进作用，装卸运输生产不断发展，吞吐量年平均递增 13.5%，利润总额年平均递增 24.3%。1979 年 10 月 31 日，秦皇岛港务管理局被交通部和河北省委正式命名为“大庆式企业”。这一活动为秦港建成现代化港口打下了坚实基础。

改革开放以来，局党委紧紧围绕港口运输生产这个中心，大力加强中共党的组织建设和思想政治工作，弘扬企业文化，增强企业凝聚力。1981 年 3 月 18 日，管理局党委在全局开展“学雷锋，树新风，建设社会主义精神文明”活动，联系港口生产建设和职工思想的实际，突出重点，有的放矢。到年底，全局涌现出先进生产（工作）者 2440 名，约占职工总数的 20% 左右。1983 年 7 月 19 日，管理局党委、管理局联合提出认真执行中共河北省委、省政府《关于发挥知识分子作用，改善知识分子工作和生活条件的规定》，重点解决了部分知识分子的入党、住房、业务培训和进修等问题，并提拔 29 人担任各级领导职务，极大地调动了全局广大知识分子的工作积极性。1984 年 10 月 1 日，《秦皇岛港报》复刊，推动两个文明建设不断走向深入。1984 年 10 月 29 日，管理局党委召开整党动员大会，开始在全局范围内进行整党工作。经过学习文件、对照检查整改、组织处理和党员登记四个阶段，基本完成了统一思想、整顿作风、加强纪律、纯洁组织的任务。

秦皇岛港煤一期工程竣工

在管理局党委的领导下，港口生产建设有了跨越式发展，煤一期、二期码头相继建成投产，杂货码头加快建设步伐，港口航道和配套设施得到全面改善，1984 年，港口吞吐量跃居中国沿海港口第二位，秦皇岛港步入了一个空前发展的历史新阶段，港口党建工作取得长足进步。

五、港口发展突飞猛进，党组织政治核心作用显著，党建工作迈出新步伐（1988 ~ 2003）

1987 年以后，秦皇岛港务管理局逐步由单纯生产型向生产经营型转变，1988 年港口全面实行局长（经理）负责制和任期目标责任制，健全了以局长、经理为中心的新领导体制。1988 年 7 月，企业改称“交通部秦皇岛港务局”，是全国唯一隶属交通部的沿海港口，党委更名为中共秦皇岛港务局委员会。2002 年 9 月 9 日，秦皇岛港下放河北省管理，隶属于新成立的河北省港航管理局，原秦皇岛港务局改制为秦皇岛港务集团有限公司，

秦皇岛港成为全国沿海主要港口中率先实行公司制改革的港口，成为省属国有独资企业，成立中共秦皇岛港务集团有限公司委员会。

1987 年 5 月起，管理局党委着重抓加强领导班子的党风建设。年内共查处党员违纪案件 12 起，结案 11 起，对 4 名党员给予了党纪处分。全年涌现出党风先进单位 22 个，被评为秦皇岛市端正党风先进单位。1989 年 8 月，港务局党委、港务局成立清查住房分房领导小组，清查往来接待不正之风领导小组和清查多种经营不正之风领导小组，3 个清查小组认真调查核实群众举报的案件。1990 年 12 月，局党委处理住房超标准等问题。1991 年 6 月，重新聘请 49 名局级廉政监督员，加强监督检查。1994 年，局党委组成 4 个调查组，先后到 24 个单位和处室与 50 余名干部谈话，检查纠正奢侈风、卡要风和浮夸风。

1992 年全面深化企业内部改革，在用工制度上实行全员劳动合同制，在劳动工资上实行岗位技能工资制度，并积极参加地方劳动保险制度改革和住房制度改革，港务局党委紧紧围绕港口运输生产这个中心，大力加强党的组织建设和思想政治工作，极大激发了港口活力。1994 年港务局党委广泛开展“学起帆精神，树秦港口形象”活动，邀请包起帆来港作了专场报告，举办了包起帆事迹图片展览等，增强了企业凝聚力，港口年吞吐量创历史最高纪录，1996 年党员“双学”活动形式新颖，受到了省、市委的充分肯定。1997 年广泛开展“秦港有困难，我们怎么办”大讨论，促进职工思想的大解放、大转变，职工市场竞争意识、忧患意识、主人翁责任感普遍增强，为完成生产经营改革任务和做好年度各项工作奠定了良好的思想基础。2001 年港口吞吐量跨上亿吨台阶，煤炭吞吐量超过亿吨，巩固了煤炭运输主枢纽港地位。2002 年开展“弘扬超亿吨精神，再攀生产新高峰”主题教育活动，充分调动广大职工的积极性和创造性，党建工作有效推动了经济管理体制改革的不断深化，促进了港口生产建设和各项工作，生产建设突飞猛进的发展和经济效益显著提高。党建工作成效显著，得到了上级党组织的高度认可，港务局党委 1990 年荣获“全国思想政治工作优秀企业”称号。1991 年，荣获中共河北省委授予的“先进基层党组织”称号，并获“全国职工教育先进单位”称号。1994 年，荣获“全国思想政治工作优秀企业”称号，并被评为 1994 年度秦皇岛市“先进基层党组织”。1996、1999、2001 年被河北省委授予“先进基层党组织”称号，2001 年被中共中央组织部命名为“全国先进基层党组织”。

1988 年～ 2003 年这 16 年，秦皇岛港保持了发展稳定团结局面，夯实党建基础，修订完善《党委工作条例》《领导班子和领导干部考核办法》等，加强领导班子和干部队伍建设。大力推进职工教育培训工作，职工素质显著提高。建设企业文化，宣传以“爱我港口、建我港口、团结奋进、敢创一流”为核心的秦港精神，谱写了港歌，制作了港旗、港徽等，增强了广大职工的集体主义观

秦皇岛港煤四期工程

念和主人翁责任感、使命感。大规模建设港口专用码头泊位，煤三、四期工程建设投产，企业发展一年一个台阶，吞吐量从1987年5378.8万吨跃至2001年的1.13亿吨，实现经营利润3亿元。

六、打造“四商合一”现代企业集团，党建工作全面发展，跃上新台阶（2004～2012）

2002年秦皇岛港务管理局整体转制为秦皇岛港务集团有限公司。2004年1月，秦皇岛港务集团有限公司（以下简称秦港集团）改制为产权多元化的有限责任公司，秦港集团下放秦皇岛市管理，秦港集团党委受秦皇岛市委领导。2008年3月，集团以港口经营业务为主设立秦皇岛港股份有限公司并发起上市。2009年7月，河北省所属的沿海港口重新整合，成立河北港口集团有限公司，是集港口建设、开发、经营，国有资产管理、运营以及投融资功能于一身的综合性集团公司。同时成立中共河北港口集团有限公司委员会。2012年，集团确立了“12358”建设“四商合一”卓越港口集团的核心发展战略，集团重点项目建设取得新成绩，改革创新取得新加强，生产运营保持平稳，企业管理不断优化，党建工作扎实推进，增强了企业综合竞争力。

2013年12月12日，秦港股份成功在香港联交所上市

集团党建工作紧紧围绕集团战略发展目标，融入中心、服务大局，不断探索适应现代企业制度的新模式，实现了党建工作与生产经营有机融合，为推进集团科学发展、转型升级提供了坚强的政治和组织保证。2003年11月至2004年1月，秦港集团党委分别在领导班子和直属党组织领导班子中集中开展了民主集中制学习教育活动，提高了集团党委领导班子对执行坚持民主集中制重要性的认识，通过查找差距、制定整改措施，建立和完善有关规章制度，增强了领导班子解决自身问题、驾驭全局、处理复杂问题的能力，推动了港口生产。

2005年7月26日，秦港集团党委开展了以实践“三个代表”重要思想为主要内容的保持共产党员先进性教育活动。活动中，集团党委紧紧围绕学习贯彻“三个代表”重要思想主线，全方位动员，高标准运作，抓领导表率作用，抓三级责任制，抓活动载体，党员领导干部上党课110场次，深入联系点1102人次，在广大党员中广泛开展“两学两争一保”“对照先进找差距，立足本职做贡献”等主题实践活动，学习李家庚精神，学习任庆宪先进事迹，争创先进党支部，争做优秀共产党员，保证生产建设任务完成。坚持开门搞教育，广泛征求群众意见，集团两级党组织召开专题民主生活会39次，召开专题组织生活会443次，制定整改方案39个，整改措施578项，打造群众满意工程，推动港口生产实现了新跨越，港口吞吐量第五次超亿吨，煤五期国家重点工程建成投产。同时注重长效机制建设，积极创新党建工作机制，2006年9月，秦港集团党委结合企业实际，

在各级党组织和全体党员中广泛开展“保持党的先进性，促进港口全面、协调、可持续发展”主题实践活动，延伸先进性教育，深度融入集团改革发展，将政治优势较好地转化为集团核心竞争力，有效解决影响和制约集团发展的瓶颈，明确集团战略发展目标，奋进创佳绩。2008 年，夺取了支援南方抗击雨雪冰冻灾害抢运电煤的胜利，创下 10 天多运电煤 141 万吨纪录，被胡锦涛总书记称赞为“特别能战斗的队伍”；出色完成了北京奥运保障和抗震救灾任务；有效抵御金融危机给港口生产带来的不利影响，确保了集团发展和谐稳定。

2009 年 3 月 8 日，秦港集团党委开展了深入学习实践科学发展观活动，以“坚定信心、把握机遇、应对挑战、加快发展”为主题，按照 3 个阶段 10 个环节总体部署，加强理论先导和学习引领作用，围绕集团战略发展，广泛开展解放思想大讨论和“我为港口发展献一策”活动，牢固树立市场、竞争、环境、效益、服务五种意识，形成《论强港战略》等符合集团实际的理论研究成果，引领企业发展。查找聚焦影响和制约港口发展的突出问题，汇集意见建议 2180 条，集中开展攻坚月活动，完成整改项目 94 个。期间，成功组建河北港口集团，开启集团集约经营、跨地域发展新阶段。建立以港口运营为核心，以港口建设、综合物流等纵向产业链，以秦唐沧三地为主干港区的横向发展格局，推进集团功能结构调整和资源重组；实施东港区供热整合工程，成为全国交通运输行业第二批节能减排示范项目，推动集团环境保护和节能减排工作持续发展；解决了兴港里经济适用房政策问题和退休职工年金发放等一批职工生产生活中的难题，切实为职工解难事办实事，着力改善了民生，极大地调动了广大职工的积极性和创造性。当年港口吞吐量实现首次突破 3 亿吨大关。

码头生产

2010 年 4 月 29 日，集团党委开展创先争优活动，结合港口实际，实施党建工作对标、岗位工作对标、管理工作“三重”对标，将“四比八促”融入活动始终，组织实施“三推进”，推动创先争优活动向纵深发展。即推进党建基础工程建设，巩固“建设标准化基层党支部工程”成果；推进“党小组建设年”活动，充分发挥“共产党员先锋岗”“共产党员责任区”示范带动作用；推进“对标 1030”、党员攻关项目、党员品牌工程建设，充分发挥共产党员当先锋、作表率的引领作用，使“亮牌示范”“夺旗争星”成为每名党员的自觉行动和精神追求。在党组织中创新开展“一单位一品牌”活动，通过选树先进基层党组织、优秀共产党员、党员示范责任区等一批先进典型，开展“两学两建”党日活动等系列活动，激励各级党组织和广大共产党员立足岗位，锐意创新。有重点选树和培育基层党建工作品牌 13 个，其中，港口机械公司党委的“113”党性提升工程、秦港股份六公司党委的“双服务”（服务生产经营，服务职工群众）

竞赛等4个项目，荣获省国有企业“四创”活动奖。2012年2月，沧州渤海集运码头有限公司党员克服恶劣天气影响，掀起劳动竞赛高潮，4天连创单班卸船、单班单船接卸、单船接卸矿石3项新纪录，再次展示了“黄骅港速度”。

深入扎实的创先争优活动，全面促进了集团党建工作上水平，企业管理上台阶，企业发展上位次。集团党委建立了“五建立五促进”[①]创先争优长效机制，实现集团“四提升二升级”，即发展战略提升、实体项目提升、运行效益提升、安全质量提升、科技创新提升、和谐稳定提升，优质服务升级、节能减排升级。特别是面对国内外复杂多变的经济形势，集团在省委、省政府和省国资委的领导下，顶住经济下行压力，港口生产逆势奋进，全面完成了省国资委下达的各项考核指标，港口吞吐量实现了新增长，不断刷新历史新纪录，2006年跃上2亿吨，2009年突破3亿吨。2012年，集团提前19天完成年度吞吐量任务，实现了生产经营业绩逆势上扬。集团在调整结构、转型升级发展中迈出坚实步伐，以港为基，多元发展初见成效。是年，围绕集团发展战略，集团党委还确立了深入开展“学习贯彻中共十八大精神，建设学习型、服务型、创新型党组织”，“学习贯彻集团新战略，建设‘四商合一’的卓越港口集团”的“两学两建”主题实践活动，助力企业经营发展。

2012年11月，集团党委举办学习中共十八大精神专题辅导讲座

七、推进港口转型升级科学发展，党建工作全面提升科学化水平（2013年至今）

2013年至2017年，集团全面实施“以港为基、跨区经营、开放多元、转型升级”发展战略，开启了从综合性港口企业集团向建设“国内领先、世界一流”企业集团迈进的新征程。坚持提质增效，产业结构日趋合理，巩固了持续、健康、快速发展的良好态势。初步完成秦、唐、沧三地港区战略布局，秦皇岛港2013年上半年实现经济运行双过半，2014集团年完成吞吐量3.82亿吨，2015年集团完成吞吐量3.74亿吨，继续保持了较高水平，2016年集团完成吞吐量3.25亿吨，提前14天完成省国资委下达的2016年吞吐量考核目标任务。“十二五”期间，累计实现对外投资收益37.75亿元，投资金融，发展物流，组建国际物流公司，从过去单纯依靠港口经营，转型为港口经营和投资金融双核驱动，现代物流和综合服务良好发展的局面。集团对接国家战略，综合竞争

① “五建立五促进”是指着手建立加强党性学习教育长效机制，促进队伍提素质。着手建立标准化党支部建设长效机制，促进党建上水平。着手建立先进典型示范带动长效机制，促进党员争优秀。着手建立对标管理晋档升级长效机制，促进企业进位次。着手建立认责承诺服务职工长效机制，促进职工得实惠。

能力显著增强，借力京津冀协同发展，与天津港集团合资组建的津冀港口投资公司进入实质运作阶段。积极融入“一带一路”建设，2016 年 10 月 26 日，集团与神华集团正式签订战略合作协议，构建战略合作伙伴关系。11 月 9 日，韩中蒙国际海铁联运直达列车正式开通，助力“一带一路”建设在韩中蒙国际海铁联运直达班列业务取得突破性进展，在印尼等地投资建设国际港项目进展顺利。发力长江经济带，与江苏、广西等省港区签署战略合作框架协议。集团有序推进重点项目，发展支撑力量储备日益充实。秦皇岛港西港搬迁改造有序推进，20 万吨级航道项目已开始前期施工；控股组建唐山港口投资开发公司；黄骅港 3 号和 4 号矿石泊位、3000 万吨原油码头、5000 万吨煤码头以及两个专业化集装箱码头前期工作进展顺利。

集团党委在企业决策中发挥“把方向、管大局、保落实”的重要作用，激流勇进、奋勇前行，践行党在新时期的历史使命，完成了各项大事要事，党建工作与集团经营管理深度融入，抓住关键，重点发力，全力打造改革发展和党建工作两个“升级版”，成为助推集团转型发展不竭的动力源泉。

2013 年以来，集团党委将“两学两建”[①]主题实践活动贯穿党建工作全过程，有机地将集团党建工作融入发展大局，以强核心、转作风、固堡垒、争先锋为着力点，注重从基础工作抓起，从基本制度严起，把全面从严治党落实到每个党支部、每个党员，聚集团发展之识，固集团发展之基，凝集团发展之魂。集团党委先后制定了有关党建、领导干部、基层党组织和党员队伍建设，党员教育和管理方面的制度规则 149 项，强化党建工作规范化、科学化。将组织建设工作重心下移，构建“机关服务基层、组织服务党员、党员服务群众、党建服务大局”工作格局，创建“一单位一品牌”党建特色活动，推动党建工作创新，构建制度、培训、服务、载

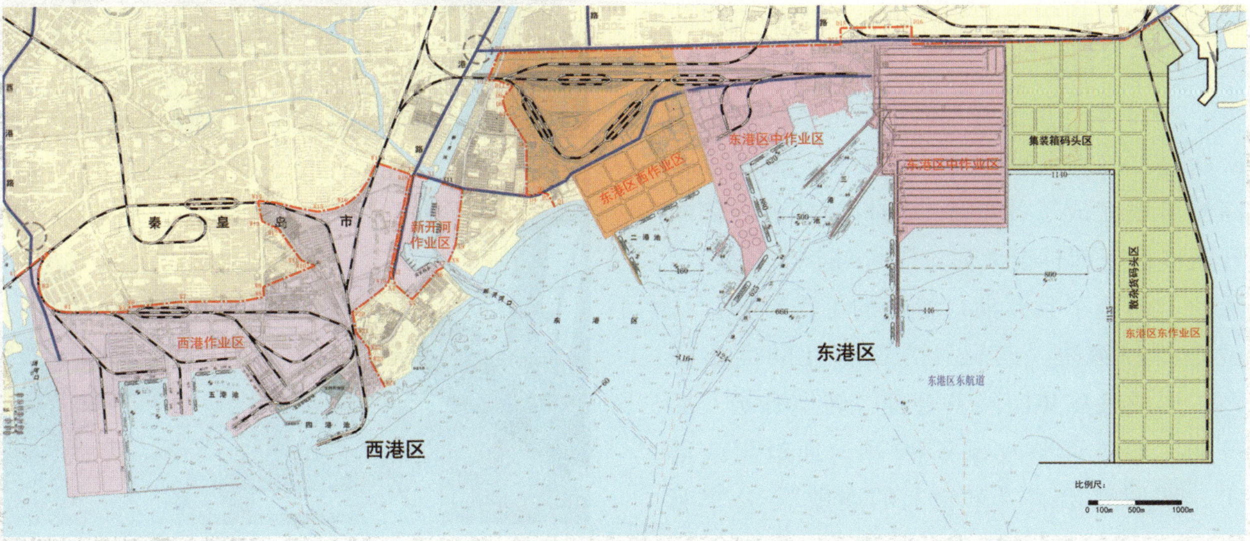

秦皇岛港东、西港区规划图

① “两学两建”是指学习贯彻党的十八大精神，建设“三型”组织；学习贯彻集团新战略，建设“四商合一”卓越港口集团。

体、考评“五位一体”的党员教育工作体系，坚持“五有三关”把好党员入口，打造作用突出的党员队伍。提升发展党员工作质量。推进党支部和党小组双标化建设，促进党小组建设与班组工作有机融合，以“有阵地、有职责、有活动、有指导、有实效”的“五有”为目标，优化党小组设置，选优配强党小组长，特别建立党小组攻关立项制度，推动党小组建设与班组建设合拍共振，形成了党组织服务党员、党员服务群众、共同服务发展的良好氛围，有力促进班组建设和生产发展，使“小组织”真正发挥“大作用”。党小组建设经验做法，得到省委组织部、省国资委领导的充分肯定，通过《河北组工信息》向全省推广。加强党建信息化建设，建立集团党员信息库，充分发挥互联网优势，创建集团“QQ”组工群、微课堂等，使组织建设工作与时俱进，体现时代性。

集团党委抓住每一次教育实践活动的有利契机，结合企业实际，赋予党建创新内涵，为集团党建实践活动注入新的生机和活力，实现党建与集团生产经营改革发展的有机融入，互促共赢。

2014 年，聚焦作风转变，扎实开展党的群众路线教育实践活动，高站位、高标准、高质量地完成了各个环节的目标任务，创新开展“好干部标准大讨论”、“四个攻坚战”①活动，创造了具有港口特色的工作经验。认真查找和解决“四风”方面存在的突出问题，形成聚焦集团经营管理、转型升级、服务职工等方面整改任务 80 项，通过整改落实，严厉整治了“车轮上的腐败”、公车私用、办公用房超标等不正之风，一批“四风”顽症得到切实解决，全年集团的招待费下降 49.5%。投入大量资金改造职工候工室、公寓，办理了一批好事实事。坚持和完善“三重一大”集体议事决策规则等制度，建立了一系列长效机制。在思想作风建设、推动企业科学发展、服务职工群众等方面实现了“五个明显增强”，取得了重要的理论成果、实践成果和制度成果。受到了省委督导组、省国资委党委的充分肯定，得到了广大职工群众的高度认可。

2015 年，集团党委扎实推进“三严三实”专题教育和解放思想大讨论。围绕“严以修身、严以律己、严以用权”三个专题，以“四学双提升”（强化思想觉悟深入学、立足时代

基层党组织召开三严三实专题教育民主生活会

① “四个攻坚战”是指打好正风肃纪攻坚战、打好改革发展攻坚战、打好为职工办实事攻坚战、打好素质提升攻坚战。

前沿点题学、突出指导发展研讨学、依托教育资源培训学，提升领导干部修身进德的境界；提升集团发展的质量和效益）为载体深入学习研讨和专题测试，形成专题调研报告237份，提出工作建议、措施151条；集团党委、集团分系统共召开了15场基层单位和部门工作的汇报会，进一步转理念、理思路、找短板、定措施，科学制定集团“十三五”规划，形成了推动企业科学发展的思路举措。聚焦“十破十立”①，组织开展“我为协同发展献一计”活动，汇集职工提出的有价值意见建议253条；强化问题导向，开展“三看三查三对照”②，召开“三严三实”专题民主生活会，深刻剖析思想根源，制定整改措施。切实把专题教育和解放思想大讨论紧密结合起来，破解集团改革发展瓶颈问题，更新观念，调整状态，奋发作为，在经济下行压力持续加大的严峻复杂形势下，圆满完成了各项工作任务。

2016年，突出知行合一，认真组织“两学一做”学习教育。结合集团实际，实施“四三三”学习教育模式，突出了港口实践特色，确保各项工作顺利推进。集团党委中心组以上率下，示范带头，创新“沙龙”学习形式，分三个专题进行集中学习研讨，强化了班子成员的思想政治定力。发挥好“关键少数”的表率作用，激励各级领导干部在

2016年6月，集团党委举办基层党组织书记“两学一做”培训班

增强“四个意识”上作表率，在践行《准则》和《条例》上树标杆，在履行管党治党责任上走在前列，确保学习贯彻工作落到基层、取得实效。特别是“围绕应对严峻形势、完成目标任务、提高经济效益”的目标，理思路、找短板、定措施，并谋划今后3—5年集团生产经营、深化改革、转型发展、党的建设等方面的总体思路和具体措施，初步形成了推动集团科学发展的思路和攻坚路径。同时，注重加强教育培训，举办“两学一做”学习教育系列培训班，集团党委书记带头讲党课；开展“党委书记荐学”活动，形成理论成果130余篇；开展“送党课服务基层”活动，各基层党组织书记讲党课320余场，培训党支部书记450人，党员3000余人次；集团新一届领导班子组建后，组织学习宣贯了集团主要领导“三个绝对不行”“六种意识”

①十破十立：一是破除因循守旧、故步自封、患得患失的保守观念，树立敢为人先、锐意进取的意识；二是破除大而化之、粗放管理的习惯，树立精细精准、集约经营的意识；三是破除标准低、怕伤人、不敢严抓严管的“老好人”习气，树立勇于担当、敢抓敢管的凛然正气；四是破除等靠要、港老大、大锅饭等计划经济的惯性思维，树立市场意识、危机意识、竞争意识；五是破除落实不力、执行力不强的倾向，树立雷厉风行、敢啃硬骨头的作风；六是破除庸懒散的不良状态，树立勤勉敬业、积极作为、昂扬向上的工作激情；七是破除不讲政治、不守纪律、不懂规矩的现象，树立牢固的政治意识、纪律意识、规矩意识；八是破除官僚主义、形式主义、衙门作风，树立深入一线、求真务实、真心实意为基层服务的意识；九是破除本位主义，树立大局意识、协同发展的意识；十是破除重经济、轻政治的倾向，树立搞好经营发展是政绩、抓好党建是最大政绩的意识。

②三看三查三对照：看领导人员精神状态、工作作风、思维定势是否符合大讨论的主题要求，查上级文件要求、已有政策规定、工作目标要求是否落到实处，对照发展规律、群众愿望、先进经验找准突出问题。

等系列重要讲话精神，召开企业改革发展务虚会，集思广益、群策群力，形成“1441”治企兴企方略，最大限度地凝聚改革发展共识。在党员中开展“立足岗位当先锋”“亮身份，树形象，展风采”和党员志愿者服务活动，增强党员宗旨观念，勇于破解难题。面对生产经营断崖式下滑异常严峻的形势，开展“做国企合格党员”大讨论活动，引导党员向党章看齐，在推动集团改革发展中当标兵、做模范，真正把学习教育过程转化为推动集团改革发展攻坚的有力行动，凝聚成强大的发展力量，为集团公司转型升级发展奠定坚实基础。2016年，北方煤炭铁路运输呈现大秦线、蒙冀线、准池线“三足鼎立”之势，港口煤炭生产急转直下；钢铁去产能，矿石需求后劲不足；油品货源锐减、集装箱增速缓慢，致使港口吞吐量波动明显。前三季度，特别是传统的“迎峰度夏”时期，煤炭生产高点未如期到来，给集团实现“稳中求进、稳中有增”发展目标带来重重考验。面对严峻局面，集团党委审时度势，不畏“严寒”，迎难而上，集团公司、股份公司董事长、党委书记曹子玉果断提出“效益上不去绝对不行、纪律上出问题绝对不行、安全上出大事绝对不行”的工作思路，集团上下迅速统一思想，用新状态践行新理念。以扭转生产经营困难局面为工作重心，以深化服务、树立品牌、稳定客户、吸引新货源工作为抓手，破局解困。2016年8月以来，董事长曹子玉、总经理刘广海带队深入山西、内蒙古等货源腹地，谋划多元支撑，争取多方合作，先后走访神华、伊泰、同煤、太原路局等煤炭巨头企业及发运枢纽单位，推行大客户经理负责制，提供“一对一”一体化服务办法，进一步稳固内地市场，增加发运量。

港口生产场景

按照“人人头上有指标”的营销要求，全面推开“全员营销”和“网格式营销”战略，成功争取到神东天隆、康元、山西美通、福建华腾等60余家新客户货源到港转运，使港口服务链不断延伸，打了一场漂亮的攻坚战，实现集团在转型发展进程中的一次完美跨越，2016年，集团实现港口吞吐量3.25亿吨，利润总额6.7亿元，初步形成了“港口运营＋投资金融”双主业支撑、多元发展的新格局。

雄关漫道真如铁，而今迈步从头越。2017年是集团跨入“十三五”决胜阶段的关键年。1月4日，河北港口集团第一届党代会胜利召开，绘就集团“1441”发展战略蓝图，坚定不移地坚持“一个核心”，即以效益为中心，重点推进“四项改革”，即市场化转型、集团化管控、大监督格局构建和基础管理再造，做好“四篇文章”，即建设黄骅港综合贸易大港、发展投资金融、秦皇岛西港搬迁改造和做强港口物流。强化“一个保证”，即加强党对企业的领导，充分发挥党委把方向、管大局、保落实的保证作用，全面开启集团强企之路新征程。

2017年1月，集团公司召开第一次党代会，确立"1441"发展战略

第三节 开创

2012年，中共十八大召开，对党建工作提出新要求。集团党委认真贯彻中央、省委、省国资委党委的各项工作部署，全面落实从严治党要求，立足于企业科学发展、转型升级实际，把抓好党的建设作为首要职责，牢牢把握新常态下国企党建工作的着力点，夯实基础、创新载体、深度融入，强化引领，凝聚合力，释放党建强大正能量。6年来，坚持以坚定理想信念，永葆党的先进性和纯洁性为重点加强思想建设，以造就高素质党员、干部队伍为重点加强组织建设，以保持党同职工群众的血肉关系为重点加强作风建设，以严肃党内政治生活和健全民主集中制为重点加强领导班子和领导人员队伍建设的总思路，不断把党的政治优势转化为企业的发展优势，开创了国企党建工作新局面，在集团党建发展的历史进程中，书写下重彩华章。

一、规范工作运行机制

聚焦改革发展，落实党管责任，着力完善党建工作规范，充分发挥党组织的政治核心作用。

（一）树立六种角色。集团党委首先明确党组织在改革发展中必须承担的六种角色，即政治方向把关者，重大问题决策参与者，党管干部和党管人才落实者，领导人员权力运用监督者，职工利益维护者，党组织自身建设、思想政治工作和企业文化领导者。坚持在推进集团改革发展上明方向、在公司法人治理结构中保地位、在"三重一大"事项决策上把好关，切实将党组织政治核心作用与健全完善公司治理结构、推动集团转型升级相结合。规范机制运行，确保责任目标落实。

（二）构建了规范党建工作运行的四项机制，即党组织书记为第一责任人，党组织书记和董事长“一肩挑”，分管领导各负其责，基层党政正职“双向进入、交叉任职、一岗双责”，一级抓一级、层层抓落实的责任推进机制；党的建设与生产经营、改革发展同步谋划，党内组织制度与集团管理体制、管理制度、工作规范相互融合，党组织活动与集团日常经营管理相互促进、党组织有效参与重大决策的融入对接机制；定期检查评估基层党建工作落实，定期实施党建述职评议，定期表彰先进基层党组织和优秀个人，经常推介、对标基层党建典型经验，确保党建工作责任落地的考核激励机制；用开放思维谋划、用现代手段推进，创新党建活动载体、搭建“四创”和“一单位一品牌”平台、激发党建活力的创新发展机制，使党组织成为企业管理的有机组成部分，党建工作真正成为企业价值链条上的重要环节和推动力量。使党建工作有机地融入中心、进入管理、促进发展。

（三）完善制度体系，制定工作规则。先后制定、健全、完善了《关于进一步提高集团党的建设科学化水平的意见》《集团党建工作责任制实施办法》《“三重一大”决策制度实施办法》《关于落实党风建设和反腐倡廉党委主体责任、纪委监督责任的实施方案》《加强和改进党员教育管理工作的若干规定》《基层党支部公推直选实施办法》《加强党小组规范化建设实施方案》《发展党员工作实施细则》《创建共产党员先锋岗、共产党员责任区实施办法》等一系列制度规定149项，涵盖党的思想建设、组织建设、作风建设和反腐倡廉建设等方方面面，形成了一整套内容完备、系统配套、科学管用的党建制度体系，为不断提升集团党建工作水平提供了制度支撑。

（四）创新思路载体。集团党委立足“两学两建”核心，坚持服务建强组织、以服务凝聚人心、以服务助推发展的理念，努力打造“三型”党组织。一是制定了集团《服务型党组织建设实施意见》，明确了“强化五个服务、推进六有目标”的重点内容，实施了“开展信仰的力量教育专项行动、建立学习教育机制，开展建强四支队伍专项行动、建立服务争先机制，开展筑服务平台专项行动、建立意见收集反馈机制，开展建章立制专项行动、建立服务考评机制，开展协手共建专项行动、建立服务联动机制”的“五项行动、五项机制”具体举措，将目标按照三年分级落实，分为启动部署、组织实施、检查考核和巩固提高四个环节稳步推进，不断引领基层党组织将功能定位从领导管理转变到为职工群众和党员服务上来，把党员干部的行为方式从组织推动转变到服务示范上来。二是多措并举搭建服务平台。搭建领导人员服务平台，开展“走基层、访职工、做实事”活动，各级领导人员均按分管工作确立了联系点，实施“零距离工作法”和“听、看、问、研”一线工作法，建立群众工作室377个，畅通群众建言渠道，搭建了服务生产、服务职工的连心桥和直通车。2015年，在解放思想大讨论活动中，集团班子成员下基层走访159次，着实着力解决实际问题，改进了工作作风。搭建党员服务平台，印发《党员志愿服务活动实施方案》《关于开展在职党员到社区报到争做“两个先锋”活动的实施意见》，指导基层党组织制定志愿服务计划，推进党员进社区，基层党组织和党员服务群众、奉献社会蔚然成风，涌现出以全国学雷锋先进个

2015年，集团职工张海波荣获“全国劳动模范”称号。图为张海波向港口干部、职工做报告

人张海波、第二届河北省职工道德模范田礼为代表的先进典型人物。三是突出服务实践效果。集团党委立足解决制约生产效率、管理效能等方面的突出问题，不断丰富服务载体，相继推进“路港联创提效率，携手共建促发展”主题实践活动和秦港股份六公司党委创新实施党建项目化运作等实践活动，实现了企业党建工作和生产经营工作的互促共赢。特别是党建项目化运作项目运用“六步工作法”，4年共立项170项，已完成126项，创造效益2000多万元，使党建工作的“软指标”变成了“硬任务”，荣获省国资委“四创”项目一等奖，成为党建工作与生产经营真正对接融合的典范，各基层党组织也对标六公司党委，发动党员围绕解决生产经营中的“急、难、险、重”工作开展攻关，凸显基层党组织和党员在服务生产、服务大局、维护稳定中的重要作用。

二、加强党的基层组织建设

（一）加强基层党组织设置。集团党委紧密围绕集团转型升级、跨港发展实际，坚持“企业发展到哪里，党的基层组织就建到哪里；职工队伍走到哪里，哪里就有党员，哪里就有党的工作”的责任意识，按照党的建设同步谋划、党政组织同步设置、干部同步配备、工作任务同步开展的原则，健全基层组织设置，实现了党的基层组织全覆盖。几年来，根据工作需要，新设立了沧州矿石公司党委、邯郸国际陆港公司党总支、餐饮公司党总支等8个直属党组织，将通信公司、水暖公司、电力公司、物资中心、中理公司等5个单位由党总支升格为党委，2个单位由党支部升格为党总支，有效实现了党政工作融合对接。2017年，新建调整4个直属党组织，91个基层党支部、5个党总支和20个党委完成了换届选举，实现了党的基层组织设置全覆盖。

（二）抓好基层堡垒建设。坚持固本强基，推进服务型党组织建设，2013年，以“服务发展”为核心，努力规范服务机制，创新服务平台，开展“路港联创提效率，携手共建促发展”主题实践活动，积极推进集团主要生产单位秦港股份二、六、七、九、铁运公司与大秦铁路车务段等路港十方党组织跨地域联合共建，实现了党建工作和生产经营工作的互促共赢。2016年，集团党委组织

2010年，秦港股份公司党委召开创先争优建支工程推进会，交流先进工作经验

秦港股份六公司党委创新实施党建项目化运作，组织基层党组织和党员围绕精准服务、降本增效、安全生产等中心工作开展攻关，解决生产经营中的急难险重问题，成为党建工作与生产经营真正对接融合的典范，受到省国资委党委的高度评价，在全省监管企业范围内进行了集中推广。深入开展基层党支部标准化建设和党小组标准化规范化建设，以推进“双标化”晋档升级，通过定标准、严考核、建载体，立标、对标、达标，基层党支部实现了标准化、精细化管理。在党小组规范化建设工作中，通过优化党小组设置，选优配强党小组长，提高党小组长和班组长“一肩挑”比例，实施党小组立项攻关，推动党小组建设与班组建设合拍共振，有力促进班组建设和生产运营，使“小组织”真正发挥“大作用”。党小组规范化建设工作经验得到了省委组织部、省国资委领导的书面批示，通过《河北组工信息》向全省推广。2013年以来，集团党委搭建并不断完善“一单位一品牌”创建和“最佳特色党日”评选的平台，激发了基层党组织自主创新的积极性，探索出“电子党务管理平台”“党建工作进入ISO9000质量管理体系”“双线对标竞赛”和“情暖港湾”党员志愿服务等一批党建特色品牌项目和精品党日，有效提升了集团党建科学化水平。

三、选优配强领导班子和领导人员

坚持党管干部原则，认真落实省委“五个重用、五个不用、五个调整”要求，树立注重实绩的“风向标”和“以效益业绩论英雄”的用人导向，积极选用忠诚干净、发展意识强、工作有激情、勇于担当的干部，将领导班子和人员建设作为推动集团改革发展的引擎。2012年以来，集团共提拔交流中层领导人员1295人次，其中提拔233人次（2012年80人次，2013年33人次，2014年56人次，2015年43人次，2016年21人次），为集团公司改革发展、转型升级提供了坚实的人才保障。

（一）集团党委贯彻落实上级选拔任用领导人员的新要求，抓住“关键少数”，严把动议提名、资格审核、民主推荐、组织考察、讨论决定、任前公示及任职试用七个环节，提升集团选人用人公信度。调整投资企业董事监事人次，优化领导班子结构，健全完善投资企业法人治理结构。成功在集团党总支以上单位全面落实领导班子双向进入、交叉任职领导体制，为企业党组织充分发挥政治核心作用、参与企业重大问题决策开辟了有效途径。

（二）推动领导人员队伍结构持续优化，目前在集团329名中层干部中，硕研以上占25%，高级职称以上占62%，为集团公司改革发展、转型升级提供了坚实人才保障。

（三）加强领导人员考核评价机制建设，采用“一定量、五评价”方式，突出业绩考核权重和作风建设内容，在领导人员中树立起“三严三实”价值导向，加大考评结果运用力度，严格奖惩，增强了各级领导班子和领导人员干事创业的积极性和主动性。创新选拔任用方式，加大竞争性选拔领导人员工作力度，先后组织公开选拔港口医院副院长、餐饮公司董事长、部分投资企业财务总监等8个岗位中层领导人员；根据工作需要引进财务公司副总经理、信贷部经理等岗位急需的金融管理人才，拓宽了选人用人视野。加强对投资企业董、监事调整，加强了领导人

员队伍和投资法人治理结构建设。

（四）强化对投资企业领导人员管理。严格执行领导人员离任工作交接和报告个人有关事项等制度，印发集团公司《领导人员个人有关事项报告抽查核实办法》，提高各级领导人员对个人有关事项报告工作的重视程度。

（五）深化对领导人员的管理和监督。健全完善领导人员管理制度体系。在现有领导人员选任、管理和监督工作制度体系基础上，2015 年以来按照省委组织部规定，结合集团实际，又制定工作纪实、任前档案审核、“提醒、函询和诫勉”等多项制度，使集团领导人员管理制度体系进一步完善。

四、严肃党内政治生活常态化

充分发挥党内政治生活纯洁思想、锤炼党性、提升党悟的重要作用，规范落实民主集中制、“三重一大”决策机制和“三会一课”、“党章学习日”“党员活动日”及党员领导干部双重组织生活等制度，增强党内政治生活的严肃性和规范性，加强督查，强化看齐意识，巩固教育实践活动和“三严三实”专题教育成果，以查摆突出问题、剖析思想根源、开展批评和自我批评为重点，建立起领导班子民主生活会和党员组织生活会的工作标尺，党内生活整体质量大幅提升；将守纪律讲规矩摆在更加突出的位置，积极推进“把纪律和规矩挺在前面”试点工作。坚持抓早抓小，认真落实谈心提醒、约谈等制度，不断强化对党员干部的监督、教育和管理，在严肃的党内生活中体现严管厚爱，营造出风清气正的政治生态。

2014 年 5 月，集团召开查办反腐案件体制改革试点动员会

五、打造先锋模范作用突出的党员队伍

（一）加强党员干部思想教育常态化。在认真贯彻上级工作部署，开展党内各项活动的基础上，集团党委将强化党员理想信念教育作为根本，规范推进“三位一体”理论教育模式。坚持以上率下，集团党委带头学。党委中心组采取“课题式设计、研究式学习、工程式推进、系统性应用”等方法，2012 年以来，集团党委围绕作风建设、改革发展、“三严三实”等课题，集中封闭学习和研讨 45 次，强化了领导班子的思想定力和政治引领力，筑牢了作风建设的思想基础。坚持学教结合，党员干部示范学。实施“信仰领航”培训计划，

党课教育

依托集团党校教育资源，开展“百名书记讲党课、百名书记进党校”活动，每年集中对党组织书记和普通党员进行轮训；与交通部党校、市委党校合作举办研讨班，中层领导人员培训率达到100%；搭建“e师e友”培训平台，举办“领导干部大讲堂”30余期，培训党员干部6000余人次，使理想信念教育更加接地气。坚持拓宽渠道，支部小组定期学。开展“送党课服务基层”活动，大额度投入党员教育培训经费，以“集中送”实现党员教育全覆盖，以“交流送”提升党务工作者素质，以“选学送”诠释党课按需施教，以“资料送”拓展党员教育内容；创新“微时代”背景下学习教育模式，及时占领新兴网络媒体教育平台，积极打造“微平台”“微党课”，使“互联网＋党员培训”工作化、生活化，使党的声音及时传递到全体党员。

基层党组织开展革命传统教育，重温入党誓词

（二）注重加强党员管理和队伍建设，创新集团“五有三关”发展党员工作方法，提升了发展党员工作质量，为党的肌体输入了新鲜血液。持续开展“创岗建区”活动，丰富党员亮牌示范、夺旗争星、党员品牌工程建设等内容，共涌现出共产党员先锋岗68个、党员示范责任区14个，充分发挥了共产

基层党组织开展“创岗建区”活动

党员当先锋、作表率的引领作用。强化党员宗旨意识和责任意识，在规范落实“三会一课一日”等党内生活制度的基础上，注重丰富党内生活形式，开展了“亮身份、树形象、展风采”“立足岗位当先锋”“港口先锋·红色义工”党员志愿服务、优秀党日活动评选等活动，搭建起党员施展才华、发挥作用、勇于奉献的舞台，助推了集团可持续发展。2012年以来涌现出各类先进基层党组织391个，优秀共产党员813名，共产党员先锋岗110个、党员示范责任区40个。

六、强化优秀人才培养

坚持“人才强企”战略，秉承党管人才原则，牢牢把握新形势下对人才工作提出的新要求，加强人才机制建设，确保人才培养科学化，推动人才工作成效化。成立了集团公司人才工作领导小组、工人考评工作领导小组及各类专业考评委员会，形成完备的人才选拔、评价、培养工作组织领导机构。围绕集团发展战略，结合企业发展多元化布局，相继制定了《集团公司优秀人才引进管理办法》和《河北港口集团职位管理办法》，拓宽优秀人才引进渠道。畅通职工职业生涯发展通道，提升发展空间。优化人才培养方式。

做好关键岗位人才储备，统筹开展人才培养、选拔推荐等工作，推荐省管优秀专家、河北省第二批“巨人计划”创新创业团队和领军人才等各级各类人才30余名，为高层次人才脱颖而出搭建平台。承办了国家一级赛事——全省青工叉车司机技能大赛，树立了河北港口集团重视人才工作的良好形象。充分发挥

2014年，集团承办国家一级赛事—全省青工叉车司机技能大赛

专门鉴定机构和集团各专业考评委员会的作用，通过技术竞赛和评审坚定工作，进一步提高了广大职工学技术、钻业务的热情，促使大批有专长的职工快速脱颖而出。注重构建多层次、多渠道的员工教育培训体系，实施“410成才计划”，成立“张海波国家级技能大师工作室”，加快培养高技能人才。2013年，创新开设领导干部大讲堂，全面提升经营管理领导者的政治素质、科学决策能力和创新能力。举办科队级干部执行力研修班、一般管理人员素质提升班和新入职员工培训班，使管理人员的政治理论水平和业务能力有较大提升，重点培养、引进高端人才、急需人才，拓宽了选人用人视野。2016年进一步完善《员工职位管理办法》和《员工职位评审委员会管理办法》，为各类人才可持续成长提供了平台；实施专业技术人才“精准培训”，极大提升了培训的针对性。统筹规划培训需求，全年教培经费支出同比下降34.8%；探索技能鉴定新模式，赴黄骅港开展技能鉴定，这是市人社局首次在秦皇岛市地域范围外设置鉴定考场，为实现以鉴定升级促职工技术提升奠定了基础。

七、强化组织部门自身建设

1948年12月初，中共秦皇岛开滦工作委员会成立，组织委员负责干部管理工作。1952年5月，中共秦皇岛开滦委员会设置组织部。1954年7月6日，分局党委成立政治处，下设组织科。1957年4月30日，撤销政治处，恢复组织部。1964年7月，局党委设置政治部，下设组织科。1968年，局成立革命委员会，下设组干组。1973年3月，恢复政治部，下设干部科和组织科。1977年2月，政治部撤销干部科、组织科，成立组织处。1979年3月，撤销政治部，恢复组织处。1984年2月，组织处改为组织部。1989年1月，实行党务、政工二位一体，组织部同时也为干部处。2008年4月，党委组织部和人力资源部实行一套机构、两块牌子。2009年7月，集团设立党委组织部（人力资源部）。2016年4月，

2016年，集团党委组织部工作队伍

经集团、股份机关机构整合，集团、股份组织部、人力资源部合并，形成目前集团党委组织部、人力资源部部门，负责全集团组织和人力资源工作，组织系统专兼职组工干部117人。

组织部门是管党治党的重要职能部门，坚持以贯彻落实中央和上级党委的决策部署为己任，以严谨的精神和扎实的作风，完成党在各个时期历史任务。尤其是在管党治党新的历史时期，坚持用担当承载使命，用忠诚履行责任，用服务展现作为，突出队伍优化，强化组织创新，树立了良好的组织队伍形象。

（一）从树形象转作风着手，每年一主题，有层次有重点地将组织系统团队从严从实建强建好。2013年在组织部内开展了“转作风、树形象、提效率”主题活动，积极改善部内工作环境，强化部门人员服务意识，培养部门人员团队精神，从严提出工作要求，使全部党员干部思想境界和业务素质有了新提高，部门工作效能和整体形象有了新提升。2014年提出“一个主题、三个服务、五个推进”总体工作思路，以“转观念、提素质、重服务”为主题，立足为集团发展服务、为基层单位服务、为广大员工服务。强力推进干部人事制度改革、推进用工体制改革、人才制度改革、薪酬制度改革和党建工作创新，有效解决了一批制约和影响集团发展的组织人力资源工作问题。2015年以“一确保、两到位、三突破”（确保执行集团中心工作不走偏；群众路线教育实践活动抓到位；创新集团党建设工作大格局做到位；持续推进干部人事制度改革有新动作，持续推进人才机制建设有新举措，持续推进薪酬用工改革有新办法）为基本工作思路，在确保执行集团中心工作不走偏的基础上，深入开展群众路线教育实践活动，取得成效。2016年，在部内培育五个“常态”，即让学习成为常态，在解决问题的能力上要有新突破。让规矩成为常态，在政治的敏锐性上要有新突破。让务实成为常态，在推进工作的力度上要有新突破。让创新成为常态，在提升工作的质量上要有新突破。突破工作难点，让快乐成为常态，在投入工作的状态上要有新突破。2017年，重点从下“四个功夫”，树“四个形象”上发力，打造过硬的组工队伍。要求组织部门要积极适应集团转型发展新态势，在日常学习上下功夫，树立勤学形象；在破解难题上下功夫，树立实干形象；在纪律规矩上下功夫，树立表率形象；在沟通互助上下功夫，树立团队形象。善于运用学习成果开阔视野、打开思路，找出破解工作难题、推进科学决策的“金点子”。不断推进工作向纵深开展，确保各项工作落实，提升工作效率。

2016年，集团党委组织部党支部进行政治学习

（二）有效发挥组织系统的职能作用，不断将部门工作提升到一个新高度、新层次。强力推进重点活动，抓出成效，抓出特色。6年来，在党委的领导下，组织开展了集团党的群众教育实践活动、“三严三实”专题教育，引导党员干部坚定理想信念、锤炼党性修养，

严明纪律规矩、解决突出问题。2016 年开始的“两学一做”学习教育，进一步把全面从严治党延伸到党的基层组织，让 300 多个基层党组织接受洗礼，让 7000 多名党员在党内政治生活的“大熔炉”里经受锻炼。

（三）强化工作规范化、科学化。6 年来，共建立健全（包括新建和修订），适应集团新形势下组织人事工作制度 150 多项。2015 年，推进完成集团人力资源信息系统建设，实现了集团的人力资源信息的全覆盖，并实现了及时更新、查询、统计和分析，使集团人力资源管理信息化、智能化、集中化和实时化水平得到实质性提升。

（四）抓创新出亮点。2013 年创新开展的党小组规范化建设活动，得到省委和省国资委党委的充分肯定。集团成功取得 11 个港口主体工种技师考评资格。获得省国有企业“四创”等多个活动的优秀组织奖，“两学两建”等党建活动经验多次在省国资委相关会议上交流、在《国企》《河北党建》等杂志发表，提升了集团品牌影响力。组织实施的党小组规范化建设、党建项目化管理等工作经验得到了省委组织部、省国资委领导的充分肯定。2016 年 5 月，省国资委党委在集团举办“两学一做”学习教育培训班，以现场会的形式重点推介了秦港股份六公司党建项目化管理工作经验，同时组织基层党组织集中展示了“一单位一品牌”建设成果，得到了省国资委领导、各监管企业党委副书记、组织部长的一致好评，不断把党的组织优势转化为集团发展优势。

2016 年 5 月，省国资委党委在集团举办“两学一做”学习教育培训班。图为培训班开班现场

艰难困苦，玉汝于成。近 70 年来，集团党组织坚持党的正确领导，践行党的宗旨，不断探索党建工作新路径，用鲜活生动的创新实践，见证了党建工作强大的生命力，创下了令人欢欣鼓舞的辉煌业绩。这当中承继着中国共产党的远大理想，承继着几代港口人奋斗的夙愿，承继着现代港口人一往无前、宏伟壮阔的“强港梦”。

第四章 组织荣誉

第四章　组织荣誉

组织荣誉主要包括河北港口集团（原秦皇岛港）党委、纪委、工会、团委等组织所获得的国家级、部委级和省级集体荣誉；在市级以上“七一”表彰中所获得的组织荣誉和个人荣誉；1979 年以来河北港口集团(原秦皇岛港)党委“七一”表彰的先进党组织和优秀个人。

第一节　省级以上荣誉

1979 年

大庆式企业

1987 年

河北省颁发团员证试点工作先进单位

河北省模范职工之家

河北省职工读书先进集体

1988 年

河北省职业教育先进集体

河北省知识分子工作先进单位

河北省思想政治工作优秀企业

河北省纪检工作先进单位

至 1990 年，连续被评为河北省信访工作先进单位

1989 年

全国交通系统两个文明建设先进单位

1990 年

全国思想政治工作优秀企业

全国职工教育先进单位

交通部先进纪检组织

全国交通系统教育先进单位

河北省企业红旗团委

河北省职工技术教育先进单位

1991 年

全国五一劳动奖状

全国职工教育先进单位

1992 年

交通部监察系统先进集体

河北省先进单位

1993 年

全国共建社会主义精神文明先进口岸

交通部党风建设先进单位

交通部先进纪检组织

全国模范职工之家

河北省优秀企业奖

河北省国防教育先进单位

河北省文明单位

1994 年

全国民族团结进步模范单位

全国工会职工文化先进集体

河北省民族团结进步模范单位

河北省“加强民主管理，推进企业改革发展”先进单位

河北省保密工作先进集体

1995 年

全国交通系统教育先进集体
交通部纪检监察系统先进集体
河北省纪检监察系统先进集体
河北省标兵企业
河北省共建社会主义精神文明口岸先进单位
全省党员学理论、学党章知识竞赛活动组织奖
河北省第五届“讲理想比贡献”竞赛活动奉献奖先进集体

1996 年

全国党纪政纪条规竞赛河北省集体组织奖
河北省口岸系统社会主义精神文明单位
河北省精神文明先进单位
河北省少数民族扶贫工作先进单位
河北省先进团委

1997 年

全国交通系统政务信息工作先进单位
河北省国有企业统战工作先进单位
1996–1997 年度河北省思想政治工作优秀企业
河北省“1996–1997 年先进集体”
河北省扶贫工作先进单位
河北省第六届“讲理想比贡献”竞赛活动奉献奖先进集体

1998 年

全国集体合同建制先进企业
全国模范职工之家
河北省先进企事业单位
河北省文明单位
河北省扶贫先进单位
河北省民族团结进步模范单位
河北省保密工作先进集体
1998 年度河北省五四红旗团委标兵
河北省青年岗位能手活动优秀组织奖
河北省思想政治工作优秀企业

1999 年

全国五四红旗团委
1999 年度河北省文明单位
河北省先进企事业单位
河北省第七届“讲理想比贡献”竞赛活动奉献奖先进集体
河北省“迎接建国 50 周年知识竞赛”活动组织奖
河北省 1997–1998 年度组织史资料整编工作先进集体

2000 年

学法规学党纪、党风廉政教育活动优秀组织单位
河北省五一奖状
河北省杰出青年志愿者服务集体
河北省青年思想政治工作论文评选优秀组织奖
河北省党管武装先进单位

2001 年

全国交通系统先进企业
2000 年度河北百强企业
河北省“八七”扶贫攻坚工作先进单位
河北省科技战线“讲理想比贡献”活动先进集体
2000–2001 年度河北省思想政治工作优秀企业
河北省优秀社会团体

2002 年

全国企业职工培训先进单位

河北省 2000—2001 年度文明单位

2001 年度河北百强企业

2001 年度河北省明星企业

河北省国防教育工作先进单位

河北省学习雷锋志愿服务先进集体

河北省企业文化建设先进单位

2003 年

2003—2008 年，连续被评为中纪委党风廉政建设室工作联系点先进单位

2002 年度河北百强企业

全国交通系统创建文明行业先进单位

河北省兴起学习贯彻“三个代表”重要思想新高潮知识竞赛优秀组织奖

2004 年

全国企业文化建设实践创新奖

河北省 2002—2004 年度劳动关系和谐企业

河北省 2002—2003 年度文明单位

2002—2003 年度河北省思想政治工作优秀企业

河北省企业文化建设先进单位

河北省捐资助学先进单位

2005 年

全国企业文化建设先进单位

全国精神文明建设工作先进单位

2004 年度河北百强企业

河北省明星企业

河北省民族团结进步模范集体

2006 年

全国青工技能振兴计划示范单位

2006 年度中国交通企业 100 强单位

河北省 2004—2005 年度文明单位

2005 年度河北省优秀政研会

2007 年

全国企业文化建设优秀单位

全国交通企业文化建设优秀单位

2008 年

国家技能人才培养突出贡献

全国交通企业文化建设优秀单位

河北省 2006—2007 年度文明单位

全省国有企业创建“四好”领导班子先进集体

2009 年

全国企业职工教育培训先进单位

全国企业文化建设先进单位

河北省企业文化建设先进单位

2010 年

国家技能人才培育突出贡献奖

全国交通运输企业文化建设优秀单位

河北省高技能人才培养突出贡献单位

河北省技能培养先进单位

河北省建设学习型党组织百题竞赛优秀组织奖

河北省国有企业“四创”活动优秀组织奖

2011 年

国家技能人才培育突出贡献奖

河北省高级技能人才培育突出贡献奖

2010 年度省宣传文化系统先进集体

2012 年

全国企业文化建设优秀单位

全省港口货物吞吐量突破 7 亿吨突出贡献单位

2013 年

全国交通运输企业文化建设优秀单位

2014 年

全国工人先锋号（秦港九公司装船部）

河北省先进单位

全省国有企业“四创”活动项目优秀组织奖

河北省国资委系统“中国梦、组工人”征文活动优秀组织奖

全省党的群众路线理论研讨征文优秀组织奖

全省“学习贯彻十八大精神，提高国企党建科学化水平”征文优秀组织奖

2015 年

全国“十二五”企业文化建设优秀单位（港口博物馆、秦港九公司装船部）

河北省创先争优劳动竞赛先进单位（沧州黄骅港矿石港务有限公司）

河北省职工道德建设标兵单位

河北省五一劳动奖状

全省国有企业“四创”活动项目优秀组织奖

河北省国资委党的十八届四中全会精神知识问答优秀奖

河北省“践行党的群众路线在国企大家谈”征文优秀组织奖

河北省国资委践行“三严三实”加强国有企业党建主题征文活动优秀组织奖

河北省国资委党建工作服务企业转型升级案例征集活动优秀组织奖

2016 年

中国十大最美港口（秦皇岛港）

河北省国资委系统企业“两优一先”表彰先进基层党组织

河北省国资委“践行三严三实，加强国企党建”征文优秀组织奖

河北省国资委“企业党组织在国企改革中提供政治保障案例征集”优秀组织奖

河北省国企党建“两学一做”主题征文活动优秀组织奖

2017 年

河北省五一劳动奖状（沧州黄骅港矿石港务有限公司）

第二节 市级以上“七一”表彰

市级以上“七一”表彰主要是指河北港口集团（原秦皇岛港）党委及其各级党组织、共产党员和党务工作者在历年的国家、省、市三级“七一”表彰中所获得的组织荣誉和个人荣誉。

一、先进基层党组织

（一）全国先进基层党组织

2001 年

秦皇岛港务局党委

（二）河北省先进基层党组织

1991 年

秦皇岛港务局党委

1996 年

秦皇岛港务局党委

1999 年

秦皇岛港务局党委

2001 年

秦皇岛港务局党委

2004 年

秦皇岛港务集团有限公司党委

2006 年

秦皇岛港务集团有限公司党委

2007 年

秦皇岛港务集团有限公司党委

2008 年

秦皇岛港务集团有限公司党委

（三）河北省委企业工委十佳先进基层党组织

2003 年

秦港集团第六港务分公司党委

（四）河北省委企业工委先进基层党组织

1991 年

秦皇岛港务局第二装卸公司装船二队党支部

2003 年

秦皇岛港务集团有限公司党委

秦港集团铁路运输分公司党委

秦港集团港口医院内科党支部

（五）河北省属企业先进基层党组织

2002 年

秦皇岛港务局党委

（六）河北省国资委企业先进基层党组织

2011 年

河北港口集团秦皇岛港股份有限公司党委

河北港口集团秦港股份第九港务分公司党委

河北港口集团通信信息工程分公司党总支

河北港口集团秦港股份铁运分公司东港站党支部

河北港口集团工程技术有限公司港机分公司制造二部党支部

河北港口集团秦港股份第六港务分公司矿石队党支部

2014 年

河北港口集团有限公司党委

河北港口集团秦港股份杂货港务分公司党委

河北港口集团秦港股份第六港务分公司党委

2016 年

河北港口集团有限公司党委

河北港口集团秦皇岛港股份有限公司党委

河北港口集团秦港股份第二港务分公司党委

（七）秦皇岛市先进基层党组织

1989 年

秦皇岛港务局党委

1994 年

秦皇岛港务局党委

1997 年

秦皇岛港务局党委

2001 年

秦皇岛港务局党委

2006 年

秦皇岛港务集团有限公司党委

秦港集团铁路运输分公司党委

2007 年

秦皇岛港务集团有限公司党委

2008 年

秦皇岛港务集团有限公司党委

秦港集团第九港务分公司党委

2009 年

河北港口集团秦港股份第一港务分公司党委

2010 年

河北港口集团秦港股份第七港务分公司党委

2011 年
河北港口集团离退休职工管理中心党委
2012 年
河北港口集团秦港股份铁路运输分公司党委

（八）秦皇岛市委企业工委先进党组织

1989 年
秦皇岛港务局第三装卸公司党委
1990 年
秦皇岛港务局第二装卸公司党委
1991 年
秦皇岛港务局第二装卸公司装船二队党支部
秦皇岛港务局第四装卸公司装卸二队党支部
1992 年
秦皇岛港务局第二装卸公司装船二队党支部
秦皇岛港务局铁运公司开滦路港站党支部
外轮理货公司第一理货站党支部
1993 年
秦皇岛港务局铁路运输公司党委
秦皇岛港务局第三港务公司机械八队党支部
1994 年
秦皇岛港务局第二港务公司装船二队党支部
秦皇岛港务局铁运公司开滦路港站党支部
1996 年
秦皇岛港务局党委
1997 年
秦皇岛港务局党委
秦皇岛港务局铁运公司开滦路港站党支部
1998 年
秦皇岛港务局机械修造厂党委
秦皇岛港务局铁运公司党委
1999 年
秦皇岛港务局党委
秦皇岛港务局铁运公司党委

二、先进基层党支部

（一）河北省委企业工委先进基层党支部

1996 年
秦皇岛港务局铁路运输公司开滦路港站党支部

（二）河北省国资委企业标杆党支部

2011 年
河北港口集团秦港股份铁运分公司东港站党支部

（三）河北省国资委企业先进党支部

2012 年
河北港口集团秦港股份第七港务分公司卸车作业部党支部
河北港口集团工程技术有限公司煤五保障部党支部

（四）秦皇岛市先进党支部

1979 年
秦皇岛港务管理局煤区机械五队党支部
秦皇岛港务管理局货区机械二队党支部
秦皇岛港务管埋局机厂二车间党支部
1981 年
秦皇岛港务管理局燃料公司秦油 2 号党支部
秦皇岛港务管理局机厂二车间党支部
秦皇岛港务管理局运输队养路队党支部
秦皇岛港务管理局建筑公司施工一队党支部
秦皇岛港务管理局货区装卸二队党支部
秦皇岛港务管理局煤区机械三队党支部
1983 年
秦皇岛港务管理局第三作业区锅炉队

党支部

秦皇岛港务管理局第四作业区装卸三队党支部

秦皇岛港务管理局机厂五车间党支部

秦皇岛港务管理局建筑公司预制厂党支部

1985 年

秦皇岛港务管理局第四作业区工艺科党支部

1986 年

秦皇岛港务管理局第二作业区装船一队党支部

1987 年

秦皇岛港务管理局第二装卸公司装船一队党支部

1988 年

秦皇岛港务管理局第二装卸公司装船一队党支部

三、优秀共产党员

（一）河北省优秀共产党员

1986 年

杨宝成

1987 年

杨秀华

1990 年

苏加林

1994 年

宗玉海

（二）河北省委企业工委优秀共产党员

2003 年

李俊杰 史伟彬 代贵旺 刘汉阳

（三）河北省国资委企业优秀共产党员

2011 年

李伏玉 栾绍海 史自生 王　涛 姚学清

2012 年

姜晓霜 董凤森 宋德明

2014 年

高天水 安俊江 徐春阳

2015 年

高天水 石小林

2016 年

陈海烈 李玲涛 姜　涛 刘樊炯

（四）秦皇岛市优秀共产党员

1979 年

刘士泉 王玉奎 张　立 魏国忠 解忠胜 刘呈祥 王恩发 马玉奎 杨允芝 韩宝泉 李宝元 梁颜庆 鲍克俭 杨洪彬 李　成 董秀兰 刘立生 代忠显 苏玉清 车　玉 平西庚 杨淑珍

1981 年

苏加林 张　力 金长友 崔全顺 闫　甫 贺　明 刘玉林 胡俊道 郭勇富 王福荣 王文奎 柴志军 付正义 曹贵友 周志强 张盛喜 刘玉珍 任卫东 刘呈祥 穆连振

1983 年

胡俊道 解忠胜 潘庆文 阎　甫 刘玉珍 张盛喜 任金生 汪秉康 陈俊维 任卫东 苏加林

1985 年

秦国良 陈建平 杨宝成 苏加林

1986 年

杨宝成 杨秀华

1987 年

杨宝成 杨秀华

1988 年

杨宝成 苏加林 齐子良

1989 年

苏加林

1990 年

苏加林 张保民

1991 年

苏加林 张保民

1994 年

宗玉海

2001 年

李俊杰 史伟彬 白顺利 王振忠

2006 年

任庆宪 李慕国

2007 年

任庆宪 代贵旺

2009 年

朱向东 栾绍海

2010 年

赵志刚

2011 年

史自生 赵成喜

2012 年

姜晓霜 史自生

（五）秦皇岛市委企业工委优秀共产党员

1989 年

刘新华 裴崇德 王庆利 何广博 杨宝成 齐敬华 刘凤利 宗玉海 齐蕴岩 夏永中 李连义 郑芳壁

1990 年

刘新华 高振明 裴崇德 王庆利 何广博 张铁柱 李俊杰 金广潮 张文华 王和平 宗玉海 杨淑珍 李连义 郑芳壁

1991 年

王庆利 何广博 张铁柱 张文华 金广潮 李俊杰 宗玉海 王和平 郑芳壁 高振明

1992 年

夏永中 李俊杰 苏加林 张保民 宗玉海 孙志善 李振华 郑芳壁

1993 年

王春伟 李俊杰 齐蕴岩 高长生 李增祥 田宝占 郑芳壁 孙志善

1994 年

宗玉海 苏加林 谢友权 张保民 李俊杰 康建国 李连义 王永田

1996 年

张宝成 刘汉阳 王和平 李俊杰 苏加林 王春伟

1997 年

张文杰 王忠文 李连义 张保民 田宝占 张　利 杨玉臻 金贺喜

1998 年

丁建国 韩　庆 张文佳 史义善 田宝占 胡铁忠 金贵利 李连义

1999 年

丁建国 韩树林 张　利 石晓楼 宋桂江 刘汉阳 闫世强 史国增

四、优秀党务工作者

（一）河北省优秀党务工作者

2011 年

张　军

（二）河北省委企业工委优秀党务工作者

1996 年

李德宣

2003 年

齐桂秋 王德利 陈　兵　王利顺

（三）河北省国资委企业优秀党务工作者

2011 年

赵建平 刘　勇 王　刚 张儒健 王　莹

2012 年

陈林燕 任永新

2014 年

张金河 侯幼农

2016 年

郭佳滨 杨　军

（四）河北省委企业工委十佳优秀党务工作者

2003 年

薛德成

（五）秦皇岛市优秀党务工作者

1989 年

汪秉康 姜淑云

1990 年

汪秉康

1991 年

李德宣

1994 年

李德宣

2001 年

薛德成

2006 年

周忠义 王德利

2007 年

周忠义 田云山

2008 年

林文鼎 刘　勇

2009 年

林文鼎 聂玉中

2010 年

陈　平

2011 年

张　军 王　刚 王　莹

2012 年

张儒健 陈林燕

（六）秦皇岛市委企业工委优秀党务工作者

1989 年

张燕海

1990 年

姜淑云 史金城 张泰林

1991 年

姜淑云 史金城

1992 年

张纪增

1993 年

李德宣 李兴和

1994 年

李德宣

1996 年

李德宣 薛利民 孙国柱 李连锁

1997 年

李德宣 李乐敏 马慧生

1998 年

张秀文 王建洲 常印祥

1999 年

白顺利 王于华

五、其他表彰

（一）秦皇岛市抗击非典斗争先进基层党组织

2003 年

秦港集团港口医院党委

（二）秦皇岛市抗击非典斗争优秀共产党员

2003 年

薛德成 孙远东

（三）秦皇岛市保持共产党员先进性教育活动优秀工作者

2006 年

顾朝晖 吴秀海 崔全顺

（四）秦皇岛市“学党章、守党规、做合格好党员”先进个人

2008 年

刘荣宽 李庆良

（五）秦皇岛市“学宪法、守法律、做合格好公民”先进个人

2008 年

邓志勇 张金华 徐兰丰

（六）秦皇岛市抗震救灾优秀共产党员

2008 年

杨炳辰

（七）秦皇岛市红旗党支部

2011 年

河北港口集团秦港股份铁运分公司东港站党支部

（八）秦皇岛市先锋共产党员

2011 年

李伏玉 栾绍海 郝晓蕊

（九）河北省国资委企业优秀党员示范岗

2016 年

沧州渤海港务有限公司门机队门机司机岗

秦港股份第九港务分公司生产业务部部长岗

秦港股份第七港务分公司综合办公室主任岗

（十）河北省国资委企业优秀党员示范区

2016 年

河北港口集团港口工程有限公司曹妃甸项目部党支部

秦港股份第六港务分公司卸车队党支部第四党小组

秦港股份铁路运输分公司电务段党支部第二党小组

秦港股份杂货港务分公司库场二队党支部

第三节 集团党委历年“七一”表彰

1979 年，为了党的组织和党员适应四化建设的要求，发挥党支部的战斗堡垒作用和党员的先锋模范作用，秦皇岛港务管理局党委从上半年开始在全局范围内开展评选先进党支部、先进党小组和优秀共产党员的活动，对评先条件作了具体规定。从此，河北港口集团（原秦皇岛港）党委开始了每年“七一”表彰评先活动。

1979 年

先进党支部（10 个）

煤区机械五队党支部

货区机械二队党支部

货区装卸四队党支部

货区工具库党支部

机厂二车间党支部

水电站电修队党支部

公安局消防队党支部

物资处原料党支部

行政处总务科党支部

工程处基建队党支部

优秀共产党员（100 名）

王玉奎 刘士泉 魏国忠 谢忠胜 张　立
赵国清 郭连占 徐连才 张宪军 秦永和
刘兆谦 赵培茂 黄宝库 马希昆 王诺斌
金长友 孙友才 董秀兰 刘立生 代忠显
苏玉清 车　玉 刘福来 闫宝珠 景宝贵
李宝全 陈真岭 杨宝成 于子生 宋福祥
潘庆文 齐敬华 杨景春 冯树凯 王胜明
王绍庭 孙树槐 刘大胜 颜景瑞 焦玉连

王若雨 张宝忠 杜承绪 鲁惠仁 王宝才
李　成 梁颜庆 韩宝全 李宝元 卢宝阳
刘玉发 高忠成 刘呈祥 王思发 马玉奎
曹　堃 侯占阁 刘景平 王广义 于清泉
鲍克俭 王成明 张建国 田宝民 吉树森
李育仁 李忠贵 张淑珍 宋大华 韩　顺
郑德友 张德起 李汝俊 邢明水 陈德利
陈洪彬 娄玉成 任继承 李志英 邓德礼
平锡庚 杨淑珍 杨允芝 赵士盛 申英典
崔成祥 翟玉刚 汪学章 李德宣 宋　文
李士泉 田家礼 张殿华 任家德 李兴和
高绍臣 刘金梅 张春风 郭俊明 吴景和

1980 年

先进党支部（16 个）

煤区机械一队党支部

煤区装卸一队党支部

煤区机械五队党支部

货区仓库党支部

货区机械二队党支部

货区工具库党支部

货区装卸二队党支部

公安局机关第二党支部

公安局煤区派出所党支部

机具修配厂二车间党支部

燃料公司卸区党支部

工程处基建一队党支部

水电站电修队党支部

行政处总务科党支部

教育处港一中党支部

局机关信访财务党支部

优秀共产党员（93 名）

姚建池 郑德发 马玉奎 董桂芹 刘呈祥
王思发 田耕荣 李金祥 高绍臣 边强环
田家礼 苗洪修 王炳寅 王崇善 李育仁
平锡庚 颜永俊 卢宗清 陈俊维 胡俊道
卢宝阳 李宝元 王渝庆 任卫东 高会来
刘希友 邸丰元 冯开茂 李裕显 佟爱青
刘桂英 刘文杰 鲍克俭 王文奎 杨允芝
张盛喜 高克勤 崔成祥 杨乃孟 霍秀兰
苏东年 王庆柯 方启超 李　成 王　玉
李新宜 蔡振东 田新坤 谭庆勋 赵培茂
王玉奎 王洪斌 金长友 贾连生 解忠胜
秦永和 张宪军 孙友才 刘兆千 耿振柱
黄宝库 张　利 郭连占 严士让 崔祥忠
刘士泉 刘福来 景宝贵 车　玉 刘立生
司文龙 潘庆文 洪　成 胡胜才 阎　甫
代忠显 邹善芝 闫景瑞 董秀兰 冯继仁
李宗华 刘存柱 张宝仲 王若雨 杨广吉
黄树忠 胡富河 张宝寅 翟　珠 韩志明
杜长田 田桂云 王树合

1981 年

先进党支部（17 个）

煤区装卸一队党支部

煤区机械一队党支部

煤区机械三队党支部

货区装卸一队党支部

货区装卸二队党支部

货区工具库党支部

燃料公司秦油 2 号党支部

行政处总务科党支部

机厂二车间党支部

运输队养路队党支部

物资处制氧站党支部

建筑公司施工一队党支部

工程处电修队党支部

公安局机关二支部

公安局民警队党支部

教育处港一中党支部
教育处港三中党支部

优秀共产党员（92 名）
秦成武 陈云秀 苏加林 孙友才 刘兆千
黄宝库 张　利 郭连占 梁文华 崔祥忠
秦永和 解忠胜 胡俊录 高志刚 李　林
金长友 何广博 陈学清 崔全顺 许久奎
杨宝成 耿悦银 宋福祥 潘庆文 冯树凯
张广悌 阎　甫 刘德贵 代忠显 朱国成
李永德 车　玉 胡胜才 王贺明 张宝仲
刘玉林 刘存柱 王若雨 李宗华 王渝庆
韩宝全 胡俊道 郭永富 王文奎 王福荣
史义善 陈俊维 杨淑珍 柴志军 苏东年
刘玉珍 高思岐 刘锡友 赵玉德 杨文国
任卫东 胡宝明 周志强 卢宗清 颜永俊
周洪奎 丁　黎 何国珍 关明生 王炳寅
刘景平 曹贵有 王思发 付正义 魏殿元
于忠臣 佟　治 张宝成 穆连振 程景柱
张盛喜 崔宝云 洪万勤 于　诚 徐学坤
翟殿友 张殿华 邢明水 胡富河 刘呈祥
高旭魁 李德宣 田家礼 王立田 刘海河
宋大华 孙景泉

1982 年

先进党支部（13 个）
煤区装卸二队党支部
煤区机械五队党支部
煤区锅炉队党支部
货区机械二队党支部
货区装卸七队党支部
运输处养路队党支部
机厂五车间党支部
工程处电修队党支部
船队二中队党支部
公安局消防队党支部
教育处港三中党支部
建筑公司施工一队党支部
燃料公司秦油 2 号党支部

优秀共产党员（109 名）
苏加林 孙友才 李守全 胡俊录 高志刚
高学志 彭金柱 李洛森 秦成武 李宝存
刘兆谦 黄宝库 张　立 郭连占 梁文华
张立新 崔忠祥 解忠胜 车　玉 许久奎
陈学清 景宝贵 刘双林 李俊杰 宋福祥
杨宝忠 尤国军 胡胜才 彭广茂 文庆悦
阎　甫 王洪恩 张淑兰 翟忠柱 齐利萍
胡庆伟 胡俊道 韩宝全 李贵义 孙云友
鲁会仁 刘玉林 苗利全 李忠华 马惠清
纪春华 刘永林 杨兆龙 王福荣 张风雷
刘景平 史海泉 任卫东 胡宝明 赵晓华
赵玉德 刘建政 郑德发 高振华 于忠臣
陈　安 毛义杰 揣福元 王云祥 陈俊维
许太江 康　星 崔呈祥 苏东年 刘玉珍
梁泽信 顾平丹 崔宝云 杨允芝 张盛喜
张业伦 王雁春 杨乃孟 邢明水 王阁民
徐学坤 印宝信 胡富河 郑道存 田桂云
杜长田 翟殿友 曲　颖 孔凡秋 王学武
刘希英 铉昌富 宋大华 刘海河 王淑民
于　诚 周长来 刘宗强 何国珍 王炳寅
张淑珍 李金祥 张宝成 李德宣 田德坤
李义华 田家礼 孙景全 李淑凤

1983 年

先进党支部（15 个）
三区锅炉队党支部
三区装卸二队党支部
四区装卸三队党支部
公安局运输处所党支部

运输处铁道工程队党支部
机厂五车间党支部
船队一中队党支部
燃料公司秦油一号党支部
航修厂四车间党支部
工程处水泥厂党支部
工程处电修队党支部
建筑公司预制厂党支部
通讯处外线队党支部
行政处房管科党支部
教育处港一中党支部

优秀共产党员（110名）

张庆堂 田贵臻 翟忠柱 朱凤武 付恩海
王淑民 胡俊录 涂景恩 魏来宽 彭宝柱
丁统杰 苏加林 刘兆谦 刘克田 郭连占
张　利 梁文华 张立新 张有权 解忠胜
刘德贵 侯幼农 杨四增 尤国军 阎　甫
代忠显 胡胜才 张广悌 潘庆文 李俊杰
陈学清 张淑兰 郗立辉 苗立全 刘贺华
王善成 韩贵山 胡俊道 鲁建国 韩宝全
侯绵宗 李春东 常伯林 赵宗堂 郭纯英
林秀明 张守志 杨乃孟 胡富河 王雁春
张业伦 何士忠 王阁民 赵焕国 李彦华
郑道存 田桂云 穆顺然 景　伦 汪乃忠
任金生 史义善 汪秉康 朱长再 王树臣
李连义 陈　安 王春贵 张新福 李行江
赵玉德 苑生明 任卫东 吉树森 张宝成
阴景山 于忠臣 王振富 刘建政 郑德发
魏殿元 刘景平 张凤雷 徐长林 许太江
陈洪彬 陈俊维 陈德培 张淑珍 杨淑珍
何国珍 丁　黎 刘玉珍 梁泽信 王秀山
张盛喜 杨允芝 英百华 周长来 单洪祥
铉昌富 魏来锁 李和林 史新柱 孔凡秋
李德宣 田德坤 李玉绵 王立田 宋　文

1984年

先进党支部（14个）

一区维修队党支部
二区电工队党支部
三区装卸三队党支部
四区机械二队党支部
四区装卸三队党支部
运输处开滦路站党支部
机厂二车间党支部
通讯处维修所党支部
工程处电修队党支部
船队第二党支部
物资处汽车队党支部
公安局消防队党支部
建筑公司施工一队党支部
教育处港三中党支部

优秀共产党员（107名）

朱凤武 王贺明 宋福臣 肖久春 宋大华
郑海春 付恩海 唐少盘 刘克田 秦成武
刘兆谦 田家辉 张友权 李德福 李志斌
涂景恩 彭家柱 郭连占 张新安 张　利
苏录加 解忠胜 魏殿元 龙海春 孙洪友
黄振华 高振华 张凤雷 曹桂友 宋桂香
纪洪生 齐振堂 陈建平 路印祥 张宝成
史义善 王文奎 王延顺 肖广春 赵连荣
任丽君 李金祥 毕介眉 杨允芝 崔宝云
李守奎 王炳寅 宋　文 刘锡友 徐东明
苗利全 任士学 邸印合 赵成武 焦玉莲
何士忠 曹　莹 翟殿友 马新克 郑道存
张业伦 邢连英 刘强余 勒文森 叶振环
王阁民 李彦华 刘玉珍 李景芝 王秀山
胡胜才 郝淑芬 乔太山 张淑兰 张清元
陈子清 张克理 乔均胜 齐敬军 杨宝成

张　勤 任道珍 丁　黎 李德忠 何国珍
刘　旺 张跃江 鲁建国 胡俊道 李春东
沈忠新 张广来 林曼康 涂开惠 苏维哲
田家礼 徐长林 赵维刚 陈俊维 康　星
苗洪修 姬从周 高树友 刘银山 王振海
田德坤 王树俊

1985 年

先进党支部（18 个）

一区锅炉队党支部
二区电工队党支部
三区机械一队党支部
三区机械五队党支部
四区货运党支部
四区工艺科党支部
铁路运输处电务段党支部
公安局消防队党支部
工程处水泥厂党支部
通信导航处电话台党支部
医院机关党支部
机厂四车间党支部
船队第二党支部
燃料公司秦油 3 号轮党支部
局机关计划处党支部
教育中心港三中党支部
行政处处直党支部
外轮理货公司党支部

优秀共产党员（133 人）

翟忠柱 王彩霞 赵学印 董信三 赵　文
宣克斌 张守礼 侯德山 付恩海 宋大华
陈建萍 何广博 任惠生 彭宝柱 佟汉玺
张新安 曹瑞成 刘兆乾 桑德清 杜文华
秦成武 李德余 解忠胜 秦永合 郭连占
苏加林 秦国良 邹津勇 乔太山 贺秀峰
乔均胜 胡胜才 李宝全 杨宝成 张　勤
任道珍 齐敬华 宋福祥 代忠显 王世宝
胡俊道 揣奎祥 王和平 马会生 沈忠新
王善成 刘贺华 刘存柱 赵洪武 苗立权
刘荣田 刘建政 郑德友 魏殿元 龙海春
张新光 佟文芳 王文奎 王剑锋 翟洪远
陈建平 高文波 赵忠堂 董新民 辛贺年
蔡振东 袁刚强 陈东生 康　星 陈俊维
李德忠 丁　黎 吴志敏 周长来 王东林
林曼康 张同庄 李忠林 任卫东 徐东明
胡宝明 冯文玉 崔宝云 赵曼莉 王秀山
李景芝 陈德培 宋　文 李守奎 崔成贵
王德胜 李国良 郭秀兰 张风雷 董桂芹
侯秀俊 高绍臣 张　安 黄镇东 翟殿友
崔明录 刘培新 杨铁山 陈青云 于永明
冉宪明 郑学敏 张福生 王　珍 杨会力
马德元 门志成 于子渊 张明文 王国良
李玉绵 田家礼 王树俊 田德坤 付金鹏
刘冠成 李淑凤 关志诚 张兴全 杨虎臣
李彦华 苏维哲 马洪昌 张义春 王阁民
程维权 赵维刚 徐长林

1986 年

先进党支部（10 个）

二区装船一队党支部
三区锅炉队党支部
四区装卸二队党支部
铁路运输处电务段党支部
燃料公司秦油 3 号轮党支部
建筑公司预制厂党支部
通信导航处电话台党支部
防污设备厂金物车间党支部
船队第一党支部
外轮理货公司党支部

优秀共产党员（80 名）

翟忠柱 李金祥 董信三 贾振忠 梁吉庆
贾文义 赵　文 雷洪春 苏加林 刘兆谦
郭连占 刘守义 石砚林 何广博 秦成武
解忠胜 熊长和 杨宝成 李俊杰 贺喜志
纪春和 齐敬华 孙双成 关德春 秦国良
董伯军 齐蕴岩 朱宏珍 王和平 刘敬思
田玉顺 白景瑞 任卫东 赵晓华 徐东明
孟　军 边桐林 徐家仁 林曼康 周贵龄
王国栋 张新光 佟文芳 史义善 郭纯英
赵忠堂 李连义 盛洪启 卢宗清 赵维刚
林新华 邸芝兴 杨秀华 丁　黎 揣永兴
崔宝云 刘宝顺 周国柱 张凤雷 刘培新
白焕臣 林松伟 张增义 崔明录 翟殿友
冉宪明 孟宪贺 门志成 于子渊 曹风鸣
侯连海 王玉亭 郑芳壁 陈永权 王振福
郑德友 公秀珍 龙海春 李吉通 李淑凤

1987 年

先进党支部（12 个）

第二装卸公司装船一队党支部
第二装卸公司电工队党支部
第三装卸公司装卸二队党支部
第三装卸公司装卸四队党支部
第四装卸公司装卸一队党支部
通信导航处电话台党支部
机厂一车间党支部
局机关人事处党支部
老干部处第五党支部
教育中心港三中党支部
外轮理货公司党支部
外轮代理公司党支部

先进党小组（30 个）

第一装卸公司机关党支部政工党小组
第二装卸公司卸车二队党小组
第二装卸公司电工队党支部第二党小组
第三装卸公司机关党支部商务货运党小组
第三装卸公司装卸四队党支部第一党小组
第三装卸公司注水队党支部第一党小组
第四装卸公司机械一队党支部电工班党小组
第四装卸公司调度室党支部甲班党小组
第四装卸公司机关党支部安检科党小组
运输公司机务段党支部内燃队党小组
运输公司修缮段党小组
公安局交通队党小组
燃料公司机关党支部安技科党小组
劳动服务公司综合队党支部机修厂党小组
建港指挥部物资处党支部原材料党小组
机厂机关党支部第一党小组
防污厂机关党支部政工党小组
船队第三党支部“秦港 8 号轮”党小组
通信导航处发讯台党小组
港口医院辅助科党支部药械科党小组
行政处总务科党支部客车班党小组
教育中心港一中党支部第一党小组
物资处仓储科党支部燃油党小组
建筑公司施工一队党小组
局机关局办党支部档案门卫党小组
局机关经打办公室党小组
老干部处第五党支部第二党小组
外轮理货公司党支部第四党小组
外轮代理公司党支部第二党小组
水泥厂党支部后勤党小组

优秀共产党员（80 名）

王文发 董信三 王雁春 赵　文 裴崇德
张振国 张连海 陈福阁 张　友 刘守义
刘克田 苏加林 郭连占 秦成武 曹瑞成
何广博 安松年 杨宝成 贺喜志 纪春和

胡盛才 刘连柱 齐敬华 秦国良 王世宝
齐蕴岩 刘玉明 于德生 李丙江 谭玉贵
郭金祥 徐东明 杨铁民 任卫东 王玉民
刘俊侠 郭秀兰 周长来 王东林 王国栋
史义善 于兆武 赵连生 刘子兴 杨学华
何柏臣 盛洪启 常世继 陈俊维 李志增
杨秀华 王景坤 李振声 揣永兴 赵曼莉
刘宝顺 张风雷 董桂芹 刘培新 高绍臣
张　安 肖景梦 孟宪贺 韩克贤 张凤德
崔明录 周西桥 郑广海 刘秋顺 王玉亭
郑芳壁 穆永恩 刘凤利 曹维敏 王振福
付正义 薛利民 郝立新 王昌洪 李淑凤

1988 年

先进党支部（12 个）
第一装卸公司输油队党支部
第二装卸公司装船一队党支部
第三装卸公司装卸二队党支部
第四装卸公司装卸一队党支部
铁路运输公司电务段党支部
燃料公司秦油三号轮党支部
教育中心职业高中党支部
通信导航处电话台党支部
机修厂一车间党支部
局机关人事处党支部
老干部处处直党支部
外轮理货公司党支部

先进党小组（20 个）
第一装卸公司机关政工党小组
第二装卸公司电工队第二党小组
第二装卸公司机械队第二党小组
第三装卸公司装卸三队第二党小组
第三装卸公司注水队第一党小组
第四装卸公司机械一队电工党小组
第四装卸公司综合服务队第二党小组
第五装卸公司机关第四党小组
铁路运输公司东港站第二党小组
铁路运输公司开站三中队党小组
燃料公司机关安技党小组
劳动服务公司综合队机修厂党小组
建港办公室文秘党小组
公安局第一派出所第一党小组
机修厂机关政工党小组
防污厂机关政工党小组
船舶公司秦港八号轮党小组
通信导航处发讯台党小组
行政处客车队党小组
电管站供电二区党小组

优秀共产党员（101 名）
田瑞安 李金祥 董信三 刘新华 王雁春
裴崇德 张春强 张金杭 杨　光 韩士莲
何希良 张　友 刘守义 苏加林 郭连占
秦成武 曹瑞成 何广博 张铁柱 杜文华
茹炳文 解忠胜 杨宝成 宋福祥 李志刚
金广潮 齐敬华 贺喜志 李忠华 闫家瑞
胡盛才 刘连柱 刘凤利 张德发 白胜利
康东志 姜德奎 曹　林 齐蕴岩 王世宝
黄思勤 齐子良 兰小伟 任卫东 叶起贵
刘俊侠 梁忠富 鲁会仁 马会清 李明启
刘希芳 李树生 卢占虎 周贵龄 王国栋
吴吉庆 罗凤鸣 于兆武 赵忠堂 梁　希
陈丙和 盛洪启 卢宗清 徐长林 崔和恩
冯宝斌 杨淑珍 高杰臣 王景坤 刘淑琴
李振声 叶常鑫 王艳群 赵曼莉 刘尚全
张风雷 李永明 郑道存 庞　华 曲　颖
吴建中 常开泉 韩克贤 崔明禄 高绍臣
孟宪贺 何学远 杨子愚 于子渊 刘延江
张寿岑 廖绪铭 郑芳壁 陈永权 王振福

付正义 单红军 王洪锋 李克功 陈介冲
李淑凤

1989 年

先进直属党组织（7 个）
第二装卸公司党委
第三装卸公司党委
燃料分公司党委
机修厂党总支
港口医院党总支
外轮理货公司党支部
外轮代理公司党支部

先进基层党支部（15 个）
第一装卸公司供汽队党支部
第二装卸公司装船一队党支部
第三装卸公司装卸三队党支部
第四装卸公司装卸一队党支部
第五装卸公司装卸队党支部
第六装卸公司机关党支部
铁路运输公司电务段党支部
公安局消防队党支部
燃料分公司罐区党支部
机修厂一车间党支部
通信公司电话台党支部
港口医院临床科党支部
局机关人事处党支部
老干部处处直党支部
教育中心职业高中党支部

先进党小组（25 个）
第一装卸公司办公室党小组
第二装卸公司机电维修队电工党小组
第二装卸公司装船二队第二党小组
第三装卸公司装二支部第二党小组
第三装卸公司机械五队第一党小组
第四装卸公司机械一队电工班党小组
第四装卸公司机械二队第二党小组
第五装卸公司机关二支部第二党小组
铁路运输公司东港站第二党小组
铁路运输公司工务段党小组
燃料分公司安全技术党小组
建港物资处原材料党小组
海员基地餐厅科党小组
机修厂机关二支部生产科党小组
防污厂机关政工党小组
船舶公司秦港 4 号轮党小组
通信公司机关办公室党小组
行政处总务科客车队党小组
教育中心职业高中第三党小组
局办室档案科、门卫党小组
建筑公司机械队党小组
外轮理货公司第四党小组
外轮代理公司司机班党小组
水泥厂机电党小组
水运卫校教工党小组

优秀共产党员（100 名）
梁玉和 李金祥 董信三 刘新华 王雁春
裴崇德 韩士莲 何希良 王义修 宋大华
王庆利 苏加林 何广博 解忠胜 秦成武
张铁柱 曹瑞成 杨世杰 杨国奇 杜文华
郭连占 张　友 张新安 杨宝成 齐敬华
呼长义 李宝全 金广潮 李忠华 高文成
屈文成 张　玲 杜怀宗 刘凤利 郝淑芬
张文华 聂振一 赵彦喜 宗玉海 齐蕴岩
王和平 于德生 刘云祥 李进生 郭凤启
郗利辉 于和可 牛力群 杨铁民 任卫东
徐东明 卢占虎 周贵龄 张庆堂 夏永中
姚传路 张福顺 李连义 潘锦太 何佰臣

张森元 魏来锁 赵维刚 薛茂昌 杨淑珍
郝淑荣 李德忠 杨修道 李景芝 丁　伟
李业丛 赵曼莉 王炳寅 刘延荣 李永明
赵永恒 吴建中 孟宪贺 崔明禄 杨铁山
张业伦 韩克贤 陈一恩 姜恩贵 高绍臣
杨子愚 邸忠振 刘延江 赵忠堂 马长玉
陈沛民 郑芳璧 陈永权 王振福 付正义
薛利民 刘　伟 陈介冲 孟昭良 冯勇文

1990 年

先进直属党组织（7 个）

第二装卸公司党委
第三装卸公司党委
燃料公司党委
机修厂党总支
港口医院党总支
外轮理货公司党支部
外轮代理公司党支部

先进基层党支部（15 个）

第一装卸公司输油队党支部
第二装卸公司装船二队党支部
第三装卸公司装卸二队党支部
第四装卸公司综合服务队党支部
第五装卸公司机械一队党支部
第六装卸公司机关党支部
铁路运输公司开滦路港站党支部
公安局消防队党支部
建港指挥部物资处党支部
局机关人事处党支部
燃料公司秦油二号轮党支部
机修厂二车间党支部
船舶公司六号轮党支部
港口医院临床科党支部
教育中心职业高中党支部

先进党小组（30 个）

第一装卸公司机关物资科党小组
第二装卸公司机电维修队第一党小组
第二装卸公司装船一队第二党小组
第三装卸公司机械二队部第二党小组
第三装卸公司机械五队第一党小组
第四装卸公司机械一队电工党小组
第四装卸公司机械二队第四党小组
第五装卸公司机关二支部第一党小组
第六装卸公司机关第四党小组
铁路运输公司电务段东港党小组
铁路运输公司东港站第一党小组
公安局第三派出所党小组
建港指挥部机关文秘党小组
局办公室档案科党小组
燃料公司安技党小组
海员基地餐厅科党小组
防污厂机关政工党小组
船舶公司秦港一号轮党小组
通信公司机关办公室党小组
行政处管理科宿舍党小组
物资处仓储科加油站党小组
生活服务公司机关第二党小组
建筑公司机械队党小组
老干部处处直第一党小组
港口医院内科党小组
教育中心港一中第一党小组
外轮理货公司第四党小组
外轮代理公司第一党小组
水暖站供水队党小组
水运卫校机关党小组

优秀共产党员（100 名）

梁玉和 高振明 董信三 刘新华 张宝民
裴崇德 王庆利 王义修 何希良 王雁春

韩士莲 张铁柱 何广博 杨世杰 张 友
苏加林 董正付 刘德宝 郭连占 孙巨奎
刘守义 陈建平 高 峰 刘连生 刘连柱
李忠华 薛庆林 孙长英 王秀娟 齐敬华
李俊杰 金广潮 付 杨 王克昌 刘凤利
张文华 俞永强 秦 戡 宗玉海 王和平
史运佳 曹 林 李进生 赵书君 王玉民
于和可 刘学昌 陈云清 高晓影 唐兴国
崔明禄 侯幼农 葛德录 陈青云 付丽云
吴继民 韩克贤 常继堂 姜恩贵 任卫东
杨铁民 徐东明 闫 敏 李 虎 罗凤鸣
王福来 洪金财 赵忠堂 李连义 陈 安
潘锦太 赵维刚 谭 东 郝淑荣 李德中
杨淑珍 董玉芹 刘全义 赵曼莉 王魁岩
崔宝云 王丙银 赵连荣 杨佩鸿 李永明
于子渊 马德元 邸忠振 张寿岭 张亚娜
郑芳壁 陈永权 孟宪章 付正义 谢艳芬
刘 伟 王炳成 李克功 李淑凤 石秀艳

优秀党务工作者（29名）

李书明 史金城 付 伟 张燕海 佐秋德
殷双成 刘俊儒 郝淑芬 梁忠富 刘建政
马会生 鲁会仁 王树和 姚大华 栾振云
赵 卫 夏福顺 王利顺 张继增 刘宝珍
张泰林 李明逵 李乐敏 刘金声 范克谦
安择善 李学信 赵树廷 曹维敏

1991年

先进直属党组织（8个）

第二装卸公司党委
第四装卸公司党委
铁路运输公司党委
燃料公司党委
机修厂党总支
港口医院党总支
外轮理货公司党总支
电力公司党支部

先进基层党支部（15个）

第一装卸公司维修队党支部
第二装卸公司装船二队党支部
第三装卸公司机械八队党支部
第四装卸公司装卸二队党支部
第五装卸公司机修队党支部
第六装卸公司机关党支部
铁路运输公司开站党支部
燃料公司秦油二号轮党支部
局机关人事处党支部
机修厂二车间党支部
通信公司电话台党支部
港口医院临床科党支部
防污厂金工车间党支部
生活福利公司管理科党支部
教育中心港一中党支部

先进党小组（30个）

第一装卸公司党办室党小组
第二装卸公司卸车一队第三党小组
第二装卸公司机电维修队第一党小组
第三装卸公司装卸二队第一党小组
第三装卸公司机械五队第一党小组
第四装卸公司机械一队电工党小组
第四装卸公司装卸五队甲班党小组
第五装卸公司机关二支部第四党小组
第六装卸公司装船队党小组
铁路运输公司电务段东港党小组
铁路运输公司机务段党小组
公安局第四派出所党小组
建港工程处第二党小组
局机关档案科党小组

燃料公司安技物党小组
海员基地业务科党小组
机修厂政工科党小组
防污厂金工车间第二党小组
船舶公司秦港六号轮党小组
通信公司机关政工党小组
港口医院妇儿科党小组
生活福利公司宿舍党小组
教育中心职业高中第二党小组
物资处加油站党小组
老干部处机关第三党小组
外轮理货公司第一支部第二党小组
建筑公司租赁党小组
外轮代理公司第三党小组
水暖公司机关党小组
修建公司水工队党小组

优秀共产党员（100名）

梁玉和 高振明 董信三 张宝民 裴崇德
王雁春 王庆利 毕克爽 何希良 张子金
苏加林 何广博 张铁柱 陈建平 孙巨奎
董正富 高长生 杨世杰 刘德宝 郭连占
刘守义 金广潮 李俊杰 赵德银 王凤岐
李忠华 孙长英 高文成 王志强 薛庆林
齐敬华 张文华 付　阳 张文玉 张永秀
杨大索 聂振一 王鸿源 张宝琪 王世宝
宗玉海 王和平 赵书君 许志刚 齐蕴岩
任士学 王玉民 刘存柱 林曼康 唐元尔
常海平 葛德录 付丽云 侯幼农 姜恩贵
马惠玲 刘继东 汪万忠 王德利 常继堂
杨铁民 徐东明 刘治文 阎　敏 夏永钟
张根妹 洪金财 赵忠堂 李连义 赵君禄
陈　安 赵维刚 曹　莹 赵万琪 侯桂芹
李慧珍 刘丽凤 刘绍文 董淑珍 崔宝云
王胜勋 杜维斌 王振海 赵连荣 杨佩鸿
周西桥 杨子愚 于子渊 温士英 张凤石
李思彬 陈沛民 郑芳壁 郭来朵 韩秀凤
谢艳芬 陈介冲 李淑凤 栾桂琴 石秀艳

优秀党务工作者（25名）

张志凌 史金城 周玉山 纪春海 张秀文
常印祥 文墨斌 孙文才 梁忠富 刘建政
马慧生 卞铁锚 刘进荣 张继增 栾振云
付　伟 常伯林 夏福顺 姚大华 刘宝珍
张泰林 李　同 安择善 高丽荣 薛利民

1992年

先进直属党组织（9个）

第二装卸公司党委
第四装卸公司党委
第六装卸公司党委
铁路运输公司党委
港口医院党总支
电力公司党支部
机修厂党总支
外轮理货公司党总支
外轮代理公司党支部

先进基层党支部（15个）

第一装卸公司供汽队党支部
第二装卸公司装船二队党支部
第三装卸公司机械八队党支部
第四装卸公司装卸五队党支部
第五装卸公司机修队党支部
第六装卸公司卸车队党支部
铁路运输公司开滦路港站党支部
公安局交通科党支部
燃料公司秦油二号轮党支部
局机关人事处党支部
机修厂二车间党支部

通信公司电话台党支部
港口医院临床科党支部
生活福利公司液化气站党支部
外轮理货公司理货一站党支部

先进党小组（29 个）
第一装卸公司机电人事党小组
第二装卸公司卸车一队第一党小组
第二装卸公司机电维修队第一党小组
第三装卸公司装卸二队第一党小组
第三装卸公司机械五队第一党小组
第四装卸公司机械一队电工党小组
第四装卸公司调度乙班党小组
第五装卸公司机关二支部第四党小组
第六装卸公司机关三支部货运科党小组
铁路运输公司电务段东港党小组
铁路运输公司东港站第三党小组
公安局治安支部第四派出所党小组
建港物资处原材料党小组
局机关局办档案科党小组
燃料公司安监技术物资党小组
机修厂生产经营科党小组
防污厂金工车间机加工党小组
船舶公司秦港六号轮党小组
通信公司机关一支部政工党小组
港口医院外科党小组
生活福利公司河东托儿所党小组
教育中心港一中行政党小组
物资处水泥厂生产三班党小组
老干部处二支部第二党小组
外轮理货公司理货二站第四党小组
建筑公司租赁党小组
外轮代理公司第三党小组
水暖公司机关党小组
修建公司船队永安轮党小组

优秀共产党员（101 名）
刘　伟 高振明 董信三 张保民 裴崇德
王庆利 毕克爽 何希良 张子金 常开金
苏加林 何广博 张铁柱 董正富 高长生
史会森 王永发 郭连占 刘德宝 张新安
陈建平 屈文成 刘连柱 齐敬华 薛庆林
李忠华 呼长义 孙文义 李克家 李俊杰
杨大索 张文杰 李振华 朱　钰 朱国成
付　阳 聂振一 王鸿源 张福臣 宗玉海
史运佳 齐蕴岩 王和平 赵书君 刘云祥
韩贵山 王学胜 鲁建国 林曼康 卢占虎
徐东明 杨铁民 吉树森 葛德录 常继堂
汪万忠 韩桂芝 刘继东 张增义 常伯林
侯幼农 宋振宇 辛润娟 江自舟 罗凤鸣
夏永中 赵忠堂 洪金财 李连义 赵君禄
游志祥 薛茂昌 陈俊维 张志跃 郝淑荣
魏兴祺 刘绍文 刘丽凤 崔宝云 李业丛
田雅茹 孙志善 王丙寅 李芝玉 杨子愚
于子渊 马德元 赵连荣 杨佩鸿 刘连华
苗鸿修 王国栋 翟　珠 郑芳璧 韩秀凤
聂亚君 宋树林 孟昭良 冯勇文 杨兴广
张繁强

优秀党务工作者（29 名）
张志凌 史金城 冀　亮 张亚平 纪春海
常印祥 宋居华 孙文才 李兴和 王世宝
马慧生 卞铁锚 王树和 张继增 姚大华
高光敦 王利顺 赵　卫 王松青 安择善
薛利民 刘金生 易图段 张泰林 孙国柱
王维忠 李学信 张树廷 曹维敏

1993 年

先进直属党组织（8 个）
第三港务公司党委
第四港务公司党委

第六港务公司党委
铁路运输公司党委
建港指挥部党委
机修厂党总支
外轮理货公司党总支
电力供应公司党支部

先进基层党支部（15 个）
第一港务公司供汽队党支部
第二港务公司装船二队党支部
第三港务公司机械八队党支部
第四港务公司装卸三队党支部
第五港务公司机修队党支部
第六港务公司卸车队党支部
铁路运输公司开滦路港站党支部
公安局消防队党支部
燃料公司罐区党支部
局机关劳动工资处党支部
港口医院临床科党支部
生活服务公司液化气站党支部
教育中心港一中党支部
物资供应公司汽车队党支部
修建公司水工队党支部

先进党小组（30 个）
第一港务公司行办室党小组
第二港务公司装船二队第一党小组
第二港务公司卸车一队第一党小组
第三港务公司装卸二队第一党小组
第三港务公司机械五队第一党小组
第四港务公司装卸五队甲班党小组
第四港务公司机械一队电工党小组
第五港务公司机关二支部第四党小组
第六港务公司装船队第二党小组
铁路运输公司电务段东港党小组
铁路运输公司东港站第一党小组
公安局行政管理科党小组
建港物资处原材料党小组
燃料公司机关安、技党小组
局机关局办档案科党小组
机修厂生产经营科党小组
防污厂金工车间机加工党小组
船舶公司秦港六号轮党小组
通信公司办公室党小组
港口医院河东门诊部党小组
生活服务公司托幼科河东党小组
教育中心职工中专第二党小组
物资供应公司水泥厂机修党小组
老干部处四支部第二党小组
外轮理货公司理货二站第四党小组
修建公司船舶队永安轮党小组
海员基地机关行办室党小组
外轮代理公司第三党小组
水暖公司第一党小组
卫校教工党小组

优秀共产党员（96 名）
高振明 刘养龙 丁建国 王春伟 张子金
毕克爽 赵 克 王庆利 何希良 董正富
高长生 史会森 秦成武 苏加林 张铁柱
郭连占 张志臣 张金祥 陈建平 何广博
李俊杰 许贵发 安栓柱 王凤岐 段海岚
薛庆林 齐敬华 吕树立 白广祥 黄曼仪
朱国成 王东林 史玉善 杨大索 朱 钰
田宝占 万希玉 何文启 宗玉海 齐蕴岩
王和平 赵书君 王月友 李进生 卞铁锚
王德武 杨宝忠 陆逢春 罗玉民 徐东明
杨铁民 王喜元 刘继东 李德高 常继堂
宋振宇 郑道存 陈青云 王松青 纪春华

侯幼农 李　虎 姚传路 杨俊杰 郭升友
李连义 孟铁柱 赵君禄 赵维刚 张文彬
李增祥 郝素荣 常瑞生 刘绍文 杨　森
崔宝云 韩　军 李世达 孙志善 关明生
杨子愚 于子渊 马德元 孙远航 姚廷和
杨　锋 姚长久 赵　伟 翟　珠 郑芳壁
辛允胜 董桂芹 李春和 李淑凤 栾桂琴
夏东生

优秀党务工作者（24名）
张志凌 韩　庆 张燕海 郑永和 李乐敏
高　峰 么春华 李兴和 刘建政 马慧生
韩贵山 王树和 高光敦 姚大华 张增义
高　翔 赵　卫 葛德录 张作跃 刘金生
苗鸿修 安择善 薛利民 曹维敏

1994年

先进直属党组织（8个）
第二港务公司党委
第三港务公司党委
第四港务公司党委
第六港务公司党委
铁路运输公司党委
机修厂党总支
电力供应公司党支部
水暖供应公司党支部

先进基层党支部（16个）
第一港务公司供汽队党支部
第二港务公司装船二队党支部
第三港务公司装船三队党支部
第四港务公司装卸三队党支部
第五港务公司机修队党支部
第六港务公司卸车队党支部
铁路运输公司开滦路港站党支部
公安局交通科党支部
燃料公司罐区党支部
局机关劳资处党支部
通信公司电话台党支部
防污厂一分厂党支部
外轮理货公司理货一站党支部
生活服务公司液化气站党支部
教育中心港一中党支部
港湾工程公司水工队党支部

先进党小组（30个）
第一港务公司党委办公室党小组
第二港务公司装船二队第一党小组
第二港务公司卸车一队第一党小组
第三港务公司装船二队第二党小组
第三港务公司机械八队第二党小组
第四港务公司维修一队第二党小组
第四港务公司机械一队第一党小组
第五港务公司机关二支部第四党小组
第六港务公司装船队第二党小组
铁路运输公司电务段东港党小组
铁路运输公司工务段党小组
公安局消防科第二党小组
建港综合科党小组
局办公室档案科党小组
燃料公司党委办公室党小组
海景大酒店一支部客房餐饮党小组
机修厂机关二支部生产经营科党小组
防污厂一分厂铆焊党小组
船舶公司秦港四号轮党小组
通信公司机关支部施工队党小组
港口医院妇儿科党小组
生活服务公司印刷厂党小组
教育中心职工中专第二党小组
物资公司水泥厂大班党小组

老干部处河东站第三党小组
外轮理货公司理货二站第三党小组
港湾工程公司机关第一党小组
外轮代理公司船务科党小组
电力公司第二党小组
水暖公司水暖队党小组

优秀共产党员（99 名）

孙继仁 闫树森 付跃东 裴崇德 毕克爽
王春伟 谢友权 任庆宽 何希良 张保民
毛永钧 张荣堂 王贵宽 陈建平 高忠贵
苏同龙 秦成武 王文顺 郭连占 苏加林
张金祥 李俊杰 金广潮 张文杰 安栓柱
王凤岐 段海岚 张殿臣 齐敬华 张清元
郧国东 杨大索 史义善 孟庆来 朱国成
康建国 田宝占 万希玉 史运佳 王月友
赵书君 王和平 宗玉海 齐蕴岩 张卫国
刘存柱 赵亚利 陈华芳 马秋林 端木凡宝
徐东明 杨铁民 辛润娟 郑道存 李行志
汪万忠 常继堂 武　斌 宋振宇 耿秀元
付　伟 张智英 王志强 姚传路 杨　文
苏　忠 赵　克 赵忠堂 李通顺 李连义
刘汉阳 李志增 高建华 齐秀屏 李增祥
常瑞生 刘丽凤 刘少文 李世达 崔宝云
申英典 李芝玉 杨玉臻 刘树桐 姚长久
杨子愚 石亚堂 王振忠 刘本来 张义春
姚廷和 翟　珠 王金斗 王永田 刘振洋
刘永林 李淑凤 马玉山 陆和平

优秀党务工作者（30 名）

张志凌 韩　庆 李连锁 张燕海 郑永和
蒋海成 李乐敏 高　峰 么春华 李兴和
常印祥 李春东 马慧生 张宝仲 刘进荣
张作耀 葛德录 房树田 赵　卫 栾振云
姚大华 高光敦 刘金生 魏岩英 李守奎
易图段 张广玉 薛利民 张树庭 曹维敏

1995 年

先进直属党组织（8 个）

第四港务公司党委
第五港务公司党委
铁路运输公司党委
中燃秦皇岛分公司党委
防污厂党总支
电力供应公司党支部
水暖供应公司党支部
外轮代理分公司党支部

先进基层党支部（18 个）

第一港务公司供气队党支部
第二港务公司装船二队党支部
第三港务公司卸车二队党支部
第四港务公司装卸三队党支部
第五港务公司库场队党支部
第六港务公司装船队党支部
铁路运输公司开滦路港站党支部
公安局消防队党支部
燃料公司罐区党支部
局机关劳资处党支部
通信公司东港电话台党支部
船舶公司第二党支部
港口医院水运卫校党支部
外轮理货公司理货二站党支部
生活服务公司液化气站党支部
教育中心港一中党支部
港湾工程公司水工队党支部
机修厂二车间党支部

先进党小组（30 个）

第一港务公司党办党小组

第二港务公司卸车一队第一党小组
第二港务公司装船一队第一党小组
第三港务公司卸车二队第一党小组
第三港务公司装船二队第二党小组
第四港务公司机械一队第一党小组
第四港务公司维修一队第二党小组
第五港务公司企管科党小组
第六港务公司机械队第二党小组
铁路运输公司东港站第三党小组
铁路运输公司机务段内燃队党小组
公安局第二派出所党小组
建港指挥部办公室文劳党小组
局机关行办室档案科党小组
燃料公司水电汽工区第二党小组
机修厂生产经营科党小组
防污厂金构车间铆焊党小组
船舶公司秦港四号轮党小组
船舶公司秦港九号轮党小组
通信公司施工队党小组
港口医院妇儿科党小组
海景酒店第一党支部第二党小组
生活服务公司一公寓党小组
教育中心局子弟小学党小组
物资公司制氧站党小组
老干部处东山离休支部第一党小组
外轮理货公司第一理货站党支部第二党小组
港湾工程公司船队迎安轮党小组
外轮代理公司船务部党小组
水暖公司水暖队党小组

优秀共产党员（118名）

孙继仁 付耀东 李大伟 朱凤武 张义江
张新丰 张保民 毕克爽 张春强 耿承轶
王志强 任庆宪 孟德宽 肖久春 苏加林
张金祥 王文顺 苏同龙 张荣堂 陈建平
高忠贵 张　利 王贵宽 秦成武 刘宝安
贾景山 李俊杰 张文杰 闫家瑞 王凤岐
段海岚 郝玉鹏 郭宝权 张清元 王东林
杨大索 乔均胜 刘凤利 朱国成 娄万起
史义善 田宝占 万希玉 王玉怀 何文启
康建国 宗玉海 赵孝文 王和平 盖春生
李进生 赵书君 卢义刚 邵忠利 杨晓华
解红彬 马会清 蔡成爱 黄　涛 葛德录
房树田 史俊儒 宋振宇 郭俊明 徐学坤
张连发 陈　敏 张福生 李行志 端木凡宝
徐东明 寇建平 杨振平 张宝成 杜天祥
赵　克 赵忠堂 李连义 刘汉阳 曹双成
李通顺 刘曼丽 李慧珍 刘　平 李慧洁
李志增 牛春年 李永来 刘绍文 王淑琴
党铁卓 李世达 王桂珍 刘宝顺 丁福珍
谭林喜 姚长久 马德元 杨子愚 石雅堂
刘桂英 杨玉兴 田冶梅 郑芳璧 张永和
张双连 刘连华 陈永权 王德兴 姚廷和
孟宪章 翟　珠 王金斗 王永田 刘振洋
王宝帧 安择善 陆和平

优秀党务工作者（30名）

张志凌 韩　庆 李连锁 蒋海成 付根银
李乐敏 高　峰 么春华 孟宪廷 梁忠富
常印祥 马慧生 卞铁锚 刘进荣 张纪增
李军国 王松青 姚大华 高光敦 王利顺
张作耀 刘士泉 李庆华 王德利 田家新
薛利民 张树廷 张广玉 杜学英 李守奎

1996年

先进直属党组织（8个）

第二港务公司党委
第四港务公司党委
铁路运输公司党委

港口医院党委
机修厂党总支部
船舶公司党总支部
生活服务公司党总支部
电力供应公司党支部

先进基层党支部（17 个）
第一港务公司供汽队党支部
第二港务公司装船一队党支部
第三港务公司装船二队党支部
第四港务公司装卸三队党支部
第五港务公司装卸二队党支部
第六港务公司卸车队党支部
铁路运输公司开滦路港站党支部
公安局消防科党支部
中燃公司罐区队党支部
局机关劳资处党支部
港口医院卫校党支部
船舶公司第四党支部
通信公司东港电话台党支部
生活服务公司汽车队党支部
教育中心港一中党支部
外轮理货公司理货二站党支部
港湾工程公司水工队党支部

先进党小组（30 个）
第一港务公司党办室党小组
第二港务公司装船二队第二党小组
第二港务公司卸车一队第一党小组
第三港务公司卸车一队第四党小组
第三港务公司装船三队第二党小组
第四港务公司维修一队第二党小组
第四港务公司机械一队电工班党小组
第五港务公司机关二支部第四党小组
第六港务公司机械队第二党小组
第七港务公司机关第一党小组
铁路运输公司修缮段第二党小组
铁路运输公司机务段内燃党小组
公安局第二派出所党小组
建港指挥部办公室人劳党小组
局机关行政办公室档案科党小组
中燃公司罐区第一党小组
港口医院妇儿科党小组
机修厂人事财务科党小组
船舶公司秦港五号轮党小组
船舶公司秦港八号轮党小组
通信公司政工科党小组
生活服务公司液化气站汽车队党小组
教育中心职高第一党小组
物资公司东港油库党小组
老干部处河东离休支部第三党小组
海景大酒店餐饮公关党小组
外轮理货公司一站支部第一党小组
港湾工程公司迎安轮党小组
电力公司第一党小组
水暖公司维修队党小组

优秀共产党员（120 名）
杨国旺　付耀东　李习波　孔庆安　张有权
孟德宽　任庆宪　孙洪良　王春伟　石大文
王耀民　孟祥玉　陈连宽　杨建华　曹胜琪
王贵宽　董万华　王文顺　苏同龙　张　利
苏加林　刘宝安　李守金　陈建平　李淑荣
李　茹　李俊杰　张文杰　石晓楼　闫家瑞
徐世伟　王凤岐　段海岚　许瑞亭　王兴强
王新民　叶金龙　史义善　刘林生　杜文华
乔均胜　张德发　邓庆良　田宝占　朱宝权
李劲雷　刘广生　李满田　杨子征　王忠文
王秉忠　宗玉海　杨金华　王和平　王树芳

尹宝俊 韩宝全 王广荣 佟雪桐 谢耀宝
罗玉珉 陈玉国 王友清 杨炳辰 李行志
侯盛海 李国良 马成柱 王　莹 赵来泉
陈青云 刘永茹 张凤录 杨文国 徐东明
刘桂芳 王佩新 李淑玲 南自成 戴昭朗
刘　林 张宝成 吴吉庆 李连义 曹双成
李通顺 刘汉阳 薛茂昌 张　牧 刘宝生
洪凤荣 王魁岩 王桂珍 刘瑞云 关明生
高建国 陈　玉 刘桂英 张双连 杨子愚
邸忠振 寇永安 张永和 郑芳璧 田冶梅
王振忠 张庆堂 刘连华 李玉绵 王志强
姜长胜 李义宣 翟　珠 将海信 王永田
刘振洋 范滨林 谭林喜 马玉山 陆和平

优秀党务工作者（30 名）

张志凌 郑学子 李连锁 张燕海 孙长兴
李乐敏 高　峰 张志华 么春华 李兴和
马慧生 常印祥 卞铁锚 高晓影 葛德录
高　翔 房树田 李军国 姚大华 张冀平
王廷义 张泰林 孙国柱 王建洲 常海平
郝玉宝 张广玉 曹　莹 李守奎 薛利民

1997 年

先进直属党组织（8 个）

第四港务公司党委
第五港务公司党委
第六港务公司党委
港口医院党委
通信公司党总支部
船舶公司党总支部
生活服务公司党总支部
外轮代理公司党支部

先进基层党支部（15 个）

第一港务公司供汽队党支部
第二港务公司装船一队党支部
第三港务公司装船三队党支部
第四港务公司装卸三队党支部
第五港务公司机械二队党支部
第六港务公司装船队党支部
第七港务公司装船部党支部
铁路运输公司开滦路港站党支部
公安局消防队党支部
局机关劳资处党支部
燃料公司罐区党支部
港口医院机关第一党支部
机修厂六车间党支部
教育中心港一中党支部
外轮理货公司理货二站党支部

先进党小组（30 个）

第一港务公司党委办公室党小组
第二港务公司装船二队第一党小组
第二港务公司卸车一队第一党小组
第三港务公司卸车一队第一党小组
第三港务公司卸车二队第一党小组
第四港务公司机械一队电工班党小组
第四港务公司维修队第一党小组
第五港务公司库场队第二党小组
第六港务公司机械队第二党小组
第七港务公司卸车部电工班党小组
铁路运输公司东港站第二党小组
铁路运输公司机务段第二党小组
公安局消防支队第三党小组
建港办公室文秘劳资党小组
局机关宣传部宣传、理论、统战科党小组
燃料公司人教质量办党小组
港口医院妇儿科党小组
退管中心海滨路支部第一党小组
机修厂机关一支部技术设备党小组

船舶公司秦港四号轮党小组
船舶公司秦港九号轮党小组
通信公司机关二支部办公室党小组
生活服务公司托幼科党小组
教育中心子弟小学党小组
物资公司汽车队第二党小组
电力公司西港队维修供电党小组
外轮理货公司一站第一党小组
港湾工程公司迎安轮党小组
海景大酒店客房、餐饮党小组
水暖公司第五党小组

优秀共产党员（118 名）
付耀东 阎国俊 乔海山 周淑珍 张有权
万东明 张保民 王春伟 任庆宪 孟祥玉
柳崇文 赵金叶 齐宝祥 李守金 苏加林
王文顺 刘宝安 陈建平 张　利 苏同龙
秦成武 郝久华 张义元 李淑荣 李俊杰
张文杰 石晓楼 安栓柱 王凤启 段海岚
郝玉鹏 李宝全 刘宏伟 杜文华 国　强
刘林生 贾恩民 娄万起 王东林 田宝占
宋瑞全 顾朝晖 李劲雷 何文启 黄建华
金贺喜 汪金国 杨子征 王忠文 杨金华
王树芳 冯银顺 张永凯 牛福林 邵忠利
王秉忠 张晓东 王广荣 张洪存 王　莹
陈青云 刘　勇 马国华 张维健 王景玉
任素健 汪万忠 周　智 姚长兴 张凤雷
蔡成爱 张占军 徐东明 张凤录 刘桂芳
鲍际桐 王树礼 陈昌盛 任丽洁 张永和
郑芳壁 刘培新 哈增喜 刘桂英 史金城
王振忠 田冶梅 金贵利 周秦生 刘　林
李连义 刘汉阳 曹双成 唐志山 韩志奇
薛茂昌 张志国 刘宝生 阎世强 赵玉荣
朱桂芹 杨玉臻 王红锋 付正义 吴全勇
孙远航 李玉绵 李义宣 于长山 马鸿英
霍亚文 杨会力 王建军 翟　珠 谢殿贵
谭林喜 马玉山 陆和平

优秀党务工作者（30 名）
刘　伟 郑学子 张亚平 张新安 李乐敏
高　峰 李书明 么春华 李兴和 王克昌
赵云生 马慧生 王新乐 杨新宏 王利顺
赵　卫 刘之斌 姚大华 高光敦 林曼康
张泰林 赵小成 华顺海 孙国柱 常海平
李志增 田家新 张广玉 张亚娜 李守奎

1998 年

先进直属党组织（8 个）
第四港务公司党委
第五港务公司党委
第六港务公司党委
铁路运输公司党委
船舶公司党委
机械修造厂党委
外轮理货公司党总支
通信信息工程公司党总支

先进基层党支部（17 个）
第一港务公司供汽队党支部
第二港务公司装船一队党支部
第三港务公司装船三队党支部
第四港务公司装卸三队党支部
第五港务公司装卸二队党支部
第六港务公司卸车队党支部
第七港务公司装船部党支部
铁路运输公司工务段党支部
公安局消防支队党支部
局机关劳动工资处党支部
中国船舶燃料供应秦皇岛分公司罐区
党支部

港口医院外科党支部
通信信息工程公司电话台党支部
生活服务公司液化气站党支部
教育培训中心第一中学党支部
外轮理货公司理货二站党支部
港湾工程公司船队党支部

先进党小组（30个）

第一港务公司机关党支部计财人教机电党小组
第二港务公司装船二队第三党小组
第二港务公司卸车一队第一党小组
第三港务公司卸车一队第一党小组
第三港务公司综合服务队第一党小组
第四港务公司机械一队电工班党小组
第四港务公司维修队第一党小组
第五港务公司散粮站卸船班党小组
第六港务公司机械队第二党小组
第七港务公司卸车部第三党小组
铁路运输公司开滦路港站第三党小组
铁路运输公司机务段第二党小组
公安局机关第二党支部一科党小组
建港指挥部综合处文劳党小组
局机关行政办公室文秘党小组
燃料公司罐区第三党小组
港口医院妇儿科党小组
机修厂机关一支部办公室党小组
船舶公司秦港四号轮党小组
船舶公司秦港六号轮党小组
通信公司机关二支部办公室党小组
生活服务公司印刷厂党小组
教育中心子弟小学党小组
物资公司汽车队第二党小组
退管中心三货区离休干部党支部第二党小组
电力公司用电科党小组
外轮理货公司一站第一党小组
外轮代理公司第一党支部第二党小组
港湾工程公司机关第二党小组
海景大酒店第二党支部第二党小组

优秀共产党员（120名）

丁建国　闫国俊　乔海山　蔡兴海　徐恩东
韩　庆　任庆宪　孙洪良　杨　光　谢友权
赵德明　万东明　史军生　陈连宽　才式耕
薛维柱　刘兴华　秦成武　张　利　王文顺
李守金　苏加林　刘宝安　陈建平　李淑荣
李俊杰　郝玉鹏　谢榆林　王大炜　安栓柱
马瑞启　段海岚　张文杰　刘洪春　高宝全
黄君雄　刘振林　董建忠　杜文华　史义善
何文启　田宝占　宋瑞全　王向国　马蕴春
金贺喜　杨子征　穆景礼　宋桂江　胡铁忠
王秉忠　杨宗发　杨建军　张广来　王树芳
沈忠新　马俊方　梅秀峰　杨宝忠　王玉民
梁　立　韩利威　王渝庆　张连发　张希志
侯胜海　朱　江　马秀清　张维健　杨新宏
马福生　陈学群　张凤录　李来顺　汪俊杰
栾桂琴　宋广学　张志耀　李晓光　王则勇
杨焕武　金贵利　李连义　曹双成　孟铁柱
董新民　王录彪　牛春年　郭英权　洪凤荣
闫世强　肖　芳　党铁卓　计　祥　胡良玉
郑金城　丁　黎　杨子愚　李耀祖　史金城
孙汉民　郑芳壁　田冶梅　王振忠　刘翠霞
刘桂英　杜维正　凡庆成　史国增　刘延荣
王雨翔　翟　珠　王永田　奎少平　郭　强
苏桂芬　张建新　朱玉皓　刘志杰　刘连华

优秀党务工作者（30名）

刘　伟　张有权　郑学子　张秀文　孙长兴
李乐敏　高　峰　张志华　王于华　李书明

李兴和 易图段 常印祥 李春东 王忠民
高晓影 高光敦 付丽云 王　莹 李军国
姚大华 郭俊明 杜学英 王建洲 李志增
李德高 常海平 李守奎 孙国柱 华顺海

1999 年

先进直属党组织（8 个）
第一港务公司党委
第四港务公司党委
第六港务公司党委
铁路运输公司党委
船舶公司党委
港口医院党委
外轮理货公司党总支
物资供应公司党总支

先进基层党支部（18 个）
第一港务公司输油队党支部
第二港务公司装船一队党支部
第三港务公司机装四队党支部
第四港务公司装卸三队党支部
第五港务公司散粮站党支部
第六港务公司卸车队党支部
第七港务公司装船部党支部
铁路运输公司东港站党支部
公安局消防支队党支部
局机关纪委监察处党支部
中国船舶燃料供应秦皇岛分公司罐区党支部
港口医院内科党支部
流动机械公司机械五队党支部
机械修造厂五车间党支部
通信信息工程公司电话台党支部
生活服务公司液化气站党支部
教育培训中心港一中党支部
港湾工程公司船舶队党支部

先进党小组（31 个）
第一港务公司机关党支部政工党小组
第二港务公司装船一队第一党小组
第二港务公司卸车一队第一党小组
第三港务公司机装二队第四党小组
第三港务公司装卸大队第二党小组
第四港务公司机械一队电工班党小组
第四港务公司维修队第一党小组
第五港务公司库场队第二党小组
第六港务公司装船队第四党小组
第七港务公司卸车部电修党小组
铁路运输公司开滦路港站第三党小组
铁路运输公司机务段第二党小组
公安局机关第一党支部一科党小组
建港指挥部综合处文劳党小组
局机关局工会第一党小组
燃料公司罐区第一党小组
港口医院妇儿科党小组
流动机械公司机械四队第一党小组
离退中心东山退休党支部第一党小组
机修厂机关二支部生产科党小组
船舶公司秦港一号轮党小组
船舶公司秦港六号轮党小组
通信公司机关二支部办公室党小组
生活服务公司托管科党小组
教育中心子弟小学党小组
物资公司仓储党支部第二党小组
海景大酒店餐饮部党小组
外轮理货公司一站第一党小组
港湾工程公司机关第一党小组
电力公司供电队第二党小组
外轮代理公司第一党支部第一党小组

优秀共产党员（130名）

刘　伟　丁建国　张建萍　周淑珍　徐恩东
韩树林　姚铁章　孙洪良　张守礼　何津怀
何卫东　孟祥玉　蔡永璐　王义修　龚云朋
薛维柱　刘兴华　秦成武　张　利　王嘉宏
苏加林　石少义　高长生　陈建平　李淑荣
李俊杰　郝玉鹏　石晓楼　郭安全　安栓柱
刘德贵　段海岚　张文杰　梁　军　刘林生
王海涛　辛忠利　杨春元　张建新　史义善
白顺利　朱宝权　郗亚平　王桂秋　李劲雷
李坤中　郭晋华　杨子征　杜兴武　宋桂江
王力长　常印祥　王秉忠　史运佳　王和平
赵孝文　刘信林　王树芳　魏正仁　马俊芳
李胜军　焦玉连　刘存柱　杨寿山　李树生
张吉昌　郭少伟　石洪利　陈　器　张金河
温建国　付光辉　杨新宏　岳喜才　薛运祥
李来顺　毕广生　周秦生　杨　军　袁国棣
尹福友　郭奎祥　冯勇文　肖宝义　王世亭
张玉堂　毛毅杰　付化湘　丁　黎　杨志安
李耀祖　曹增源　王成恩　郑芳壁　王振忠
田冶梅　安择长　赵建国　戴德武　姚传路
李连义　刘汉阳　王普军　游志祥　薛茂昌
刘墨文　张志国　孟庆平　刘　光　闫世强
高建梅　党铁卓　计　祥　关明生　张彩英
杜维正　凡庆明　史国增　苏惠友　张　健
岳宗功　张燕春　张宪生　郭　强　王印德
汪金生　李　亚　苏桂芬　马玉山　王晓辉

优秀党务工作者（30名）

韩志鹏　张新友　张有权　郑学子　张秀文
郝瑞臻　李乐敏　高　峰　孙向东　王于华
李兴和　易图段　韩宝全　赵志刚　常海平
王忠民　高光敦　崔全顺　王　莹　李军国
王松青　郭俊明　张泰林　赵小成　李连锁
李德高　华顺海　刘培新　任丽君　王维忠

2000年

先进直属党组织（8个）

第一港务公司党委
第六港务公司党委
铁路运输公司党委
流动机械公司党委
船舶公司党委
生活服务公司党委
外轮理货公司党总支
电力供应公司党总支

先进基层党支部（20个）

第一港务公司罐区队党支部
第二港务公司装船一队党支部
第三港务公司机装四队党支部
杂货港务公司兴华公司党支部
杂货港务公司散粮站党支部
第六港务公司卸车队党支部
第七港务公司卸车部党支部
铁路运输公司东港站党支部
公安局第二派出所党支部
局机关局纪委（局监察处）党支部
港口医院外科党支部
流动机械公司机械六队党支部
机械修造厂三、四车间党支部
离退休职工管理中心三货区退休干部党支部
船舶公司第四党支部
生活服务公司液化气站党支部
教育培训中心第一中学党支部
通信信息工程公司东港电话站党支部
外轮理货公司第二理货站党支部
港湾工程公司水工队党支部

先进党小组（30 个）

第一港务公司机关党支部政工工会党小组
第二港务公司装船二队第二党小组
第二港务公司卸车二队第一党小组
第三港务公司综合服务队第一党小组
第三港务公司装卸大队第三党小组
杂货港务公司机械一队电工班党小组
杂货港务公司维修队第一党小组
杂货港务公司机械二队大班党小组
第六港务公司装船队第四党小组
第七港务公司装船部第二党小组
铁路运输公司修缮段第二党小组
铁路运输公司工务段第三党小组
流动机械公司机械三队党小组
公安局消防支队第三党小组
机械修造厂机关一支部办公室党小组
船舶公司一支部启安轮党小组
局机关局卫生环保中心防疫站党小组
建港指挥部综合处政企党小组
港口医院政工党小组
离退中心海滨路离休干部党支部第二党小组
通信信息工程公司机关一支部生产业务科党小组
生活服务公司机关党支部第二党小组
教育中心子弟小学党小组
物资公司仓储队党支部第二党小组
外轮理货公司第一理货站第二党小组
外轮代理公司第二党支部船务党小组
海景大酒店第二党支部工程部党小组
水暖公司第一党支部第二党小组
港湾工程公司船舶队党支部迎安轮党小组
电力公司供电队东港党小组

优秀共产党员（132 名）

丁建国　杨志刚　姚炳海　周淑珍　徐恩东
何津淮　孙洪良　孟祥玉　赵德明　陈连宽
刘文杰　杨庆仲　任庆宪　郑学子　苏加林
张　利　薛维柱　郝久华　秦成武　高长生
石少义　张金祥　郝瑞臻　陈建平　李俊杰
张文杰　石晓楼　郝玉鹏　段海岚　史义善
刘林生　王海涛　王贵斗　温海防　张清元
孙向东　杨云明　张俊才　李劲雷　王贵秋
周立斌　刘　宏　田　芸　白顺利　裴建旺
于连生　王贺文　程　文　刘会平　常印祥
赵志刚　王和平　杨万秋　王奉瑞　李进生
张志光　王树芳　刘　涛　卢桂芬　王晓坤
刘建平　王新乐　葛德录　李玉峰　翟殿友
王彩文　赵来泉　郑亚杰　赵文中　焦维新
惠海涛　董丽娟　杨学军　董晓燕　郑乃英
赵玉蓉　张志耀　邓振刚　肖保义　刘秉权
崔光耀　李海文　傅仲溪　王季芳　张业伦
马佩生　史金城　丁　黎　王振忠　王成恩
丁　伟　田冶梅　周秦生　刘青海　朱殿华
刘汉阳　李连义　陈佩东　王金良　薛茂昌
冯国军　谭　东　王会员　高海青　卢长栓
朱桂芹　阎世强　王桂珍　计　祥　关明生
张燕春　顾尚桐　杜维正　史国增　凡庆明
王怀利　张繁强　姚廷和　王雨翔　张东玉
赵桂林　李　亚　王松鹤　岳宗功　孔兆奎
苏桂芬　郑金成　马玉山　张春生　武连才
王晓辉　齐利福

优秀党务工作者（33 名）

韩志鹏　孙立明　张守礼　张有权　张亚平
张秀文　李乐敏　王美竞　潘冠雪　田云山
赵云生　李俊义　高元明　赵剑平　张宝仲
何善琦　崔全顺　高光敦　顾朝晖　付丽云
赵小成　陈　兵　苏　中　常海平　刘唤军

孙国柱 刘华林 寇永安 李守奎 李德高
薛利民 庞　华 张亚娜

2001 年

先进直属党组织（8 个）
第二港务公司党委
第六港务公司党委
第七港务公司党委
铁路运输公司党委
流动机械公司党委
船舶公司党委
物资供应公司党总支
外轮理货公司党总支

先进基层党支部（20 个）
第一港务公司罐区队党支部
第二港务公司装船一队党支部
第三港务公司机装三队党支部
杂货港务公司兴华公司党支部
杂货港务公司散粮站党支部
第六港务公司卸车队党支部
第七港务公司装船部党支部
铁路运输公司东港站党支部
公安局消防支队党支部
局机关局劳动工资处党支部
建港指挥部工程处党支部
港口医院外科党支部
流动机械公司机械七队党支部
离退休职工管理中心三货区退休干部党支部
机械修造厂二车间党支部
船舶公司第二党支部
生活服务公司汽车队党支部
教育培训中心港一中党支部
通信信息工程公司东港电话站党支部
港湾工程公司船舶队党支部

先进党小组（30 个）
第一港务公司机关党支部政工工会党小组
第二港务公司卸车一队第一党小组
第二港务公司水暖队第二党小组
第三港务公司机装四队第一党小组
第三港务公司装卸大队第六党小组
杂货港务公司机械二队大班党小组
杂货港务公司机械队电工班党小组
杂货港务公司维修队第一党小组
第六港务公司装船队第三党小组
第七港务公司卸车部第三党小组
铁路运输公司东港站第三党小组
铁路运输公司机务段第二党小组
公安局机关一支部一科党小组
局机关局工会党支部第一党小组
建港指挥部综合处政企党小组
港口医院妇儿科党小组
流动机械公司机械二队第四党小组
离退中心海东山站离休干部党支部第二党小组
机械修造厂一车间第一党小组
船舶公司秦港九号轮党小组
生活服务公司托管科河西党小组
通信信息工程公司机关三支部政工党小组
教育中心子弟小学党小组
物资公司第四党支部第二党小组
电力公司供电队西港区党小组
水暖公司第一党支部第二党小组
港湾工程公司机关党支部第一党小组
外轮理货公司第一理货站第一党小组
外轮代理公司第三党支部第一党小组
海景大酒店第四党支部第四党小组

优秀共产党员（142 名）
刘　伟 丁建国 姚炳海 周淑珍 徐恩东

任金生 谢友权 赵德明 王春伟 陈连宽
贲锡云 杨　光 张兆文 朱向东 杨建民
郑学子 苏加林 薛维柱 盛继永 秦成武
张　利 石少义 陈建平 郝久华 李福钧
高长生 李俊杰 郝玉鹏 王贵斗 段海岚
温海防 王　强 张清元 石晓楼 邵利民
肖　勇 李慕国 孙向东 刘铁柱 马文生
李　斌 白顺利 陈林燕 马蕴春 李劲雷
张建武 朱建明 张允利 史伟彬 赵云生
程　文 卢双庆 韩晓江 邱凤斌 常印祥
赵志刚 王和平 王树芳 杨文胜 刘校军
孙来义 单希福 刘　涛 臧信明 高顺国
郭凤起 于　鹏 王学胜 呼长鸣 葛德录
张增义 袁会广 杨志玲 郭少伟 焦维新
卢　靖 任爱武 李晓波 赵彦生 毛德伟
卢占虎 王景志 张志耀 鲍际桐 王大炜
许国强 刘兴国 刘秉权 王文顺 李德如
张广玉 高步东 张业伦 丁　黎 李春芬
王成恩 王振忠 田冶梅 周长来 史金城
丁　伟 马佩生 孔玉潮 吴吉庆 张淑云
刘汉阳 张新福 李树庭 张善柱 张树祥
李长顺 王艳秋 常茹珍 马兴旺 谭　东
薛茂昌 杨爱华 严明晔 杨佩丽 王桂珍
计　祥 关明生 任丽君 张燕春 赵桂林
葛　莉 张　健 崔清波 姚廷和 张平原
穆永恩 汪金生 李瑞智 刘顺义 王树俊
夏耀永 古太金 陈新圣 武连才 张亚娜
陈　冰 张培德

优秀党务工作者（33 名）

王彩霞 张有权 刘继生 张亚平 张秀文
王美竞 潘冠雪 杜建华 王德利 田云山
王利顺 李俊义 李春东 王忠民 何善琦
金晓林 高光敦 陈　平 林　松 刘之斌
林曼康 赵小成 陈　兵 寇永安 赵福胜
常海平 马青山 常伯林 李德高 张彩英
李连锁 景秀英 李守奎

2002 年

先进直属党组织（8 个）

第三港务公司党委
第六港务公司党委
第七港务公司党委
铁路运输公司党委
流动机械公司党委
船舶公司党委
通信公司党总支部
教育中心党总支部

先进基层党支部（20 个）

第一港务公司罐区队党支部
第二港务公司装船一队党支部
第三港务公司机装三队党支部
杂货公司机械二队党支部
杂货公司散水泥站党支部
第六港务公司装船队党支部
第七港务公司卸车部党支部
第八港务公司机具队党支部
铁路运输公司万滦路港站党支部
公安局交通管理科党支部
局机关局劳动工资处党支部
港口医院内科党支部
流动机械公司机械一队党支部
离退休职工管理中心三货区退休干部党支部
机械修造厂三、四车间党支部
船舶公司第三党支部
生活服务公司液化气站党支部
建港指挥部工程处党支部
外轮理货公司理货站党支部

港湾工程公司土建队党支部

先进党小组（35个）

第一港务公司机关党支部生产业务科党小组

第二港务公司卸车二队第一党小组

第二港务公司装船二队第一党小组

第三港务公司机装四队第一党小组

第三港务公司机关三支部第一党小组

杂货公司机械一队电工班党小组

杂货公司装卸队第二党小组

杂货公司散粮站第一党小组

第六港务公司卸车队大班党小组

第六港务公司综合队第三党小组

第七港务公司装船部第一党小组

第八港务公司门机队机修班党小组

铁路运输公司修缮段第二党小组

铁路运输公司电务段西港党小组

公安局机关消防支队第三党小组

局机关局工会党支部第一党小组

局机关新闻中心报刊科党小组

建港指挥部综合处政企党小组

港口医院外科党小组

流动机械公司机械二队大班党小组

流动机械公司机械六队党小组

离退中心三货区离休干部党支部第一党小组

机械修造厂机关二支部劳资科党小组

船舶公司港十三号轮党小组

生活服务公司机关党支部第一党小组

劳务公司装卸二队党支部第二党小组

通信信息工程公司机关三支部政工科党小组

教育中心子弟小学党小组

物资供应公司第四党支部仓储二队党小组

电力供应公司机关党支部第二党小组

水暖供应公司机关党支部第二党小组

港湾工程公司船舶队党支部迎安轮党小组

外轮理货公司计量站党小组

外轮代理公司第三党支部第一党小组

海景大酒店机关党小组

优秀共产党员（158名）

丁建国　史立祥　李金祥　贾　靖　周淑珍
范广志　赵金叶　史军生　张兆文　任庆宪
王　磊　刘春华　宣克斌　杨玉才　王振平
马伍存　刘文杰　郑学子　薛维柱　刘梦柱
张　利　石少义　陈建平　秦成武　窦桂源
李　茹　丁统杰　郑永和　盛继永　李俊杰
郝玉鹏　段海岚　温海防　邵利民　刘铁柱
李　斌　赵玉才　丁庆江　于维祥　陈金祥
包　钢　黄登军　孙向东　王鸿源　杨晨虹
张允利　姜　波　舒红兵　朱宝权　李昆宗
邓庆良　易图段　董俊江　王力长　杨子征
佟德友　刘会平　李永来　李洪宝　蔡中友
杨庆林　史运佳　王和平　杨传明　刘彦祥
许立东　董继承　王秉忠　高玉芹　刘雨田
王树森　吴增军　姚志山　石立发　于将军
马会斌　张儒健　李　伟　吴　震　王钟敏
杨红联　梁晓立　韩大春　张兰芬　张志刚
岳喜才　刘继东　徐广明　焦维新　刘荣宽
卢占虎　石凌一　郭金风　李慧珍　韩桂杰
邵　岩　张铁军　刘秉权　邓为民　肖宝义
毕群喜　王文顺　潘庆国　丁　黎　李春芬
王振忠　田治梅　史金城　程维权　孙汉民
马佩生　王成恩　王德厚　刘翠霞　张业伦
吴吉庆　朱殿华　王庆江　黄　涛　刘振海
张秦义　刘汉阳　李连义　郝玉宝　孙月明
吴文斌　孙凯林　卢长栓　王　艳　王金文
马宝春　侯贵宾　杨爱华　杨丽红　张金明

李行志 杜维斌 张燕春 王春晖 陈云秀
洪贺云 王跃进 丁　华 张　建 穆永恩
倪志利 王怀利 马纯怡 汪金生 刘顺义
张永成 曹维敏 郑金城 陈新圣 武连才
王晓辉 潘永彬 齐利福

优秀党务工作者（33 名）

王彩霞 张有权 韩　庆 张亚平 张秀文
杜建华 隋海虹 陈守新 王德利 赵云生
田云山 李乐敏 赵剑平 赵志刚 李俊义
王忠民 金晓林 高光敦 林　松 邢雅萍
付丽云 杨静秋 张泰林 纪春华 陈　兵
张广玉 孔玉潮 丁小波 常海平 刘华林
刘墨文 王雁春 李守奎

2003 年

先进直属党组织（10 个）

第一港务分公司党委
第三港务分公司党委
第六港务分公司党委
第七港务分公司党委
铁路运输分公司党委
流动机械分公司党委
船舶分公司党委
港口医院党委
通信分公司党总支
外轮理货公司党总支

先进基层党支部（20 个）

一公司机电维修队党支部
二公司装船二队党支部
三公司机装二队党支部
杂货公司库场队党支部
六公司装船队党支部
七公司卸车部党支部
八公司机具队党支部
铁运公司东港站党支部
流机公司汽车队党支部
劳务公司综合劳务队党支部
船舶公司第二党支部
机械修造厂一车间党支部
生活服务公司液化气站党支部
秦港集团机关卫生环保中心党支部
港口医院内科党支部
公安局第四派出所党支部
离退休职工管理中心三货区退休干部党支部
建港指挥部工程处党支部
教育培训中心港一中党支部
港航建设工程有限公司船舶队党支部

先进党小组（35 个）

一公司机关党支部政工工会党小组
二公司卸车一队第四党小组
二公司卸车三队第四党小组
三公司质检站第一党小组
三公司机关三支部第一党小组
杂货公司机械一队电工班党小组
杂货公司装卸队第二党小组
六公司装船队第三党小组
六公司水暖队第一党小组
七公司装船部第三党小组
八公司门机队机修班党小组
铁运公司工务段第二党小组
铁运公司货运段第一党小组
流机公司机械二队第四党小组
流机公司机械六队第一党小组
劳务公司装卸二队第二党小组
船舶公司第三党支部港九党小组
机械修造厂二车间第二党小组

生活服务公司餐饮中心第二党小组
秦港集团机关卫生环保中心防疫站党小组
秦港集团机关工会第二党小组
港口医院妇儿党小组
公安局消防支队第三党小组
离退中心三货区离休干部党支部第二党小组
离退中心海滨路退休干部党支部第一党小组
建港指挥部综合处政劳党小组
通信信息工程分公司机关一支部生产运行科党小组
教育中心子弟小学党小组
物资采购供应中心第四党支部仓储二队党小组
电力公司机关党支部第三党小组
水暖公司机关党支部第三党小组
港航建设工程有限公司船舶队党支部迎安轮党小组
外轮理货公司计量站第一党小组
外轮代理公司第一党支部企划党小组
海景大酒店机关党小组

优秀共产党员（164 名）

一 公 司　李大伟　史立祥　贾　靖
　　　　　田纯会　古　刚
二 公 司　杨　光　赵金叶　刘海河
　　　　　韩　庆　王　磊　纪　军
　　　　　任　伟　支向东　李军作
　　　　　宋玉兴　齐　君　陈连宽
三 公 司　闫克勤　薛维柱　苏同龙
　　　　　秦成武　张　力　窦桂源
　　　　　杨宏光　丁统杰　郑永和
杂货公司　李俊杰　郝玉鹏　吕世静
　　　　　唐孟刚　李家和　朱效明
　　　　　郭营军　段海岚　温海防
　　　　　刘铁柱　赵玉山　刘双林
六 公 司　邓庆良　张允利　王鸿源
　　　　　梅美贵　姜　波　刘占本
　　　　　宋瑞全　马学礼
七 公 司　佟德友　丁晓平　柴任军
　　　　　李成强　王晓丽　齐国才
八 公 司　张义江　杨庆林　张思宏
　　　　　陈永生　李洪宝
铁运公司　王和平　臧信明　刘玉朋
　　　　　王树芳　朱　越　陈　平
　　　　　赵志刚　冯银顺　张广来
　　　　　杨　军　刘向午
流机公司　马海生　王胜明　胡　颖
　　　　　白广祥　王霁虹　俞进辉
　　　　　刘秉权
劳务公司　苏希斌　王金文　张顺忠
　　　　　丁洪迎　曹月梅　杨增来
船舶公司　刘汉阳　王学明　刘焕军
　　　　　张永旺　祁宝贞　李通顺
机 修 厂　周秦生　吴吉庆　朱殿华
生服公司　顾秀敏　耿秀元　刘绍文
　　　　　卢长栓
机　　关　顾立安　张洪明　李友林
　　　　　侯盛海　岳振华　李家华
　　　　　刘继东　李子栋　单莹泓
　　　　　赵建民　赵文忠　张兰芬
港口医院　王玲玲　刘五一　吉凤台
　　　　　韩桂杰　邵　岩　尹福友
　　　　　刘玉兰　张　凤　刘振义
公 安 局　魏耀旭　董耀斌　姜　敏
　　　　　郑亚斌　白景瑞　张新江
　　　　　李景春　张景弟　李景良
　　　　　刘存柱　高顺国
离退中心　张业伦　田冶梅　程维权

李春芬 刘瑞珍 丁　伟
马佩生 史金城 丁　黎
王德厚 张宝军
建　港 田秀华 卢占虎
通信公司 陈　静 高建华 张越军
教育中心 闫　霞 叶常鑫 封　葵
王桂珍
物资公司 李连锁 王洪峰
电力公司 孙　红 张燕春
水暖公司 洪鹤云 刘宝庆
港航公司 裴晓宇 黄建伟 姚廷和
外理公司 刘梦琪 刘玖强
外代公司 王春波 刘志杰
海景酒店 徐昌燮
建筑公司 徐凤玲
引航公司 王树俊
水运卫校 刘连玉
实服公司 刘和林

优秀党务工作者（35 名）
徐培友 韩志鹏 张　军 黄亚军 张亚平
杜建华 隋海虹 陈守新 王德利 刘会平
田云山 李乐敏 李东明 李玲涛 李俊义
纪春华 陈　兵 王　艳 王金良 孔玉潮
常伯林 郑国强 赵晓勇 周　鹏 王永库
高光敦 孙远东 赵晓成 南自成 王忠民
寇永安 刘墨文 赵曼丽 常海平 李德高

2004 年

先进党组织（8 个）
第二港务分公司党委
第三港务分公司党委
第六港务分公司党委
第七港务分公司党委
第八港务分公司党委
铁路运输分公司党委
船舶分公司党委
通信信息工程分公司党总支

先进基层党支部（20 个）
一公司罐区队党支部
二公司装船一队党支部
三公司机装二队党支部
杂货公司机械二队党支部
六公司装船队党支部
七公司供水除尘部党支部
八公司库场队党支部
铁运公司开滦路港站党支部
流机公司机械三队党支部
劳务公司综合劳务队党支部
船舶公司第一党支部
机械修造厂三、四车间党支部
生活服务公司液化气站党支部
秦港集团机关投资中心党支部
港口医院外科党支部
公安局第五派出所党支部
离退中心三货区退休干部党支部
建港指挥部工程处党支部
港航建设工程有限责任公司海测大队党支部
外轮理货公司理货站党支部

先进党小组（35 个）
一公司机关党支部政工党小组
二公司卸车一队党支部第四党小组
二公司装船二队党支部第一党小组
三公司质检站党支部第二党小组
三公司机关第三党支部第一党小组
杂货公司散粮站党支部第二党小组
杂货公司机械一队党支部电工班党小组

六公司装船队党支部第三党小组
六公司卸车队党支部丙班党小组
七公司装船部党支部第三党小组
八公司门机队党支部机修班党小组
铁运公司电务段党支部第三党小组
铁运公司东港站党支部第一党小组
流机公司机械五队党支部第一党小组
流机公司汽车队党支部第二党小组
劳务公司装卸二队党支部第二党小组
船舶公司第四党支部港十六号轮党小组
机械修造厂二车间党支部第一党小组
生活服务公司印刷厂东港党支部东港文化中心党小组
秦港集团办公室党支部文书、秘书党小组
秦港集团工会党支部第一党小组
港口医院后勤党支部总务科党小组
公安局消防支队党支部第三党小组
离退中心三货区离休干部党支部第三党小组
离退中心河东退休干部第一党支部第四党小组
建港指挥部综合处党支部政劳党小组
通信公司机关第三党支部自动控制中心党小组
教育中心职业高中党支部专业课党小组
物资中心机关第二党支部经营管理科党小组
电力公司供电队党支部东港党小组
水暖公司机关党支部第二党小组
港航建设工程有限责任公司船舶队党支部永安轮党小组
外轮理货公司水尺计量站党支部第一党小组
外轮代理公司第三党支部第一党小组
海景大酒店经营党小组

优秀共产党员（156 名）

田纯会 史立祥 方春友 王彩霞 姚丙海
范广志 赵金叶 岳德山 苗　锋 杨晓明
张景柱 朱向东 郑学子 王秀莲 崔朝锋
任庆宪 多益民 薛维柱 刘梦柱 秦成武
张　利 杨宝玉 李　茹 丁统杰 郑永和
闫克勤 黄登军 柴连生 姜家友 杨凤海
霍建国 温海防 李家和 刘林生 马海宁
石晓楼 吕世静 杨一健 李劲雷 孙　斌
张允利 李　鸣 刘俊强 杨　毅 舒红兵
杜兴武 王耀民 杨子征 吴洪喜 金贺喜
佟德友 姚　健 陈永生 王　强 李冬云
孟庆满 李洪宝 史运佳 马慧生 梁生练
那渤湖 杨中华 高明才 谯凤义 云彩光
果新春 王和平 吴增军 刘兴国 刘连生
潘庆国 王文顺 赵世春 吕汝南 白广祥
李建国 杨增来 吴　欣 张海滨 杨文海
丁洪迎 张顺忠 苏希斌 王金文 雒志强
刘树旺 杨凤平 齐志宽 马东永 丁小波
周秦生 张鲜彤 朱进发 张淑云 王会元
刘绍文 张文进 卢长栓 雷佩荣 王秀民
单洪柱 郝瑞武 苏长生 高　科 顾朝晖
平云良 王力长 焦中朝 常继堂 张志耀
吴慧敏 魏岩英 李志权 郭军军 梅秀峰
王　波 冯俊民 董耀斌 王玉民 刘顺喜
裴立静 张业伦 马佩生 高福元 杨志安
赵焕国 王德厚 丁　黎 王成恩 李春芬
程维权 刘盛武 卢占虎 冯国军 程守志
戴洪宝 朱桂芹 徐恩东 陈淑玲 张燕春
付雪峰 王印德 陈云秀 王慧芝 姚廷和
贺永生 张学峰 刘梦琪 陶小朋 王怀利
汪金生 何丽君 高金钟 王树俊 杜维正
苏桂芬

优秀党务工作者（30 名）

徐培友 周玉山 张　军 张秀文 张亚平

刘双林 陈守新 王德利 张敏亮 田云山
李乐敏 齐继业 李俊义 陈　兵 王　艳
马青山 常海平 孔玉潮 常伯林 李军国
付丽云 赵晓勇 邢雅萍 陈少军 高光敦
孟　斌 谢耀宝 张广玉 王　莹 贺　显

2005 年

先进党组织（11 个）

第二港务分公司党委
第三港务分公司党委
杂货分公司党委
第六港务分公司党委
第七港务分公司党委
第八港务分公司党委
铁路运输分公司党委
流动机械分公司党委
船舶分公司党委
通信信息工程分公司党总支
外轮理货公司党总支

先进基层党支部（23 个）

一公司罐区队党支部
二公司卸车二队党支部
三公司机装四队党支部
杂货公司库场队党支部
六公司卸车队党支部
七公司装船部党支部
八公司机具队党支部
铁运公司机务段党支部
流机公司汽车队党支部
劳务公司综合劳务队党支部
船舶公司第四党支部
机械修造厂二车间党支部
生活服务公司餐饮中心党支部
秦港集团机关卫生环保中心党支部
港口医院内科党支部
公安局刑警支队党支部
离退中心海滨路离休干部党支部
建港指挥部工程处党支部
教育中心职业高中党支部
物资中心仓储二队党支部
电力公司供电队党支部
水暖公司营业科党支部
港航建设工程有限责任公司工程分公司党支部

先进党小组（34 个）

一公司机关党支部政工党小组
二公司卸车一队党支部第四党小组
二公司装船二队党支部第二党小组
三公司机关第三党支部第一党小组
三公司质检站党支部第二党小组
杂货公司维修队党支部第二党小组
杂货公司机械一队党支部电工班党小组
六公司装船队党支部第三党小组
六公司水暖队党支部第一党小组
七公司卸车部党支部第三党小组
七公司装船部党支部第一党小组
八公司门机队党支部甲班党小组
铁运公司开滦路港站党支部第三党小组
铁运公司工务段党支部第二党小组
流机公司机械一队党支部第二党小组
流机公司机械五队党支部第一党小组
劳务公司装卸二队党支部第二党小组
船舶公司第二党支部秦港十八号轮党小组
机械修造厂机关第二党支部生产科党小组
生活服务公司印刷厂东港党支部印刷厂党小组
秦港集团办公室党支部文秘党小组
秦港集团工会党支部第二党小组

港口医院妇儿党小组
公安局机关第二党支部一科党小组
离退中心三货区离休干部党支部第三党小组
离退中心东山退休干部第一党支部第四党小组
建港指挥部综合处党支部政劳党小组
通信公司基层第一党支部西港电话站党小组
教育中心职工学校党支部第二党小组
电力公司机关党支部第一党小组
水暖公司机关党支部第三党小组
港航建设工程有限责任公司船舶队党支部永安轮党小组
外轮理货公司水尺计量站党支部第一党小组
外轮代理公司第二党支部第二党小组

优秀共产党员（165 名）

隋有强 孔庆安 史立祥 周立中 田纯会 王根良 任庆宪 何卫东 姜 华 肖久春 杨纯胜 陈连宽 张守礼 程宝刚 张秦生 张艳丽 朱向东 张文明 薛维柱 赵晓明 窦桂源 刘梦柱 郑永和 秦成武 丁统杰 张 利 郝瑞臻 刘双林 徐铁成 李慕国 薛 力 刘福斌 张晓晨 李宝柱 冯树凯 张 靖 殷学然 曹胜利 王录彪 白志勇 马学礼 张建武 张 庆 段历历 禹金纯 舒红兵 赵云生 佟德友 安成君 于连生 刁志刚 杨子征 刘维柱 陈永生 李洪宝 刘 刃 孟庆满 杨庆林 马连中 王和平 杨传明 刘向波 谯凤义 张宝利 杨中华 孙富光 刘雨田 韩宝全 马俊方 马海生 王大炜 张铁军 王文顺 王文德 朱为民 李海林 宋守健 苏希斌 王金文 张顺忠 葛玉柱 张文杰 杨文海 孙长兴 吴守华 张增宽 齐志宽 张秦义 涂志彪 康玉顺 王金良 王庆江 杨泽亮 陈宏林 阚俊杰 梁凤贵 檀少甫 刘冬娜 陈来英 赵家桂 黄洪波 赵彦生 欧 鑫 王 冶 马宝春 温建国 温海廷 孟月娥 辛幼弟 杨文胜 刘 勇 尚国爱 王树礼 赵登岭 李增祥 王爱丽 王新乐 郑亚斌 田玉顺 陈云清 陈少川 齐成民 王成恩 丁 黎 杨志安 曹秉德 卢金庭 田冶梅 章伯初 陈青云 姜恩贵 张宝军 王克昌 李义成 李志波 卢占虎 张 腾 韩志奇 滑金道 周 岩 景秀英 安立文 杜维斌 石守磊 战桂玉 姜顺强 王昭晖 李 强 张金祥 刘 琦 王惠芝 赵瑞岐 崔清波 张 健 刘梦琪 刘双林 李向民 刘冠成 吴海虹 古太金 王桂芬 王海波 杨淑英 刘 涛 李书刚

优秀党务工作者（34 名）

徐培友 周玉山 张 军 张秀文 张亚平 么春华 田家祥 蒋立新 王德利 蒋丽华 田云山 李乐敏 董继承 李俊义 陈 兵 侯幼农 郝玉宝 常海平 金贵利 常伯林 刘 宏 王利俭 王永库 房树田 孙远东 高光敦 齐桂秋 李军国 赵晓成 吴继民 杨炳辰 王 莹 李德高 贺 显

2006 年

先进党组织（12 个）

第二港务分公司党委
第三港务分公司党委
杂货港务分公司党委
第六港务分公司党委
第七港务分公司党委
第八港务分公司党委

铁路运输分公司党委
流动机械分公司党委
建港指挥部党委
港航建设工程有限责任公司党总支
通信信息工程分公司党总支
外轮理货公司党总支

先进基层党支部（24 个）
一公司罐区队党支部
二公司装船二队党支部
三公司机装三队党支部
杂货公司库场队党支部
六公司卸车队党支部
七公司卸车部党支部
八公司库场队党支部
九公司供水除尘部党支部
铁运公司东港站党支部
流机公司机械一队党支部
劳务公司杂货装卸队党支部
船舶公司第三党支部
机械修造厂黄骅港设备服务项目部党支部
生活服务公司印刷厂、东港党支部
秦港集团机关投资中心党支部
港口医院内科党支部
公安局消防支队党支部
离退中心河东站退休干部第一党支部
建港指挥部工程处党支部
教育中心职业高中党支部
物资中心机关第二党支部
电力公司供电队党支部
港航建设工程有限责任公司海测大队党支部
外轮理货公司水尺计量站党支部

先进党小组（33 个）
一公司机关党支部政工党小组
二公司卸车一队党支部第四党小组
二公司装船一队党支部第四党小组
三公司机装二队党支部第一党小组
三公司机装四队党支部第一党小组
杂货公司维修队党支部第二党小组
杂货公司机械一队党支部电工班党小组
六公司装船队党支部第三党小组
六公司矿石队党支部第四党小组
七公司装船一部党支部第四党小组
八公司门机队党支部甲班党小组
铁运公司开滦路港站党支部第三党小组
铁运公司工务段党支部第三党小组
流机公司机械二队党支部第四党小组
流机公司机械三队党支部第四党小组
劳务公司装卸二队党支部第二党小组
船舶公司第一党支部秦港十五号轮党小组
机械修造厂二车间党支部第二党小组
生活服务公司托幼管理科党支部河西党小组
秦港集团办公室党支部文秘党小组
秦港集团工会党支部第二党小组
港口医院妇儿党支部妇儿党小组
公安局消防支队党支部第三党小组
离退中心三货区退休干部第二党支部第二党小组
离退中心海滨路离休干部党支部第二党小组
建港指挥部综合处党支部政劳党小组
通信公司机关第二党支部工程物资科党小组
教育中心职工学校党支部第一党小组
电力公司供电队党支部第二党小组
水暖公司机关党支部第一党小组
港航建设工程有限责任公司船舶队党支部永安轮党小组

外轮理货公司理货站党支部第一党小组
外轮代理公司第二党支部第一党小组

优秀共产党员（166 名）

隋有强 孔庆安 高丽丽 高　炉 王宪东
王振平 任庆宪 范广志 郑学子 曹长河
吴晓舟 宣克斌 王　亮 边吉顺 王立国
庄　稼 安秀峰 谭宝玉 盛吉永 张　利
薛维柱 刘梦柱 秦成武 宋启祥 温　雷
丁统杰 郑永和 刘双林 李幕国 刘福斌
徐铁成 唱丽华 刘志功 杜凤满 刘　敏
石晓楼 郭红军 薛　立 张建辉 张建武
张允利 王立新 宋瑞全 许密斌 战庆丰
梅美贵 单学文 杜兴武 王耀民 刘亚鹏
刘　锋 姚　毅 陈友才 丁国强 王大昕
李洪宝 陈永生 阎家瑞 鹿庆祝 徐恩泰
孟庆满 张晓勇 田新华 任海晨 杨金涛
马俊方 杨大力 刘校军 王树勋 云彩光
谯凤义 尹宝俊 周林萍 李　良 杜若玲
陈　建 潘庆国 王大炜 王文顺 赵世春
郑士伟 李德茹 白广祥 杨立军 张文杰
王金文 鲍　胜 张千山 郝玉宝 韩兴刚
张秦义 王　卫 李通顺 张维洪 陈士民
孔玉潮 刘金鹏 高建宁 刘冬娜 孙凯林
梁志宏 陈少军 赵　伟 王立新 陈　强
韩　剑 毕经宝 李有林 杨志玲 耿　昊
任永新 郭俊明 赵晓峰 邵建明 邵　岩
吴慧敏 曹洪伟 刘丽娜 郑玉军 呼长鸣
刘学昌 宋德明 王成标 张新江 白焕臣
张业伦 丁　黎 张文堂 马佩生 杨志安
程维权 殷子杰 王季芳 王成恩 朱忆南
文隆晓 卢占虎 毛德伟 高金红 宋金科
戴洪宝 景秀英 杨静秋 杜维斌 郭仲霞
郑永科 闫卫东 王永田 郭　强 叶大茂
刘玲子 裴晓宇 范宝利 张学峰 孙　卓
牛建国 岂云成 耿占英 何丽君 刘德强
王树俊 王惠元 王长生 杜维正 陈　冰
刘　涛

优秀党务工作者（34 名）

徐培友 张　军 周玉山 张亚平 闫克勤
田家祥 潘冠雪 王德利 陈守新 田云山
穆　华 刘　勇 王于华 聂玉中 李俊义
赵剑平 陈　兵 马青山 王　艳 陈　南
常伯林 赵建民 赵晓勇 王永库 张金河
高光敦 赵小成 吴继民 高晓影 杨炳辰
王　莹 赵曼莉 贺　显 李德高

“两学两争一保”活动先进党支部（11 个）

一公司罐区队党支部
二公司装船二队党支部
三公司机装三队党支部
杂货公司库场队党支部
六公司卸车队党支部
七公司卸车部党支部
八公司库场队党支部
铁运公司东港站党支部
流机公司机械一队党支部
船舶公司第三党支部
机械修造厂黄骅港设备服务项目部党支部

“两学两争一保”活动优秀共产党员（20 名）

孔庆安 任庆宪 张　利 李幕国 张建武
王耀民 陈永生 田新华 杨大力 王大炜
王金文 韩兴刚 陈士民 刘冬娜 呼长鸣
张业伦 毛德伟 闫卫东 裴晓宇 耿占英

2007 年

先进直属党组织（12 个）

杂货港务分公司党委

第六港务分公司党委
第七港务分公司党委
第八港务分公司党委
第九港务分公司党委
铁路运输分公司党委
船舶分公司党委
机械修造厂党委
建港指挥部党委
外轮理货公司党总支
水暖供应分公司党总支
引航分公司党支部

先进基层党支部（25 个）
一公司罐区队党支部
二公司装船一队党支部
三公司机装三队党支部
杂货公司散粮站党支部
六公司矿石队党支部
七公司卸车部党支部
八公司机具队党支部
九公司装船部党支部
铁运公司东港站党支部
流机公司机械二队党支部
劳务公司杂货装卸一队党支部
船舶公司第二党支部
机械修造厂二车间党支部
生活服务公司汽车队党支部
秦港集团机关人力资源部党支部
港口医院门诊党支部
公安局交警大队党支部
离退中心东山离休干部党支部
建港指挥部工程处党支部
通信公司基层第一党支部
教育培训中心职业高中党支部
物资中心机关第二党支部
电力分公司供电队党支部
港航建设工程有限责任公司海测大队党支部
外轮理货公司理货站党支部

先进党小组（34 个）
一公司机关党支部政工工会党小组
二公司水暖队党支部第一党小组
二公司卸车一队党支部第三党小组
三公司机装二队党支部第四党小组
三公司机装四队党支部第一党小组
杂货公司维修队党支部第二党小组
杂货公司机械一队党支部电工班党小组
六公司装船队党支部第三党小组
六公司卸车队党支部大班党小组
七公司装船一部党支部第五党小组
七公司装船二部党支部装船班党小组
八公司门机队党支部甲班党小组
九公司生产服务部党支部第二党小组
铁运公司机务段党支部第二党小组
铁运公司修缮段党支部第二党小组
流机公司机械五队党支部第一党小组
劳务公司杂货装卸队党支部第二党小组
船舶公司第四党支部秦港四号轮党小组
机械修造厂政工科党小组
生活服务公司托幼管理科党支部河西党小组
秦港集团机关工会党支部第一党小组
秦港集团机关办公室党支部外事接待信访党小组
港口医院妇儿党支部妇儿科党小组
公安局消防支队党支部第三党小组
离退中心河东离休党支部第二党小组
离退中心东山退休干部第二党支部第一党小组

建港指挥部综合处党支部政劳党小组
通信基层第二党支部第一党小组
教育中心职工学校党支部第二党小组
电力公司供电队党支部第二党小组
水暖公司机关党支部第二党小组
港航建设工程有限责任公司船舶队党支部永安轮党小组
外轮理货公司货运计量站党支部第一党小组
外轮代理公司第二党支部第二党小组

优秀共产党员（181 名）

隋有强 万惠敏 张永恒 孔庆安 李大伟
周玉山 刘凤民 苗　锋 谢友权 刘　彦
郑海云 王冬生 林　毅 金大鹏 任庆宪
多益民 王于飞 黄　鹏 张　利 薛维柱
刘梦柱 才式耕 王丽霞 丁统杰 李咏梅
郑永和 孙向东 李幕国 杜凤满 张建权
曹海山 石晓楼 霍建国 冯树凯 唱丽华
刘宏伟 张晓晨 李　斌 方克权 李云奎
田　芸 邸　军 许密彬 张　庆 苏锡良
曹　军 白顺利 杜兴武 江　涛 丁国强
潘大明 吴洪喜 肖德敏 陈友才 金永祥
韩学华 杨庆林 孙宝明 栾绍海 孙俊良
阎家瑞 蔡中友 马瑞启 张晓勇 孙洪良
任洪涛 王宏军 孙爱国 李　岩 朱向东
马俊方 赵剑平 刘校军 赵志刚 刘向波
刘贵生 张宝利 董继承 王　焱 周林萍
张晓峰 杨春秋 刘明辉 王大炜 贾子文
韩志广 王文顺 张海锋 张汉柱 赵剑明
高长生 潘正书 姜书明 杨文海 王少勇
黄　涛 刘汉阳 耿小伍 王普军 李连瑞
王庆江 陈志国 赵光富 苏世明 化罗昊
王秀山 刘冬娜 李　东 檀少甫 金晓林
岳振华 孙小川 李家华 梁　军 杨　蓉
李宝权 徐立新 李绍元 李子梅 贾东瑛
赵卫国 魏宗义 姬建明 孟昭爱 吴慧敏
张宏君 方　莉 朱大淼 刘顺喜 郭凤起
刘学亮 戴君月 于将军 丁　黎 刘金生
王成恩 赵焕国 张业伦 马佩生 杨增祥
白焕臣 刘桂英 王德厚 郑广海 卢占虎
李志波 谭　东 李文琦 左　佳 张玉奇
景秀英 于文成 杜维斌 李行志 王红锋
王永田 闫卫东 张燕春 王建军 洪贺云
赵成喜 张学峰 高俊川 张春明 穆永恩
刘双林 牛建国 田家礼 李景芬 张建伟
张守志 古太金 崔士栋 周卫东 王长生
史克区 齐利福 张亚娜 刘建和 解　志
孙志娟

优秀党务工作者（38 名）

徐培友 韩　庆 张亚平 张全友 潘冠雪
岳喜才 蒋立新 田云山 蒋丽华 刘　勇
李冬云 聂玉中 吴　震 计　祥 齐继业
马成柱 王　艳 常海平 刘焕军 夏永中
刘永吉 常伯林 幺春华 任永新 赵晓勇
顾朝晖 高光敦 魏岩英 谢耀宝 杨炳辰
高晓影 陈玉国 李德高 郭仲霞 薛利民
贺　显 张亚娜 陈荣祥

2008 年

先进直属党组织（12 个）

第一港务分公司党委
第三港务分公司党委
杂货港务分公司党委
第六港务分公司党委
第七港务分公司党委
第八港务分公司党委
第九港务分公司党委
铁路运输分公司党委

船舶分公司党委
机械修造厂党委
外轮理货公司党总支
引航公司党总支

先进基层党支部（25 个）
一公司卸车队党支部
二公司卸车二队党支部
三公司机装三队党支部
杂货公司散粮站党支部
六公司矿石队党支部
七公司卸车作业部党支部
八公司机具队党支部
九公司生产服务部党支部
铁运公司开滦路港站党支部
流机公司机械五队党支部
劳务公司装卸二队党支部
船舶公司第四党支部
机械修造厂煤五期保障部党支部
生活服务公司汽车队党支部
秦港集团机关党委人力资源部党支部
港口医院机关行政党支部
公安局刑警支队党支部
离退中心三货区退休第二党支部
通信公司基层第三党支部
教育中心职业高中党支部
物资中心机关第二党支部
电力公司供电队党支部
外轮理货公司水尺计量站党支部
水暖供应分公司营业科党支部
港航建设工程有限责任公司沉箱预制厂党支部

先进党小组（34 个）
一公司机关党支部政工工会党小组
二公司机电维修队党支部第二党小组
二公司卸车一队党支部第一党小组
三公司机装二队党支部第二党小组
三公司机装四队党支部第一党小组
杂货公司维修队党支部第二党小组
杂货公司机械一队党支部电工班党小组
六公司装船队党支部第三党小组
六公司卸车队党支部大班党小组
七公司装船一部党支部运行丙班党小组
七公司装船二部党支部装船班党小组
第八港务分公司库场队党支部第三党小组
九公司卸车部党支部运行丙班党小组
铁运公司机务段党支部第二党小组
铁运公司工务段党支部第二党小组
流机公司机械一队党支部第一党小组
劳务公司装卸一队党支部第二党小组
船舶公司第一党支部秦港十五号轮党小组
机械修造厂二车间第二党小组
生活服务公司托幼管理科党支部河西党小组
秦港集团机关党委工会党支部第一党小组
秦港集团机关党委办公室党支部文秘党小组
港口医院妇儿党支部妇儿党小组
公安局机关第二党支部办公室党小组
离退中心河东站第四党支部第三党小组
离退中心海滨路第二党支部第一党小组
通信公司有线电视维修站党小组
教育中心职工学校党支部第二党小组
物资中心机关第一党支部第三党小组
电力公司供电队党支部第一党小组
水暖公司机关党支部第一党小组
外轮理货公司理货站党支部第一党小组
外轮代理有限公司第三党支部第一党小组
港航建设工程有限责任公司船舶队党支部

永安轮党小组

优秀共产党员（180 名）

一 公 司　田纯会　高　炉　俊　峰
吴佩松　张建萍

二 公 司　赵金业　岳德山　王延高
王振平　刘海兵　郑学子
吴晓舟　张守礼　杨晓光
张文歧　蔡永路　彭先根
张　健

三 公 司　刘志新　张　利　薛维柱
刘梦柱　张秉生　侯福生
吴秀海　张年生　李咏梅

杂货公司　孙向东　钱茂相　杜凤满
石晓楼　曹海山　张成殿
翟东升　冯树凯　刘宏伟
杨立岩　庞志军　张　东

六 公 司　王录彪　方克权　段历历
李建和　尹　群　王立新
陈　曦　单学文　白顺利

七 公 司　杜兴武　安成军　彭振和
邹清杰　王　东　丁国强
王吕华　段国玉　姚　健

八 公 司　杨庆林　栾绍海　于永萍
王振军　刘　刃　任　军
蔡中友

九 公 司　田新华　王海波　施金红
胥国明　燕振华　冯三军
张　新

铁运公司　马慧生　王万利　韩孝利
朱　越　李顺丰　谯凤义
杨中华　那渤湖　蒋晓龙
郑玉刚　张晓锋　张新兴

流机公司　赵剑明　李建国　王文顺
于永江　阎福增　苏占文
宋守健　王胜明

劳务公司　董顺利　徐　鹏　潘正书
岳汝琪

船舶公司　李树庭　郭宏利　张秦义
涂志彪　李通顺　杨　启

机 修 厂　徐阳生　张秀君　徐亮亮
吴家兴

生服公司　卢永杰　林　隽　宋昌富
王秀山

机　　关　金晓林　郭西锟　王　晖
王华宁　陈　平　邢绍华
赵彦林　李家华　赵东维
朱建东　杨红联　刘洪涛

港口医院　李淑玲　郑乃英　姚丽娜
吴慧敏　方　莉

公 安 局　赵　欣　王　波　刘存柱
公忠吉　张　鹤　邱　佳
刘亚松　齐成民

离退中心　赵焕国　丁　黎　李海文
王成恩　陈青云　殷子杰
朱福昌　程维权　张业伦
房建国　杨增祥　郭永利

建　　港　孙爱英

通信公司　高金红　卢志斌　韩　立

教育中心　戴洪宝　朱桂芹　景秀英

物资中心　杨静秋　邵竞伟　杜维斌

电力公司　闫卫东　郑学义　邓　波

水暖公司　叶大茂　赵成喜　宋　丹
王惠芝

港航公司　王雨翔　张　伟　都业勤

外理公司　李广智　牛建国　岂云成

外代公司　张大勇

海景酒店　曹　涛

建筑公司　侯秀俊

引航公司　田元刚

物流公司 杜若辉
实服公司 于永菊
水运卫校 赵　力
新港湾公司 刘　军
瑞港公司 张娅娜
方大公司 张青海
秦云公司 刘俊强

优秀党务工作者（37 名）

唐　盛 韩　庆 张亚平 阎克勤 张全友
潘冠雪 岳喜才 蒋立新 田云山 蒋丽华
刘　勇 王美竞 聂玉中 邵国强 计　祥
赵剑平 马成柱 王刚英 常海平 丁小波
夏永中 王庆江 常伯林 刘　宏 顾朝晖
任永新 杨新宏 高光敦 孟　斌 姜　敏
杨炳辰 陈玉国 刘荣宽 张亚娜 陈荣祥
贺　显 李德高

2009 年

先进基层党组织（12 个）

第一港务分公司党委
杂货港务分公司党委
第六港务分公司党委
第七港务分公司党委
第八港务分公司党委
第九港务分公司党委
铁路运输分公司党委
船舶分公司党委
工程技术公司党委
港口建设公司党委
公安局党委
中理公司党总支

先进党支部（26 个）

一公司输油队党支部
二公司卸车二队党支部
三公司机装三队党支部
杂货公司机械二队党支部
六公司矿石队党支部
七公司卸车部党支部
八公司门机队党支部
九公司装船部党支部
铁运公司开滦路港站党支部
流机公司机械三队党支部
股份公司机关人力资源部（党委组织部）党支部
船舶公司第一党支部
劳务公司装卸二队党支部
物资中心机关第二党支部
电力公司西港队党支部
工程技术公司煤五期保障部党支部
港口建设公司沉箱预制厂党支部
生服公司餐饮中心党支部
公安局消防支队党支部
离退中心三货区离休党支部
港口医院药剂党支部
集团公司机关方圆监理公司党支部
教育中心职业高中党支部
通信公司基层第一党支部
水暖公司供热五队党支部
中理公司理货部党支部

先进党小组（39 个）

一公司机关党支部政工工会党小组
二公司装船一队党支部第四党小组
二公司装船二队党支部第一党小组
三公司机装二队党支部第二党小组
三公司维修队党支部第一党小组
杂货公司维修队党支部第二党小组
杂货公司机械一队党支部电工班党小组

六公司装船队党支部第三党小组
六公司卸车队党支部大班党小组
七公司装船一部党支部运行甲班党小组
七公司装船二部党支部皮带班党小组
八公司门机队党支部电工班党小组
八公司库场队党支部第三党小组
九公司生产服务部党支部第一党小组
铁运公司机务段党支部第一党小组
铁运公司工务段党支部第一党小组
流机公司机械四队党支部第二党小组
股份公司机关党委财务部党支部第一党小组
股份公司机关党委办公室党支部文秘党小组
船舶公司第二党支部秦港十八号轮党小组
劳务公司装卸一队党支部第三党小组
物资中心机关第一党支部第二党小组
电力公司供电队党支部第一党小组
安保中心西港大队党支部东疏港路口门党小组
物流公司党支部甲班党小组
工程技术公司港机分公司机关第一党支部第四党小组
港口建设公司党委船舶队党支部永安轮党小组
生服公司托幼管理科党支部河西党小组
公安局刑警支队党支部第一党小组
离退中心河东退休第一党支部第一党小组
离退中心海滨路第一党支部第二党小组
港口医院政工党支部政工党小组
集团公司机关办公室党支部外事、信访党小组
集团公司机关运行安全部党支部第二党小组
教育中心职业高中党支部专业课党小组
通信公司基层第二党支部无话站党小组
水暖公司机关党支部第二党小组
外代公司第二党支部第二党小组
中理公司衡重计量部党支部第二党小组

优秀共产党员（195 名）

一 公 司 许国胜 董凤森 王 强 田 甜 常伯艳

二 公 司 郑学子 王延高 崔朝锋 谭海华 刘守信 吴晓舟 王 伟 吕明冀 陈 海 李志强 庄 稼 王春艳 刘继生

三 公 司 刘志新 张 利 薛维柱 苏同龙 刘增杰 张成立 黄 鹏 张年生 崔桂芳

杂货公司 刘双林 温海防 张丽丽 赵启昌 杜凤满 张建权 石晓楼 李 博 宋建国 李永红 李宝柱 李树江

六 公 司 王录彪 方克权 汪 平 高 尚 单学文 鲁 庆 王延辉 曹大勇 滕福利

七 公 司 杜兴武 肖德敏 闰海洪 郭 智 王海鹰 姚 健 王琦男 王宝柱 李满田

八 公 司 李洪宝 奕绍海 于永萍 陈永生 解 辉 董乃平 顾德军

九 公 司 朱向东 何振亚 宋占尊 耿 满 郭 博 刘 武

铁运公司 张新兴 赵剑平 刘效军 王树勋 云彩光 刘贵生 王先明 吕 志 刘玉海 李庆利 施荣鑫 夏久来

流机公司 刘兴国 李玉来 文墨奎 陈 准 王隆强 张春来 潘庆国 崔 娜 赵庆生

股份公司机关 金晓林 郭西锟 赵彦生 秦远友 齐 娜 周 智

船舶公司 丁小波 隽玉光 刘志存 邓雪松 陈廷海 刘振海

劳务公司 岳汝琪 姜留顺 潘正书 刘亚忠

物资中心 吕贺刚 杜维斌 于 雷

电力公司 王春辉 闫卫东 张燕春

安保中心 孙永久 王 辉 高 鸿 张天河 霍光辉

物流公司 刘启军

秦云公司 李 妍

山海关码头公司 刘文英

新港湾公司 张海权 童 钢

瑞港公司 张金明

海运公司 王立锋

华正煤检 于海涛

工程技术 刘树利 付广良 陈士民 姚学清 吴家兴

港口建设 马 利 高俊川 杨渊宏 都业勤

生服公司 杜金生 刘冬娜 郭立敏 陈来英

公 安 局 刘学昌 姚志山 黄 羽 于将军 白景瑞 郑玉军

离退中心 张文堂 丁 黎 王德厚 王克昌 王成恩 徐广茂 连 捷 张业伦 赵焕国 李振声 白焕臣 杨增祥 马佩生 吴文海 程维权

港口医院 任素娟 高宝珍 宋 波 刘 杰 李德忠

集团机关 周承韬 杨铁军 李士衡 杨 岭 闫炳贵 单洪柱 岳振华 吴线红 刘 斌

教育中心 彭英英 景秀英

通信公司 张越军 宋金科 谭 东

水暖公司 杨永福 赵成喜 刘 琦 于德生

中理公司 孙 卓 刘佩华 陈万银

外代公司 李景芬

海景酒店 祁建文

建筑公司 徐凤玲

引航公司 陆振柏

实业公司 刘俊侠

东方公司 马海全

方大公司 解 志

水运卫校 李惠洁 夏耀水

优秀党务工作者（40 名）

唐 盛 张 放 韩 庆 张亚平 郎建辉 邵利民 薛利民 蒋立新 田云山 富宏秀 刘 勇 朱 静 聂玉中 邢 健 计 祥 李玲涛 马成柱 马喜平 王 刚 田晓燕 秦 戡 常海平 王少勇 杨增来 杨静秋 杨铁山 刘贺莹 贺 显 梁存付 常伯林 吴继民 杨炳辰 魏岩英 李德高 葛庆成 温海廷 周 鹏 焦 红 高光敦 陈荣祥

2010 年

先进直属党组织（13 个）

秦港股份第一港务分公司党委

秦港股份第二港务分公司党委

秦港股份杂货分公司公司党委

秦港股份第六港务分公司党委

秦港股份第七港务分公司党委

秦港股份第八港务分公司党委

秦港股份第九港务分公司党委
秦港股份铁路运输分公司党委
秦港股份流动机械分公司党委
秦港股份电力分公司党总支
工程技术公司党委
港口建设公司党委
通信信息工程分公司党总支

先进基层党组织（27 个）
一公司输油队党支部
二公司卸车二队党支部
三公司维修队党支部
杂货公司机械一队党支部
六公司矿石队党支部
七公司卸车部党支部
八公司机具队党支部
九公司卸车部党支部
铁运公司开滦路港站党支部
流机公司机械三队党支部
船舶公司第二党支部
劳务公司装卸二队党支部
电力公司东港电工队党支部
物资中心油品队党支部
中理公司理货部党支部
机关人力资源部（党委组织部）党支部
机关办公室（党委办公室）党支部
工程技术公司黄骅项目部党支部
港口建设公司劳务中心党支部
生服公司托幼管理科党支部
港口医院门诊党支部
公安局东煤港派出所党支部
离退中心河东退休干部第二党支部
通信公司基层第一党支部
水暖公司电工队党支部
教育中心职业高中党支部
机关办公室党支部

先进党小组（40 个）
一公司机关党支部政工工会党小组
二公司装船二队党支部第四党小组
二公司水暖队党支部第二党小组
三公司机装二队党支部第四党小组
三公司机关第三党支部第一党小组
杂货公司库场队党支部第五党小组
杂货公司机械二队党支部第四党小组
六公司装船队党支部第三党小组
六公司卸车队党支部大班党小组
七公司装船一部党支部第五党小组
七公司装船二部党支部装船班党小组
八公司门机队党支部电工班党小组
八公司库场队党支部第三党小组
九公司装船部党支部第二党小组
铁运公司机务段党支部第二党小组
铁运公司工务段党支部第三党小组
流机公司机械一队党支部第二党小组
船舶公司第三党支部秦港十九号轮党小组
劳务公司装卸一队党支部第一党小组
电力公司供电队党支部第一党小组
物资中心机关第一党支部第三党小组
安保中心东港大队党支部六公司北口门党小组
中理公司水尺计量部党支部第一党小组
机关党委工作部党支部第二党小组
机关卫环中心党支部第一党小组
工程技术公司机关第一党支部财务部党小组
工程技术公司曹妃甸党支部管理人员党小组
港口建设公司船舶分公司党支部第二党小组

生服公司汽车队党支部第一党小组
港口医院机关党支部行政后勤党小组
公安局消防支队党支部第三党小组
离退中心东山离休干部党支部第一党小组
离退中心三货区退休干部第二党支部第三党小组
通信公司机关第三党支部自动化开发中心党小组
水暖公司机关党支部第一党小组
教育中心职工学校党支部第一党小组
外代公司第三党支部第一党小组
新闻中心党支部报刊科党小组
房产中心党支部第三党小组
机关工会党支部第一党小组

优秀共产党员（184 名）

一 公 司 王俊峰 王金柱 周立忠 马学军
二 公 司 赵金叶 王延高 崔朝锋 牛兰明 杨孟江 张　朋 王于飞 高　宁 郑树立 张立山 李瑞丰 张　建 武平利
三 公 司 周　超 薛维朴 苏同龙 王春海 王龙利 黄　鹏 张年生 李　茹
杂货公司 张　东 孙连滨 李慕国 郭迎军 闫泉松 刘世炜 高树森 姜　峰 向　民 赵建成 康永和
六 公 司 滕福利 杜洪波 俞　生 刘　军 杨一健 尹　群 王延辉 史自生
七 公 司 吴洪喜 安成君 赵亚光 张兆元 吴　蛟 扬子征 郭升有 王永志 王璐璐
八 公 司 栾绍海 顾德军 岳　安 陈　楠 于永萍 胡建秋
九 公 司 王海波 张　新 邵国强 尹保军 公佩强
铁运公司 刘效军 李　勇 郑楠林 靖春林 刘向波 许春生 王先明 杨中华 穆洪波 陈　平
流机公司 王隆强 付　强 文墨奎 王英剑 马海生 贺丽娟 陈明杰 王文顺
船舶公司 刘立国 刘春强 张永旺 涂志彪 李　因
劳务公司 潘正书 董桐义 曹国强
电力公司 闫卫东 张长录
物资中心 丁宗长 刘　玲
安保中心 霍光辉 刘亚松 高　鸿
中理公司 刘九强 王德兴
物流公司 刘启军
新港湾公司 孙冬冰
瑞港公司 贾立民
海运公司 王立锋
华正煤检行 李　艳
沧州渤海 裴宝文
机　　关 窦吉祥 赵家桂 李静华 郗　雷 刘立刚
工程技术公司 尹德成 刘海军 陈士民 姚学清 吴家兴 杨铁山
港口建设公司 杨红联 贺永生 崔清波 黄建伟 赵瑞岐
生服公司 孙凯林 范群宏 孟庆平 宋昌富 庄　辉
港口医院 王景志 徐雅洁 张子兰 尚国爱 宋　波 魏宗义

公 安 局 赵　欣 朱海波 宋德明
赵亚利 郑亚彬 王学胜
孙铁山

离退中心 丁　黎 赵士盛 王成恩
李振声 田家新 王树和
幺志惠 张冀平 张业伦
赵焕国 殷子杰 白焕臣
马佩生 刘桂英 李　航
杨增祥

通信公司 于　涛 高洪娟 韩　锐
谭　东

水暖公司 刘玲子 杨海军 李　强
赵成喜 于德生

教育中心 张　鑫 朱桂芹 高建梅
景秀英

海景酒店 李凤丽

外代公司 李彦军 姚丽敏

引航公司 赵玉海

水运卫校 李洁琳

方大公司 陶永録

原秦港集团机关党委
葛庆成 孟月娥 邢雅萍 常　虹 马景良
袁惠广 杨　勇 康　宁 吴　敏 张思宏

优秀党务工作者（59 名）

唐　盛 许国胜 张　军 韩　庆 郑学子
闫克勤 张成立 郎建辉 杜建华 齐　东
薛利民 蒋立新 方克权 田云山 穆　华
杜兴武 刘　勇 李冬云 杨庆林 聂玉中
边娅姬 冯三军 赵剑平 李玲涛 张新兴
贺剑明 田宏伟 刘兴国 马青山 马永东
高丽东 岳汝琪 王庆利 高会成 张文丽
张晓冬 李德高 陈万银 马喜平 李习波
陈林燕 付佑江 李向洁 王　刚 刘贺莹
吴　杰 梁存付 张春明 常伯林 王昳丽
张儒健 杨炳辰 王　莹 卢志斌 刘　宏
么春华 陈　平 韩大春 高光敦

2011 年

先进基层党组织（12 个）

秦港股份第一港务分公司党委
秦港股份第二港务分公司党委
秦港股份第三港务分公司党委
秦港股份第六港务分公司党委
秦港股份第七港务分公司党委
秦港股份第八港务分公司党委
秦港股份第九港务分公司党委
秦港股份船舶分公司党委
中理外轮理货有限责任公司党总支
河北港口集团工程技术有限公司党委
秦皇岛港公安局党委
河北港口集团通信信息工程分公司党总支

先进基层党支部（27 个）

一公司灌区队党支部
二公司卸车二队党支部
三公司维修队党支部
杂货公司机械二队党支部
六公司矿石队党支部
七公司卸车作业部党支部
八公司机具队党支部
九公司装船部党支部
铁运公司东港站党支部
流机公司机械三队党支部
船舶公司第三党支部
劳务公司装卸二队党支部
秦港股份公司人力资源部（党委组织部）党支部
秦港股份公司办公室（党委办公室）党支部

中理外轮理货公司理货部党支部
物资中心油品仓储队党支部
电力公司东港供电队党支部
安保中心东港大队党支部
工程技术公司煤五保障部党支部
港口建设工程公司勘察设计分公司党支部
后勤公司汽车队党支部
港口服务管理公司工会党支部
公安局水上派出所（巡警大队）党支部
港口医院内科党支部
离退中心海滨路退休干部第一党支部
通信公司基层第一党支部
教育中心职业高中党支部

先进党小组（40 个）
一公司机关党支部政工工会党小组
二公司装船二队党支部第一党小组
二公司机电维修队党支部第二党小组
三公司机装一队党支部第一党小组
三公司机关第三党支部第一党小组
杂货公司机械一队党支部电工班党小组
杂货公司库场队党支部第五党小组
六公司装船队党支部第三党小组
六公司卸车队党支部大班党小组
七公司装船一部党支部第一党小组
七公司装船二部党支部第二党小组
八公司门机队党支部运行甲班党小组
八公司库场队党支部第三党小组
九公司生产服务部党支部第一党小组
铁运公司机务段党支部第二党小组
铁运公司开站党支部第二党小组
流机公司机械一队党支部第二党小组
船舶公司第一党支部秦港十七号轮党小组
劳务公司杂货装卸队党支部第三党小组
秦港股党委工作部党支部第二党小组
卫环中心党支部第一党小组
中理外轮理货公司水尺计量部党支部第一党小组
物资中心机关第一党支部办公室技设科党小组
电力公司供电队党支部第二党小组
安保中心西港大队党支部一号口门党小组
工程技术公司港机分公司机关第一党支部办公室党小组
工程技术公司港机分公司机关第二党支部安质部党小组
港口建设工程公司船舶分公司党支部第二党小组
后勤公司托幼管理科党支部河西党小组
后勤公司机关党支部事务科党小组
港口服务管理公司办公室党支部文秘党小组
港口服务管理公司工会党支部第二党小组
公安局刑警支队党支部第一党小组
公安局消防支队党支部第三党小组
港口医院机关党支部行政党小组
离退中心河东离休干部党支部第二党小组
离退中心东山退休干部第二党支部第四党小组
通信公司机关第三党支部自动化工程开发中心党小组
教育中心职工学校党支部第一党小组
水暖公司机关党支部第二党小组

优秀共产党员（181 名）
一 公 司 董凤森 周立中 胡 涛 马运波
二 公 司 赵金业 武平利 李伏玉 万东明 司文涛 康增岚 郑树立 杨晓光 侯永胜

沈东旭 崔朝锋 曹长河
杨孟江 常 彬

三 公 司 考书进 陈江海 苏同龙
王春海 赵凯军 韩守忠
刘新强 魏锡良

杂货公司 郎建辉 高树森 白玉炜
唐孟刚 孙凤起 曹海山
李 博 孙 克 李 佳
宋 晶 李 斌

六 公 司 薛立军 史自生 马学礼
张建武 苏锡良 禹金纯
滕福利 渠 颖

七 公 司 吴洪喜 安成君 王连庚
刁志刚 郭升有 扬子征
郭 智 王 冬 毕 然

八 公 司 栾绍海 杨春森 于永萍
万秦生 顾德军 岳 安

九 公 司 杨金涛 张金丰 刘凤君
王 毅 刘淑芝

铁运公司 刘效军 李 勇 石永仓
许春生 刘向波 王先明
刘向午 陈 萍 施荣鑫
李 柯 刘江洪

流机公司 贺剑明 石永亮 李一蕊
刘 颖 刘二丰 王文顺
刘祝平 闫福增 肖宝义

船舶公司 韩兴刚 武海勇 平志强
李树庭 张树祥

劳务公司 侯幼农 吴守华 刘亚忠
姜留顺

沧州渤海 裴建旺

股份机关 王晓东 欧 鑫 啜晓娟
高金红 张运佳

中理公司 张少君 牛建国

物资中心 邵竞伟 刘 玲

电力公司 韩 峰 张长录 闫卫东

安保中心 霍光辉 陈传宝 王新婷

物流公司 刘启军

海运公司 王立锋

华正煤检行 于作军

工程技术公司 刘金玲 陈志国 杨 林
罗凤鸣 吴家兴

港口建设公司 王 涛 杨红联 闫丽梅
黄洪波

后勤公司 李绍元 林 隽 刘玉平
谭成华 吴文滨 耿秋生

服管公司机关 郭佳滨 赵卫国
王云强 李士衡

公 安 局 王 辉 曹凤祥 董耀斌
黄 羽 宋德明 周扶摇

港口医院 郝晓蕊 郭军军 任振云
吴 朋 尚国爱

离退中心 马秋林 赵焕国 赵士盛
张业伦 王文魁 张铁军
殷子杰 杨增祥 马佩生
李振声 王成恩 丁 黎
刘桂英 王得厚 林松伟
田家新

通信公司 韩志奇 范宝强 谭 东

教育中心 彭英英 张建国 景秀英

水暖公司 赵成喜 宋 丹 刘 琦

外代公司 宋伟涛

水运卫校 史克曲

地产公司 安义和

之海公司 任小武

监理公司 陈 南

集团机关 周春旭 王海安 吴 震
夏志新 王蕴华 齐 娜
王 凯 张洪林

优秀党务工作者（44 名）

唐　盛 张　放 张　军 莫皖丽 夏永中
贾景山 李瑞华 田　芸 富宏秀 刘　勇
朱　静 聂玉中 邵国强 赵剑平 马成柱
常海平 郝玉宝 李东波 马喜平 陈林燕
任永新 郑国强 邵利民 李德高 肖　颖
王庆利 陈立新 刘贺莹 吴　杰 贺　显
刘继东 张　涛 韩大春 高光敦 张儒健
韩贵山 王昳丽 陈凤奇 杨炳辰 王　莹
卢志斌 陈　蕾 陈　平 王华宁

共产党员先锋岗（48 个）

一公司灌区队党支部
一公司机关党支部政工工会党小组
二公司卸车二队党支部
二公司装船二队党支部第一党小组
三公司维修队党支部
三公司机装一队党支部第一党小组
杂货公司机械二队党支部
杂货公司机械一队党支部电工班党小组
六公司矿石队党支部
六公司卸车队党支部大班党小组
七公司卸车作业部党支部
七公司装船一部党支部第一党小组
八公司机具队党支部
八公司库场队党支部第三党小组
九公司装船部党支部
九公司生产服务部党支部第一党小组
铁运公司东港站党支部
铁运公司机务段党支部第二党小组
流机公司机械三队党支部
流机公司机械一队党支部第二党小组
船舶公司第三党支部
船舶公司第一党支部秦港十七号轮党小组
劳务公司装卸二队党支部
劳务公司杂货装卸队党支部第三党小组
秦港股份人力资源部（党委组织部）党支部
秦港股份办公室（党委办公室）党支部
中理外轮理货公司理货部党支部
中理外轮理货公司水尺计量部党支部第一党小组
物资中心油品仓储队党支部
物资中心机关第一党支部办公室技设科党小组
电力公司东港电工队党支部
电力公司供电队党支部第二党小组
安保中心东港大队党支部
安保中心西港大队党支部一号口门党小组
工程技术公司煤五保障部党支部
工程技术公司港机分公司机关第一党支部办公室党小组
建设工程公司勘察设计分公司党支部
港口建设工程公司船舶分公司党支部第二党小组
后勤公司汽车队党支部
后勤公司托幼管理科党支部河西党小组
港口服务管理分公司工会党支部
港口服务管理分公司办公室党支部文秘党小组
港口医院内科党支部
公安局刑警支队党支部第一党小组
通信分公司基层第一党支部
教育中心职业高中党支部
教育中心职工学校党支部第一党小组
水暖公司机关党支部第二党小组

2012 年

先进基层党组织（11 个）

秦港股份第一港务分公司党委

秦港股份第二港务分公司党委
秦港股份第三港务分公司党委
秦港股份第六港务分公司党委
秦港股份第七港务分公司党委
秦港股份第九港务分公司党委
秦港股份铁路运输分公司党委
秦港股份流动机械分公司党委
秦皇岛港公安局党委
秦港股份物资供应中心党总支
河北港口集团通信信息工程分公司党总支

先进基层党支部（30 个）
一公司灌区队党支部
二公司卸车二队党支部
三公司维修队党支部
杂货公司库场二队党支部
杂货公司矿石队党支部
六公司装船队党支部
七公司卸车部党支部
九公司卸车部党支部
铁运公司电务段党支部
流机公司机械六队党支部
船舶公司第四党支部
劳务公司杂货装卸队党支部
秦港股份人力资源部（党委组织部）党支部
秦港股份办公室（党委办公室）党支部
沧州渤海港务公司门机队党支部
中理外轮理货公司理货部党支部
物资中心备件物资仓储队党支部
电力公司供电队党支部
安保中心西港大队党支部
集团公司办公室党支部
工程技术公司沧州渤海新区分公司第一项目部党支部
港口工程公司船舶队党支部
公安局东煤港派出所党支部
港口医院辅助党支部
后勤公司餐饮中心党支部
离退中心东山干部站第二党支部
通信公司基层第一党支部
教育中心职业高中党支部
水暖公司中水厂党支部
秦皇岛外轮代理有限公司第二党支部

先进党小组（86 个）
一公司电工综服联合党支部综服队党小组
一公司机关党支部政工工会党小组
二公司装船一队党支部第五党小组
二公司装船二队党支部第一党小组
二公司卸车一队党支部第一党小组
二公司卸车二队党支部第一党小组
二公司水暖队党支部第三党小组
二公司生产服务队党支部第一党小组
三公司机装一队党支部第一党小组
三公司机装二队党支部第二党小组
三公司库场队党支部第二党小组
三公司机关第二党支部第一党小组
杂货公司机械一队党支部电工班党小组
杂货公司机械二队党支部第四党小组
杂货公司机械三队党支部运行甲班党小组
杂货公司矿石队党支部第四党小组
杂货公司库场一队党支部第五党小组
杂货公司库场二队党支部第三党小组
杂货公司机具队党支部第二党小组
杂货公司水暖队党支部第一党小组
六公司装船队党支部第三党小组
六公司卸车队党支部大班党小组
六公司水暖队党支部第一党小组

六公司煤检中心党支部第二党小组
七公司装船一部党支部第五党小组
七公司装船二部党支部第二党小组
七公司卸车部党支部第三党小组
七公司供水除尘部党支部第三党小组
九公司装船部党支部第四党小组
九公司生产服务部党支部第一党小组
铁运公司机务段党支部第一党小组
铁运公司工务段党支部第一党小组
铁运公司修缮段党支部第二党小组
铁运公司货运段党支部第一党小组
流机公司机械三队党支部第四党小组
流机公司机械四队党支部第一党小组
流机公司机械五队党支部第二党小组
流机公司机械七队党支部第一党小组
船舶公司第一党支部秦港二十四号轮党小组
船舶公司第二党支部秦港七号轮党小组
船舶公司第三党支部秦港十九号轮党小组
船舶公司第四党支部秦港二十号轮党小组
船舶公司机关党支部安全监督科党小组
劳务公司装卸一队党支部第三党小组
劳务公司装卸二队党支部第二党小组
股份公司党委工作部党支部第二党小组
股份公司工会党支部第一党小组
卫环中心党支部第一党小组
技术中心党支部第三党小组
中理外轮理货公司水尺计量部党支部第二党小组
中理外轮理货公司理货部党支部第一党小组
物资中心机关第二党支部第五党小组
电力公司供电队党支部第三党小组
电力公司机关党支部第二党小组
安保中心西港大队党支部一号口门党小组
安保中心东港大队党支部七公司东口门党小组
物流公司汽车队党支部第一党小组
秦皇岛港新港湾集装箱码头有限公司党支部机械党小组
工程技术公司机关第一党支部党群工作部党小组
工程技术公司机关第二党支部人力资源部（安全监察部）党小组
工程技术公司煤五保障部党支部装船队党小组
港口工程公司船舶队党支部第二党小组
港口工程公司勘察设计分公司党支部海测队党小组
港口工程公司机关第一党支部第二党小组
公安局交警大队党支部外勤党小组
公安局消防支队党支部第三党小组
公安局机关第三党支部特勤队党小组
港口医院药剂党支部门诊药房党小组
港口医院内科党支部神经内科党小组
港口医院外科党支部妇产科党小组
后勤公司机关党支部第二党小组
后勤公司汽车队党支部第二党小组
后勤公司托幼管理科党支部河西党小组
离退中心三货区离休干部党支部第三党小组
离退中心河东退休第三党支部第三党小组
离退中心海滨路退休干部第一党支部第一党小组
通信公司机关第一党支部生产科党小组
通信公司基层第三党支部第一党小组
教育中心职业高中党支部后勤党小组
教育中心职工学校党支部教务教研党小组
水暖公司水暖维修队党支部巡视班党小组
水暖公司机关党支部第一党小组

秦皇岛外轮代理公司第一党支部第一党小组
秦皇岛外轮代理公司第三党支部第一党小组
地产公司党支部第一党小组
方圆监理党支部第一党小组

优秀共产党员（204 名）

一 公 司　张振华　张立志　孙建伟　宋　伟　许学峰
二 公 司　高敏杰　李伏玉　崔朝锋　屈　飞　文　清　沈东旭　齐国利　王　亮　郑树立　刘　彦　蔡永路　王根良　张智明　张宝秋　何卫东
三 公 司　张成立　薛维柱　王宝奎　魏红军　韩守中　刘新强　吴　津　黄　鹏　张年生
杂货公司　赵堃瑜　单学文　张　超　王延辉　李　博　杨春森　李　斌　钱茂相　张　伟　张成杰　胡建秋　尹茂坤　刘　敏　金志刚　高树森　闫敬河　袁志强　唐孟刚　郭　峰
六 公 司　闫　力　滕福利　白顺利　安治军　史自生　尹　群　田　芸　张立明
七 公 司　刘　锋　张冬智　郭升有　姚　健　许　军　刁志刚　吴洪喜　王连庚　安俊江　孙长青
九 公 司　张金丰　魏中利　程宝刚　高　博　田克伟　张新维　张晓勇
铁运公司　郭　旭　刘效军　朱立志　郑楠林　张小龙　云彩光　许春生　吕　志　孙树林　张　扬　魏利荣　张占英
流机公司　于涌波　张会平　刘二丰　王文顺　李秋顺　王隆强　李建国　王英剑　王丽美
船舶公司　杨　启　韩兴刚　武海勇　童晓明　杨凤平　刘之伦　高玉军
劳务公司　岳汝琪　刘立刚　史慧森　高丽东
股份机关　杨晓薇　王晓东　陈晓光　吴线红　邢邵华　赵彦生　刘文英　毕经宝　董　勇
沧州渤海　张　乾　李庆好　曹树猛　马瑞启
曹妃甸煤炭　李向民
中理公司　张松峰　张少君　董建华
物资中心　刘　玲　孙士莲　杨立丰
电力公司　邓　波　郎海丰　闫松涛　闫卫东
安保中心　张天河　高　鸿　王晓勇　王新婷
物流公司　苗树强
新港湾公司　赵珊珊
海运煤炭交易市场　安志远
华正煤检行　郝一蓁
集团机关　孙　鹏　周　玥
工程技术公司　董玉柱　姚学清　杨　林　徐阳生　李逵安
港口工程公司　梁乐功　杨渊宏　杨红联　李秀伟
公 安 局　周家禄　刘宝贵　宋德明　史文彬　李景良　李　健
港口医院　张志耀　李增祥　陈瑞冬

尚国爱 刘建东
服务管理公司机关 高丽丽 张　涛
后勤公司 王志勇 康　宁 宋昌富
武　斌 庄　辉 宿振利
离退中心 么志惠 丁　黎 刘桂英
王成恩 文隆晓 田家新
赵士盛 张业伦 赵焕国
韩志鹏 李振声 白焕臣
鲁惠仁 马佩生 殷子杰
张宝军 王克昌
通信公司 袁庆国 宋学成 谭　东
教育中心 张春艳 杨丽红 肖　芳
水暖公司 宋　丹 赵成喜 刘立志
王惠芝
外代公司 王　玉 王春波
地产发展公司 徐　华
监理公司 吴广继
卫　校 宋卫萍
东方石油公司 陆广书
房产中心 张思宏
新闻中心 张纪梅
之海公司 刘宏伟
社保中心 郭　杰

优秀党务工作者（30 名）
田　甜 郑学子 赵晓明 隋海虹 蒋立新
刘天德 邢　健 李玲涛 田宏伟 马青山
姚振芳 王利俭 李　林 高金红 王美竞
邵利民 韩立柱 张文丽 张海川 王华宁
刘玲子 林丽丹 卢　娜 王庆江 张春明
郗利辉 魏岩英 刘庆利 李　航 景秀英

2013 年

先进基层党组织（12 个）
秦港股份第一港务分公司党委
秦港股份第二港务分公司党委
秦港股份第三港务分公司党委
秦港股份杂货港务分公司党委
秦港股份第六港务分公司党委
秦港股份第七港务分公司党委
秦港股份第九港务分公司党委
秦港股份铁路运输分公司党委
秦港股份流动机械分公司党委
河北港口集团港口工程有限公司党委
秦皇岛港公安局党委
河北港口集团水暖供应分公司党总支

先进基层党支部（25 个）
二公司卸车二队党支部
三公司维修队党支部
杂货公司矿石队党支部
杂货公司库场二队党支部
六公司卸车队党支部
九公司生产服务部党支部
流机公司机械七队党支部
船舶公司第一党支部
劳务公司杂货装卸队党支部
股份公司办公室（党委办公室）党支部
股份公司人力资源部（党委组织部）党支部
曹妃甸煤炭公司第一党支部
中理公司衡重计量部党支部
物资供应中心油品仓储队党支部
电力公司供电队党支部
安保中心西港大队党支部
港口机械公司制造三部党支部
港口工程公司勘察设计分公司党支部
公安局刑侦支队党支部
港口医院政工党支部
后勤公司餐饮中心党支部

集团公司企业管理部党支部
通信分公司基层第一党支部
水暖公司东港供热队党支部
教育中心职业高中党支部

先进党小组（49 个）
一公司机关党支部政工工会党小组
二公司装船一队党支部第五党小组
二公司装船二队党支部第二党小组
二公司卸车一队党支部第一党小组
二公司卸车二队党支部第三党小组
三公司机装四队党支部第四党小组
三公司护厂队党支部护厂队党小组
杂货公司机械一队党支部电工班党小组
杂货公司机械三队党支部运行甲班党小组
杂货公司矿石队党支部第五党小组
杂货公司库场二队党支部第二党小组
六公司卸车队党支部第二党小组
六公司卸车队党支部第四党小组
六公司装船队党支部大班党小组
七公司装船一部党支部第一党小组
七公司装船二部党支部第一党小组
七公司供水除尘部党支部第二党小组
铁运公司东港站党支部第三党小组
铁运公司修缮段党支部第二党小组
铁运公司货运段党支部第一党小组
流机公司机械四队党支部第二党小组
流机公司机械六队党支部第三党小组
船舶公司第二党支部秦港 8 号轮党小组
船舶公司第三党支部秦港 1 号轮党小组
船舶公司第四党支部秦港 20 号轮党小组
劳务公司装卸二队党支部第二党小组
股份公司党委工作部党支部第一党小组
股份公司工会党支部第二党小组
沧州渤海公司门机队党支部乙班党小组
曹妃甸煤炭公司第一党支部第一党小组
中理公司水尺计量部党支部第一党小组
物资中心备件队党支部物资队党小组
电力公司维修电工队党支部试验检测中心党小组
安保中心保卫大队党支部保卫班党小组
物流公司汽车队党支部第三党小组
新港湾公司操作部党支部第一党小组
港口机械公司机关第二党支部物资部及生产部党小组
港口机械公司煤五保障部党支部卸船队党小组
港口工程公司第一党支部第二党小组
公安局机关第二党支部指挥中心党小组
公安局消防支队党支部第三党小组
港口医院内科党支部神经内科党小组
后勤公司托幼管理科党支部河西党小组
通信公司基层第三党支部第一党小组
教育中心职业高中党支部管理类党小组
水暖公司机关党支部第二党小组
秦皇岛外轮代理公司第二党支部第一党小组
房地产公司党支部第一党小组
方圆监理党支部第二党小组

党员先锋岗（10 个）
一公司输油队党支部
七公司卸车部党支部
铁运公司开滦路港站党支部
沧州渤海公司生产业务部党支部
公安局刑侦支队党支部
二公司装船一队电修工段长李伏玉
杂货公司机械一队运行乙班值班长袁志强
六公司卸车队机修大班班长史自生
船舶公司秦港 20 号轮船长韩兴刚

通信公司光纤站站长周彦鹏

党员示范责任区（4 个）

三公司机装二队党支部第二党小组

九公司卸车部党支部运行丙班党小组

流机公司机械一队党支部第一党小组

股份公司卫环中心党支部第一党小组

优秀共产党员（203 人）

一 公 司 许国胜 王 强 许学峰 张伟涛 董凤森

二 公 司 高敏杰 王立国 屈 飞 李德起 沈东旭 郑树立 韩贺春 杨晓光 常 斌 何春生 万东明 王 莉 蔡永路 刘 彦

三 公 司 张成立 李 岩 王爱民 李学仁 郭锡富 魏红军 张连亭 文海川 张铁柱

杂货公司 单学文 赵堃瑜 唐孟刚 杨春森 王延辉 宋文彬 钱茂相 张 伟 何纪深 万秦生 孙 克 郭洪文 李 博 高树森 葛立军 刘炜娜 王红梅 白玉玮

六 公 司 曹大勇 海 涌 单 超 杨一健 王 江 王 伟 李 鸣

七 公 司 刘 锋 金贺喜 杨渤劬 闫海洪 姜 涛 王宝柱 盛立群 范文辉 刁志刚 韩学华

九 公 司 燕振华 韩 伟 牛跃伟 任少棠 万林瑞 孔禹光 赵云龙

铁运公司 云彩光 李吉山 石永仓 陈保亮 蒋立安 单希福 高宝成 吕 志 陈 萍 蒋晓龙 李继东 朱永光

流机公司 俞向群 刘祝平 张海峰 王文顺 朱浩峰 王 辉 石永亮 刘 颖

船舶公司 丁小波 杨凤平 杨海峰 田喜瑞 李 因 李通顺

劳务公司 岳汝琪 高 峰 姚振芳 刘亚忠

股份机关 杨新宏 陈林燕 王晓东 张 楠 戚春光 李友林 王立新 赵家桂 高金红 欧 鑫

沧州渤海 刘晓辉 齐 超 马宝春 栾绍海

曹妃甸煤炭 张 群 鲁 庆

中理公司 牛建国 刘梦琪 刘九强

物资中心 张文丽 杨立丰 黄永强

电力公司 史泓文 闫卫东 沙文奎 张长录

安保中心 张天河 王新婷 许 延 王秋平

物流公司 信亚南

新港湾公司 李顺利

港口机械 丁铁兵 刘冀川 张鲜彤 于国悦 苏 忠

港口工程 常 颖 张 健 高 颖 陆如志 黄洪波

公 安 局 韩贵山 李 漪 鲁建国 宋德明 田炳魁 乔海斌 张宏君

港口医院 李福财 张 维 李海玲 吉凤台 任振云

后勤公司 宋昌富 李凤丽 冯　静
范群宏 王艳秋 宿振利
离退中心 丁　黎 王季芳 王克昌
王成恩 田家新 刘金生
殷子杰 杨增祥 马佩生
赵焕国 张业伦 李振声
张冀平 赵士盛 毛毅杰
白焕臣
集团机关 臧克伟 李志婕 李　祥
崔　鸥 刘贺莹
通信公司 卢志斌 刘春哲 周彦鹏
谭　东
教育中心 张春艳 彭英英 韩大明
水暖公司 赵成喜 宋　丹 赵庭连
崔祥林
外代公司 李景芬
房地产公司 李树锋
监理公司 李宾善
房产中心 常　蒙
新闻中心 赵晓峰
之海公司 柴彬彬
社保中心 黄　平
水运卫校 刘连玉
方大公司 张青海
建筑公司 刘德强
实业公司 王晓平

优秀党务工作者（46 人）

唐　盛 杨　虹 侯幼农 赵　玥 夏永中
崔桂芳 刘　勇 李冬云 郭佳滨 蒋立新
王　鹏 富宏秀 郎建辉 张宇同 李冬生
张占英 李玉峰 于涌波 杜尚伟 张千山
邵　军 杨　蕊 刘　畅 温海廷 李志旭
李庆良 崔文凯 李向民 刘绍安 肖　颖
门　浩 刘家恺 吴　杰 裴晓宇 张春明
张儒健 周　伟 李　薇 林　隽 乔忠礼
倪志立 沈立平 李永来 袁继革 卢　娜
焦　红

2014 年

先进基层党组织（10 个）

秦港股份第一港务分公司党委
秦港股份第二港务分公司党委
秦港股份杂货港务分公司党委
秦港股份第六港务分公司党委
秦港股份第七港务分公司党委
秦港股份第九港务分公司党委
秦港股份铁路运输分公司党委
河北港口集团港口机械有限公司党委
河北港口集团港口工程有限公司党委
河北港口集团有限公司通信信息工程分公司党委

先进基层党支部（30 个）

一公司罐区队党支部
二司装船一队党支部
三公司维修队党支部
杂货公司机械一队党支部
杂货公司库场二队党支部
六公司卸车队党支部
七公司卸车部党支部
九公司装船部党支部
铁运公司机务段党支部
流机公司机械六队党支部
船舶公司第三党支部
劳务公司杂货装卸队党支部
股份公司办公室（党委办公室）党支部
股份公司人力资源部（党委组织部）党支部
沧州渤海港务公司集装箱业务部党支部

唐山曹妃甸煤炭港务公司第二党支部
中理外轮理货公司水尺计量部党支部
物资中心油品仓储队党支部
电力公司供电队党支部
安保中心保卫大队党支部
物流公司机关党支部
新港湾公司场站党支部
集团公司企业管理部党支部
港口机械公司煤五期设备运行保障部党支部
港口工程科正工程检测公司联合党支部
公安局西货区派出所党支部
港口医院内科党支部
后勤公司餐饮服务管理中心党支部
教育中心职业高中党支部
通信公司基层第一党支部

先进党小组（50 个）
一公司输油队党支部第三党小组
二公司装船一队党支部第五党小组
二公司装船二队党支部第二党小组
二公司卸车一队党支部第二党小组
二公司卸车二队党支部第五党小组
三公司机装二队党支部第二党小组
三公司机装三队党支部第三党小组
三公司库场队党支部第二党小组
杂货公司机械一队党支部电工班党小组
杂货公司矿石队党支部第五党小组
杂货公司库场二队党支部第三党小组
杂货公司机具队党支部第一党小组
六公司卸车队党支部第二党小组
六公司装船队党支部大班党小组
六公司水暖队党支部第一党小组
七公司装船一部党支部第一党小组
七公司装船二部党支部第二党小组
七公司供水除尘部党支部第二党小组
九公司卸车部党支部运行丁班党小组
铁运公司电务段党支部第二党小组
铁运公司修缮段党支部第一党小组
铁运公司货运段党支部第一党小组
流机公司机械二队党支部队部和维修班联合党小组
流机公司机械五队党支部队部党小组
流机公司机械七队党支部修理班党小组
船舶公司第二党支部秦港 23 号轮党小组
船舶公司第三党支部秦港 1 号轮党小组
船舶公司第四党支部秦港 20 号轮党小组
劳务公司煤炭装卸一队党支部第一党小组
秦港股份安全监督部党支部第一党小组
卫环中心党支部第一党小组
技术中心党支部第一党小组
沧州渤海港务公司门机队党支部运行甲班党小组
唐山曹妃甸煤炭港务公司第一党支部第一党小组
中理外轮理货公司衡重计量部党支部第一党小组
物资中心油品队党支部第七党小组
电力公司生产科党支部曹妃甸党小组
安保中心东港大队党支部二公司一号口门党小组
物流公司汽车队党支部第三党小组
新港湾公司机关党支部第二党小组
港口机械公司机关第一党支部企业管理部党小组
港口工程公司勘察设计分公司党支部设计院党小组
公安局消防支队党支部第三党小组
港口医院外科党支部普外科党小组
后勤公司机关党支部第三党小组

水暖公司中水厂党支部运行一班党小组
通信公司机关第三党支部开发中心党小组
教育中心党总支职工学校党支部教师党小组
秦皇岛外轮代理公司第一党支部第一党小组
方圆监理党支部黄骅党小组

优秀共产党员（200名）

一 公 司 王金柱 丁 媛 陆景丽 李建军 曹嘉作
二 公 司 武平利 史伟彬 张立山 王 莉 王春燕 张 军 何春生 胡朝晖 张 浩 李 斌 孟宪双 窦旭奎 王 伟 杨晓光 王冀松
三 公 司 张成立 王爱民 李学仁 才学强 郭锡富 魏红军 张连亭 王丽霞 张植文
杂货公司 齐 东 张成杰 朱 哲 贺成坤 胡 楠 白玉玮 袁志强 唐孟刚 曹建明 孙 晔 张海波 钱茂相 宋立军 于丽静 胡建秋 邹 剑 李 博 高树森 李永红
六 公 司 曹大勇 苏 锡 胡佑兵 单 超 俞 生 赵 岩 张金华 杨 毅
七 公 司 邱凤斌 刘 锋 吴洪喜 刘天德 张家玮 王琦男 张 阳 孙 强 王大光 姚 力
九 公 司 魏中利 张宇同 张仙魁 施金红 刘 武 路 超 杨小涛
铁运公司 宋卫红 李吉山 杨宗发 张鲁宝 马俊方 郭 旭 吕 强 杨忠华 孙富光 李继东 王常明 张占英
流机公司 鲁浩勇 朱卫民 郑仕伟 吴晓菲 俞向群 宋志虎 贺丽娟 刘利军 王丽美
船舶公司 郝玉宝 奚志勇 张树祥 张 超 武海勇 单立田 杨凤平
劳务公司 岳汝琪 李运祥 刘亚忠 高 斌
股份机关 杨新宏 陈林燕 金敬芳 李渊龙 张 毅 刘 嘉 王蕴华 赵志义 李爱平 苏立刚
沧州渤海 陈 洁 刘东鹤 郑小欢 才贵华
沧州矿石 张建东
曹妃甸煤炭公司 姜 波 李明星
中理公司 刘九强 徐天明 刘梦琪
物资中心 张文丽 黄永强 杨立丰
电力公司 史泓文 韩 峰 门 浩 闫卫东
安保中心 高 鸿 李 壮 路 帅 张海川
物流公司 王润群 贺雪冬
新港湾公司 刘 军 王 永
集团机关 朱 静 郤 凯 杨铁军 王雅山
港口机械 姚学清 张鲜彤 于国悦 刘冀川
港口工程 张学峰 王 涛 党晓斌 王 洁

公 安 局 宋德明 齐成民 黄 羽
陈 帅 宋 晗 董志武
田同贵
港口医院 李增祥 张 喜 徐雅洁
段立志
后勤公司 赵建奎 王志勇 王艳秋
李长顺 冯 涛
离退中心 刘 萍 李乐敏 连 捷
杨静秋 王成恩 王文魁
张淑兰 吴连庆 赵士盛
朱宏珍 纪春华 丁 黎
殷子杰 杨增祥 王义章
马佩生 李振声
水暖公司 郭 强 郑久强 马洪琪
通信公司 王丰森 魏 波
教育中心 杨 丰 张 鑫
外代公司 牛小斌
监理公司 张金国
之海公司 王海涛
新闻中心 尧海龙
邯郸陆港 高天水
睿港煤炭 齐 鸣
房地产公司 彭 楠
社保中心 田 礼

优秀党务工作者（38 名）

张伟涛 侯幼农 王根良 赵晓明 刘 勇
隋海虹 郭佳滨 蒋立新 王 鹏 穆 华
郎建辉 赵福胜 李冬生 李玲涛 李玉峰
陈盛海 高丽东 李习波 邵 军 陈红利
严明昕 李 丹 邵利民 陈 平 闫 军
李东明 孙 健 甄新凤 裴晓宇 周 伟
宋广学 孙 乔 董 理 乔忠礼 倪志立
张艳琴 陈 蕾 刘连玉

十佳党小组长（10 名）

一 公 司 堵建军
（输油队党支部第三党小组长）
二 公 司 赵宝山
（装船二队党支部第二党小组长）
杂货公司 万秦生
（机具队党支部第一党小组长）
六 公 司 张雪梅
（卸车队党支部第二党小组长）
七 公 司 陶 然
（供水除尘部党支部第二党小组长）
九 公 司 李险峰
（卸车部党支部运行丁班党小组长）
铁运公司 陈玉金
（电务段党支部第二党小组长）
流机公司 邓卫民
（机械五队党支部队部党小组长）
港口工程 叶 红
（勘察设计分公司海测内业班党小组长）
水暖公司 李 平
（中水厂运行一班党小组长）

2015 年

先进基层党组织（10 个）

秦港股份第二港务分公司党委
秦港股份杂货港务分公司党委
秦港股份第六港务分公司党委
秦港股份第七港务分公司党委
秦港股份第九港务分公司党委
秦港股份铁路运输分公司党委
秦港股份沧州矿石公司党委
河北港口集团港口工程有限公司党委
河北港口集团港口机械有限公司党委
河北港口集团通信信息工程分公司党委

先进基层党支部（30 个）

一公司输油队党支部

二公司卸车二队党支部

三公司机关第一党支部

杂货公司库场二队党支部

六公司卸车队党支部

七公司卸车部党支部

九公司卸车部党支部

铁运公司机务段党支部

流机公司机械二队党支部

船舶公司船舶四队党支部

劳务公司煤炭装卸二队党支部

股份公司办公室（党委办公室）党支部

股份公司人力资源部（党委组织部）党支部

沧州渤海公司集装箱队党支部

沧州矿石公司机关第一党支部

中理公司水尺计量部党支部

物资中心物资仓储队党支部

电力公司供电队党支部

安保中心东港大队党支部

新港湾公司运行部党支部

集团公司办公室（党委办公室）党支部

集团公司人力资源部（党委组织部）党支部

港口机械公司沧州渤海分公司第一项目部党支部

港口工程公司邯郸项目部党支部

公安局消防支队党支部

港口医院机关政工党支部

后勤公司托幼管理科党支部

通信公司第二党支部

水暖公司西港供热一队党支部

教育中心职业高中党支部

先进党小组（48 个）

一公司罐区队党支部第三党小组

二公司装船一队党支部第四党小组

二公司装船二队党支部第二党小组

二公司卸车一队党支部第三党小组

二公司卸车二队党支部第二党小组

三公司机装二队党支部第一党小组

三公司维修队党支部维修队党小组

杂货公司机械一队党支部电工班党小组

杂货公司机械三队党支部运行甲班党小组

杂货公司矿石队党支部第五党小组

杂货公司库场二队党支部第三党小组

六公司卸车队党支部第四党小组

六公司装船队党支部丙班党小组

六公司水暖队党支部第一党小组

七公司卸车部党支部第二党小组

七公司装船一部党支部第一党小组

七公司装船二部党支部第一党小组

九公司供水除尘部党支部第一党小组

铁运公司东港站党支部第三党小组

铁运公司电务段党支部第二党小组

铁运公司修缮段党支部第二党小组

流机公司机械五队党支部第一党小组

流机公司机械六队党支部队部综合班党小组

流机公司机械七队党支部吊车二班党小组

船舶公司船舶一队党支部秦港 17 党小组

船舶公司船舶四队党支部秦港 20 党小组

船舶公司机关党支部机务物资党小组

劳务公司煤炭装卸一队党支部第一党小组

股份公司人力资源部党支部第三党小组

卫生中心党支部第一党小组

技术中心党支部第四党小组

沧州渤海公司门机队党支部丙班党小组

沧州矿石公司机关第二党支部第二党小组

曹妃甸煤炭公司第二党支部第二党小组
中理公司理货部党支部第一党小组
物资中心油品仓储队党支部第六党小组
电力公司供电队党支部第一党小组
安保中心东港大队党支部二公司一号口门党小组
物流公司汽车队党支部第一党小组
新港湾公司操作部党支部操作部党小组
港口机械公司机关第一党支部党群工作部党小组
港口工程公司曹妃甸项目部党支部第一项目部党小组
港口医院机关医疗党支部医疗党小组
后勤公司机关党支部第三党小组
水暖公司中水厂党支部运行一班党小组
通信公司第一党支部第一党小组
房地产公司党支部第一党小组
方圆监理党支部曹妃甸项目部党小组

党员示范责任区（10 个）
一公司罐区队党支部第三党小组
二公司装船一队党支部第四党小组
杂货公司机械三队党支部运行甲班党小组
六公司水暖队党支部第一党小组
七公司装船一部党支部第一党小组
铁运公司东港站党支部第三党小组
流机公司机械六队党支部队部综合班党小组
船舶公司船舶一队党支部秦港 17 党小组
港口工程公司曹妃甸项目部党支部第一项目部党小组
通信公司第一党支部第一党小组

优秀共产党员（206 名）
一 公 司　许国胜　郑　爽　孙建伟
　　　　　王凤菊　李宝洪
二 公 司　高敏杰　史伟彬　周林锋
　　　　　赵　杭　张　浩　张　红
　　　　　蒋志伟　冯国邦　李伏玉
　　　　　赵　雷　於永军　邓志勇
　　　　　张慧贤　金大鹏　毛鹏飞
三 公 司　王丽霞　王宝奎　刘增杰
　　　　　才学强　魏红军　张连亭
　　　　　史洪文　李　岩
杂货公司　张成杰　袁志强　唐孟刚
　　　　　杨春森　孙　晔　张海波
　　　　　杨文奇　田　丰　贾维雪
　　　　　邹　剑　吴国福　周志峰
　　　　　苏志静　金志刚　薛　立
　　　　　于学武　林卫东　李志超
六 公 司　曹大勇　彭俊伟　刘玉佩
　　　　　史自生　张　庆　苏锡良
　　　　　高树力　陈　嘉　张绍波
七 公 司　邱凤斌　石小林　王琦男
　　　　　刘　巍　王　东　孙　强
　　　　　孙晓武　陶　然　孙永久
　　　　　姚　健　王廷庄
九 公 司　陈　宇　郭　明　黄利中
　　　　　路清生　孙　健　路　超
　　　　　崔正宾　丁　铭
铁运公司　郑楠林　臧卫民　徐志鹏
　　　　　刘向波　宋卫红　邱福来
　　　　　杨忠华　魏利荣　李继东
　　　　　王常明　施荣鑫
流机公司　王　卫　刘樊炯　李玉来
　　　　　张海峰　李桑龙　许　辉
　　　　　李凤佳　王树贵　宋守建
船舶公司　柳　扬　武海勇　唐剑晨
　　　　　郭宝利　孙建宇　刘福春
劳务公司　高　峰　李运祥　张印国

高丽东

股份机关 王利俭 王洁琼 李　林 刘春强 曹　蕾 崔绍文 冯　伟 刁志刚 高金红 王　帅

沧州渤海公司 马瑞启 杨　龙 应　楠 唐明远

沧州矿石公司 李庆良 齐　超 张　京

曹妃甸煤炭公司 姜　波

中理公司 刘九强 张少君 徐天明

物资中心 王　玲 杨立丰 丁宗长

电力公司 史泓文 闫卫东 王　强 王海姣

安保中心 张天河 王新婷 谭　帅 刘友奎

物流公司 周卫东

新港湾公司 童　钢 秦　峰

集团机关 杨铁军 徐兰丰 高丽丽 许海峰 刘　锋

港口机械 张　帆 杨　林 王传飞 齐小光

港口工程 陈荣祥 贾裕琨 张　萌 侯浩宇

公安局 赵　伟 宋　晗 陈　磊 常金雪 公忠吉 宋建明

港口医院 吴　瑕 姚丽娜 刘　杰 宋　波 郝晓蕊

后勤公司 刘冬娜 王艳秋 赵建奎 李凤丽 张　健

离退中心 张　涛 丁　黎 王克昌 吴连庆 刘瑞珍 王义章 崔荣芝 韩志鹏 李乐敏 马佩生 李振声 赵士盛 鲁惠仁 殷子杰 刘继春 谢耀东 杨静秋

通信公司 王　健 何　杰 耿　涛

水暖公司 李志强 张玉祥 马洪琪

教育中心 周君梅 冯　婧

外代公司 李景芬 王　玉

邯郸陆港 贾　辉

餐饮公司 翟胜利

房地产公司 高　玮

监理公司 彭　鸿

之海公司 岳振华

新闻中心 胡　阳

社保中心 黄　平

海运煤炭市场 翟育鹏

睿港煤炭 尹春玉

房产中心 王瑾琦

方宇物业 王长胜

共产党员先锋岗（10名）

二公司 李伏玉
（卸车三队副队长）

杂货公司 袁志强
（机械一队值班长）

六公司 史自生
（卸车队机修大班班长）

七公司 石小林
（卸车部翻车工段工段长）

九公司 路　超
（卸车部副部长）

铁运公司 臧卫民
（开站三队队长）

流机公司 许　辉
（机械六队吊车班班长）

沧州渤海 应　楠
（集装箱业务部值班主任）

工程公司 陈荣祥
（宣传干事）

通信公司 耿　涛
（线务维修站线务员）

优秀党务工作者（39 名）

刘晶晶 侯幼农 王根良 赵晓明 杨 军
隋海虹 郭佳滨 蒋立新 王 鹏 富宏秀
郎建辉 李 晶 郭少伟 张占英 鲁浩勇
张 瑜 姚振芳 郭宝峰 邵 军 常 虹
刘 畅 崔文凯 陈海烈 邵利民 杨一平
朱 静 袁继革 梁 军 姚凤霞 张维健
苏 忠 裴晓宇 任 萍 周 伟 张浩然
艾鹭江 董 理 宋 丹 倪志立

十佳党小组长（10 名）

二 公 司 赵宝山
（装船二队党支部第二党小组长）
三 公 司 王永林
（机装二队党支部第一党小组长）
杂货公司 马建民
（库场二队党支部第三党小组组长）
六 公 司 张 庆
（卸车队党支部第四党小组长）
九 公 司 高 博
（生产服务部党支部第一党小组长）
铁运公司 陈玉金
（电务段党支部第二党小组长）
中理公司 徐天明
（理货部党支部第一党小组组长）
物资中心 李文锋
（油品队党支部第六党小组长）
工程公司 王 涛
（曹妃甸项目部党支部—项目部党小组长）
通信公司 左 佳
（第一党支部第一党小组长）

2016 年

先进基层党组织（10 个）

秦港股份第二港务分公司党委
秦港股份杂货港务分公司党委
秦港股份第六港务分公司党委
秦港股份第七港务分公司党委
秦港股份第九港务分公司党委
秦港股份铁路运输分公司党委
秦港股份沧州矿石公司党委
秦港股份中理公司党委
河北港口集团港口工程有限公司党委
河北港口集团通信信息工程分公司党委

先进基层党支部（30 个）

一公司罐区队党支部
二公司卸车二队党支部
三公司机装一队党支部
杂货公司库场二队党支部
六公司卸车队党支部
七公司装船一部党支部
九公司供水除尘部支部
铁运公司开滦路港站党支部
流机公司机械六队党支部
船舶公司机关党支部
劳务公司煤炭装卸一队党支部
股份公司办公室（党委办公室）党支部
曹妃甸煤炭港务公司第二党支部
沧州渤海港务公司门机队党支部
沧州矿石港务公司卸装党支部
中理公司水尺计量部党支部
物资中心油品仓储队党支部
电力公司供电队党支部
安保中心保卫大队党支部
新港湾公司运行部党支部
集团公司办公室（党委办公室）党支部
集团公司党委组织部（人力资源部）
党支部
集团公司港口机械公司设备抢修中心

党支部
集团公司港口工程公司机关党支部
公安局临港派出所党支部
港口医院机关政工党支部
后勤公司综合服务队党支部
通信公司第一党支部
水暖公司维修队党支部
教育中心职业高中党支部

先进党小组（49 个）
一公司机关党支部政工工会党小组
二公司装船一队党支部第四党小组
二公司装船二队党支部第一党小组
二公司卸车一队党支部第四党小组
二公司卸车二队党支部第四党小组
三公司机关第一党支部第二党小组
三公司机装二队党支部第一党小组
杂货公司库场二队党支部第一党小组
杂货公司库场一队党支部大班党小组
杂货公司矿石队党支部第五党小组
杂货公司机械三队党支部运行甲班党小组
杂货公司机械一队党支部运行乙班党小组
六公司装船队党支部乙班党小组
六公司水暖队党支部第一党支部
六公司卸车队党支部第三党小组
七公司卸车部党支部第二党小组
七公司装船一部党支部第五党小组
七公司装船二部党支部第二党小组
九公司装船部党支部运行丁班党小组
九公司卸车部党支部运行甲班党小组
铁运公司修缮段党支部第一党小组
铁运公司电务段党支部第二党小组
铁运公司东港站党支部第二党小组
流机公司机械七队党支部维修班党小组
流机公司汽车队党支部丙班和队部联合党小组
流机公司机械二队党支部队部和维修班联合党小组
船舶公司第二党支部秦港 23 党小组
船舶公司第四党支部秦港 20 党小组
船舶公司第三党支部秦港 19 党小组
劳务公司煤炭装卸二队党支部第二党小组
卫环中心党支部第一党小组
沧州渤海公司生产业务部党支部第二党小组
沧州矿石公司机关第二党支部第三党小组
曹妃甸煤炭公司第一党支部第二党小组
中理公司理货部党支部第一党小组
物资中心机关第二党支部第五党小组
电力公司供电队党支部第一党小组
安保中心西港大队党支部东疏港路口门党小组
物流公司汽车队党支部第二党小组
新港湾公司场站党支部场站党小组
港口机械公司机关一支部企业管理部党小组
港口工程公司科正联合党支部第二党小组
公安局交警大队党支部外勤党小组
港口医院内科党支部神经内科党小组
后勤公司机关党支部第二党小组
通信公司第五党支部港立电梯党小组
水暖公司中水厂党支部运行一班党小组
教育中心职工学校党支部教师党小组
方圆监理党支部曹妃甸项目部党小组

优秀共产党员（208 人）
一 公 司 胡金涛 李宝洪 刘 佳
孙建伟 王二刚
二 公 司 史伟彬 周林锋 赵 杭
赵宝山 毛鹏飞 王国坤

冯云志 陈　超 窦旭奎
齐国利 高　宁 邓志勇
蔡永璐 王金玉 厚汝军
杨晓明

三公司 李晓明 王永林 才学强
高建超 刘晓东 杨　蕊
张文利

杂货公司 曹金罗 唐孟刚 杨春森
孙　晔 张海波 钱茂相
王鑫雨 刘振中 张亚江
李惠民 吴国福 石立新
杨春立 吴志刚 张建社
张维东 石圣羽 岳　安

六公司 张宏山 许洪杰 赵　岩
李云奎 曹　鹤 刘明佳
吕会明 李文韬 曹大勇
闫敬海

七公司 王琦男 姚　贵 李建伟
彭振和 刘　巍 孙长青
信乐平 王　冬 盛立群
王吕华 王晓丽 朱古力
王璐璐

九公司 孙　杰 张　冬 耿国跃
邵国强 田云川 满家彬
李凌云 郭　明

铁运公司 袁连贵 郑玉刚 吕　志
李继东 魏利荣 杨忠华
孙永生 杨建新 董宝林
赵瑞宏 臧卫民 石永仓

流机公司 刘洪波 李国栋 石永亮
胡景良 鲁浩勇 邓为民
郑仕伟 闫福增 刘樊炯

船舶公司 奚志勇 赵雪梅 袁友杰
王　怡 齐秀全 刘志存

劳务公司 李德誉 王福录 刘媛媛
张玉林

股份机关 王　阳 吴阿蒙 秦远友
韩巧艳 徐　恒 欧　鑫

沧州渤海公司 刘　冰 裴建旺 朱明强
闫晓亮 李宝权

沧州矿石公司 雒东伟 王志彬 张文涛

曹妃甸煤炭公司 张　群 崔　卫

中理公司 徐天明 田　静

物资中心 刘　伟 庞永涛 陈立平

电力公司 闫　杰 代艳红 张雪松
闫卫东

安保中心 王新婷 宋　欣 王志成
段宏伟 郭　芳

物流公司 傅　晗 王惠元

新港湾公司 李顺利

集团机关 李　冰 高丽丽 张宏宇
朱容正 常　宁

港口机械 靳文博 熊有文 杨裔萌
毛东生

港口工程 王怡涵 解俊涛 韩远方
黄　贺

公安局 李　漪 桑菲菲 冯建国
张俊丰 李永民 黄　羽

港口医院 张子兰 尚国爱 何丽超
李建霞 尹　玲

后勤公司 刘玉平 高益君 曹　涛
王　妍 王志勇

离退中心 丁　黎 朱宏珍 刘桂英
李振声 王义章 杨增祥
孙德海 吴文海 赵士盛
吴连庆 谢耀东 赵洪武
刘瑞珍 杨静秋 连　捷
李乐敏 唐迎笑

通信公司 程　凯 王鑫鑫 马　爽

水暖公司 赵成喜 罗　鑫 刘立志

教育中心 徐　奎 张春艳 冯　婧
外代公司 郭洪庆 孟文静
邯郸陆港 高海威 叶　森
餐饮公司 韩志强
房地产公司 陈　蕾
监理公司 古玉喜
之海船代 岳振华
房产中心 肖　煜
新闻中心 许　涵
海运煤炭 张春光
方宇物业 王长胜

优秀党务工作者（40人）
张新悦 侯幼农 王根良 李　亮 杨　军
隋海虹 郭佳滨 蒋立新 王　鹏 富宏秀
邵　军 邢　健 郭少伟 刘江洪 俞向群
张　瑜 张千山 王美竞 王利俭 赵双龙
陈海烈 李　丹 刘云腾 张文丽 汪　弘
王华宁 姚凤霞 李玲涛 张伟涛 李　祥
吴　杰 裴晓宇 张海权 李海泳 方　莉
艾鹭江 董　理 陈红利 崔丽霞 谷春林

十佳党小组长（10人）
二公司 赵　杭
（装船一队第四党小组长）
三公司 王永林
（机装二队第一党小组长）
杂货公司 袁志强
（机械一队运行乙班党小组长）
六公司 李炳义
（卸车队第三党小组长）
七公司 刘立强
（卸车部第二党小组长）
九公司 孙　强
（装船部第四党小组长）
铁运公司 陈玉金
（电务段第二党小组长）
船舶公司 柳云飞
（第二党支部秦港23党小组长）
港口工程 都业勤
（科正联合党支部第二党小组长）
公安局 樊世明
（交警大队党支部外勤党小组长）

2017年

先进基层党组织（11个）
秦港股份第二港务分公司党委
秦港股份杂货港务分公司党委
秦港股份第六港务分公司党委
秦港股份第七港务分公司党委
秦港股份第九港务分公司党委
秦港股份铁路运输分公司党委
秦港股份沧州矿石公司党委
秦港股份新港湾公司党总支
河北港口集团港口机械公司党委
河北港口集团港口工程公司党委
秦皇岛港公安局党委

党员示范责任区（10个）
一公司电工维修队党支部第二党小组
二公司卸车一队党支部第六党小组
杂货公司散粮站党支部大班党小组
七公司卸车部党支部第四党小组
九公司生产服务部党支部第一党小组
铁运公司东港站党支部第三党小组
流机公司机械六队党支部队部和综合班联合党小组
船舶公司船舶一队党支部秦港17党小组
港口机械公司七公司维修队党小组
通信公司第一党支部项目维保站党小组

党员先锋岗（10 个）
杂货公司机械一队值班长 袁志强
六公司装船队技术组机械技术员 赵延丰
铁运公司东港站信号员 于莉
流机公司汽车队技术组长 王建国
船舶公司船舶四队“秦港 4”拖轮船长 汤爱华
劳务公司煤炭装卸一队舱口指挥班班长 赵明柱
物资中心备件仓储队综合班班长 王伟
中理公司生产业务部计量监督组组长 刘九强
通信公司曹妃甸项目维保站技术员 赵宏毅
水暖公司水暖维修队黄骅运行班设备巡视维护员 李锋

十佳党小组长（10 人）
二 公 司 王 磊
（装船二队党支部第一党小组）
六 公 司 史自生
（卸车队党支部第一党小组）
七 公 司 赵 蓬
（装船一部党支部第四党小组）
九 公 司 张 冬
（卸车部党支部运行丙班党小组）
铁运公司 陈玉金
（电务段党支部第二党小组）
船舶公司 唐剑晨
（船舶二队党支部秦港 18 党小组）
流机公司 李玉来
（机械二队党支部队部维修班联合党小组）
沧州渤海 翟东升
（门机队党支部第一党小组）
中理公司 刘洪森
（水尺计量部党支部第一党小组）
公 安 局 于继东
（刑侦支队党支部第一党小组长）

先进基层党支部（29 个）
一公司输油队党支部
二公司装船一队党支部
三公司服务队党支部
杂货公司机械一队党支部
六公司卸车队党支部
七公司装船作业一部党支部
九公司装船部党支部
铁运公司开滦路港站党支部
流机公司机械二队党支部
卫环中心党支部
纪委（监察部）党支部
船舶公司船舶三队党支部
劳务公司综合劳务队党支部
沧州渤海公司集装箱队党支部
沧州矿石公司机关第二党支部
曹妃甸煤炭公司第五（卸车部）党支部
物资中心备件队党支部
电力公司供电队党支部
中理公司水尺计量部党支部
安保中心东港大队党支部
新港湾公司运行部党支部
港口机械公司制造二部党支部
港口工程公司第四项目部党支部
公安局交警大队党支部
港口医院内科党支部
后勤公司综合服务队党支部
通信公司第三党支部
水暖公司电工队党支部
教育中心职业高中党支部

先进党小组（50 个）
一公司电工维修队党支部第二党小组
二公司装船一队党支部第四党小组
二公司装船二队党支部第一党小组
二公司卸车一队党支部第六党小组
二公司卸车二队党支部第二党小组
三公司机装二队党支部第一党小组
三公司机装四队党支部党小组
杂货公司机械一队党支部电工班党小组
杂货公司机械三队党支部丙班党小组
杂货公司散粮站党支部大班党小组
杂货公司库场一队党支部大班党小组
杂货公司库场二队党支部第二党小组
六公司装船队党支部第一党小组
六公司卸车队党支部第一党支部
六公司水暖队党支部第一党小组
七公司卸车部党支部第四党小组
七公司装船一部党支部第四党小组
七公司装船二部党支部第四党小组
九公司卸车部党支部运行丙班党小组
九公司生产服务部党支部第一党小组
铁运公司东港站党支部第三党小组
铁运公司电务段党支部第二党小组
铁运公司工务段党支部第二党小组
流机公司机械二队党支部队部和维修班联合党小组
流机公司机械六队党支部队部和综合班联合党小组
流机公司汽车队党支部丙班和队部联合党小组
船舶公司船舶一队党支部秦港 17 党小组
船舶公司船舶二队党支部秦港 18 党小组
船舶公司船舶三队党支部秦港一号党小组
劳务公司煤炭二队党支部第一党小组
财务部党支部第一党小组
沧州渤海公司门机队党支部第三党小组
沧州矿石公司卸装党支部第一党小组
曹妃甸煤炭公司第四（装船部）党支部第一党小组
物资中心油品队党支部第六党小组
电力公司供电队党支部第二党小组
中理公司水尺计量部党支部第一党小组
安保中心西港大队党支部东疏港路口门党小组
矿石分公司矿石队党支部第一党小组
新港湾公司技设部党小组
港口机械公司七公司维修队党小组
港口工程公司机关党支部第一党小组
公安局刑侦支队党支部第一党小组
港口医院内科党支部神经内科党小组
通信公司第一党支部项目维保站党小组
水暖公司机关党支部第二党小组
教育中心职工学校党支部教师党小组
房地产公司党支部第一党小组
监理公司党支部第二党小组
房产中心党支部第一党小组

优秀共产党员（205 人）
一 公 司 杨 虹 刘 威 许国胜 刘 扬 张冬冬
二 公 司 周林锋 张 强 薛建武 毛鹏飞 刘贵军 石 岩 秦德昌 张文明 赵 雷 於永军 邓志勇 史伟彬 赵颖辉 李胜南 李 红 张 颖
三 公 司 李晓明 王永林 才学强 高建超 史洪文 王 琳 李 辉
杂货公司 袁志强 齐 东 田家兴

曹建明 张海波 钱茂相
宋立军 刘振中 魏　峰
邹　剑 李　林 杨春立
李永红 康永和 宋晓云
贾　超 石圣羽 白玉玮

六 公 司 赵延丰 周留祥 张雪梅
苏锡良 张绍波 王喜田
张潇艺 王　伟 徐　楠

七 公 司 王琦男 石小林 姚　贵
姜　涛 周　颇 张家玮
刘　毅 李少龙 陶　然
金　鹏 尹庆达 姚　力

九 公 司 杨小涛 田晓彤 蔡庆海
朱晓军 高　博 牛跃伟
常跃东 郑　钧

铁运公司 张永刚 于　莉 朱立志
安朝辉 陈玉金 高宝成
杨忠华 魏利荣 周建达
胡玉庆 安博艳

流机公司 刘樊炯 闫福增 郑士伟
胡宝廷 邓卫民 胡　旭
石永亮 王建国 刘洪波

船舶公司 赵　睿 周　晨 王新正
王　涛 汤爱华 杨海峰

劳务公司 赵明柱 吴志铁 刘立刚
韩树印

股份机关 杨孟江 李秀伟 李业辉
兰世甫 廉继光 齐　娜

沧州渤海公司 宋双义 郭录标 陆　枫
李志伟

沧州矿石公司 雒东伟 杨高达 王　杰

曹妃甸煤炭公司 鲁　庆 李士衡

中理公司 刘九强 吕瑞博

物资中心 王　伟 赵雁文 赵姝婷

电力公司 徐允英 卢德奎 闫卫东

周　轼

安保中心 高　英 王毅鹏 郭　芳
赵　凯 宋　欣

物流公司 傅　晗 叶江平

新港湾公司 乔　峰

港口机械 葛　浩 李明洋 王瑞刚
刘海军

港口工程 张　楠 陈宝旭 孙　超
郭　健

公 安 局 翟玉佳 冯　涛 杨光磊
王　辉 李建军 李英杰

港口医院 吴　瑕 姚丽娜 郝晓蕊
丁秀婷 李海玲

后勤公司 孙凯林 赵晨希 杨柳依

离退中心 赵士盛 赵洪武 张宝仲
殷子杰 姚慧勤 杨静秋
魏书斌 王克昌 孙德海
刘瑞珍 连　捷 李振声
康玉顺 贡宝琴 耿秀元
丁　黎 张　涛

集团机关 张亚青 徐　伟 许海峰
张　涛 刘　静

通信公司 赵宏毅 赵依明 韩　勇

水暖公司 李　锋 郭　强 刘　洋

教育中心 李焕生 彭英英

外代公司 汪金生 郭　瑞

邯郸陆港 安立刚 王　炎

餐饮公司 王　健

房地产公司 杜明浩

监理公司 贾新明

之海船代 任爱武

房产中心 肖　煜

新闻中心 王　宏 张　毅

社保中心 田　礼

海运煤炭 康　蕊

水运卫校 王　莹
方宇物业 隋海虹
资产公司 王　姣

优秀党务工作者（40 人）

谷　韵 侯幼农 王根良 赵晓明 周　超
李冬云 郭佳滨 蒋立新 王　鹏 刘天德
邵　军 邵国强 何承明 刘江洪 鲁浩勇
李志旭 王利俭 林智鹏 高丽东 崔文凯
杨学军 贾志伟 杨　军 汪　弘 王　刚
邵竞伟 朱　静 王彦东 尹保军 张维健
尹晓霞 裴晓宇 陈荣祥 李海泳 王　峰
任振芸 艾鹭江 董　理 常珊珊 谷春林

第五章 特色实践

第五章　特色实践

党建活动是落实党建工作任务的有效措施。集团组织部门紧紧围绕集团党委的决策部署，积极探索新形势下党建活动新思路、新路径、新方法，找准党建与集团发展的最佳结合点，不断丰富主题内涵，创新活动载体，打造出了一个个独具特色的党建品牌，形成了一批有价值的实践成果，彰显党组织活力。

第一节　基层党组织建设

一、“双标化”建设

中共十八大以来，集团党委坚持抓基层打基础，在基层党组织中深入开展建设标准化基层党支部和党小组标准化规范建设，以推进“双标化”晋档升级，通过定标准、严考核、建载体，立标、对标、达标，基层党支部实现了标准化、精细化管理。党小组规范化建设围绕“筑牢基础、激发活力、展示成效”三个阶段推进，以“一室、一卷、一角、一栏”四个硬件为标准，以“有阵地、有职责、有活动、有指导、有实效”“五有”为目标，优化党小组设置，选优配强党小组长，提高党小组长和班组长“一肩挑”比例，实施党小组立项攻关，推动党小组建设与班组建设合拍共振，有力促进班组建设和生产运营，使“小组织”真正发挥“大作用”，得到省委组织部、省国资委领导的充分肯定，通过《河北组工通讯》向全省推广。

二、创岗建区

集团党委注重将从严治党的要求向基层党员延伸，持续开展“创岗建区”活动，设岗定责、亮牌示范、承诺践诺，突出“党员亮身份、公开践承诺、岗位比贡献”等主题活动，2012 年以来涌现出各类先进基层党组织 391 个，优秀共产党员 813 名，共产党员先锋岗 110 个、党员示范责任区 40 个。

三、一单位一品牌

2013 年 5 月，集团党委在基层党组织中开展“一单位一品牌”创建活动，要求各级党组织结合自身实际，注重创新党建工作载体，拓展党建工作渠道，积极探索党组织发挥政治核心作用的有效形式，创建一项体现本单位党建工作特色、创意新、覆盖广、影响大、效果好的单项活动（简称项目）作为本单位党建品牌，内容可涉及领导班子建设、基层组织建设、党员干部人才队伍建设、工作机制建设以及思想政治建设、党风廉政建设、精神文明建设等方面，逐年进行培育和深化。各基层党组织认真组织，积极推进基层党建创新，选树和培育出一批基层党建工作的特色品牌项目。秦港股份六公司党委创新实施的“党建工作项目化运作”，运用“六步工作法”，推进党建工作深入融入和服务生产经营中心，直接创效 2000 多万元。2016 年 6 月，省国资委党委以现场会的形式重点推介了六公司党建项目化管理工作经验。

另外，秦港股份流机公司党委开展“三双”党建活动，通过“双服务”“双建设”“双培养”，凸显了党员在服务生产、维护稳定中的重要作用。秦港股份二公司党委建设电子党务平台，提高了党务工作效率，实现了党建工作信息化；港口工程公司党委针对驻外党员多，无法参加组织生活的难点问题，探索“将支部、小组建在项目上，党建工作到现场”的党建模式；秦港股份铁运公司党委将党建管理纳入质量管理体系，提升了党建工作科学化水平。

第二节 机制建设

一、“两学两建”

2013年，集团党建工作紧紧围绕党的十八大精神，结合集团改革发展实际谋篇布局，确立了“两学两建”主题实践活动。即：以学习贯彻党的十八大精神，建设“三型”党组织；学习贯彻集团新战略，建设“四商合一”的卓越港口集团，坚持将强核心、转作风、固堡垒、争先锋为着力点，将发挥党组织政治核心作用与健全完善公司治理结构、推动集团转型升级相结合，使党建工作有机地融入中心、进入管理、促进发展。通过“两学两建”，重点在思想和工作方法解决好两个方面存在的突出问题，在思想上，重点检查思想认识和思维方式是否与十八大精神一致，是否符合科学发展观的要求；在工作方法上，重点检查在推进结构调整、转变发展方式上，在推进各项工作的措施上，是否体现了集团发展战略的要求和部署，确保这项活动取得实实在在的效果。

二、“四三三”模式

在“两学一做”学习教育活动中，集团党委结合实际，于2016年创新推出“四三三”模式，即抓好专题学习讨论、创新方式讲党课、召开专题组织生活会、开展民主评议党员“四个关键动作”；开展“亮身份、树形象、展风采”“立足岗位当先锋”“港口先锋、红色义工”党员志愿服务“三项活动”；推进作风问题专项整治、整顿软弱涣散党组织、开展党费收缴工作自查自纠“三个方面专项工作”，突出了港口特色，推进了“两学一做”学习教育深入开展，取得实践成果。

三、价值党建

集团党委着力探索党建服务对接生产经营的有效途径，将效益理念贯穿于党建工作全过程，树立全新“价值党建”理念，以强化党建工作的价值创造为导向，以“党建领航提效益、聚力攻坚促发展”为主题，围绕发展抓党建，把提效益、保增长、促转型作为党建工作的出发点和落脚点，全力打造以“四维一保”为核心的“价值党建”工作体系，并将其作为衡量基层党组织战斗力的主要标准。秦港股份六公司党委推行“党建项目化运作”管理经验，把党建工作主动融入对接到安全质量、节能降耗、精细化管理、维护稳定等各项工作中，组织基层党组织和党员围绕精准服务、降本增效、安全生产等中心工作开展攻关，解决生产经营中的急难险重问题；秦港股份二公司、七公司、铁运公司等党组织开展“路港联创提效率，携手共建促发展”主题实践活动，联合上下游业务单位党组织，借助党建共建平台，通过联合党日、联合党课、联合立项攻关和服务基层、服务职工、服务生产、服务上下游的“四服务”

等载体，实现了党组织建设上的同优共创，安全生产上的联防共保，文化生活上的互动共享，确保路港间在生产上的无缝对接和全程联动，切实把党建工作的“软指标”变成“硬任务”，提升集团党建服务改革发展的能力和水平。

四、党建项目化

秦港集团股份六公司党委紧密围绕提高装卸生产效率、安全生产、绿色环保等中心工作，创新实施党建项目化运作，运用“六步工作法”，4年共立项170项，已完成126项，创造效益2000多万元，荣获省国资委“四创”项目一等奖，成为党建工作与生产经营真正对接融合的典范。各基层党组织也对标六公司党委，发动党员围绕解决生产经营中的“急、难、险、重”工作开展攻关，凸显了基层党组织和党员在服务生产、服务大局、维护稳定中的重要作用，使党建工作的“软指标”变成了“硬任务”。

第三节 党员教育管理

一、五位一体

集团党委把打造作用突出的党员队伍作为推动企业发展的引擎和动力。创新构建了制度、培训、服务、载体、考评“五位一体”的党员教育工作体系。定期举办党组织书记、党员骨干、党小组长、入党积极分子等培训班，有效提高了党员干部队伍的素质和能力。创新开展“送党课下基层”活动，以“集中送”实现党员教育全覆盖，以“交流送”提升党务工作者素质，以“选学送”诠释党课按需施教，以“资料送”拓展党员教育内容，2013年培训党员5131人次，有效提升了党员服务群众、服务企业、服务发展的能力和水平。

二、五有三关

按照中央“控制总量、优化结构、提高质量、发挥作用”发展党员要求，集团党委创新提炼“五有三关”模式，即：有健全制度、有五年规划、有年度计划、有季度安排、有年终检查，把好预审、公示、审批三个关键环节，严把党员入口关，认真做好发展党员工作，优化党员队伍结构，保持党员队伍先进性和纯洁性。

三、强核心、固堡垒、争先锋

“强核心、固堡垒、争先锋”是集团党委于2013年推出的党建工作载体。“强核心”就是充分发挥党组织的政治核心作用，在直属党组织中创建“政治素质好、经营业绩好、团结协作好、作风形象好”的“四好领导班子”。“固堡垒”就是充分发挥党支部的战斗堡垒作用，在基层党支部中创建政治引力强，推动发展力强，改革创新力强，凝聚保障力强的“四强党组织”。“争先锋”就是充分发挥党员的先锋模范作用，在全体党员中争做政治素质优、岗位技能优、工作业绩优、群众评价优的“四优”党员。通过活动，建立一级抓一级党建工作格局，推进集团党建工作不断提升。

四、特色党日活动

2012年以来，集团党委要求基层党组织开展党日活动，积极探索新形势下党日活动方法，突破传统党日活动内容枯燥、形式死板的境况，充分调动和发挥了基层党组织的凝聚力和创造力。活动中，印发了《“党员活动日”安排意见》，开展了“党员教育好

方法”“十佳党日”评选，有效推进了主题党日活动深入开展，提升了党日活动质量，形成了基层党建工作有价值的实践成果。基层党组织创新开展的“维修生产当先锋”“我为安全生产献计策”“二十一天对标”等党日活动，具有鲜明港口特色，支部活动DIY、用心唱响廉洁之歌、党小组活动“1＋1”等党日活动已深入人心，逐步找到了自身党建定位，形成了“113”党性提升工程、“双服务”竞赛等党建品牌，荣获省国有企业“四创”活动奖，彰显了服务型党组织特色和强大的生命力。集团《“三步五平台”：鲜活党日活动的有益探索》经验，获得2014年度河北省创新案例三等奖。

五、路港联创

陆港联创是继1959年秦皇岛港与铁路秦皇岛站双方加强合作，开创“一条龙”运输大协作模式后，联手在党建合作共赢上实现的有效创新实践。2013年，面对外部市场竞争的加剧和企业内部自身发展的需要，为最大限度地聚合能源物流链上下游企业广大资源，积极发挥党建的政治优势，集团党委在深入总结基层党组织开展共建活动的基础上，作出了“以互利共赢为目标，以对接业务为切入点，全面推进基层党组织开展党建共建，广泛搭建能源物流链上下游企业间业务沟通促进新平台”的决定。同年8月6日，以集团秦港股份公司所属二公司、六公司、七公司、九公司、铁运公司党委与大秦车务段党委等上下游十家单位成立“路港联创”理事会为标志，深入开展“路港联创提效率、携手共建促发展”主题实践活动，以“党建搭台、业务唱戏”的工作模式，不断将党建共建服务企业提质提效和转型升级的工作品牌做大做强，使党建工作真正成为了企业价值链上的重要环节和企业发展的内在推动力。此项活动受到了省国资委党委的关注和好评，成为一项以“融入式”党建促进“共赢式”发展的创新实践。

六、四比八促三提高

2011年8月，集团党委制定了《对标定位、晋档升级阶段工作实施方案》，是为深化“创先争优”活动，促进企业改革发展而采取的一项重要措施。主要内容是：开展党建工作对标、管理工作对标、岗位工作对标“三重”对标活动，以“四比八促三提高”为抓手，切实推动各项工作创先进、争优秀。四比：比党性、比境界、比作风、比廉洁。八促：促战略升级、促效率升级、促效益升级、促质量升级、促安全升级、促服务升级、促节能减排升级、促和谐稳定升级。三提高：提高政治理论素养、提高岗位专业技能、提高服务职工能力。

七、送党课服务基层

集团党委为加强和改进党员教育工作，推进学习型、服务型、创新型党组织建设，自2013年5月开展“送党课下基层”活动，采取集中送、交流送、选学送、资料送四种方式。不断拓宽党员教育培训渠道，丰富党课内容和资源，以“集中送”实现党员教育全覆盖，以“交流送”提升党务工作者素质，以“选学送”诠释党课按需施教，以“资料送”拓展党员教育内容。通过送的方式，及时将党的声音传递到全体党员，促进党员转变工作作风，增强服务意识，扎实推进党员能力提升，为集团公司科学发展、转型升级提供坚强的组织保证。

八、走基层、访职工、做实事

为解决“四风”问题，充分发挥领导人员的示范带头作用，2014年，在党的群众路线教育实践活动中，集团教育实践活动领导小组印发了《关于开展“走基层、访职工、做实事”活动的通知》，对各级领导人员走基层建立联系点、访职工倾听民意呼声、做实事服务基层职工等作出明确规定，有效激发了领导人员深入基层一线的自觉性和责任感，是教育实践活动的成功实践。2015年1月，为推进作风转变和直接联系服务职工群众常态化，集团党委印发了《关于在领导人员中持续开展“走基层、访职工、做实事”活动的实施意见》，将此项制度作为长效机制固定下来，形成密切联系群众、促进作风转变的长效机制。

第四节 人才培训

一、领导干部大讲堂

集团党委从2011年开始开设“领导干部大讲堂”，采取“请进来”的方式，定期邀请国内知名专家授课。截至2016年7月共举办“大讲堂”37期，培训领导干部 9324人次。内容涉及创新思维管理、组织运行管理、卓越领导力、管控运营与执行力等多方面，提高了领导干部综合素质和和抓班子带队伍的能力。采取“走出去”的方式，组织中层领导人员和业务骨干赴清华大学等高等学府参加培训，更新思想观念，拓宽知识视野。

二、e师e友

“e师e友”是由集团股份公司于2013年7月31日开发并使用的一款基于移动互联网的自主学习平台，强调“随时、随地、随身”的碎片整理式学习，发挥移动学习实用、精炼、选择性强的优势，并从功能上实现对实体培训的必要补充，使用三年来，有效提升了在职培训的信息化、高效化和便捷化水平，是“互联网＋培训”的一项重要尝试。

三、“410”成才计划

2014年，集团贯彻落实中央关于“五个进一步”要求，将打好素质提升攻坚战列为党的群众路线教育实践活动四大攻坚战之一。集团所属秦港股份公司结合实际，围绕港口生产经营发展和职工个人成长需要，创新党的群众路线载体，实施“410”成才计划，打造校企合作、国家级技能大师工作室、人才实训示范基地、云学习4大培训平台，做好中层以上领导干部人员、科队级干部人员、技能人员、专业技术人员、党务人员、班组长（党小组长）、蓝领人才建设工程、青工专场、资格性岗位、学历教育等10类培训，年培训职工16000余人次，为企业发展提供了坚实的智力支持和人才保障。

附　录

附录 1　1949 年～ 2016 年河北港口集团（原秦皇岛港）党组织机构图

1949 年～ 1952 年秦皇岛港部分党组织机构图

中共秦皇岛开滦委员会

1949 年党组织	1950 年党组织	1951 年党组织	1952 年党组织
煤场党支部	煤场党支部	煤场党总支＊	煤场党总支
火车房党支部	火车房党支部	火车房党支部	火车房党支部
机器厂党支部	机器厂党支部	机器厂党支部	机器厂党支部
电灯房党支部	电灯房党支部		
电厂党支部＊	电厂党支部	电厂党支部	电厂党支部
筛煤党支部＊	筛煤党支部	筛煤党支部	筛煤党支部
开滦工委保卫部党支部＊	秦皇岛经理处保卫处党支部＊	秦皇岛经理处保卫处党支部	保卫科党支部＊
	道拨党支部＊	道拨党支部	道拨党支部
	机关党支部＊		
	营业处党支部＊	营运处党支部＊	调运科党支部＊
	工务处党支部＊	工务处党支部	工务科党支部＊
	电话房党支部＊		电话房党支部
			材料科党支部＊
	道南党支部＊		
	河东党支部＊		
	码头党支部＊	码头党支部	码头党支部
			工程队党总支＊
		党委会党支部＊	党委会党支部
		街道党支部＊	街道党支部
		开滦职工子弟小学党支部＊	开滦职工子弟小学党支部
		西井党支部＊	西井党支部
			行政管理科党支部＊
			开滦工校党支部＊
			港口医院党支部＊
			木瓦油党支部＊
			经理处党支部＊
		开滦经理处工会党支部＊	开滦经理处工会党支部

说明：1. 1952 年 5 月，中共秦皇岛开滦工作委员会更名为中共秦皇岛开滦委员会，为方便记录，此时期统一使用“中共秦皇岛开滦委员会”

2. 图中虚线表示组织沿革，包括党组织升级降级、单位更名等

3. 加“*”的党组织表示当年新成立或重新划归局直属的党组织

1953 年～1965 年秦皇岛市

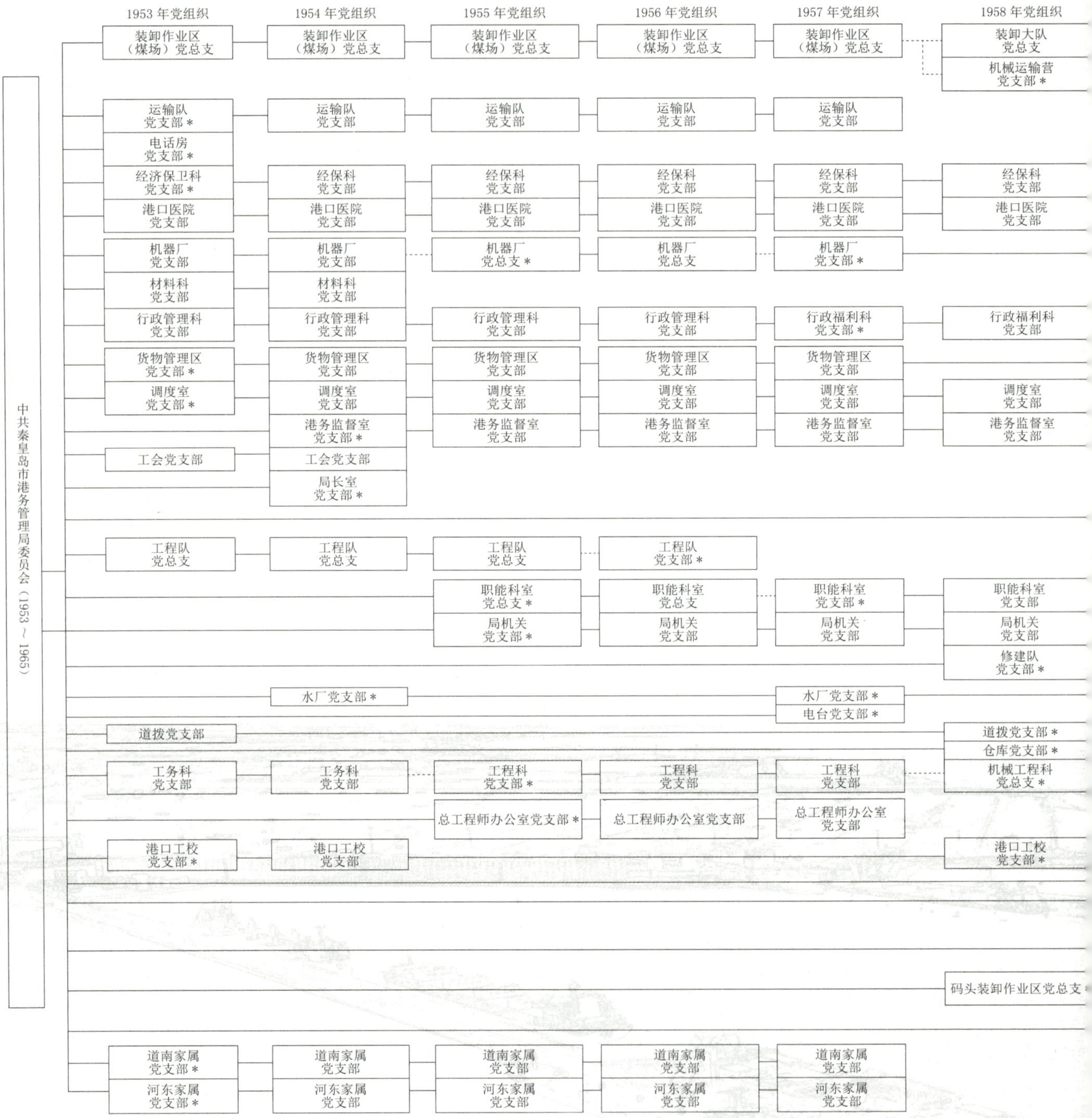

说明：1. 1953 年，局党委名称为“中共天津区港务管理局秦皇岛分局管理委员会”，1954 年改为“中共秦皇岛市港务管理局委员会”，为方便记录，此处统一使用后一个称谓

2. 图中虚线表示组织变化（包括党组织成立、升降级、单位更名等），实线表示正常沿革

务管理局部分党组织机构图

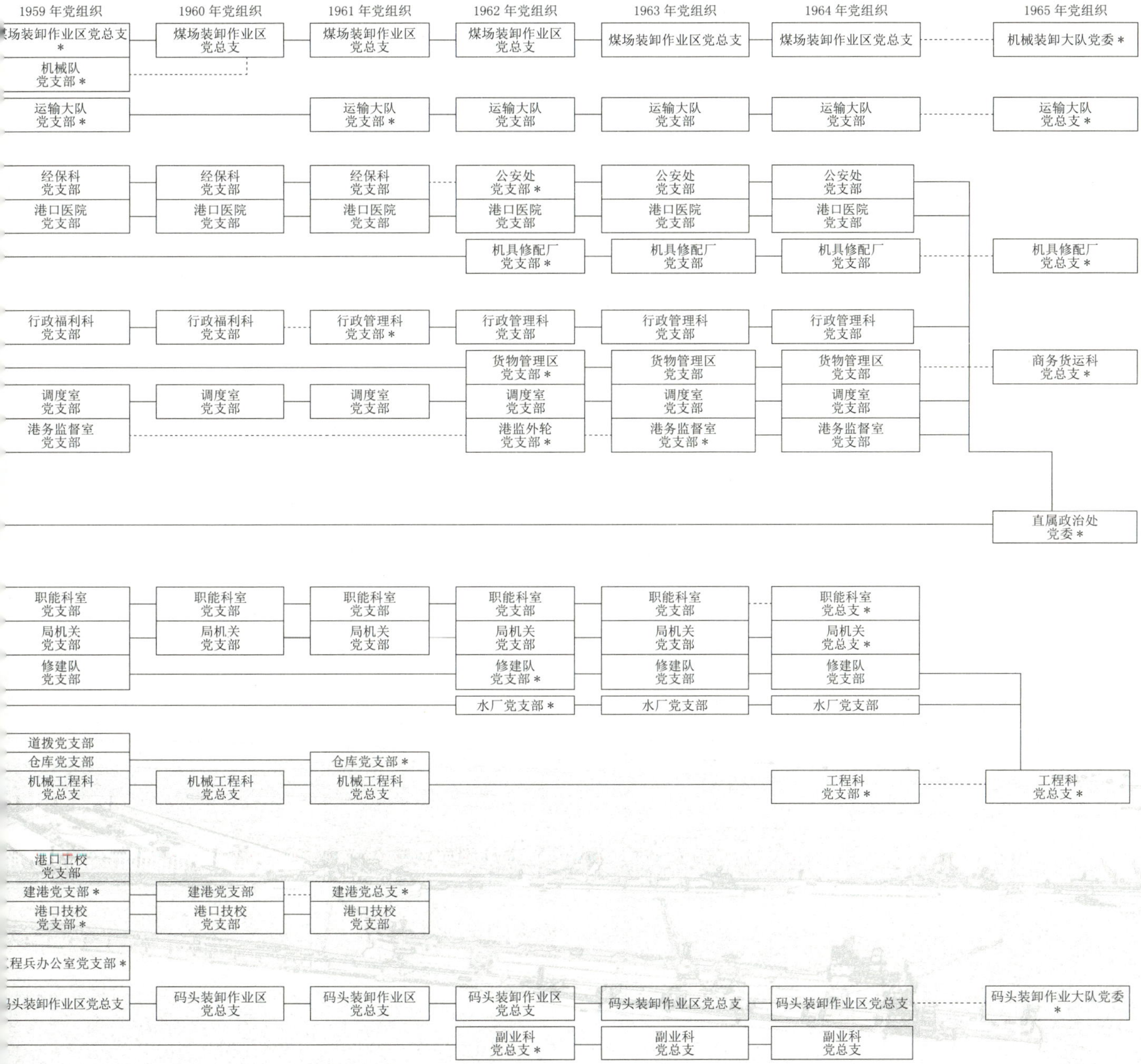

3. 加“*”的党组织表示当年新成立或重新划归局直属的党组织

4. 1965 年成立直属政治处党委，港口医院、公安处、港务监督室、调度室、行政管理科等党支部划归直属政治处党委管理，修建队党支部和水厂党支部归工程科党总支管理，此表中这些党支部归属变化用实线表示

1966年～1976年“文化大革命”期间秦皇岛港务（管理）局部分党组织机构图

中共秦皇岛港务（管理）局委员会

- 机械装卸大队党总支
  - ┄ 煤炭作业区党委（1975·12）
- 码头装卸大队党总支
- 货区党总支（1973·8）
  - ┄ （码头装卸大队党总支、货区党总支）→ 杂货作业区党委（1975·12）
- 油港党总支（1973·7）
- 燃油党总支（1973·11）
  - ┄ （油港党总支、燃油党总支）→ 原油作业区党委（1974·12）
- 港务监督室党总支
  - ┄ 港务监督室党支部（1976·2）
- 运输大队党总支
- 机具修配厂党支部
  - ┄ 机具修配厂党总支（1971·3）
- 港口医院党支部
  - ┄ 港口医院党总支（1976·8）
- 局机关党总支（1975·4）
- 外轮航修站党支部（1973·9）
- 船舶大队党总支（1973·11）
- 工程科党总支
  - ┄ 基建工程处党总支（1976·5）
- 秦港公安局党支部（1973·3）
  - ┄ 秦港公安局党委（1976·6）
- 通讯站党支部（1973·8）
  - ┄ 通讯站党总支（1976·5）
- 远供党支部（1974·5）
- 材料科党支部
- 汽车队党支部（1973·9）
- 外代公司党支部
- 行政管理科党支部
  - ┄ 行政管理科党总支（1975·4）
- 外理公司党支部（1971·11）
- 港一中党支部（1976年底）
- 港二中党支部（1976年底）
- 港三中党支部（1976年底）
- 七二一大学党支部（1976年底）

说明：1. 图中虚线表示组织沿革，包括党组织升级降级、单位更名等

2. 图内括号内时间为党组织成立时间，未标明时间的党组织为“文化大革命”前成立

3. “文化大革命”期间，港口公安机关实施军管，1973年回归局党委管理

1977 年秦皇岛港务局党组织机构图

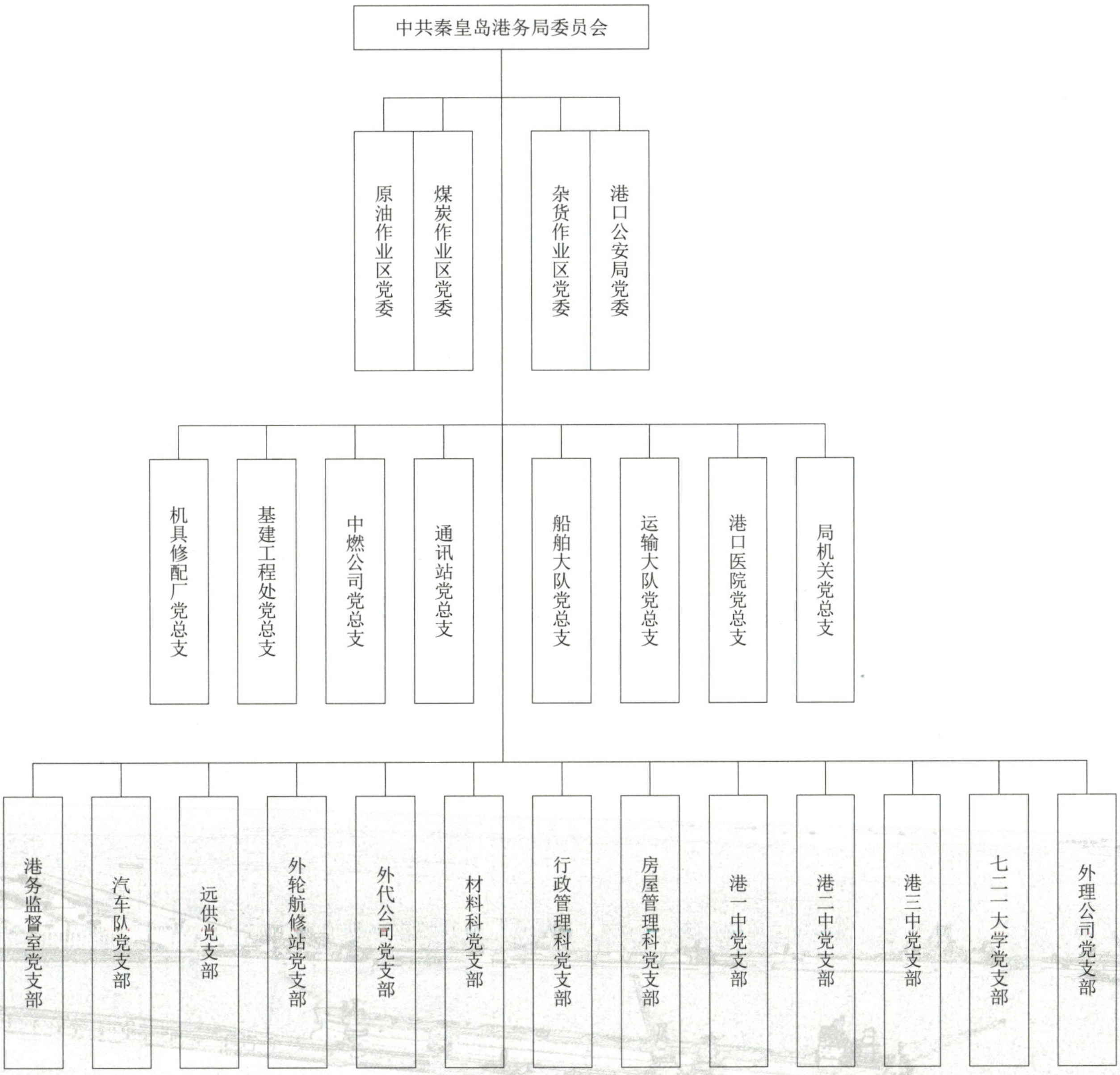

1978年秦皇岛港务管理局党组织机构图

- 中共秦皇岛港务管理局委员会
  - 原油作业区党委
  - 煤炭作业区党委
  - 杂货作业区党委
  - 港口公安局党委
  - 机具修配厂党总支
  - 基建工程处党总支
  - 中燃公司党总支
  - 通讯站党总支
  - 船舶大队党总支
  - 运输大队党总支
  - 港口医院党总支
  - 局机关党总支
  - 港务监督室党支部
  - 汽车队党支部
  - 远供党支部
  - 外轮航修站党支部
  - 外代公司党支部
  - 材料科党支部
  - 行政管理科党支部
  - 房屋管理科党支部
  - 救助站党支部
  - 港一中党支部
  - 港二中党支部
  - 港三中党支部
  - 七二一大学党支部
  - 外理公司党支部

1979 年秦皇岛港务管理局党组织机构图

- 中共秦皇岛港务管理局委员会
  - 原油作业区党委
  - 煤炭作业区党委
  - 杂货作业区党委
  - 港口公安局党委
  - 机具修配厂党总支
  - 基建工程处党总支
  - 中燃公司党总支
  - 通讯站党总支
  - 物资处党总支
  - 港口医院党总支
  - 船舶大队党总支
  - 运输大队党总支
  - 教育处党总支
  - 行政管理处党总支
  - 水电站党总支
  - 外轮航修站党支部
  - 外理公司党支部
  - 救助站党支部
  - 外代公司党支部
  - 汽车队党支部
  - 港务监督室党支部
  - 远供党支部

1980 年秦皇岛港务管理局党组织机构图

- 中共秦皇岛港务管理局委员会
  - 原油作业区党委
  - 煤炭作业区党委
  - 杂货作业区党委
  - 港口公安局党委
  - 铁路运输管理处党委
  - 机具修配厂党总支
  - 基建工程处党总支
  - 中燃公司党总支
  - 通讯导航处党总支
  - 物资处党总支
  - 港口医院党总支
  - 船舶大队党总支
  - 教育处党总支
  - 行政管理处党总支
  - 水电站党总支
  - 外轮航修厂党总支
  - 汽车队党支部
  - 外代公司党支部
  - 船检局秦办事处党支部
  - 港务监督室党支部
  - 远供党支部
  - 外理公司党支部
  - 救助站党支部

1981 年秦皇岛港务管理局党组织机构图

- 中共秦皇岛港务管理局委员会
  - 原油作业区党委
  - 煤炭作业区党委
  - 杂货作业区党委
  - 港口公安局党委
  - 铁路运输管理处党委
  - 教育处党总支
  - 机具修配厂党总支
  - 基建工程处党总支
  - 中燃公司党总支
  - 通讯导航处党总支
  - 物资处党总支
  - 港口医院党总支
  - 船舶大队党总支
  - 建港指挥部党总支
  - 建筑公司党总支
  - 行政管理处党总支
  - 局机关党总支
  - 劳动服务公司党总支
  - 外轮航修厂党总支
  - 汽车队党支部
  - 外代公司党支部
  - 船检局秦办事处党支部
  - 港务监督处党支部
  - 远供党支部
  - 救助站党支部
  - 外理公司党支部

1982 年秦皇岛港务管理局党组织机构图

- 中共秦皇岛港务管理局委员会
  - 第一作业区党委
  - 第二作业区党委
  - 第三作业区党委
  - 第四作业区党委
  - 铁路运输管理处党委
  - 港口公安局党委
  - 教育处党总支
  - 机具修配厂党总支
  - 基建工程处党总支
  - 中燃公司党总支
  - 通讯导航处党总支
  - 物资处党总支
  - 港口医院党总支
  - 船舶大队党总支
  - 建港指挥部党总支
  - 建筑公司党总支
  - 行政管理处党总支
  - 局机关党总支
  - 劳动服务公司党总支
  - 外轮航修厂党总支
  - 外理公司党支部
  - 救助站党支部
  - 外代公司党支部
  - 汽车队党支部
  - 船检局秦办事处党支部
  - 港务监督处党支部
  - 远供党支部

1983 年秦皇岛港务管理局党组织机构图

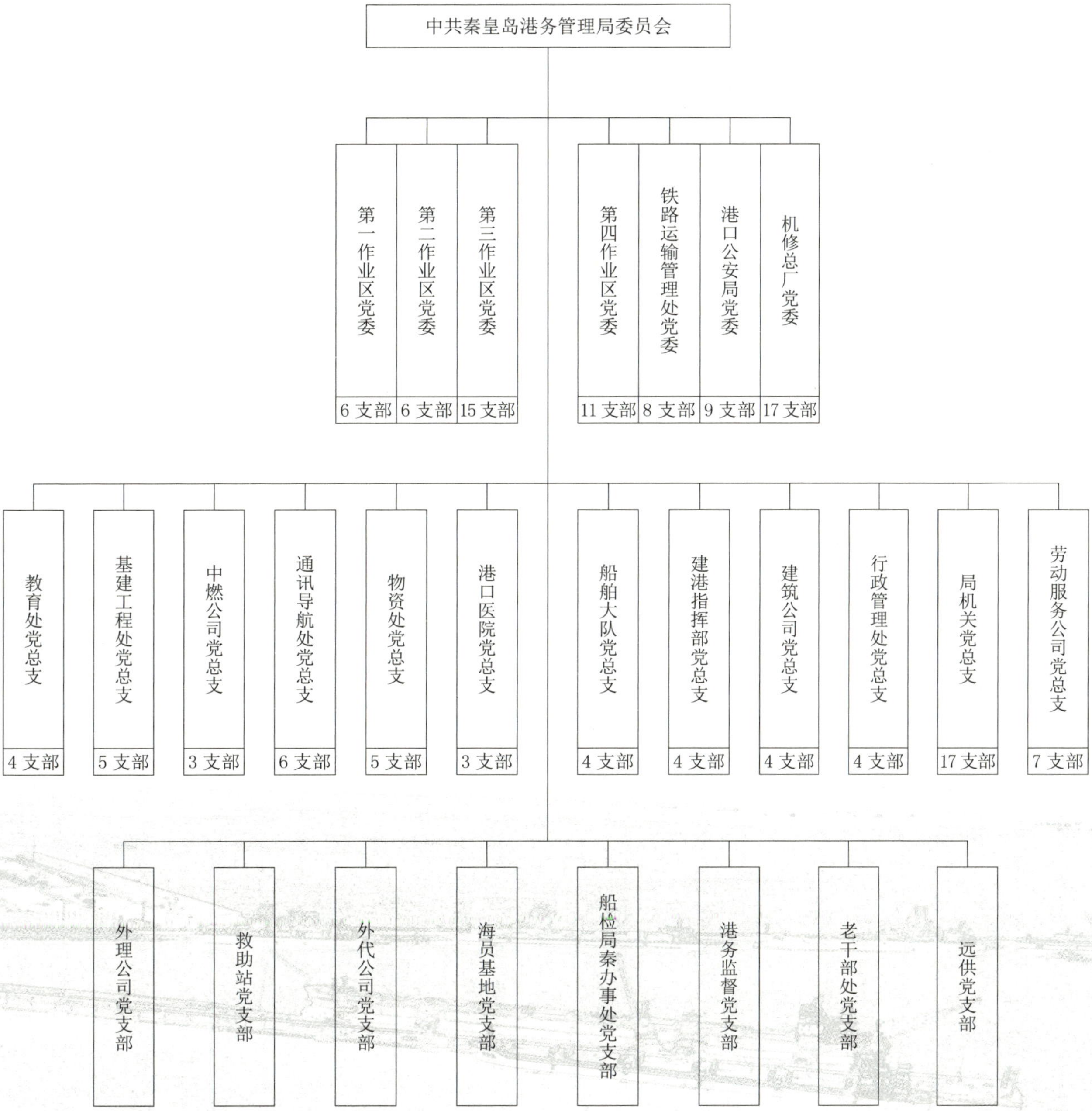

说明：图表中支部数为各基层党委（党总支）所辖支部数，下同

1984年秦皇岛港务管理局党组织机构图

- 中共秦皇岛港务管理局委员会
  - 第一作业区党委（6支部）
  - 第二作业区党委（13支部）
  - 第三作业区党委（16支部）
  - 第四作业区党委（12支部）
  - 铁路运输管理处党委（8支部）
  - 港口公安局党委（9支部）
  - 基建工程处党总支（5支部）
  - 中燃公司党总支（7支部）
  - 通讯导航处党总支（7支部）
  - 物资处党总支（6支部）
  - 机具修配厂党总支（8支部）
  - 教育中心党总支（4支部）
  - 港口医院党总支（3支部）
  - 船舶大队党总支（4支部）
  - 建港指挥部党总支（4支部）
  - 建筑公司党总支（6支部）
  - 行政管理处党总支（5支部）
  - 防污设备厂党总支（3支部）
  - 局机关党总支（18支部）
  - 劳动服务公司党总支（8支部）
  - 外理公司党支部
  - 救助站党支部
  - 外代公司党支部
  - 海员基地党支部
  - 船检局秦办事处党支部
  - 港务监督党支部
  - 老干部处党支部
  - 远供党支部

1985 年秦皇岛港务管理局党组织机构图

- 中共秦皇岛港务管理局委员会
  - 第一作业区党委（4 支部）
  - 第二作业区党委（11 支部）
  - 第三作业区党委（16 支部）
  - 第四作业区党委（16 支部）
  - 铁路运输管理处党委（9 支部）
  - 港口公安局党委（9 支部）
  - 劳动服务公司党委（9 支部）
  - 中燃公司党委（8 支部）
  - 建港指挥部党委（4 支部）
  - 海员基地党委（2 支部）
  - 救助站党总支（2 支部）
  - 通讯导航处党总支（7 支部）
  - 物资处党总支（5 支部）
  - 机具修配厂党总支（8 支部）
  - 教育中心党总支（4 支部）
  - 港口医院党总支（3 支部）
  - 船舶大队党总支（4 支部）
  - 老干部处党总支（5 支部）
  - 建筑公司党总支（8 支部）
  - 行政管理处党总支（5 支部）
  - 防污设备厂党总支（4 支部）
  - 局机关党总支（21 支部）
  - 外理公司党支部
  - 电力管理站党支部
  - 外代公司党支部
  - 修建队党支部
  - 船检局秦分局党支部
  - 港务监督党支部
  - 水暖管理站党支部
  - 远供党支部
  - 水泥厂党支部

1986 年秦皇岛港务管理局党组织机构图

中共秦皇岛港务管理局委员会

- 第一作业区党委（6 支部）
- 第二作业区党委（15 支部）
- 第三作业区党委（17 支部）
- 第四作业区党委（16 支部）
- 铁路运输管理处党委（9 支部）
- 港口公安局党委（10 支部）
- 劳动服务公司党委（8 支部）
- 中燃公司党委（7 支部）
- 建港指挥部党委（4 支部）
- 海员基地党委（2 支部）

- 救助站党总支（1 支部）
- 通讯导航处党总支（8 支部）
- 物资处党总支（4 支部）
- 机具修配厂党总支（8 支部）
- 教育中心党总支（4 支部）
- 港口医院党总支（4 支部）
- 船舶大队党总支（4 支部）
- 老干部处党总支（5 支部）
- 建筑公司党总支（12 支部）
- 行政管理处党总支（6 支部）
- 防污设备厂党总支（4 支部）
- 局机关党总支（21 支部）

- 外理公司党支部
- 水运卫校党支部
- 电力管理站党支部
- 外代公司党支部
- 修建队党支部
- 船检局秦分局党支部
- 港务监督党支部
- 水暖管理站党支部
- 远供党支部
- 水泥厂党支部
- 第五作业区临时党支部

1987 年秦皇岛港务管理局党组织机构图

- 中共秦皇岛港务管理局委员会
  - 第一装卸公司党委（6 支部）
  - 第二装卸公司党委（16 支部）
  - 第三装卸公司党委（17 支部）
  - 第四装卸公司党委（15 支部）
  - 第五装卸公司党委（3 支部）
  - 劳动服务公司党委（8 支部）
  - 港口公安局党委（10 支部）
  - 铁路运输管理处党委（9 支部）
  - 中燃公司党委（7 支部）
  - 建港指挥部党委（4 支部）
  - 海员基地党委（2 支部）
  - 救助站党总支（2 支部）
  - 通讯导航处党总支（8 支部）
  - 物资处党总支（4 支部）
  - 机具修配厂党总支（8 支部）
  - 教育中心党总支（6 支部）
  - 港口医院党总支（4 支部）
  - 船舶大队党总支（4 支部）
  - 老干部处党总支（5 支部）
  - 建筑公司党总支（9 支部）
  - 行政管理处党总支（6 支部）
  - 防污设备厂党总支（3 支部）
  - 局机关党总支（21 支部）
  - 外理公司党支部
  - 水运卫校党支部
  - 电力管理站党支部
  - 外代公司党支部
  - 修建队党支部
  - 船检局秦分局党支部
  - 港务监督室党支部
  - 水暖管理站党支部
  - 沅供党支部
  - 水泥厂党支部

1988年秦皇岛港务管理局党组织机构图

- 中共秦皇岛港务局委员会
  - 第一装卸公司党委（8支部）
  - 第二装卸公司党委（16支部）
  - 第三装卸公司党委（17支部）
  - 第四装卸公司党委（14支部）
  - 第五装卸公司党委（6支部）
  - 劳动服务公司党委（6支部）
  - 港口公安局党委（10支部）
  - 铁路运输管理处党委（9支部）
  - 中燃公司党委（7支部）
  - 建港指挥部党委（5支部）
  - 海员基地党委（2支部）
  - 救助站党总支（2支部）
  - 通讯导航处党总支（8支部）
  - 物资处党总支（4支部）
  - 机具修配厂党总支（7支部）
  - 教育中心党总支（6支部）
  - 港口医院党总支（4支部）
  - 船舶公司党总支（5支部）
  - 老干部处党总支（5支部）
  - 建筑公司党总支（8支部）
  - 行政管理处党总支（7支部）
  - 防污设备厂党总支（3支部）
  - 局机关党总支（23支部）
  - 外理公司党支部
  - 水运卫校党支部
  - 电力管理站党支部
  - 外代公司党支部
  - 修建队党支部
  - 第六装卸公司党支部
  - 船检局秦分局党支部
  - 港务监督党支部
  - 水暖管理站党支部
  - 远供党支部
  - 水泥厂党支部

1989 年秦皇岛港务局党组织机构图

中共秦皇岛港务局委员会

- 第一装卸公司党委（8 支部）
- 第二装卸公司党委（17 支部）
- 第三装卸公司党委（17 支部）
- 第四装卸公司党委（15 支部）
- 第五装卸公司党委（9 支部）
- 第六装卸公司党委（5 支部）
- 中燃公司党委（8 支部）
- 局机关党委（23 支部）
- 港口公安局党委（6 支部）
- 铁路运输公司党委（8 支部）
- 建港指挥部党委（6 支部）
- 海员基地党委（2 支部）

- 救助站党总支（3 支部）
- 通信公司党总支（6 支部）
- 物资处党总支（4 支部）
- 机具修配厂党总支（8 支部）
- 教育中心党总支（6 支部）
- 港口医院党总支（5 支部）
- 船舶公司党总支（15 支部）
- 老干部处党总支（5 支部）
- 建筑公司党总支（6 支部）
- 行政管理处党总支（7 支部）
- 防污设备厂党总支（4 支部）
- 实业服务公司党总支（4 支部）

- 外理公司党支部
- 水运卫校党支部
- 电力管理站党支部
- 外代公司党支部
- 修建队党支部
- 引航公司党支部
- 船检局秦分局党支部
- 航道局党支部
- 水暖管理站党支部
- 远供党支部
- 水泥厂党支部

1990 年秦皇岛港务局党组织机构图

- 中共秦皇岛港务局委员会
  - 第一装卸公司党委（8 支部）
  - 第二装卸公司党委（17 支部）
  - 第三装卸公司党委（17 支部）
  - 第四装卸公司党委（15 支部）
  - 第五装卸公司党委（11 支部）
  - 第六装卸公司党委（6 支部）
  - 中燃公司党委（9 支部）
  - 局机关党委（25 支部）
  - 港口公安局党委（6 支部）
  - 铁路运输公司党委（8 支部）
  - 建港指挥部党委（6 支部）
  - 海员基地党委（2 支部）
  - 港口医院党总支（4 支部）
  - 救助站党总支（3 支部）
  - 通信公司党总支（6 支部）
  - 物资处党总支（6 支部）
  - 机具修配厂党总支（9 支部）
  - 教育中心党总支（5 支部）
  - 外理公司党总支
  - 船舶公司党总支（15 支部）
  - 老干部处党总支（5 支部）
  - 建筑公司党总支（7 支部）
  - 生活福利公司党总支（6 支部）
  - 防污设备厂党总支（3 支部）
  - 实业服务公司党总支（5 支部）
  - 水运卫校党支部
  - 电力公司党支部
  - 外代公司党支部
  - 修建公司党支部
  - 引航站党支部
  - 船检局秦分局党支部
  - 航道局党支部
  - 水暖公司党支部
  - 远供党支部

说明：由于外理公司本年升级为党总支，所辖支部数空缺

1991 年秦皇岛港务局党组织机构图

- 中共秦皇岛港务局委员会
  - 第一装卸公司党委（8 支部）
  - 第二装卸公司党委（17 支部）
  - 第三装卸公司党委（17 支部）
  - 第四装卸公司党委（15 支部）
  - 第五装卸公司党委（15 支部）
  - 第六装卸公司党委（6 支部）
  - 中燃公司党委（9 支部）
  - 局机关党委（25 支部）
  - 港口公安局党委（6 支部）
  - 铁路运输公司党委（8 支部）
  - 建港指挥部党委（6 支部）
  - 海员基地党委（2 支部）
  - 港口医院党总支（4 支部）
  - 救助站党总支（3 支部）
  - 通信公司党总支（6 支部）
  - 物资处党总支（7 支部）
  - 机具修配党总支（10 支部）
  - 教育中心党总支（5 支部）
  - 外理公司党总支（3 支部）
  - 船舶公司党总支（5 支部）
  - 老干部处党总支（5 支部）
  - 建筑公司党总支（5 支部）
  - 生活福利公司党总支（6 支部）
  - 防污设备厂党总支（3 支部）
  - 实业服务公司党总支（5 支部）
  - 水运卫校党支部
  - 电力公司党支部
  - 外代公司党支部
  - 修建公司党支部
  - 引航站党支部
  - 船检局秦分局党支部
  - 航道局党支部
  - 水暖公司党支部
  - 远供党支部

1992 年秦皇岛港务局党组织机构图

- 中共秦皇岛港务局委员会
  - 第一装卸公司党委（9 支部）
  - 第二装卸公司党委（17 支部）
  - 第三装卸公司党委（17 支部）
  - 第四装卸公司党委（15 支部）
  - 第五装卸公司党委（16 支部）
  - 第六装卸公司党委（8 支部）
  - 中燃公司党委（9 支部）
  - 局机关党委（25 支部）
  - 港口公安局党委（6 支部）
  - 铁路运输公司党委（8 支部）
  - 建港指挥部党委（7 支部）
  - 港口医院党总支（4 支部）
  - 救助站党总支（3 支部）
  - 通信公司党总支（6 支部）
  - 物资处党总支（7 支部）
  - 海员基地党总支（2 支部）
  - 教育中心党总支（5 支部）
  - 外理公司党总支（3 支部）
  - 修建公司党总支（4 支部）
  - 船舶公司党总支（5 支部）
  - 机具修配厂党总支（9 支部）
  - 老干部处党总支（5 支部）
  - 建筑公司党总支（5 支部）
  - 生活福利公司党总支（8 支部）
  - 防污设备厂党总支（3 支部）
  - 实业服务公司党总支（5 支部）
  - 水运卫校党支部
  - 电力公司党支部
  - 外代公司党支部
  - 顶吉公司党支部
  - 引航站党支部
  - 秦皇岛船检局党支部
  - 航道局党支部
  - 水暖公司党支部
  - 远供党支部

1993年秦皇岛港务局党组织机构图

中共秦皇岛港务局委员会

党委	支部
第一港务公司党委	9支部
第二港务公司党委	17支部
第三港务公司党委	15支部
第四港务公司党委	13支部
第五港务公司党委	16支部
第六港务公司党委	8支部
中燃公司党委	12支部
局机关党委	25支部
港口公安局党委	10支部
铁路运输公司党委	8支部
建港指挥部党委	7支部

党总支	支部
港口医院党总支	4支部
救助站党总支	3支部
通信公司党总支	6支部
物资公司党总支	7支部
海景酒店党总支	2支部
教育中心党总支	5支部
外理公司党总支	3支部
修建公司党总支	4支部
船舶公司党总支	5支部
机具修配厂党总支	9支部
老干部处党总支	5支部
建筑公司党总支	5支部
生活服务公司党总支	9支部
防污设备厂党总支	3支部
实业服务公司党总支	4支部

- 水运卫校党支部
- 电力公司党支部
- 外代公司党支部
- 顶吉公司党支部
- 配件公司党支部
- 发展公司党支部
- 东方公司党支部
- 引航公司党支部
- 秦皇岛船检局党支部
- 港盛公司党支部
- 水暖公司党支部
- 远供党支部

1994 年秦皇岛港务局党组织机构图

- 中共秦皇岛港务局委员会
  - 第一港务公司党委（9 支部）
  - 第二港务公司党委（17 支部）
  - 第三港务公司党委（14 支部）
  - 第四港务公司党委（13 支部）
  - 第五港务公司党委（16 支部）
  - 第六港务公司党委（8 支部）
  - 中燃公司党委（12 支部）
  - 局机关党委（26 支部）
  - 港口公安局党委（12 支部）
  - 铁路运输公司党委（11 支部）
  - 建港指挥部党委（8 支部）
  - 港口医院党总支（8 支部）
  - 救助站党总支（3 支部）
  - 通信公司党总支（6 支部）
  - 物资公司党总支（7 支部）
  - 海景酒店党总支（2 支部）
  - 教育中心党总支（5 支部）
  - 外理公司党总支（3 支部）
  - 港湾公司党总支（4 支部）
  - 船舶公司党总支（5 支部）
  - 机具修配厂党总支（9 支部）
  - 老干部处党总支（9 支部）
  - 建筑公司党总支（5 支部）
  - 生活服务公司党总支（9 支部）
  - 防污设备厂党总支（4 支部）
  - 实业服务公司党总支（3 支部）
  - 电力公司党支部
  - 外代公司党支部
  - 顶吉公司党支部
  - 配件公司党支部
  - 发展公司党支部
  - 东方公司党支部
  - 引航公司党支部
  - 秦皇岛船检局党支部
  - 港盛公司党支部
  - 水暖公司党支部

1995 年秦皇岛港务局党组织机构图

- 中共秦皇岛港务局委员会
  - 第一港务公司党委（9 支部）
  - 第二港务公司党委（17 支部）
  - 第三港务公司党委（16 支部）
  - 第四港务公司党委（12 支部）
  - 第五港务公司党委（15 支部）
  - 第六港务公司党委（11 支部）
  - 铁路运输公司党委（11 支部）
  - 中燃公司党委（13 支部）
  - 局机关党委（25 支部）
  - 港口公安局党委（12 支部）
  - 港口医院党委（9 支部）
  - 建港指挥部党委（9 支部）
  - 秦皇岛船检局党委（2 支部）
  - 实业服务公司党总支（3 支部）
  - 救助站党总支（3 支部）
  - 通信公司党总支（6 支部）
  - 物资公司党总支（7 支部）
  - 海景酒店党总支（2 支部）
  - 教育中心党总支（5 支部）
  - 外理公司党总支（6 支部）
  - 港湾公司党总支（4 支部）
  - 船舶公司党总支（5 支部）
  - 机具修配厂党总支（9 支部）
  - 老干部处党总支（9 支部）
  - 建筑公司党总支（5 支部）
  - 生活服务公司党总支（9 支部）
  - 防污设备厂党总支（6 支部）
  - 电力公司党支部
  - 外代公司党支部
  - 银港公司党支部
  - 配件公司党支部
  - 发展公司党支部
  - 东方公司党支部
  - 引航公司党支部
  - 顶吉公司党支部
  - 港盛公司党支部
  - 水暖公司党支部

1996年秦皇岛港务局党组织机构图

- 中共秦皇岛港务局委员会
  - 第一港务公司党委（8支部）
  - 第二港务公司党委（17支部）
  - 第三港务公司党委（16支部）
  - 第四港务公司党委（14支部）
  - 第五港务公司党委（14支部）
  - 第六港务公司党委（11支部）
  - 第七港务公司党委（12支部）
  - 铁路运输公司党委（11支部）
  - 中燃公司党委（11支部）
  - 局机关党委（25支部）
  - 港口公安局党委（12支部）
  - 港口医院党委（9支部）
  - 建港指挥部党委（9支部）
  - 离退中心党委（9支部）
  - 秦皇岛船检局党委（2支部）
  - 救助站党总支（3支部）
  - 通信公司党总支（6支部）
  - 物资公司党总支（7支部）
  - 电力公司党总支（7支部）
  - 教育中心党总支（5支部）
  - 外理公司党总支（6支部）
  - 港湾公司党总支（4支部）
  - 船舶公司党总支（5支部）
  - 机具修配厂党总支（9支部）
  - 海景酒店党总支（2支部）
  - 建筑公司党总支（5支部）
  - 生活服务公司党总支（11支部）
  - 外代公司党支部
  - 银港公司党支部
  - 配件公司党支部
  - 发展公司党支部
  - 东方公司党支部
  - 引航公司党支部
  - 实业服务公司党支部
  - 顶吉公司党支部
  - 水暖公司党支部

1997 年秦皇岛港务局党组织机构图

中共秦皇岛港务局委员会

- 第一港务公司党委（8支部）
- 第二港务公司党委（17支部）
- 第三港务公司党委（16支部）
- 第四港务公司党委（14支部）
- 第五港务公司党委（15支部）
- 第六港务公司党委（11支部）
- 第七港务公司党委（10支部）
- 铁路运输公司党委（11支部）
- 中燃公司党委（9支部）
- 局机关党委（27支部）
- 港口公安局党委（15支部）
- 港口医院党委（9支部）
- 建港指挥部党委（8支部）
- 离退中心党委（9支部）
- 秦皇岛船检局党委（2支部）
- 救助站党总支（3支部）
- 通信公司党总支（7支部）
- 物资公司党总支（7支部）
- 电力公司党总支（6支部）
- 教育中心党总支（5支部）
- 外理公司党总支（6支部）
- 港湾公司党总支（4支部）
- 船舶公司党总支（5支部）
- 机具修配厂党总支（9支部）
- 海景酒店党总支（2支部）
- 建筑公司党总支（3支部）
- 生活服务公司党总支（11支部）
- 外代公司党支部
- 银港公司党支部
- 配件公司党支部
- 发展公司党支部
- 东方公司党支部
- 引航公司党支部
- 实业公司党支部
- 项吉公司党支部
- 水暖公司党支部

1998年秦皇岛港务局党组织机构图

- 中共秦皇岛港务局委员会
  - 第一港务公司党委：8支部
  - 第二港务公司党委：17支部
  - 第三港务公司党委：19支部
  - 第四港务公司党委：16支部
  - 第五港务公司党委：17支部
  - 第六港务公司党委：10支部
  - 第七港务公司党委：12支部
  - 铁路运输公司党委：11支部
  - 流机公司党委
  - 局机关党委：29支部
  - 港口公安局党委：15支部
  - 港口医院党委：9支部
  - 建港指挥部党委：5支部
  - 离退中心党委：10支部
  - 船舶公司党委：5支部
  - 机械修造厂党委：9支部
  - 秦皇岛船检局党委：5支部
  - 中燃公司党委：10支部
  - 救助站党总支：3支部
  - 通信公司党总支：8支部
  - 物资公司党总支：7支部
  - 电力公司党总支：7支部
  - 教育中心党总支：6支部
  - 外理公司党总支：4支部
  - 港湾公司党总支：4支部
  - 水暖公司党总支：4支部
  - 外代公司党总支：4支部
  - 海景酒店党总支：3支部
  - 建筑公司党总支：3支部
  - 生活服务公司党总支：10支部
  - 银港公司党支部
  - 配件公司党支部
  - 发展公司党支部
  - 东方公司党支部
  - 引航公司党支部
  - 实业公司党支部
  - 顶吉公司党支部

说明：流机公司党委为当年新成立党组织，所辖支部数空缺

1999 年秦皇岛港务局党组织机构图

- 中共秦皇岛港务局委员会
  - 第一港务公司党委：8 支部
  - 第二港务公司党委：17 支部
  - 第三港务公司党委：16 支部
  - 第四港务公司党委：15 支部
  - 第五港务公司党委：16 支部
  - 第六港务公司党委：9 支部
  - 第七港务公司党委：11 支部
  - 铁路运输公司党委：11 支部
  - 流动机械公司党委：8 支部
  - 局机关党委：32 支部
  - 港口公安局党委：15 支部
  - 港口医院党委：8 支部
  - 建港指挥部党委：4 支部
  - 离退中心党委：10 支部
  - 船舶公司党委：5 支部
  - 机械修造厂党委：9 支部
  - 生活服务公司党委：10 支部
  - 通信公司党总支：8 支部
  - 物资公司党总支：7 支部
  - 电力公司党总支：7 支部
  - 教育中心党总支：6 支部
  - 外理公司党总支：4 支部
  - 港湾公司党总支：4 支部
  - 水暖公司党总支：4 支部
  - 外代公司党总支：4 支部
  - 海景酒店党总支：3 支部
  - 建筑公司党总支：3 支部
  - 水运卫校党支部
  - 银港公司党支部
  - 配件公司党支部
  - 发展公司党支部
  - 东方公司党支部
  - 引航公司党支部
  - 实业公司党支部
  - 顶吉公司党支部

2000年秦皇岛港务局党组织机构图

- 中共秦皇岛港务局委员会
  - 第一港务公司党委（8支部）
  - 第二港务公司党委（17支部）
  - 第三港务公司党委（16支部）
  - 杂货港务公司党委（26支部）
  - 第六港务公司党委（10支部）
  - 第七港务公司党委（11支部）
  - 铁路运输公司党委（11支部）
  - 流动机械公司党委（9支部）
  - 船舶公司党委（5支部）
  - 港口公安局党委（15支部）
  - 港口医院党委（9支部）
  - 建港指挥部党委（4支部）
  - 离退中心党委（10支部）
  - 机械修造厂党委（9支部）
  - 生活服务公司党委（11支部）
  - 局机关党委（31支部）
  - 通信公司党总支（9支部）
  - 物资公司党总支（4支部）
  - 电力公司党总支（7支部）
  - 教育中心党总支（6支部）
  - 外理公司党总支（4支部）
  - 港湾公司党总支（4支部）
  - 水暖公司党总支（4支部）
  - 外代公司党总支（4支部）
  - 海景酒店党总支（5支部）
  - 建筑公司党总支（3支部）
  - 水运卫校党支部
  - 银港公司党支部
  - 配件公司党支部
  - 发展公司党支部
  - 东方公司党支部
  - 引航公司党支部
  - 实业公司党支部
  - 项吉公司党支部

2001 年秦皇岛港务集团有限公司党组织机构图

- 中共秦皇岛港务局委员会
  - 第一港务公司党委（8 支部）
  - 第二港务公司党委（17 支部）
  - 第三港务公司党委（16 支部）
  - 杂货港务公司党委（21 支部）
  - 第六港务公司党委（10 支部）
  - 第七港务公司党委（11 支部）
  - 第八港务公司党委（7 支部）
  - 铁路运输公司党委（11 支部）
  - 流动机械公司党委（9 支部）
  - 局机关党委（31 支部）
  - 船舶公司党委（5 支部）
  - 港口公安局党委（15 支部）
  - 港口医院党委（9 支部）
  - 建港指挥部党委（3 支部）
  - 离退中心党委（10 支部）
  - 机械修造厂党委（9 支部）
  - 生活服务公司党委（13 支部）
  - 通信公司党总支（9 支部）
  - 物资公司党总支（4 支部）
  - 电力公司党总支（7 支部）
  - 教育中心党总支（6 支部）
  - 外理公司党总支（4 支部）
  - 港湾公司党总支（4 支部）
  - 水暖公司党总支（10 支部）
  - 外代公司党总支（4 支部）
  - 海景酒店党总支（5 支部）
  - 建筑公司党总支（3 支部）
  - 水运卫校党支部
  - 银港公司党支部
  - 配件公司党支部
  - 发展公司党支部
  - 东方公司党支部
  - 引航公司党支部
  - 实业公司党支部

2002 年秦皇岛港务集团有限公司党组织机构图

- 中共秦皇岛港务集团有限公司委员会
  - 第一港务公司党委 8 支部
  - 第二港务公司党委 17 支部
  - 第三港务公司党委 13 支部
  - 杂货港务公司党委 21 支部
  - 第六港务公司党委 10 支部
  - 第七港务公司党委 11 支部
  - 第八港务公司党委 9 支部
  - 铁路运输公司党委 11 支部
  - 流动机械公司党委 9 支部
  - 秦港集团机关党委 31 支部
  - 船舶公司党委 5 支部
  - 劳务公司党委 6 支部
  - 港口公安局党委 15 支部
  - 港口医院党委 10 支部
  - 建港指挥部党委 3 支部
  - 离退中心党委 10 支部
  - 机械修造厂党委 11 支部
  - 生活服务公司党委 11 支部
  - 通信公司党总支 9 支部
  - 物资公司党总支 4 支部
  - 电力公司党总支 7 支部
  - 教育中心党总支 6 支部
  - 外理公司党总支 4 支部
  - 港航公司党总支 6 支部
  - 水暖公司党总支 10 支部
  - 外代公司党总支 4 支部
  - 海景酒店党总支 3 支部
  - 建筑公司党总支 3 支部
  - 水运卫校党支部
  - 银港公司党支部
  - 配件公司党支部
  - 发展公司党支部
  - 东方公司党支部
  - 引航公司党支部
  - 实业公司党支部

2003年秦皇岛港务集团有限公司党组织机构设图

中共秦皇岛港务集团有限公司委员会

党组织	下属支部
第一港务分公司党委	8支部
第二港务分公司党委	16支部
第三港务分公司党委	13支部
杂货港务分公司党委	17支部
第六港务分公司党委	11支部
第七港务分公司党委	8支部
第八港务分公司党委	9支部
铁路运输分公司党委	11支部
流动机械分公司党委	9支部
秦港集团机关党委	29支部
船舶分公司党委	5支部
劳务分公司党委	7支部
港口公安局党委	15支部
港口医院党委	10支部
建港指挥部党委	3支部
离退中心党委	10支部
机械修造厂党委	11支部
生活服务分公司党委	10支部

党组织	下属支部
通信公司党总支	6支部
物资公司党总支	6支部
电力公司党总支	7支部
教育中心党总支	6支部
外理公司党总支	4支部
港航公司党总支	6支部
水暖公司党总支	10支部
外代公司党总支	4支部
海景酒店党总支	3支部
建筑公司党总支	3支部

- 水运卫校党支部
- 银港公司党支部
- 配件公司党支部
- 发展公司党支部
- 东方公司党支部
- 方大公司党支部
- 实业公司党支部
- 引航公司党支部

2004 年秦皇岛港务集团有限公司党组织机构图

中共秦皇岛港务集团有限公司委员会

- 第一港务分公司党委（8 支部）
- 第二港务分公司党委（16 支部）
- 第三港务分公司党委（13 支部）
- 杂货港务分公司党委（16 支部）
- 第六港务分公司党委（11 支部）
- 第七港务分公司党委（8 支部）
- 第八港务分公司党委（9 支部）
- 铁路运输分公司党委（11 支部）
- 流动机械分公司党委（9 支部）
- 秦港集团机关党委（29 支部）
- 船舶分公司党委（5 支部）
- 劳务分公司党委（7 支部）
- 港口公安局党委（15 支部）
- 港口医院党委（10 支部）
- 建港指挥部党委（3 支部）
- 离退中心党委（10 支部）
- 机械修造厂党委（11 支部）
- 生活服务分公司党委（9 支部）

- 通信公司党总支（6 支部）
- 物资中心党总支（6 支部）
- 电力公司党总支（7 支部）
- 教育中心党总支（4 支部）
- 外理公司党总支（4 支部）
- 港航公司党总支（5 支部）
- 水暖公司党总支（10 支部）
- 外代公司党总支（3 支部）
- 海景酒店党总支（3 支部）
- 建筑公司党总支（3 支部）

- 水运卫校党支部
- 银港公司党支部
- 配件公司党支部
- 发展公司党支部
- 东方公司党支部
- 方大公司党支部
- 物流公司党支部
- 实业公司党支部
- 引航公司党支部

2005年秦皇岛港务集团有限公司党组织机构图

- 中共秦皇岛港务集团有限公司委员会
  - 第一港务分公司党委：7支部
  - 第二港务分公司党委：16支部
  - 第三港务分公司党委：14支部
  - 杂货港务分公司党委：16支部
  - 第六港务分公司党委：11支部
  - 第七港务分公司党委：8支部
  - 第八港务分公司党委：8支部
  - 第九港务分公司党委：1支部
  - 铁路运输分公司党委：11支部
  - 流动机械分公司党委：9支部
  - 秦港集团机关党委：27支部
  - 船舶分公司党委：5支部
  - 劳务分公司党委：7支部
  - 港口公安局党委：14支部
  - 港口医院党委：10支部
  - 建港指挥部党委：3支部
  - 离退中心党委：15支部
  - 机械修造厂党委：12支部
  - 生活服务分公司党委：9支部
  - 通信公司党总支：6支部
  - 物资中心党总支：6支部
  - 电力公司党总支：7支部
  - 教育中心党总支：4支部
  - 外理公司党总支：4支部
  - 港航公司党总支：5支部
  - 水暖公司党总支：9支部
  - 外代公司党总支：4支部
  - 海景酒店党总支：3支部
  - 建筑公司党总支：3支部
  - 水运卫校党支部
  - 利港公司党支部
  - 配件公司党支部
  - 秦云公司党支部
  - 东方公司党支部
  - 方大公司党支部
  - 物流公司党支部
  - 实业公司党支部
  - 引航公司党支部

2006年秦皇岛港务集团有限公司党组织机构图

中共秦皇岛港务集团有限公司委员会

- 第一港务分公司党委：7支部
- 第二港务分公司党委：14支部
- 第三港务分公司党委：12支部
- 杂货港务分公司党委：16支部
- 第六港务分公司党委：11支部
- 第七港务分公司党委：8支部
- 第八港务分公司党委：8支部
- 第九港务分公司党委：5支部
- 铁路运输分公司党委：11支部
- 流动机械分公司党委：9支部
- 秦港集团机关党委：27支部
- 船舶分公司党委：5支部
- 劳务分公司党委：7支部
- 港口公安局党委：15支部
- 港口医院党委：10支部
- 建港指挥部党委：3支部
- 离退中心党委：15支部
- 机械修造厂党委：12支部
- 生活服务分公司党委：10支部

- 通信公司党总支：6支部
- 物资中心党总支：6支部
- 电力公司党总支：6支部
- 教育中心党总支：4支部
- 外理公司党总支：4支部
- 港航公司党总支：5支部
- 水暖公司党总支：9支部
- 外代公司党总支：4支部
- 海景酒店党总支：3支部
- 建筑公司党总支：3支部

- 水运卫校党支部
- 利港公司党支部
- 瑞港公司党支部
- 秦云公司党支部
- 东方公司党支部
- 方大公司党支部
- 物流公司党支部
- 实业公司党支部
- 引航公司党支部

2007年秦皇岛港务集团有限公司党组织机构图

中共秦皇岛港务集团有限公司委员会

党组织	下属支部
第一港务分公司党委	7支部
第二港务分公司党委	13支部
第三港务分公司党委	13支部
杂货港务分公司党委	16支部
第六港务分公司党委	11支部
第七港务分公司党委	7支部
第八港务分公司党委	8支部
第九港务分公司党委	5支部
铁路运输分公司党委	9支部
流动机械分公司党委	9支部
秦港集团机关党委	28支部
船舶分公司党委	5支部
劳务分公司党委	7支部
港口公安局党委	15支部
港口医院党委	10支部
建港指挥部党委	3支部
离退中心党委	15支部
机械修造厂党委	11支部
生活服务分公司党委	10支部

党组织	下属支部
通信公司党总支	6支部
物资中心党总支	6支部
电力公司党总支	6支部
教育中心党总支	4支部
外理公司党总支	4支部
港航公司党总支	5支部
水暖公司党总支	9支部
外代公司党总支	4支部
海景酒店党总支	3支部
建筑公司党总支	3支部
引航公司党总支	1支部

- 水运卫校党支部
- 新港湾公司党支部
- 瑞港公司党支部
- 秦云公司党支部
- 东方公司党支部
- 方大公司党支部
- 物流公司党支部
- 实业公司党支部

2008年秦皇岛港务集团有限公司党组织机构图

中共秦皇岛港务集团有限公司委员会

党组织	支部数
秦港股份公司党委	
秦港集团机关党委	17支部
机械修造厂党委	11支部
生活服务公司党委	10支部
建港指挥部党委	3支部
港口公安局党委	14支部
港口医院党委	10支部
离退中心党委	15支部
通信公司党总支	7支部
教育中心党总支	3支部
中理公司党总支	4支部
港航公司党总支	4支部
引航公司党总支	2支部
水暖公司党总支	9支部
外代公司党总支	3支部
海景酒店党总支	3支部
建筑公司党总支	3支部
水运卫校党支部	1支部
实业公司党支部	1支部
方大公司党支部	1支部
东方公司党支部	1支部

秦港股份公司党委

党组织	支部数
第一港务分公司党委	7支部
第二港务分公司党委	13支部
第三港务分公司党委	12支部
杂货港务分公司党委	15支部
第六港务分公司党委	11支部
第七港务分公司党委	7支部
第八港务分公司党委	8支部
第九港务分公司党委	5支部
铁路运输分公司党委	9支部
流动机械分公司党委	9支部
股份公司机关党委	12支部
船舶分公司党委	5支部
劳务分公司党委	7支部
物资中心党总支	6支部
安保中心党总支	3支部
电力分公司党总支	5支部
物流分公司党支部	1支部
秦云公司党支部	1支部
瑞港公司党支部	1支部
新港湾公司党支部	1支部
山海关码头党支部	1支部
华正煤检党支部	1支部
海运煤炭党支部	1支部

2009年河北港口集团有限公司党组织机构图

中共河北港口集团有限公司委员会

- 秦港股份公司党委
  - 第一港务分公司党委（5支部）
  - 第二港务分公司党委（13支部）
  - 第三港务分公司党委（12支部）
  - 杂货港务分公司党委（15支部）
  - 第六港务分公司党委（11支部）
  - 第七港务分公司党委（7支部）
  - 第八港务分公司党委（8支部）
  - 第九港务分公司党委（5支部）
  - 铁路运输分公司党委（9支部）
  - 流动机械分公司党委（9支部）
  - 劳务分公司党委（7支部）
  - 股份公司机关党委（12支部）
  - 船舶分公司党委（5支部）
  - 沧州渤海公司党委
  - 物资中心党总支（6支部）
  - 安保中心党总支（4支部）
  - 电力分公司党总支（5支部）
  - 中理公司党总支（4支部）
  - 物流分公司党支部（1支部）
  - 秦云公司党支部（1支部）
  - 瑞港公司党支部（1支部）
  - 新港湾公司党支部（1支部）
  - 山海关码头党支部（1支部）
  - 华正煤检党支部（1支部）
  - 海运煤炭党支部（1支部）
- 集团公司机关党委
- 工程技术公司党委
  - 机械修造厂党委（待撤销）
- 生活服务公司党委
- 港口建设公司党委
- 港口公安局党委
- 港口医院党委
- 离退中心党委
- 通信公司党总支
- 教育中心党总支
- 引航公司党总支
- 水暖公司党总支
- 外代公司党总支
- 海景酒店党总支
- 建筑公司党总支
- 水运卫校党支部
- 实业公司党支部
- 方大公司党支部
- 东方公司党支部

说明：沧州渤海公司党委本年成立，2009年与2010年所辖支部数空缺

2010年河北港口集团有限公司党组织机构图

- 中共河北港口集团有限公司委员会
  - 集团机关党委
  - 服务管理公司党委
  - 秦港股份公司党委
    - 服务管理公司机关党委
    - 后勤物业管理公司党委
    - 工程技术分公司党委
    - 生活服务公司党委（待撤销）
    - 港口建设公司党委
    - 港口公安局党委
    - 港口医院党委
    - 离退中心党委
    - 通信公司党总支
    - 教育中心党总支
    - 引航公司党总支
    - 水暖公司党总支
    - 外代公司党总支
    - 海景酒店党总支
    - 建筑公司党总支
    - 水运卫校党支部
    - 实业公司党支部
    - 方大公司党支部
    - 东方公司党支部
    - 地产发展公司党支部
    - 新闻中心党支部
    - 社保中心党支部
    - 房产中心党支部
    - 之海船代党支部
    - 监理公司党支部
    - 方远公司党支部
    - 行政中心党支部（待撤销）
  - 珠海秦发临时党支部

秦港股份公司党委下属（续）：

党组织	支部数
第一港务分公司党委	5支部
第二港务分公司党委	14支部
第三港务分公司党委	12支部
杂货港务分公司党委	15支部
第六港务分公司党委	11支部
第七港务分公司党委	7支部
第八港务分公司党委	8支部
第九港务分公司党委	5支部
铁路运输分公司党委	9支部
流动机械分公司党委	9支部
劳务分公司党委	7支部
股份公司机关党委	12支部
船舶分公司党委	5支部
沧州渤海公司党委	
物资中心党总支	5支部
安保中心党总支	3支部
电力分公司党总支	5支部
中理公司党总支	4支部
物流分公司党支部	1支部
秦云公司党支部	1支部
瑞港公司党支部	1支部
新港湾公司党支部	1支部
山海关码头党支部	1支部
华正煤检党支部	1支部
海运煤炭党支部	1支部
新奥秦港党支部	1支部

说明：由于资料缺乏，2009年～2011年集团公司以及服管公司所辖党组织的支部数空缺

2011年河北港口集团有限公司党组织机构图

- 中共河北港口集团有限公司委员会
  - 集团机关党委
  - 服务管理公司党委
    - 服务管理公司机关党委
    - 后勤物业管理公司党委
    - 工程技术分公司党委
    - 生服公司党委（待撤销）
    - 港口工程公司党委
    - 港口公安局党委
    - 港口医院党委
    - 离退中心党委
    - 通信公司党总支
    - 教育中心党总支
    - 引航公司党总支
    - 水暖公司党总支
    - 外代公司党总支
    - 海景酒店党总支
    - 建筑公司党总支
    - 水运卫校党支部
    - 实业公司党支部
    - 方大公司党支部
    - 东方公司党支部
    - 地产发展公司党支部
    - 新闻中心党支部
    - 社保中心党支部
    - 房产中心党支部
    - 之海船代党支部
    - 监理公司党支部
    - 方远公司党支部
    - 行政中心党支部（待撤销）
  - 秦港股份公司党委（下属组织见下表）
  - 珠海秦发临时党支部
  - 邯郸国际陆港党总支

秦港股份公司党委下属组织	支部数
第一港务分公司党委	4支部
第二港务分公司党委	14支部
第三港务分公司党委	12支部
杂货港务分公司党委	15支部
第六港务分公司党委	11支部
第七港务分公司党委	7支部
第八港务分公司党委	8支部
第九港务分公司党委	6支部
铁路运输分公司党委	9支部
流动机械分公司党委	9支部
劳务分公司党委	7支部
股份公司机关党委	13支部
船舶分公司党委	5支部
沧州渤海公司党委	5支部
曹妃甸煤炭公司党委	2支部
物资中心党总支	5支部
安保中心党总支	4支部
电力分公司党总支	6支部
中理公司党总支	4支部
物流分公司党支部	1支部
秦云公司党支部	1支部
瑞港公司党支部	1支部
新港湾公司党支部	1支部
华正煤检党支部	1支部
海运煤炭党支部	1支部
新澳秦港党支部	1支部

2012年河北港口集团有限公司党组织机构图

中共河北港口集团有限公司委员会

集团直属党组织28个，其中党委9个，党总支7个，党支部12个

- 秦港股份公司党委
  - 股份公司下设党组织25个，其中党委15个，党总支4个，党支部6个
    - 第一港务分公司党委 — 4支部
    - 第二港务分公司党委 — 14支部
    - 第三港务分公司党委 — 11支部
    - 杂货港务分公司党委 — 20支部
    - 第六港务分公司党委 — 9支部
    - 第七港务分公司党委 — 7支部
    - 第九港务分公司党委 — 6支部
    - 铁路运输分公司党委 — 9支部
    - 流动机械分公司党委 — 11支部
    - 劳务分公司党委 — 7支部
    - 股份公司机关党委 — 14支部
    - 船舶分公司党委 — 5支部
    - 沧州渤海公司党委 — 9支部
    - 沧州矿石公司党委 — 1支部
    - 曹妃甸煤炭公司党委 — 2支部
    - 物资中心党总支 — 5支部
    - 安保中心党总支 — 5支部
    - 电力分公司党总支 — 5支部
    - 中理公司党总支 — 5支部
    - 物流分公司党支部 — 1支部
    - 新奥秦港党支部 — 1支部
    - 瑞港公司党支部 — 1支部
    - 新港湾公司党支部 — 1支部
    - 华正煤检党支部 — 1支部
    - 海运煤炭党支部 — 1支部
- 集团公司机关党委 — 11支部
- 港口工程公司党委 — 6支部
- 后勤公司党委 — 12支部
- 港口机械公司党委 — 13支部
- 港口公安局党委 — 17支部
- 港口医院党委 — 9支部
- 离退中心党委 — 16支部
- 通信公司党总支 — 7支部
- 教育中心党总支 — 3支部
- 邯郸国际陆港党总支 — 1支部
- 水暖公司党总支 — 7支部
- 外代公司党总支 — 3支部
- 建筑公司党总支 — 3支部
- 房地产公司党支部 — 1支部
- 水运卫校党支部 — 1支部
- 实业公司党支部 — 1支部
- 方大公司党支部 — 1支部
- 东方公司党支部 — 1支部
- 监理公司党支部 — 1支部
- 睿港煤炭党支部 — 1支部
- 之海船代党支部 — 1支部
- 社保中心党支部 — 1支部
- 新闻中心党支部 — 1支部
- 方远公司党支部 — 1支部
- 房产中心党支部 — 1支部
- 服务管理公司党委（待撤销）
- 引航公司党总支（待转出） — 2支部

2013 年河北港口集团有限公司党组织机构图

中共河北港口集团有限公司委员会

集团直属党组织 26 个，其中党委 10 个，党总支 4 个，党支部 12 个

党组织	支部数
秦港股份公司党委	
集团公司机关党委	12 支部
港口工程公司党委	9 支部
后勤公司党委	12 支部
港口机械公司党委	11 支部
港口公安局党委	17 支部
港口医院党委	9 支部
离退中心党委	17 支部
水暖公司党委	7 支部
通信公司党委	7 支部
邯郸国际陆港党总支	1 支部
教育中心党总支	3 支部
外代公司党总支	3 支部
建筑公司党总支	3 支部
房地产公司党支部	1 支部
水运卫校党支部	1 支部
实业公司党支部	1 支部
方大公司党支部	1 支部
东方公司党支部	1 支部
监理公司党支部	1 支部
睿港煤炭党支部	1 支部
之海船代党支部	1 支部
社保中心党支部	1 支部
新闻中心党支部	1 支部
方远公司党支部	1 支部
房产中心党支部	1 支部

股份公司下设党组织 25 个，其中党委 18 个，党总支 3 个，党支部 4 个

党组织	支部数
第一港务分公司党委	5 支部
第二港务分公司党委	14 支部
第三港务分公司党委	11 支部
杂货港务分公司党委	20 支部
第六港务分公司党委	7 支部
第七港务分公司党委	7 支部
第九港务分公司党委	6 支部
铁路运输分公司党委	9 支部
流动机械分公司党委	11 支部
劳务分公司党委	7 支部
股份公司机关党委	14 支部
船舶分公司党委	5 支部
沧州渤海公司党委	9 支部
沧州矿石公司党委	1 支部
曹妃甸煤炭公司党委	2 支部
物资中心党委	5 支部
电力分公司党委	5 支部
中理公司党委	4 支部
安保中心党总支	5 支部
物流分公司党总支	2 支部
新港湾公司党总支	4 支部
瑞港公司党支部	1 支部
兴奥秦港党支部	1 支部
华正煤检党支部	1 支部
海运煤炭党支部	1 支部

2014年河北港口集团有限公司党组织机构图

中共河北港口集团有限公司委员会

集团直属党组织28个，其中党委10个，党总支4个，党支部14个

党组织	下设支部
秦港股份公司党委	
集团公司机关党委	14支部
港口工程公司党委	9支部
后勤公司党委	11支部
港口机械公司党委	12支部
港口公安局党委	17支部
港口医院党委	9支部
离退中心党委	17支部
水暖公司党委	7支部
通信公司党委	7支部
邯郸国际陆港党总支	1支部
教育中心党总支	3支部
外代公司党总支	3支部
建筑公司党总支	3支部
房地产公司党支部	1支部
水运卫校党支部	1支部
实业公司党支部	1支部
方大公司党支部	1支部
东方公司党支部	1支部
监理公司党支部	1支部
睿港煤炭党支部	1支部
之海船代党支部	1支部
社保中心党支部	1支部
新闻中心党支部	1支部
方远公司党支部	1支部
房产中心党支部	1支部
方宇物业党支部	1支部
海运煤炭党支部	1支部

股份公司下设党组织24个，其中党委18个，党总支3个，党支部3个

党组织	下设支部
第一港务分公司党委	5支部
第二港务分公司党委	14支部
第三港务分公司党委	11支部
杂货港务分公司党委	18支部
第六港务分公司党委	7支部
第七港务分公司党委	7支部
第九港务分公司党委	6支部
铁路运输分公司党委	10支部
流动机械分公司党委	11支部
劳务分公司党委	7支部
股份公司机关党委	14支部
船舶分公司党委	5支部
沧州渤海公司党委	7支部
沧州矿石公司党委	3支部
曹妃甸煤炭公司党委	2支部
物资中心党委	6支部
电力分公司党委	6支部
中理公司党委	5支部
安保中心党总支	5支部
物流分公司党总支	2支部
新港湾公司党总支	4支部
瑞港公司党支部	1支部
兴奥秦港党支部	1支部
华正煤检党支部	1支部

2015年河北港口集团有限公司党组织机构图

中共河北港口集团有限公司委员会

集团直属党组织30个，其中党委10个，党总支5个，党支部15个

党组织	下设支部
秦港股份公司党委	
集团公司机关党委	14支部
港口工程公司党委	9支部
后勤公司党委	8支部
港口机械公司党委	12支部
港口公安局党委	17支部
港口医院党委	9支部
离退中心党委	17支部
水暖公司党委	7支部
通信公司党委	5支部
邯郸国际陆港党总支	1支部
教育中心党总支	3支部
外代公司党总支	3支部
建筑公司党总支	3支部
餐饮公司党总支	2支部
房地产公司党支部	1支部
水运卫校党支部	1支部
实业公司党支部	1支部
方大公司党支部	1支部
东方石油党支部	1支部
监理公司党支部	1支部
睿港煤炭党支部	1支部
之海船代党支部	1支部
社保中心党支部	1支部
新闻中心党支部	1支部
方远公司党支部	1支部
房产中心党支部	1支部
方宇物业党支部	1支部
海运煤炭党支部	1支部
蓝港国旅党支部	1支部

股份公司下设党组织25个，其中党委18个，党总支3个，党支部4个

党组织	下设支部
第一港务分公司党委	5支部
第二港务分公司党委	14支部
第三港务分公司党委	9支部
杂货港务分公司党委	18支部
第六港务分公司党委	7支部
第七港务分公司党委	7支部
第九港务分公司党委	6支部
铁路运输分公司党委	10支部
流动机械分公司党委	11支部
劳务分公司党委	7支部
股份公司机关党委	14支部
船舶分公司党委	5支部
沧州渤海公司党委	7支部
沧州矿石公司党委	4支部
曹妃甸煤公司炭党委	2支部
物资中心党委	6支部
电力分公司党委	7支部
中理公司党委	5支部
安保中心党总支	6支部
物流分公司党总支	2支部
新港湾公司党总支	5支部
瑞港公司党支部	1支部
兴奥秦港党支部	1支部
华正煤检党支部	1支部
唐港投党支部	1支部

2016 年河北港口集团有限公司党组织机构图

中共河北港口集团有限公司委员会

集团直属党组织 31 个，其中党委 10 个，党总支 5 个，党支部 16 个

党组织	所辖支部
秦港股份公司党委	
集团公司机关党委	17 支部
港口工程公司党委	9 支部
后勤公司党委	8 支部
港口机械公司党委	14 支部
港口公安局党委	16 支部
港口医院党委	9 支部
离退中心党委	17 支部
水暖公司党委	7 支部
通信公司党委	5 支部
邯郸国际陆港党总支	1 支部
教育中心党总支	3 支部
外代公司党总支	3 支部
建筑公司党总支	3 支部
餐饮公司党总支	2 支部
房地产公司党支部	1 支部
水运卫校党支部	1 支部
实业公司党支部	1 支部
检测公司党支部	1 支部
东方石油党支部	1 支部
监理公司党支部	1 支部
睿港煤炭党支部	1 支部
之海船代党支部	1 支部
社保中心党支部	1 支部
新闻中心党支部	1 支部
方远公司党支部	1 支部
房产中心党支部	1 支部
方宇物业党支部	1 支部
海运煤炭党支部	1 支部
蓝港国旅党支部	1 支部
资产公司党支部	1 支部

股份公司下设党组织 25 个，其中党委 18 个，党总支 3 个，党支部 4 个

党组织	所辖支部
第一港务分公司党委	5 支部
第二港务分公司党委	14 支部
第三港务分公司党委	9 支部
杂货港务分公司党委	18 支部
第六港务分公司党委	7 支部
第七港务分公司党委	7 支部
第九港务分公司党委	6 支部
铁路运输分公司党委	10 支部
流动机械分公司党委	11 支部
劳务分公司党委	7 支部
股份公司机关党委	14 支部
船舶分公司党委	5 支部
沧州渤海公司党委	7 支部
沧州矿石公司党委	4 支部
曹妃甸煤炭公司党委	2 支部
物资中心党委	6 支部
电力分公司党委	7 支部
中理公司党委	5 支部
安保中心党总支	6 支部
矿石分公司党总支	
新港湾公司党总支	5 支部
瑞港公司党支部	1 支部
兴奥秦港党支部	1 支部
华正煤检党支部	1 支部
唐港投党支部	1 支部

说明：矿石分公司党总支为新成立党组织，所辖支部数空缺

附录 2　组织制度

党组织制度建设，是保证国有企业党组织完成企业各项任务，有效发挥企业党组织在企业发展过程中的政治核心作用、党支部的战斗堡垒作用和党员的先锋模范作用，全面促进企业科学发展的重要手段。集团党委围绕强化主责主业，完善制度体系，制定工作规则，着力用制度落实管党、治党要求，使制度建设有效、管用、持久。先后制定、健全、完善了一系列制度规定，涵盖党的思想建设、组织建设、作风建设和反腐倡廉建设等方面，形成了一整套内容完备、系统配套、科学管用的党建制度体系，为不断提升集团党建工作水平提供了制度支撑。

港口解放初期，开滦工委先后着手建立健全党组织的相关制度，完善党组织设置，理顺关系，逐步公开党支部，发挥基层党组织战斗堡垒作用。1953 年至 1966 年期间，管理局党委将制度建设重点放在进一步规范和完善党委和基层党支部工作职责和建立党组织正常工作秩序上，并不断加强干部作风建设，推动领导干部持续转变作风。1971 年 12 月，局党委恢复后，认真开展党组织制度整顿工作，制定制度加强党的一元化领导，印发《关于干部管理权限和管理方法的规定（试行草案）》，为培养港口革命接班人，实现各级党组织领导班子人员合理配置奠定基础。粉碎“四人帮”和十一届三中全会后，局党委相继印发《中共秦皇岛港务管理局委员会工作条例》《中共秦皇岛港务管理局委员会所属党委、总支和直属支部工作条例》等制度，逐步恢复了党组织工作正常秩序。1987 年后，局党委根据实际情况，制定《组织工作细则》，逐步修订、完善党组织原有各项制度，党组织制度体系日趋完善。2002 年以来，集团党委在积极落实上级党组织要求的基础上，结合自身特点，建立健全党建工作长效机制，相继印发《关于加强和改进基层党建工作的意见》《推进学习型党组织建设的实施意见》《进一步提升党的建设科学化水平的意见》《落实党建工作责任制实施办法》《基层党支部公推直选实施办法》《加强党小组规范化建设实施方案》《关于加强基层服务型党组织建设的实施意见》等多项制度，形成了全面系统的组织制度体系。

第一节 党组织建设制度

1953 年 7 月，分局党委颁发《各总支、支部几项制度的具体规定》，对贯彻民主集中制，加强党内民主生活，建立会议、汇报制度，严格控制建立临时性工作机构，群众对领导干部进行民主监督，定期检查工作，严格机关人员管理制度，加强干部的理论、时事、政策和文化学习等作出了规定，初步规范了基层党组织工作，为基层组织开展工作奠定基础。

1954 年 3 月，分局党委作出《实行党委机关各部、室办事细则的决定（草案）》，对党委机关各室的工作范围，会议汇报制度（包括党员大会，支部书记联席会，组织委员、宣传委员、生产委员、纪律检查委员联席会，部长碰头会、部务会、支部书记汇报会），机关干部下厂制度和实行重点领导的方法以及业务学习等作了明确规定。8月，管理局党委印发制定《关于健全支部工作正常秩序和各种制度的规定》，要求各支部建立严格的会议、汇报制度，将支部各项基本工作规范化、制度化。

1955年5月，管理局党委针对党支部工作中存在的对集体领导原则认识不足、党支部大会民主空气不浓、一些党员执行党的决议不积极、党的小组生活会制度不健全等方面问题，印发《关于改进支部工作的几项措施》，明确支部的基本任务，要求加强支部委员会的集体领导，学习和推广哈尔滨机车车辆厂开好党支部大会的经验，提高支部书记、委员工作能力。

1956年3月，管理局党委印发《关于党委常委几项办公制度的规定》，规范了党委常委的会议制度和文件审核签发流程，并根据工作需要调整了党委常委的分工，加强了党委的集体领导，进一步提升了党委常委的工作效率。

1957年2月，管理局党委印发《关于加强集体领导的几项规定》，强调企业一切重大问题必须经党委集体讨论决定，规定党委全委会和常委会的会议内容，鼓励党内监督，调整党委常委职责分工，充分发挥党委会的集体领导力。

1960年3月，管理局党委印发《1960年总支、支部、党员和干部五好竞赛评比办法》。确定了总支、支部的“五好”条件，规定了评比、奖励方式及竞赛的组织领导部门。

1961年8月，管理局党委印发《关于加强支部工作的若干规定》，对党支部、支部大会、支部委员会以及党小组的基本任务作了规定，并对支部的思想政治领导和劳动竞赛工作两项重点工作做了详细布置。11月，管理局党委全委会通过了《关于加强集体领导，改进工作作风的若干规定》，就开好党委会议、贯彻党委领导下的局长负责制、加强调查研究、提高领导水平等四个方面内容作了规定，改进了党委在领导思想、领导方法和领导作风上的不足，强化了党委的领导核心作用。

1962年，管理局党委制定《党支部工作条例》和《关于加强支部工作的若干规定》，明确支部工作的基本任务和工作方法，对支部工作的基本任务、加强政治思想领导、加强劳动竞赛工作、支部党员大会、支部委员会和党小组等方面作了具体规定，克服支部工作中出现的问题，加强基层党组织建设水平。

1963年11月，管理局党委制定《港口政治工作条例（草案）修改稿》，明确管理局党委在本企业中的领导核心地位和根本任务以及各基层总支、支部的战斗堡垒作用和对行政工作的保证监督作用，规范局政治工作机构设置及群众工作等。

1973年1月，局党委印发《关于加强党的一元化领导，改进领导作风的若干规定》，强调坚持党委全委会议和党委常委会议制度，保证会议质量，并贯彻执行党委集体领导下的分工负责制，加强党委的集体领导，推动党委决议得到有效贯彻实施。

1975年10月，局党委制定《关于加强党的一元化领导，改进领导作风的暂行规定》。党委坚持党的基本路线，规范党委全委会召开时间和议题内容，对改进领导人员作风提出明确要求，逐步恢复党委的领导地位，规

范了党委工作相关流程。

1977 年 8 月，局党委制定《关于党的组织工作管理办法（草案）》，就局各级党组织的建立、改选和发展党员等工作作出规定。此项制度有利于恢复“文革”期间陷入停滞的组织工作，逐步规范了党的工作流程。

1978 年 10 月，管理局党委颁布《中共秦皇岛港务管理局委员会工作条例》《中共秦皇岛港务管理局政治部工作条例》《中共秦皇岛港务管理局委员会所属党委、总支和直属支部工作条例》《中共秦皇岛港务管理局委员会所属基层党支部工作条例》，对局党委、政治部、基层党委、总支、直属支部和基层党支部的工作制度等作了明确规定。

1981 年 1 月，管理局党委制定《关于党委常委成员、局职干部生活待遇的规定》。6 月，管理局党委下发《关于加强常委会工作的几项规定》，对常委会的工作原则、工作内容以及常务委员的政治生活守则进行了规定，提升了党委常委的领导能力。

1983 年 9 月，管理局党委颁发《关于贯彻〈中国共产党工业企业基层组织工作暂行条例〉实施细则（草案）》。

1987 年，管理局党委制定《组织工作细则》，对局党委的产生、构成、主要任务和保证监督作用，党员的教育、发展和管理，干部的管理，思想政治工作，党委和职工代表大会，党委和群众组织，工作作风和工作方法等内容进行了规定，适应了企业领导体制改革和厂长负责制的要求，有效发挥了党组织的保证监督作用。

1988 年，管理局党委建立健全了《党政联席会制度》《党委议事规则》《基层党组织书记工作例会制度》和《党组织实施保证监督职能的办法》，重新修订《党委的基本任务》《党委书记、副书记职责》《党委组织部工作职责》，为党组织实施保证与监督职能，顺利开展相关工作奠定了制度基础。

1989 年 2 月，局党委试行《基层党组织考核标准（试行）》，在“保证和监督党的方针路线政策”“班子团结，为政清廉”“坚持从严治党”等四个方面内容上制定了标准，为党组织日常检查提供了依据。4 月，局党委印发《基层党委（总支、直属支部）书记工作例会制度》，规定基层组织书记例会的具体内容。

1990 年，局党委制定下发《关于发挥党组织政治核心作用的试行意见》，明确了党委的政治核心作用，进一步加强了党组织参与决策企业生产经营方针、计划、干部奖惩、职工生活福利等六个方面内容，理顺了党、政、工三者关系。

1991 年 3 月，局党委印发《基层党组织选举工作的实施细则》，对基层党组织委员会的产生、代表的选举、委员会的选举、委员会在任期内缺员后的补员程序和委员会书记、副书记的产生程序等作出了规定，加强了局各级领导班子建设，推进了民主集中制在全局范围内的贯彻执行。

1994 年 1 月，局党委对 1990 年颁布的《关于发挥党组织政治核心作用的试行意见》进行了补充和修改。明确了局党委和直属党组织的五项具体职责，坚持精干、高效、协调的原则，设置机构和配备人员。同年，局党委制定《关于秦皇岛港务局委员会关于加强党组织建设的若干意见》，从加强和改进党的基层组织建设、加强和改进党员教育工作、培养和选拔德才兼备的领导干部等三个方面提出了具体措施。

1995 年 3 月，局党委制定下发《关于加强基层党组织建设的若干暂行规定》，明确各基层组织的工作指导方针和基本目标，规定了党组织设置、成员构成、成员任期以及党内生活、民主监督等一系列内容。

1996年，局党委正式颁布实施《党委工作条例》，使党委工作规范化、制度化、科学化。

2003年3月，秦港集团党委制定《中共秦皇岛港务集团有限公司委员会工作规则(试行)》，对党委会（含扩大会）的召开、议事内容、议事的程序和管理做出了明确规定，充分发挥党组织政治核心作用，保证党对国有企业的政治领导。

2006年3月，秦港集团党委制定《关于加强和改进基层党建工作的意见》《关于基层党组织领导人员民主生活会的若干规定》，改进、修订《民主评议党员制度》，建立健全了党建工作长效机制。

2010年8月，集团党委印发《推进学习型党组织建设的实施意见》，提出建设学习型党组织的主要任务和具体要求，规范集团学习型党组织建设，实现集团科学发展。

2012年，集团党委将党组织建设作为推动企业发展的引擎，创新构建制度体系，研究制订《进一步提升党的建设科学化水平的意见》《落实党建工作责任制实施办法》《基层党支部公推直选实施办法》等党建工作制度；修改完善《基层党组织选举工作实施细则》《关于加强和改进党员教育管理工作的若干规定》等8项制度，推进了党内制度不断完善。

2013年4月，集团党委印发《基层党支部公推直选实施办法（试行）》和《基层党组织选举工作实施细则》，对基层党支部委员会成员公推直选工作和基层党组织选举的程序及组织、监督内容进行了规定，明确了基层支部委员会成员的任职条件和资格，提升了基层支部选举的科学性，完善了党内选举制度。同月，集团党委印发《关于进一步提升集团公司党的建设科学化水平的意见(试行)》和《党建工作责任制实施办法（试行)》，全面提升集团党建工作水平。

2014年，制定下发《加强党小组规范化建设实施方案》，量化“有阵地、有职责、有活动、有指导、有实效”的“五有”目标，明确“一室一卷一角一栏”的“四个一”建设标准，为集团各级党小组树立了明确标准，增强了基层党组织的政治核心作用和生机活力。

2015年5月，集团党委出台《关于加强基层服务型党组织建设的实施意见》，明确建设基层服务型党组织的总体要求和根本任务，通过开展五项行动，建立五项机制，不断提升基层党组织服务能力和服务水平。同年，还制定了《集团党委党建工作绩效管理评价实施办法》，建立健全科学管用的党建工作考评体系，推动党建管理不断创新。

2017年3月，集团党委印发《党费收缴、使用和管理办法》，明确规定了党员交纳党费的比例、具体计算基数、交纳方式以及党费的使用、管理审批程序，进一步加强和改进了集团公司党费收缴、使用和管理工作。

2017年4月，集团党委印发《关于进一步提升集团公司党的建设科学化水平的实施意见》，提出8项40条意见。要求各级党组织深刻认识和全面把握进一步提升党的建设科学化水平的重要意义；明确提升党的建设科学化水平的指导思想、基本原则和主要内容；提升参与企业重大问题决策的科学化水平，切实保证和促进集团公司科学发展；落实党管干部和党管人才原则，切实提升领导班子和人才队伍建设的科学化水平；加强基层党组织建设，努力提升党组织自身建设的

科学化水平；扎实推进党风建设和反腐倡廉工作，努力提升大监督格局建设科学化水平；坚持以人为本，努力提升群众工作科学化水平；加强领导，强化保障，以改革创新精神开创集团公司党建工作新局面。

同月，集团党委印发《党建工作绩效管理考核评价实施意见（试行）》，明确规定了党建工作绩效管理考核评价工作的指导思想、基本原则、考评对象、考评主体、考评内容、考评方式以及考评结果的评定、反馈和运用等内容，将绩效管理理念引入党建工作，运用关键绩效指标，通过设置定量化的考评标准，对直属党组织进行量化考评，进一步激励、促进基层党建工作融入中心、服务大局、进入管理，在应对严峻市场挑战和推进集团转型升级、降本增效中充分发挥党组织的领导核心和政治核心作用，为促进集团科学发展、转型升级提供坚强的政治保证。

2017 年 5 月，集团党委印发《关于集团子公司党建工作总体要求纳入公司章程有关事项的通知》，规定集团全资及控股子公司结合实际，明确纳入公司章程的具体内容。一是“总则”增加：根据《中国共产党章程》规定，设立中国共产党的组织，发挥领导核心和政治核心作用，把方向、管大局、保落实。公司要建立党的工作机构，配备足够数量的党务工作人员，保障党组织的工作经费。二是“董事会的职权和义务”增加：董事会决定公司重大问题，应事先听取公司党委（党总支、党支部）的意见。三是单设一章“党委（党总支、党支部）”，明确公司党委（党总支、党支部）根据《中国共产党章程》等党内有关法规应当履行的职责。

第二节 发展党员和党员管理制度

1952 年至 1959 年间，秦皇岛港党委先后三次制定《关于发展新党员的计划》，有力地壮大了党的组织和党员队伍，加强了党的战斗力，为迎接大规模的经济建设奠定了人才基础。

1960 年 3 月，管理局党委颁发《1960 年总支、支部、党员和干部五好竞赛评比办法》，确定了“五好”党员的评选条件，规定了评比、奖励方式及竞赛的组织领导部门。

1981 年 3 月，管理局党委作出《关于处分党员批准权限的暂行规定》，对犯错误党员给以党纪处分的报批程序及权限、纠正党员处分的权限及需履行的手续、党员对组织处分的申诉权及处分党员的方针政策等内容作出规定。

1987 年 4 月，管理局党委印发《关于实行党员卡片直接统计制度的暂行规定》，通过党员卡片统计及时准确完整地反映党员的变化情况，为有效掌握全局党员信息提供良好基础。

1989 年 1 月，局党委印发《关于民主评议党员的制度》。规定每年对全局党员进行一次民主评议，提出了民主评议党员的方法、步骤和内容，为党组织考核党员表现提供了制度支持。同月，局党委组织部印发《关于妥善处置不合格党员的试行意见》，对处置不合格党员的基本方针、方法、政策界限和应注意的事项等做出了明确规定。

1990 年，局党委制定《党员义务考绩标准》，将党员参加各项活动与履行义务规范化，支部要定期进行检查，既加强了党员管理，又强化了党员自我约束机制，更好地发挥模范带头作用。此外，还制定了《发展党员工作程序标准》，进一步完善了党员发展流程。

1991 年 1 月，局党委组织部下发《关于实行党员义务考绩管理制度的规定》，其中包括党员义务考绩管理的范围、对象、形式、内容、方法、奖励等方面的内容，为党员管理提供了依据。同年，局党委还修订了《发展党员工作程序标准》。

1995 年 3 月，局党委制定下发《关于党员管理有关问题的暂行规定》，在党员教育、发展党员、预备党员管理、党组织关系管理、党员因私出境管理等五方面内容提出了规范。

2000 年 3 月，局党委修订下发《关于加强和改进党员教育和管理的若干规定》，对党员教育、表彰优秀党员和妥善处置不合格党员、发展党员和预备党员管理、党员组织关系管理、党员因私出境管理等方面作出具体规定。

2005 年 5 月，秦港集团党委修订《发展党员工作实施细则》，制定《发展党员公示制实施办法》《发展党员责任追究制实施办法》，为进一步扩大党的民主，严格履行入党手续，确保新党员素质提供了保障。7 月，秦港集团党委印发《关于保持共产党员先进性教育活动的实施方案》，对集团开展保持共产党员先进性教育活动进行动员部署。

2010 年 9 月，集团党委下发《创建共产党员先锋岗实施方案》和《创建党员责任区实施方案》，确立共产党员先锋岗的创建原则，明确先锋岗创建标准和具体要求；制定党员责任区的目标和具体实施内容，规范责任区的工作职责。

2012 年 12 月，集团党委印发《“明权责、激活力、促发展”活动实施方案》，确定集团此次活动围绕贯彻党的十八大精神、迎接建党 92 周年两大重大节点展开，分为宣传发动阶段、扎实推进阶段和巩固提高阶段三个步骤进行。

2013 年 4 月，集团党委印发《发展党员工作实施细则》《发展党员公示制实施办法》《发展党员责任追究制实施办法》等发展党员文件，对发展党员工作的申请、发展党员、预备党员接收、转正，以及预备党员转正前的公示进行了详细规定，同时对发展党员的相关责任人的违规行为进行严肃追责。

2015 年 5 月，集团党委印发《关于开展共产党员志愿服务活动的实施方案》，对基层党组织开展党员志愿服务活动进行安排部署，提出明确要求。同月，集团党委出台《贯彻落实〈关于做好 2014—2018 年全省党员教育培训工作的意见〉的实施办法》，明确四项工作原则，确定三项主要任务和四项重点工作。8 月，集团党委印发《关于做好处置不合格党员工作的实施方案》，督促、指导基层党组织严格按照实施方案确定的方法步骤、时间节点、认定标准和处置程序，做好方案制定、动员部署和学习教育等工作。9 月，集团党委印发《“党员活动日”安排意见》，在全集团共产党员中开展“党员活动日”活动，将每月的第一个星期五确定为“党员活动日”，并确立了议政议事、推进工作、组织生活、学习教育和为民服务五个活动主题，增强了“党员活动日”活动的针对性和实效性。

2016 年 4 月，集团公司制定《关于在全体党员中开展“学党章党规、学系列讲话，做合格党员”学习教育实施方案》。《方案》要求集团公司的“两学一做”学习教育以党支部为基本单位，以“三会一课”等党内组织生活为基本形式，以落实党员教育管理制度为基本依托，切实抓好“四个关键动作”“三项具体活动”和“三个方面专项工作”，把学习教育

融入组织生活和党员日常教育管理。

第三节 干部选任与管理制度

1954 年 3 月，分局党委作出《实行党委机关各部、室办事细则的决定（草案）》，对机关干部下厂制度和实行重点领导的方法等作了明确规定。

1957 年 9 月，管理局党委发出《关于领导干部参加体力劳动的意见》，号召全局领导干部积极参加集体生产劳动。

1960 年 3 月，管理局党委颁发《1960 年总支、支部、党员和干部五好竞赛评比办法》。确定了干部的“五好”条件，规定了评比、奖励方式及竞赛的组织领导部门。7 月，管理局党委遵作出《关于领导干部实行“一二三”工作制的规定》，将干部新的工作模式制度化、规范化。

1963 年 6 月，管理局党委组织部发出《关于领导干部参加劳动的意见》。11 月，管理局党委进一步完善《关于干部参加集体生产劳动的规定》，进一步明确了各级干部参加集体生产劳动的具体时间和形式。

1964 年 8 月，管理局党委作出《领导干部带队到基层蹲点调研的决定》《对生产一线加强领导的决定》《积极培养革命接班人的决定》《改进领导干部参加集体生产劳动制度的决定》。

1969 年 11 月，局革委会作出《关于各级革委会坚持执行“三三制”的通知》。要求各级领导班子成员和机关干部从即日起执行“三三制”（即：三分之一的人员坚持日常工作，三分之一的人员深入基层蹲点，三分之一的人员参加劳动）。

1974 年 12 月，港务局党委颁发《关于干部管理权限和管理方法的规定（试行草案）》，涵盖干部的管理权限、任免手续、调整配备、管理教育、选拔和培养等六部分内容 18 条规定。

1975 年 1 月，港务局党委作出《关于干部参加集体生产劳动的决定》。要求深入基层蹲点的干部保证在半年内使所在蹲点单位达到“方向路线端正和领导班子建设好、党的各项政策落实好、职工队伍革命化程度高、生产上得去”目标；要求留下坚持机关日常工作的干部，积极参加全局生产大会战和每周至少参加集体生产劳动 1 天，要求基层干部保证每年参加生产劳动 100 天。

1976 年 8 月，港务局党委作出《关于评议各级领导班子的安排意见》，要求以“小整风”的精神，运用批评和自我批评的武器，采取先领导班子，后党员、干部，先自评，后互评的方法，评议各级领导班子成员。

1977 年 5 月，港务局党委制定下发《关于党员、干部纪律处分批准权限的暂行规定》，严格划分局党委正副书记、局革委会正副主任，局党委会常委、局革委会常委，局党委委员、局各位委员、其他市管干部、工人党员、非党干部这五类的纪律处分批准权限。

1978 年 1 月，港务局党委作出《关于干部参加集体生产劳动的决定》，要求各级党组织要坚持干部参加劳动日制度、干部下基层蹲点制度、干部轮流劳动制度。

1979 年 8 月，管理局党委作出《关于举办领导干部培训班的安排意见》。决定分期分批举办领导干部和基层支部书记的学习班。

1980 年 4 月，管理局党委作出《关于局级领导转变作风的几项规定（草案）》。此项制度为全局局级领导干部切实转变作风提供了制度依据。

1981年1月，管理局党委制定《关于党委常委成员、局职干部生活待遇的规定》。11月，管理局党委印发《关于进一步健全中层领导班子生活会议制度的通知》，对基层党委、总支、直属支部委员会开好民主生活会议作出三项规定。

1983年，管理局党委制定《关于建立健全后备干部制度的意见》。12月，管理局党委制定《干部管理暂行规定》，从干部的管理权限、任免和调配、管理教育、技术干部的管理等四个方面作了具体规定。

1984年2月，管理局党委制定《关于巡视员、调研员的职责权限和有关待遇的暂行规定》，规定退居二线的局级干部任巡视员，处级干部任调研员，明确了各自的任务。同月，管理局党委制定《关于加强自身班子建设的几项规定》。7月，管理局党委制定《党政干部抓党风政治责任制》，规定了各级党政干部的党风责任制范围。10月，管理局党委制定《关于改革干部管理制度的规定（试行）》，明确了局党委、组织部和各单位管理干部的权限，严格规定了各级干部的任免程序和选用制度。

1985年1月，管理局下发《关于局机关处室设置主任科员并享受岗位责任津贴的通知》。9月，管理局党委颁发《领导干部实行任期制的暂行规定》，全局副科级以上行政领导干部均实行任期制。11月，管理局党委作出《转变工作作风，提高工作效率的决定》。提出坚持党委成员联系点制度，中心组学习制度，信访接待日制度，日常工作制度。

1986年1月，管理局党委和管理局发出《关于吸收录用干部的通知》，提出4项具体措施。

自1987年开始，秦皇岛港党委对干部管理制度进行了积极慎重的改革，集中体现在1987年制定《关于干部管理工作的暂行规定》和1988年、1990年两次修订《干部管理规定》中。实行处科级干部任期制、聘用制、废除干部职务终身制，明确各级各类干部管理权限，实行专业技术职务聘任制和从工人中选拔干部聘任制，实行严格的离退休制度。特别是进一步明确了党管干部的原则，健全了任免处科级干部使用、局管干部定期交流、回避等项重要制度。

1987年4月，管理局党委制定了《关于干部管理的暂行规定》，对干部管理原则、管理权限、任免程序、选用制度、提拔使用干部的原则和要求，退居二线干部的管理，后备干部的管理，考核鉴定等项作了规定。

1988年4月，管理局党委和管理局在《关于干部管理的暂行规定》的基础上，制定《秦皇岛港务管理局干部管理办法》，对干部管理权限，提拔使用原则，干部任免程序干部管理制度等作了进一步明确规定。同年，管理局党委还制定《关于党政领导成员及机关干部保持廉洁的几项规定》，对领导成员和机关干部提出了明确要求。

1989年12月，局党委组织部、局干部处制定《关于加强科级干部管理的暂行规定》，要求严格执行科技机构编制，科级干部任职的基本条件，科级干部的管理权限和管理制度，科级干部的任免程序。同月，局党委、港务局下发《关于〈干部管理办法〉的补充规定》，规定党政领导干部实行试用期制度（新提拔的处、科级领导干部均要经过一年的试用期）、交流制度和回避制度。

1990年3月，局党委、港务局重新修订《干部管理办法》，包括干部管理权限、干部任

免、干部考核、干部调配及聘用、干部奖惩、干部培训与修养等 10 章 46 条内容。

1991 年 1 月，局标准化委员会发布《干部岗位通用工作标准》，将干部岗位的各项标准以制度的形式确定下来。局党委制定《领导干部谈话制度》《加强后备干部管理的办法》等规章制度，严格按干部定员实行计划管理。3 月，局党委印发《关于基层党组织领导干部民主生活会的若干规定》，明确了民主生活会主要是就八个方面内容进行检查、总结，统一认识，开展批评与自我批评，用以指导基层党组织领导干部严格执行民主生活会制度。

1992 年 2 月，局党委制定《后备干部管理制度》，对后备干部的来源、比例、选拔条件、程序及培养、考察、调整、任用等工作进行了明确规定。它的制定实施规范了后备干部队伍管理工作。

1993 年 11 月，局党委、港务局制定《关于党政领导干部在各类多种经营经济实体中专、兼职等问题的规定》。

1994 年 8 月，局党委、港务局联合制定新的《干部管理办法》，修改完善了选拔处级后备干部和提拔科级干部的条件，并加强对各级干部的考察、考核。

1995 年 7 月，局党委对现行的《干部管理办法》进行修改和补充。

1996 年 10 月，港务局下发《关于科以下干部实行交流制度的规定》。规定交流对象是在局机关和基层单位机关工作的科以下干部，重点是人事、财务、物资、货运、调度、工程、房管等岗位的科以下干部。根据工作需要其他岗位的科以下干部也应交流。

1997 年 8 月，局党委组织部印发《关于执行领导干部报告个人重大事项规定的实施细则》，规定领导干部应报告的重大事项内容、报告时限和要求、报告材料的保管以及监督检查。

1998 年 6 月，局党委制定新的《干部管理办法》，提出积极创造公开、平等、竞争、择优的用人环境，建立干部能上能下充满活力的用人机制，努力建设高素质的干部队伍，并就干部管理权限和机构、领导干部的选拔和任免、干部的交流、回避、监督、调配、聘用和退休、考核与奖惩、待遇等做出明确规定。

1998 年 7 月，局党委下发《关于科级干部管理等问题的说明》，对科级干部的任职条件、任免程序、组织管理等问题作出进一步说明，弥补科级干部管理的不足。制定《秦皇岛港务局关于干部参加自费继续教育的学历登记工作程序》，对干部参加全国各类成人高、中等学校招生报名、考试、录取等相关程序作了规定。

1999 年 7 月，局党委制定《科级干部及一般管理人员动态考核试行办法》，规定科级干部及一般管理人员动态考核由各单位负责，考核采取自我评价、群众评议、组织考核评议相结合的办法进行，重点突出工作效率和工作质量，实行领导小组综合评价后的“尾者”试岗制。9 月，制定《科级干部及一般管理人员竞聘上岗实施办法》，确定竞聘上岗的基层原则，采取“双向”选择、逐级聘任竞争上岗的方法，打造能上能下的干部管理机制。同年，局党委制定《关于从工人中聘用管理人员的暂行规定》，对从生产岗位招聘管理人员的政治业务素质、学历、年龄、工龄分别提出要求。对聘用管理人员的程序、日常管理、解聘续聘、待遇、退休、退职等作出了明确规定。

2001 年 3 月，局党委制定《秦皇岛港务局后备干部管理办法》，对后备干部的选拔条件分别从政治素质、思想修养、工作能力与业务水平、文化程度、年龄、身体状况等提出了要求，并分别对后备干部的选拔程序、培养措施、日常管理等提出具体要求。7月，港务局制定《秦皇岛港务局专业技术人员继续教育证书管理的有关规定》，规定继续教育证书相关内容，成为专业技术人员考核晋升和评聘专业技术职务的重要依据之一。

2006年，秦港集团党委研究制定《中层领导干部选拔任用管理办法》，推进干部能上能下机制建设；修改完善《关于加强科级干部管理的若干规定》和《后备干部管理办法》，严格把握新提拔科级干部的任职条件，控制职数，强化后备干部动态管理，确保科级干部队伍和后备干部队伍的素质。

2007年6月，秦港集团党委制定《中层后备干部管理办法》，明确后备干部培养的目标和措施。

2008年，秦港集团党委出台《关于试行领导干部助理制的意见》，在一定范围内试行助理制。同时，修订《中层领导干部管理办法》《领导干部学历、学位管理办法》，坚持和完善领导干部试用期制度、回避制度、谈话（诫勉）制度、回复制度、离任审计制度、收入申报和重大事项报告等制度，加强监督管理。

2010年2月，集团党委、集团公司制定《领导人员管理暂行办法》，对全集团公司内设机构领导人员、子分公司领导班子成员、子分公司机关处室及所属单位的领导人员的任职条件资格、任免程序、试用期和任期时限、考核评价方式、激励监督方式、职业发展、纪律等九个方面内容作出详细规定。7月，集团党委印发《关于领导人员任免工作程序的规定》，详细规定了任免工作各项程序的内容，确保了领导人员任免工作的客观性和科学性。

2011年1月，集团党委制定《关于领导人员报告个人有关事项的规定》，加强对领导人员的管理和监督，促进领导人员廉洁从业。12月，集团党委印发《集团公司所属单位领导班子和领导人员综合考核评价实施办法》，确定了考核评价范围和评价要点、标准，对评价程序、评价等级和评价结果运用做了相关规定。12月26日，集团党委制定《关于领导人员选拔任用工作“一报告两评议”办法（试行）》，规定了集团各直属党组织（部室）干部选拔任用工作报告的具体内容，并对干部选拔任用和新选拔干部的民主评议，及其后续工作提出明确要求。

2012年，集团党委制定或修订包括《公开选拔领导人员工作实施办法》《公开招聘领导人员工作实施办法》《科级管理人员竞争上岗工作指导意见》《领导人员任职试用期制度实施办法》等9项集团领导人员选任和管理制度。

2013年4月，集团党委印发《基层党组织领导人员民主生活会的若干规定》，对基层党组织领导人员的民主生活会的召开时间、基本内容、召开过程等方面进行了详细要求。同月，集团党委印发《公开选拔领导人员工作实施办法（试行）》，对“公开选拔”这一集团中层领导人员选拔任用重要方式进行了规定，规范了公开选拔的条件、报名、审查、开始、组织考察、任职、监督等各个环节。同年，集团党委印发《公开招聘领导人员工作实施办法（试行）》，对公开招聘领导人员的方式和过程作出了规定；印发《领导人员民主推荐及考察工作实施办法》，对选拔任用领导干部前的

民主推荐和考察程序作了详细规定；印发《领导人员任职前公示制度实施办法》和《领导人员任职试用期制度实施办法》，对领导干部任职前的公示期和任职试用期期间相关事项进行了阐释，进一步规范了领导人员公示期和任职试用期管理。

此外，集团党委还印发《中层后备领导人员管理办法》，明确规定了中层后备领导人员的任职条件和资格、数量和结构、选拔和培养、管理和使用等各环节的内容；印发《科级管理人员管理办法》，对科级管理人员的任职条件和资格、任免程序，管理考核及科级组织员、科级纪检监察员、控股子公司科技管理人员等职务情况作了详细说明；印发《科级管理人员竞聘上岗工作指导意见（试行）》，对竞聘上岗的适用范围和工作程序作出了规定。

2015 年 5 月，集团党委印发《关于在集团中层以上领导人员中深入开展“三严三实”专题教育的实施方案》和《关于建立“三严三实”专题教育联系会议制度的通知》，安排部署集团的“三严三实”专题教育，明确专题教育联系会议制度的职责任务、领导机制和工作规则，为集团全面开展“三严三实”专题教育活动提供了牢固的制度保障。

同年 1 月，集团党委印发《关于在领导人员中持续开展“走基层、访职工、做实事”活动的实施意见》，明确目标和主要任务，采取落实联系点制度、深入基层调研、实行领导人员结对帮扶和约访下访等方式，充分发挥领导人员在践行党的群众路线中的示范带动作用，推进作风转变和直接联系服务职工群众常态化。此外，集团党委还印发《领导人员个人有关事项报告抽查核实办法》，对 18 名拟提拔人员个人有关事项报告情况进行“凡提必核”重点核查，随机抽取 35 名领导人员进行了抽查，增强了领导人员个人有关事项报告制度的约束力。并制定《领导人员任前档案审核办法》和《领导人员档案审核接收标准》，对 356 名领导人员档案进行了集中审核，为进一步规范集团干部人事档案工作奠定基础。11 月，集团党委《关于提高党员领导人员民主生活会质量的实施意见》，从落实专题民主生活会制度、坚持提前报告公示、落实学习内容和时间、撰写和起草对照检查材料、落实责任、制定和落实整改措施等 12 个方面内容上对领导人员民主生活会进行了细致规定，切实提高了集团党员领导人员民主生活会质量，增强党内生活的政治性、原则性，推动党的群众路线教育实践活动的成功做法制度化、系统化。

2016 年 8 月，集团党委印发《领导人员任前档案审核办法（试行）》和《新任领导人员档案审核接收标准（试行）》，对领导人员档案审核、接收作出明确规定。10 月，印发《领导人员选拔任用工作纪实办法》和《关于对领导人员进行提醒、函询和诫勉的实施细则》，用制度明确领导干部选拔任用、任职期间提醒诫勉的相关内容，全方位规范领导人员选拔、任职全过程。

2017 年 3 月，集团党委对《河北港口集团有限公司中层管理人员薪酬管理办法（试行）》部分条款进行了修订，对中层领导人员绩效年薪的计算方式和奖罚标准等方面内容重新核定，将个人绩效与所在单位经营指标挂钩，进一步优化了薪酬效益联动机制，充分调动中层管理人员的积极性和创造性。

附录 3　名人录

河北港口集团名人录主要收录港口工运人物、军管人物、党政主要领导人及荣誉称号获得者、出席省级以上代表大会代表、国务院政府特殊津贴享受者和正高级专业技术人员等。

一、重要人物

【工运人物】

王尽美　赵玉珍　徐志恒　贺仲连　廖洪翔　耿明海　毕树芝　张振宇　门志诚　乔晓天　傅庆余　李献廷

【军管人物】

徐本达　鲁　延　谢天荣　石　新

【党政主要领导人】

郝洁轩　鲁　延　谢天荣　毕祖培　石　新　宗　璞　张振宇　杨子愚　贾靖伍　刘　抗　陈龙昌　于守真　周政新　许　斌　李助民　刘培新　黄镇东　黄国胜　李德宣　聂振一　薛德成　甄新生　邢录珍　曹子玉　黄建华

【调出秦皇岛港的领导人物】

王晓波（1954 年调往上海港）

江澎涛（1955 年调往上海港）

石　新　荣作垣　薛振民（1955 年调往长江航运管理局）

史运生（1955 年调往青岛港务局任副局长）

毕　澍（1959 年调往四部联合办公室）

田　峰（1965 年调往交通部，任老干部局局长）

傅锦堂（1966 年调往河北省交通厅）

王　云（1975 年调任青岛局党委书记）

曹忠喜（1977 年调任交通部办公厅、交通部体改司负责人等职）

张宝顺（1979 年调团中央工作）

高宗泽（1980 年调出，曾任司法部副司长、中华全国律师协会会长）

黄镇东（1985 年调任交通部副部长）

田家森（1988 年调任秦皇岛海监局局长兼港务监督长）

张春芳（1988 年调任秦皇岛海监局副局长）

丁克义（1993 年调任深圳蛇口工业区党委书记）

黄国胜（1994 年调往广州港任局长）

罗慧来（1997 年调香港招商局集团工作）

刘　林（2003 年调任黄骅港务集团公司总经理）

甄新生（2011 年调任省国资委副主任）

二、荣誉称号获得者

【全国劳动模范】

郝福祯　王治文　张德起（1956 年）

魏国忠（1977 年）

苏加林（1995 年）

李俊杰（2000 年）

任庆宪（2005 年）

王余禾（2010 年）

张海波（2015 年）

【全国五一劳动奖章】

杨宝成　马惠玲（1986 年）

苏加林（1991 年）

李俊杰（1998 年）
王和平（2002 年）
任庆宪（2004 年）
王余禾（2002 年）
佟德友（2008 年）
李伏玉（2012 年）
张海波（2014 年）
邵利民（2016 年）

【全国交通系统劳动模范】

苏加林 李俊杰（1991 年）
李德宣（1994 年）
龚云明 刘　林（1998 年）
石大文 刘效军（2001 年）
黄建华 代贵旺（2005 年）

【交通系统先进（生产）工作者】

王治文 郝福祯 唐　甫 陆文治 刘树林
张德起 邢富元
（1956 年全国交通系统先进生产者）
车　玉 董秀兰
（1978 年交通部先进生产工作者）
车　玉
（1980 年交通部全国交通战线劳动模范）
杨秀华
（1986 年、1987 年全国交通系统两个文明标兵）
苏加林
（1988 年交通系统双文明建设劳动模范）
张保民
（1989 年、1991 年交通系统两个文明劳动模范）
张保民 宗玉海
（1991 年交通系统两个文明劳动模范）
纪连贵 姜恩贵
（1963 年交通部先进生产者）
林松伟 李建设 张　利 姜加文 杨淑珍
孙有才 鲍克俭 耿发德
（1978 年交通部先进生产者）

【河北省劳动模范】

于德永 张玉庭 廖洪恩 杨纪田 庄伯谦（1951 年）
胡化林 李青荣 毕　澍 张子荣 张国锡（1953 年）
史文旗 孙德朝 肖永庆 李有顺 杨宝璋 谢天福（1954 年）
王道印 王治文 唐少库 杨宝璋（1955 年）
刘德镇 张玉贵 冯淑珍 杨宝璋（1956 年）
王久林（1959 年）
魏国忠 董秀兰（1977 年）
张　利（1978 年）
车　玉（1982 年）
杨秀华（1986 年）
杨宝成 马惠玲（1987 年）
苏加林（1989 年、1991 年、1995 年）
张保民（1992 年）
李德宣（1995 年）
聂振一 任庆宪 王和平 （1999 年）
刘汉阳 史伟彬（2004 年）
张海波 朱向东（2009 年）
申晓雪 史自生 万秦生 杨卫东（2014 年）

【河北省“五一”劳动奖章】

刘汉阳（2000 年）
王余禾（2006 年）
李伏玉（2007 年）
王　霄（2013 年）
周彦鹏 孙　晔 蒋立安 田　礼（2016 年）
姜晓霜 杨小川（2017 年）

【中国海员（建设）工会金锚奖】

薛德成 王庆利 康建国（第三届）
李德宣 刘凤利 刘　林（第四届）
王世宝 丁建国 卢勇捷（第五届）

刘振洋 史义善（第六届）
毕克爽 李艮海 张燕春（第七届）
张建忠 代贵旺 边淑媛（第八届）
刘青海 王余禾 王万利（第九届）
佟德友 陈立新 王　刚（第十届）
张海波 田新华 高金红（第十一届）
韩兴刚 贺永生 董凤森（第十二届）
王　冬 刘　玲 杨光磊（年份不详）

【交通部新长征突击手】

张立春（1984年）
母新国 贲锡云 张建民 王小平 王春伟
高明才 于连生（1985年）
王春伟 高明才（1986年）
张保民 谢友权（1987年）
蔡　壮 张志国 李悦林 尼米智(年份不详)

【其他省部级以上先进个人】

魏国忠（1977年全国工业学大庆先进生产者）
孙有才（1979年全国物质系统劳动模范）
董秀兰（1979年全国三八红旗手）
马惠玲（1986年全国先进班组长）
刘玉兰（1989年卫生部劳模）
李德宣（1990年全国优秀思想政治工作者）
姜淑云（1990年全国先进纪检干部）
李建奎（1993年全国优秀工会积极分子）
任丽洁（1994年全国先进女职工工作者）
史伟彬（1998年河北省杰出青年岗位能手）
王彩霞（1999年全国先进女职工）
齐宝祥（1999年全国文明家庭）
金贺喜（2003全国交通技术能手）
张　健（2003年河北省新长征突击手）
刘　勇（2004年全国优秀共青团干部）
孔庆安 王余禾 张建忠（2004年河北省交通系统劳动模范）
汪秉康（2004年河北省“青年文明号十年杰出贡献奖”）
栾绍海（2005年全国交通技术能手）
刘　巍（2005年河北省新长征突击手）
丁铁兵 张海波(2005年河北省技术能手)
胡朝辉（2005年河北省新长征突击手）
王余禾（2006年全国技术能手）
李伏玉（2006年河北省知识型职工标兵）
（2006年河北省职工创新能手）
李红艳（2006年河北省新长征突击手）
李伏玉(2007年全国知识型职工优秀个人)
张海波（2008年全国技术能手）
曹大勇（2008年全国青年岗位能手）
石小林 李伏玉 万秦生（2008年河北省技术能手）
金贺喜（2008年河北省百名能工巧匠）
张海波（2008年燕赵技能大奖）
王余禾 王宏庆 杨金华（2008年燕赵金牌技师）
呼中璞（2008年十大杰出农民工）
申晓雪(2009年全国女职工建功立业标兵)
马喜平 郐　凯（2009年第四届全国交通企业十佳法律顾问）
侯贵宾（2010年河北省突出贡献中青年专家）
姜晓霜（2010年河北省技术能手）
石小林（2010年燕赵金牌技师）
杨志滨 宋金科（2010年河北省杰出青年岗位能手）
刘宝庆（2011年被评为中国慈善30年感动人物）
王余禾（2011年第六批“省管优秀专家”）
张金河（2011年省国资委系统“十佳”宣传部长）
边贺春(2012年全国反假币工作先进个人)

王　霄（2012 年河北省“十佳职工发明家”）
万秦生（2012 年河北省能工巧匠）
申晓雪（2013 年河北省巾帼标兵）
张海波（2013 年河北省突出贡献技师）
（2013 年度感动交通年度人物）
石小林（2013 年河北省突出贡献技师）
王　霄（2013 年 河北省十佳职工发明家）
丛日丽（2013 年河北省十佳职工金点子建议）
邢录珍 张海波（第七批“省管优秀专家”）
石小林（2014 年全国技术能手）
柳　静 唐岚峰（2014 年全国交通技术能手）
徐　恒（2014–2015 年度全国青年岗位能手标兵）
郑洪亮（2014–2015 年度全国青年岗位能手）
袁志强 王　刚（2015 年全国交通技术能手）
王雅山（2015 年河北省政府特殊津贴）
李伏玉 万秦生 卢成顺（2015 年河北省突出贡献技师）
高天水（2015 年度河北省十大经济风云人物）
田　礼（河北省第二届职工道德模范）
张立秋（河北省第二届职工道德建设先进个人）
蒋立安（河北省第三届职工道德模范）
王子剑 钟晓媛（2016 年河北省能工巧匠）
张立秋（河北省第四届职工道德模范）
杨光磊（2017 年全国优秀人民警察）

三、出席省级以上代表大会代表

【出席中国共产党全国代表大会代表】
白如敬（1969 年中国共产党第九次全国代表大会代表）
魏国忠（1973 年中国共产党第十次全国代表大会代表）
（1977 年中国共产党第十一次全国代表大会代表）
张海波（2017 年中国共产党第十九次全国代表大会代表）
【出席全国人民代表大会代表】
许　斌（1978 年第五届全国人民代表大会代表）
谭永杰（1983 年第六届全国人民代表大会代表）
黄国胜（1988 年第七届全国人民代表大会代表）
（1993 年第八届全国人民代表大会代表）
黄建华（2008 年第十一届全国人民代表大会代表）
【出席中华全国总工会代表大会代表】
高凤臣（1988 年中华全国总工会第十一次代表大会代表）
王世宝（1993 年中华全国总工会第十二次代表大会代表）
（2003 年中华全国总工会第十四次代表大会代表）
【出席中国共产主义青年团全国代表大会代表】
孙远东（1993 年中国共青团第十三次全国代表大会代表）
李红艳（2003 年中国共青团第十五次全

国代表大会代表）

沈立平（2008 年中国共青团第十六次全国代表大会代表）

【出席其他全国性会议代表】

张德起（1956 年全国先进生产者代表会议代表）

王治文（1956 年全国群英会代表）

刘　抗（1959 年全国群英会代表）

董秀兰（1978 年第四次全国妇女代表大会）

【出席省级会议的代表】

聂振一（河北省第十届人民代表大会常务委员会委员）

薛德成（河北省政协第九届委员会委员）

黄建华（中共河北省第七次党代会代表）

邢录珍（中共河北省第八次党代会代表）

（中共河北省第八届委员会候补委员）

（河北省第十一届政协常务委员）

曹子玉（中共河北省第九次党代会代表）

（中共河北省第九届委员会委员）

四、享受国务院政府特殊津贴人员

朱福昌（1991 年）

黄国胜　陈继舜　朱直桐　林松伟　谭永杰　赵飞波　廖绪名　罗树仁　高杰臣　李春芬（1992 年）

孙立言　康德璋　唐胜传　聂振一　郑芳壁　刘秉文　范安国　王景坤（1993 年）

李德宣（1994 年）

刘云龙（1997 年）

薛德成　刘建一（1999 年）

王阳洋（2000 年）

汪秉康（2001 年）

黄建华（2006 年）

王余禾（2008 年）

张海波（2014 年）

侯贵宾（2016 年）

五、正高级专业技术人员

【正高级政工师】

汪秉康　齐桂秋　李军国　周忠义　田云山　宋敬中　邵　军

【正高级经济师】

王阳洋　邢录珍　李　敏　马喜平　陈林燕　韩　剑

【正高级工程师】

聂振一　黄建华　徐建文　崔忠健　陈立志　何振亚　陈立志　田新华　侯贵宾　王雅山　高晓渤　李帅毅　吴　蛟　刘广海　李　纲

【正高级会计师】

解　辉

【主任医师】

杨宝璋　丁　黎　方永禄　董春生　刘之信　高杰臣　刘梦津　罗德成　李繁荣　刘惠玲　吴慧敏　郑学军　范国明　南自成　宋广学　王玲玲　孙志新　刘建一　邵　岩　王敬才　李淑英　吴　瑕　汪力慧　李　宣　李彦仓

【主任中医师】

张东焱

【主任护师】

张子兰

【一级美术师】

苑　捷　赵润生

附录 4　重要党课、报告

饮水思源 感恩报效 忠诚奉献 敬业爱岗
以强烈的主人翁责任感创造企业和职工的美好未来

——在河北港口集团“惠在何处、惠从何来”形势报告会暨专题党课上的报告（摘要）

党委书记、董事长 邢录珍

（2012 年 8 月 3 日）

第一部分 惠在何处

作为河北港口集团的一名职工，我们近年来所得到的实惠主要表现在以下五个方面：

一、充分享受到了国家实现现代化得成功

二、职工整体收入大幅提高

目前，集团职工的整体收入主要包括两大部分，一是当期收入部分，也就是每个人每个月获得的工资、奖金、各类补助等，以现金的形式发给大家。二是预期收入部分，主要包括“五险一金”、企业年金等，将资金直接存入职工个人账户，待退休、购房时，职工个人可以直接提取。这部分收入，虽然我们没有立即拿到手里，但同样是个人总收入的重要组成部分。

在当期收入方面，“十一五”以来，按照国家、河北省及上级主管部门薪酬管理要求，集团综合考虑全省年度工资指导线、物价上涨等因素，以及企业整体运营预期情况，坚持职工工资与企业效益协调、同步增长的原则，确定集团职工的工资总额增长幅度。2006 ~ 2011 年，集团职工工资总额由 7.75 亿元提高到 13.99 亿元，增加了近一倍，职工工资总额年平均增长幅度达 9.4%。职工人均收入由 2006 年的 4 万元左右，提高到 2011 年人均 7 万元，年平均增长率为 10.49%；特别是 2011 年，职工平均工资增长幅度为 14.4%，人均收入远远高于秦皇岛市统计局公布的 2011 年秦皇岛市在岗职工平均工资 40518 元的水平。可以说，集团职工的工资总额、平均工资持续稳定增长，改善了职工的基本生活条件，保证了广大职工可以体面工作、幸福生活。

在预期收入方面，除国家统一规定的“五险一金”以外，集团主动用好用足上级相关政策，保障职工利益。2001 年 12 月，集团为 2001 年 10 月底以前的所有在职职工以及离退休职工建立了一次性补充养老保险，最

低本金3600元，最高本金14400元，总计1.8亿元，这是集团为职工建立的最早形式的企业年金。从2005年1月1日开始，集团为在职职工正式建立企业年金账户。企业年金实行企业和个人双方共同负担的原则，职工自愿参保，个人不缴费的，企业不补充。目前，集团企业年金待遇的执行标准是：单位按照上一年度工资总额的5%提取。职工个人按5%的20%，也就是1%提取。企业年金缴费按照职工缴费的高低和在企业工作时间长短两个系数进行分配，贡献越大、工龄越长的职工，分配到个人账户上的金额也就越多。2005～2011年的7年时间里，集团企业年金总共缴费4.4亿元，其中：职工个人缴纳7559.75万元，企业为职工个人账户补充36522.56万元。比如说，一个在集团工作20年的职工，一年大约缴费金额是600多元，集团将给予3000元的补充，也就是说，职工交一份，集团再为你投五份。企业年金现在由具有企业年金受托人资质的机构进行投资运营，经过7年的投资运作，实现了企业年金的保值增值，2011年符合领取企业年金条件的职工平均可以一次性领取3–5万元。据社保中心测算，到2015年一名普通职工退休，将会一次性拿到6–8万元的企业年金。应该说，企业年金是集团送给每名职工的“储钱罐”。

同时，从1992年以来，集团已连续20年为职工缴纳住房公积金。“十一五”期间，随着住房商品化进一步加快，集团逐年加大职工住房公积金投入金额，2007～2011年，5年中集团累计为职工支付住房公积金7.44亿元，年平均递增金额近2000万元，年平均增长率达到15%，超过国家同期商品房价格年均涨幅5个百分点。秦皇岛市允许各企业根据自身实际情况，对于职工住房公积金单位支付比例不做调整，或仅做微调，而集团则在每次职工住房公积金比例调整中，都选择按照最高比例为职工支付住房公积金，相比省会城市石家庄，集团为职工支付住房公积金比例也高出了2个百分点。从2007年开始，集团按照上级政策，将职工住房公积金单位部分支付比例，由12%调升至15%。集团还考虑到1998年以后参加工作的职工，未能享受福利分房政策的实际情况，将这部分职工的住房公积金单位部分支付比例调至最高上线，达到了25%。按照年收入4万元的集团职工进行计算，调整比例以后，这名职工每年可增加5200元的住房公积金收入。

此外，按照国家政策，集团对未按房改优惠政策购买公有住房，或所购公有住房面积未达到规定标准的职工，给予一次性购房补贴。2001年，集团为19000多名职工预留了2.23亿元的一次性购房补贴发放款，确保每名职工买房时或退休以后可将购房补贴领取到位，秦皇岛市所有企业中仅有我们集团一家用足、用好了国家的这项政策。2006年以来，随着购房职工人数的逐年增加，为满足职工领取购房补贴的意愿，集团逐年加大购房补贴发放力度，截至2011年，6年里累计为2454名职工发放了2326万元的补贴资金，减轻了购房职工的压力。同时，为提升职工居住质量，改善房屋配套设施，2006～2011年，集团支付职工住房燃气初装费、有线电视入网费、单元防盗门、一楼防护栏四项费用559万元，惠及职工1490户。

三、建立了完善优厚的职工生活保障体系

保障职工生活、身体健康是集团人本精

神的重要体现。集团本着“保障和改善民生”的基本原则，建立了离退休人员补充养老保险、职工补充医疗保险、职工健康体检、一次性经济补偿等多层次保障体系，使集团职工老有所养、病有所医，减轻职工经济负担，解决职工后顾之忧，使职工切实感受到集团这个“大家庭”的温暖。

建立离退休人员补充养老保险，使职工真正老有所养，是集团始终坚持的一项惠民政策。从2005年6月起，集团实施了离退休人员补充养老保险办法。目前，我们集团实行的离退休人员补充养老保险金由两部分组成，一是按照职工离退休前的职务和工作年限确定补贴标准，平均每人每月232元，每一年工龄补贴3元。二是考虑因政策原因造成养老金偏低，在享受按照离退休前的职务和工作年限确定的待遇基础上，给予不同时期离退休人员适当的补贴。离休人员和建国前参加工作的退休老工人每人每月再增加120元。1993年6月30日之前的退休人员每人每月再增加120元，其中退休金低于800元的，可再最多增加100元。1993年7月1日至1993年12月31日期间的退休人员每人每月再增加100元，退休金低于800元的，可再最多增加80元。1994～1997年期间的退休人员每人每月再增加60元，退休金低于800元的，可再最多增加40元。1998年按原政策（即原劳动部1978年第104号文件规定）退休的人员每人每月增加60元；1998年以后按原政策退休的人员，退休金低于650元的，每人每月可最多增加40元。1998年以前的退职人员（非正常退休人员）为同期退休人员补贴标准的一半。1998年按原政策退职的人员增加50元。

据有关部门统计，集团平均每年支付离退休人员企业补贴1800万元，用以解决离退休人员养老金偏低的问题，改善离退休人员的生活条件，取得了明显效果。

集团还解决了“五七工”“家属工”办理基本养老保险的问题。“五七工”“家属工”是指上世纪六、七十年代响应“五七”指示，曾在企业中从事生产自救或在辅助性岗位工作的人员，多数是随迁进入企业临时性岗位的职工家属。这部分人员具有城镇常住户口，但未参加企业基本养老保险。特殊时代背景下产生的这一特殊群体，虽然为企业发展出过力、流过汗，但由于他们是企业的非正式职工，在当时国家养老保险体制下，无法享受退休待遇。2010年，河北省下发文件，对解决“五七工”“家属工”等城镇未参保集体企业退休人员养老保障问题作出规定，将其纳入基本养老保险范畴。根据政策规定，按照不同的年龄段和缴费基数，一次性补缴从13000元～54000元不等的养老保险费，就可以每月拿到最低355元、最高485元的退休金。考虑“五七工”“家属工”这一特殊群体，年龄基本在60～80岁之间，因多年没有社会保障，生活水平普遍不高，在政策允许的范围内，集团为每名补缴养老保险的人员报销20%的补缴款。2010～2011年，集团共为384名“五七工”“家属工”参保人员报销补缴款221万元，人均5755元，解决了他们生活中的实际困难。有位80岁高龄的老奶奶，拿到生平第一份退休金的时候，高兴地说：“我也有劳保了，我再也不是家庭妇女了”。

同时，集团建立职工补充医疗保险、职工健康体检、离退休人员医药费统筹、伤亡职工一次性经济补偿等制度，使职工真正病有所医，形成了完善的职工医疗保障体系。

职工补充医疗保险主要包括：大额补充医疗保险、集团补充医疗补助。集团为职工投保大额补充医疗保险，主要是为了解决职工患重病、大病造成个人经济负担过重的问题，每人每年投保费用为120元，全部由集团支付。2006～2011年，集团共为职工缴纳大额补充医保费用1462万元，年均缴费243.7万元。今年，又为职工和退休人员缴费280.11万元。这样，我们的职工可以享受基本医疗保险统筹基金支付限额以上，住院及门诊特殊慢性病的医疗费用报销待遇，报销比例为90%，年度最高报销支付限额为每人25万元。集团补充医疗补助，是指我们职工在享受基本医疗保险、大额补充医疗保险待遇以外，发生的医疗费无论是门诊、门诊慢性病，还是住院自付费用，只要符合享受补充医疗保险条件的，都可享受二次报销待遇。一是职工在定点医疗机构住院或门诊治疗慢性病发生的医疗费用，基本医疗保险统筹支付部分费用之后，集团对基本医疗保险起付标准至最高支付限额内个人自付符合基本医疗保险部分，按照80%的比例予以报销。特别是对于大病门诊的职工患者，基本医疗统筹不能报销、但对症治疗效果好的药品，可以按照80%的比例予以报销，减轻了患病职工的经济压力。二是对在港口医院就诊的职工给予优惠待遇，发生统筹基金不予支付的符合基本医疗保险的医疗费用，以及统筹基金、大额补充医疗保险予以支付，扣除统筹基金、大额补充医疗保险等报销的费用之后，剩余符合基本医疗保险的部分，根据职工不同情况，再予报销20%～45%的自付费用。三是对职工患大病，在港口医院住院治疗，或经港口医院转诊转院，个人住院医疗费负担过重的，按年度内个人自付住院医疗费的适度比例，给予年度一次性大病住院医疗费补助。据社保中心统计，2006～2011年，集团年平均报销38624人次，报销金额总计4855.43万元。

职工补充医疗保险对于保障职工就医、减轻个人经济负担，起到了至关重要的作用。我们集团一名退休职工，2010年因冠心病、高血压在港口医院、秦皇岛市第一医院住院两次，共计医疗费271441.73元，基本医疗保险统筹支付46000元，大额补充医疗保险支付133716.44元，集团补充医疗保险住院费报销9357.30元，集团补充医疗保险年度一次性住院补助支付31287元，支付总数220360.74元，报销费用占总医疗费用的81%，个人支付51080.99元，不到全部医疗费用的20%。

职工健康体检是集团关爱职工的一项重要举措。一方面，集团加大港口医院硬件设施投入，2006～2011年，医院固定资产投资总计3134万元，其中，新病房楼及配套设施经费投入1470万元，港口医院编制床位数由321张增加到545张；引进大型中心监护仪、血透机等医疗设备1664万元，进一步改善了职工就医条件。另一方面，集团持续改进医疗服务水平，港口医院对于年老、体弱、行动不便的职工，采取一对一的专人负责导诊，让职工感受到尊重与爱护；同时，建立体检职工电子档案，职工体检结论及防治意见采用打印方式进行反馈，体检中发现重大疑难疾病，医院立即组成专家组进行会诊，保证职工得到及时治疗。2006～2011年，港口医院为职工进行医疗体检总计128560人次，职工体检经费投入总计2179.42万元。经过医学专家综合评估，查出高血压24352人次，糖尿病9062人次，心脏病1927人次，妇科

病24483人次，癌症26人次，使职工身体健康防治工作真正做到了“早发现、早预防、早诊断、早治疗”。

集团高度重视离退休人员、伤亡职工、困难职工这部分特殊群体。为离休干部、建国前参加工作的退休老工人参加了秦皇岛市医药费统筹，2006～2011年，为2051人次投入医药费统筹款总计8868.89万元。特别是2012年，集团为322名离休干部、老工人投入医药费统筹款3220万元，平均每人每年10万元，保证了离退休职工的医疗水平不降低。同时，集团从2005年9月开始，实施工伤事故伤亡职工一次性经济补偿暂行办法，给予伤亡职工除工伤社会保险赔偿外的一次性经济补偿，生产安全事故工亡职工一次性经济补偿数额为30万元，属于非生产安全事故的，按50%计发；生产安全事故伤残完全丧失劳动能力的退出生产岗位职工给予一次性经济补偿。2006～2011年，集团总计支付伤亡职工一次性经济补偿经费300万元，有效解决了伤亡职工及家庭的实际困难。集团建立特困职工档案，对困难职工予以帮扶，2006～2011年，慰问特困职工、困难职工1826人次，发放慰问金112万元。特别是2011年，集团公司专门成立特困职工帮扶基金会，领导干部带头捐款，首批资金43.2万元。截至目前，特困职工帮扶基金会共帮扶特困职工42名，帮扶金额为16.5万元。

四、提高了职工安全生产、职业健康保障能力

安全事关职工个人和家庭幸福，事关企业发展和稳定，是集团关注职工根本利益的又一件头等大事。首先，集团、股份公司相继制定了《安全生产责任制》《安全操作规程》《生产安全事故调查报告和处理办法》《安全检查、隐患排查整改管理办法》《安全管理标准化管理办法》《安全教育培训管理办法》等制度，形成了完备的安全生产规章制度体系。其次，加强职工安全教育和管理。集团坚持“以人为本、安全第一、预防为主、综合治理、安全发展”的方针，强化职工安全生产培训，新职工必须进行三级安全教育，考核合格后方可上岗；投资40余万元建立《安全培训档案管理系统》，推进职工安全教育培训、考核网络化管理，全体职工坚持每年进行安全生产再教育。据统计，2010～2011年，集团投入安全教育培训资金近300万元，组织安全管理人员脱产培训1504人次，安全管理人员安全证书培训506人次；特种作业人员及特种设备作业人员参加相关取证、复审、换证培训4860人次，确保该类人员100%持证上岗。第三，加强职工安全防护工作，2008～2011年，集团总计投入6710多万元，用于购置工作服、防护鞋、安全帽，以及防尘、防毒、防噪声等劳动保护用品，从硬件上提高了职工劳动防护水平。集团安全生产保持了平稳运行态势，特别是近两年来，集团未发生重伤及以上等级生产安全事故。第四，集团各级工会组织把服务职工作为一项重要内容，积极协助党政部门广泛开展“夏送清凉”活动，据不完全统计，2006～2011年，为一线厂队、班组送去慰问品金额达540多万元，慰问职工74300人次，为一线职工送去了企业的关怀。

改善职工工作、生活条件，是保证职工安全生产、职业健康的重要手段和措施。2006～2011年，集团累计投入港口环境保护资金6.0378亿元，较“十五”期间增加了一倍多，主要用于防风网工程、湿式除尘改

造、东港区供热整合工程和供热联网工程，以及其它污染治理工程。特别是今年，将继续加大环保投资力度，计划投资3.38亿元，用于港口环境污染项目治理，有效地控制生产区域粉尘污染。同时，2006–2011年，集团投入绿化资金2745万元，用于改善港区和城市环境绿化、美化。截至2011年底，秦皇岛港绿化面积已达75万平方米，绿化覆盖率达到6.62%，建成防尘林 30余万平方米；港属居民小区拥有绿地 8.8万平方米，使职工能够在优美、整洁的环境中工作和生活。

五、帮助职工实现个人价值

实施“人才强企”战略，高度关注职工成长成才，为全体职工实现个人人生价值搭建广阔舞台，是集团为职工谋求利益的重要形式之一。

集团坚持“人才是第一资源”的科学人才观，始终把人才培养作为事关企业持续发展的首要任务，着力抓好经营管理、专业技术和技能操作三支人才队伍建设，打通职工个人职业发展通道。2006–2011年集团投入教育培训经费7130多万元，培训职工110060人次。一是组织领导人员、中层后备干部脱产学习，举办科队级干部研修班、班组长执行力培训班等，使集团各级管理人员理论水平和管理能力得到显著提升。二是结合职工职业生涯规划和工作需求，与省内外高校、科研机构建立长期密切的合作关系，专科至研究生不同层次的在职学历教育，培养了“机电一体化”、“港口电气”、“港口机械”一大批港口专业人才。集团设立自学成才奖，“十一五”期间，对1608名自学成才的职工予以奖励，奖励金额162万元。三是集团把职业技能鉴定与培训有机结合起来，以鉴定升级促使职工学技术、学业务。2006～2011年，组织开展技能鉴定5300多人次，岗位涉及港口主体工种、通用工种、港管铁路、通信等4大类30多个工种。高、中级技师由2005年底的124人，增加至2011年底的294人，增长了一倍多；高级工由2005年底的1260人，增加至2011年底的1781人，增长了41.3%。

集团全面加强职工教育培训软硬件建设，健全教育培训管理机构和培训网络，建立300多人的专、兼职教师队伍，形成了集团、分子公司、厂队三级教育培训实施体系。投资878万元，开发了PLC可编程控制器、电力电子实验台、高压电工实验台、电焊机及门机、翻车机、取料机、装船机电气控制试验台以及场桥、岸桥、门机仿真训练器等设备，将大型装卸设备操作培训、鉴定考核搬入教室、课堂，其水平在沿海港口中处于领先地位。目前，集团培训学校拥有110台培训专用微机，语音等各类教室44个，试验教室6个，钳工、电工、焊工实习场各1个，汽车车间1个，为提升职工操作技能提供了有力保障。

集团积极创造条件，促使职工成长成才。一是积极做好职称评审聘任工作。每年组织工程、政工、教育中、高级，以及卫生、经济、会计等专业高级任职资格申报评审150多人次，评审通过率达到80%左右，有效发挥了职称评聘的激励作用。二是积极鼓励职工参加资格考试。对于一、二级建造师，注册建筑师，造价工程师等以考代评、企业急需的职业资格，集团在政策上给予倾斜，职工考取资格证后，集团不仅报销有关考试及培训费用，还发放每月几百元至上千元的证书津贴，鼓励职工取得更高级别的认证资格。三是积极做好优秀人才选拔工作。经过集团全

体职工实名投票，评选出三届集团标兵，二公司电气技师王余禾当选为全国劳动模范、全国技术能手，获得国务院政府特殊津贴，成为集团先进典型的杰出代表，成为职工成长成才的楷模。目前，集团拥有政府特殊津贴人员、省管优秀专家、省新世纪“三三三人才工程”人选以及全国技术能手等高端人才 64 名，形成了以机械、电气、水工等港口主体专业和铁路、船舶、节能环保等生产辅助专业，门类齐全、素质过硬的专业技术人才队伍。四是积极鼓励老中青职工搞好传帮带工作。集团工团组织坚持每年开展技术竞赛、技术比武活动，实行导师带徒津贴制度，对“优秀师徒”给予奖励。近年来，集团累计发放导师津贴 40 多万元，表彰了 100 余对优秀师徒，为职工个人成长成才开辟了新的通道。另外，集团工会每年组织优秀职工进行荣誉休疗养，2006 ~ 2011 年，投入经费 1500 余万元，使 9000 多名职工享受到了带薪休假荣誉休疗养的优厚待遇。

第二部分 惠从何来

上述这些实惠，是我们每个职工当前利益和未来利益的综合体现。那么，这些实惠是从哪里来的呢？我体会主要来自以下四个方面：

一是来自于党的宗旨、改革开放和惠民政策以及各级政府的大力支持。作为一名国有大型企业的职工，我们所得到的实惠，都离不开党的正确领导、离不开党的路线方针政策，离不开和平稳定的政治环境。无论是上世纪七十年代，党中央提出“三年改变港口面貌”；还是改革开放之后国家实施的港口投资倾斜政策，加快港口发展建设步伐，都充分体现了党和国家对国有企业、对港口企业、对企业职工的政策支持，使秦皇岛港由建国初期年设计通过能力几百万吨的小港口，一跃成为现在货物吞吐量超过 3 亿吨的综合性大集团，使我们的生活由温饱转向小康。特别是 2009 年 7 月，河北港口集团组建后，省委、省政府赋予我们整合省内港口岸线资源，推进河北省沿海港口功能和结构调整，促进港口与临港产业统筹发展的重要职能，为集团打开了更为广阔的发展空间。在省委、省政府、国家交通运输部以及省国资委等部门、秦唐沧等地政府和相关部门的支持下，我们迈出了跨区经营、多元发展的实质性步伐，在秦皇岛积极推进西港搬迁改造工程，在曹妃甸努力争取更多的项目，在沧州基本确立了港口开发建设的主导地位，在邯郸建立了陆港国际物流园区，等等，使集团战略转型得以快速推进。这些，对于降低企业经营风险、提高企业经济效益具有非常重要的意义。可以说，如果没有党的惠民政策，没有国家和各级政府对港口的支持政策，就不会有我们富裕的生活，就不会有河北港口集团这个足以让我们值得依靠的好企业。所以，必须认识到我们得到的实惠，离不开社会主义制度的优越性、离不开各级政府的政策支持，必须把思想和行动统一到党中央、省委、省政府以及省国资委的决策部署上来，把企业发展战略融入到国民经济、国家交通运输布局总体规划，融入到建设经济强省、和谐河北以及所在地区的总体发展战略中来，强港报国、忠诚奉献，义无反顾地确保国家能源运输安全，肩负起促进区域经济发展的重任，用实际行动为建设社会主义和谐社会贡献力量。

二是来自于集团的持续、快速、健康发

展。据统计，从2006—2011年，集团货物吞吐量年均增长2968万吨，连续跃上1亿吨、2亿吨、3亿吨三个台阶；利润总计503715万元，净利润347436万元。特别是煤炭运输生产，在没有新增泊位、没有新增设备的情况下，通过内部挖潜提效，保持了稳步增长的态势；杂货生产快速提升，尤其是矿石生产突飞猛进，成为第二大货类，2011年集团完成9891万吨。油品、集装箱运输也实现了平稳增长。吞吐量的增长，主要得益于集团坚定不移地实施了跨港发展战略，坚定不移地开展了精细化管理和挖潜提效。特别是曹妃甸矿石码头、黄骅港综合港区一期工程的建成投产后，使集团拥有的码头泊位数增至64个，年设计通过能力达到3.09亿吨，为企业发展提供了更加坚实的依托。可以说，没有企业持续、快速、健康发展，没有集团生产的平稳运行，就没有企业收入和利润的增长，就无法保证我们职工的福利待遇不断提高。

三是来自于集团对职工利益的高度重视。始终坚持以人为本，把实现职工利益放在极其重要的位置，实现好、维护好、发展好职工根本利益。今年，集团虽然也受到国内外宏观经济下行压力的影响，经营生产形势十分严峻，但通过努力，仍力争职工年平均收入增长保持12%的水平；建立职工企业年金、补充医疗保险、离退休人员补充养老保险等多层次社会保障体系，满足了广大职工过上更好生活的期盼。在工作上，集团加大资金投入力度，持续改善职工生产、工作条件，建立不同级别的职工之家，使职工在企业真正找到了“家”的感觉。

四是来自于广大干部职工的拼搏奉献。企业发展，关键是要把个体的力量汇聚成强大的合力。这是企业基业长青的基石和源泉。特别是2008年初，在抗击南方雨雪冰冻灾害、抢运电煤的关键时刻，集团上下全力以赴、昼夜奋战，10天多运电煤141万吨，胡锦涛总书记称赞我们港口职工“是一支特别能战斗的队伍”，充分展示了国企职工在保障国民经济发展中的中流砥柱作用。在建设沿海经济强省的新征程上，广大干部职工坚决贯彻省委、省政府以及省国资委的战略部署，关死后门，倒排工期，克服黄骅海岸线地质条件复杂、自然环境恶劣等困难，仅用500多天时间，就在茫茫千里的滩涂上主导建成了一期工程8个泊位，创造了“黄骅港速度”，为建设经济强省、和谐河北做出了突出贡献。2011年集团吞吐量实现3.61亿吨，再创历史新高；今年前7个月，完成吞吐量2.0163亿吨，按照集团年度吞吐量目标3.4亿吨，超计划进度376万吨。

第三部分 惠要长久

惠在生活质量提高，惠从党的政策、企业发展及职工拼搏奉献中来，这就是我们的结论。但是，要使这种实惠长久地保持下去，不断提高，还需要我们不懈努力，奋力开拓，去创造更加美好的明天。

一要坚决贯彻党中央、省委、省国资委要求，与党中央和上级党委保持高度一致。严格执行中央、省委、省政府以及省国资委加快转变经济发展方式的重大决策部署，把企业发展战略融入到国家和全省经济社会发展的总体战略之中，把推动集团发展的立足点转到提高质量和效益上来，多谋民生之利，多解民生之扰，使广大职工在劳有所得、病有所医、老有所养、住有所居等方面持续改善、

更多受益。

二要全面落实集团发展战略，推进企业转型升级。以经济效益为中心是兴企之要，发展仍然是解决我们面临的所有问题、提高职工生活质量的关键。坚持发展是硬道理的本质要求就是坚持科学发展。坚持主业发展快中求强、转型发展稳中求进的集团工作主基调，落实好集团“12358”发展战略和“十二五”规划，这是集团转型升级、做强做优的必由之路，是实施惠民政策的重要保障。每一名党员，特别是党员领导干部，都要把解放思想、转变观念作为推动集团战略实施的重要前提，牢固树立开放意识、创新意识，跳出传统发展模式的路径依赖，以更宽的视野，深刻认识形势，走出发展新路。要遵照上级的要求，借鉴外面的经验，结合自己的特点，创造性地开展各项工作，不断开创集团事业发展的新局面。要有想干事的境界、敢干事的魄力、会干事的水平、干成事的追求，工作当中要多想一想组织的信任、多想一想岗位的重要、多想一想职工的期盼，始终保持强烈的事业心和责任感，具有昂扬向上、奋发有为的精神状态，始终保持干不好、干不完就吃不好、睡不着的执着品格，始终保持人一之我十之、人十之我百之的工作干劲，不让一天闲过，不让一事拖拉，以时不我待的精神开拓进取，破解发展难题，推动企业转型升级。

三要充分发挥企业党组织的政治核心作用，党员干部率先垂范、争当楷模。各级党组织要紧紧围绕企业改革发展、生产经营中心工作，充分发挥政治核心作用，把握好方向，谋划好思路，凝聚好力量，创造好环境，多做“打基础、利长远、惠职工”的实事，把党建工作融入企业中心工作，着力推进核心工程，建“四好”班子；融入企业管理工作，着力推进堡垒工程，创“四强”党组织；融入党员职工思想实际，着力推进先锋工程，争“四优”共产党员，促使党建工作不断创新、创优、创先、创效。全体共产党员要主动发挥先锋模范作用，带领广大职工群众发扬主人翁精神，以集团事业为重，以集团发展为重，牢记岗位职责，把工作当成事业，把事业当成追求，敢于担当，甘于奉献，积极进取，忘我工作，努力创造一流的工作业绩。党员领导干部要率先垂范，政治上突出忠诚和坚定，工作上突出干事和担当，作风上突出勤奋和亲民，团结上突出规矩和自觉，方法上突出大局和重点，廉洁上突出干净和刚正，真正成为企业的中流砥柱。要饱含深情，带着厚意，深入基层，深入一线，直接倾听职工的意愿与呼声，感受职工的情感和甘苦，团结友爱，相互帮助，切实解决职工群众的疑虑困惑和实际问题，让职工群众真正明白惠在何处、惠从何来。要始终保持党的先进性、纯洁性，做到不失一足、不染一泥、不妄一念，时刻以“两个务必”精神砥砺自己，耐得住寂寞，经得起诱惑，守得住清白，正确对待名利，正确对待权力，真正成为组织放心、职工信赖的好干部。

做“三严三实”的忠实践行者

——河北港口集团深入开展“三严三实”专题教育党课（摘要）

党委书记、董事长 邢录珍

（2015年5月22日）

今天，由我讲一堂关于“三严三实”的党课，通过与大家一起学习交流，深化思想认识，掌握有关要求，全面启动集团“三严三实”专题教育。

对照“三严三实”高标准严尺度，正视集团党员干部存在的“不严不实”问题和危害

对照“三严三实”，我们一些领导人员很大程度地存在着“不严不实”的问题。

在修身方面，存在理想信念上的“软骨病”。这主要反映在学习上，存在着意识淡薄、缺乏主动性的问题。有的以工作繁忙为由，轻视和忽视理论学习，认为理论学习可有可无，对党的路线方针政策含糊不清，有时将自己混同于一般群众，不负责任地散步各种道听途说的小道消息，随声附和不利于上级和集团大局的言论；有的学习不刻苦，不深入，满足于一知半解，没有入心入脑，不能知行合一，学习焦裕禄看片时挺激动，讨论挺深入，真正做起来，有些利益还是放不下；有的满足于自己原有的知识结构，面对集团发展涉及的新领域，对前沿趋势性知识没有主动学习、更新的愿望，静不下心、坐不下去，却成天忙于一些不必要的应酬；有的在年度述职和对照检查中提及学习方面的不足，年年提，年年不改，使学习成为了查找问题的挡箭牌。懂政治才能讲政治，懂规矩才能守规矩，我们这些集团内“关键的少数”，不学政治怎么能懂政治、讲政治，怎么能带好职工队伍？不学规矩，怎么能懂规矩、讲规矩，怎么能依法经营管理？

在用权方面，存在权力行使上的“自由病”。有的单位一把手，独断专行，搞一言堂、家长制，班长变家长，领导变老板，总以为自己高明，容不得、听不进不同意见，重大问题、重大决策自行其是，不履行程序，不向集体和上级报告。如果严格履行决策程序，能发生海运煤炭市场的事情吗？有的班子成员，本位意识强，把分管工作看作是自己的封建领地，人动不得、事碰不得，固执任性，讨论问题时不管正确不正确，合自己意就同意，不合自己意就反对；集体决议的事情，合意就执行，不合意就消极执行或不执行，甚至在职工中散布反对意见，影响班子团结。有的领导为官不为，在其位不谋其

政，遇事推诿扯皮，敷衍塞责，该抓的不抓，该管的不管；有的明哲保身，不求有功，但求无过，平平安安占位子，庸庸碌碌混日子；有的上级管得严了，好处收不到了，就不作为、慢作为，门好进、脸好看、事不办。更有甚者，不想着怎么为货主和用户提供高质量的服务，保住市场份额，反而整天想着利用手中的权力和资源吃拿卡要，谋取私利，带坏了单位的风气。在当今市场竞争这么激烈的形势下，这样做怎么得了？

在律己方面，存在自我约束上的“放松病”。主要表现为：放松对自己的要求，无视纪律，作风散漫。有的纪律观念淡薄，该请示的不请示，该汇报的不汇报，我行我素。今年的领导人员个人事项漏报的就很多，反反复复折腾了好几次，直到近期省委组织部下文件严格要求，又有好几个人补报。早干什么去了？前天，集团党委会通过了《领导人员个人有关事项报告抽查核实办法》，以后不仅要抽查，而且凡担任副处级以上职务的，一律报省委组织部核实，发现瞒报漏报的一律不予提拔。有的领导人员放松对自己的要求，在单位“两头”不见人，晚来早走，游离于组织管理之外，有时间就打麻将、斗地主、玩游戏，庸懒散拖，玩物丧志。有的无视中央“八项规定”和集团规定，大酒店不让吃了，就跑到会所去吃，个别人员出现了顶风违纪的问题。还有的个别人违反了廉洁自律规定，利用自己手中的职权，为不法分子搞不法活动提供便利条件，大肆收受贿赂，内外勾结谋取私利，最终被绳之以法。大家要知道，纪律规矩对干部既是约束也是保护，走向违法犯罪的往往都是在纪律上撕开了口子。违规违纪的代价是非常高昂的，大家承受不起，毁掉自己的前程，毁掉自己的家庭，不值得。大家一定要引以为戒。

在谋事方面，存在谋划工作上的“短视病”。谋事要求我们要一切从实际出发。现在，我们有些领导人员没有认真研究过集团面临的内外部形势、用心思考过集团发展急需解决的重点难点问题，下基层走形式、走过场的时候多，真正深入基层调研、解决问题的时候少。有的领导人员缺乏求真务实精神，更多地着眼于完成上级下达的目标任务，没有静下心来思考本单位、本部门存在的问题和发展空间，谋划工作没有新思路，推动工作没有新举措，在谋求多元发展、精细化管理、提质提效和为职工解决实际问题等方面缺乏实实在在的行动。面对“一带一路”、京津冀协同发展等重大战略机遇，我们在谋划发展思路和措施上准备不足，视野不广、思路不宽，作风飘浮，错失了很多发展良机。前几天我参加了京津冀政协主席联席会，在会上了解到京唐港的 25 万吨级航道项目已经列入了省十三五规划，而我们什么项目都没有列入，仅从这一点上看，在今后的发展中我们就落后人家一步，处在了被动的地位。同志们，我们的 20 万吨级航道到现在还没有开挖，挖 15 万吨级还是 20 万吨级争论了两年，典型的短视！这种状态，怎么和人家竞争？谋事是成事之基。我们是河北港口集团，京唐港是地方港口，出现这样的情况正常吗？如果再这样下去，不想事、不干事，我看早晚有一天我们会被人家追上。

在创业方面，存在攻坚克难上的“胆怯病”。工作缺乏信心，缺乏开拓性，不敢闯、不敢试、不敢创新。有的习惯于自己与自己比，认为经济发展进入新常态，经济增速放缓，再怎么干发展速度也上不去，再怎么干也超不过上海港和青岛港，自甘落后、甘拜下风；有的工作标准不高，缺乏竞争意识，不善于在全省、全国的大格局中找标杆、定目标，只求过得去、不求过得硬，拿不出实招硬招，创不出特色亮点；有的动作迟缓，会上都同意，会下对要求部署的工作和项目不是马上办、立即办，而是拖拖拉拉，推一推动一动，甚至推而不动，本来今天可以办好的事拖到明天，一天可以办成的事拖个三五天；有的患得患失、不敢担当，遇事“难”字当头，遇难“退”字当先，好事容易抢着上，碰到矛盾和问题东躲西闪。在当前这么严峻紧迫的形势面前，信心比黄金还珍贵，我们总是看山难、望水愁，我们的斗志从何而来？工作动力从何而来？

在做人方面，存在合作共事上的“双面病”。团结才有力量，合作才能共赢，这是大家都懂的道理。但是有些单位领导班子不和谐、不和气、不默契，整体合力不强，缺乏凝聚力；还有的班子明争暗斗，看似一个整体，实则貌合神离，拧不成一股绳，没有战斗力；有的领导人员心胸狭窄，缺乏容人之度，相互之间不信任不理解，无事时相互猜忌，有事时不能配合，甚至相互拆台；有的处处抬高自己，贬低别人，总以为自己最能干，别人都不行；有的总抱着个人成见看待人和事，搞“小圈子”，与自己关系不好的人，再正确也要反对；还有的领导人员不讲诚信，当面一套，背后一套，阳奉阴违，失去了做人的根本。这些内耗的现象实质上反映的是官品人品的问题，大家一定要阳光、坦诚、宽容一些，经常检讨一下做人、团结方面还有哪些做得不到位，力求合作共赢。

把“三严三实”作为一种思想方法，积极破解制约集团改革发展的重大问题

贯彻落实“三严三实”要求，加强党的建设和干部队伍建设，最终要落实到破解企业面临的重大问题、推动企业转型升级、改革发展上。在学习习总书记“三严三实”要求的过程中，一些同志片面地认为这是对领导人员个人修养的要求，理解比较简单。通过认真学习思考，我认为，“三严三实”既是对领导人员修身进德的要求，同时也包含着重要的思想方法。“三严三实”抓住了做人做事得以成功的关键，也正是我们攻坚克难、推动集团发展迫切需要的作风和精神。最近一段时间，我在集团年度工作会议和考评大会等不同场合，反复分析面临的形势和任务，与同志们一起探讨了当前和今后一个时期我们迫切需要回答的一些事关集团发展的重大问题。按照“三严三实”中蕴含的重要思想方法，分析归纳，集团面临的形势和必须解决的重大问题，主要有以下四个方面。

第一个是在我国经济发展进入新常态的形势下，港口的主业如何持续发展。当前，在经济和港口行业发展双双进入新常态下，我认为，我们现在面临着“三难”。第一难是生产经营上，需求低迷，运量上不去。今年1—4月份，煤炭按年度计划亏了750万吨，这样下去到年底股份公司的主营利润将大大减少，这对股份公司是个非常大的考验。第二难是产能过剩，价格上不去。现在，曹妃甸港区的矿石接卸能力已经过剩，京唐港还要挖25万吨级的航道，竞争还会加剧，竞争加剧带来的后果就是互相降价。第三难是竞争加剧，市场份额上不去。现在各港口的煤

炭运输也竞争得非常激烈。黄骅港、天津港、京唐港都建设了很多个码头泊位，同质化竞争越来越激烈。在总量不变、需求不变的情况下，我们的市场份额必然就会下降。面对这些困难，我们都要认真思考、研究应该怎么办，在哪些方面用力、创造优势、吸引客户，取得竞争的胜利，这是摆在我们面前最紧迫的任务。如果这个问题解决得不好，港口主业不能持续健康发展，就可能直接触及企业的生存底线，这是事关集团安全运行和兴衰的大事。

第二个是要回答“集团未来发展的出路在哪里”这个问题。在面临这么严峻挑战的情况下，我们别无选择，必须要背水一战、抢占先机、顺应大势、转型发展。但转型升级往哪里转，多元化的道路应该怎么走？落实到发展实际中，就是通过建设什么项目，把资金投向哪里，才能引领企业的转型升级，才能为企业谋求更好的未来和更广阔的发展天地？在这种大背景下，我们主动做了大量艰苦的努力，以期在新一轮大洗牌、大发展中争取主动。比如，我们抓住京津冀协同发展机遇，与天津港合作成立了津冀港口投资发展公司；抓住河北沿海地区率先崛起机遇，取得了统筹开发秦唐沧三大港口新增码头项目的主导权；抓住国家物流发展战略规划出台机遇，实现了港口物流产业的整合发展，同时实现了投资金融板块的效益提升，这些都将成为集团发展的重要支撑。但是，这些项目大都是围绕港口上下游产业链来转，能否实现“东方不亮西方亮”？我们必须要有颠覆性的思维，去寻求新的发展机遇，不能坐等，等是会把机遇丢掉的，结果是越来越落后，最终会自生自灭。省国资委允许我们发展四个主导产业，但具体搞什么产业，我们必须要认真地研究一下集团发展战略，好好地想一想往哪里走？如何抓住国家产业结构调整、京津冀协同发展、“一带一路”等国家战略和机遇，深入研究相关政策，准确把握发展大势，加强对互联网等新兴业态、朝阳产业的研究，去发现新的产业、新的经济增长点，谋划一批大项目、好项目，快速找到实现企业转型升级，找到科学发展、转型发展的新路子。这是我们共同的责任，是我们这一代人必须解答的问题，是关系我们集团今后一百年持续发展、基业长青的大问题。

第三个是如何深化内部改革、建立符合市场经济和集团实际的体制、机制和管理架构。改革是红利，是企业持续发展的动力。近年来，尽管我们积极推进现代企业制度下母子公司改革、后勤板块改革、集体企业改制等重大改革。但是，与行业先进和其它率先改革的央企、国企相比，我们的改革还不够全面彻底，适应集团发展需求的有效管控体系还没有形成，在企业内部没有建立一套有效的竞争激励机制，尤其在人力资源配置上与市场差别较大，没有竞争力。人浮于事、效率低下，干多干少一个样、干好干坏一个样，“大锅饭”挫伤了广大干部职工干事创业的积极性，而且人工成本高居不下，这非常值得我们深思。在深化改革方面，我们还有很长一段路要走。当前，我们深化用人机制改革，把消化冗员、降低成本作为改革目标，启动了竞聘上岗试点工作，下一步要全面推开。在组织实施的过程中，职工关注的是我们能不能公正、公平、公开？竞聘下来往哪去？所以，我们必须要以严的标准、实的作风，扎扎实实组织好、推动好此项涉及职工切身利益的改革工作，确保职工队伍的稳定和正常的管理秩序。薪酬制度改革也是一样，现在整体上我们还富裕5000多人。我想，不管怎么改，都不能让我们的职工回家，这是我们改革的底线。不回家去干什么？还有集团和股份公司的架构问题、集团和子公司的架构等问题，都属于改革顶层设计需要解决的问题，需要集中大家的智慧去解决，真正地建立起符合市场经济和集团实际的体制、机制和管理架构，为集团科学管理、协同发展打下良好的体制机制基础。

第四个是在企业发展的转折时期，我们应当建设什么样的企业文化。企业文化对企业的发展至关重要，是企业思想上的引领、作风上的引领、观念上的引领。在港口110多年的发展历程中，我们创造了非常灿烂的企业文化，培育出了一大批先进典型人物。在新时期我们还需要什么样的企业文化作支撑，如何传承、发扬和融合，成为我们精神上的支柱，也是我们需要解决的问题。在实际工作中，在和外面一些企业、单位打交道的过程中，我有一种强烈的感觉，就是咱们总是缺少那么一股精气神，缺乏一种攻坚克难的血性和冲劲。追根溯源，还是思想不够解放，观念不够超前，文化还没有真正成为支持跨越发展的进取型文化。当前，我们倡导的“忠敬”文化，“忠”就是忠诚，忠于党、忠于祖国、忠于企业、与企业共患难；“敬”就是敬业，干一行爱一行，兢兢业业地做好本职工作。其中还包含两个字：一个是勇敢的“勇”，要有一种勇往直前的拼劲和冲劲，要有一种血性和狼性，在任何困难下都要敢于去亮剑，这是我们在没有硝烟的战场上战胜各种困难和考验的根本；另一个是韧劲的“韧”，就是坚韧不拔、锲而不舍，坚持、坚持、再坚持。大家想一想这些年走过的路、做成的事、上的项目哪件不是靠韧劲才能做到的？所以，我们要弘扬这种企业文化，用企业文化凝聚意志、凝聚人心、凝聚力量，调动所有的积极性，攻坚克难，真正做到团结奋进、勇创一流。邯郸国际陆港公司就是一个很好的例子。他们异地创业，始终奉行“我就是邯郸人”的文化理念，较好地处理了当地群众、政府和集团等各方利益，克服千难万难，闯出了一片新天地。思想是总开关，文化是大形势，在这个特殊的发展时期，我们一定要有这样的智慧和勇气，善于用文化的力量凝聚人心，把集团倡导的价值理念宣传下去、落地生根，成为全集团的思想共识，这是关系企业能否保持凝心聚力、开拓进取状态的精神支撑。

科学、正确、迅速回答好上述四个问题，要求我们以严的态度、实的作风，一切从实际出发，实事求是地调查研究，提出科学的解决方案。

做“三严三实”的忠实践行者，为集团健康运行、转型升级、科学发展提供思想、组织、作风和干部队伍保证

中央开展“三严三实”专题教育，为我们进一步改进作风、锤炼队伍、破解难题、促进转型提供了契机。我们必须把“三严三实”作为修身做人的基本遵循，作为为官用权的警世箴言，作为干事创业的行为准则，作为破解集团改革难题、实现集团发展战略目标的强劲动力，真正内化于心、外化于行。

第一，坚定理想信念，做政治上的明白人。如何做到“严以修身”？我理解就是要坚定理想信念，提升道德境界，增强本色意识。

具体要保持好三个定力。一是要保持思想政治定力。在世情、国情、党情发生深刻变化、世界范围内各种思想文化交流交融交锋更加频繁、意识形态领域斗争长期而复杂的新形势下，作为党员领导人员应该怎样做？这是需要我们认真思考和解决的重大政治课题。我想坚定政治观念、保持思想政治定力是关键。要牢固树立党章意识，自觉用党章规范自己的一言一行，真正把党章作为加强党性修养的根本标准，作为严守党的政治纪律的行动指南。要保持与党中央在思想政治上的高度一致，做到政治信仰不变，政治立场不移，政治方向不偏，在任何情况下都坚定跟党走的信念，决不松懈动摇。二是要保持理想信念定力。理想是道路、是方向，信念是动力。习总书记指出，有了坚定的理想信念，站位就高了，眼界就宽了，心胸就开阔了，就能坚持正确的政治方向，在胜利和顺境时不骄不躁，在困难和逆境时不消沉不动摇，经得起各种风险和困难考验，自觉抵制各种腐朽思想的侵蚀，永葆共产党人的政治本色。作为一名党员领导人员，没有坚定的理想信念，怎么可能全身心地为党工作？怎么可能为集团的发展尽心竭力？我们要坚定三个自信，就是坚持中国特色社会主义的道路自信、理论自信和制度自信，不断增强坚持和完善中国特色社会主义制度的自觉性和坚定性，始终坚守共产党人的精神高地，增强做好集团各项工作的信心和决心，更好地服务于集团改革发展全局。三要保持行为操守定力。严以修身，重在修，要在严。修身是党员干部的必修课，真正提高修养就必须始终保持高标准、严要求，持之以恒、一以贯之。坚守党的政治纪律，既要靠组织教育，更要靠个人自觉。希望大家能够以“三严三实”要求为镜，时常照一照自己的思想；以“三严三实”要求为尺，时常量一量自己的行为，以焦裕禄、孔繁森和我们身边的先进典型人物为榜样，看看自己做人的境界够不够，当领导的境界够不够，做到勤修、真炼，弥补思想认识上的不足，清除行动作为上的弊病。要以毫不松懈的态度和毅力，扎扎实实地加强党性修养，坚定理想信念，提升道德境界。

第二，恪守从业底线，做履职用权上的规矩人。邓小平同志曾告诫说：“我们拿到这个权以后，就要谨慎。不要以为有了权就好办事，有了权就可以为所欲为，那样就非弄坏事情不可。”作为领导人员，我们不论在什么岗位，任何时候都要严格按制度行使权力，把权力关进制度的笼子里。一是要用之为公。我曾在今年的领导班子和领导人员考核讲评会上讲过，权力是党和人民赋予的，第一姓党，第二姓公，我们只有为职工群众服务的义务，绝不能让权力为个人服务，成为谋取私利的工具。在用权这个问题上，大家都要把职工群众利益放在行使权力的最高位置，把职工群众满意作为行使权力的根本标准，对个人名誉、地位、利益，要想得透、看得淡，才能保证权力的正确行使，才能赢得职工群众的拥护和支持。谷文昌在县委书记任上，带领海南东山县群众苦战十几年，种下大量木黄麻，风沙得到有效治理，去世几十年后，还有大批群众自发到他墓前缅怀。所以说，我们要经常问一问自己，手中的权力用到哪里去了？有没有玩忽职守、不作为、慢作为、乱作为？有没有巧立名目、吃拿卡要？有没有公权异化，把权力用在关系户、小圈子、小团体的利益上？有没有以权谋私、贪污受贿？如果把权力视为谋取一己私利的工具，不仅背离了党的宗旨，也必将会滑向腐败的深渊。大家看看十八大以来落马的那些贪官，还有我们集团内部发生的几起腐败案件，不都是在用权上出了问题吗？二是要行之有规。权力的边界就是法律和规章制度，权力运行必须要遵循法制的轨迹。法无授权不可为，任何级别的领导人员都没有法外之权，都不能凌驾于法律之上。去年10月召开的十八届四中全会，我们党在党史上第一次将依法治国作为全会主题。不久前，集团也组织了依法治国专题讲座，目的就是让大家增强法治意识、规矩意识。法律法规和各项规章制度有明确规定的，我们必须要严格执行；“三重一大”事项应该履行集体决策程序的，必须要经过集体讨论、会议决定，绝不允许凭经验凭感觉做工作，把规章制度丢在一边，更不允许搞一言堂，独断专行。在这方面，我们已经有了深刻教训，大家一定要切记，干工作要合法合规，绝对不能再发生类似的问题。三是要错之有责。权力意味着责任，没有不承担责任的权力。苏联解体不久，前苏联部长会议主席雷日科夫就说过一句话，他说权力应该成为一种负担，当权力是负担的时候，政权就稳如泰山了。权力一旦成为享受，那一切都完了。把权力作为一种责任、一种负担，就是要求我们各级领导人员兢兢业业、勤勤恳恳、任劳任怨地工作，只有生怕我们的工作出问题、集团的利益受损失，我们的各项工作才能顺利推进，发展目标才能顺利实现。有权必有责，失责必追究。如果把权力当成享受，满足于当糊涂官、太平官，淡漠或者忽略自己应尽的责任，就会导致权力滥用，甚至以权谋私。如果发现这样的情况，不论什么人、什么职务，都要进行严肃处理。

第三，加强自我约束，做廉洁从业的清白人。干净做事、清白做人是最基本的行为准则，我们每一名领导人员都要把廉洁作为一种价值追求、一种信念来恪守，努力让廉洁成为一种习惯、成为新常态。一要做到守纪律讲规矩。在十八届中纪委五次全会上，习总书记集中强调了守纪律、讲规矩问题，明确要求党员干部要加强纪律建设，把守纪律讲规矩摆在更加重要的位置。无数事例充分说明，一旦从思想上放松了纪律和规矩这根弦，言行上就会弊端丛生。各级领导人员要牢固树立纪律意识和规矩意识，时刻绷紧遵规守纪之弦，把党章党纪、党的优良传统和工作惯例作为行为规范和规则，作为一条红线，凡是党章党纪规定党员必须做到的，领导人员首先要做到；凡是党章党纪规定党员不能做的，领导人员要坚决不做。二要守住做人、做事的底线。领导人员手中掌握着权力，各种诱惑、算计都冲着你来，各种讨好、捧杀都对着你去，往往会成为“围猎”的对象。目前集团正处在转型发展的关键时期，这么多的国有资产、这么多的建设项目，很容易被某些别有用心的人盯上，我们在座的各位都不是生活在真空中，也很容易成为不法商人的“围猎”对象，稍有不慎，就有可能失足落水。大家一定要特别警醒、特别审慎、特别检点。我们要清楚，我们是党的干部，不是红顶商人，绝对不能政商不分，摆不正自己的位置。如果和所谓的老板朋友纠缠不清，到时候人家不一定有事，等待你的轻则是政治生命的结束、重则是牢狱之灾。大家都是通过自身的不懈努力走到领导岗位上，希望大家要珍惜岗位，以一颗感恩的心来对待组织的信任，以一颗进取心来对待工作，以一颗平常心来对待名利，守住细节、管住小节，抵得住诱惑，耐得住寂寞，绝不允许

利用自己的职权或职务影响谋取不正当利益。三是要做到知行合一。要把党的纪律和规矩贯彻到集团的各项决策部署中，落实到我们的具体工作中，不能仅仅当做口号、流于形式，当面一套，背后一套。大家想想，有多少官员曾经以公正、廉洁、清正自诩，却在实际行动中越过“红线”，因为沾不义之财、染不正之风、干违法之事落马。大家一定要做到有戒不妄为，经常想一想我们平常说过的、在大会小会上讲过的，我们自己做到了没有？有一副对联写得很好，“睡至二三更时凡功名都成幻境，想至一百年后无少长俱是古人”，希望大家少一点儿对名利的追求，多一点儿踏实干事的作风，认认真真地工作，幸幸福福地生活，平平安安过一辈子，比什么都强。

第四，一切从实际出发，做推动发展的实干人。谋事是做事的开始，成事的前提。如果不谋实事或谋事不实，就是形式主义和官僚主义的表现。推动集团改革发展各项工作，需要我们从实际出发，落实好习总书记提出的“三个符合”（符合实际情况，符合客观规律，符合科学精神）要求，多调研、多思考，肯谋事、敢谋事、善谋事，向实处发力，从实际出发谋划事业和工作。一是要知实情。嘴行千里，屁股在屋里，怎么能了解实际情况？古人说：“涉浅水者见鱼虾，入深水者见蛟龙”。深入基层、深入职工，重心下移、关口前移，才能找准问题所在；把情况搞全了、弄准了，才能理清思路，摸到规律；将上级的决策部署、外部的有益经验和集团实际相结合，才能提出正确的改革发展思路，拿出切实可行的工作措施。去年教育实践活动开始后，我们每名领导人员都确定了基层联系点。今年，集团党委又出台了《关于在领导人员中持续开展“走基层、访职工、做实事”活动的实施意见》，要求大家深入基层开展调查研究、解决实际问题。大家都要总结一下，一年下来，联系点我们去了多少次，了解了什么情况，解决了什么问题？同志们，不接地气的工作肯定干不好，如果大家在这方面有做不到位的地方，希望尽快弥补和纠正。二是要怀实心。领导者谋事，首先要端正心态，一切从集团发展大局出发，从职工群众利益着眼，不做表面文章，不迷恋形式，不贪图成绩，才能准确把握大势，凝神静气，真抓实干，谋成大事。要力戒浮躁心理，做工作、干事业都要立足当前、着眼长远，急功近利的事情不能干，好高骛远的事情不能干。要有前人栽树、后人乘凉这种胸怀，多做打基础、利长远的事情。任何事物的发展都有客观规律，任何工作都不可能一蹴而就，不能因为这项工作难度大、短时间内见不到效果就不去做。要保持好工作的连续性，坚持一张蓝图抓到底，集中精力抓落实。如果纠结于“功劳算到谁头上”，放着现成的路不走，硬要“走自己的路”，工作连续性就会被打断，可持续发展就会变成一句空话。三是要谋实事。要用心思考集团改革发展和推动本单位工作需要我们做什么事，要懂得职工群众需要什么、期盼什么，把发展的需要和职工群众的诉求当做谋事的核心内容，把工作精力集中用到最需要、最管用、最见实效的地方。定了目标就得马上干，对职工群众承诺了的事就要赶紧办，干就要干出样子，干出成效。目前，群众路线教育实践活动已经进入到整改落实的最后阶段，大家要对照任务清单和时间表，进行一次回头看，看看我们的整改措施都落实了没有，任务都完成了没有，没有完成的要抓紧推进。要对照年度工作目标，看看我们制定的工作计划落实了多少，集团改革发展重点难点问题解决了哪些，重点工作推进取得了什么效果。要扎实推进各项工作，用实实在在的工作业绩推动集团发展，取信于职工群众。

第五，明责任敢担当，做干事创业的带头人。如何在激烈的市场经济竞争中闯出属于我们自己的一片天地，需要我们把“创业要实”的要求贯穿在各项工作的始终，以踏石留印、抓铁有痕的劲头去推进。一是要强化守土有责的意识。在其位，谋其政，司其职，负其责。我们这些领导人员都肩负着谋发展、带队伍的重任，必须忠于职守、敬业奉献、义不容辞地担当责任。对于我们而言，组织上给我们提供了领导岗位，给了我们优厚的待遇，大家也要想想，我们尽到了应尽的责任没有？工作做得怎么样，上级满意不满意，职工群众满意不满意？无论我们在哪个单位、哪个部门工作，我们都要有守土有责的意识，敢为敢当的精神，善做善成的本领，始终保持锐意进取的激情，倍加努力工作。二是要提升攻坚克难的能力。当前，集团主营业务、投资发展、项目建设、提质提效和深化改革等工作面临着一系列的困难和挑战，有大量的硬骨头需要我们去啃。如果我们都回避矛盾、回避问题，怕困难、怕麻烦、怕得罪人，那这些矛盾和问题谁来解决？集团的效益怎么能提升，发展目标怎么能够实现？没有发展就没有未来，如果集团在我们的手里衰落了，大家就会成为历史的罪人。现在，我们比任何时候都需要攻坚克难的能力和智慧，需要敢于啃硬骨头、敢于涉险滩的勇气和魄力，必须只争朝夕，勇往直前，别无选择。要抛开私心杂念，破除畏难情绪，哪里困难大就到哪里去，哪里情况复杂就到哪里去，看准的事情一抓到底，不见成效、不达目的决不罢休。要以“越是艰险越向前”“有条件要上，没有条件创造条件也要上”的决心、“明知山有虎偏向虎山行”的劲头和“狭路相逢勇者胜”的亮剑精神，敢于在困难面前逞英雄，干实事、干成事。三是要培养无私无畏的品质。林则徐曾讲过：“苟利国家生死以，岂因祸福避趋之。”敢于担当就必须有披肝沥胆的精神和无私无畏的锐气。现在一些干部工作迈不开步子，不敢闯、不敢为，不是缺少能力和水平，不是缺乏平台和资源，而是缺少那种大无畏的勇气。“为官避事平生耻”，领导人员的天职就是干事，如果事事从自己的利益出发，畏首畏尾，患得患失，那真是“当官不为民做主，不如回家卖红薯”。心底无私天地宽，只要拥有无私无畏的锐气、攻坚克难的勇气、敢于负责的豪气，把精力用在抓工作上，我们就能够勇于面对职工群众的批评，知难不畏，迎难而上，在集团的再创业、再发展中成就梦想。

第六，守好官品人品，做表里如一的的正派人。做人要实，是中华民族的优秀品格和优良传统，是每一位领导干部应该具备的基本品格，是对共产党员保持先进性的内在要求。一是要做一个老实的人。集团的改革发展迫切需要一大批踏踏实实干事、兢兢业业工作的“老实人”。做老实人，不是思想迂腐，不通人情世故，而是不投机，不取巧，有担当，讲操守；不是墨守成规，庸碌无为，而是勤勉敬业，实做实干，较真碰硬；不是一团和气，唯唯诺诺，而是真诚待人，坦率立身，以德服人。我们要坚决摒弃不良政治生态下对老实人认识的误区，积极营造让讲大局的干部受器重、老实的干部担重任、有本事的干部有舞台的政治新常态。大家要把实作为一种品质去追求，作为一种境界去修

养，作为一种责任去承担，踏踏实实把各项工作部署好、贯彻好、落实好。二是要做一个忠诚的人。要对党忠诚，始终把党作为我们的精神家园，视党的事业高于一切，信党、爱党，听党的话、跟党走；要对事业忠诚，认真履行岗位职责，踏踏实实干事、兢兢业业工作；要对同志忠诚，坚持以诚相待，表里如一，不做当面一套背后一套的“两面人”；要对职工群众忠诚，始终把职工群众利益放在最高位置，为职工群众排忧解难。要常修忠诚之心，做到心有所依；常修对党感恩之心，铭记党的培养教育，努力做好本职工作，发挥模范作用，维护党的荣誉。三是要做一个有底气的人。一个单位风气正不正，领导班子和领导人员起着决定作用，风气正，做人才有底气，做事才够硬气，才能带头树正气。无论是对待上级还是下属、工作还是生活都要胸怀坦荡、正大光明。要行得正、走得直，遇事要出以公心，一碗水端平，不能从个人利益出发去考虑问题、评价决策；要与人为善，尊重别人的想法，善于与同事合作共事，不能排斥别人，更不能散布小道消息中伤别人；要远离所谓的“小圈子”，自觉反对“小圈子”，真正把智慧和精力都集中到干事创业上来，创造出更多经得起实践检验、历史检验、职工群众称赞和拥护的业绩。

开展“三严三实“专题教育，是集团优化政治生态、改善发展环境、加快转型升级的重大契机。以这次党课为标志，集团的“三严三实”专题教育正式启动了。这次专题教育不是一次活动，不分批次、不分阶段、不设环节，是在教育实践活动的基础上，融入经常性教育的一次探索实践。集团党委作为领导核心，要带头开展专题教育；集团班子成员要以身作则、率先垂范，紧密联系实际深学细照笃行，作出示范、树立标杆，一级做给一级看、一级带着一级干，形成学习践行“三严三实”的浓厚氛围。

认真学习党章，严格遵守党章

——集团直属党组织书记、基层党支部书记“两学一做”学习教育示范培训班党课讲稿（摘要）

党委书记、董事长 邢录珍

（2015 年 6 月 17 日）

认真学习党章、严格遵守党章，是习近平总书记对全党发出的号召、提出的重要要求。下面，我就自己学习《党章》的体会，结合集团实际，谈一点儿认识，与大家共勉。

深刻领会和准确把握十八大党章的基本内容

十八大党章全文 17600 多个字，篇幅不长，语言十分凝练，但内容丰富、博大精深，事关我们党的所有重大问题，是全党实践经验和集体智慧的结晶。

党章分为总纲和条文两大部分。总纲集中规定和阐述了党的性质和宗旨、党的指导思想、党的奋斗目标和历史任务、党在社会主义初级阶段的基本路线和中国特色社会主义事业的基本方针、党的建设的目标任务和基本要求等若干重大问题。党章的条文部分共十一章五十三条，对党员、党的干部、党的各级组织、党的组织制度和纪律等作了明确规定，是每个党员、党的干部和各级党的组织必须严格遵守的行为规范。

党章的内容，相信大家都学过，今天就不逐条逐句学了。我们重点从五个方面来看一下学习党章应该把握的内容：一是党的性质、二是党的宗旨、三是党员标准、四是党的组织原则、五是党的纪律。在学的过程中，要注意把握党的先进性和纯洁性这条主线。

（一）深刻理解“两个先锋队”内涵，准确把握党的性质

中国共产党是一个什么性质的党，这是我们首先要把握的。党章总纲规定：“中国共产党是中国工人阶级的先锋队，同时是中国人民和中华民族的先锋队，是中国特色社会主义事业的领导核心，代表中国先进生产力的发展要求，代表中国先进文化的前进方向，代表中国最广大人民的根本利益。”这一规定，明确揭示了中国共产党的性质，揭示了中国共产党阶级性、人民性和先进性的有机统一。我们在理解和把握的时候，要抓住“一二三”，就是“两个先锋队”“一个领导核心”“三个代表”。

1.“两个先锋队”，一个是“中国工人

阶级的先锋队”，讲了我们党的阶级基础，一个是“中国人民和中华民族的先锋队”，讲了我们党的群众基础。“两个先锋队”，其着眼点是保证我们党的先进性。任何政党都以一定的阶级为基础，具有鲜明的阶级性。中国共产党从成立之日起，就是中国工人阶级的政党，始终坚持工人阶级先锋队的性质。工人阶级是新的生产力的代表者，最有觉悟，最有政治远见，最富于组织纪律性。我们党是工人阶级的先锋队，同时是中国人民和中华民族的先锋队，这是因为，中国工人阶级的根本利益同中国人民和中华民族的根本利益是一致的。我们党成立 90 多年来，始终以实现中华民族伟大复兴为己任。实现国家富强、民族振兴、人民幸福，不仅符合中国工人阶级的根本利益，也是中国人民和中华民族的根本利益所在。中国共产党只有同时成为中国人民和中华民族的先锋队，把各个阶层、各个民族优秀分子吸纳到党内来，不断提出符合全体人民共同意愿的政治主张、政治纲领、政策举措，才能最大限度地调动和发挥一切积极因素，凝聚起全体人民和中华民族的磅礴力量，为实现中华民族伟大复兴共同奋斗。

2.“一个领导核心”，就是中国共产党是中国特色社会主义事业的领导核心，这是历史的选择、人民的选择。在中国这样一个大国，无论是革命、建设还是改革，只有在中国共产党的坚强领导下才能取得胜利，没有共产党就没有新中国，没有共产党就没有中国特色社会主义。只有坚持党的领导核心地位，才能始终保证社会主义现代化建设的方向，如期实现“两个一百年”的奋斗目标和中华民族伟大复兴的中国梦，持续推进中国特色社会主义伟大事业不断取得新的胜利。

3.“三个代表”，就是中国共产党代表中国先进生产力的发展要求，代表中国先进文化的前进方向，代表中国最广大人民的根本利益。“三个代表”着眼于立党为公、执政为民，是对党的性质科学内涵的丰富和发展，是对党的先进性的集中概括，也是对如何保持和发展党的先进性的科学指引。换句话说，始终做到“三个代表”，是中国共产党能够由小到大、由弱到强、在历经磨难中不断发展壮大，能够成为“两个先锋队”的根本原因，也是继续保持和发展先进性、始终走在时代前列的根本途径。

（二）以密切党同人民群众的血肉联系为核心，准确把握党的根本宗旨

党章总纲明确把全心全意为人民服务作为党的根本宗旨。党的宗旨是我们党一切行动的根本出发点，是区别于其他任何剥削阶级政党的重要标志。全心全意为人民服务，就是坚持一切为了人民、一切依靠人民，诚心诚意为人民谋利益。始终保持党同人民群众的血肉联系，善于从人民群众中汲取战胜各种困难和风险的智慧和力量，这是我们党战无不胜的根本法宝。任何时候任何情况下，党员都要牢记而不能淡忘这一宗旨，并把它贯彻和体现到全部工作之中。

毛泽东同志在 1945 年 4 月的《论联合政府》的报告中指出：“全心全意地为人民服务，一刻也不脱离群众；一切从人民利益出发，而不是从个人或小集团的利益出发；向人民负责和向党的领导机关负责的一致性，这些就是我们的出发点”。在新的历史时期，不断推进改革开放和社会主义现代化建设，发展社会主义市场经济，推进中国特色社会

主义伟大事业，赋予党的宗旨新的时代内涵，对坚持党的宗旨提出了新的更高要求。

以人为本与坚持党的宗旨和立党为公、执政为民的本质要求是一致的，是我们党的性质和根本宗旨的集中体现。在新时期坚持全心全意为人民服务的宗旨，就是要始终把实现好、维护好、发展好最广大人民的根本利益作为党和国家一切工作的出发点和落脚点，尊重人民的根本利益，依法保障人民群众经济、政治、文化、社会、生态等各方面权益，做到发展为了人民、发展依靠人民、发展成果由人民共享；就是要用人民拥护不拥护、赞成不赞成、高兴不高兴、答应不答应衡量我们的一切工作，把发展的目的真正落实到满足人民需要、实现人民利益、提高人民生活水平上来。

坚持全心全意为人民服务的宗旨，就要大兴密切联系群众之风。党的十八大以来，以习近平同志为总书记的党中央，从关系党和国家生死存亡的高度，以作风建设开局起步，制定并严格落实中央八项规定，深入开展党的群众路线教育实践活动，使“四风”问题得到有力整治，党风政风为之一新，党心民心空前凝聚，为推进党和国家各项事业提供了作风保障。作风建设永远在路上。作风建设是攻坚战，也是持久战。历史和现实都告诉我们，作风问题具有顽固性、反复性，容易反弹和回涌，必须横下一条心狠抓作风建设，坚持抓长、抓细、抓常，在坚持中见常态，向制度建设要长效。作决策、定政策要充分考虑群众利益和承受能力，统筹协调各方面利益关系，切实办好顺民意、解民忧、惠民生的实事，把改革的含金量充分展示出来，让人民群众有更多的获得感。要充分发挥党组织和党员在服务群众中的带头、推动、督促、保证作用，真心倾听群众呼声，真正反映群众愿望，真情关心群众疾苦，多为群众办好事、办实事，多干打基础利长远的事、坚持实干富民、实干兴邦，敢于开拓，勇于担当，多干让人民满意的好事实事。

（三）坚持把政治标准放在首位，准确把握共产党员标准

共产党员的标准是什么？或者说共产党员应当具备什么样的条件？党章第一章第一、二、三、四条对此作出了明确规定。其中，第一条规定了申请入党的条件，这是对党员的最基本的要求；第二条阐明了共产党员的本质属性，是对共产党员的本质要求；第三条和第四条分别明确了党员必须履行的八项义务和享有的八项权利，这是对党员标准的具体化，是对党员的具体要求。党章对党员的基本要求、本质要求和具体要求，共同构成了共产党员的标准。做合格共产党员，就应当自觉践行党章对学员的基本要求、本质要求和具体要求，以实际行动体现和保持共产党员的先进性。

1. 基本要求。党章第一条对入党申请人的年龄、出身、是否交纳党费、是否加入党的组织、是否过组织生活等作出了规定，即：“年满十八岁的中国工人、农民、军人、知识分子和其他社会阶层的先进分子，承认党的纲领和章程，愿意参加党的一个组织并在其中积极工作、执行党的决议和按期交纳党费的，可以申请加入中国共产党。”这些是保证党员质量、保持党员队伍先进性纯洁性最基本的要求。

2. 本质要求。党章第二条明确规定：“中国共产党党员是中国工人阶级的有共产主义觉悟的先锋战士。中国共产党党员必须全心

全意为人民服务，不惜牺牲个人的一切，为实现共产主义奋斗终身。”这一规定，是共产党员标准的内核，鲜明地回答了共产党员“是什么”和“做什么”的问题：“是什么”——有共产主义觉悟的先锋战士、劳动人民的普通一员；“做什么”——全心全意为人民服务、为实现共产主义奋斗终身。这是对共产党员本质属性即先进性纯洁性的高度概括，是对共产党员保持先进性纯洁性的本质要求，是共产党员区别于其他政党和社会团体成员的根本标志。

3. 具体要求。包括两个方面，一是切实履行党员八项义务，二是积极行使党员八个方面的权利。党章第三条明确规定了党员必须履行的八项义务。这八项义务，是从政治、思想、作风、纪律、道德、学习、工作等各个方面对党员提出的具体要求，是新的历史时期共产党员保持先进性纯洁性本质要求的具体化。概括地说，就是学习的义务、执行的义务、服从的义务、遵守的义务、团结的义务、批评的义务、联系的义务和带头的义务。每个党员，不论职务高低、党龄长短、贡献大小，都必须按照党章要求切实履行党员义务。

党章第四条规定，党员享有八个方面的权利，大致可分为三类：第一类是参与党内日常活动的权利。如参加党的有关会议、阅读党的有关文件、接受党的教育和培训、对党的工作提出建议和倡议的权利等。第二类是对党组织和其他党员进行监督的权利。包括对党的任何组织和任何党员进行批评的权利，对党的任何组织和任何党员违法乱纪事实进行揭发、检举的权利，要求处分违法乱纪党员的权利等。第三类是维护自身政治权益的权利。主要包括对党内事务的表决权，充分反映自身意愿的选举权，对党组织讨论决定对自己的党纪处分或鉴定时进行辩护的权利等。每名党员要积极行使党员权利，提高对党内事务的参与度，充分发挥在党内生活中的主体作用。

4. 要把政治标准放在党员标准的首位。坚持党章规定的党员标准，要始终把政治标准放在首位。具体地说，“政治标准”主要包括四个方面：一是信念坚定，具有马克思主义信仰、共产主义觉悟和中国特色社会主义信念，自觉践行社会主义核心价值观，矢志不渝地为共产主义事业奋斗终身。二是对党忠诚，拥护党的纲领，自觉贯彻党的路线方针政策，在大是大非面前头脑清醒、旗帜鲜明，在思想和行动上始终与党中央保持高度一致。三是为民服务，把人民群众放在心中最高位置，树立群众观点，践行群众路线，维护群众利益。四是严守纪律，自觉遵守党章，模范遵守国家法律，严格按照党的组织原则和党内政治生活准则办事。

还需要强调的是，党章非常明确地规定了党员的两个“不能做”：一是“除了法律和政策规定范围内的个人利益和工作职权以外，所有共产党员都不得谋求任何私利和特权”；二是“不允许有任何不参加党的组织生活、不接受党内外群众监督的特殊党员”。这两条红线，任何党员都应该谨守，都不应该逾越。我们学习党章，在把握党员标准时，既要弄清楚自己“是什么”、应该“做什么”和“怎么做”，还要记住“不能做什么”，时时对照，时时警醒，时时修炼，时时践行。

（四）坚持以民主集中制为核心，准确把握党的组织原则

民主集中制是党的根本组织原则和领导制度，是党最重要的政治纪律和组织纪律。

习近平总书记指出，坚持民主集中制是保证党的创造力、凝聚力、战斗力，保证党的团结统一的重要法宝，要严格执行党章关于民主集中制的各项规定。

关于民主集中制，党章做了六个方面的规定，简单地讲，第一个就是“四个服从”，第二是选举原则，第三个是报告制度，第四个是监督制度，第五个是集体领导和个人分工负责相结合，第六个是党禁止任何形式的个人崇拜。

我们党从一开始就是按照民主集中制原则建立起来的。在长期的革命、建设和改革实践中，党坚持不懈地丰富发展民主集中制的理论和实践，依靠和通过民主集中制，集中全党的智慧力量，不断从胜利走向胜利。党的历史反复证明：什么时候民主集中制坚持得好，党就风清气正、充满生机活力，党的事业就蓬勃发展；什么时候民主集中制受到破坏，党内矛盾和问题就会滋生蔓延，党的风气就会受到损害，党的事业就会遭遇挫折。

这里重点强调一下集体领导和个人分工负责的问题。党章第十条规定：“党的各级委员会实行集体领导和个人分工负责相结合的制度。”这一制度是民主集中制在党的领导工作中的具体体现。集体领导和个人分工负责，二者相互联系、内在相统一，不可分割、不可偏废。

实行集体领导和个人分工负责相结合的制度，基本要求有两个方面：一是凡属重大问题，如重大问题决定、重要干部任免，重大项目安排、大额资金使用以及上级党组织要求必须由党委集体讨论决定的问题，都要按照集体领导、民主集中、个别酝酿、会议决定的原则，由党的委员会集体讨论、作出决定，任何个人都无权自作主张。二是在党的各级委员会内部，要明确规定各个领导成员所负的具体责任，做到事事有人管、人人有专责。每个领导成员都要根据党委的集体决定和分工，切实履行自己的职责，不允许各行其是。

执行集体领导和个人分工负责相结合的制度，要防止和克服个人专断和软弱涣散两种倾向。在集体领导方面，凡是重大问题，都应由领导班子集体讨论后作出决定，决不能个人说了算。在集体决策中，领导班子的每个成员要站在维护大局的高度，以对党和人民事业高度负责的精神，根据所了解的实际情况，充分发表个人意见。对领导班子的集体决定，任何人都无权改变。有不同意见允许保留，但对外不得公开反对。在分工负责方面，领导班子成员要无条件服从和执行集体决策，按照分工，在各自的职权范围内大胆地、负责地、创造性地工作，主动克服困难，完成分担的任务，保证集体决策得到贯彻执行。要正确处理好正职和副职的关系，班长和班子成员的关系，正职要总揽全局，抓大事，还要放手让副职开展工作，调动班子成员的积极性。每个班子成员都要自觉维护班子的团结和领导集体的权威，既要根据集体的决定和分工切实履行好自己的职责，承担起应该承担的责任，又要关心全局工作，积极参与集体领导，做到分工不分家、成事不败事、补台不拆台。

（五）以政治纪律为核心，准确把握党的纪律

经过不断丰富、发展和完善，目前我们党已形成了包括政治纪律、组织纪律、廉洁纪律、群众纪律、工作纪律、生活纪律等在内的比较完整的纪律体系。党的纪律要求主要体现在《党章》《关于党内政治生活的若

干准则》《中国共产党廉洁自律准则》《中国共产党纪律处分条例》和其他法规、文件中以及党在长期实践中形成的未明文列入纪律的优良传统和工作惯例中。党的纪律为党组织和党员干部划定了行为空间，明确了权利责任。广大党员、干部对党的纪律都要有敬畏之心、自觉执行，严守党的各项纪律，要切实增强严格遵守党的纪律的自觉性、坚定性，视党的纪律为根本遵循，在政治上把住方向、行为上把住原则、生活上把住小节。

这里，我们重点强调一下党的政治纪律。党的政治纪律是党的各级组织和全体党员在政治方向、政治立场、政治言论和政治行为方面必须遵守的行为准则，是维护党的团结统一的根本保证。政治纪律是最重要、最根本的纪律，是打头、管总的纪律，遵守党的政治纪律是遵守党的全部纪律的重要基础。严格遵守党的政治纪律和政治规矩，必须努力增强和牢固树立政治意识、大局意识、核心意识、看齐意识，内化于心、外化于行、知行统一，真正做到大是大非面前头脑清醒、大风大浪面前立场坚定、关键时刻经得起任何考验。

1. 增强“四个意识”，就要始终忠诚于党。每个党员都要牢记自己的第一身份是共产党员，第一职责是为党工作，始终爱党、信党、护党、为党，任何情况下都绝对忠诚于党、忠诚于人民、忠诚于党和人民的事业，始终与党同心同德，自觉维护党的团结统一。

2. 增强“四个意识”，就要坚持讲政治、讲规矩。要坚定马克思主义信仰、坚定中国特色社会主义和共产主义信念，坚持党的基本理论、基本路线、基本纲领、基本经验和基本要求，坚持全心全意为人民服务的根本宗旨。要增强政治敏锐性和政治鉴别力，善于从政治上看问题，牢记政治责任，坚持党性原则，对大是大非问题旗帜鲜明，对背离党性原则的言行敢于亮剑。

3. 增强“四个意识”，就要始终顾全大局、服从大局。要全面贯彻落实党和国家的各项方针政策、重大决策部署，全面贯彻落实“四个全面”战略布局和五大发展理念，紧密结合本部门本单位的实际情况创造性地开展工作，把中央精神实实在在地体现在解决实际问题上，体现在完成各项工作任务上。要正确处理局部和全局的关系，始终服从和服务于全党工作大局，坚决防止和克服地方和部门保护主义、本位主义，坚决打通政令不畅的“堰塞湖”和“中梗阻”。

4. 增强“四个意识”，就要始终把维护党中央权威、坚持党的集中统一作为基本的政治纪律和政治规矩，毫不动摇地坚持在思想上政治上行动上同以习近平同志为总书记的党中央保持高度一致。党中央决定的坚持照办，党中央提倡的坚持响应，党中央禁止的坚决杜绝。

5. 增强“四个意识”，就要对准标杆，自觉看齐。全党都要自觉向以习近平同志为总书记的党中央看齐，向党的理念和路线方针政策看齐，始终干净干事、勤政廉政，始终为党分忧、为国尽责、为民奉献，始终保持共产党人的浩然正气。

以上这五个方面就是我们学习党章需要重点理解和把握内容，大家回去以后，还要重点去学习、去理解。

如何学习贯彻党章

党历来重视党章的学习贯彻，尤其是在党的十八大刚刚闭幕后，也就是习近平当选总书记的第二天，就公开发表了《认真学习党章、严格遵守党章》的署名文章；在2013年的中纪委二次全会、2014年的中纪委三次全会、2015年的五次全会和今年的六次全会上，总书记都发表了重要讲话，而这几次讲话都有一个重要的内容，就是要学习贯彻党章；王岐山同志在今年的中纪委报告中指出，党章是共产党人的“原教旨”全党必须一体遵循，历史性地将党章的学习贯彻提高到了前所未有的重视程度。能不能有效地学习党章、遵守党章、贯彻党章、维护党章，关系到增强党的创造力、凝聚力、战斗力，关系到巩固党的执政地位和保持党的先进性纯洁性，关系到党的事业兴衰成败和党的生死存亡。我们必须从这样的战略高度来充分认识和把握学习贯彻党章的极端重要性，这既是党对党员最基本的要求，也是党员天经地义的责任。那么我们应该如何学习贯彻党章呢？在“两学一做”学习教育中，党中央将学习党章党规和系列讲话，同做“四讲四有”合格党员融为一体，以知促行，向基层党组织和广大党员指明了学习贯彻党章的基本路径。下面，我就从这四个方面给大家讲讲。

第一，学好党章，坚定信仰，做讲政治、有信念的党员。

讲政治、有信念，强调的是政治合格，就是要对党忠诚、坚定共产主义的理想信念，这是做合格党员第一位的要求。习近平总书记强调，坚定理想信念，坚守共产党人的精神追求，始终是共产党人安身立命的根本。政治上的坚定源于理论上的清醒。理论上成熟，政治上才能成熟；理论上坚定，政治上才能坚定。从一定意义上说，掌握马克思主义理论的深度，决定政治敏感的程度、思维视野的广度、思想境界的高度。现在是互联网时代，信息技术高度发达，社会全面开放，国内国外各种思潮、各种观点甚至奇谈怪论多得很，众说纷纭、泥沙俱下，越来越多的人进入了“低头族”的行列。在这样复杂的环境中，党员保持理论上的清醒、增强政治上的定力十分要紧，这种清醒和定力从哪里来呢？不会凭空而来，要靠加强理论修养和政治修养得来，要靠学习党章党规得来。

一要学而信，唤醒党章意识。什么是党章意识，为什么要唤醒党章意识？问一下在场的同志们，有多少人能一字不差地背出入党誓词？有多少人能提纲挈领地说出党员的八项义务和权利？建国前，有许多党员自觉手抄党章，现在又有谁能主动做到？一项问卷调查显示，某大学随机抽查的30名新发展的学生党员中，没有一个人知道党的根本原则是民主集中制；80%不知道党员的八项权利和义务，70%不知道党全心全意为人民服务的宗旨。这些现象和问题都是党章意识缺乏、弱化的表现，党章意识急需要在党员中唤醒和树立。进一步讲，把党章摆在案头，时常拿出来读一读，对党章条文烂熟于心，这都是党员应该做到的，但也不等于就唤醒了党章意识。所谓意识，是觉察和思考，带有强烈的自主性。唤醒党章意识，就是要把党章内化于心、外化于行，把对党章的信仰和遵从融入到党员日常的学习、工作和生活。组织上入党一生一次，思想上入党一生一世。作为党员，要用一生去读党章，把党章作为终身学习的必修课、基础课，真学、真懂、真信。真学，重在用心、重在有恒、重在深入，要舍得下笨功夫，原原本本学，逐字逐句学，结合实际学，带着问题学，还要结合党内法规同步学、结合系列讲话深入学，全面掌握党章基本内容，深入理解党的性质、纲领，牢记党的宗旨，牢记入党誓词，牢记党员义务和权利。真懂，就是要领会核心要义和精神实质。党章

规定了党的性质宗旨、指导思想、奋斗纲领和重大方针政策，记载了党奋斗、创造、积累的光辉历程，反映了党实践创新、理论创新和制度创新的重要成果。透过党章，要读懂党对国家和民族前途命运的深沉思考，对政党自身建设规律的不懈探索，对肩负历史使命的清醒认识和勇敢担当。学深悟透之后，关键是真信，把党章党规和系列讲话精神作为加强党性修养的根本标准，读原著、学原文、悟原理，特别深入领会习近平总书记系列重要讲话的丰富内涵和核心要义，从条目式的了解，升华到尊崇上来。通过学习，不断补足理想信念的精神之“钙”，坚定“三个自信”，不让党章意识休眠、打盹，这样才能心明眼亮。

在这里，我再说一下关于坚定自信的话题。坚定自信，不是一句空洞的口号，而是现实的、具体的，与每个人休戚相关。曾经有学者到俄罗斯伏尔加格勒大学访问，与一位 30 岁女教师交谈，问苏联亡党亡国的根本原因。这位女教师低下头哭了。她说，“你问的这个问题我们都在回避，这是我们心灵上的伤疤……30 多岁的俄罗斯人对苏联解体前后的社会发展状况都有一个直观的感受和对比。解体后，绝大部分普通民众的实际生活水平突降了一半，食物减少了一半，伏尔加格勒州男性人均寿命整整减少了 10 岁，女性减少了 5 岁。过去我总认为，理想、信念、主义、道路与我们普通人离得很远。但是俄罗斯惨痛的教训告诉我，那些似乎虚无缥缈的理想、信念、主义、道路，实际上同国家民族的命运乃至我们每个人的命运都息息相关。”所以，作为共产党员，内心必须要坚定对中国特色社会主义的自信、自觉。

二要学而用，树立看齐意识。经常喊看齐、维护党的集中统一，是我们党加强自身建设的一条重要经验。回顾我们党 95 年来的历史，一个鲜明的特征，是不断从思想上、政治上、组织上、作风上建好党、管好党、治好党，实现全党的团结统一。这些年开展的集中学习教育，“三讲”重点解决讲学习、讲政治、讲正气不够的问题；科学发展观活动重点解决发展观问题；群众路线教育实践活动重点解决“四风”问题、党与人民群众的关系问题；“三严三实”专题教育重点解决不严不实的突出问题；这次“两学一做”学习教育着力解决一些党员理想信念动摇、党的意识淡化、道德行为不端等问题。贯穿其中的一个重要目的，就是喊看齐，经常主动全面地向以习近平同志为总书记的党中央看齐，向党的理论和路线方针政策看齐，向党中央改革发展稳定、内政外交国防、治党治国治军各项决策部署看齐，向党章党规明确的党员标准和条件看齐，在思想上政治上行动上同党中央保持高度一致。知行合一，知是前提，学习的过程就是看齐的过程。只有认真自觉地学习党章、践行党章，才能自觉看齐。各级组织和每名党员，无论在什么岗位、从事什么工作，都要自觉从这个基准去把握、去落实，党章党规要求做什么，就严格做什么；党中央要求干什么，就坚决干什么。对党章党规，对习近平系列重要讲话和指示批示等，都要自觉学习、跟进学习，贯彻落实到本职工作中去。

三要学而行，增强践行意识。学习的目的在于运用。不联系实际、不懂得学以致用、那只能是地道的“书呆子”。我们共产党人的学习，不能只为消遣或装点门面，而要在履职尽责中发挥作用。今天参加培训班是都是各级党组织书记，大家作为党建工作的“第一责任人”，要努力做学习贯彻党章的示范者。

要做学习党章的带头人。坚持以普通党员的身份参加所在支部、小组的组织生活，带头讲党课，带头学习讨论，带头开展批评和自我批评，还要帮助党员真正学懂党章，掌握各项规定和要求。要做遵守党章的带头人。坚持从我做起，敢说“向我看齐”，严格执行党章关于民主集中制的各项规定，特别要学好《党委会的工作方法》，深刻领会文章中的大局思维和领导艺术，掌握其中蕴含的政治纪律和政治规矩，当好“班长”，带好班子。要做维护党章的带头人。严格执行党内政治生活各项规定，敢于坚持原则，带头弘扬正气，抵制歪风邪气，自觉维护党章的严肃性。同时，各级党组织要担负起学习贯彻党章的政治责任，有计划、经常性地组织广大党员认真学习党章，切实把这项基础工作贯穿于党员教育、干部培训、组织生活等各项工作之中。要把学习党章活动与创建“三型”党组织紧密结合起来，创新载体，充分利用新媒体、微课堂、微党课等形式，将学习贯彻党章的工作做好、做扎实。

第二，敬畏党章，守牢底线，做讲规矩、有纪律的党员。

讲规矩、有纪律，强调的是守纪合格，首要的是要严守党的政治纪律和政治规矩。毛泽东同志曾指出：“加强纪律性，革命无不胜。”这句话之所以广为人知，是因为它道出了规矩、纪律对于我们党的极端重要性。人不以规矩则废，党不以规矩则乱。对于一个党员，纪律是高压线；对于一个政党，纪律是生命线。

当前，世情国情党情的新变化，对严守党的规矩、严明党的纪律、维护党的集中统一提出了新挑战。我们应该看到，少数党员、干部政治纪律意识不强，在原则问题和大是大非面前立场摇摆，妄议中央政策；有的党员、干部想说什么说什么，想干什么干什么，口无遮拦、毫无顾忌；有的党员、干部个人主义、自由主义严重，不请示、不汇报，不参加组织生活、不服从组织安排，搞先斩后奏；更有的党员领导干部贪污腐败，走上了违法犯罪的不归路。所以说，形势越复杂、任务越艰巨，越要讲规矩、守纪律。在十八届中央纪委五次全会上，习总书记特别强调，要加强纪律建设，把守纪律讲规矩摆在更加重要的位置。把纪律和规矩挺在法律的前面，就是让全体党员铭记党规党法始终严于国家法律。那么，怎样做到讲规矩、守纪律？

首先要明规矩。讲规矩、守纪律先要懂规矩、明纪律。对于党员来讲，何为规矩？何为纪律？党章、党纪、国法，还有党的优良传统，都是全党必须遵守的规矩，党章是全党必须遵循的总章程，也是总规矩；党的纪律是刚性约束，新修订的《廉洁自律准则》和《纪律处分条例》是为全体党员定下的行为规范，《准则》是“航标”，为党员和党员干部提供了行动指南，《条例》是“雷池”，为党组织和党员划定了不可触碰的禁区；国家法律是党领导人民制定的，全党必须模范执行；党在长期实践中形成的优良传统和工作惯例是自我约束的不成文的纪律，同样需要长期坚持并自觉遵循。特别是在严守政治纪律和政治规矩方面，习总书记提出的“五个必须”（必须维护党中央权威，在任何时候任何情况下都要在思想上政治上行动上同党中央保持高度一致；必须维护党的团结，坚持五湖四海，团结一切忠实于党的同志；必须遵循组织程序，重大问题该请示的请示，该汇报的汇报，不允许超越权限办事；必须服从组织决定，决不允许搞非组织活动，不得违背组织决定；必须管好亲属和身边工作人员，不得默许他们利用特殊身份谋取非法利益）是最

重要、最根本、最关键的规矩。这些都是不可逾越的底线、不能触碰的红线，党员同志要懂得并自觉遵守这些规矩，才能不触雷、不踩线。

其次要知敬畏。心存敬畏，行有所止；人有所畏，业有所成。纵观古今中外，大凡有良知与理性的人，无不心存敬畏，敬畏自然、敬畏规范、敬畏权威等等。一个人有了敬畏之心，胸中就有了方向，行为准则就有了规范，就会有所畏惧，时刻保持应有的警觉和定力，自觉用法规制度约束自己谨慎从事，才能不会忘乎所以，为所欲为。相反，人一旦失去敬畏之心，往往就会肆无忌惮，甚至无法无天。不懂敬畏的人是可怕的，不知道应敬畏什么的人是可悲的，更是危险的。习近平同志在谈到苏联解体时说，苏联共产党作为一个有着 90 多年历史、连续执政 70 多年的大党老党轰然倒塌，其中很重要的一个原因就是政治纪律被动摇了，谁都可以言所欲言、为所欲为。所以，作为一名党员，要时刻对党的纪律和规矩怀有敬畏意识，把党的纪律规矩视为高压线，时刻绷紧纪律规矩这根弦，知进知退、知荣知辱、知是知非，在思想上筑牢拒腐防变的防线，在行动上守住慎初慎微的关口，做到不越底线，不闯红线。

再次要常省察。古人说，“以铜为镜，可以正衣冠；以史为镜，可以知兴替；以人为镜，可以明得失”。作为一名合格党员，除了古人提供的三面镜子外，还需要以党章为镜。我们要经常对照党章党规照一照，看看自己是否符合党章规定的党员标准，党员的义务履行的怎么样，党员的权利是否自觉行使了？民主集中制、“三重一大”决策、请示汇报制度执行得到不到位？我们要对照《准则》和《条例》照一照，看看自己是否掌握了党员“四个必须”“八条规范”的内涵，知晓了“六大纪律”的主要内容，看看自己哪件事符合《准则》、《条例》的要求、哪件事不符合要求，从而洗去身上尘垢；我们还要对照身边优秀党员先进事迹和违规党员警示案例照一照，谨言慎行，防微杜渐，警钟长鸣。特别在“两学一做”学习教育中，各基层党组织都要召开高质量的组织生活会，组织党员开展对照检查，大家要勇于开展“批评与自我批评”，敢于亮丑，敢于“同自己打官司”，切实把严守党纪作为干事创业的、为人处世的行为准则，融入日常生活的点点滴滴，使其成为一种思维习惯和行为自觉。

第三，尊崇党章，瞄准高线，做讲道德、有品行的党员。

讲道德、有品行，强调的是品德合格，是衡量共产党员是否保持先进性的标准之一。党员德行好，群众才认可；党员德行高尚，才能成为群众的一面旗帜。《中国共产党章程》的第八项义务明确提出了合格党员的道德标准；《准则》为党员干部树立了道德追求上的“高线”标准。有句古话叫求忠臣于孝子门，意思是说一个对父母不孝的人，很难想象他能对国家和人民忠心耿耿。评价一名党员是否合格，“德”永远居于第一位，大德、公德、私德缺一不可。大德就是政治品德，公德包括社会公德和职业道德，私德是家庭美德。如何上好道德修养这一人生必修课？

一是培养崇高政治品质明大德。共产党员讲政治品德用最核心的一句话概括，就是对党绝对忠诚，听党话，跟党走。对党忠诚，就要对党的事业忠诚，对履行的政治责任忠诚，对岗位职责忠诚，政治上永远坚定，时刻牢记自己的第一身份是共产党员，第一职责是为党工作。县委书记的榜样焦裕禄同志是共产党人加强道德修养的一面旗帜，他的事迹为什么让大家深深震撼？为什么相隔30年还是感人泪下？正是因为焦裕禄“全心全意为人民服务”的公仆情怀、“鞠躬尽瘁死而后已”的献身精神和他的坚守、执着和奉献，散发出了巨大的人格魅力，值得后人追忆。这样的道德楷模，每个人都会有所感、有所思、有所得，这就是人格的魅力、道德的力量。广大党员要自觉加强党性锻炼，更要从中华优秀传统文化中汲取营养，发扬仁爱美德，努力践行全心全意为人民服务的宗旨；发扬忠义美德，不断弘扬忠诚奉献精神；发扬礼和美德，带头维护社会和谐；发扬诚信美德，对党忠诚老实，做人表里如一，彰显共产党人的政治品格。

二是弘扬正气、传播正能量守公德。共产党员讲道德，首先从模范遵守基本道德规范做起，从日常生活做起，从身边小事做起，成为社会的“正能量源”，成为良好道德风气的引领者和先行者。当代雷锋、全国道德模范、鞍钢职工郭明义，15年间累计捐款12万多元，资助180多个孩子圆了求学梦，20年间个人累计献血6万毫升。他不仅自己做好事，还自觉带动更多的人加入到爱心奉献中，仅在鞍钢，加入郭明义爱心团队的党员干部由最初的200多人，迅速发展到目前的8000多人，完成了一个人到一群人的爱心接力。在我们集团内，共产党员、社保中心职工田礼积极投身爱心公益事业，以慈心善举践行社会主义核心价值观，成为港口青年党员服务奉献社会的一面旗帜。去年，集团党委印发了《关于开展共产党员志愿服务活动的实施方案》，对基层党组织和党员服务职工群众、服务发展、奉献社会和党员进社区进行了部署，集团也建立以共产党员志愿者为中坚的志愿服务体系，6月3日，集团党委利用“党员活动日”之机，组织基层党组织开展了丰富多彩的志愿服务活动，传播了正能量。今后，各级党组织还要围绕服务职工群众、服务改革发展、服务奉献社会等方面，在推动学雷锋活动常态化、志愿服务制度化上再加力，使服务成为新常态下基层党建工作的鲜明主题。同时，进一步弘扬以爱岗敬业、诚实守信为主要内容的职业道德，强化党员的自律意识，要求群众做到的党员必须首先做到，要求群众不做的，党员坚决不做。近日，有媒体称7月1日起，机动车驾驶人实施交通违法行为后，公安交通管理部门在对交通违法作出行政处罚时，被处罚人的政治面貌和职业信息将被调查，涉及中共党员和国家工作人员的将被通报纪检监察机关。这就意味着我们党员在平时日常生活中的表现将纳入党组织监督考察的范围，如果违章行为严重也将会受到党纪处分。所以作为一名党员，我们必须在社会生活中时时处处发挥先锋模范作用，为群众树立好榜样。

三是增强自省自律意识严私德。共产党员要坚持自重、自省、自警、自励，注重修身养德。要慎独。合格的党员，在现实生活中应该做到，在众人观望的危急关头，即使没人知道你是党员，也能挺身而出、当仁不让；在工作生活的平常日子，做好事就像吃饭穿衣一样自然，这才是真正的共产党员。要慎微。细微处见精神，于细微处也见品德。小事小节是一面镜子，能够反映人品，反映作风。小事小节中有党性，有原则，有人格。对于我们党员，尤其是党员干部来讲，小事当慎，小节当拘，都应从小事小节上加强自身修养。要遵守家庭美德。新修订的《条例》第一次把“家庭美德标准”纳入共产党员纪律要求范围，为全体共产党员树立起看得见、够得着的道德标准。共产党员特别是党员干

部必须要心存敬畏，树立良好家风，从严治家，廉洁从业，干干净净做人，踏踏实实做事。

第四，贯彻党章，爱岗敬业，做讲奉献、有作为的党员。

讲奉献、有作为，强调的是履责合格，就是要践行党的宗旨、敢于担当、善于作为。这是我们党的优良传统和鲜明特质，是共产党人应有的精神境界和不变底色。毛泽东同志曾说："中国人死都不怕，还怕困难么？"这正是对中国人民和中国共产党人牺牲奉献精神的真实写照。当前，面对经济持续下行的压力，集团生产经营出现断崖式下滑，今年1—5月份，吞吐量完成12936万吨，仅为去年的84%，利润总额大幅减少，后续生产形势依然十分严峻。面对这种空前的压力和挑战，能否战胜困难、走出困境，能否保持职工队伍的稳定，关键在党组织、关键在党员干部的担当、关键在党员的先锋模范作用。为此，各级党组织要扛起那份沉甸甸的责任，引导广大党员干部把对党忠诚转化为敢于担当的实际行动。

一要爱岗敬业。爱岗敬业是最基本的职业道德规范，是对共产党员最起码的要求。在和平时期说一个党员好不好，首先要看他是不是敬业、是不是实干、工作业绩是不是优秀。对待工作尽职尽责，是党员最经常、最基本的奉献。党员同志不要轻看我们所从事的工作，要充分认识到，自己的工作岗位不仅是职业的平台，更是为职工群众服务的舞台；自己所从事的工作，也不仅仅是一份工作，而是党的事业的一部分。所以，在任何时候、任何岗位、任何情况下，我们都要把爱岗敬业作为第一职责，干一行、爱一行、专一行，以"不待扬鞭自奋蹄"的态度，执着追求，本着"把每一件简单的事做好就是不简单，把每一件平凡的事做好就是不平凡"的认知，倾情投入，将最普通、最简单、最琐碎的工作做到精致、做到极致。在我们集团党员队伍中，有一大批张海波式爱岗敬业的好党员，他们在各自平凡的岗位上，勤奋学习、勇于创新、甘于奉献、争创一流，创造了不平凡的工作业绩，集中展现了新时期优秀共产党员的风采。

二要敢于担当。敢于担当，体现的是对党的事业的坚定忠诚，对崇高使命的执着坚守。当前，经济下行压力加大，集团主营业务、项目建设、提质提效和深化改革等工作面临着一系列的困难和挑战，推动转型升级已经成为集团最急迫、最重要、最艰巨的任务，有大量的硬骨头需要我们去啃。现在，我们比任何时候都需要一批敢担当、能担当、善担当的好党员、好干部去勇挑重担。急难险重是最好的试金石，党员党性强不强、作风实不实，作用发挥好不好，在重大任务、关键时期能够充分体现。可能在座的同志们认为，揽货源、跑市场、抓生产是领导、业务干部的事。大家要知道，集团的改革发展要靠全体党员干部共同担当，需要全港职工齐心协力、共同拼搏。每名党员，无论分工如何、能力大小、职务高低，都要以主人翁的姿态，把对港口的热爱转化为坚定信念、听从指挥的崇高追求，转化为爱岗敬业、无私奉献的职业情操，转化为敢于担当、勇渡难关的工作激情。"十三五"开局机遇不等人，扭转被动局面，时间更不等人。各基层党组织要坚持守土有责、守土尽责，抓好班子、带稳队伍、转变观念，一心一意干事业、凝心聚力谋发展、从严从实抓管理，在挖潜提效、增收节支上出硬招、出实招，充分发挥党组织的政治核心和战斗堡垒作用，为集团改革发展破题开路。党组织书记和政工系统干部，要落实主体责任，把抓好党的建设作为首要职责，把握经济发展新常态下基层党建工作的着力点，夯实基础、创新载体，激发党员干部干事创业的责任感，调动全体职工的积极性，焕发出党建工作特有的生产力。

三要奋发有为。邓小平同志曾指出，“没有一股气呀、劲啊，就走不出一条好路，走不出一条新路，就干不出新的事业。”推动集团改革发展再创优势，需要有居安思危、防患未然的忧患；需要为官一任、造福一方的肝胆；需要有在岗勤勉、夙兴夜寐的状态。广大党员特别是党员干部要坚持干字当头，拿出只争朝夕的紧迫感、马上就办的雷厉风行，扑下身子干事创业、攻坚克难。在重大项目、重要工作中，要顶得上、靠得住、受得累、干得好。要敢于攻坚，发扬“明知山有虎偏向虎山行”的劲头和“狭路相逢勇者胜”的亮剑精神，要有一种一往无前、不惧生死的“狼”的拼搏精神，遇到棘手问题不回避，遇到难题不逃避，敢于碰硬、敢打硬仗。要吃得苦，以“白加黑”“五加二”的作风顽强拼搏，连续作战，不等不拖、争分夺秒地干工作、赶进度，团结协作、合力攻关，为推动集团改革发展尽责出力。

以上是我学习党章后的一些体会和感想，和大家进行交流。大家在学党章方面还要深还要透，讲的有不妥的地方，大家也可以和我进行交流。

加强党的建设 推动转型升级 奋力开创河北港口集团改革发展新局面

——在中国共产党河北港口集团有限公司第一次代表大会上的报告

董事长、党委书记 曹子玉

（2017 年 1 月 4 日）

同志们：

现在，我代表集团党委向大会作报告。

中国共产党河北港口集团有限公司第一次代表大会，是在党的十八届六中全会和省第九次党代会刚刚闭幕，集团迎挑战、谋新路、转型升级、再创辉煌关键时期召开的一次重要会议。大会的主题是：紧密团结在以习近平同志为核心的党中央周围，贯彻落实国企改革发展和党建工作决策部署，进一步解放思想、凝心聚力，动员广大党员干部职工，奋力开创河北港口集团改革发展新局面。

一、集团组建以来的主要工作

2009 年 7 月河北港口集团组建，特别是党的十八大以来，集团党委始终与以习近平同志为核心的党中央保持高度一致，坚决贯彻落实中央和省委、省政府重大决策，按照省国资委党委的部署要求，加强和改善党的建设，团结带领全体干部职工，真抓实干、奋勇拼搏，推动集团改革发展、党的建设等各项工作不断取得新成绩。

——综合实力、发展质量显著提高。到“十二五”末，集团实现营业收入 117.38 亿元、利润总额 25.10 亿元，资产总额增至 551.17 亿元，比期初分别增长 96.6%、109.3%、92.2%，资产负债率降至 45%。港口吞吐量完成 3.74 亿吨，油品、杂货吞吐量达 1.52 亿吨，集装箱吞吐量突破 100 万 TEU。

——以港为基、多元发展初见成效。谋划推进西港搬迁改造工程，建成黄骅港综合港区起步工程和散货港区矿石码头一期工程、曹妃甸煤二期码头，成立项目公司推进后续项目，秦唐沧三港统筹发展格局基本形成。搭建津冀港口合作平台，探索开发海外港口项目。积极发展多元产业，全资、控股和参股企业达 46 家。“十二五”期间，累计实现对外投资收益 37.75 亿元，投资金融成为企业利润重要支撑。整合发展物流业务，组建国际物流公司，一批新的物流企业投入运营。培育地产开发、港工港机、餐饮物业等业务，板块发展已具雏形。秦港股份在 H 股成功上市。

——内部改革、企业管理在深化中完善。改革企业组织结构，组建一批子公司。薪酬制度、劳务用工、后勤管理、机关机构等改革稳步推进，厂办大集体改制已基本完成，现代企业制度进一步完善。强化财务管理与监督，加强设备、资产管理，发挥审计、监察、法律审查作用，集团财务管控和风险防控能力提高。落实责任制，推行标准化、网格化管理，安全生产形势稳定。高度重视信息化建设，科技创新取得丰硕成果。打造绿色港口，节能减排和环境保护成效显著。

——党建工作、党员干部队伍建设全面加强。深入开展创先争优、党的群众路线、“三严三实”和“两学一做”等学习教育实践活动，广泛开展解放思想大讨论，干部作风明显转变。积极配合完成巡视、巡察工作和整改落实。加强领导班子和领导人员队伍建设，完善业绩考评机制，端正用人导向，创新选拔任用方式，凭实绩选人用人，公信度明显提高。健全基层组织，开展党支部标准化和党小组规范化建设，推行党建工作项目化运作，创新路港联创等特色活动，党建工作充满活力。

——宣传思想、企业文化旗帜鲜明、导向有力。创新党委中心组学习模式，学习践行习近平总书记系列重要讲话精神扎实深入。开展“讲树做保”等形势任务教育，导入人文关怀和心理疏导。深化文明创建，建设“忠敬”文化，打造文明窗口和示范基地，建成港口博物馆。培树先进典型，弘扬新风正气，社会主义核心价值观深入人心。坚持正确舆论导向，创新对外宣传格局，加强网络新媒体宣传，形成报刊台网全媒体合力，为企业改革发展营造了良好氛围。

——党风廉政建设和反腐败工作深入开展。落实党委主体责任和纪委监督责任，贯彻中央八项规定精神， 正风肃纪、狠刹“四风”。开展“学纪知规、挺纪在前”等主题教育，推进廉洁文化建设，强化纪律规矩意识。坚持挺纪在前，信访核查和纪律审查加大力度。着眼源头治理，构建权力运行制约监控机制，扎实开展效能监察，廉洁风险防控体系逐步完善。各级纪检组织转职能、转方式、转作风，营造了风清气正良好政治生态。

——群团组织、群众工作聚力维稳作用有效发挥。各级工会、共青团组织主动作为，开展群众性创新创效、劳动竞赛，涌现出全国劳模张海波等先进典型。加强民主管理，依法平等协商。坚持以人为本，冬送温暖，夏送清凉，帮扶特困职工。加强青年理想信念教育，引导青年建功立业，青年工作在改进中提升。扎实开展信访稳定和治安综合治理工作。完成“六五”普法任务。统一战线、武装战备、职工教育、离退休职工管理等工作融入中心、服务大局。集团建立医疗、企业年金、补充养老保险等多层保障机制，企业发展成果惠及全体职工。

七年来，集团改革发展的一切成就，都体现着省委、省政府和省国资委的正确领导与亲切关怀，都凝聚着全体干部职工的汗水与付出。在这里，我代表集团党委和集团公司，向辛勤工作的党员干部职工，向关心集团改革发展的离退休老同志，向支持集团改革发展的各级领导和有关单位，表示衷心的感谢！

七年的实践，我们积累的经验弥足珍贵。作为国有大型企业党组织和港口运输骨干企业，必须深入学习贯彻习近平总书记系列重要讲话精神，毫不动摇地坚持党的领导，加强和改进党的建设，把国有企业的独特政治优势转化为发展优势；必须坚决贯彻落实党的路线方针政策，充分发挥百年大港核心优势，当好建设经济强省、美丽河北的排头兵；必须牢牢把握发展这个第一要务，自觉融入

国家和全省发展大局，不断增强企业活力和核心竞争力；必须全面落实管党治党“两个责任”，坚持不懈地抓好党风廉政建设和反腐败工作，营造风清气正的政治生态；必须全心全意依靠职工办企业，形成万众一心发展企业的强大合力。

在肯定成绩的同时，我们必须正视前进道路上的困难和问题。主要是：部分干部职工思想观念滞后，难以适应市场化要求，解放思想、转变观念的任务紧迫而艰巨；企业业务结构不尽合理，多元产业协同发展局面尚未形成，结构调整、转型发展需要进一步加速；体制机制不活，盈利模式单一，管理不够精细，冗员过多与结构性缺员并存，风险管理存在薄弱环节，内部企业亏损面较大，企业管理还需要下大功夫、真功夫；个别党员干部组织观念、纪律意识淡薄，担当精神不足，党风廉政建设和作风建设还需持续用力；一些基层党组织薄弱，作用发挥得不够充分，党的基层组织建设和干部队伍建设仍需不断加强。这些问题，必须引起高度重视，认真加以解决。

二、走转型升级、协同发展、绿色跨越的新路

站在新的起点上，我们要科学研判形势，主动适应经济发展新常态，精准确定企业发展的历史方位，走出一条特色强企新路。

认真分析行业发展和企业竞争环境，我们正处在转型升级走新路的紧要关头。国家经济发展进入新常态，宏观经济增速放缓，能源结构深度调整，运输格局深刻变化，环渤海港口竞争激烈等因素相互叠加。集团业务与地方经济发展融合度不高，港口板块内部及各板块之间相互协同不够，成为制约更好更快发展的短板。国家对环保工作设定红线，集团港口运输以干散货为主的特点，秦皇岛港特殊的地理位置，使环保成为企业的生命线。转型升级走新路成为我们的必然选择。

综合考量客观环境，我们面临着乘势而上走新路的有利条件。我国经济发展长期向好的基本面没有变，这是我们保持持续发展势头的基本支撑。深化供给侧结构性改革，传统产业优化升级，新业态、新机会大量涌现，为我们培育新的经济增长点创造了机遇。国企改革红利释放，为我们深化改革提供了政策空间。“一带一路”、京津冀协同发展等国家重大战略的综合效应加速显现，为我们用好国内国际两个市场开拓了新领域。

集团生产经营企稳回升、稳中向好的态势，昭示我们走新路大有可为。2016 年特别是下半年，面对生产经营困难局面，集团党委对企业和职工高度负责，提出“三个绝对不行”要求，采取果断措施，力促港口货源回流、费收回归，与神华等大客户战略合作，加大资本运营力度，生产经营企稳回升，重振了干部职工士气，企业显示了旺盛生命力。集团打了一场有效的攻坚战！实践证明，党委领导坚强、决策正确、措施有力，企业上下执行有力、万众一心，无论遇到多么大的困难，我们都能克服；无论遇到多么难的局面，我们都能闯出一条新路。

“十三五”期间，集团总的指导思想是：坚持以邓小平理论、“三个代表”重要思想、科学发展观为指导，深入学习贯彻习近平总书记系列重要讲话精神，全面贯彻党的十八大和十八届三中、四中、五中、六中全会精神，认真贯彻“创新、协调、绿色、开放、共享”的发展理念，贯彻落实全国国有企业党建工作会议精神，按照省委、省政府和省

国资委党委决策部署，遵循市场经济规律和企业发展规律，坚持以效益为核心，以改革为动力，以党的建设为保证，充分发挥党委的领导核心和政治核心作用，进一步解放思想、奋发进取，坚定走转型升级、协同发展、绿色跨越的新路，在融入国家战略、服务地方经济中抢抓机遇，在深化改革、创新驱动、开放合作中实现新旧动能转换，在加快发展、提高效益中让广大职工共享企业发展成果，为建设综合性、现代化港口集团而努力奋斗。

“十三五”是集团转型升级、再创辉煌的重要机遇期，也是推进发展方式根本转变的关键期，我们必须奋发进取开辟出一条强企新路。这条新路，是转型升级之路。要从偏重港口装卸运输业务向“主业突出、相关多元”的综合性企业集团转变，从规模扩张型增长模式向质量效益型发展方式转变，切实提高企业的市场竞争能力、盈利能力和抗风险能力。这条新路，是协同发展之路。要主动融入京津冀协同发展战略，推动环渤海港口功能整合、布局优化，促进港产城融合；围绕企业整体效益最大化，形成各板块与各业务单元相互支撑的新格局。这条新路，是绿色跨越之路。要坚持生态优先、清洁生产，认真践行“环境保护是河北港口集团生命线”的理念，建设资源节约型、环境友好型企业，打开企业持续发展的环境空间。

“十三五”期间，我们的奋斗目标是：集团资产总额力争比“十二五”末翻一番，实现年营业收入220亿元、利润总额30亿元，港口吞吐量突破5.4亿吨。实现上述目标，我们必须坚定不移地坚持“一个核心”，即以效益为核心，更加注重企业发展质量和效益，实现经济效益、社会效益、生态效益共同提升；重点推进“四项改革”，即市场化转型、集团化管控、大监督格局构建和基础管理再造，推动企业全面深化内部改革，强化内部管理，形成符合现代企业制度要求，切合集团实际，充满活力和竞争力的管理体制、运行机制；重点做好“四篇大文章”，即建设黄骅综合贸易大港、发展投资金融、秦皇岛港西港搬迁改造和做强港口物流，带动整个集团调结构、转方式，实现主业支撑、多元发力，重塑全国沿海港口企业第一方阵领先地位，为全省供给侧结构性改革做出更大贡献。坚定不移地强化“一个保证”，即加强党对企业的领导，充分发挥党委把方向、管大局、保落实的保证作用。

“十三五”的奋斗目标，体现了省委、省政府和省国资委对集团发展的要求，体现了广大干部职工的根本利益。我们一定要统一思想、坚定信心，敢于担当、主动作为，调动一切积极因素和力量，确保集团各项目标任务圆满完成。

三、推动企业科学持续健康发展

把提高效益作为第一标尺，把改革创新作为主要动力，把转型升级作为重要突破口，全面推进企业改革发展，全力抓好生产经营管理，实现集团科学持续健康发展。

（一）坚持以效益为核心，建立市场化经营机制

经济效益持续增长是企业永续发展的基础。推动港口主业集约化经营、内涵式发展。以客户需求为导向，完善港口功能，提供优质服务，为客户创造价值，扩大市场份额，优化生产组织，保证设备安全稳定运行，做到低成本运营、高效率生产，确保港口业务的盈利主

体地位。创新商业模式。建立科学的业绩评价体系，发挥利润分配、资金拨付、资产投入等杠杆作用，推动内部各单位之间按照市场规则，公平结算服务与收益；制定外部市场收入留成政策，鼓励企业开拓市场、多创效益；建立内部业务委托机制，内部业务以市场化方式优先交给内部单位，实现集团企业之间相互扶持、协同发展，确保整体利益最大化。完善经营机制。规范关联交易，实行企业占用资源与利润回报挂钩，鼓励各企业算经济账、效益账；高度重视投资收益，从制度上严格把控投资和经营风险。实施全面预算管理，提高预算刚性，降低运营成本。坚持一企一策、扭亏增盈，通过兼并重组、内部改革，把有潜力的亏损企业变成盈利的“小老虎”，对扭亏无望、发展无潜力、资产质量差的亏损单位果断退出，推动经费单位节约支出、创造效益，提高集团整体盈利能力和效益水平。

（二）深化重点领域改革，增强企业发展活力

坚持顶层设计与基层创新相结合，成立集团深化改革领导小组，统筹推进企业内部改革；鼓励基层单位主动改革、自我改革，为集团市场化趟路子、开先河。重点推进市场化转型改革。加大改革创新力度，落实《公司法》各项规定，使各级各类企业成为市场主体。探索市场化用工机制，优化用工结构；突出效益原则，完善业绩考核体系，有贡献奖、无贡献罚，上不封顶、下保基本，打破“大锅饭”，形成既讲效率又讲公平的分配机制，做到员工能进能出、收入能增能减。探索实行员工持股，把职工利益与企业利益绑在一起，利益共享，风险共担，结成利益共同体。探索推进股权多元化和混合所有制改革。加快大集体企业改制，逐步分离企业办社会职能，妥善解决“三供一业”等历史遗留问题。重点推进集团化管控改革。改革集团总部，按照“小总部、大产业”思路，瘦身健体、压减层级，形成“权责分明、运行有序、整体协作、风险可控”的集团管控模式。进一步理顺集团和股份公司关系，实现扁平化管理、权责利匹配。坚持放管结合，科学划分集团与分子公司的职责和管理权限，激发基层内生动力，建立协调高效的集团化管控体系。重点推进企业内部监督体制机制改革。整合纪检、监察、监事会、审计、法务、公安等监督力量，改革纪检监察和监事会管理体制，构建大监督工作格局，实现党内监督、行政监察、法人治理监督和职能部门监督的有机融合。重点推进基础管理再造改革。推广邯钢经验，突出“效、责、严、优”，模拟市场核算，实行成本否决。通过成本倒推、指标分解、严格考核、重奖重罚，建立全新的基础管理体系，调动广大干部职工当家理财的积极性。

（三）加快转型升级步伐，培育企业发展新动能

坚持战略引领，保持战略定力，统筹兼顾、突出重点，全面推进转型升级，实现新旧动能转换。重点推进黄骅综合贸易大港建设。加快推进黄骅港煤油矿箱码头群建设，加强与沧州市、渤海新区以及神华集团、天津港合作，发挥港口辐射优势，整合邯黄、邢和、石太、朔黄等铁路沿线，以及冀中南、中西部、大西北地区资源，实现黄骅港与腹地高度互动，把黄骅港区打造成为功能完备的亿吨综合性贸易大港。到2020年，黄骅港年创利润不低于10亿元，成为集团发展的重要增长极。重点实施秦皇岛港西港搬迁改造工程。实质性推进西港区综合开发，重

点发展总部、金融、生命健康、旅游、商住等产业，打造绿色、环保、可持续发展的未来城市示范区。推动港口功能转型，加快东扩港区和150航道建设，发展杂货、集装箱运输业务，实现秦港由散货运输向箱式运输、黑货为主向稳黑增白、货物运输向客货兼顾发展，为建设绿色港口奠定基础。同时，着眼战略布局、资源整合，稳步推进曹妃甸港区项目建设。到2020年，秦港股份在秦皇岛港和曹妃甸港区年实现盈利10亿元，与集团存续业务实现总体平衡并有盈余。重点发展投资金融业务。坚持产融结合，组建金控集团，完成秦港股份A股上市，打造我省首家A+H股双融资平台，发挥财务公司作用，为集团发展插上资本市场的翅膀。注重价值管理和投资回报，盘活存量股权资产，做优增量股权投资，减少亏损企业，孵化新兴产业。“十三五”期间，投资金融板块收益年均增长幅度力争不低于20%，到2020年年投资收益不低于18亿元。重点推进港口物流发展。完成内部物流资源整合，实现专业化管理、集约化运营、效率化发展。依托铁路、海运、金融机构及上下游企业联盟，布局物流网络，健全完善市场体系，为客户提供专业化全程供应链服务。坚持港产城互动，推进秦唐沧临港物流园区和内陆港建设，丰富物流业态，提升服务能力，使物流成为服务港口主业、增加货源支撑的重要产业。加快国家级煤炭交易市场建设，做大做强做优煤炭物流和电商业务，提高煤炭物流盈利能力和水平。到2020年，港口物流年创利润达到2亿元。加强对外开放与合作。统筹布局津冀港口项目。打造南方煤炭中转集散基地。依托央企探索开发境外投资项目。取得政府支持，运用市场手段，推动全省港口资源整合，巩固河北港口集团地位。调整港口功能和货类结构，稳煤、强矿、增油，推动杂货、集装箱业务跨越式发展。围绕核心优势业务发展相关多元产业。扶持港口工程、港口机械、港口地产等业务，发展旅游休闲文化产业，为主业提供保障，为集团创造效益。每个经营和经费单位都要拓展思路，开放合作，创造效益，为集团发展添砖加瓦。

（四）全面加强内部管理，提升企业综合管理水平

加强管理是企业永恒的主题，必须在法治化、精细化、信息化、标准化、规范化上下功夫。扎实推进依法治企。健全完善依法决策、依法经营、依法管理机制，建立管用有效的企业管理制度体系，切实提高制度执行力，促使干部职工依法履职、依法办事，建设法治企业。坚持“谁主管谁负责”，开展“七五”普法工作。提高信息化管理水平。加快信息化建设一体化进程，建成企业综合管理信息平台，运用物联网、云计算、大数据等信息技术，打造“智慧港口”。完善科技创新体制机制，鼓励全员创新创效。建设本质安全型企业。牢固树立“发展决不能以牺牲安全为代价”的红线意识，严格落实安全生产主体责任，强化党政同责、一岗双责、失职追责，做好安全生产各项工作，维护企业广大干部职工生命财产安全。切实加强风险管理。强化风险意识，建立全面风险管理体系，严格执行风险管理流程，培育风险管理文化，提高风险防控能力。实施“提品质、创品牌”战略。强化品牌意识，创新服务供给，加强质量管理，提供文明优质服务。加大新闻宣传、形象宣传、商务宣传力度，妥善管理互联网，着力提升“百年老店”品牌形象。

高度重视班组建设。以安全生产为基础，以提高效率和效益为中心，创新方式方法，加强班组规范化建设与管理，重视发挥班组作用，把班组建成最积极、最活跃、最富创造力的群体。积极履行社会责任。保障国家能源运输安全，扎根地方、服务地方，促进港产城融合与社会就业。制定实施绿色港口发展规划，实现清洁生产、绿色增长、和谐发展。

四、全面加强和改进党的建设

我们要不忘初心、继续前进，以改革创新精神全面加强和改进党的建设。

（一）解放思想、凝聚共识，大力加强思想政治建设

落实党委意识形态责任制，坚持不懈强化理论武装，与时俱进解放思想。坚定理想信念，强化核心意识。深入学习贯彻习近平总书记系列重要讲话精神，自觉维护、绝对服从、坚决捍卫习近平总书记在全党的核心地位。发挥党组织中心组带动作用，深化中国特色社会主义教育，坚定“四个自信”。推动解放思想，鼓励改革创新。深刻理解“五大发展理念”，以“三个绝对不行”为导向，组织开展全员大讨论，坚决破除“等靠要”等陈旧观念，牢固确立改革创新、市场竞争、效益第一思想。建立容错纠错机制，鼓励大胆创新、先行先试，以新观念引领新发展、开创新局面。弘扬企业文化，深化文明创建。大力倡导“为党报国、服务地方、担当负责、客户至上”理念，培养忠诚敬业、务实求效作风，培育服务文化、竞争文化，升华“忠敬”文化。加强思想道德教育，广泛开展群众性文明创建活动，选树宣传先进典型，弘扬和践行社会主义核心价值观。创新文化载体，多出正能量十足的文化产品，开展贴近职工、富有港口气息的文体活动。加强教育引导，凝聚发展共识。回应职工关切，开展形势任务教育和政策宣传。加强人文关怀和心理疏导。坚持团结稳定鼓劲、正面宣传为主，推动传统媒体与新媒体融合发展，唱响主旋律，传播正能量，激发万众一心、团结奋进的强大力量。

（二）创新落实管党治党责任，提高各级党组织活力战斗力

坚持党对国有企业的领导不动摇，不断提高党建工作科学化水平。把党的领导融入公司治理。正确处理党的领导与法人治理结构的关系，把党建工作总体要求写入企业章程，把党组织内嵌到公司治理结构中，明确党组织在公司法人治理结构中的法定地位，明确党组织研究讨论是董事会、经理层决策重大问题的前置程序，重大经营管理事项必须经党组织研究讨论后，再由董事会或经理层作出决定，推动党组织领导核心和政治核心作用组织化、制度化、具体化。加强和规范党内政治生活。贯彻落实新形势下党内政治生活的若干准则，坚持民主集中制，发展党内民主，营造党内民主讨论的政治氛围。坚持“三会一课”、民主生活会、谈心谈话等制度，开展批评和自我批评，增强党的组织生活活力。加强和改进基层党组织建设。从基本组织、基本队伍、基本制度严起，严密组织体系，严格党员日常管理，深化党内经常性教育，让支部成为团结群众的核心、教育党员的学校、攻坚克难的堡垒。加强服务型党组织建设，构建“价值党建”工作体系，以企业改革发展成果检验党组织的工作和战

斗力。坚持“四个同步”，确保企业发展到哪里、党的建设就跟进到哪里、党支部的战斗堡垒作用就体现在哪里。

（三）坚持党管干部原则，打造符合市场竞争要求的高素质干部队伍

坚持党管干部原则，坚持党组织对选人用人的领导和把关作用，保证干部政治合格、作风过硬、廉洁不出问题。树立正确用人导向。坚持德才兼备、以德为先、任人唯贤，坚持“对党忠诚、勇于创新、治企有方、兴企有为、清正廉洁”的国有企业领导人员标准，匡正选人用人风气，坚决禁止跑官要官、买官卖官等行为。按照“三个区分开来”的要求，旗帜鲜明地支持干事者、保护改革者、鼓励担当者。加强领导人员选拔任用。规范领导人员选任提名工作，探索市场化选聘方式，把好干部用起来。精减职数，合理搭配，提升整体功能，加强领导班子建设。探索后备领导人员管理培养、锻炼交流新办法，把在实践中成长起来的良将贤才及时选拔到领导岗位上来。落实干部选拔任用纪实制度，对用人失察失误的严肃倒查追责。制定出台职位管理体系，科学设定职位序列，打通员工晋升通道，调动全员积极性。从严管理领导班子和领导人员。健全领导人员管理制度体系，构建务实管用的考核激励机制，实现干部能上能下，激励干部奋发有为。严格落实党员领导人员重大事项报告制度。让每一个干部都深刻懂得，当干部就必须付出更多辛劳，接受更严格的约束。加强人才队伍建设。实施人才强企战略，理顺人才管理体制，营造用才爱才环境，重点培养引进高端人才、急需人才，激发各类人才的创造活力。

（四）加强党风廉政建设和反腐败工作，营造风清气正、干事创业的良好政治生态

坚持党要管党、从严治党，实践运用“四种形态”，坚定不移地推进党风廉政建设和反腐败工作。严格落实“两个责任”。各级党组织要认真履行全面从严治党政治责任，党组织书记要牢记第一身份是党的书记、首要职责是管党治党。各级纪委要聚焦中心任务，强化监督执纪问责，推动形成不敢腐、不能腐、不想腐的长效机制。落实《中国共产党问责条例》，让失责必问、问责必严成为常态。加强廉洁自律工作。开展党性、道德、法纪和警示教育，注重家庭、家教、家风，深化廉洁文化建设，引导党员干部特别是各级领导人员严格执行廉洁自律准则，追求理想信念高线，严守纪律规矩底线。全面加强监督工作。贯彻落实党内监督条例，建立健全党内监督体系，切实加强党内监督。依托大监督体制，突出监督重点，完善权力运行制约和监控机制，强化对关键岗位、重要人员特别是一把手的监督管理，保证权力规范运行。坚定不移反对腐败。重点审查不收敛不收手，问题线索反映集中、群众反映强烈，现在重要岗位且可能还要提拔使用的领导干部，三类情况同时具备的是重中之重，做到有腐必反、有贪必肃。坚持纪法分开、纪在法前、纪严于法，坚决防止执行纪律宽、松、软。持之以恒纠正“四风”问题。认真贯彻落实中央八项规定精神，严字当头、真管真严、敢管敢严、长管长严，坚决防止“四风”反弹。加大治庸治懒力度，严肃整治“吃拿卡要”等损害企业和职工利益的不正之风，营造风清气正的政治生态和干事创业的发展环境。

（五）坚持全心全意依靠工人阶级方针，充分调动广大职工的积极性主动性创造性

坚持以职工为中心，加强党对群团工作的领导，提高群众工作能力，把广大职工对美好生活的追求汇聚成强大动力，团结一心谱写企业发展新篇章。加强和改进群团工作。深化群团工作改革，加强群团组织建设，始终保持和增强群团工作的政治性、先进性、群众性。发挥群团作用，组织动员职工、教育引导职工、联系服务职工。发扬“工匠精神”，实施职工素质提升工程，创新劳动竞赛，激励职工建功立业。共青团要联系青年、凝聚青年、服务青年，打造功能性团组织，培养选拔青年人才，引领青年创新创效。加强企业民主管理。推进企务公开、党务公开。健全民主管理制度，重大决策听取职工意见，涉及职工切身利益的重大问题必须经过职代会审议。坚持和完善职工董事、监事制度，鼓励职工代表有序参与公司治理，切实保障职工民主权利。维护职工合法权益。把职工利益放在第一位，对职工负责，关心爱护职工。加强职工教育培训工作。完善职工综合福利保障体系，真心实意为离退休职工做好服务，切实让广大职工感受到企业的温暖。

高度重视信访稳定、治安综合治理，认真开展统一战线、武装战备工作，调动一切积极因素，共同维护安定团结的良好局面。

同志们，光大秦港百年基业，做强河北港口集团，使命光荣，任重道远。让我们紧密团结在以习近平同志为核心的党中央周围，在省委、省政府和省国资委党委的坚强领导下，团结一心、开拓进取，真抓实干、砥砺前行，为建设经济强省、美丽河北做出新的更大贡献！

集团党委书记、董事长曹子玉
在集团党委理论学习中心组学习时的总结讲话（精编）

党委理论学习中心组学习，是各级党委领导班子和领导干部提升政治理论水平，增强执政和领导能力的有效途径。集团党委理论学习中心组坚持“课题式设计、研究式学习、工程式推进、系统性应用”的学习模式，发挥龙头作用，紧紧围绕集团改革发展面临的新形势新任务新要求，知行合一，不断探索实践集团改革发展新路。特别是在集团转型发展的关键时期，党委理论学习中心组坚持问题导向、注重学习成效，仅在“两学一做”学习教育中，就组织集体学习 19 次。以下节选 2016 年 8 月以来，集团党委书记、董事长曹子玉在集团党委理论学习中心组学习时的部分总结讲话。

（一）

2016 年 8 月 10 日，集团党委理论学习中心组（扩大）举行“两学一做”第二专题学习研讨会。重点学习了习近平总书记在河北唐山市考察时的讲话、赵克志书记在全省领导干部会议上的讲话等内容。并结合集团当前形势任务，就如何采取有效措施扭转生产经营困难局面、完成年度目标任务进行学习研讨。

集团党委书记、董事长曹子玉在总结讲话时指出，开展“两学一做”学习教育既要学习好，更要结合好，中心组集中学习研讨要解放思想、畅所欲言，基础在于做好调查研究。当前，集团面对十分紧迫、十分严峻的形势，领导班子要正确运用马克思主义认识论和方法论，运用辩证唯物主义，讲求实事求是，一分为二地看待当前困难和问题，有危就有机，要紧紧抓住危机中蕴含的重大转变机遇，坚定信念和信心，做到具体问题具体分析，有什么问题我们就解决什么问题。

曹子玉强调，各级党组织、各单位、各部门一定要牢固树立习近平总书记提出的创新、协调、绿色、开放、共享发展新理念，旗帜鲜明地坚持下去、落实下去。企业要以效益论英雄，集团、股份中层以上领导人员要人人头上有指标，而且要和绩效挂钩。在抓效益、抓市场化转型这个战略问题上，大家认识是一致的。我们要在危机困难面前，紧紧围绕今年的生产任务目标，放手工作、大胆工作、极端负责，以拧螺丝的实干苦干精神，毫不动摇地完成省国资委下达的考核指标，打好这个转身仗。曹子玉强调，要立规严纪、挺纪在前，领导班子成员要带头贯彻落实省委、省国资委要求，抓好监事会反馈意见和问题的落实工作，分解责任，抓紧解决。要充分发挥党委政治核心作用、支部

战斗堡垒作用和党员先锋模范作用，这是我们国有企业独特的政治优势，要重视这个优势、发挥好这个优势。党建要有利于企业发展，不能弄成“两张皮”；要发挥党委的主体责任，担负起管党治党责任，坚持从严治党、党管干部原则；要充分发挥纪委的监督责任，严格监督执纪问责，促使党的纪律规定全面执行落实到位。

（二）

2016 年 10 月 31 日，集团党委理论学习中心组（扩大）组织集体学习，传达学习党的十八届六中全会精神等内容，并就抓好贯彻落实中央全会精神做出安排部署。

集团党委书记、董事长曹子玉主持会议。他首先传达了党的十八届六中全会主要精神，并就集团上下学习贯彻中央全会精神提出要求。一是要衷心拥护、坚决维护习近平总书记在全党的领导核心地位。要把思想统一到中央全会精神上来，深刻认识明确提出“以习近平同志为核心的党中央”，确立习近平同志在全党领导核心地位的重大意义，旗帜鲜明地拥戴这个核心，坚定自觉地维护这个核心，忠贞不渝地捍卫这个核心。要牢固树立政治意识、大局意识、核心意识、看齐意识，特别是牢固树立和增强核心意识、看齐意识，自觉向以习近平同志为核心的党中央看齐，把拥戴核心、维护核心、捍卫核心作为首要的政治纪律和党性原则，做到思想上高度认同、政治上坚决维护、行动上时刻紧跟，始终同以习近平同志为核心的党中央保持高度一致。二是要深刻领会、准确把握党中央关于全面从严治党的新部署新要求。全会制订了《关于新形势下党内政治生活的若干准则》，修订了《中国共产党党内监督条例》，这是党中央着眼于推进党的建设新的伟大工程、坚持思想建党和制度治党相结合的重大举措。我们一定要充分认识加强和规范党内政治生活、加强党内监督的重要性和紧迫性，坚决按照中央的新部署新要求做好工作。要逐条逐项学习领会、加深理解，做到内化于心、外化于形。三是要深入学习、全面贯彻习近平总书记重要讲话精神。要把握好坚定不移推进全面从严治党的基本要求、全面加强和规范党内政治生活的基本要求、全面落实党内监督责任的基本要求，把抓思想从严、管党从严、执纪从严、治吏从严、作风从严、反腐从严作为基本经验，着力解决党内存在的突出矛盾和问题，做到严字当头、真管真严、敢管敢严、长管长严，增强党内政治生活的政治性、时代性、原则性、战斗性。四是要以中央全会精神为指引，以更高的标准、更严的要求，做好当前各项工作。要认真贯彻中央精神，及早谋划、精心部署，切实做好集团公司党代会筹备工作和各项业务工作，在大会报告中全面贯彻中央全会精神。要集中力量抓好生产经营工作，确保完成全年目标任务。

（三）

2016 年 12 月 7 日，集团党委理论学习中心组专题学习党中央颁布实施的系列条例、规定。本次学习由集团党委书记、董事长曹子玉主持，专题学习了《中国共产党党内监督条例》、中央八项规定精神及六项禁令等有关内容。

曹子玉在总结讲话中指出，党的十八大以来，党中央坚定不移推进全面从严治党，坚持思想建党和制度治党紧密结合，党内政治生活展现出新气象。《中国共产党党内监督条例》、中央八项规定精神及六项禁令等有关内容紧紧围绕全面从严治党这个主题，继承和发扬党的优良传统和宝贵经验，充分反映了党的十八大以来党中央全面从严治党的新经验新成果。

曹子玉强调，各级党组织、各单位、各部门一是要衷心拥护、坚决维护习近平总书记在全党的领导核心地位。集团上下一定要把思想统一到党的十八届六中全会精神上来，深刻认识明确提出“以习近平同志为核心的党中央”，确立习近平同志在全党领导核心地位的重大意义，真正做到思想上高度认同、政治上坚决维护、行动上时刻紧跟，始终坚定不移地与党中央、省委、省国资委党委保持高度一致。二是要把握好全面落实党内监督责任的基本要求。坚持党委负主体责任，书记是第一责任人，党委常委会委员在职责范围内履行监督职责，各级纪委履行监督执纪问责职责，织密党内监督之网。领导干部要充分把握基本要求，增强自律意识、标杆意识、表率意识，凡是要求党员、干部做到的，自己首先做到，凡是要求党员、干部不做的，自己首先不做，发扬好传统、传播正能量，带动形成全面从严治党新局面。三是要深入组织学习《关于新形势下党内政治生活的若干准则》。全体党员干部要把握好全面加强和规范党内政治生活的基本要求，逐条逐项学习领会、加深理解，真正内化于心、外化于形；各级党组织要制定务实管用、操作性强的具体落实办法，抓好思想教育这个根本，抓好严明纪律这个关键，抓好选人用人这个导向，用好组织生活这个经常性手段，抓住继承和创新这两个关键环节，增强党内政治生活的政治性、时代性、原则性、战斗性。四是要进一步严格落实中央八项规定精神及六项禁令。集团党委成员及各单位领导同志要身体力行、率先垂范，做到不该吃的饭不吃、不该喝的酒不喝、不该去的地方不去、不该收的东西不收，严守底线、筑牢防线、不越红线，做一名合格的党员领导干部。

（四）

2017 年 4 月 24 日，集团党委理论学习中心组（扩大）组织集体学习。党委书记、董事长曹子玉传达了省委书记赵克志，省委副书记、代省长许勤在省委九届三次全会上的重要讲话精神。曹子玉强调，规划建设雄安新区，是以习近平同志为核心的党中央深入推进京津冀协同发展作出的一项重大决策部署。作为省属国有企业，集团上下一是要把思想统一到以习近平同志为核心的党中央的重大决策部署上来，坚决拥护、坚决服从、坚决支持、坚决配合中央和省委的部署及决定。二是要牢牢把握“国家大事、千年大计、全国意义、主体责任”这四句话的深刻内涵，认真学习总书记重要讲话精神，全体干部职工要深入学、反复学，更好地武装头脑、指导实践。三是要主动作为，深入研究与京津冀协同发展的战略对接。各单位、各部门都要树立大局意识，深刻把握、主动融入雄安新区的战略定位和规划建设，结合集团发展规划加快构建完善的集疏运体系，下大力搞好集团特别是黄骅港区集装箱运输。同时，牢牢把握京津冀协同发展和创新绿色发展理念，加强与省发改委、省交通厅沟通和对接，把黄骅综合贸易大港打造成绿色发展的智慧港口。集团在邯郸陆港物流新城和秦皇岛西

港搬迁改造工程的推进中要以雄安新区为引领和标杆，积极学习和借鉴雄安新区规划建设等方面的先进理念和经验。要深入学习领会习近平总书记系列重要讲话精神和治国理政新理念新思想新战略，以“功成不必在我”的信念，帮助张北县等定点扶贫村搞好开发建设，扎实做好精准扶贫工作。

（五）

2017 年 6 月 21 日，集团党委理论学习中心组（扩大）组织集体学习，传达近期中共中央、国务院、中央组织部、国务院国资委和省国资委重要工作会议精神。集团党委书记、董事长曹子玉在总结讲话中指出：

一是要切实提高学习力，建设学习型班子。要时刻保持对新政策、新事物的敏感，了解掌握国家供给侧结构改革大转型时期制定的各项政策。要拓宽学习渠道，丰富学习载体，不但在书本上学，更要从实际工作中学、从行业交流中学，通过学习解决制约集团发展面临的问题。要从集团的发展和转型升级的需要出发，掌握更多的信息和工具，推动投资金融、物流供应链等主营产业不断向前迈进。

二是领导干部要带头担责，真正实现权力充分下放。集团主要领导负责集团战略、重点业务开拓和重大问题，把握企业发展方向；分管领导要大胆拍板、敢于决策，为各部门、各单位多做主多协调，带领全体干部职工往前闯，将改革发展各项工作落到实处。

三是要坚持“改”字当头，通过小改小革形成群体的追求。要从影响集团转型发展和干部职工反映最强烈的问题入手，把住顶层设计和路线图，逐步推动各项改革举措向中心目标聚拢。要聚焦集团战略，抓住关键点、找准突破口，以点带面、配套推进。要明确改革导向，不断强化落实，推动改革落地生效。

四是要加强党的领导，把思想和行动统一到党中央决策部署上来。要认真学习领会习近平总书记系列重要讲话精神，时刻与以习近平同志为核心的党中央保持高度一致，坚决贯彻落实党中央、国务院和省委、省政府关于国企改革的重大决策和安排部署，按照集团第一次党代会制定的发展战略，积极稳妥地推进企业改革，实现集团转型升级、协同发展、绿色跨越。

集团党委书记、董事长曹子玉为中层以上领导人员讲党课

2017 年 2 月 28 日，集团党委书记、董事长，股份公司党委书记、董事长曹子玉为股份公司中层领导人员讲党课，学习习近平总书记视察河北重要讲话精神和指示要求。集团党委副书记、工会主席，股份公司工会主席宋敬中主持党课。部分股份公司领导班子成员，以及中层领导人员参加了学习。

曹子玉结合学习习近平总书记对河北一系列重要讲话和重要指示精神畅谈了自己的学习体会，并要求党员领导干部认真学习《情暖燕赵涌春潮》一文。他指出，党的十八大以来，习近平总书记多次视察河北，多次发表重要讲话、作出重要指示批示，对河北改革发展作出一次次科学深入的指导，充分体现了习近平总书记对燕赵大地充满深情、对河北人民关怀备至、对河北发展寄予厚望，深切感受到总书记对河北知之深、爱之切。习近平总书记对河北的重要讲话，是推动河北改革发展最根本的政治引领、最强大思想武器、最重要的行动指南。面对新形势新任务新要求，我们必须继续坚定不移地全面深入学习贯彻习近平总书记重要讲话精神，不断把学习贯彻工作往深里引、往实里做。

曹子玉强调，要深刻领会、认真落实总书记关于补足精神之“钙”、解决好“总开关”问题的重要指示，在加强思想政治建设中强化理想信念、对党绝对忠诚。必须始终牢记总书记的谆谆教诲，推进“两学一做”学习教育常态化制度化，深化增强“四个意识”的忠诚教育，以实际行动忠诚核心、维护核心、捍卫核心。做到对党忠诚，就要牢固树立政治理想，坚持共产党人价值观，不断坚定和提高政治觉悟，打牢马克思主义信仰的理论基础；就要旗帜鲜明讲政治，把讲政治贯穿于党性锻炼全过程，注重提高政治能力，正确把握政治方向，坚定站稳政治立场，严格遵守政治纪律，始终保持政治定力；就要坚决维护党中央权威，主动向党中央看齐，向党的理论和路线方针政策看齐，向党中央决策部署看齐，始终在思想上政治上行动上同以习近平同志为核心的党中央保持高度一致。

曹子玉强调，要深刻领会、认真落实总书记重要讲话和重要指示精神，必须把握京津冀协同发展对港口功能、结构、水平的新要求，认真研究京津冀腹地经济结构、消费结构变化，利用集团这个大平台，大力发展秦唐沧临港工业园区和临港物流产业，实现与港口主业有效互动。要加强与京津地区对接，向天津港对标学习，加强与天津港战略合作、优势互补、协同发展，促使区域港口布局更加优化、港口结构更加优化，实现双方合作共赢。要全面加强生态建设和环境保护工作，每个单位都必须牢固树立绿色环保生态理念，港口生产运输要把保护环境、治

理污染作为首要任务，这既是企业的社会责任，也是集团未来的发展方向。要坚持以效益为核心，认真研究并搞好集团内部经济结构调整，通过兼并重组、内部改革，把有潜力的亏损单位变成盈利企业，对于没有前途、占据资源、扭亏无望、发展无潜力的亏损单位要果断退出。要扎扎实实做好精准扶贫工作，各单位、各部门要高度重视，派出的扶贫干部要真抓实干、精准帮扶，履行好国有企业社会责任，为搞好脱贫工作做出我们企业的贡献。曹子玉强调，集团各级领导人员要树立高要求高追求高标准，集团党委领导率先垂范，一级带着一级干、一级做给一级看，从严教育、从严要求，大胆改革、大胆管理，工作立标杆、炼就真本事，紧跟时代发展步伐，推动集团各项工作迈上新台阶、实现新突破。

深入学习贯彻落实党的十九大精神 以习近平新时代中国特色社会主义思想为指导 开创企业改革发展党建各项工作新局面

——曹子玉在集团领导干部大会上的讲话（摘要）

把握新的历史方位，落实中央战略安排，以党的十九大精神为指导开创集团改革发展新局面

当前集团改革发展正处于关键时期。我们要以习近平新时代中国特色社会主义思想为引领，各项工作按照新时代中国特色社会主义发展战略安排这个大局，明确主攻方向，突出工作重点，保持各项工作、政策、措施的连续性和前瞻性，砥砺奋进、接续奋斗，在决胜全面建成小康社会、全面建设社会主义现代化国家的伟大征程中，做出河北港口集团应有的贡献。

强化大局意识，以党的十九大精神为指导，审视完善、科学谋划企业改革发展各项工作。

习近平总书记在十九大报告中指出，经过长期努力，中国特色社会主义进入了新时代，这是我国发展新的历史方位。我国社会主要矛盾已经转化为人民日益增长的美好生活需要和不平衡不充分的发展之间的矛盾，这一变化是关系全局的历史性变化，反映了我国社会发展的客观实际，对我们的各项工作提出了许多新要求。我们既要全面建成小康社会、实现第一个百年奋斗目标，又要乘势而上开启全面建设社会主义现代化国家新征程，向第二个百年奋斗目标进军，到本世纪中叶，把我国建设成为富强民主文明和谐美丽的社会主义现代化强国。河北港口集团是国有大型骨干企业，必须以党的十九大精神和习近平新时代中国特色社会主义思想为统领，紧密联系集团发展与经济强省、美丽河北建设的实际，把学习贯彻党的十九大精神与深入贯彻习近平总书记对河北工作的一系列重要指示精神有机结合起来；紧密联系集团转型升级和京津冀协同发展实际，把学习贯彻党的十九大精神与贯彻落实习近平总书记对国有企业及港口发展的要求有机结合起来；紧密联系集团改革发展实际，把学习贯彻党的十九大精神与抓好当前各项工作有机结合起来。党的十九大精神是集团一切工作的总坐标。我们要不断对标党的十九大精神，修正集团发展的理念、战略、思路、举措。各级领导干部特别是主要领导同志，要深入学习、深入思考、深入调研，聚焦关系企业长远发展的重大问题、职工关注的热点难点

问题，一个问题一个问题地理出来，一项政策一项政策地研究好，一件事情一件事情地做到位，对明年、今后五年乃至更长时间改革发展和党的建设各项工作进行审视完善，认真研究企业的方向、路径、工作节奏和突破点，以及到本世纪中叶的战略定位，在党中央总体战略部署的大局下，科学谋划新时代企业的新思路新举措，形成一批务实管用的具体措施，确保各项工作与党的十九大精神合拍共振，更好地用党的十九大精神推动企业实现新发展。各级领导干部要深刻领会党的十九大精神，寻找与本企业发展相匹配的政策定位。特别是主要领导要不断强化战略思维，本着对企业、对职工、对个人负责的态度，以主动改革、积极改革的进取精神，高度重视对本单位发展战略的研究。不研究发展战略，就是失职。战略方向对了，每走一步都是正确的；战略方向错了，每走一步都是错误的。我们要把学习贯彻党的十九大精神作为解放思想、转变观念的重大机遇，把观念、理念转变过来，真正做到以党的十九大精神为指导推动企业改革发展。

认真对标对表，把党的十九大提出的目标任务细化、实化、具体化，落实到企业改革发展的各领域和全过程。

学习宣传贯彻的关键在行动，归根结底要干起来。党的十九大明确提出，要贯彻新发展理念、建设现代化经济体系，加快生态文明体制改革、建设美丽中国，坚定文化自信、推动社会主义文化繁荣兴盛，提高保障和改善民生水平、加强和创新社会治理。这些具体部署和要求，对我们集团的改革发展实践具有非常重要的指导意义，我们要不折不扣地抓好贯彻落实。党的十九大提出的目标任务的细化、实化、具体化，要随着学习宣传贯彻大会精神的展开逐步深化。各级党政组织都要加强对党的十九大提出的具体举措和宏观政策的研究，以此为指导，更好地贯彻落实集团第一次党代会确定的“1441”战略构想，加快推进功能完备的黄骅综合贸易大港建设步伐，确保重大项目全面对接、有所突破；总结推广西港开埠地和海誓花园项目成功经验，加大西港新城开发和东扩港区规划建设力度；深入研究投资金融板块整合新模式，不断拓展新项目新业务，持续提升投资金融盈利能力；依托港口、铁路、海运、金融机构及互联网上下游企业，研究确立港口物流供应链框架模式，布局物流网络，完善市场体系；毫不动摇地坚持以效益为核心，毫不动摇地推进市场化转型，毫不动摇地强化绿色港口、智慧港口建设，大力提升发展的质量和效益，走好“转型升级、协同发展、绿色跨越”新路。当前，我们要深入对标。集团公司、股份公司领导班子成员要带头深入先进企业，学习典型经验。要深入对表。对表党的十九大提出的到2020年和两个15年奋斗目标的时间表，按照集团要成为河北沿海开放骨干企业的定位，结合企业实际做出相应时间安排。要做好对接，已经确定的项目要尽快落地实施。现在已到四季度，各项工作都要加强检查、抓紧抓好，做到以学习贯彻促经营，促改革，促发展，确保圆满完成全年目标任务。同时，要谋划好2018年工作。

全面从严治党，发挥好党委把方向、管大局、保落实的重要作用。

习近平总书记在党的十九大报告中强

调，中国特色社会主义进入新时代，我们党一定要有新气象新作为。要坚定不移全面从严治党，不断提高党的执政能力和领导水平。大会明确了新时代党的建设总要求。我们是党领导的大型国有企业，一定要以高度的政治觉悟、鲜明的政治立场，贯彻落实好党中央要求，全面推进党的政治建设、思想建设、组织建设、作风建设、纪律建设，坚持党对一切工作的领导，把各级党组织建设成为企业科学发展的领导核心和政治核心。要把党的政治建设摆在首位，保证集团各级党组织坚决服从中央，坚决维护党中央权威和集中统一领导；要用习近平新时代中国特色社会主义思想武装全体党员干部职工，推进“两学一做”学习教育常态化制度化，组织开展“不忘初心、牢记使命”主题教育；要坚持党管干部、党管人才原则，建设高素质专业化干部队伍；要以提升组织力为重点，加强基层组织建设；要持之以恒正风肃纪，健全完善监督体系，努力营造风清气正、干事创业的良好环境。

附录 5

1898 年 ~ 2017 年河北港口集团（原秦皇岛港）行政名称沿革一览表

单位名称	起止时间	成立背景
开平矿务局秦皇岛经理处	1898.6 ～ 1900.9	光绪二十四年五月十一日（1989 年 6 月 10 日），开平矿务局于秦皇岛通商口岸设立了“开平矿务局秦皇岛经理处”，秦皇岛港从此隶属于开平矿务局，成为开平矿务局经理储运、经销煤炭的最主要机构
开平矿务有限公司秦皇岛经理处	1900.10 ～ 1912.6	1900 年 10 月，“开平矿务局”改称“开平矿务有限公司”，“开平矿务局秦皇岛经理处”也随之改称“开平矿物有限公司秦皇岛经理处”
开滦矿务总局秦皇岛经理处	1912.7 ～ 1941.12	1912 年 1 月，开平矿务有限公司与滦州矿务有限公司联合，开滦矿务总局澡天津成立。同年 7 月，秦皇岛港改称“开滦矿务总局秦皇岛经理处”
军管理开滦炭矿秦皇岛港务局	1942.1 ～ 1945.10	1942 年 1 月，日本军管理开滦，改称“军管理开滦炭矿”。“开滦秦皇岛经理处”改称“军管理开滦炭矿秦皇岛港务局”
开滦矿务总局秦皇岛经理处	1945.11 ～ 1953.3	1945 年 11 月，恢复开滦矿务总局，“军管理开滦炭矿秦皇岛港务局”改称“开滦矿务总局秦皇岛经理处”。1949 年 7 月，天津开滦矿务总局成立，开滦矿务总局秦皇岛经理处随开平矿务有限公司一起归属开滦总局管理，成为其下属单位。同月，唐山矿区成立开滦矿务总局军事代表办事处，开滦矿务总局秦皇岛经理处军事管制工作由开滦矿务总局军事代表办事处统辖
交通部天津区港务管理局秦皇岛分局	1953.4 ～ 1954.7	1953 年 3 月开滦矿总管理处宣布撤销秦皇岛经理处。同年 4 月，交通部组建交通部天津区港务管理局秦皇岛分局。8 月正式任命分局第一任局长。至此，秦皇岛港结束了与开滦的隶属关系。期间，秦皇岛港先后隶属中央人民政府交通部和天津港务管理局领导
中央人民政府交通部秦皇岛港务管理局	1954.7 ～ 1955.5	1954 年 7 月，交通部根据《中华人民共和国海港管理规定暂行条例》，正式划定秦皇岛港区水域、陆域范围，撤销与天津港务管理局的领导关系，经交通部批准升级为中央人民政府交通部秦皇岛港务管理局，直属交通部海运管理总局领导
秦皇岛港务管理局	1955.5 ～ 1961.2	1955 年 5 月，中央人民政府交通部秦皇岛港务管理局改称为“秦皇岛港务管理局”，公布实施《局长和总工程师职责条例》，纳入国家国民经济发展建设计划。1958 年 6 月，经交通部呈报，中共中央批准，秦皇岛港务管理局下放到秦皇岛市管理
交通部秦皇岛港务管理局	1961.2 ～ 1967.4	1961 年 2 月，中国沿海大港口由地方划归交通部水运管理总局领导。秦皇岛港务管理局更名为交通部秦皇岛港务管理局。1964 年 7 月，经国务院批准，交通部在上海成立“北方区海运管理局”，秦皇岛港务管理局划归北方区局领导
秦皇岛港务局	1967.4 ～ 1978.7	1967 年 2 月，人民解放军驻秦皇岛部队介入“文化大革命”，进驻管理局。4 月正式成立“秦皇岛港务局军事管制委员会”，对港口实行军事管理
交通部秦皇岛港务管理局	1978.7 ～ 1988.7	1978 年 7 月，港务局党委和港务局联合发出《关于领导体制及企业名称变更的通知》：根据交通部（78）交人字第 648 号文件指示，从即日起企业名称更改为“交通部秦皇岛港务管理局”，撤销局“革命委员会”，全局实行党委领导下的局长分工负责制
交通部秦皇岛港务局	1988.7 ～ 1999.4	1988 年 7 月，交通部实行党政分开、政企分开，将秦港港务监督分出，单独成立秦皇岛海上监督局，政企分开后，交通部秦皇岛港务管理局改称交通部秦皇岛港务局，是唯一隶属交通部的沿海港口
秦皇岛港务局	1999.4 ～ 2002.9	1998 年 11 月，秦皇岛港务局与交通部脱钩启动。1999 年 4 月，正式与交通部脱钩，原交通部秦皇岛港务局更名为秦皇岛港务局，作为中央企业由中央企业工委直接管理
秦皇岛港务集团有限公司	2002.9 ～ 2009.7	2002 年 7 月，河北省人民政府同意以秦皇岛港务局企业的全部国有资产改制为秦皇岛港务集团有限公司（国家独资），并以集团公司及其全资企业和控股企业为成员单位，组建秦皇岛港务集团。9 月，原秦皇岛港务局正式改制为秦皇岛港务集团有限公司，并启用集团公司印章。同月，秦皇岛港下放河北省管理，隶属于新成立的河北省港航管理局，成为省属国有独资企业。2004 年 1 月，集团公司改制为产权多元化的有限责任公司，由河北省下放至秦皇岛市管理。2008 年 3 月，集团以港口经营业务为主设立秦皇岛港股份有限公司并发起上市
河北港口集团有限公司	2009.7 ～	2009 年 7 月 9 日，河北省所属的沿海港口重新整合，根据省政府《关于同意组建河北港口集团有限公司的批复》，河北港口集团有限公司在河北会堂正式揭牌成立，由河北省人民政府国有资产监督管理委员会履行出资人职责进行管理，成为集港口建设、开发、经营、国有资产管理、运营以及投融资功能于一身的综合性集团公司

附录 6

1948 年 ~ 2016 年河北港口集团（原秦皇岛港）历年吞吐量一览表

单位：万吨；集装箱：TEU

年份	煤炭	石油	杂货	其他	合计
1948	72.7	—	2.5	11.1	86.3
1949	21	—	0.6	1.1	22.7
1950	77.9	—	3.3	6.9	88.1
1951	99.8	—	13.2	25.7	138.7
1952	153.6	—	5.6	21.6	180.8
1953	97.6	0.2	6.9	20.8	125.5
1954	165.1	—	9.6	16.3	191
1955	188.6	—	20.7	20.3	229.6
1956	235.7	—	19.1	30.2	285
1957	190	0.1	22.5	70.5	283.1
1958	284.7	0.1	30.2	30.6	345.6
1959	414.3	—	57.5	38.8	510.6
1960	468	—	38.9	35.9	542.8
1961	215.9	—	73.1	73.3	362.3
1962	115.2	—	70.6	32.7	223.9
1963	202.3	—	91.6	26.1	320
1964	179.3	—	119.4	105.9	404.7
1965	251.1	0.2	152.7	73.6	477.6
1966	369.7	0.1	146.7	58.1	574.6
1967	357	0.1	60.4	57.8	475.3
1968	423.9	0.1	90.7	60	574.7
1969	368.5	0.1	68	64.8	501.4
1970	427.3	0.2	86.1	64.1	577.7
1971	382.4	0.1	45.4	77.4	505.4
1972	397.8	0.3	36.5	79.7	514.3
1973	530	62.1	69.9	65.3	727.3
1974	681.2	430.7	51	29.3	1192.2
1975	859.5	665.7	9.4	22.8	1557.4
1976	757	846.4	9.9	33.8	1647.1
1977	726	976.6	56.7	45.4	1804.7
1978	1046.9	996.1	66.8	108.8	2218.6
1979	1114.4	1017.9	156.1	119.3	2407.7
1980	1261.3	1090.6	176.6	112.2	2640.7
1981	1552	803.8	226.1	73	2654.9
1982	1683	842.1	265	79.8	2869.9
1983	1838.1	845.9	240	133.4	3057.4
1984	2229.7	925.9	256.5	167.2	3579.3
1985	2576.6	1321.1	298	223.7	4419.4
1986	3149.7	1210.1	91.4	421.3	4872.5
1987	3716.4	1158.4	155.1	384.9	5378.8
1988	3981.3	1187.7	140.2	502.9	5812.1
1989	4712.2	1247.4	379.2	225.3	6565.1
1990	5188	1285.1	221.1	250.9	6945.1
1991	5429.4	1254.9	287.4	264.6	7236.3
1992	6286.8	1184.4	358.9	291.4	8121.5
1993	6099.5	1130.8	250	327.2	7810.5
1994	6287.8	1257.9	252.2	403.6	8207.2
1995	6488.1	1208.4	189.9	495.6	8382
1996	6548.4	1166.9	596.9	—	8312.2
1997	6191.1	1043.5	627.4	—	7862
1998	6204.2	975.6	612.3	—	7792.2
1999	6973.2	749.5	538.7	—	8261.4
2000	8378	675	689	—	9743.3
2001	10007.1	571	723.9	—	11302
2002	9792	439.6	935.9	—	11167.5
2003	10971	424	1167	—	12562
2004	13057	402	1573	—	15032
2005	14500	340	2046	—	16900
2006	17692	553	1942	—	20187
2007	21419	762	2388	—	24569
2008	21810	889	2256	—	24955
2009	20633	891.4	8660.6	—	30185
2010	22394	931	8161	—	31486
2011	25267	974	9891	—	36132
2012	23655	969	10322	—	34946
2013	23690	854	11996	—	36540
2014	23812	716	13681	—	38209
2015	22180	698	14505	—	37383
2016	17191	331	14964	—	32486

附录 7

党建工作调研成果获奖情况

年份	奖项设置	奖项级别	成果名称
2010	省国有企业“四创”活动项目	一等奖	《创建贴心支部 促进企业和谐》
		二等奖	《围绕中心创新载体 深入开展建设标准化基层党支部工程活动》
		三等奖	《建立健全四个机制 全心全意做好老干部服务工作》
		鼓励奖	《适应形势发展 转变运作模式 在创新中提高党委中心组学习质量》《推进党建工作科学化建设的实践与探讨》《新形势下职工思想政治工作方法创新探讨》
2012	省国企党建研究立项课题调研报告	二等奖	《关于开展创建“星级党员责任区”活动的实践与思考》
		三等奖	《加强国有企业党风建设和反腐倡廉工作的思考与实践探索》
		优秀奖	《增强选人用人公信力 提高组织工作满意度》《实行“四化”工作法 助推“创争”添活力》《实施“双比”工程 探索国有企业党建创新模式》
2013	省国有企业“四创”活动项目	二等奖	《“113”党性提升工程》
		三等奖	《实施“211”工程 提升党建管理水平 推动公司科学发展》
		优秀奖	《我有我特色”党小组建设工程》《打造“书香警营” 扎实推进学习型党组织建设》《共圆中国梦 我们勇担当》
	省国有企业党建研究立项课题调研	二等奖	《以“两学两建”活动为抓手 推进学习型、服务型、创新型党组织建设》
		三等奖	《实施党建项目化运作 推进党建工作创新创效》
		优秀奖	《开展“最佳特色党日”评比 打造基层党建活动特色品牌》
		鼓励奖	《“送党课到基层”助推服务型党组织建设》《坚持党管人才 全面推进企业人才队伍建设》
		鼓励奖	《固本强基的有效抓手——河北港口集团秦港股份公司推行“党小组与班组一起抓 党组长与班组长一身兼”的调查报告》《创建 “贴心支部”，服务企业发展》
	省国资委“学习贯彻十八大精神，提高国企党建科学化水平”主题征文	特等奖	《打造“两学两建”党建品牌 推动“四商合一卓越港口集团建设”》
		二等奖	《服务型党组织建设的生动实践》《以党小组规范化建设推动基层堡垒建设工程》
		三等奖	《关于在党的基层组织建立健全党内激励、关怀、帮扶机制的探讨》《浅谈如何做好新形势下党员教育工作》
		优秀奖	《融入管理 服务大局 打造“双优”工作党建品牌》《创新党课教育形式 加强学习型党组织建设》《浅议如何发挥党小组的阵地作用》《坚持“五抓、五促” 扎实推进基层党员队伍建设》《贯彻十八大精神 发挥工会桥梁作用 为实现中国梦凝心聚力》
2014	省国有企业党建研究立项课题调研报告	一等奖	《推进国有企业党建工作科学化研究》
		二等奖	《实施党建工作项目化运作 努力提高基层党组织“双服务”水平》
		三等奖	《国有企业实施党建共建工作初探》
	省“践行党的群众路线在国企大家谈”征文	一等奖	《以“走访做转”为载体 确保党的群众路线教育实践活动见实效》
		二等奖	《践行党的群众路线 推动集团科学发展》
		三等奖	《以教育实践活动促进企业改革发展转型升级》《开展党的群众路线教育实践活动对促进港口公安工作的思考》
		优秀奖	《践行“三严三实”要求 加强干部队伍作风建设》《深入开展党的群众路线活动 切实推进“三型”党组织建设》 《以党的群众路线教育实践活动为指引 破解港机公司发展的重点难点热点问题》

续表

年份	奖项设置	奖项级别	成果名称
2015	省国有企业“四创”活动项目	一等奖	《实施党建工作项目化运作 提高党建工作科学化水平》
		二等奖	《实施党建共建 促进企业“共赢式”发展》
	省党建工作服务企业转型升级案例	最佳案例	《实施能源物流链党建共建 推动企业提质提效和转型升级》
		优秀案例	《加快高素质人才引进和培养 促进企业转型升级》
	省国有企业“践行三严三实，加强国企党建”征文	一等奖	唤醒党员角色意识，做“严以修身”的表率
		二等奖	《以“三严三实”新要求推进党风建设和反腐倡廉监督责任落到实处》《以“三严三实”为抓手 营造集团良好的政治生态》
		三等奖	《创新“四学双提升”载体 深化“三严三实”专题教育》《以“三严三实”引领公安队伍作风建设新常态的思考》《以“三严三实”贯彻全面从严治党新要求 扎实推进服务型机关党组织建设》
		优秀奖	《以“三严三实”为镜 深化港口纪检监察系统转职能转方式转作风》《“三严三实”应成为青年党员的自觉追求》
2016	省国企党建研究立项课题调研报告	一等奖	《在深化国企改革发展中加强党的建设的研究》
		二等奖	《“五微工作法”助推国企党建和思想政治工作创新》
		三等奖	《严格发展党员标准 提高发展党员质量为集团科学发展转型升级提供坚强组织保证》《新常态下加强和改进企业党建工作的思考》《实施党建工作对标管理 提升基层党建科学化水平》《做好“三个推动”构建“三位一体”的党建考核体系》《以联创联建构筑和谐港口的实践与思考》《打造志愿服务特色品牌 实现公司党建创优创效》

索引

索引

索引

说明：

本索引把所载章、节、目的前面数字取消，经过适当删减、整理形成。其名称按首字母汉语拼音顺序排列，名称后的阿拉伯数字表示所在的页码。

F

G

H

J

K

L

Y

Z

其他

后记

一部追溯港口组织工作的历史要录，一幅映像集团党建光辉历程的壮丽画卷。怀着对组织工作的挚爱情怀，尊崇着组织人的最高境界，投入到《组织史要》的编纂当中，深感无尚的光荣和责任的重大。本书的出版，若能以飨读者，我们倍感释怀和欣慰。

《组织史要》是第一部真实记述集团组织工作发展历程的专著，是一部具有科学性、权威性、可读性、参考性的历史文献，力求全面客观地反映集团组织状况。本书以1948年至2017年党的组织工作走过的近70年历史发展轨迹为主线，生动再现了中国共产党在秦皇岛解放、港口生产建设以及改革发展各个历史时期带领港口职工奋发进取，激流勇进取得的辉煌成就。是对集团组织工作的首次系统性、历史性回顾，是对集团组织工作历史经验的首次全面总结，是对集团组织和党建工作的特点和规律的首次深入挖掘探索。将组织工作历程载入了集团历史发展的史册，是组织工作的一项重要成果，对在新常态下开展组织和党建工作具有非常重要的现实意义。

本书以党组织的发展过程及基层党组织机构设置、历史沿革，隶属关系和领导人员的职务变动为基准，兼顾资料的全面性、系统性，客观地反映了集团基层党组织和党员队伍、领导班子和人员队伍、干部人才和组织自身队伍建设情况以及不同时期党组织活动情况。本书史料记载翔尽完整，收集了1948年11月以来至今将近70年的资料，尊重历史事实，竭力再现历史原貌，阐明了集团党建和组织工作契合时代的发展演变过程。

为较好地完成这部历史文献，按照集团党委部署，由集团党委组织部牵头，策划统筹，确立编纂领导机构，抽调骨干人员组成编纂组，联合港口博物馆共同编纂。本着“广征、核准、精编”的原则，编纂组坚持实事求是、尊重历史、求实存真的宗旨，在广泛搜集资料的基础上，进行求证核准和科学编纂。

《组织史要》编纂历时1年多，终以成书，凝聚着所有参编人员的辛苦和努力。在编纂过程中，编写人员查阅了上百万份资料和档案，录入了上千万字史料文档，研读了上百册史志书籍，克服时间跨度长、涵盖内容广、编纂时间紧等诸多困难，始终以严谨科学、认真负责的工作态度，全力以赴，无数次研磨易稿，能够系统全面地还原历史。编纂工作得到了相关单位部门和从事组织、档案、新闻工作人员及离退休干部的支持和帮助，在此深表谢意。

由于此次编纂时间短，我们的编纂知识和水平有限，加之年代久远，一些特定历史原因造成有些资料难以发掘，在求证中难免存在疏漏和不妥之处，敬请批评指正。

本书只作史料参考，不作其他依据凭证。

编者

2017 年 7 月